삶의 의미와 위대한 철학자들

삶의 의미와 위대한 철학자들

인생의 의미에 대한 35인의 성찰

스티븐 리치, 제임스 타타글리아 편저 | 석기용 옮김

THE MEANING OF LIFE
AND THE GREAT PHILOSOPHERS

P 필로소픽

‖ 목차 ‖

머리말

삶의 의미란 무엇일까? 살다가 어느 시점에선가 이 질문을 던지는 사람이 세상에는 아주 많다. 웹사이트 'ExcellenceReporter.com'을 방문해보면, 800명이 넘는 현대 사회 각계각층의 사려 깊은 사람들이 삶의 의미에 대해 어떤 생각을 하고 있는지 발견할 수 있다. 온갖 영역의 수많은 사람이 그 질문에 관심을 두고 있고 어쩌면 그들도 당연히 저마다 값진 통찰을 제시할 수 있겠지만, 그 질문에 대해 특별히 유력한 어떤 답변을 들을 수 있으리라 기대할 만한 특정한 한 분야를 꼽으라면, 그것은 바로 철학이다. 결국 그것은 철학적인 질문이고, 따라서 우리 세계가 철학이라는 전통을 보유하는 것에 어떤 의의가 있다면, 그것은 바로 철학이 그런 질문들을 조명해보려 한다는 점일 것이다.

하지만 그 질문 자체와 그 질문을 다룰 수 있는 철학의 능력 둘 다에 의구심을 가지는 사람들이 있다. 최선의 답변이란 언제나 과학적이어야 한다고 생각하는 비타협적인 과학적 합리주의자들이 있고, 이런 종류의 철학적 문제 제기를 신앙의 힘으로 무효화하고 싶어 하는 강경한 종교 사상가들이 있다. 그러나 그런 사람들은 그런 비판적인 견해들을 표현할 때 자신들이 이미 철학적 영토의 중심부로 진입하고 있는 것임을 깨달아야 한다. 그 질문이 이치에 맞지 않다고 설득하려면, 아마도 철학사 전체에 걸쳐 그 문제를 해명하기 위해 바쳐진 그 수많은 추론보다 더 설득력 있는 철학적 추론을 시도해야 할 것이다. 그리고 그 정도의 추론을 내놓는다면 오히려 그 질문이 더할 나위 없이 합당한 것이며 일리 있는 많은 답변을(가끔은 그 답변이 너무 사변적이기도 하지만) 제시할 수 있는 그런 질문임을 말해주는 셈이 될 것이다. 모든 철학적 의문 가운데서도 '철학' 하면 대번에 떠올리게 되는 가장 전형적인 의문인 데다가 그 의문에 대해 세상에 널리 알려진 위인들이 내놓은 창의력 넘치는 견해들이 그렇게 많음에도, 그것을 진정한 논쟁거리를 담고 있는 진정한 질문이 아니라고 말한다면, 그것이야말로 정말 깜짝 놀랄 일이라 할 것이다. 그리고 그 많은 사람이 여전히 그 질문을 던지고 있고 대답들을 얻기 위해 기댈 수 있는 분명한 장소가 철학이니만큼 그런 대답들은 철학에 관한 사람들의 관심을 제고할 잠재력이 있는 훌륭한 원천이 될 것임에 틀림없다.

하지만 그런 위대한 철학자 중에 멀찌감치 운동장 한복판으로 나가서 "나는 삶의 의미를 이렇게 생각합니다"라고 외친 사람은 거의 없다는 점을 고려할 때, 그들이 제안한 답을 따로 잘 골라내는 작업이 여전히 필요하다. '삶의 의미'라는 실제 문구는(후기 「파란 꽃」의 주제가 바로 이 구절의 기원에 관한 것이다) 19세기 들어서야 비로소 널리 통용되었다. 하지만 오늘날 우리가 '삶의 의미'라는 말을 들으면 즉각 떠올리게 되는 쟁점들이 그 말이 유행을 타기 오래전부터 논의되고 있었다는 점은 두말할 나위 없이 확실하다. 이 논의의 주요 골자들을 간명하게 요약하려 할 때 문제가 되는 것은 그 표준적인 이름표가 문화적 맥락 안에 깊숙이 파묻혀 있을뿐더러, 그 문구가 말해주는 쟁점들이 대개는 꽤 많은 다른 관심사들과 한데 뒤섞여 함께 논의되었으며, 서로 다른 전문 용어들의 대단히 폭넓은 사용 범위를 고려할 때 이 영역에서 특정 철학자의 견해를 무어라 보아야 할지가 전혀 분명치 않을 수 있다는 점이다. 20세기 철학의 지형도 위에 이 주제를 다른 그 어떤 철학자보다 확고히 자리매김한 인물이라 해도 무방할 하이데거조차도 '삶의 의미'보다 '존재의 의미'를 다루는 쪽을 선택했다. 게다가 확실한 것은 그가 본인이 생각하는 존재의 의미가 과연 무엇인지를 간명하게 진술하지도 않았다는 것이다.

삶의 의미에 관한 풍부한 철학적 견해의 역사를 한데 모아 정리하는 과제는 20세기 들어 영미권 철학의 강경한 과학적 합리주의가 부상하면서 뒤로 밀리게 되었다. 논리실증주의자들과 그들의 광범위한 영향 아래 있던 사람들은 '삶의 의미'를 전형적인 비과학적 주제로 여겨 회피하기 시작했다. 그러나 강경한 과학적 합리주의자를 뺀 나머지 다른 사람은 누구나 다 알고 있을 것 같지만, 과학이 우리가 관심을 둔 모든 질문에 답을 줄 수는 없다. 삶의 의미에 관한 질문처럼 우리 존재에 관해 제기할 수 있는 의문들이 있으며, 이런 의문들을 다루기에는 과학이 갖춘 채비가 확실히 부실하다. 우리가 일생에 걸쳐 염려할 수 있는 셀 수 없이 많은 다른 의문들에 대해서도 아마 같은 말을 할 수 있을 것이다. 이를테면, 인간관계나 출세에 관해서, 다음번 닥쳐올 과학기술 혁신의 파도가 우리에게 어떤 영향을 미칠까에 관해서, 인간의 이해력 내에서 과학이 차지하는 위상에 관해서, 어쨌든 실재가 존재한다는 사실에 관해서, 등등의 의문들이다.

물론 누구나 철학적 의문을 던질 수 있고, 어떤 사람들은 그런 의문에 힘을 실으려고 과학적 지식을 유용하게 끌어올 수도 있을 것이다. 그러나 그런 의문은 누가 묻고 어떻게 다루려 하건 상관없이 여전히 철학적 의문이다. '철학적'이라는 표현은 삶의 의미에 관한 의문 같은 부류의 것들에 붙여져 온 이름표일 뿐이다. 강경한 과학적 합리주의는 과학으로 다뤄질 수 없는 의문이라면 그것은 그냥 가짜 의문일 수밖에 없고, 반대로 어떤 의문이 합당한 쟁점을 진술하는 것이라면 그것은 과학이 실제로 다룰 수 있어야 한다고 생각하도록 우리를 몰아갈지 모른다. 그러나 강경한 과학적 합리주의 자체가 논쟁투성이의 철학을 바탕에 깔고 있는 것이므로, 그런 견해 때문에 삶의 의미에 관심을 두지 말아야 할 필요는 없다. 그 의문이 합당한 것인지에 관한 우려는 그 배후에 있는 철학이 적합할 때만 본격적으로 고심할 필요가 있다. 그래서 그 배후의 철학이 명백히 적합하지 않은 한 단지 우리 눈에 어떻게 비치느냐와 별개로, 그 우려에 우선성을 부여할 필요는 없다. 기후 과학에 대한 의심이 존재한다고 해서 그 과학이 우리에게 무엇을 제시해주어야 할지에 관심이 있는 사람들이 먼저 그 의심부터 다루어야 하는 것은 아니다. 왜냐하면 우리는 그런 의심과 별개로 기후 과학이 훌륭하다고 얼마든지 가정할 수 있기 때문이다. 마찬가지로 삶의 의미를 다루고자 하는 철학도 훌륭하다고 얼마든지 가정할 수 있는 것이다.

20세기가 흘러가고 실증주의의 전성기가 점차 먼 옛날의 추억이 되면서, 적어도 이 영역에 훌륭한 철학적 의문들이 존재한다는 것을 전제로 연구에 나설 의사가 있는 영미권 철학자들이 소소히 늘어났다. 이윽고 삶의 의미는 재기할 채비를 갖추기 시작했다. 결국 이런 일이 지난 20년 동안 실제로 일어났으며, 그것은 주로 수전 울프와 새디어스 메츠의 선구적인 작업 덕분이었다. 그들은 '삶의 의미'라는 문구를 적극적으로 끌어안음으로써 사람들이 그들의 의도를 놓치지 않도록 확실히 했다. 하지만 삶의 의미에 관한 새로운 분석적 논쟁에서 지금까지 부족한 부분은 바로 길잡이로 삼을 역사이다. 그 바람에 그 논쟁은 예전 논의를 다시 재구성하는 굳이 안 해도 될 여러 가지 작업까지 스스로 떠안아야 하는 위험에 처한다. 새로운 세대를 위하여 삶의 의미 문제를 역사적으로 정리하는 작업에 이바지한 책이 바로 줄리언 영의 『신의 죽음과 삶의 의미The Death of God and the Meaning of Life』였다. 독자들이 쉽게 접근할 수 있는 이 책은 주로 19세기와 20세기의 대륙 철학에서 삶의 의미에 관해 신랄하고 독특한 관점들을 얼마나 많이 발견할수 있는지 집중적으로 조명한다. 지금 우리의 이 책은 유사한 물길을따르지만, 그물망을 더 넓게 펼친다. 이를테면 이 책은 「코헬렛kohelet h」('전도서'를 가리키는 히브리어 명칭)에 관한 메츠의 논고를 수록하고 있는데, 그 글은 삶의 의미에 관한 가장 영향력 있는 성찰 중 하나인성서의 「전도서」를 다룬다.

결국 우리의 작업은 위대한 철학자들이 삶의 의미에 대해 했던 말들을 더 많이 발굴하고 우리의 관심사를 공유하는 다른 사람들이 같은작업을 더 쉽게 하도록 도와줄 책을 만들어내는 것이었다. 또한 이 책은 각 저자들이 그동안 덮여 있었거나 간과된 영역의 견해들을 들추어내고 아직도 지배적 위치에 있는 오래된 논증들을 세세히 검토할 수있는 플랫폼을 제공하도록 설계되었다. 그러기 위해 당연히 우리는 책에 포함할 위대한 철학자들을 선별할 필요가 있었고, 현실적이면서도매우 합당한 이유에서 서른다섯 개의 글 꼭지를 신기로 제한하였다. 선별 과정은 처음 희망 목록을 작성할 때부터 이미 큰 논란이 있었지만, 우리가 원고를 의뢰한 모든 학자가 제안을 수용하지는 않았다는, 사실상 당연한 사실로 인해 더 제한을 받고 더 임의적인 성격을 띠게되었다. 대부분은 포함되었지만, 포함했더라면 좋았을 위대한 철학자들이 아직도 많다. 보에티우스, 파스칼, 피히테, 러셀, 슈타인Edith Stein, 노직의 이름이 금방 떠오르는 사례들이다.

그렇기는 하지만, 우리가 수록하기로 한 항목들은 만족스럽고, 무엇보다도 양질의 원고에 마음이 흡족하다. 아마도 모든 기고자가 열정을 다해 과제에 응해주었던 것 같다. 그 결과 우리가 목표했던 지구 행성의 위대한 죽은 철학자들의 단면 속에 담긴 삶의 의미에 관한 관점들을 명료하고 쉽게 설명해주는 진술들이 한데 모인 풍요롭고 신선한 보고寶庫가 마련되었다고 우리는 생각한다. 이 책은 적어도 우리 자신이 읽고 싶었던 그런 책이다. 독자들 역시 이런 책을 기대했었기를 희망해본다.

1
공자와 삶의 의미
c o n f u c i u s

리처드 킴Richard Kim, 조슈아 시크리스Joshua W. Seachris

공자

고대 그리스의 철학자들이 흔히 존재의 본성이나 선善의 형이상학적 토대 같은 고도로 이론적이고 추상적인 연구에 가담했던 반면, 공자孔子는 사람들을 윤리적으로 변모시키고 질서가 잘 잡힌 건전한 사회의 요체라고 여긴 가치들을 복원하는 일에 몰두했다. 그의 가르침에는 깊은 실천적 지향이 담겨 있다.

공자는 당시 사회의 도덕과 정신이 타락했음을 인식하고 깜짝 놀랐다. 이를 치유하는 길은 통치자와 백성 모두가 효孝나 예禮같이 잊어버린 과거의 문화적 가치들을 다시 받아들이고, 인仁이나 서恕처럼 사람들을 잘 살 수 있게 할 특정한 성품을 함양하는 것이었다. 사회가 이런 기본 가치들로 재충전되고 나서야 비로소 평화롭고 선량한 질서가 다시 도래할 것이다.

하지만 우리는 이런 공자의 우려를 어떤 범주에 넣어야 할까? 그것은 타산적인 우려였을까? 도덕적 우려? 정신적 우려? 아니면, 혹시 의미의 범주에 집어넣는 편이 더 나을까? 현대의 도덕 철학자들은 흔히 이타적 이유와 이기적 이유를 확연히 구분한다. 사리사욕이나 개인의 행복을 위한 이유나 동기가 한편에 있다면, 다른 한편으로 도덕이나 타인을 배려하는 이유나 동기가 있다. 공자가 도道를 따를 때 그 중심이 되는 도덕적 선을 물질적 재화나 도량 좁은 사리사욕과 구분한 것은 분명한 사실이지만, 문헌 그 어디에서도 그는 개인의 입신양명이 도덕적 선과 상충한다는 식으로 이기심과 도덕을 명시적으로 구분하지 않는다. 공자의 논의가 이타주의, 이기주의, 행복, 도덕 등과 같은 친숙한 범주들을 사용해 깔끔하게 펼쳐진 것이 아니기 때문에, 공자를 유의미한 삶을 사는 방법에 대한 구상과 전반적 교과 과정을 제공한 사람으로 생각하는 편이 유익할 수 있다. 공자의 프로젝트를 이런 식으로 바라보는 사고방식을 뒷받침하는 근거는 많다. 첫째, 공자는 특별한 목적들을 중심으로 삶을 어떻게 질서 잡아야 하며 그런 목적들 가운데 우선순위는 어떻게 정해지는 것인지에 대해 많은 언급을 했다(『논어』 4.5).[1] 둘째, 공자는 특정한 행실이나 재화가 어떤 의미에서 더 귀하거나 천한지 자주 토론하면서 진심으로 우러러볼 가치가 있는 종류의 삶을 향해 나아가도록 제자들을 다그치려 한다. 그는 후회를 낳지 않을 그런 종류의 삶을 논한다. "공자 가라사대, '아침에 도道를 들어 실천에 옮겼다면 그날 저녁에 죽어도 후회가 없으리라"(『논어』 4.8). 그리고 마지막으로, 실질적인 차원에서 거의 언제나 공자의 이상은 우리가 타인과 맺는 관계를 심화하고, 관심의 범위를 자기 바깥으로 넓혀서 공동체적인 예禮의 실천, 즉 도에 이르는 더 확장된 동심원을 받아들이는 쪽을 목표로 한다.

---

[1]   6~5c. BCE.

의미: 서언

공자 가르침의 정수를 의미와 연결하기 위해 우리는 먼저 이 다루기 힘들면서도 중요한 개념과 결부된 개념적 공간을 간략히 개괄해보아야 한다. 분석 철학자들이 삶의 의미 담론에 의구심을 가졌던 것은 그리 먼 옛날의 일이 아니다.[2] 단어나 여타 의미론적 구성물이 의미의 적합한 담지자이며, 대상, 사건, 사태 등은 그렇지 않으며 특히 삶 자체는 더더욱 아니다. 그래서 삶의 의미가 무엇인지 묻는 것은 마치 "빨간색이 무슨 맛이냐?"라거나 "세상에서 가장 작은 대상보다 더 작은 것은 뭐지?"라고 묻는 것과 비슷한 범주 착오일 수 있다.[3] 이런 식의 우려는 대단히 오도된 것이었다. "의미"라는 말에는 좁게 이해한 언어적 맥락들을 포함하면서도 동시에 그런 맥락들을 훌쩍 뛰어넘는 중요한 의미론적 색조가 가미되어 있다. "의미"의 수많은 내포가 약간은 다루기 버거워 보일지라도, 그것들 전체는 우리가 삶의 의미를 바라볼 때 염두에 두는 종류의 쟁점들과 관련하여 중요한 단서를 제공한다. 우리는 삶의 의미와 관련된 "의미"의 일상적 용법들을 한데 모아 각각 '이해-의미', '목적-의미', 그리고 '의의[†]-의미'라는 세 부류의 일반적 범주로 묶을 수 있다.[4]

---

[2] 분석 전통의 상대적 침묵은 그간의 대륙 전통의 특징이 아니었다.

[3] 삶의 의미가 신이나 모종의 초월적 영역의 존재를 요구하곤 하는 경우가 비일비재하다는 점을 고려하면, 이런 의혹은 삶의 의미에 관한 의문들에 흔히 동반되는 논쟁의 여지가 있는 형이상학적 가정들이 낳은 결과이기도 하다.

[†] significance. 의미와 중요성의 이중적 뜻을 지닌 '의의'로 옮겼다.

[4] 어떤 사례는 하나 이상의 범주에 속할 수 있다.

이해-의미

- 당신이 한 말은 아무 의미도 없었어요.
- 그 진술이 무슨 의미였나요?
- 그 얼굴이 무엇을 의미하는 것이었나요?
- 그 말이 도대체 무슨 의미죠? (예를 들면, 도둑이 들어 물건을 훔쳐 갔으니 집에 와서 확인해보라는 요청을 받았을 때.)

목적-의미

- 그 얼굴로 뭘 뜻하고자 한 거였죠?
- 그 짜증은 아빠의 관심을 끌어 보려는 뜻이다.
- 내 뜻이 정말 그거야!
- 그럴 뜻은 아니었어. 일부러 그런 게 아니야, 약속해![5]

의의-의미

- 대단히 의미 있는 대화였습니다.
- 이 시계는 내게는 정말로 의미가 큽니다.
- 이제 당신은 내게는 아무 의미도 없어요.
- 그것은 의미 있는 발견입니다.

위의 예문들에서 "의미(뜻)"를 사용하는 방식은 자연스럽다. 위의 예문

---

[5] 목적-의미 범주 안에서 의도-의미 같은 것을 포함하는 별도의 범주를 추가로 구분할 수도 있을 것이다. 의도-의미를 지닌 삶이란 행위주체가 자기 의지에 반하는 외적 강제를 당하거나 되는 대로 아무렇게나 사는 것과 달리 자기 삶의 상당 부분을 충분히 자기 의도대로 살아가는 삶을 말한다. 그런 사람은 자기가 하는 일들을 실제로 의도해서 하는 것이다.

들에서 생각을 주고받기 위해 "의미"를 사용한 것이 부적절한 경우는 하나도 없으며, 그 용법 중 상당수가 단어나 여타 의미론적 구성물의 의미를 묻는 것과는 구분된다. (즉, 그런 식의 의미 묻기 이외의 용례다.) 삶 속 의미(meaning *in* life, 인간 중심적으로 초점을 맞춘) 혹은 삶의 의미(meaning *of* life, 우주적으로 초점을 맞춘)에 관한 우리의 관심은 크게 이해, 목적, 의의라는 이 세 범주를 중심으로 이루어진다. 우리는 삶을, 특히 실존적으로 중차대한 삶의 측면들을 이해하고 싶어 하며, 우리의 삶을 올바른 방향으로 이끌어줄 목적(들)을 원하며, 우리의 삶이 의의를 지니기를, 진실로 중요한 것이 되기를 원한다. 유의미한 삶은 납득이 된다. 그런 삶은 아귀가 잘 맞아떨어진다. 유의미한 삶은 목표들을 중심으로 하여 누가 봐도 질서 정연하게 정돈된다. 그것은 목적을 염두에 두고 사는 삶이다. 의미 있는 삶은 의의를 지닌다. 그런 삶은 어떤 적절한 관점과 일군의 규범들에서 볼 때 중요하고 차이가 난다. 이제 곧 삶의 의미를 다루는 다양한 규범적 이론들을 논의할 텐데, 그런 이론들은 우리 삶을 이해하는 가장 좋은 방법은 무엇인지, 존재하는 목적들의 종류와 그중에서 우리가 삶을 짜나갈 때 중심으로 삼아야 할 목적은 무엇인지, 그리고 어떤 목적이 우리 삶을 유의미하게 만들어 줄 것인지에 관해 의견이 상충한다. 하지만 그런 의견 차이에도 불구하고, 어쨌든 그들 의미 이론들은 이 세 부류의 생각들을 다룬다.

더 인류학적인 의미 개념, 즉 삶 속 의미에 초점을 맞출 때, 의미나 유의미성이란 이를테면 도덕적 선함이나 주관적 행복에 더해 우리 삶이 보유할 수 있는, 삶을 '훌륭하게 만드는' 특징들이라고 일반적으로 생각된다. 아마도 도덕적인 삶이나 행복한 삶이 훌륭한 삶의 충분조건은 아닐 것이다. 어쩌면 우리에게는 의미 있는 삶을 살아야 할 필요도 있을 것이다. 의미 이론들은 바로 그런 특징들의 이해를 목표로 하는 데, 오늘날 그런 의미 이론들의 분류 방식은 아주 잘 발전된 상태로 크게 객관적 자연주의, 주관적 자연주의, 혼합적 자연주의, 초자연주의로 나뉜다.

객관적 자연주의는 유의미한 삶을 위해서 신이나, 초자연적 존재들 또는 어떤 절대적 차원의 삶의 의미 같은 것이 전혀 필요하지 않다고 주장한다. 이 관점에 따르면, 의미란 객관적으로 가치 있는 훌륭한 원천들과 적절히 연결되는 데서 비롯하며 그런 원천이 지닌 가치는 우리가 그것을 어떻게 생각하고 느끼든 상관없이 별개로 존재한다. 우리는 자기가 유의미한 삶을 살고 있다고 생각할 수 있으나, 객관적 관점에서 보면 그것은 착각일 수 있다. 이 관점에 의하면, 깨어 있는 시간 대부분을 자기가 가장 좋아하는 시트콤 재방송을 시청하는 데 쓴다면 그 일이 아무리 즐겁다 할지라도 유의미하다고 여겨지지 않는다. 더 나아가, 의미를 쌓기 위해 굳이 자기가 하는 일을 즐길 필요도 없다. 객관적 가치와 적절히 연결되기만 하면(예를 들면, 세상에 선한 영향력을 미치기 위해 본인이 인과적인 책임을 다한다면), 우리는 유의미한 삶을 산 것이다.

객관적 자연주의처럼, 주관적 자연주의는 초자연적인 존재들이나 절대적 차원의 삶의 의미 같은 것이 부재한 세계에서도 유의미한 삶이 가능하다고 주장한다. 하지만 주관주의는 자신이 열렬히 원하는 것을 얻거나, 스스로 확립한 목표들을 달성하거나, 자신이 중요하다고 믿는 것을 성취한다는 측면에서 유의미한 삶을 바라본다. 주관주의자가 볼 때 유의미한 삶이란 무엇보다 자신의 삶에서 무엇을 느끼며 그 삶에 어떻게 반응하느냐에 달린 것이다.

혼합적 자연주의는 간단히 말해서 객관주의적 관점과 주관주의적 관점을 이종 교배한 산물이다. 수전 울프는 이렇게 인상 깊게 말했다.

"의미란 주관적 끌림과 객관적 당김이 만날 때 생겨난다"(Wolf 1997a: 211). 유의미한 삶을 살기 위해 우리는 올바른 활동에 성공적으로 참여해야 하고 또 그런 활동 덕분에 만족을 느껴야 한다. 쓸데없는 계획과 헛일에 푹 빠져 살다가는 유의미한 삶을 살 수 없다. 또한 객관적으로 가치 있는 유익한 계획과 일거리를 그저 무신경하게 실행하는 경우도 역시 유의미한 삶을 살 수 없다. 만족스러운 게으름뱅이나 불만족스러운 자선가나 둘 다 유의미한 삶을 사는 것이 아니다. 한쪽은 잘못된 행실로 만족을 얻는 것이고, 다른 한쪽은 바른 행실을 하면서도 거기서 만족을 얻지 못하는 것이다.

모든 자연주의 의미 이론과 대조적으로, 초자연주의는 신의 현존 및 신을 중심으로 자기 삶을 적절한 방향으로 설정하는 것을 유의미한 삶의 필요충분조건으로 본다. 초자연주의에서 말하는 의미에는 일반적으로 세 가지 층위의 요구조건이 있다. 신이 현존해야 하며(형이상학적), 어떤 적절한 차원에서 우리가 신을 믿어야 하며(인식적), 마지막으로 자기 삶의 방향을 신을 중심으로 적절히 설정해야 한다(윤리/실천적). 물론 언급한 일반적 의미 이론들이 다 마찬가지지만, 정확한 세부 사항들을 놓고 많은 논쟁이 벌어진다. 예를 들면, 일부 객관적 자연주의자가 강조하는 유형의 객관적 가치는 위대한 가치를 지닌 창조적 성취들이지만, 다른 이들(자연주의자들)은 가족 관계를 더 중요시하기도 한다.

공자의 견해는 이런 의미의 세 부류(이해, 목적, 의의)와 다양한 의미 이론들에 어떻게 관련될 수 있을까? 이 질문에 답변하려는 시도는 고대 중국의 철학자에게는 생소하게 들릴법한 생각들을 그에게 시대착오적으로 귀속시킬 위험성을 불러일으킨다. 『논어』그 어디에서도 공자가 의미 이론이라 할 만한(그런 문제에 관한 한 행복과 도덕에 관한 이론도 마찬가지다) 무언가를 제공하려 시도하는 모습을 발견하지 못한다. 밑에서 명확히 하겠지만, 공자가 제공한 것은 잘 살거나 잘못 사는 인간의 삶에 관한 그림이며, 삶에서 중요한 것이 무엇인지에 관한 실질적 논의다.

의미 이론들과 관련하여, 공자의 논의는 객관주의 및 좀 더 구체적으로는 혼합적 자연주의의 견해와 적절하게 연결되는 측면이 있다는 판단을 제안해볼 수 있다. 그는 분명히 쩨쩨한 삶과 고결한 삶을 구분하며, 그러는 동시에 내면적으로 충만한 삶이라는 이상적인 삶의 그림을 구상한다. "어질구나! 안회야말로. 한 그릇 밥, 한 종지 물로 움막살이를 하게 되면, 사람들은 괴로움을 견디지 못하련만, 안회는 즐거운 모습에 변함이 없으니"(『논어』 6.11). 뒤에서 탐구할 가족과 의례에 대한 공자의 관점은 삶을 유의미하게 만드는 것에 관한 현대적 이론과 그의 이론 사이의 중요한 접점들을 드러낸다. (다음 참조 Levy 2005; Metz 2012: esp. ch. 12; Thomas 2005; Velleman 2005.)

공자 가르침의 정수

공자의 가르침은 유의미한 삶에 관한 논의에 도움이 될 수 있다. 특히 삶의 의미에 도움이 될 수 있는 유형의 실천과 가치와 관련해서 그렇다. 비록 이론가는 아니었지만, 그는 현명하고 예리한 인간 삶의 관찰자였다. 그는 무엇이 정말로 중요한 것인지 찾으려 했고, 모든 목적이 똑같이 가치 있는 것은 아님을 이해했다. "참된 인간은 의리에 훤하고, 되잖은 위인은 잇속에 훤하지"(『논어』 4.11). 이에 따라 우리는 공자가 유의미한 삶을 사는 데 결정적으로 중요하다고 생각한 실천과 가치, 더 구체적으로 말하자면, 의례와 가족이라고 하는 실질적 제안들에 초점을 맞출 것이다. 의례건 가족이건 현대 서구의 분석적인 철학에서는 심도 높은 검토 대상이 아니며, 그런 이유 하나만으로도 공자는 삶의 의미에 관한 우리의 이해에 공헌하는 바가 있는 셈이다. 궁극적으로 그에게 동의하건 안 하건 상관없이, 그는 그간 소홀했던 더 주의 깊게 연구해야 마땅한 가치들로 우리는 인도한다. 삶의 의미에 관한 현대의 철학적 논의들은 흔히 고도의 지적 추구(수학적, 과학적, 음악적, 예술적)나 거창한 프로젝트(암 정복, 기아 근절)에 주로 초점이 있다는 점에 주목할 필요가 있다. 그런 가치를 매우 높은 수준으로 구현한 모차르트, 미켈란젤로, 슈바이처, 테레사 수녀 같은 인물들에 초점을 두는 경향이 있는 것이다. 그러나 대개의 인간은 그런 특별한 성취에 중점을 둔 삶을 살지 않는다. 대개의 인간적인 삶은 소박한 즐거움, 이웃 관계, 자녀 양육 등 비교적 일상적인 경험과 활동을 중심으로 형성된다. 삶의 의미 같은 주제들에 대한 논의는 가능한 한 가장 폭넓게 사람들의 삶에 와닿는 가치와 경험을 활용해야 한다. 여기서 2000년이 넘는 세월 동안 동양 문명의 문화 전반에 엄청난 영향을 미친 공자의 사상을 되짚어 보는 일은 우리가 많은 이들에게 소중한 문제들에 계속 기반을 두는 데 도움이 될 수 있다.

예禮

벤저민 슈워츠Benjamin Schwartz는 예를 이렇게 정의한다. "가족 내에서, 인간 사회 내에서, 그리고 저 너머 영험한 영역과 서로 영향을 주고받는 역할들의 연결망 안에서 인간들과 정신들을 한데 묶는 모든 '객관적' 행동 규범으로서 그 안에는 전례, 의식, 예의범절, 일반적 품행 등이 포함될 수 있다"(Schwartz 1985: 67). 첸양 리Chengyang Li의 구절을 빌리자면, 공자 가르침의 근본적 측면으로서 예는 사회적 세계를 헤치고 나아가는 데 필요한 "문화적 문법"을 제공한다. 미리 전제된 문법

구조 덕분에 영어 화자들이 서로의 발언을 이해할 수 있게 되듯이, 예는 기본적인 행동과 반응의 구조와 양식을 제공한다. 낯선 사람들이 줄을 설 때 앞뒤 거리를 얼마나 띄워야 하는지, 적절한 유형의 몸동작이나 불쾌하게 받아들여질 언행 같은 것은 무엇인지 그 어떤 규범도 정해져 있지 않은 세계를 떠올려 보라. 그런 규범이나 행동 규정 같은 것이 없다면 사회적인 삶은 와해되고 말 것이다. 광장에서 우리의 사회성과 공유된 삶을 표현하고 발전시키는 것이 우리 삶의 중대한 의미 원천이라고 할 때, 예는 사회적 친교를 통해 의미를 획득하기 위한 조건들을 확립하는 과정에서 중요한 역할을 한다.

관련해서, 예는 근원적인 인간적 경험을 공동체 구성원을 결속시키는 여러 방식으로 변환함으로써 의미에 이바지할 수 있다. 대학 졸업식 같은 행사의 의례를 생각해보라. 졸업식은 학생, 부모, 가족의 고된 노력, 헌신, 희생에 주목하면서 누군가의 삶에서 벌어진 중요한 사건을 부각한다. 그것은 또한 타인들의 후원을 고맙게 인정하고 시간과 장소를 할애하여 즐거운 축제를 통해 깊은 애정을 표현할 수 있게 해준다. 행사 의례가 잘 진행될 때, 그것은 친밀한 관계를 강화해주는 깊고 풍요로운 경험과 학생들이 각자의 삶을 이끌며 전진해 나가는 데 필요한 추진력을 준다.

유학자들이 많이 다룬 또 다른 사례는 장례식이다. 감사와 긍지 같은 특정한 기본 감정을 올바로 표현할 수 있게 도와주는 졸업식처럼, 장례식은 슬픔이라고 하는 강력하고 근원적인 인간 감정을 올바로 표현할 수 있게 해준다. 공자의 가장 명민한 초기 추종자 중 한 명인 순자荀子는 상례喪禮가 하는 역할의 유의미성을 이렇게 설명한다.

삼년상을 치르는 이유가 뭘까? 말하자면 이렇다. 즉, 그것은 사람의 감정이 우러나는 정도에 맞춰 그 형식을 정한 것이다. 따라서 그것은 모여 사는 예절을 꾸미며 가까운지 먼지, 귀한지 천한지에 따라 더하거나 덜할 수 없는 규정을 구분하는 것이다. 그런 까닭에 그것은 조정되거나 변화되지 않는 법도이다. 상처가 크면 여러 날 간다. 통증이 심하면 회복이 느리다. 삼년상은 사람의 감정이 우러나는 정도에 맞춰 그 형식을 정한 것으로 극에 이른 아픔에 한도를 설정하는 수단이다(『순자』, 3c. BCE, 213).

예는 전통과 문화의 힘을 통해 기쁨과 슬픔 같은 기분을 느끼게 하는 특정한 기본 정서에 모양새를 부여하고 그것들을 표현하는 데 도움을 주며, 그런 정서를 심원한 인간적 경험으로 변환시킨다. 그런 강력한 경험은 우리에게 가장 중요한 것이 무엇인지 상기시켜주면서 우리의 정서적 역량을 키워주고 우리가 인간임을 깊이 느낄 수 있게 도와준다. 작은 사건이나 상호작용 또한 유의미한 삶에 이바지하는 방식이 있음을 평가절하해서는 안 되겠지만, 졸업식이나 장례식이나 결혼식 같은 특별한 기회들이 우리 마음속에서 얼마나 독특한 위치를 점하고 있는지도 인정해야 한다. 흔히 그런 기회들을 통해서 우리는 살아가는 동안에 가장 풍요로운 경험을 형성하게 된다.

가족

효孝라는 덕목에 주목하면서 가족의 가치에 주안점을 두는 것은 유교의 핵심 요소 중 하나이다. 하지만 모든 사람이 그것을 긍정적으로 바라보는 것은 아니다. 버트런드 러셀은 이렇게 언급한다. "효를 비롯해 전반적인 가족의 영향력이 아마도 유교 윤리의 가장 취약한 측면일 것이다. 그 체계가 상식에서 심각하게 이탈한 유일한 지점이 바로 거기다"(Russell, 1922: 40). 반면, 가족이라는 개념은 문화와 시대를 초월하는 흔치 않은 관념 중 하나이며, 지난 세기에 이루어진 경험 심리학의 연구들은 부모나 보호자가 아이에게 미치는 엄청난 영향을 여지없이 입증하였다.[6] 유아나 어린 아동을 돌본 적이 있는 사람이라면 아이의 기본적인 생존만이 아니라 사회적이고 정서적인 성장을 책임지기 위해서도 얼마나 많은 관심과 주의가 필요한지 증언할 수 있을 것이다. 유교 전통은 자녀가 부모에게 마땅히 다해야 할 의무들을 강조하며, 생각과 행동의 특정 표준들을 결정하는 이른바 효라는 덕목에 그런 의무들이 담긴다(『맹자』, 4c. BCE: 4A 19.1). 공자가 보기에, 가족의 맥락 안에서 부모의 가르침을 통해 제일 먼저 생겨나는 가치관과 성품이 우리가 도덕적 행위자로 발달하는 과정에서 근본적인 역할을 한다. 부모에 대한 자연스러운 사랑을 발달시키고 실행에 옮기는 것이야말로 다른 도덕적 가치들의 기초가 되는 것이라고 공자는 믿었다. "참된 인물은 근본 문제를 다루거든. 근본이 서야 길이 트이기 때문이다. 효제의 도가 바로 사람 구실을 하는 길의 근본일 거야!"(『논어』 1.2) 이런 성찰들은 우리가 삶의 유의미성 즉 우리에게 중요한 종류의 활동, 헌신 그리고 선행을 생각하게 되는 방식에서 가족이 결정적인 역할을 한다는 것을 암시한다.

그러나 우리가 의미에 관해 생각하는 방식에 미치는 인식론적인 효과 말고, 가족이 그 자체로 중차대한 의미의 원천으로 구실을 할 수도 있는 것일까? 대부분 사람에게 가족의 유대는 모든 인간관계 중에서 가장 친밀하고 영속성 있는 것으로 자리매김한다. 어떤 이가 가족의

---

[6]   예를 들면, 존 볼비의 대단히 영향력 있는 '애착 이론'(경험적으로 크게 뒷받침받는)은 아이들의 올바른 성장에 미치는 보호자들의 중요성을 입증한다.

가치를 어떻게 생각하느냐 하는 문제는 당연히 그 당사자가 가족의 일원으로서 갖는 특수한 관점에 의존할 것이다. 부모, 자녀, 형제자매, 조부모, 고모와 삼촌이 서로를 생각하는 방식과 그런 가족 내에서 각자가 맡는 독특한 역할과 목적은 모두 유의미한 방식으로 매우 큰 폭의 다양성을 드러낼 것이다. 여기서 어떤 이가 가족과 맺는 관계가 그 사람이 살아가는 삶의 유의미성에 어떻게 이바지할 수 있는지 이해하기 위해 정확히 하나의 관점에만 초점을 맞추기로 하자. 바로 부모의 관점이다. 아이의 탄생을 목격하고 아이의 첫울음 소리를 듣고 첫걸음마를 지켜본다는 것은 의심의 여지없는 기쁨과 의미의 심원한 원천이다. 또한 부모는 아이를 양육하는 데에도 투자를 아끼지 않는다. 부모는 아이가 건강하고 능력 있고 도덕적으로 선량한 성인이 되어 부유하고 행복한 삶을 살 수 있게 해야 한다는 책무를 다하기 위해 열심히 일한다. 인간의 문명과 문화가 걸려 있는 양육 계획 그 자체가 의미와 목적의 중요한 원천이다.

현대 철학자들 사이에서 논의 되고 있는, 우리가 이용할 수 있는 또 다른 개념이 서사성narrativity이다. 우리는 삶 속에서 한 가지 난제와 씨름한다. 바로 우리의 죽음이다. 자녀를 낳아 기르는 일은 어떤 의미에서 "계속 이어나감"의 방식을 제공한다. 자신의 유산과 가치관이 자기 삶 너머로 확장되는 모습을 보게 되는 것이다.[7] 아이는 미래로 이어지는 연결고리를 부모에게 제공한다. 비록 그 부모는 존재하지 않을 미래겠지만 말이다. 그런 방식으로 아이는 부모 서사의 기승전결의 전개를 더 길고 더 진하게 만든다. 부모는 새로운 인간 생명의 목격자가

---

[7] 다른 방식의 "계속 이어나감"이 존재하지 않는다는 말이 아니다. 예를 들면, 자신의 삶이 다하고 난 다음에도 계속 남게 될 조직들을 교육하거나 구축하는 일도 그런 방식에 속한다.

되고 자녀의 발견, 기쁨, 고통을 함께 나누면서 그 기승전결의 서사는 더 진해진다. 부모가 성장하는 자녀의 모습에 관해 때마다 늘어놓는 모든 이야기를 생각해보라(때로는 듣는 이가 짜증이 날 정도다). 그런 이야기들은 자녀의 삶이 부모 자신의 삶과 깊고 친밀한 방식들로 얽히는 행로를 드러낸다. 그렇게 한데 얽힘으로써 부모의 인생 이야기는 자녀의 삶을 통해 확장된다. 자녀가 성년이 되어 자기 부모에 관해 전하는 이야기들, 그리고 그들이 자신의 삶에 이월 받은 문화와 전통 속에서, 그들은 과거와 현재를 잇는 가교를 떠받치는 데 일조한다.

　의미에 관한 광의의 세 범주(이해, 목적, 의의)로 잠깐 되돌아 가보면, 예와 가족 둘 다 세 종류의 의미 모두를 표현하는 서로 다른 방식들을 제공하는 것처럼 보인다. 예를 들면, 예는 우리의 행동과 발언을 타인에게 이해받는 데 도움을 주고(이해-의미), 우리가 고마움이나 슬픔 같은 특정한 기본 정서들을 의도적으로 표현할 수 있게 해주며(목적-의미), 죽음처럼 특별한 의미를 지닌 특정한 사건들을 부각하는 데 도움을 준다(의의-의미). 가족은 우리의 삶에서 목적과 의의를 생성하는 일에 특히 알맞은 것 같다. 최근의 경험적 연구들은 부모는 자녀 없는 사람들에 비해 쾌락과 주관적 행복은 떨어지는 반면 그들보다 훨씬 더 큰 목적의식을 획득한다는 사실을 보여준다(White and Dolan, 2009). 더구나 부모 되기는 자녀 출산처럼 근원적으로 심오하거나 의미심장한 특정 사건들을 낳는다.

　인간 삶의 유의미성이라는 관점에서 예와 가족을 성찰할 때 그 둘의 공통점은 인간관계와 공동체를 건설하고, 강화하고, 유지하는 데 일조하는 방식이다. 인간이 초-사회적 존재라는 사실은 겉보기에는 그냥 명백한 듯해도 실은 대단히 중요하다. 우리가 "자기 바깥으로 이동하여" 자신의 삶을 타인들과 공유함으로써 자신의 삶에 의미를 구축한다는 생각이 그런 근본적 요점을 표현해준다. 조너선 하이트는 이렇게 평한다.

> 근대성의 가장 큰 도전 중 하나는 이제 우리가 스스로 벌집을 찾아야 한다는 것이다. 우리는 혼자 언어를 창조할 수 없듯이 벌집을 혼자 창조할 수는 없다. 하지만 긍정 심리학의 관점은 필수적인 관계를 맺을 수 있는 우리의 능력을 이용하여 사람들과 결속하여 여러 프로젝트에 참여한다면 삶의 의미를 찾을 수 있다고 말한다. 우리는 나보다 더 큰 무언가를 함께 창조하거나 거기에 참여할 수 있다. 우리는 공유된 전통과 공동의 가치관에 깃든 공동의 목표를 추구하기 위해 타인들과 하나가 될 수 있다(Haidt 2010: 100-1).

예와 가족이라는 유교의 기본 틀은 우리 같은 과過-사회적 존재들에게 건강한 벌집을 창조하는 방식으로 이해될 수 있다. 첫째, 우리는 부모와 자식 간의 상호 애착과 돌봄에 단단히 닻을 내린 건강한 가족을 형성해야 한다. 둘째, 우리는 기쁨과 슬픔이라는 깊게 자리한 감정들을 집단으로 표현하게 해줄 뿐 아니라, 우리의 행동을 규제하는 사회적 규범들을 확립하게 해주는 의례들에 참여해야 한다. 예와 가족에 관해 공자가 고취한 특별한 사유들을 어떻게 생각하건 간에, 유의미한 삶이 진공에서 생겨나지 않는다는 유교의 일반적 태도에는 상당한 진실이 담겨 있다. 오히려 그런 삶은 가족, 문화, 전통 안에서 함양되는 것이며, 그런 모든 것들 덕분에 우리는 우리 인간성의 중심인 기본적 성향과 감정을 발달시키고 표현할 수 있게 된다. 이상적인 삶이란 내적으로 충만한 것이어야 한다는 공자의 주장을 고려할 때, 가족 관계는 주관적 차원, 객관적 차원, 특히 혼합적 차원에서 삶에 의미를 보태줄 수 있는 그 럴법한 후보다. 또한 공자와 그의 추종자들에게 예는 실재의 신성함을 드러냄으로써 특히 인간관계 안에 정신적 의의를 전달해주는 것이기 도 했다. 이런 방식으로 예는 또한 우리 삶에 종교적인 의미를 보탤 수 도 있을 것이다. 비록 공자가 객관적, 주관적, 혼합적, 초자연주의적 의 미 등등과 같은 범주들을 명시적으로 사용하지는 않았지만, 가족과 예 에 관한 그의 가르침은 이들 현대적 이론 모두에게 그간 무시해온 유의 미성의 원천들을 알려준다는 점에서 중요한 함의를 지닐 수 있다.[8]

---

[8]   앤 바릴Anne Baril과 미카 로트Micah Lott의 유익한 피드백에 감사한다.

2
부처와 삶의 의미
Buddha

마크 시더리츠Mark Siderits

유효한 출처들에서 알 수 있는 한, 부처(기원전 5세기 때 사람이었던)는 삶의 의미 문제를 명시적으로 다룬 적이 없기에 이제부터 할 이야기는 다소 추측에 가깝다고 해야 한다. 하지만 부처의 설법 속에는 그의 가르침이 존재의 고통 문제를 다루고자 한 것이라는 증거가 넘친다. 즉, 우리가 죽을 운명임을 깨닫는 것이 소외와 절망의 감정이나 삶이 여하튼 '부조리'하다는 느낌을 유발할 수 있다는 사실을 다루려 했다는 것이다. 만약 부처가 제안한 고통의 종식(열반 nirvāna/ निर्वाण)에 이르는 행로가 실제로 그런 문제들을 해결하고자 한 것이라면, 그의 가르침이 삶의 의미 문제에 응답한 것이라는 주장이 성립할 수 있다. 그의 구상에 대한 다른 독법들도 물론 가능하다. 여기서 나는 부처가 의도한 목표가 존재의 고통에 특별히 주목하는 것이라는 독해를 옹호하려 한다. 이런 해석은 삶의 의미 문제에 대한 부처의 응답은 그 의문이 성립하기 위한 전제 조건을 해소하는 것이라는 흥미로운 결과로 이어진다. 즉, 내 삶의 의미가 무엇이냐는 의문이 생겨날 수 있었던 바로 그 '나'가 존재하지 않는다는 사실을 깨달음으로써 고통의 문제를 극복한다는 것이다.

죽음, 의미, 윤회

만약 삶의 의미 문제가 그저 우리가 무엇을 삶의 주된 목표로 삼아야 하는가의 문제라면, 부처는 실제로 삶의 의미 문제에 대한 답변을 제안한 것이라 할 수 있다. 그가 그런 답변을 제안한 유일한 고전기 인도 철학자도 아니다. 인도의 주요 사상 체계 대부분은 윤회의 굴레에서 벗어나는 것을 삶의 목표로 삼아야 한다는 주장을 중심으로 형성된다. 업-윤회라는 이념적 복합체가 인도 사상에 수용된 때와 대략 같은 시기에 이 해탈의 이상이 더 평범한 기존 세 가지 삶의 목표 혹은 목적(아르타 artha)인 감각적 쾌락, 부와 권력, 그리고 덕과 명성의 목록에 보태졌다. 원래 목록에는 순위가 없었던 것으로 보이지만, 해탈이라는 새로운 목적을 제안한 사람들은 해탈이야말로 추구할 가치가 있는 유일한 목표라고 주장하였다. 그들의 발상은 업보(카르마 karma)가 작용하는 방식에 대한 이해에 근거를 둔 것이었다. 업보의 기본 발상은 모든 의도적 행위는 나중에 그 행위자에게 쾌락적이거나, 고통스럽거나, 중립적인 결과를 낳으며, 의도의 윤리적 성격이 그 결괏값을 결정한다는 것이다. 업보에 따른 결과가 죽기 전에 모두 실현되는 것이 아니기 때문에, 행위자는 자신의 수준에 어울리는 쾌락적 특성을 보장하는 환경 속으로 다시 태어날 것이다. 우리가 이런 윤회(삼사라 saṃsāra)의 고리를 끊어야 하는 이유를 말하자면, 보통의 답변은 자신의 참된 본성에 대한 오도된 관점이 부추긴 행위들, 이를테면 감각적 쾌락의 상태나 부와 권력을 통해 잘 살게 되는 종류의 행위는 진정한 행복을 불러올 수 없다는 것이다. 여기서 행복(에우다이모니아 eudaimonia)에 관한 아리스토텔레스의 견해가 되풀이되고 있는 것은 분명하다. 즉, 우리는 오로지 자신의 참된 본성을 드러내고 발전시킬 수 있는 행위들을 목표로 삼을 때만 참된 행복을 성취한다는 것이다. 이 인도 사상가들이 보기에 윤회의 굴레에 속박된다는 것은 본인이 정말로 누구인지 아직 깨닫지 못했다는 징후다.

부처는 해탈의 가치에 대한 이런 설명에 찬동하지 않는다. 그것은 불교의 핵심 교리인 무아無我(안아뜨만 anātman)와 양립할 수 없기 때문이다. 실제로 '아뜨만ātman'이라는 용어는 '자아' 혹은 더 폭넓게는 '본질'을 의미할 수 있다. 무아의 교리는 정확히 말해 인격의 본질 같은 것은 없다는 주장이다. 그래서 불교의 과업에는 인도의 다른 해탈적 구원론에서 작동하는 행복주의 패키지가 들어설 여지가 없다. 그렇다면 어째서 부처는 윤회에서 벗어나는 것을 이상적인 상태라고 주장한 것일까? 그 답변은 한마디로 말해 고苦, 즉 고통이다. 부처는 일상적으로 살아가는(즉, 실재의 본성에 관해 무지한 상태인) 감각적 존재는 대개 고통스럽다고 주장한다. 또한 우리가 윤회를 믿는다면, 이번 생으로 이어진 연쇄적 생의 시초를 알 길이 없으니 우리는 이미 상상을 초월하는 엄청난 양의 고통을 겪어온 셈이며 어떤 조치들이 취해지지 않는 한 그 연쇄는 한없이 계속될 수 있다.

한데, 설령 우리가 윤회 가설을 받아들이더라도 어떤 생의 연쇄는 행복의 무게가 고통보다 더 클 수도 있다는 주장이 여전히 가능할 것처럼 보인다. 특히 우리가 업보의 인과적 법칙을 알고 있다면, 연쇄 속 특정 생들에서 고통이 우세해지지 않도록 인생사를 조정할 수도 있을 것 같다. 후대의 불교 전통에서는 사람들이 흔히 쾌락으로 분류하는 경험을 포함해서 모든 경험을 고통으로 특징짓는 것이 불가피하다고 주장하는 방식으로 이 문제에 대응하려는 여러 시도가 발견된다. 그러나 그런 시도는 나중의 일이다. 부처의 설법 자체에서는 다른 내용이 발견된다. 고통의 원천으로서 죽음에 초점을 둔 것이다. 이것은 부처의 전생인 비바시불毗婆尸佛, 비파신의 설화 안에 분명하게 명시되어 있다. 그가 태어났을 때 점쟁이가 그가 장차 만국의 군주가 되거나, 아니면 고통의 종식에 이르는 행로를 발견하고 가르치는 고행자가 되리라고 예언한 것이다(Dīgha Nikāya, trans. Walshe 1995: 14). 비바시불의 아버지는 전자의 결과를 보장해주고자 아들이 호사스러운 주위 환경에 둘러싸여 살게 한다. 그러나 어린 왕자는 나흘 연속으로 노인, 병자, 시체, 은둔자를 난생처음 목격한다. 그는 가장家長의 삶을 포기하고 고통을 종식시킬 길을 찾기 시작한다. 그렇게 해서 노화, 질병, 죽음의 삼중주는 부처의 가르침이 치유하고자 하는 고통의 상징이 된다.[1]

어떤 설법에서는 부처가 표적으로 삼은 고통에서 죽음이 두드러진 역할을 한다는 사실이 잘 드러나기도 한다. 거기서 부처는 타인의 크나큰 고통과 죽음을 관찰한 경험을 가문의 수장으로 사는 삶을 확실히 단념하는 길로 처음 나서게 한 자극제로 지목한다(Aṅguttara Nikāya, trans. Bodhi and Nyanaponika Thera 2000: 4.113). 고통의 종식에 이르는 경로에서 중요한 부분으로 죽음에 대한 명상을 장려하는 내용 역시 풍부하다(예를 들면 ibid.: 6.19-20). 부처 가르침의 정수인 사성제四聖諦를 듣게 되면 신들도 두려움을 느낀다고 말해진다(ibid.: 4.33). 신들의 불안은 명백히 그 가르침으로 인해 결국 자신들도 불멸의 존재가 아니라는 사실을 깨달은 데서 비롯된다.[2] 우리는 『랏타빨라경Raṭṭhapāla Sutta』에서 어째서 그러한지 말해주는 무척 애처로운 암시를 발견한다. 거기에는 어떤 왕이 열반을 추구하기 위해서라면 자신의 지위마저도

---

[1] 예를 들면, 『상응부 경전Saṃyutta Nikāya』의 연기경緣起經, Paṭiccasamuppāda Sutta에서 발견되는 연기설緣起說의 공식을 보라(trans. Davids 1950-56: 12.1-2).

[2] 불교의 유명한 무신론은 영원한 창조자를 부인하는 데서 유래한다. 물론 불교는 강력하기는 해도 역시 죽음을 면치 못하는 신들로 이루어진 표준적인 인도의 만신전을 인정한다.

포기할 용의가 있는 까닭을 설명하는 대목이 있다. "내가 지금 즐기고 있는 이 다섯 가지 유력한 쾌락들은, 내 업이 명하는 곳으로 가게 되면, 다른 사람들이 가져다 누릴 것들이다"(*Majjhima Nikāya*, trans. Ñāna-moli and Bodhi 1995: 82). 죽음이 불러올 귀결에 대한 이런 깨달음, 즉 자기가 존재하지 않게 되어 지금 자신의 삶에서 중요한 의미가 있다고 여기는 것들을 더는 누리지 못할 때 그것들이 다른 사람들의 손에 넘어가리라는 깨달음이 흔히 불멸성의 욕망에 불을 지핀다. 하지만 만약 (그 왕처럼) 윤회를 믿는다면, 오히려 열반에 이르지만 않으면 삶의 연쇄는 무한정 연장될 수 있을 것이다. 따라서 이 문제에는 단지 나 없이 잔치가 계속될 것이라는 의식만이 아닌 그 이상의 무언가가 틀림없이 개입되어 있다. 만약 윤회가 전체 그림의 구성 요소 중 하나라면, 나는 죽더라도 다른 곳에서 열리는 다른 잔치에 참석할 수 있게 될 텐데, 죽음이 뭐 그리 특별할 게 있단 말인가?

서사성과 고통

나의 제안은 이것이다. 우리가 개인의 삶을 행복 추구 프로젝트로 여긴다는 사실이 지금까지의 설명에서 빠져 있다는 것이다. 사람은 자기-감시, 자기-통제, 자기-개선의 능력이 있다. 우리 같은 유형의 시스템에는 인지적 한계가 있으며, 그런 능력은 시스템이 자신을 자기 신체와 뇌 그리고 자신이 살아가는 삶의 소유자이자 통제자로 여기게 될 때 가장 잘 발휘된다고 한다. 그리고 그런 시스템이 자신을 자기 삶의 소유자로 여긴다는 것은 그 삶을 자기가 써나가는 서사로 바라본다는 말이다. 그런 식으로 삶을 바라본다는 것은 삶을 채우는 사건들을 하나의 거대한 서사에 이바지하는 요소들로 바라보는 것이다. 행복이란 그것이 언제나 평가적 요인을 수반한다는 바로 그 점에서 단순 쾌락과는 구분되어야 한다. 사람은 자신이 누구이고 어디로 가고 있는지에 대해 긍정적인 평가를 들려줄 것으로 보이는 사건들 덕분에 행복해진다. 자기 삶을 자기가 직접 써내려가는 서사로 바라본다는 것은 삶이란 "오직 전에 일어난 일들을 성찰하고, 그 일들을 장차 일어날 일들에 대한 미래 전망에 비추어보고, 그 모든 일이 지금 일어나고 있는 일들과 잘 정렬되도록 그 구성 요소들을 끊임없이 조율해 나감으로써만, 회고적으로 완전히 이해되고 평가된다는" 태도를 견지하는 것이다(Wagner forthcoming: 3). 자, 그렇다면, 윤회가 작동한다는 방식을 고려할 때, 내세 삶의 전망은 죽음의 번뇌를 누그러뜨리지 못한다. 왜냐하면 뒤이은 생이 이번 생에서 한 일들의 업보가 낳은 소산이라 하더라도, 그것을 이번 생을 살면서 자신이 직접 써내려가고 있는 서사의 연속으로 간주할 수는 없기 때문이다. 인간으로 다시 태어난다는 보장도 없을뿐더러 대개는 기억의 연속성도 없다.[3] 미래의 생에서 벌어질 상황들이 일정 정도 이번 생에서 수행한 행위들에 따라 결정되는 것이라 해도, 우리가 그때 가서 지금 상황들이 지난 생에서 수행한 행위들 덕분에 벌어진 것이니 결국 지난 생에서 수행한 그 행위들이 유의미했던 것이라고 깨닫게 될 재간은 없을 것이다. 윤회의 가능성은 죽음이 행복 추구 프로젝트를 침식하는 방식을 바꾸어놓지 않는다.

게다가 이 프로젝트는 일종의 쾌락적 다단계 사기로 간주할 수도 있다. 다단계 금융사기는 잠재적 투자자 후보군이 무한하다는 가정 위에서 성립한다. 바로 그 가정이 거짓이기 때문에 이 수법은 필연적으로 무너진다. 유사하게 행복 추구 프로젝트도 내 삶에 해당하는 이야기가 무한정 길어질 수 있다는 가정 위에 성립한다. 설령 내가 죽은 후 단지

---

3   전생에 대한 기억은 요가 수행을 통해서 획득되는 특별한 능력 중 하나라고 전해진다.

36

소멸하는 게 아니라 다음 생들이 연이어 뒤따른다고 하더라도, 언젠가는 그때까지 내 생에서 벌어진 사건들이 그 생을 살아온 이야기에 이바지함으로써 의미를 부여받는 일이 더는 가능하지 않은 시점에 이를 것으로 예견할 수 있다는 사실은 이 의미-부여 프로젝트 전반에 의구심을 드리우게 한다. 그러므로 윤회를 수용하는 불교도라면 존재의 고통을 모면하는 삶을 성취하기 위해 "우리에게 살아야 할 이유를 제공하는 모든 욕망을 포기"해야 한다고 말한 스티븐 루퍼-포이Steven Luper-Foy의 견해에 동조할 수 있다(Luper-Foy 1989: 252).

지금 루퍼-포이는 에피쿠로스식 프로젝트와는 반대되는 견해를 주장하고 있다. 그가 이해한 바에 따르면 에피쿠로스식 프로젝트가 죽음의 번뇌를 제거한다는 목표를 이루기 위해 채택한 방식은 어떤 욕망이건 그것의 충족이 당사자의 생존을 전제하지 않는 것이라면 모조리 내버리라는 것이다. 불교도라면 그런 프로젝트를 거부하는 데 동의할 수 있을 것이며, 그것이 부처가 '단멸론annihilationism'으로 알려진 견해를 거부한 배경처럼 보인다.[4] 불교도는 그런 견해를 채택하지 않아도 행복 추구 프로젝트가 초래한 존재의 고통이 극복될 수 있으리라 주장한다. 그 이유는 불교도는 어떤 삶 속 사건들이 의미를 지닌다고 말해질 수 있는 바로 그 대상의 존재를 부인하기 때문이다. 모든 사정을 고려했을 때 지금의 삶이 지속되는 편이 더 나을 수도 있겠지만, 그런 사실로 인해 "살아야 할 이유"가 제공될 수 있는 당사자로서의 '나' 같은 것은 존재하지 않는다고 그들은 주장한다.

부처는 자신의 견해를 상주론과 단멸론이라는 양극단의 사이의 '중

---

[4] 사후단멸론Ucchedavāda. 자세한 내용은 *Alagaddūpmasutta* (*Milindapanho*, trans. Rhys Davids 1965: 22)를 참고.

도'라고 기술한다. 상주론常住論은 인간이 영원하다는 견해다. 그것은 흔히 심·물리적 복합체와 별개로 존재할 수 있는 영원한 자아의 존재와 관련된 것으로 이해된다. 이 견해에 따르면, 해탈이란 업보-윤회의 순환을 멈춤으로써 그 자아가 자신의 참된 본성을 누릴 수 있게 되는데 있다. 두 번째 견해인 단멸론은 죽음이란 한 인격의 멸절이라고 주장한다. 그런데 이 두 견해 사이에 '중도'라는 세 번째 견해가 어떻게 있을 수 있다는 말인지 이해하기 어렵다. 가령 사람이 여러 번의 생을 살다가 어떤 특별한 죽음을 맞이하여 삶을 멈춘다는 식으로 말할 수 있을지 모르겠으나, 그런 견해라면 그저 단멸론의 변형으로 간주해야 할 것이다. 그러나 부처의 중도는 그 두 견해에 공통된 가정을 거부하는 것에 해당한다. 즉, 죽어서도 지속하거나 죽어서 멈추거나 하는 생의 소유자로서의 바로 그 인격 같은 것이 존재한다는 가정이다. 무아無我의 교리가 의도하는 바는 정확히 말하자면, 삶을 구성하는 사물들과 사건들이 존재하지만, 그 삶의 소유자로 여길 수 있는 존재는 없다는 것이다. 그렇게 해서 '나'라는 것이 도무지 존재하지 않기에 간단히 말해 내 삶의 의미의 문제도 생길 수가 없다.

허구로서의 인간

삶에 주인이 없다는 말이 어떻게 참일 수 있는지 설명하는 일이 당연히 쉬운 작업은 아니다. 불교의 전략은 두 갈래이다. 하나는 상주론을 수용하는 사람들이 요구하는 단일한 자아 같은 것은 없다고 주장하는 것이다. 다른 하나는 심·물리적 요소들을 적절히 배열하여 형성된 하나의 총체로 이해되는 인격이란 단지 개념적 구성체일 뿐이라고 주장하는 것이다. 자아 비존재를 옹호하는 표준 논증은 경험적으로 주어진 심·물리적 요소 중 어느 것 하나도 한 번의 생애만큼 오래가지 않으며,[5]

자아를 상정해야 할 필요가 있다고 여겨지는 통상적인 경우들(예를 들면, 일화적 기억이나 성격의 연속성, 두 개의 감각이 특정 지각에 동시에 작용하여 통합되는 현상 등등)에서의 연속성은 자아 대신 심·물리적 요소들 사이의 인과적 연결을 통해 설명될 수 있다고 주장한다. 더 어려운 과제는 인격이란 구성체이고 따라서 엄밀히 말하자면 실제로 존재하는 것이 아니라는 주장을 옹호하는 것이다. 그런 주장을 옹호하는 쪽으로 나아가는 길은 먼저 부분전체론적 허무주의mereological nihilism라는 일반적 견해를 옹호하고 그런 다음 그런 견해를 하나의 특수 합성체로서 인격의 사례에 적용하는 것이다. 합성체가 실제로 존재한다는 주장에 반대하는 논증은 이런 식이다. 즉, 만약 합성체와 그것의 구성 요소들이 똑같이 실재하는 것이라면 합성체는 적절히 배열된 그것의 구성 요소들과 같거나 다를 것이다. 그 합성체에는 구성 요소들에는 없는 속성(이를테면, 수적으로 하나라는 속성 같은)이 있다는 근거에서 둘의 동일성은 배제된다. 둘이 같지 않고 구별된다는 것은 그 합성체가 그것의 각 구성 요소들 안에 완전히 포함되어 있든지, 아니면 부분적으로 포함되어 있든지 해야 함을 의미할 것이다. 전자는 상충하는 속성들의 공동 거주로 이어지고, 한편 후자는 '부분적으로'의 무한 퇴행으로 이어진다.[†6] 그렇다면 엄밀히 말해서 합성체는 존재하지 않는다는 결론이 따

---

5   실제로 후대의 불교도들은 찰나보다 더 오래 존재하는 것은 아무것도 없다고 주장한다.

6   이 논증은 후기 경전에서 전개된 것이다. 하지만 부처가 임석한 자리에서 비구니 와지라Vajirā가 했다고 전해지는 말에서 이미 엿보인다. (그리하여 추정컨대 그의 승인이 있었던 것 같다.) *Milindapanho*, trans. Rhys Davids 1965: 28을 보라.

†   전자는 합성체가 구성 요소들 안에 완전히 포함됨으로써 이를테면 '수적으로 하나'라는 속성과 '수적으로 다수'라는 상충하는 속성이 구성 요소들 안에 동시에 존재하는 불합리한 결론에 이르게 되고, 후자는 합성체의 일부분이 구성 요소들 안에 포함됨으로써 그 포함된 일부분이 구성 요소들과 같은 것인지 다른 것인지 원래 문제로 되돌아가 이 논증이 무한히 되풀이될 수밖에 없는, 마찬가지의 불합리한 결론에 이르게 된

라 나온다고 말할 수 있다. 따라서 불교도들은 인격은 단지 상투적 표현에 불과하다는 파핏(Parfit, 1984: 223)의 견해에 동의할 것이다.

부처는 무아관無我觀이 매우 반직관적임을 잘 알고 있었다. 그가 고통의 종식을 추구하는 이들에게 가르친 행로는 명상과 철학적 반성이라는 동등한 요소들로 이루어진 고된 수행을 수반한다. 명상은 '나'라는 느낌을 강화하는 정신적 습관들을 뿌리 뽑기 위함이고, 철학적 반성은 명상 속에서 관찰된 정신적 과정들을 궁극적으로 비인격적인 구성 요소들로 분석하기 위함이다. 하지만 큰 노력이 드는 이 행로의 여러 수행을 받아들이기 꺼리는 평신도들에게 말씀을 전할 때, 그의 가르침은 대개 업보와 윤회에 대한 논의와 그에 수반한다고 여겨지는 도덕 규범들에 한정된다. 후대의 해설자들은 그런 불균형을 부처의 교수 기법의 일례로 설명하였다. 그는 평신도들에게 도덕적 계율에 복종할 것을 권유함으로써 그들이 가정을 꾸리는 삶을 단념하는 쪽으로 나아가도록 돕고 있던 것이다. 그것은 고통의 종식에 도달하는 열쇠가 되는 단계이다. 이런 가르침 유형의 차이는 불교 철학자들이 끌어낸 규약적 진리와 궁극적 진리 사이의 추가적인 차이로 이어졌다. 규약적 진리란 합성체들에 대해 규약적인 지시어들을 사용할 때처럼 사물들이 어떠어떠하다고 말해질 수 있는 방식에 관한 것이며, 궁극적 진리란 우리의 이해관계와 인지적 한계를 용인하지 않는 방식으로 사물들을 기술할 때처럼 그것들이 마음에서 독립하여 존재하는 방식에 관한 것이다. 이 차이 덕분에 불교도는 인격성 규약의 강력한 직관적 끌림을 설명할 수 있게 된다. '인격'은 단지 열거형 용어에 불과하지만('쌍', '총합', '무더기' 같은), 우리 같은 인지 체계에 그런 용어가 지닌 유용성

다는 논증이다.

은 우리의 개념 경제에서 그 용어가 중점적 역할을 하는 것으로 이어진다. 그러나 이런 언급은, 인격성 개념을 사용하는 것이 존재의 고통이 펼쳐질 무대를 마련하는 것일 수 있지만 나름의 이점 또한 반드시 갖고 있음을 인정하는 것이다. 인격들은 제거되는 것이 아니라 축소되어야 한다.

이 점은 심적 물리적 요소들의 인과적 연쇄를 편리하게 가리키던 인격성 개념을 사용하지 않을 때 어떤 일이 벌어질지 검토한 후기 경전의 초창기 문헌에 꽤 명확하게 제시된다(*Milindapanbo*, trans. Rhys Davids 1965: 40). 그렇게 되면 임신한 여인이 출산한 여인과 같지 않을 것이며, 어린 학생은 장차 자라서 많이 배우게 된 성인과 같지 않을 것이고, 유죄 선고를 받은 범죄자는 그 범죄를 저지른 사람과 같지 않을 것이다. 이런 사례로 보여주려는 것은 인격성 규약이 주는 이점, 즉 고통의 예방이다. 엄격히 말해 임신하고 출산한 바로 그 사람이라 할 수 있는 것은 존재하지 않지만, 임신 중에 임신부와 태아의 건강을 소홀히 함으로써 귀결되는 고통 같은 것은 근원적으로 존재한다. 동일 시, 즉 심·물리적 요소들의 인과적 연쇄에서 앞쪽과 뒤쪽을 현행 시스템의 시간적 부분들로 간주하는 관행은 그런 고통을 방지하는 유용한 방식이다. 새로 임신한 여인이 자신을 미래의 어머니로 여긴다면 미래의 산모와 유아의 건강을 증진하는 일을 할 가능성이 더 크다. 마찬가지로 학식 높은 성공한 어른을 미래의 자아로 생각하는 어린 학생은 참고 버티며 공부할 가능성이 더 크다. 그리고 유죄를 선고받은 범죄자가 해당 범죄를 저지른 자와 동일시된다면 그는 처벌을 정당한 것으로 간주하고 앞으로는 범죄를 저지르지 않겠다고 결심할 가능성이 크다. 그러므로 우리가 인격성 규약을 사용하는 것이 비록 존재의 고통이 전개될 무대를 마련하기는 하지만, 거기에는 이득이 되는 측면도 있다.

만약 일상적 삶의 실시간 변화들에 대처하고자 한다면, 분명히 심·물리적 요소들의 시스템을 지시하는 어떤 약칭의 장치가 필요하다. 인격과 관련하여 환원주의자가 되느냐 제거주의자가 되느냐의 문제는 우리의 인격성 개념을 심적 물리적 요소들을 한데 묶어주는 어떤 다른 방식으로 대체함으로써 그 개념이 수행하는 일을 개선할 수 있느냐 없느냐의 문제이다. 한 가지 유명한 대체 제안은 인칭 대명사나 여타 유사 장치를 사용하여 단지 그렇게 동시에 존재할 뿐인 상호 연결된 심·물리적 요소들을 지칭하는 것이다. 요점은 그렇게 되면 나는 인과 연쇄(현재의 상호 연결된 요소들의 집합이 그 연쇄의 한 단계를 이루는)의 과거 및 미래 단계들과 동일시할 수 없으리라는 것이다. 이로써 나는 존재의 고통을 면하게 될 것이다. 부처가 가르친 무아의 요지가 한 마디로 '찰나를 살아야 한다'라는 것이라고 말하는 이들은 부처가 이때 염두에 둔 것이 바로 이런 제거주의라고 생각하는 것 같다. 임신부, 학생, 기결수의 사례들은 이 해석이 잘못임을 보여준다. 그러면 인격에 관하여 환원주의자가 된다는 것은 무슨 의미일까?

K라는 종에 속하는 사물들에 관하여 환원주의자가 된다는 것은 그 종에 속하는 존재자가 단지 어떤 특정한 방식으로 배열된 더 특수한 종에 속하는 존재자일 뿐이라고 주장하는 것이다. 이 '단지 ~일 뿐이다' 안에는 많은 해악이 도사리고 있다. '~이다'는 동일성을 암시하지만, '단지'는 존재론적 후보 신세라는 더 약소한 지위를 암시한다. 두 개의 진리라는 불교의 교리는 이 난제를 우회하는 길을 제안한다. 즉, 그 환원당하는 존재자를 유용한 개념적 구성물들이 거주하는 영역으로 추방하는 것이다. 그럴 경우, 그 환원당하는 존재자는 그저 우리가 실재한다고 취급하는 덕분에 실재한다고 여겨지는 것이므로 그런 존

재자가 궁극적으로 실재하는 환원의 기반과 같은 것인지 다른 것인지의 문제는 생기지 않는다. 물론, 인격을 유용한 허구로 간주하는 것은 그것이 지닌 유용성의 궁극적 원천에 대한 탐구를 유도한다. 앞선 세 가지 사례는 우리에게 올바른 방향을 가르쳐준다. 미래의 어머니, 학생, 범죄자 같이 지속하는 인격들이 궁극적으로는 그 자체로 실재하는 것은 아니지만, 그들의 현재 행동이 일으키거나 막을 수 있는 미래의 고통은 궁극적으로 실재할 것이다. 인격성 개념은 고통의 방지를 위하여 채택된 알고리즘이다. 물론 모든 알고리즘이 그렇듯, 이것도 더 섬세하게 분석한다면 저지르지 않을 실화失火를 때때로 저지르곤 한다. 여기서 실화란 존재의 고통이다.

열반과 삶의 의미

때때로 불교적 실천의 목표인 열반은 어떤 서술도 가능치 않은 초월적 상태라고 주장되곤 한다. 이런 주장은 부처가 한 말, 아니 하지도 않은 말의 오독에 기초한 것이다. 불교는 열반, 즉 고통의 종식을 두 종류로 구분한다. 남은 것이 있는 종식과 남은 것이 없는 종식이다. 여기서 문제의 그 '남은 것'은 삶의 지속을 부추기는 업보의 씨앗에 관한 것이다. 부처의 행로가 완료되었다는 것은 이번 생이 끝났을 때 다시 태어나지 않는다는 것을 의미하지만, 이번 생 동안에 소진되어야 하는 과거 행위들로 인한 잔여 업보는 여전히 남아 있을 수 있다. 사람들은 당연히 남은 것이 없는 종식이란 과연 무엇인지 궁금해했다. 죽고 난 후의 그 해탈한 인간이란 대체 어떤 존재란 말인가? 부처는 이 질문에 답변을 거부했다. 어떤 이들은 그의 거부를 열반이 말로 담아낼 수 없는 상태임을 보여주는 증거로 여긴다. 하지만 실은 그의 침묵은 그 질문이 해탈한 인간 같은 것이 있다고 하는 잘못된 가정을 하고 있다는 사실에서 비롯된 것이다. 우리가 인격에 관한 말들을 더는 입에 올리지 않고 궁극적 진리를 고수하게 되면, 남은 것 없이 종식될 때 무슨 일이 벌어지는지 더없이 명료한 설명을 제공할 수 있다. 인과 연쇄의 지속으로 여길만한 방식으로 배열된 심적 물리적 요소들의 후속 집합체는 없다는 것이다. 이것을 해탈한 인간의 소멸로 받아들인다면 잘못일 것이다. 하지만 그런 잘못이 저질러진 셈이다.

그렇지만 우리가 바라봐야 하는 것은 남은 것이 있는 종식이다. 그것이 바로 존재의 고통이 없는 삶이란 어떠해야 하는지를 보여주기 때문이다.[7] 이제 인격성 규약의 배후에 있는 (암묵적인) 근본 원리를 더 잘 이해하게 되었으니, 우리는 어째서 해탈한 인간의 삶이 대단히 의미 있어 보일 수 있는지 알 수 있다. 해탈을 성취한 사람들은 다른 이들이 이 목표를 달성할 수 있도록 열심히 돕고자 할 것이다. 그래서 죽음의 번뇌를 없애기 위해 해야 한다고 많은 이가 말하는 바로 그 일을 하고 있을 것이다. 즉, 자기 자신을 넘어서는 프로젝트에 착수하는 것이다 (예를 들어 Nozick 1981: 73을 보라). 그리고 그런 해탈한 인간은 자신의 삶을 그런 어떤 이야기의 렌즈를 통해 볼 수 있을 것이다. 하지만 설령 그렇다 해도, 어떤 이의 삶의 의미에 관해 듣게 되는 모든 이야기는 고통을 종식하기 위한 행위를 준비하는 효율적인 도구일 뿐이라는 것을 알기에 거기에 완전히 빠져드는 일은 없을 것이다. 고통의 주체로 이바지하는 '나'가 존재하지 않는다고 할 때 중요한 것은 언제 어디서 발생하건 상관없이 고통을 막아야 한다는 것뿐이다. 그 이야기가 어떻게 끝나는지 내가 곁에서 지켜볼 수 없다는 사실은 중요치 않다.

---

[7] '나' 감각의 근절이 어떻게 존재의 고통을 일소할 수 있으며, 그런 상태가 무엇과 같아 보일지에 대해 더 많은 내용을 알고 싶다면, 다음을 보라. Strawson 2017: 81.

3
위야사와 삶의 의미
vyāsa

아린담 차크라바르티Arindam Chakrabarti

우리가 무의미한 고통 속에서 삶을 갈망하며 매달리는 방식

옛날 옛적에 어떤 브라흐마나(학식이 높은 고귀한 사람)가 사납게 울부짖는 맹수들이 득시글한 무지막지한 밀림에서 길을 잃었다. 잔뜩 겁에 질린 그 사람은 그 무시무시한 원시림에서 이리저리 내달려 보았으나 흉포한 야수들에게서 도망칠 수 없었다. 무서운 마녀가 숲에 그물을 빙 둘러 쳐놓았기 때문이다. 게다가 대가리가 다섯 개 달린 몹시 불쾌한 형상의 아주 키 큰 뱀 여러 마리가 그를 향해 쉿 소리를 내면서 숲을 지키고 있었다. 정신없이 돌아다니던 그 브라흐마나는 거친 덩굴과 키 낮은 관목들로 감쪽같이 가려진 구덩이에 빠졌다. 덩굴에 발이 얽히는 바람에 그 사내는 잭프루트 열매처럼 거꾸로 대롱대롱 매달렸다. 구덩이 밑바닥에는 거대한 뱀이 똬리를 틀고 있었고, 구덩이가 벌리고 있는 아가리 주변에는 얼굴이 여섯에 발이 열두 개인 거대한 검은 코끼리가 어슬렁거리고 있었다. 그 후피동물은 덩굴로 덮인 구덩이 쪽으로 점점 다가왔고 덩굴 여기저기에서는 윙윙 소리를 내는 악의에 찬 벌떼가 커다란 벌집에 모아 놓은 꿀을 마시고 있었다. 대롱대롱 매달린 사내는 어떻게 해서든 그 꿀을 몇 방울이라도 핥아먹으려고 여러 차례 애를 썼다. 배가 부를 리 없는 그는 더 많이 갈망했다. 이런 상황에조차 그는 삶에 냉담해지지 않았다. 수많은 흰 쥐 검은 쥐가 그 덩굴나무의 뿌리를 갉아 먹고 있었다. 짐승들에 대한 그의 터무니없는 두려움, 숲을 지키는 사나운 여인, 웅덩이 밑바닥의 저 뱀, 구덩이 가장자리 주변 가까이에 있는 저 코끼리, 저 쥐들이 덩굴을 갉아 먹는 바람에 바닥으로 떨어질 가능성, 꿀을 놓고 경쟁 중인 저 독침 쏘는 벌떼의 위협에도 불구하고, 이 가련한 인간은 자신의 삶을 계속 이어가겠다는 희망을 결코 잃지 않았다.

『마하바라따Mahābhārata』의 끝부분에서(Vyāsa, MBh XI.5) 위야사는 이 우화를 전하면서, 예를 들면 여기서 생명의 덩굴을 갉아 먹고 있는 흰 쥐와 검은 쥐는 낮과 밤을 상징하는 것이라고 들춰내며 이야기보따리를 푼다. 그러면서 위야사는 비두라를 시켜 눈먼 드리따라쉬뜨라에게 그렇게 말도 안 되는 곤궁에 처한 사람이 단지 그 자만이 아니라고 말하게 한다. 의미 없는 고통은 우리 모두의 운명이기 때문이다. 대량 학살극으로 확산해 가는 왕실의 반목을 다룬 이 대서사시의 저자가 바로 위야사다. 정력적인 위야사는 드리따라쉬뜨라와 비두라 둘의 친부로 자신의 이야기도 그 서사시 속에 집어넣었다. 인간의 고통을 과거에 저지른 죄악의 당연한 귀결이라고 '설명'하는 공식적인 베다의 업業 교리를 명백히 수용하기는 하지만, 위야사의 『마하바라따』에서는 마치 리어왕이 "아이고, 아이고, 아이고, 아이고!" 하고 울부짖듯이 아무 잘못도 저지르지 않은 아들들과 연인들의 죽음과 불행을 애도하는 비탄의 소리가 결정적인 대목들에서 울려 퍼진다. 그렇게 구체적인 형태로 나타난 터

무너없는 고통 앞에서 위야사는 육체와 정신의 고통이란 곧 삶의 시작과 중간과 끝을 구성하는 것이므로 누구든 그런 고통을 이해해야 한다고 강조한다. 소유물이 늘어나고 그런 소유물에 망상적인 자아를 더 많이 투입하게 될수록 그런 고통도 늘어난다. '내 것'(산스끄리뜨어에서 '마마(ma-ma)'라는 두 글자로 표현되는)의 감각을 단단히 붙잡는 것은 죽음의 주문을 읊는 것이며, 반면 소유성을 포기하고 "내 것 아님 (na-ma-ma)"을 인정한다면 죽음을 초월한다(*MBh* XII.213.18/19).

그러나 그렇게 소유적 자아의 손아귀 힘이 풀리게 만들려면, 우선 "고통의 미美"를 느껴볼 필요가 있다(Hudson 2013을 보라). 그것은 노화, 풀 수 없는 도덕적 난제, 사랑하는 사람의 죽음 등을 맞이하는 인간적 취약성이라는 진리를 무심하게 즐기는 취향을 말한다. 이런 윤리적 전환 이후에 현세에서 우리의 활동적 삶은 잔인과 탐욕 없이 타인을 적극적으로 돌봐주는 삶이 될 수 있다.

위야사가 보기에, 이렇게 어디나 존재하는 고통의 무의미함은 이기주의, 집착, 그리고 피해를 자초해놓고 운명이나 신, 기타 다른 외적 원천들을 비난하는 잘못 등과 같은 인간의 어리석음을 의미한다. 하지만 백과사전적인 제12권에서 현명한 백조는 오로지 인간만이 폭력에 폭력으로 복수하겠다는 부도덕한 충동에 저항할 수 있다고 말한다. 그리고 그렇게 용서하고 인내할 수 있다는 점에서 "인간성보다 더 고귀한 것은 없다!"

삶이 (단일한) 의미를 가질 만한 것이기나 할까?

단도직입적으로 말하자면, 오로지 단어나 문장만이 의미를 가질 수 있다("*S*는 *p*를 의미한다"). 일부 사건이나 자연의 조짐들은 인과적 의미를 가질 수 있다("이 두드러기는 홍역을 의미한다", 혹은 "저 구름은 태풍이

임박했음을 의미한다"). 어떤 인간 행위나 규약적 신호는 목적적 의미를 가질 수 있다("그녀는 손을 들어 발언권을 얻으려 했다"). 그러나 삶 전체, 혹은 인간적 삶 전반이 어떻게 그런 의미론적, 인과적, 몸짓-기호학적 의미를 가질 수 있는가? 위야사는 결코 "삶의 의미란 무엇인가?"라고 질문하지 않는다. 모르면 몰라도 아마 그는 그 질문이 "기하학이 무슨 맛이냐?"는 질문만큼이나 무의미하다는 테리 이글턴Terry Eagleton의 주장에 동의할 것이다(Eagleton 2007: 1).

하지만 고대 산스끄리뜨어에서 '의미'를 뜻하는 단어 '아르타artha'는 '목적'을 뜻하기도 한다는 것에 유의한다면(탐나는 것, 따라서 '돈'일 수도 있다), 혹시 위야사가 『마하바라따』의 10만 행에 달하는 모든 시구를 바로 다음과 같은 심원한 질문에 대한 답변으로 제공한 것은 아닐까 상상해볼 수 있다. '삶의 목적(아르타)은 무엇인가?'

실제로 위야사는 쾌락(욕망), 힘(이익/번영), 질서(덕 혹은 경건), 자유(궁극적 해탈)라고 하는 인간의 네 가지 목적(뿌루샤르타 puruṣārthas)을 처음으로 체계화한 사람이었다(Malamoud 1996: ch. 6을 보라). 이것들이 인간이 살아가는 목적이다. 이런 의미에서 위야사는 대안적인 삶의 의미들 혹은 의의들에 관해 아주 할 말이 많다.

실천 윤리, 신학, 형이상학이 담긴 가장 중요한 힌두교 문헌 『바가와드 기따भगवद गीता』의 원출처이기도 한 서사시 『마하바라따』는 인도 문학 전통의 역사-신화적 인물인 끄리슈나 드와이빠야나 위야사('Krishna Dvaipāyana'는 피부가 검고 섬에서 태어났다는 뜻이다)가 썼다고 여겨진다. 이 서사시가 인도 문명에 끼친 영향은 달리 견줄 대상이 없다. 이 책은 이야기 속에 또 다른 이야기가 셀 수 없이 펼쳐지는 복잡한 전개를 통해 상황에 따라 달라지는 복잡한 도덕을, 비록 자기 성찰적인 방식이기는 하지만, 우리에게 가르친다(Chakrabarti and Bandyopadhyaya

2014: ch. 9를 보라). 인간의 조건을 바라보는 위야사의 "태도"는 체계적인 양면성을 띠면서 어느 쪽이건 일방적인 태도를 거부하라고 거듭 경고한다. 이 논고에서 우리는 인간 삶의 의미, 목적, 의의 등에 관한 『마하바라따』의 관점(따라서 이 책의 저자인 위야사의 관점)을 종합하는 거의 불가능에 가까운 과제를 시도할 것이다.

바라타Bhārata(인도)를 다스리는 왕가 내부의 두 파벌 사이에 벌어진 동족상잔의 전쟁에 뒤이은 전체 문명의 총체적 파괴라는 비극적 이야기를 전한 후에, 위야사는 미래의 독자들에게 다음과 같이 호소하며 그 서사시를 애잔하게 끝맺는다. "손들고 말해도 아무도 귀기울이지 않는다. 도덕 질서를 따르는 삶에 번영과 행복이 따르건만, 어째서 올바른 삶을 살지 않는가?"(*MBb* XVIII.5.62)

『마하바라따』의 백과사전 격인 "제12권 평화"에서 "위기를 맞이한 시대의 윤리"라는 단원이 주는 가장 중요한 교훈 중 하나는 일방적인 방식을 고려하거나 한 갈래의 법(다르마 dharma)만 실천하는 것으로는 삶의 의미를 결정할 수 없다는 것이다. 도덕적 통찰은 오로지 양면적 성찰을 통해서만 생겨나며, 그것이 우유부단을 의미할 필요는 없다. 여기서 콜링우드R. G. Collingwood의 (『마음의 거울 Speculum Mentis』에서의) 언급이 떠오른다. "매 경우 삶의 참된 본성과 의미에 관한 오류는 … 실은 그 오류에 상응하는 현실이 아니라 … 그 오류에서 귀결된 일방적 유형의 현실을 생성한다"(Collingwood 1924: 173, 강조는 저자의 것).

죽음에 포박된 인간이 보여주는 생을 향한 불멸의 열망은 경외심을 불러일으킨다. "무엇이 놀라운가?" 불가사의한 두루미가 덕스러운 다섯 형제의 장남 유디스티라에게 묻자, 그가 이렇게 대답한다. "매일 생명체들이 죽음의 집으로 들어가는 데도, 남은 자들은 여전히 영원히 살고 싶어 한다. 이보다 더 놀라운 일이 어디 있는가?"(*MBb* III.311)

위야사는 인간의 삶이 고통과 관계의 단절로 가득 차 있어도 여전히 살 가치가 있다고 보는 짐승의 관점으로 종종 시각을 전환하곤 한다. 삶의 의미는 말 그대로 우리 인간의 손이 닿는 범위 안에 있다. 카샤파는 신분상 상위 계급에 속한 당대의 학자였다. 어느 날 거리에서 그는 거만한 부자 상인을 태우고 쏜살같이 달리던 마차에 치여 나가떨어졌다. 바닥에 쓰러져 격분한 카샤파는 "자신의 자아 감각을 포기하고" 가난한 식자의 삶을 저주하며, 돈(아르타) 없는 삶은 의미(아르타) 없는 삶이니, 차라리 죽는 게 더 낫다고 결심하였다. 간신히 의식이 붙어 있는 반죽음 상태로 길 위에 누워 있을 때, 신들의 왕인 인드라가 자칼의 형상을 하고 나타나 그 좌절한 학자에게 속삭였다. "운 좋은 친구야, 일어나라고! 자네는 가장 부러운 인간종에 속할 뿐만 아니라 보기 드문 박학다식도 성취하지 않았나. 무엇보다 자네는 양손을 갖고 있네. 두 손을 갖는 것보다 더 위대한 성취란 없는 걸세. 자네가 저 상인의 재산을 갈망하는 것과 똑같이 우리 같은 짐승들은 자네의 손과 자네의 인간적 지능을 갈망한다네. 그런 팔이 없으니, 우리는 살에 박힌 가시를 뽑거나 지렁이나 무는 벌레를 떼어내기 위해 몸의 구석구석 전부를 만질 길이 없네. 신이 하사한 열 손가락 달린 손을 가진 이들은 비, 눈, 태양으로부터 자신을 보호하기 위해 집도 짓고, 멋진 옷도 짜고, 요리도 하고, 침대도 만들 수 있고, 너무도 많은 정교한 방식으로 삶을 즐길 수가 있지. 적어도 자칼이나 개구리나 생쥐나 지렁이의 몸을 갖고 있지 않은 자네의 운명에 적어도 감사할 줄 알아야지"(MBh XII.180). 삶을 찬양하는 이 이야기에서 인간을 특별한 존재로 만든다고 생각된 것은 인간의 사유, 추리, 창조적 상상력, 도덕적 덕목, 인지 언어적 우월성 같은 것들이 아니라 인간 손의 특별한 구조이다.

내친김에 말하자면, 『영혼론』에서 아리스토텔레스는 똑같이 손을 영혼에 비교함으로써 그 신체 부위의 중요성을 강조한다. 토마스 아퀴나스는 그의 주석에서 그런 생각을 더 가다듬는다. "손은 가장 완벽한 신체 기관이다. 왜냐하면 인간은 필요한 모든 것을 손으로 마련할 수 있기 때문이다. 같은 방식으로 인간의 영혼이 존재의 모든 형상을 대신함으로써 지성은 지적 형상을, 감각은 감각적 형상을 받아들일 수 있는 것이다"(*De Anima*, 431b20-432a14). 위야사와 아리스토텔레스는 철학적으로 아주 딴판인데도 어쩌다 둘 다 똑같이 손을 그리도 중요시했는지 탐구해볼 가치가 있다(Kant 1785a: §323도 보라).

삶의 의미는 대화 속 추론과 담론을 통해 발견되어야 한다

만약 위야사가 권고하는 것처럼 삶을 "희생"으로 이해해야 한다면, 우리의 공적인 소통 활동들은 우리의 자기중심적 편견의 희생으로 바꿔어야 하며, 그런 일은 오로지 대화와 토론을 통해서만 가능하다. 삶은 활동들로 이루어진다. 활동들은 결실을 낳고 우리는 그것에 애착을 갖는다. 애착은 욕망으로 이어지고, 채워지지 않는 욕망이 꺾였을 때 분노가 이어지며, 그것이 우리의 지성을 당혹케 한다. 그리고 그 당혹은 내가 누구인가에 대한 기억을 파괴한다.

『인간의 조건』(Arendt, 1958)에서 한나 아렌트가 그랬듯이, 위야사는 서로에게 말을 하는 것이 전형적인 인간 활동의 사례라고 가르친다. 그렇듯, 대화는 『마하바라따』의 양면적인 도덕적 사유에서도 중시된다. 성찰하는 인간들이 나쁜 것에서 좋은 것을, 옳지 않은 것에서 옳은 것을, 사악한 행위에서 덕스러운 행위를 걸러내는 것은 바로 상냥하고, 정확하고, 조리 있고, 진지하고, 솔직하게 나누는 대화, 즉 함께 토의하기sam-vāda를 통해서다.[1] 열린 토론에 대한 베다 문화의 규범적 집착은 『마하바라따』에서 계속 표현된다. 모범적인 토론 장면이 나오기도 하고 토론을 자기 비판적으로 이론화하기도 한다. 그 서사시 자체가 수많은 대화 속 대화로 이루어진 복잡한 이야기이다. 그리고 물론 대화에 관한 담론 간 메타내러티브들이 펼쳐지는 그 중심에서 끄리슈나와 아르주나 사이의 위엄 있는 대화가 환히 빛난다. 그 대화가 바로 『바가와드 기따』이다. 고집불통들과 지식 상인들을 무자비하게 조롱하는 위야사는 제12권의 142장에서 자칭 현명한 철학자인 자나카 왕과 젊고 아름다운 여승 술라바 사이에 벌어진 지독한 말싸움 이야기를 전한다. 여기서 우리는 철두철미한 "말의 윤리"를 배운다.

그릇된 말은 쩨쩨한 마음가짐, 품위 없는 이기주의, 수치, 대화 상대방에 대한 동정, 계급이나 서열에 대한 자만심에서 나오는 말이다. 좋은 문장은 완전하고, 명료하고, 논리적으로 잘 구성되어야 하며, 너무 숨이 길지 않고, 우아하게 물 흐르듯 섬세한 의미를 담아야 하며, 의구심이나 모호성이 없어야 한다. 공적 무대에서 하는 발언은 예리함 혹은 섬세함, 찬반양론의 적절한 분할과 열거, 무엇 다음에 무엇을 논할 것인지 잘 짜인 순서를 제시해야 하며, 증명해야 할 논제를 명료하게 진술하는 데서 시작해서 최종 증명된 결과를 제시하는 것으로 끝나야 하고, 담론을 주도한 목적(욕구 혹은 혐오)에 대한 정연한 열린 진술을 담아야 한다. 마지막으로 술라바는 한 쌍의 간결한 시구를 통해 훌륭한 의사소통(우리가 부르는 식으로 말하자면 "공정한 대화")에서 따라야 할 가장 중요한 일반 규범을 자신의 규범적 언어철학으로 형식화한다.

이야기 나누고자 한 것 안에서 화자, 청자, 문장이 어느 것 하나

---

1 "자, 현자들이 나쁜 말에서 좋은 말을 걸러내듯, 체질로 보리를 걸러내듯, 친구들은 진정한 우정의 본성을 알아보며 그들의 대화에는 상서로운 자취가 새겨지는 법이오." - 『리그베다 Rig Veda』(ed. Doniger 1200-900 BCE) X.71.2.

빠지지 않고 평등한 몫을 가질 때, 오직 그때만, 오, 왕이시어, 저 의미란 것이 빛을 보게 되는 것입니다(MBh XII.320.91).

말하건대, 대화를 이해하고자 할 때 이렇게 평등을 강조하는 것은 평등에 대한 『마하바라따』의 전반적 가치 평가와 아주 깊은 관계가 있으며, 이런 점이 요가를 "평등"의 실천으로 정의한 『바가와드 기따』에 반영된 것이다. 평등의 강조는 또한, 잔인성이란 과시적 불평등을 흡족해하는 태도라고 정의한 비스마의 특이한 발상과도 매우 깊은 관계가 있다. XII권 164.6에서 비스마는 잔인한 인간을 비열하고, 지배적이고, 가혹하고, 열망이 과하고, 건방지고, 나쁜 말을 사용하고, 선물을 준 행위를 자랑스레 떠벌리며, 자기 혈통이나 계급을 찬미하고, 그리고 가장 중요하게도 권력과 재산을 평등하게(a-saṃvibhāgī) 나누어 공유할 의향이 없는 자로 정의한다. 비스마는 잔인성을 굶주린 사람들 앞에서 맛있는 음식을 먹고, 마시고, 핥으며, 부끄러운 줄 모르고 과도하게 섭취하는 것과 동일시한다(MBh XII.164.11). 언어 규약상의 정의, 경제적 분배의 정의, 그리고 평등의 실천으로서 진실성은 서로 관계가 있으며, 위야사, 비스마, 술라바는 우리가 바로 그 점에 주목하기를 바라고 있다.[2]

삶의 의의는 법法(다르마)

삶의 규범적 의미는 다르마다. 그런데 다르마가 무엇인가? "너 자신에게 용납되지 않는 싫은 일을 타인에게 가하지 말라. 간단히 말하자면, 바로 이 실천적 원리가 욕망의 흐름을 자연스레 거스르는 다르마라고

---

[2] 의미론적 정의와 평등 사이의 이런 관계를 재해석하는 창의적인 방식은 랑시에르 Rancière(1995)의 연구에서 찾아볼 수 있다.

말해진다"(*MBh* XIII.113.8). 그것은 세 가지 규준에 따라 검사된다. 모든 생명체의 번영을 증진해야 하고, 진리에 헌신하고 약속을 지킴으로써 그들을 결속시켜야 하며, 폭력과 무자비(파렴치한 불평등성)를 피해야 한다는 것이다. 그러나 다르마는 또한 **이중구속**이기도 하다. 위야사는 도덕적 딜레마에 관련된 설화들을 연이어 이야기한다. 그가 전하는 딜레마들은 개인과 집단이 처해 있는 삶의 상황들로 가득 차 있으며 그런 상황들은 우리 시대에도 여전히 마찬가지다. 비둘기가 매에 쫓기다가 피난처를 찾아 자비로운 시비 왕에게로 왔다. 얼마 후 비둘기를 잡아먹어서 꼭 필요한 영양을 보충할 필요가 있던 매가 시비 왕에게 다가와 의사를 전한다. 경건한 왕은 자연이 매에게 하사한 식량을 빼앗을 수도 없고, 목숨을 지켜주겠노라 맹세한 아무 죄 없는 비둘기의 죽음을 초래할 수도 없다. 이와 유사한 해결 불능의 이중구속 설화들이 대단히 미묘하고 자세하게 이야기된다. 이런 대답할 수 없는 질문을 던질 때 우리에게 삶의 의미가 점차 분명해진다. 그렇게 도덕적 요구들이 충돌할 때 어찌해야 할까? 또 다른 설화에서는 아내의 불륜을 의심하며 화가 난 아버지가 순종적인 아들에게 어머니를 죽이라고 명령해놓고 집을 나간다. 느리고 주저주저하는 성격으로 이름난 아들은 칼을 손에 들고 주저하면서 이 곤란한 문제의 양면을 깊게 고찰한다. 결국 그런 신중한 지체 덕분에 아들은 후회하며 집에 돌아온 아버지의 애정 어린 칭찬을 듣는다. 서두르지 않은 그 아들에게 도덕적 딜레마가 해소된 것은 아니지만, 여인의 목숨은 구했다. 모든 사례에서 위야사는 양면적인 도덕적 사유가 삶의 의미에 관해 더 나은 (물론 여전히 틀릴 가능성은 있는) 통찰을 제공한다는 것을 암시한다.

『마하바라따』에 전반적으로 스며들어 있는 또 다른 특징은 자연과 인간 그리고 인간의 행위를 해석하기 위한 분류법과 열거적 유형론의 활용이다. 삶의 의미는 쾌락, 권력, 정의, 구원의 해탈이라는 네 가지 인간적 목표, 잔잔한 기쁨, 분투하는 역동성, 망상적 관성이라는 세 가지 정서적 요소 혹은 기질, 다섯 개의 감각 기관, 다섯 가지 물질적 요소, 독신자 학생 신분, 혼사를 이룬 가정생활, 숲속의 은둔, 금욕적 극기라는 삶의 네 단계에 따라 설명된다. 사람들이 지닌 기본 유형의 정서적 소질들은 우리 삶의 단계와 국면만이 아니라 우리를 둘러싼 사람들의 본성을 이해하는 데도 도움을 줄 수 있다. 도덕적 가치가 적재된 이런 식의 인간 유형론은 고대 상키아 학파의 삼중 도식에 따라 수행된다. 즐거운 유형이 지닌 상급의 사색적이고 인지적인 명료성, 쉼 없이 갈망하는 유형의 공격적이고 번민에 찬 "장사", 가장 낮은 무감각한 유형이 지닌 붓고, 무기력하고, 따분하고, 울적한 성격.

삶이 오로지 인간의 삶만을 의미할 필요는 없다. 위야사의 광대한 이야기에 등장하는 재잘거리고 너그러운 새들, 짐승들, 파충류들, 곤충들이 종-횡단적 관점을 펼친다. 이 관점은 인간을 고귀하면서 동시에 저열하고, 지적이지만 잔인하고, 영웅적이나 가증스러운 종으로 판단한다. 우리를 가지고 그들을 만들어내는 생태적으로 기발한 시도에서 위야사는 이렇게 속삭이는 어떤 벌레(기따 kīṭa) 이야기를 해준다. "저 무시무시한 황소 수레가 나를 짓뭉개기 전에 얼른 뛰어서 길을 건너는 겁니다. 왜냐하면 나는 삶을 사랑하기 때문이지요." 위야사가 묻는다. "이렇게 구물구물 기어 다니는 벌레의 몸으로 사느니 차라리 죽는 편이 더 낫지 않더냐?" 그러자 벌레가 대답한다. "어디에서나 똑같은 생의 힘이 작동하는 법이지요. 나는 생각합니다, 따라서 나는 살고 싶습니다"(*MBb* XIII.117.17).

다섯 개 감각에 대한 위야사의 초기 상키아적 관점은 그런 감각의 대상들과 구색을 맞춘 것이었다. 또한 그 다섯 가지 물질적 원소들은 그의 "삶의 의미에 관한 이론"의 토대를 구성한다. 지칠 줄 모르는 의무 수행과 사회 참여 활동의 한가운데서도 집착하지 않는 사색적인 마음이 드러내는 고요함을 통해『바가와드 기따』가 제공한 그 유명한 해결책에도 불구하고, 실천적 삶vita activa과 사색적 삶vita contemplativa 사이의 투쟁은 그 서사시의 도덕적이면서 비극적인 주인공 유디스티라의 마음을 떠나지 않는다.

실존적이고 자연주의적인 삶의 의미로서 게걸스러운 시간

삶을 이해하는 또 하나의 차원에서 시간은 신비로운 군마, 우주의 요리사에 비교되며, 더불어 신적인 만물의 포식자로도 여겨진다.

> 그것의 본성은 측량할 길이 없고, 그것의 형체 없는 몸통은 그때그때의 단편들로 만들어진다./ 아주 작은 순간순간들로, / 초秒들은 제물이 된 이 불가사의한 말馬의 세세한 체모들이다./ 하나는 검고, 하나는 흰 그것의 눈(한 쌍의 보름들)은 동등한 힘을 지닌다./ 달들이 그것의 사지를 이루며, 새벽과 황혼은 그것의 힘센 어깨들이다./ 인간은 "노화vayo-hayah"라 불리는 이 멈춰 세울 수 없을 정도로 빠르게 내달리는 군마에 올라탄 것이다(MBh XII.321.25).

시간은 제3권 "황무지에 관하여"에서 이야기되었는데, 그것은 유디스티라의 형제 넷이 모두 자연의 생태적 정의正義에 맞서 인간적 만용을 드러내다가 차례로 목숨을 잃고 말았던 치명적인 호숫가에서 그가 행한 구명求命의 면담 도중이었다. 물을 지키는 외경스러운 두루미가 유디스티라 왕자에게 다른 수백 개의 까다로운 수수께끼를 제쳐두고 한 가지 불가사의한 질문을 던진다.

"새로운 소식이 뭐지?" 새가 물었다. 유디스티라[이 이름은 어떤 싸움에서도 흔들림이 없다는 뜻이다]가 조용히 대답했다. "태양의 불로 낮과 밤의 땔감을 때 가면서 거창한 망상의 기름으로 가득 채워진 이 가마솥을 달과 계절의 국자로 휘젓는 저 시간이 살아 있는 우리 모두를 요리하고 있다는군. 그것이야말로 참으로 새로운 소식일세"(*MBh* III.311).

우주는 거대한 부엌이다. 우리는 시간의 먹거리이다. 인간의 모습을 한 신 *끄리슈나*를 친구 겸 마부로 둔 가운데 형 아르주나는 이런 진실을 어렴풋이 이해했다. 『바가와드 기따』의 제11장에 기록된 무아경의 우주적 환상 속에서 전투가 개시되었을 때, 그는 시간의 모습으로 나타난 *끄리슈나*(최고신)가 과거, 현재, 미래의 모든 왕과 병사의 머리를 씹어 먹고 있는 것을 보았다. 그는 마치 강들이 대양을 향해 돌진하듯 모든 "영광의 길"이 저 화염이 불타오르는 *끄리슈나*의 입속으로 이어지는 광경을 목격하였다. 이 우주적 환상에 아찔해진 아르주나는 깨달음에 경악하며 이렇게 말했다. "당신은 모든 것을 집어삼키니, 그야말로 모든 것이로군요."

욕망의 우선성: 욕망에서 벗어나지 않는 방법

『바가와드 기따』는 의무 그 자체를 위한 의무의 욕망 없는 수행을 권고한 것으로 알려져 있다. 해탈(목샤moksa)의 지복을 욕망하라고 재촉하는 위야사의 태도를 고려할 때 이런 권고를 일관되게 해석하는 한 방법은 위야사의 윤리를 규칙-공리주의적인 것이 아니라 행위-의무론적인 것으로 취급하는 것이다.

위야사는 서사시 제6권의 열여덟 장 중 열네 번째 장에서 욕망 없는 행위의 윤리를 제시한 후에 다음과 같은 「욕망의 노래(까마 기따Kāmāgīt ā)」를 제안한다. "어떤 생명도 적절한 방법을 쓰지 않고 나를 물리칠 수는 없다네." 욕망이 노래한다. "어떤 이들은 강력하다고 알려진 무기로 나를 죽이려고 무척 노력한다네. 그런 이들을 위해 나는 바로 그 무기 안에 새롭게 다시 등장하지. 이를테면, 어떤 사람들이 다양한 값진 선물을 내놓으면서(무집착을 함양하고자 노력하며) 희생 제의로 나를 파멸시키고자 할 때, 나 욕망은 그들의 마음속에 다시 나타난다네. 천국이나 평판에 대한 욕망의 형태로 말이지. 살아 움직이는 지각력을 가진 피조물로 다시 태어나는 경건한 영혼처럼 말이야. 사람들이 베다와 베단타 철학의 끝없는 사색을 통해 나를 파괴하려 애쓸 때, 나는 그들의 철학적 자아 안에 다시 나타나지. 원초적 영혼이 움직이지 않는 식물 안에도 미묘한 형태로 존재하고 있는 것처럼 그렇게 지각되지 않는 채로 말일세. 배운 자는 모든 갈망에서 벗어난 내밀한 자유, 즉 해탈을 성취하여 나를 제거했다고 으스대지. 나는 춤추며 그를 비웃는다네. 왜냐하면 그자는 자유를 향한 타오르는 바로 그 욕망의 한가운데에 앉아 있는 것이니까! 그런즉, 나는 하나의 영속하는 힘이며, 체화된 그 어떤 존재도 절대 나를 죽일 수 없다네"(MBb XIV.13.12-18).

그렇다면 우리는 활동적인 욕망의 삶을 살면서도 여전히 그런 욕망을 통제할 수 있게 될까? 우리는 자신의 열망을 윤리적으로 극복한다는 핑계로 부단한 위선을 행사할 운명에 처한 자들인가? 전통적으로 다량의 베다 말뭉치의 최초 정리자로 인정받는 위야사는 『야주르베다야주르베드』의 「이사 우빠니샤드 Isa Upanishad」가 암시한 해결책으로 거슬러 올라간다. 우리는 삶을 욕망해야 한다. 우리의 감각을 굶겨 죽이거나 활동적 삶에서 물러서는 대신에, 단지 소비의 양식을 바꾸는 것이다. 그럴 때 우리는 욕망하되 침 흘리지는 않고, 깨달을 수 있되 붙잡고

58

매달리지는 않고, 먹을 수 있되 게걸스러워지지 않을 수 있다. 이를 극기를 통한 즐거움이라 부른다.

설령 최종 상태를 고통의 부재로 기술하는 것이 선호되기는 하지만, 인간적 속박의 병폐에 대한 혐오 또한 해탈의 길을 가로막게 될 부정적 정서이다. 해탈이라는 최종 목표에 어울리는 유일한 인지·정서적 태도는 아마도 『마하바라따』를 읽는 이에게 불러일으키려 한 바로 그 태도일 것이다. 이른바, 우리가 느끼는 고통과 쾌락의 취약성과 개인의 물질적 생존의 무익함을 평온하게 인정하는 태도다. 사물의 정확한 본성에 대한 참된 자각에서 흘러나온다고 여겨지는 것이 바로 이런 상태이다. 이 세상을 향한 그 어떤 증오도, 거룩하거나 축복받은 내세에 대한 그 어떤 갈망도 그런 태도에 어울리지 않는다. 그것은 덧없는 모든 것에 대한 증오와 갈망을 넘어선 상태, 모든 관심을 잃어버린 "무채색"의 상태이다.

초월의 초월: 삶은 포기를 포기할 때 유의미하다

그렇다면 서로 다른 상황들에서 삶의 의미란 다르마(도덕적 이중구속을 느낀다는 의미에서)이고, 시간의 무정한 경과이고, 욕망을 자극하는 힘이며, 규제적 이상理想을 남기려는 욕망의 완전한 초탈과 초월을 통한 규범적 해탈이다. 해탈은 "나의 것"이라는 감각을 포기하고, 결국에는 그 단념의 자부심마저 포기함으로써 죽음을 이기고 승리하는 것이다. 이기심과 잔인성을 막는 도덕적 경계심을 갖고서 사는 삶이 최선의 삶이다. 한 마디로 탐욕이나 증오가 없는 삶이다. 삶을 긍정하는 위야사의 메시지에 담긴 정수는 "주는 삶"이다. 삶은 희생을 의미해야 한다. 궁극적인 인지적 희생은 모든 이원성과 이분법적 대립의 철폐이며, 그 안에는 유의미한(가치가 있는) 고통 대 무의미한(가치 없는, 무작위적인) 고통의 이원성도 포함된다. 최종적인 자유의 의미는 바로 이것이다. 즉, 포기를 포기하는 것. 다르마를 따르는 훌륭한 삶을 살아가되 그 후에는 선과 악, 진실과 거짓의 이원성을 포기하라. 하지만 그런 대립을 포기하게 만든 바로 그것마저도 또한 포기하라(*MBh* XII.239).

4
소크라테스와 삶의 의미
Socrates

A. C. 그레일링A. C. Grayling

소크라테스는 글을 쓰지 않았다. 아니 어쨌든 그의 글이 남아 있지 않다. 그래서 그가 어떤 사람이고 그의 가르침이 무엇인지 대한 우리의 지식은 세평으로 전해진 것이 전부다. 그것은 주로 플라톤과 크세노폰의 글 속에서 찾아볼 수 있지만, 아리스토텔레스의 언급들과 몇 군데 다른 글들에도 등장한다. 소크라테스라는 개인에 대해 얻게 되는 그림이 그런 출처들에서 모두 일관된 것은 아니다. 크세노폰의 소크라테스는 플라톤의 소크라테스가 보여주는 명민함과 예리함이 부족하다. 플라톤의 소크라테스가 (군 복무 때처럼) 어쩔 수 없는 경우가 아니라면 아테네를 떠나기 싫어하는 도회지 사람이라고 한다면, 시골 귀족 가문 출신인 크세노폰은 소크라테스의 입으로 전원생활의 매력을 상찬하게 만든다.

이런저런 대비는 소크라테스가 그에 관해 글을 쓴 사람들의 해석과 호불호와 편견에 걸러진 채로 우리에게 다가온다는 것을 말해준다. 그런 글들이 소크라테스에 관해 이야기한 만큼이나 저자들 본인에 관해서도 많은 것을 이야기한다는 점에는 의심의 여지가 없다. 그러나 한

가지만큼은 아주 명료하게 드러난다. 소크라테스의 방법과 그것의 목표다. 그는 질문을 던지고 그런 질문을 통해 용기, 절제, 경건, '선善 그 자체' 등과 같이 다른 이들이 윤리적 문제에 관해 공언한 견해들에서 사용한 개념들의 명료화를 추구한다. 소크라테스는 『메논』에서 대화 상대자들이 그런 개념들에 관해 논하면서 자기들이 무슨 이야기를 하고 있는지 완전히 이해하지 못하고 있음을 보여준다. 우리는 『메논』을 보고 소크라테스가 그런 이해야말로 우리가 어떻게 살아야 하는지를 더 잘 이해하는 첫 단계이자 결정적인 단계로 믿었다는 것을 안다. 아래에서 논의하겠지만, 우리가 확신하는 그 명확한 한 가지 사실에 직결된 소크라테스의 방법만큼은 선과 훌륭한 삶의 문제에 대해 소크라테스 본인이 내놓은 위대한 통찰이다.

'우리가 확신하는 그 명확한 한 가지 사실만큼은 소크라테스 본인이 내놓은 위대한 통찰이다.' 이렇게 말해야 하는 이유는 소크라테스의 철학적 견해와 플라톤의 철학적 견해를 구분하는 문제에 논란이 있기 때문이다. 가장 온전하게 윤리적 문제들을 다룬 플라톤의 초기 대화편들인 『라케스』, 『카르미데스』, 『에우티프론』, 『크리톤』, 『소크라테스의 변명』, 『프로타고라스』, 『메논』, 『고르기아스』에서 소크라테스의 가르침이 정확히 반영된 것은 어디까지고, 소크라테스가 후기 대화편에서와 마찬가지로 이 초기 대화편에서도 단지 플라톤 본인의 대변자 역할을 하는 것은 어디까지인가?[1] 후기 대화편에서 소크라테스라는 인물은 플라톤의 탐구에 실질적 내용을 공급하지 않고 확실히 그 탐구의 겉치레로만 이바지한 것이 맞지만, 적어도 이들 초기 대화편에서는 소크라테스의 제자이자 숭배자인 플라톤이 적어도 스승의 견해에 깃

---

[1] 이번 장에서 언급된 소크라테스적인 대화들에 대해서는 플라톤(5~4c. BCE)을 보라.

든 정신을 마땅히 성실하게 기록했을 것으로 여겨지곤 해왔다. 그러나 설령 플라톤의 초기 대화편에 나오는 윤리적 논의에 대한 설명과 거기에서 끌어낼 수 있는 확실한 견해들이 후기 대화편보다 소크라테스의 사고방식에 담겨 있는 성향을 더 엄밀히 고수하고 있다고 하더라도, "이것은 소크라테스이고, 저것은 플라톤이야"라고 말할 수 있는 결정적인 수단은 여전히 없다. 따라서 내가 하려는 작업은 먼저 그러한 관점들을 개관하는 것이다. 그리고 약간 다른 방향에서, 내가 생각하기에 윤리학에서 소크라테스적 영감의 정수로서 후대 철학자들이 덕을 보았고 지금도 그럴 수 있다고 여길 만한 것들을 도출하는 것이다.

소크라테스는 자기가 아는 한 가지는 자기가 아는 것이 하나도 없다는 것이라는 유명한 말을 했다. 그는 현존하는 가장 현명한 자가 누구냐는 질문에 델포이 신전이 내놓은 신탁이 자기를 지목했다는 이야기를 들었다. 그리고 지혜라고 하면 통상 지식이 많고 현명하다는 생각을 떠올리기 마련이지만 자신은 둘 다 아니라고 확신할 수밖에 없는 상황에서 그가 이 신탁이 선사한 수수께끼를 풀 수 있는 유일한 방법은 지혜를 포기하는 길뿐이었다. 물론, 이로 인해 또 다른 수수께끼가 생겨난다. 사람들에게 윤리적 개념들에 관해 질문하고 그들이 이해가 부족함을 폭로하는 모습에서 소크라테스는 적어도 무엇이 **잘못된** 대답인지는 아는 것으로 보였기 때문이다. 설령 초기 대화편들에서 흔히 그렇듯이 확실한 정답을 발견하지는 못했지만 말이다.

이 수수께끼를 푸는 한 가지 방법은 소크라테스가 채택하는 전략에 주목하는 것이다. 한 가지 훌륭한 사례가 『고르기아스』편에 등장한다. 이 대화편에서 소크라테스는 잘못을 당하는 것보다 잘못을 저지르는 편이 더 나은 것인가 아니면 더 나쁜 것인가 하는 문제를 놓고 두 명의 반대자와 토론을 벌인다. 반대자들은 그런 경우라면 피동자被動子

가 되느니 차라리 행위자가 되는 편이 더 낫다고 주장한다. 소크라테스는 그 반대가 참임을 증명한다. 그것은 그가 저항할 수 없는 "강철" 같은 위력을 지녔다고 자평한 논증들을 사용하여 입증한 "참"이다. 그러나 그런 다음 그는 그 논증들이 저항할 수 없는 위력을 지닌 이유를 자신은 알지 못하며, 단지 그 논증들을 부인하는 사람이 모순에 빠지지 않은 경우를 지금껏 본 적이 없을 뿐이라고 말한다(*Gorgias* 509a).

그것이 기대만큼 만족스러운 정당화는 아닌 것처럼 보일 수 있으나, 나름대로 변론이 가능할 것이다. 즉, 설령 우리가 중요한 윤리적 개념들에 대해 빈틈없는 정의에 도달할 수 없다손 치더라도 그것들을 탐구하는 것은 여전히 이해를 돕는 일이며, 그것이 의미하지 않는 것은 무엇인지 혹은 제시된 견해들이 뒷받침될 수 없는 까닭은 무엇인지 아는 것도 여전히 수확이다. 이것이 바로 아포리아aporia의 힘이며, 비록 토론의 종착점에서 결론에 도달하지 못하더라도 어쨌든 결론에 이르고자 노력하는 도중에 많은 것을 일깨워준다.

소크라테스는 『고르기아스』에서 소위 그가 '정치술(폴리티케politike)'이라고 부르는 기술에 관한 생각을 개관한다. 그 기술은 운동이 신체 건강과 관계가 있듯이 "영혼의 선"과 관계가 있다. 주석자들은 이 대화편을 아포리아가 더 뚜렷이 나타나는 초기 대화편과 더 적극적인 신조들이 등장하기 시작하는 후기 대화편 사이의 과도기적인 작품으로 간주한다. 그런 신조들은 의심의 여지없이 플라톤 고유의 사유에서 나온 것이다. 과도기란 "그러그러한 것은 무엇인가?"라는 형식의 질문(이를테면, "절제란 무엇인가?", "명민함이란 무엇인가?" 등과 같은)을 던지는 것에서(이때 요구되는 것은 해당 관념의 본질에 대한 정의 혹은 상술이다) 답변을 제시하는 것으로 넘어가는 과정이라 볼 수 있다.

소크라테스식 접근법을 비판하는 사람들은 그의 방법이 오류를 담고 있다고 주장한다. 왜냐하면 그는 특정한 덕의 본질을 정의하고자 하면서, 만약 그런 정의를 얻지 못할 경우 특정 상황에서 덕의 사례를 인식하는 것이 불가능하리라는 견해를 언명하고 있는 것으로 보이기 때문이다. 『카르미데스』에서 소크라테스는 동명의 젊은이에게 자제력을 함양하기 위해서는 절제 자체가 무엇인지를 이해해야 한다고 말한다. 『라케스』에서 문제의 요지는 용감하게 행동하는 법을 배울 수 있으려면 마찬가지로 용기란 무엇인지를 알아야 할 필요가 있다는 것이다. 『에우티프론』에 등장하는 주장은 진정으로 경건해지려면 경건의 본성이 무엇인지 파악해야 한다는 것이다. 『프로타고라스』와 『메논』에서는 완전히 일반적인 문제로 초점이 바뀐다. 특수한 덕에 관한 모든 질문은 전부 이 문제의 부분적 일면일 뿐이다. 이른바, 선 그 자체란 대체 무엇인가? 각 사례에서 시도된 탐구는 본질적 정의를 찾으려는 것이다. 그래서 그것이 문제다.

하지만 그것이 정말 문제인가, 아니면 소크라테스의 요점은 다른 것인가? 아마도 그것은 용기의 본질을 정의할 수 없다면 어떤 것이 용기 있는지 아닌지 알 수 없다는 말은 아닐 것이다. 그보다는, 덕의 사례들을 알아본다는 것은 덕 그 자체에 하여간 무언가가 들어 있음을 보여주며, 그것이 과연 무엇일지에 대한 성찰이(비록 요구되는 정확한 상술을 도출하지는 못한다고 하더라도) 다음 두 가지 성과로 이어지리라는 말일 것이다. 덕을 습득하는 실천적 능력 및 덕에 따라 행동하고 더불어 타인도 덕을 습득할 수 있도록 인도하는 일종의 전문성, 이 두 가지 성과가 소크라테스에게는 대단히 중요했으며, 그렇다는 사실이 바로 그의 방법과 얼핏 역설적으로 보이는 그것의 성격을 분석하는 실마리이다.

실제로 소크라테스의 방법을 바라보는 이런 시각은 선 자체의 본성에 대한 전반적 의문을 다루는 두 편의 대화편 『프로타고라스』와 『메논』에서 논해졌고 그중에서도 특히 후자에서 분명하게 제기된 논제와 잘 들어맞는다. 여기서 소크라테스는 덕이 곧 지식이라고 하는 적극적인 논제를 주장한다. 그 주장은 덕을 가르칠 수 있느냐고 묻는 메논의 질문에 답하면서 나온 것이다. 만약 덕이 지식이라면, 그 답은 '그렇다'이다. 그리고 (플라톤에 따르면) 소크라테스에게 그 긍정의 답변은 대단히 중요하다. 그 발상은 선한 삶이란 자신의 최대 이익에 부합하는 삶이므로 무엇이 자기에게 최선의 결과를 가져다줄 것인지, 다시 말해 무엇이 선인지 확인하거나 인식함으로써 최선의 삶을 성취한다는 것이다. 아무도(아니, 어쩌면 '정상적인 사람이라면 아무도'라고 말해야 할지 모르겠다) 자기 자신에게 기꺼이 해를 입히지 않을 것이다. 누군가가 자신에게 이득이 되지 않는 일을 한다면, 그것은 무지하기 때문일 것이다. 따라서 무엇이 선한지 아는 것은 그 일을 하거나 그렇게 되는 것이다. 사람은 단지 무엇이 선한지 이해하지 못하기 때문에 나쁜 일을 하거나 나빠지는 것이다. 따라서 지식과 덕은 같다는 결론이 나온다. 『프로타고라스』에서 소크라테스는 선한 것이 아니라 나쁘다고 알려진 것을 선호하는 것은 인간 본성을 거스르는 일이라고 말한다. 누구든지 간에 최선에 반대되는 방식으로 행동한다면, 그것은 그 사람이 그 문제에 관해서 오류에 빠져 있기 때문이다.

이런 주장에는 논쟁의 여지가 있다. 아리스토텔레스는 이런 관점을 다음과 같이 논박할 수 있다고 지적했다. 이른바 아크라시아akrasia, 즉 "의지박약"의 결과로 "더 나은 것을 알지만 더 나쁜 것을 행하는 것"은 인간 본성의 다반사라는 것이다. 이런 심리적 진실은 지식과 덕을 동일시한 소크라테스의 견해에 의문을 제기하기에 충분하다. 아울러 추가적인 난점이 있다. 『메논』을 쓸 무렵 플라톤 자신이 인간의 지각 능력과 이성의 역량이 지닌 오류 가능성은 **지식이 경험을 통해서는 획득**할 수 없는 것임을 의미하며(기껏해야 감각 경험과 추론을 통해 사물에 관하여 오류 가능한 견해만을 형성할 수 있을 뿐), 따라서 지식은 더 극적인 논지로 설명해야 한다고 생각하게 되었다는 것이다. 바로 우리는 불멸의 영혼을 지녔고, 우리의 영혼은 사물의 영원하고 완벽하고 불변하는 형상을 접했는데("형상" 혹은 "이데아"는 전형 혹은 패러다임 같은 것으로 우리가 세계에서 마주하는 것들은 그런 형상의 불완전한 복제물이다), 우리의 영혼이 육신에 들어올 때 형상에 관한 모든 것을 망각했으며, 교육은 부분적으로 그것들을 상기하는 과정이라는 논지이다. 상기설이라는 용어가 말해주는 바와 같이 문자 그대로 기억을 되살리는 것이다.

이 정교한 형이상학 이론은 소크라테스적이라기보다 거의 확실히 플라톤적이며, 그래서 지식의 본성에 관하여 소크라테스가 가진 생각과 지식과 동일시되는 덕을 어떻게 배우게 되느냐는 의문을 답하지 않은 채로 남겨둔다. 확실히 플라톤적인 상기설은 그 개념의 통상적 의미에 의하면 어느 모로 봐도 메논이 물었던 덕의 교육 가능성에 관한 이론이 아니다. 『메논』에서는 덕이 어떻게 "가르쳐질" 수 있느냐에 관한 증명 (전하는 바로는 이때 소크라테스는 무지한 노예 소년에게서 기하학적 증명을 도출하는데, 이는 아이의 불멸하는 영혼이 예전에 알았던 것을 "상기해내도록" 교묘하게 유도한 것이다)이 제시된다. 그것은 한 마디로 기억을 되살려내는 방법을 통해서다. 나중에 『향연』에서 우리는 그런 방법이 어떻게 작동할 수 있는지 보게 된다. 다른 이의 아름다움에 대한 사랑은 아름다움 자체에 대한 사랑으로 나아가고, 그로부터 최고의 아름다움인 최고선에 대한 지적인 사랑에 이르는 왕도일 수 있다. 이것은 순수하게 플라톤의 생각이며 앞선 대화편들에서는 알아챌 만한 어떤 전조도 없으므로 미완의 모색 단계로라도 소크라테스에게 귀속시킬 수가 없다. 그러나 이런 더 현란한 형이상학에 호소한다는 것은 초기 대화편들에서 포착되는 소크라테스의 관점들이 "지식으로서의 덕" 논제를 입증하는 데 활용할만한 기반을 제공하지 않았음을 보여준다.

따라서 모든 덕이 전부 같다는 것이 이 논제의 직접적 귀결이다. 『프로타고라스』에 등장하는 소크라테스는 더욱 명시적으로 이렇게 말한다. "정의, 절제, 용기는 동일한 하나의 이름들이며 … [그것들은 모두] 지식이다." 이는 선에 대한 지식, 즉 개인에게 좋은 것이 무엇이고 그 사람에게 번영하는 삶의 성공을 가져다주는 것이 무엇인지에 대한 지식이 선한 것의 모든 측면을 하나의 총체로 통합하기 때문이다. 그것은 덕을 무엇이 개인에게 좋은 것인지에 대한 지식과 동일시하면서 동시에 덕을 개인에게 좋은 것과 동일시하는 일관되지 않은 결과를 빚는다. 수단과 목적이 같아지는 것이다. 덕목들과 가치들은 일관되어야 한다고 주장할 수 있을 법하고 아마도 확실히 그럴 것이다. (하지만 이사야 벌린의 주장처럼 어떤 가치들은 일관되지 않다는 관점도 존재한다. 예를 들면 자유와 평등이 그런 것처럼.) 그러나 그것들이 말 그대로 모두 다 같다고 말하는 것은(용기가 경건이고 절제가 용기이고, 등등) 상당히 덜 직관적이다.

플라톤은 필수적인 인식론을 뒷받침하기 위해 자신이 보탠 실체적 형이상학에 의존하는 더 일관성 떨어지는 논지를 들고서 소크라테스와 결별했다는 사실을 모르지 않았다. 그는 『에우튀데모스』에서 그 난점을 다시 다루면서 소크라테스에게 지식은(혹은 지혜라고 하는 편이 더 나을 수도 있는데, 이 두 용어는 서로 맞바꾸어서 사용되기도 하기 때문이다) 유일한 무조건적 선으로서 다른 모든 선은 지식에 이르는 도구적 성격을 지닌 것들이라는 관점을 제공한다. 그러나 그는 이제 지혜의 성취란 그런 부속적인 선들을 능숙하게 배치함에 있는 것이라고 덧붙인다. 지혜를 "왕의 기술", 사람을 현명하게 만드는 기술로 삼은 것이다! 그러자 소크라테스가 자신은 그 말이 순환적이라서 실제로 도움이 되지 않을 것으로 생각한다는 말을 덧붙인다. 왜냐하면 우리는 "왕의 기술" 그 자체가 무엇인지 알지 못하기 때문이다(*Euthydemus* 291b-292e).

이 시점에서 소크라테스의 관점들에 대한 논의는 그 이후로 더 발전한 플라톤 자신의 사유에 대한 논의로 이어져야 한다. 지금까지 도달한 불만족스러운 타협 중 일부는 그런 다른 곳에서는 매우 다르게 처리된다. 특히 『국가』에서 그렇다. 그러나 소크라테스적 방법의 분투와 의도, 그리고 그런 방법으로부터 도출되는 주요한 교훈들에서 무언가 눈에 들어오는 것이 있다. 그것은 그 관점의 내용보다는 그런 관점을 낳은 두 가지 눈에 띄는 인상적인 원천들과 관련이 있다. (혹은 그것을 영감靈感들이라고 부를 수도 있겠다.) 왜냐하면, 후대 학파들의 윤리적 성찰에서 그 원천들이 그렇게 다루어졌고, 그들은 윤리적 삶을 사유하는 문제에 여전히 생생한 관심이 있기 때문이다.

소크라테스가 제공하는 영감들은 우리가 그에게서 나온 것이라고 매우 확신할 수 있는 두 가지 마음가짐에서 유래한다. 하나는 진정으로 살 가치가 있는 삶은 검토된 삶이라는 그의 생각이다. 사람들에게 질문을 던져서 생각할 수밖에 없게 만든 소크라테스의 모든 실천이 그가 가진 이 근본적 신념을 잘 보여준다. 그리고 또 하나는 사형 판결을 받은 후에 법에 대한 불복종을 거부한 데서 보이는 그의 결연한 원칙 고수이다. 진정으로 살 가치가 있는 삶으로서의 검토된 삶이라는 착상은 겉보기에 단순해 보이지만, 사실은 대단히 깊고 중차대한 것이다. 나는 이 지점으로 곧 되돌아올 것이다. 원칙에 매달리는 것과 관련된 또 다른 요점은 간략히 설명하기가 더 좋다.

『크리톤』은 소크라테스가 죽음을 앞두고 여러 날 동안 감옥에서 친구들과 나눈 대화에 대한 플라톤의 설명이다. 크리톤은 아테네가 소크라테스의 죽음을 진심으로 원치는 않는 것 같아 보인다면서 소크라테스에게 아테네에서 도망쳐 몸을 숨기라고 설득하려 했다. 여러 가지 암시들과 언뜻 봐도 소홀한 감옥의 감시망을 생각할 때 소크라테스가 원하기만 하면 탈옥에 성공할 수 있으리라는 점이 분명히 전해졌다. 그러나 소크라테스는 제안을 거부했다. 자신은 최선의 논증이 아니라면 그 어떤 논증에도 귀를 기울이지 않을 작정인데, 최선의 논증은 잘못을 잘못으로 갚거나 해악을 해악으로 갚아서는 안 된다고 말하고 있으며, 만약 자신이 법을 어기고 탈옥해 망명한다면 아테네 사람들에게 잘못을 저지르는 일이 되리라는 근거에서였다. 그는 만약 스스로 자신을 무법자로 만든다면, 재판에서 자기가 받은 혐의를 인정하는 꼴이 될 것이라고 말했다. "소크라테스가 아니라 진리를 생각하게. 그리고 만약 내가 진리를 말하는 것이거든 나에게 동의하게. 하지만 내가 진리를 말하는 게 아니라면 반박하게!" 그는 크리톤을 몰아붙였다. 이렇듯 그는 진리 혹은 가장 건전한 논증을 엄격하게 고수함으로써, 원칙에 따르는 삶이라는 생각을 옹호했다. 다르게 하는 것은 해를 끼치는 일이며, 해를 입히는 것이 잘못이라는 것은 누구나 알기에, 그렇게 할 수 없는 것이다.

검토된 삶에 관한 요점은 그렇게 명시적으로 문자로 된 근거가 있는 것은 아니지만, 소크라테스가 윤리학에 남긴 가장 귀중한 유산이다. 그것은 소크라테스의 고집스럽고 매우 핵심적인 실천에 담겨 있는 함의로서, 그는 이에 따라 이른바 등에가 되는 임무를 스스로 떠맡을 수밖에 없다고 보았다. 그 임무란 사람들이 살면서 따르는 신념들이 무슨 의미인지, 그래서 결과적으로 그들이 무슨 일을 해야 하고 어떤 사람이 되어야 하는지 사유하도록 자극하는 것이다. 이 요점은 소크라테스가 "검토되지 않은 삶은 살 가치가 없다"라고 말하는 데서 볼 수 있듯이 흔히 부정적인 방식으로 제시되곤 한다. 이는 숙고하지 않은 삶, 삶의 주체인 당사자가 선택하지 않은 삶이란 곧 가치 있는 삶이 무엇인지에 대해 타인들이 내놓는 생각에 따라 사는 것을 의미한다. 다른 이의 공놀이에 사용되는 공이 되어 다른 이가 선택한 방향으로 던져지고 차이는 신세가 되는 것이다. 이런 주장에 담긴 함의들을 풀어내 보면 풍요로운 관점이 생성된다. 가치 있는 삶이란 당사자의 자기 이해에 기반하여("너 자신을 알라"는 델포이 신탁의 훈계에 따르는) 선택된 삶이므로, 어떤 재능과 능력이 자신의 선택을 좌우할지 알 수 있다. 그리고 그에 수반되는 자율성이야말로 근본적으로 중요하다. 우리는 스스로 사유하고, 반성하고, 책임을 져야 한다.

결과적으로, 종교적이건 정치적이건 이런저런 이념에 찬동하는 이라면 많이들 그것이 의미하는 바가 전복적이라고 생각할 법하다. 왜냐하면 그것은 어떤 종류의 삶이 살 가치가 있느냐는 질문에 대해 만능 답변이 존재하지 않는다는 것을 의미하기 때문이다. 대신, 답을 찾으려는 사람들의 수만큼이나 많은 답변이 존재한다. 각자 개인이 본인의 자기-지식을 근거로 선택하고 책임을 맡아야 한다면, 인간 본성, 능력, 이해관계의 다양성을 고려할 때 사람들이 살기에 좋을 수많은 종류의 삶이 있게 될 것이기 때문이다. 실제로 초기 대화편들이 건강 잡지에 실린 개별 조리법과 비슷한 좋은 삶에 대한 상세하고 포괄적인 처방의 단서를 제시하지 않고, 그 대신 매우 일반적 차원에서 선의 영역을 표시하는 특징들을 서술하고 있는 이유가 바로 그것이다. 이를테면, 반성을 통해 덕의 본성을 파악하고 그런 덕들 안에 구현될 수 있는 선을 알아내기 위해 노력하는 것도 그런 특징 중 하나다.

에피쿠로스주의나 스토아주의 같은 후대 윤리 학파들의 특징은 전형적인 소크라테스적 질문이라고 말할 수 있는 이른바 '어떻게 살아야 할까? 어떤 사람이 되어야 할까?' 같은 질문들에 대해서 이론적이고 실천적인 답변 둘 다를 제공했다는 점이다. 왜냐하면 그 질문들은 자율성과 책임에 대해서 생각이 간절하다면 주목할 수밖에 없기 때문이다. 그리고 이런 소크라테스적 질문의 전통에 더 직접적으로 속하는 것은 윤리에 관한 최초의 주요한 종합 논고인 아리스토텔레스의 『니코마코스 윤리학』이다. 물론 이 책을 그런 질문에 대한 주도면밀한 답변을 담은 책 정도로 간주해서는 절대 안 된다고 생각하지만 말이다. "어떻게 살 것인가"라는 질문에 답하는 것이 가장 으뜸가는 윤리학의 과제라고 생각하는 사상가들이 소크라테스를 그 물음의 질문자로 거론하지 않을 수도 있다. 하지만 넓은 의미의 인본주의적(신의 계율이 아닌) 윤리에서 그것이 실로 삶의 의미 문제에 어떻게 답해야 하는가에 대한 최적의 접근법이라는 사실은 검토된 삶을 간절히 염원하여 윤리와 관련된 우리의 전통 전체의 출발점이 되게 한 바로 그 사람에게 크게 신세를 진 것이다.

5

플라톤과 삶의 의미
Plato

데이비드 스크르비나David Skrbina

'삶의 의미'는 영원토록 헤아릴 길이 없는 철학적 의문 중 하나다. 철학 자체만큼이나 오래된 이 의문은 여러 세기를 지나는 동안 수많은 방식 으로 수많은 서로 다른 해석을 맞이해왔다. 그런 부류의 의문들이 다 그렇듯이, 심지어 '삶의 의미'라는 어구의 의미를 이해하는 일에조차 수많은 쟁점이 제기되며, 의견 일치를 보는 경우는 거의 없다. 여기서 그런 모든 미묘한 의미 차이를 일일이 검토할 생각은 없으며, 지금은 그저 일상적인 의미에서 인간 존재의 의의, 가치, 목적 등에 관해 묻는 무언가로 이 어구를 받아들일 것이다. 이 어구를 그렇게 이해할 때, 그 리스인들이 그에 관해 많은 이야기를 했던 것은 분명하다.

특히 플라톤은 이 문제를 많이 사유했으며, 확실히 그것은 순수한 형이상학적 쟁점들에 논의를 집중했던 소크라테스 이전 선대 철학자 대부분이 제공한 사유 수준을 훨씬 넘어서는 것이었다. 플라톤은 형이 상학, 인식론, 윤리학이라는 전통의 세 영역을 세세하게 아우르는 더 포괄적이고 균형 잡힌 철학관을 채택했다.[1] 그 세 영역 사이에는 한층 더 심원한 상관관계가 성립하며, 철학자라면 그중 한 영역의 쟁점을 논의하면서 나머지 영역들의 주요 쟁점들을 건드리지 않고 넘어가기란 사실상 불가능하다. 따라서 인간의 의미는 도덕의 문제일 뿐만 아니라 지식의 문제이자 궁극적 실재의 본성에 관한 문제일 수밖에 없었다.

플라톤이 보기에, 인간 존재의 목표와 목적은 우주 자체의 더 광대한 목적론적 구조 안에 뿌리를 둔 것이었다. 우주는 임의적이지도 헛되지도 않다. 우주는 이유가 있어서 존재하며, 그 안에서 벌어지는 모든 일 또한 이유가 있어서 발생한다. 되짚어 보건대, 데미우르고스는 한 가지 목적을 내다보고 우주를 건설하였다. 이른바, 조물주 자신의 덕과 지혜가 체현된 최고로 아름다운 우주를 생산하는 것이다. "[데미우르고스는] 선하며, … 만물이 최대한 많이 자신을 닮기를 원했다…. 그 신은 만물이 선해지기를 원했다 …"(*Timaeus* 29e-30a). 『파이돈』에서 플라톤은 변형된 형태의 아낙사고라스 이론을 동조적으로 논의한다. 이에 따르면 지성nous은 모든 사건의 목표지향적인 작용인이다. "그 질서짓는 지성은 최선의 방식으로 만물을 질서짓고 각각의 것을 위치시킬 것이다"(97c). 플라톤은 더 나아가 최선을 추구하는 것이 모든 사건의 "진짜 원인"(99b)이며, 만물은 "최선의 장소에 있을 수 있는 능력"이 있다고 언급한다. 실제로 그것이야말로 우주 전체를 체계화하는 "참된 선善이자 구속력"이다.[2] 간단히 말해서 우주는 최선을 얻고자 애쓴다.

데미우르고스와 우주가 최선을 목표로 한다면, 분명히 그것은 우리 삶의 소명이기도 하다. 사실 어떤 의미에서 우리는 우주와 신들의 명령을 섬긴다, 아니, 적어도 섬겨야 한다. 플라톤의 견해에 따르면 우리

---

[1] 네 번째 주요 분과인 논리학은 아리스토텔레스에서 결실을 이루게 된다.

[2] 아리스토텔레스는 똑같은 사유 노선에 따라 이 넓은 의미의 목적론적 견해를 다시 한 번 더욱 발전시킨다. 특히 『자연학』 2권을 보라.

는 자율적인 행위자가 아니다. 올바르게 사는 삶이란, 전체가 지닌 더 광범위한 목적론적 목표들을 섬기는 일과 관련이 있다. 플라톤이 후기 저작인 『법률』에서 설명하는 바대로, 개인의 모든 행위는 우주와 중요한 관계를 맺는다.

> 우주의 감독자는 보존과 탁월성에 유의하여 만물을 배치한 것이며, 각 부분은 저마다 가진 다양한 능력에 따라 적절한 능동적·수동적 역할을 이행한다 …. [우리는] 그러한 하나의 부분이다. 한 점에 불과하지만 그래도 전체의 선을 위해 끊임없이 이바지한다. … 만물은 전체 우주에 번영의 삶을 제공하기 위해 창조되었다. 우리는 창조가 우리의 이득을 위한 것이 아님을 잊는다. 우리는 우주를 위해 존재한다(903b-c).

그렇다면 우리의 삶은 우리가 가능한 최선의 인간이 되어 우리가 부분을 이루고 있는 더 큰 전체의 영광을 향해 노력함으로써 그 의미를 획득한다. 그러나 그 말의 구체적 함의는 무엇인가? 플라톤은 유의미한 삶의 두 가지 주된 구성요소를 짚은 것처럼 보인다. 첫째는 덕스러운 삶을 살아가는 것이며, 그럼으로써 진정으로 선한 인간이 되는 것이다. 둘째는 정치적 지향성을 가진 목표로서, 가능한 한 최선의 시민이 되는 것이다. 이 두 가지를 각각 자세히 살펴보자.

덕스러운 삶

덕스러운, 그럼으로써 유의미한 삶을 살기 위해서 우리는 먼저 덕이 무엇인지 알아야 한다. 그다음 우리는 덕이 구체적으로 어떤 형태들을 취하는지 검토해야 한다. 마지막으로 우리는 덕을 습득하고 그것을 우리의 영혼 안에 붙박아 넣어 덕스러운 사람이 되는 방법을 이해할 필요가 있다. 모든 단계마다 난점들이 가득하다.

플라톤은 초기 대화편인 『프로타고라스』에서 처음으로 핵심적인 덕의 목록을 제공한다. 거기서 그는 지식epistêmê, 정의dikaiosunê, 용기andreia, 절제sôphrosunê, 경건hosiotês[3] 등 다섯 가지 덕을 열거한다. 하지만 뒤이은 논의는 이들을 정의하기가 쉽지 않으며 더 나아가 이들 간의 상호관계가 복잡하다는 것을 보여준다. 그것들은 그 자체로 별개의 덕들인가, 아니면 덕이라고 불리는 단일한 무언가의 부분들인가? 그것들 사이에 위계나 순위가 존재하는가? 어떤 사람이 부분적으로 덕스러우면서 동시에 부분적으로 악덕에 물들어 있는 것이 가능한가? 예를 들면, 한 가지 덕은 아주 풍부한데 다른 덕은 철저히 결여한 경우라면 어떤가? 플라톤에게는 이런 것들이 매우 중요한 문젯거리가 된다.

그런 다음, 우리는 덕을 습득하는 일을 어떻게 시작해야 하느냐 하는 성가신 문제를 접한다. 덕이 지식의 한 형태라면 그것은 가르칠 수 있어야 할 것이고, 따라서 덕스러워지기 위해서는 단지 윤리를 가르쳐 줄 스승을 찾아 나서기만 하면 그만일 것이다. 불행히도, 여러 대화편에서 플라톤은 덕의 참된 본성을 이해하는 일의 어려움을 강조한다. 초기 대화편인 『라케스』에서 그는 전체로서의 덕과 씨름하는 일을 뒤로 미룬다. 그것은 "너무도 엄청난 과제"가 될 것이기 때문이다(190c). 『프로타고라스』에서 소크라테스는 모든 덕은 지식의 한 형태라고 주장함으로써 명백히 지식을 주된 덕으로 삼으려 하는 것처럼 보인다. 더구나 지식은 모두 가르칠 수 있는 것이므로, 이는 모든 덕이 가르칠

---

[3] 후기 저작에서 플라톤은 '경건'을 뜻하는 단어로 '유세베이아eusebeia'를 택하게 된다. 예를 들면, 『국가』 615c를 보라.

수 있는 대상임을 함의한다. 구체적으로, 소크라테스는 개별적인 덕은 모두 "지나침"과 "모자람"의 문제를 수반한다고 주장한다. 좋음과 나쁨, 쾌락과 고통, 행복과 슬픔은 모두 사물들에 대해 양적 판단과 비교 판단을 할 수 있는 능력과 관련이 있다. 따라서 우리는 덕에 관한 진리를 획득하고 마침내 "삶에서 구원"을 성취하기 위해서 "측량술metrêtikê technê"(356d)을 함양해야 한다. 그렇지만 동시에 소크라테스의 적수인 프로타고라스는 덕은 사실상 지식의 한 형태가 아니며, 따라서 전혀 가르칠 수 있는 것이 아니라는 강력한 논증을 제시한다. 대화는 모종의 교착 상태로 마무리된다.

나중에, 중기 대화편인 『메논』에서 플라톤은 프로타고라스의 편을 드는 것처럼 보인다. 그것은 유의미한 삶에 대해 비통한 함의를 지닌 비관적인 진술로 시작한다. 이제 소크라테스는 덕이 실제로 무엇인가에 관한 모든 지식을 거부한다. 그는 "나는 덕에 관해 나 자신이 철저히 무지한 것을 자책한다"(71b)라고 말한다. 상황은 더 심각해진다. "그뿐만이 아닐세, 친구여, … 나는 여태껏 누구든 그것을 아는 사람을 만나본 적이 한번도 없다네." 불길한 조짐이다.

그 대화편의 뒷부분에서 플라톤은, 덕은 사실상 가르쳐질 수 없다는 현실적이고 경험적인 주장을 수용하는 듯 보인다. 덕을 가르칠 수 있었다면, 과거의 위대하고 덕스러운 인간들이 자기 자식들을 가르쳤을 텐데, 그가 여러 가지 사례를 들어 설명한 바대로 그런 일은 없었던 것이 명백하기 때문이다. 덕이 윤리에 관한 일종의 "참된 확신"임은 부인할 수 없어 보이지만, 정당화되거나 합리적인 참된 확신은 아니다. 만약 그런 것이라면 가르칠 수 있었을 것이기 때문이다.

그렇다면 결과적으로 우리는 어떻게 덕을 습득하고 그럼으로써 삶의 의미를 획득하는 것일까? 플라톤의 놀라운 답변은 이렇다. 그것은 일종의 신의 섭리로서 "신들에게서 주어지는 선물"이라는 것이다. 소크라테스가 말한 대로, "덕은 태생적 성질도 아니고 배우는 것도 아니며, 다만 그것을 보유한 사람들에게 신들의 선물로서 찾아온 것이다"(99e). 실로 난망이다. 우리는 덕이 무엇인지도 모르고 그것을 획득할 직접적 수단도 전혀 없다.

하지만 대략 같은 시기의 작품으로 알려진 『국가』에서 플라톤은 유의미한 삶에 이르는 좀 더 희망적인 전망을 제공하는 것처럼 보인다. 으뜸의 덕은 이제 네 개로 줄어든다. 지혜, 용기, 절제, 정의다(427e). 이제는 그중 정의가 지식이나 지혜보다 더 지배적인 역할을 맡는다. 정의는 사실상 일종의 상위의 덕으로서 프시케psyche를 체계화하는 원리이다. 나머지 세 덕은 영혼의 각 부분에 귀속한다. 지혜는 이성적인 부분에, 용기는 정념적인 부분에, 그리고 절제는 세 부분(이성, 정념, 욕구) 모두에 똑같이 적용된다. 하지만 정의는 다르다. 사람은 영혼의 각 부분이 주어진 본분을 다할 때 정의롭다. 이성적인 부분은 다스리고, 정념적인 부분은 역경과 고난을 극복하기 위해 이성적인 부분을 도우며, 욕구는 신체를 건전하고 건강하게 유지하는 것이다. 결과적으로 정의로운 인간은 내면의 조화를 누리고 심리적 균형을 이루며 평화롭다. 그는 자기 자신을 완전히 자각하는 자기의 주인이다. "그렇다면 덕이란 영혼이 일종의 건강과 좋은 상태와 안녕을 누리는 것을 말하는 것으로 보인다"(444d)라고 플라톤은 말한다. 네 개의 주된 덕으로 무장한 사람은 현명하고, 절제하며, 용감하고, 정의롭다. 그래서 그는 행복하게, 가능한 최고의 삶을 살아가는 것이다. 플라톤이 『법률』에서 간명하게 진술한 대로, "[한 인간의] 최고의 선은 최대한 덕스러워지는 것이다"(707d). 그리고 그럼으로써 가장 참된 의미에서 '의미' 있는 삶을 성취하는 것이다.

잘 사는 것은 결정적으로 중요하지만, 정의롭고 유의미한 삶에 대한 궁극적 보상은 사후에 주어진다. 플라톤의 가장 중요한 대화편에 속하는 『고르기아스』와 『국가』는 사후에 받게 되는 영혼의 보상 혹은 처벌을 기술하는 소위 내세론적 신화로 끝맺는데, 이는 서양사에서 천국이나 지옥 같은 장소에 대한 가장 이른 시기의 묘사에 속한다.[4] 거기서 플라톤은 정의롭고 경건한 사람이 어떻게 "축복받은 자들의 섬들로 가 완벽한 행복 속에 거주하게 되는지"에 관한 "참된" 이야기들을 늘어놓는다. 반면에 신을 공경하지 않는 불의한 인간은 "응보의 대가를 치르는 감옥으로 가는데, 그곳은 흔히 타르타로스라고 말하는 지옥의 심연이다"(『고르기아스』 523a-b). 『국가』는 정의로운 자들은 위로 올라가 천국으로 가고, 불의한 자들은 땅 아래로 내려간다고 사후세계를 설명하는 에르Er의 신화로 끝맺는다(614b-c). 천년이 지난 후 양쪽 무리가 모여서 자신들의 미래를 선택한다.[5] 현명하고 정의로운 자들은 잘 선택할 수밖에 없고 무지하고 불의한 자들은 엉터리 선택을 한다. 전반적인 플라톤의 교훈은 이것이다. "모든 방면에서 이성적으로 정의를 실천함으로써 … 우리는 합당한 보상을 받게 될 것이다. 따라서 이번 생에서나 우리가 기술한 바 있는 천년의 여정에서나 우리는 잘 살고 행복할 것이다"(621c-d).

국가를 위한 봉사

덕스러운 삶은 중요한 것이기도 하지만, 그런 만큼 사회 바깥에서는 성취할 수 없고 심지어 상상할 수조차 없다. 따라서 앞서 말한 조항들은

---

[4] 신약의 복음서들에 등장하는 성서적 묘사들은 서기 70~100년으로 거슬러 올라간다. 주목할 것은 구약에는 천국이나 지옥에 대한 분명한 언급이 없다는 점이다.

[5] 플라톤은 영혼 재래설을 확고히 신봉했다.

그것들이 귀속되는 사회 정치적 맥락과 별개로는 아무런 의미도 없다. 아리스토텔레스는 "인간은 정치적 동물"이라고 말했고(*Politics* 1253a), 플라톤은 틀림없이 그 말에 동의했을 것이다. 유의미하고 덕스러운 삶이란 잘 조직되고 잘 경영되는 정치 체계라는 설정 안에서만 의미를 지닌다. 그러므로 이상 국가의 본성에 대해 상세히 설명할 필요가 있다.

플라톤은 두 군데서 그런 설명을 시도한다. 중기 대화편인 『국가』와 마지막 작품인 『법률』에서다. 이 두 저술 사이에서 보이는 유사점과 차이점은 매우 흥미롭고 유익하지만, 지금은 삶의 의미와 가장 직접적으로 관계되는 측면들만을 고찰할 것이다.

우리가 코스모폴리스의 시민, 즉 세계시민cosmopolitan으로서 마땅히 코스모폴리스를 이롭게 하고자 봉사하듯이, 마찬가지로 우리는 인간이 만든 폴리스, 즉 국가의 시민으로 산다는 데서도 의미를 발견한다. 그러나 그것은 맹목적 애국주의나 정권에 대한 비굴한 복종에 관련된 것이 아니다. 코스모폴리스와 달리, 인간의 국가는 쉽게 부패할 수 있으므로 우리의 충성심을 놓칠 수 있다. 따라서 의미 있는 삶을 살려면 올바른 종류의 국가를 건설하고 유지하는 것이 가장 중요하다. 이것이 플라톤이 올바른 정치를 그렇게 강조한 이유이다. 그것이 바로 우리의 의미 추구의 중심인 것이다.

그렇다면 그가 말하는 이상 국가란 어떤 것인가? 최초의 기술은 『국가』 제2권에 등장하는데, 여기서 소크라테스는 국가 안에서 정의와 불의가 어디에 위치하는지 알아내기 위해 이상 국가를 구상한다. 이상 국가는 시민 사회의 합리적이고 필수적인 모든 기능뿐만 아니라 인간의 모든 기본적 욕구도 충족한다. 그런 국가는 낭비와 부패한 사치를 피하면서도 만족스러운 삶을 위해 필요한 재화와 서비스를 모두 제공한다. 이상 국가는 자급자족하지만 무역도 한다. 그런 나라는 자국의 필수품을 자급하기에 충분한 땅이 있다. 그런 나라는 시민들에게 "자원이 허락하는 수준 이상으로 아이를 낳지 말아야 하며 안 그러면 가난이나 전쟁에 시달릴 것"(372b)이라고 권고함으로써 인구를 통제한다. 사람들은 과한 "불량 음식"이 아닌 건강한 토산물을 적절히 섭취한다.[6] 전반적으로 시민들은 "평화롭고 건강하게 살 것이며, 원숙한 노년에 죽으면서 자녀들에게는 유사한 삶을 물려줄 것이다." 이상적인 폴리스는 평화롭고, 건강하고, 행복하다.

그 국가는 또한 작다. 『국가』에서 플라톤은 이상적인 크기에 관해서 단서만 제공할 뿐이다. 폴리스의 성장은 "통일성을 견지하는" 수준까지만 허용되어야 하며, 폴리스는 "하나이자 자급자족하는" 국가여야 한다(423b-c). 같은 단락에서 그는 1000명의 방어자 혹은 전사를 거느린 폴리스 정도가 잘 통치되는 사회의 상한선 같은 역할을 할 수 있을 것이라고 제안함으로써 적정 규모를 어느 정도 암시한다. 추론컨대, 이것은 전체 인구가 2만 5000명 정도의 시민으로 구성되는 것을 의미한다. 물론 전체 수치는 외국인과 노예가 어느 정도 거주하느냐에 따라 다소간 더 높아질 것이다.[7]

물론 현재의 기준으로 보자면, 시민이 약 2만 5000명 정도밖에 되지 않는 국가는 극히 작은 나라일 것이다. 그 정도 범위에 들어가는 현대 국가로는 리히텐슈타인, 모나코, 산마리노, 그리고 팔라우나 나

---

[6] 주목할 점은 방대한 세부 음식 목록에 고기가 없다는 것이다. 실제로 뒤에 가서 고기는 과하게 사치스러운 폴리스의 일면이자, 대중에게 질병을 불러오는 요인으로 논의된다. "사람들이 고기를 먹게 된다면, 우리는 또한 아주 많은 가축이 필요할 걸세, 안 그런가? 물론입니다. 그리고 만약 우리가 그런 식으로 산다면, 이전보다 의사들의 수요가 훨씬 더 커지겠지? 매우 그렇겠죠"(373c).

[7] 여기서 '시민'은 여성과 어린이를 포함하는 현대적 의미로 사용한 것이다. 그리스인들에게 시민권은 성인 남성에게만 한정된 것이었다.

우루 같은 아주 작은 태평양 섬나라들이 있을 것이다. 혹시 플라톤이 지금 우리를 현혹하고 있다거나 단지 은유적으로 말하고 있는 것이 아닌가 하는 생각이 든다면, 『법률』을 뒤져보면 된다. 그는 꼼꼼하다. 이상적인 수는 5040가구이며, 이는 언뜻 보면 대략 적정 규모를 고려해 도출된 수치 같지만 1부터 10까지 어떤 수로도 나눌 수 있다는 수학적인 측면까지 고려된 것이다. 그래야 자원과 업무를 할당하기에 용이할 것이기 때문이다(*Laws* 737e-738a). 가구당 평균 다섯 명의 구성원이 있다고 가정하면, 다시 한번 약 2만 5000명의 시민이라는 수치를 얻는다.

규모는 시민 사회를 효율적으로 관리하는 문제만이 아니라 더 많은 목적을 위해서도 결정적으로 중요하다. 왜냐하면 덕분에 개개의 시민이 동료 시민들과 친밀하게 연결될 수 있으며, 결국 그것이 유의미하고 덕스러운 삶을 사는 데 중요하기 때문이다. 플라톤은 단호하게 말한다.

> 시민들이 서로에게 잘 알려져야 하는 것보다 국가에 더 큰 이득이 되는 일은 없다. 서로의 특성을 들여다볼 길 없이 깜깜한 채로 지내는 곳에서라면, 누구도 마땅히 받아야 할 존중을 누리지 못할 것이고, 자기 능력에 맞는 관직을 얻지도 못할 것이며, 받아 마땅한 법적 판결을 받아내지도 못할 것이다(*Laws* 738e).

플라톤의 견해에 의하면, 2만 5000명 규모의 폴리스라면 아마도 1만 명의 성인 남성을 배출할 것이며, 그중 수천 명은 시민 생활에 적극적으로 참여할 것이다. 더 많다면 몰라도 그 정도 수치면 각자가 모두에게 알려질 법하다. 규모가 더 커져서 우리가 서로의 특징을 평가하지 못하는 위험에 처하게 되면, 기만, 사기, 범죄의 문이 열리는 것이다.

위에서 언급한 바와 같이, 의미 있는 삶은 신성하고 영구적인 우주의 규칙들에 부합해야 한다. 따라서 이상 국가를 다스리는 시민법은 실제로 인간들에게서 기인한 게 아니며 심지어 현명한 인간들에게서 기인한 것도 아니다. 그보다는 신들 본인의 산물이다. "자네는 자네들의 그 법 조항들을 확립한 공을 누구에게 돌리겠는가? 신인가, 인간인가? 신입니다, 선생님, 신이지요"(*Laws* 624a). 이성, 정의, 선은 형상 그 자체처럼 영원한 특질들이며, 인간의 변덕에 좌우되지 않는다. 인간 본성도 마찬가지로 고정되어 있다. 이 모든 것이 비교적 고정된 법 규정을 함의한다. 올바른 법은 정부나 통치자의 명령에 좌우되지 않는다. 오히려 그 반대가 참이다. "만약 정부의 주인이 법이고 정부가 법의 노예라면, 그 상황은 대단히 유망하다"(715d). 현명한 통치자들은 자연의 영원하고 신적인 법칙들을 이해하고 그것들에 걸맞게 따라야 한다.

이런 불변의 법칙들 가운데는 사회적 동질성과 사람들 사이의 계급 질서를 규정하는 것들이 있다. 여기서 말하는 동질성이란 국가가 인종적으로 최대한 획일적이어야 한다는 의미이고, 계급 질서는 같은 인종 집단 내에서도 더 우월한 자와 더 열등한 자로 자연스러운 위계가 이뤄지기 때문에 형성된다. 이런 다소 논쟁의 여지가 있는 측면들은 세심하게 다뤄질 필요가 있다. 그런 측면들에 대한 논의로 유의미한 삶에 관한 우리의 탐구를 마무리 짓고자 한다.

동료 시민들을 아는 것보다 "더 큰 이득"은 없다고 한다면, 분명히 시민들끼리 최대한 많이 닮아야 할 것이라고 플라톤은 추론한다. 다른 배경이나 다른 인종이나 다른 문화권의 사람들은 본래 알기가 더 어렵고, 그래서 판단하기도 더 어렵다고 그는 생각한다. 플라톤은 일말의 모호함 없이 분명하다. 페르시아 전쟁이 혹시라도 가져올 수 있었던 불길한 결과를 기술하면서 그는 "만약 아테네인과 스파르타인의 연대 결정이 없었더라면, … 우리는 지금쯤이면 사실상 완벽한 인종 혼합 상태에 처해 있었을 것"(693a)이라고 언급한다. 그것은 그리스인과 비그리스인의 혼합을 의미한다. 페르시아 영토는 여러 민족성의 혼합으로 인해 "다 함께 끔찍한 난장판"이 되어 있으며, 그것이은 제어할 수 없는 심각한 문젯거리를 제공한다.

신생 국가나 팽창 중인 국가는 사람들을 받아들이고 싶은 유혹을 받지만, 이민자들은 "벌 떼의 통일성이 없다. 그들은 단일한 민족이 아니다"(708b). 그것이 중요한 이유는 "단일 민족은 특정한 공동체 감정"을 분출하면서 "같은 언어로 말하고 같은 법을 준수하기" 때문이다. 장차 합류할 모든 신참자는 "추가 심사" 같은 무언가를 통과해야 한다. "나쁜 지원자는 걸러내야 하고 그런 자가 입국하여 국가의 시민이 되고자 할 때는 그 신청을 거부"해야 한다(736c). 플라톤에 따르면, 불순하거나 형편없는 양육을 받은 사람을 수용하는 것보다 더 나쁜 일이란 거의 있을 수가 없다. "우리는 가짜 교육을 받고 자라난 시민들을 받아들이지 말아야 한다"(741a).

훨씬 더 논쟁적인 것은, 플라톤에 따르면 이상 국가는 질 높은 시민 수준을 유지하기 위해 최악의 구성 인자들을 정기적으로 "정화"해야 한다는 것이다. 현명한 동물 육종가처럼, 현명한 정부는 그런 자들을 식민지나 다른 국가로 추방함으로써 "불건전하고 열등한 잡초를 뽑아내야"(735b) 한다. "전체 국가를 정화하는 일"은 확실히 어려운 과제이며 "극약 처방이 그렇듯, 최선의 정화는 고통스러운 업무이다." 그래도 그렇게 해야 한다. 결국 국가의 "물"이 잘 흐르기 위해서는 "최대한 순수"해야 한다.

또 다른 논쟁점에 관해 말하자면, 플라톤은 인간의 뚜렷한 불평등성을 인정해야 할 필요성을 강조한다. 『법률』의 앞부분에서 그는 우월하게 타고난 자들이 열등하게 타고난 자들을 다스리는 일곱 가지 유형의 관계 설정을 인용한다. 그중에서 가장 중요한 것은 "무지한 자들은 현명한 자들의 지도에 따라야 한다"(690b)라는 것이다. 교육받지 못한 비非철학적 유형에 속한 자들은 기술, 음악, 문화 같은 것들에 관해 판단하는 일을 맡지 말아야 한다. 그런 일이 벌어질 경우, 우리가 얻게 되는 것은 더 못난 사람들이 더 잘난 사람들을 판단하는 "극장정치thea-trocracy"(701a)일 뿐이며, 이는 불가피하게 문화와 도덕의 부패로 이어질 것이다.

그런 다음 우리는 플라톤이 주인과 노예 사이의 평등한 지위를 선언하는 자들을 맹비난하는 장황한 대목을 접한다(757a-e). 그런 상태에 서라면 "그들 사이의 우정은 근본적으로 불가능하다." 왜냐하면 그것은 명목상의 평등을 자연법보다 우선시하는 것이기 때문이다. "모두에 대한 무차별적인 평등은 사실상 불평등과 다르지 않으며, 둘 다 국가를 시민들 간의 불화로 채우게 된다."

플라톤에 따르면 평등에는 두 가지 형태가 있다. 첫째는 순수하게 법적이고 기술적인 의미로서 모두가 평등하게 국가의 시민으로서 평등한 욕구를 소유한다는 것이다. 이것은 거의 문제가 될 것이 없다. 훨씬 어려운 것은 내재적 혹은 질적으로 사람들을 평등하게 보는 또 다른 형태이다. 플라톤의 관점을 따라 노골적으로 진술하자면, 세상에는 더 잘난 사람도 있고 더 못난 사람도 있다. 잘난 자들은 더 많이 가져야 마땅하고, 못난 자들은 덜 가져야 마땅하다. 이것이 사회 정의의 핵심적 일면이며, 따라서 사회적인 덕과 선한 삶을 사는 문제의 열쇠가 된다. 이 모든 생각이 『국가』에서 플라톤이 행한 민주주의 비판의 배경에 놓여 있다. 거기서 그는 "평등한 자나 불평등한 자나 똑같이 일종의 평등성을 허용하는"(*Republic* 558c) 체계에 대해 통렬한 공격을 퍼붓는다.

그렇다면 이상 국가란 작고, 자급자족하며, 인종적으로 동질적인 사람들이 서로를 잘 알고 각자가 서로의 특성을 적절히 판단할 수 있는 공동체이다. 그 체계는 가장 현명한 최고의 사람들이 통치하고 나머지는 분노나 원망 없이 기꺼이 동의하는 일종의 귀족정처럼 돌아간다. 사람들은 저마다 타고난 태생적 기량을 갖고 있으며 각자 자기에게 가장 어울리는 사회적 역할을 수행한다면 그것이 최선이다. "평등"이나 "평등한 권리"의 담론이나 기대 같은 것은 없다. 모든 사람이 자기네 중 최고들이 나머지 대부분 사람보다 마땅히 더 큰 이득을 수확하게 되리라는 것을 알지만, 그것이 공정하고 정의로워 보인다. 이 모든 것으로부터 따라 나오는 중요한 귀결은 (여기서는 논의하지 않았지만) 과도한 부는 제한되어야 하며, 그렇지 않으면 그 국가는 과두정치나 금권정치로 퇴보할 위험성이 있다는 것이다. 실제로 "덕과 커다란 부는 전혀 양립할 수 없는 것이다. … 매우 부유한 사람은 선하지 않다"(*Laws* 742e, 743c). 그렇게 하여, 그런 이상 국가에서 시민들은 자아실현을 성취하며, 최대한 덕스러워지도록 여러모로 장려된다.

물론 현실의 모든 국가는 그런 플라톤적인 이상과는 매우 거리가 멀고 특히 오늘날은 더욱 그렇다. 아마도 그런 이상을 실천에 옮기려는 노력이 어떤 함의를 갖는지가 중요할 것이다. 오늘날 사람들이 의미 있는 삶을 살기 위해 덕과 '최선'을 추구할 뿐만 아니라 자신이 속한 사회 질서를 이상적인 방향으로 이끌기 위해 노력한다고 해보자. 대부분 사람은 그것이 중앙 권력을 분권화하고 작은 정부를 만들어 아예 각자도생 수준에 이르는 것을 의미한다고 여길 것이다. 또한 이민을 제한하여 민족적 단일성을 지향하고, 민주주의보다는 비록 불완전하더라도 어쨌든 가장 현명한 최고의 사람들이 통치하는 체제로 나아가는 것을 의미한다고도 여길 것이다. 그런 생각들이 대중의 주류 의견에 배치된다는 것은 굳이 언급할 필요도 없다.

신을 향하여

최종 분석에서 인간의 의미는 신들의 본성과 연결된다. 신의 영토는 플라톤의 마음에서 멀리 떨어져 있지 않았다. 그의 대화편들은 데미우르고스, 신들, 그리고 다양한 영적 존재자들에 대한 언급으로 가득하다. 신들은 우리의 역할모델과 영감으로서 이바지한다. 그들은 우리의 가장 높고 가장 고귀한 목적을 구현한다. 그들은 우주 안에 나타나는 매우 현실적이고 매우 신비로운 힘들을 반영한다. 신들은 불멸하며 인간 종족도 그러하다. 우리 모두에게는 저마다 조금씩의 신성이 깃들어 있으며, 그것은 지속적인 추진 동력으로 올바르게 작용해야 한다. "우리는 우리 안에 있는 불멸의 작은 불꽃에 순종하면서 우리의 공적인 삶과 사적인 삶, 우리의 가정과 국가를 이끌어나가야 한다"(*Laws* 714a).

덕과 지혜의 화신으로서 신들은 세계에 관한 일종의 궁극적 진리를 상징한다. 이것이 중요한 이유는 "진리란 신들에게나 인간들에게나 마찬가지로 모든 선한 것들의 목록에서 맨 앞자리를 차지하기" 때문이다(*Laws* 730c). 행복과 의미를 갈망하는 사람이라면 "최대한 진리의 인간으로서 삶을 살아가야 한다." 때때로 어려운 일이 될 수도 있지만 "우리는 움츠리지 말고 우리가 아는 바 그대로 진리를 말해야 한다"(779e). 그렇게 할 때 우리는 아주 조금이나마 신의 영토에 다가가는 것이다.

플라톤의 시대 이후로 약 100년이 지나서 에피쿠로스는 "저기에 계신 신들을 위하여"라고 썼다. 이 문제에 관해서는 에피쿠로스와 플라톤이 옳았을지도 모른다. 어쩌면 저기 어딘가에 어떤 신성한 우주적 힘이 존재해서 우리에게 전진을 재촉하고 더 높고 더 나은 것을 향한 상승을 명령하고 있을지도 모른다. 만약 그렇다면, 어쩌면 우리는 그들을 우러러보고 조금은 감사의 마음을 느껴야 할지도 모른다. 아마도 그것이 가치와 의미가 있는 삶의 길로 들어서는 첫걸음일 수 있을 것이다.

6

디오게네스와 삶의 의미

Diogenes

월 데스먼드Will Desmond

유명한 이미지들이 있다. 알렉산드로스의 선의에 콧방귀를 뀌는 디오게네스, 시장에서 정직한 사람을 찾고 있는 디오게네스, 가진 것이라고는 외투와 지팡이밖에 없이 통 속에서 사는 디오게네스, 물을 손에 받아 마신다며 물잔을 내동댕이치는 디오게네스. 수치를 모르는 그의 어릿광대 짓과 관습에 대한 경멸, 권위에 대한 도전, 소박한 삶과 극단적 자유를 찬양하는 그런 "개"의 이미지†들이 고대 지중해 세계 전역으로 퍼져나가면서 의미 있는 삶에 대한 한 가지 모범을 세상에 제공하였다. 우리가 사는 다원주의 시대는 세계관의 다양성을 높게 평가하는 경향이 있지만, 고대의 디오게네스 추종자들은 그들의 영웅이 의미 있는 삶의 유일한 정답을 발견한 것이라고 믿었다. 그는 집과 재산을 포기하고 도시의 거리를 돌아다니고, 순간의 단순 쾌락에는 그냥 무감각해지고, 관습의 노예가 된 다른 사람들에게 "짖어댐"으로써 그 길을 보여주었다.[1] 고대 세계의 많은 영웅과 현자 가운데서 진실로 디오게네스가 유

---

† 우리말로 '견유犬儒학파'라고 번역되는 '키니코스 학파'라는 명칭이 디오게네스가 개

일한 정답으로서의 삶의 의미를, 혹은 그 정도까지는 아니라 해도 어쨌든 적어도 어떤 하나의 삶의 의미를 발견했거나 창조한 것일까? 아니면 그런 삶의 의미의 계시적 전달자로 이바지한 것일까? 만약 그렇다면, 오늘날 그는 어떻게 유의미한 삶의 안내자로 부활할 수 있을까? 만약 그렇게는 안 된다면, 그의 단점들은 우리에게 무엇을 가르쳐줄 수 있을까? 디오게네스를 온전하게 평가하려면 우리도 그의 견유주의적 Cynic 관점대로 실제 살아 보아야 한다. 그러나 직접 체험할 수 없다면, 공감적 상상이 도움이 될 수 있다. 그리고 그런 목적에는 다른 시각들과의 비교나 주요 관념들의 분석을 수반하는 개념적 연구도 역시 도움이 된다. 우리는 고대 세계의 현자 중 한 명이자 야스퍼스가 말한 '축의 시대'의 열외자로서의 디오게네스를 소크라테스, 플라톤, 제논, 이사야, 힌두교 고행자들과 비교하게 된다. 시대를 초월한 인물로서 그는 예수, 에픽테토스, 성 프란치스코, 루소, 소로, 니체, 그리고 도道와 선禪의 대가들뿐만 아니라, 부랑자, 비트족, 히피족, 펑크족에다, 수행자, 사색가, 그리고 온갖 종류의 반항자들과도 비교된다. "모든 시대, 그리고 특히 우리 시대는 그 나름의 디오게네스가 필요하다"(D'Alembert 1759: I, 380). 그리고 그러기 위해 자기 시대에 더 친숙한 이치를 그 고대의 이미지 뭉치에 투사할 수 있을 것이다. 그러나 "사물 그 자체"에 도달하기 위해서 우리는 디오게네스의 사고방식을 구성했을 것으로 보이는 몇 개의 주요 개념들에 주의를 고정할 수 있으며, 그러는 것이 그런 사고방식을 오늘날 음미하고 전유하는 데 도움이 될 것 같다.

견유주의자들의 생활양식을 개념화하는 데는 네 개의 공식이 중요

와 같은 삶을 살았다는 데서 유래했다고 전해질 정도로, 디오게네스는 실제로 개의 이미지와 밀접한 관련이 있다.

[1] 디오게네스에 대한 미완의 "전기적 소묘"로 다음을 참고하라. Navia 1998: 1-44.

하다. 전수된 관습nomos 거부하기, 자연physis에 따라 살기, 자급자족au-
tarkeia 장려하기, 비타협적으로 정직하게parrhēsia 말하기. 이런 견유주
의적 삶의 각 단면은 저마다 나머지 단면들을 빛나게 하면서 견유주의
의 지상 과제라 할 수 있는 목표를 지향한다. 그것은 이른바 순간순간
의 자유, 즉 자기 자신과 자신의 환경을 조건 없이 수용하면서 지금의
순간을 살아가는 능력이다. 그런 극단적 자유는 인간의 삶에서 피할
수 없는 절박한 사정들을 대하는 하나의 반응이다. 그런 사정들은 소
박성과 복잡성, 필요와 욕망, 외톨이와 공동체, 자급자족과 상부상조,
무방비와 기술적 무장, 자유와 책임, 자기 존중과 자기 비움, 회의주의
와 독단주의, 감각적 직접성과 지적 추상, 내재와 초월 사이의 스펙트
럼 위에 있다. 이들 각각의 이분법에서 전자 쪽으로 방향을 잡아 나간
디오게네스는, 삶의 의미에 관하여 단순하고 상당히 투박한 표현을 제
시한다. 그것은 그냥 무시하기 쉬울 것 같아도, 결국은 회피할 수 없는
도전이자 극한의 사례로 남는다.

　디오게네스 같은 견유주의자에 따르면, 순간순간의 절대적 자유는
대부분의 사람에게 대부분의 시간 동안 막혀 있는 절정의 경험이다.
인간은 도시와 사회에 속박되기 시작한다. 도시와 사회의 수많은 인습
이 알게 모르게 욕망, 생각, 행동을 속박하는 것이다. 보수적인 사상가
들은, 인생의 가능성이 그야말로 겁날 정도로 무한하다는 사실을 생각
할 때 대다수 사람을 보호하기 위한 은신처가 필요하고 공유된 관습이
바로 그런 역할을 한다는 현명한 관점을 제시하기도 한다. 관습은 셀
수 없이 많은 경험과 검증된 지혜의 가닥들로 짠 고치로 볼 수도 있고,
제각기 다른 능력을 지닌 모든 연령대의 사람들을 받아들여 탄탄한 기
본을 갖춘 다채로운 개인을 양성하고 배출할 수 있는 둥지로도 볼 수
있으며, 살아 있는 문화의 모체로 볼 수도 있고, 그밖에 더 많이 공감

할 만한 비유로서, 이른바 유의미한 고향을 형성하는 그 무엇으로 볼 수도 있을 것이다.[2] 만일 관습이 "인간 삶의 최고 판관"이라면(Bacon 1625: 471), 정처 없는 세계시민은 공통 관습의 결핍 때문에 고통받을 것이며, 전통적인 방식이 점점 상실되는 것은 자신의 진로를 시장의 변덕과 그것을 부추기는 과학기술에 점점 더 의존하는 현대인의 불행과 아노미를 더욱 심화시킬 수 있을 뿐이다. 디오게네스가 살던 그리스에서 관습은 실제로 "왕"이었지만(핀다로스Pindar가 말한 바와 같이 (5c. BCE: 40)), 미비한 이론적 방어막은 소피스트와 견유주의자의 공격에 다소 취약했다. 디오게네스는 관습이 마치 폭군의 성채라도 되는 양 가장 비타협적인 공격을 퍼부었다. 그가 볼 때, 관습은 지혜나 의미의 저장소를 상징하지 않으며, 폴리스는 개인에게 덕스러운 활동이나 행복을 훈육하지 않는다. 오히려 노모스의 속박은 산산조각 내야 하는 부자연스러운 족쇄이다. 사람을 지상의 어떤 한 장소에 묶어놓는 소유물을 다 내다 버리라. 아예 소유하고픈 욕망을 포기하라. 대체 무엇을 위해 육신이 지닌 것 말고 다른 무언가를 더 소유한다는 말인가? 노동, 결혼, 종교, 시민 생활의 관습을 거부하라. 그렇게나 많은 사슬이 다 무엇을 위한 것인가? 도시와 그곳의 모든 허영을 거부하라. 그곳의 쓸데없는 잡담, 전쟁을 알리는 나팔 소리도. 자발적 망명을 떠나라. 그리고 자신의 가난에서 넉넉함을 느낀다면 행인들에게 짖어대라. 그들이 가진 모든 것을 풍요로운 소박함과 바꾸도록 혼쭐을 내주어라.

공동의 관습이 줄 수 있는 편안함과 결별한 디오게네스는 자연스러운 금욕 생활의 소박한 필수품들에서 편안함의 참된 의미를 되찾고자

---

[2]   관습과 전통에 대한 하나의 철학적 변론에 대해서는 다음을 보라. Kekes 1985: 252-68; cf. 1998.

노력한다. 이를테면, 오로지 몸의 필요에 따라서만 먹고 마시며 자는 것, 자연이 직접 생산한 것만 소비하고 기술로 더럽혀진 것은 무엇이든 멀리하는 것, 재산, 명예, 가족, 조국처럼 사회적 욕망의 그물망에 짜여 들어가 있는 추상적 개념들의 모든 "자욱한 연기typhos" 또한 피하는 것이다. 그래서 콩꼬투리, 편두扁豆, 무화과, 그밖의 다른 야생의 공짜 음식이 디오게네스가 가장 좋아하는 먹거리들이다. 겉옷 한 벌과 지팡이 하나. 집도 없고 신발도 없다. 불, 요리, 육식이 인간에게 자연스러운 것인지 아닌지는 여전히 논쟁거리다. 견유주의자들은 그들의 구걸 행위가 부자연스러운 기생의 형태일 수도 있다는 점은 거의 신경 쓰지 않았던 것 같다. 어쨌든, "자연스러운 것"이 견유주의의 규범이자 전문 용어이자 "하느님 말씀"이 된다. "자연"은 으뜸이자 보편적이며, 모두에게 필요한 것들을 풍족하게 공짜로 제공한다. 자연이 인색한 계모라니, 그건 아니다. 대개 자연의 은혜에 순응하지 못하는 자들은 오히려 제멋대로 구는 자연의 자녀들, 즉 인간이기 때문이다. 현대의 자연 애호가, 다윈주의자 등등의 사람들은 우주의 너그러움을 그렇게 깊이 신뢰하지 않을 수도 있다. 확실히 더 퇴화한 우리 환경과 거대한 인구는 디오게네스의 가혹한 이상들이 여기에 부활하는 것을 사실상 허용하지 않는다. 그럼에도 불구하고 그는 오늘날 소박한 생활을 옹호하는 사람들의 동맹군으로 남아 있으며, 지나친 탐욕pleonexia에 대한 그의 비판은 사물과 경험의 순전한 축적이 대단한 의미를 지닌다는 식의 억측으로 모든 이를 감염시키는 부자병, 사치열, 그리고 맹목적 성장 숭배의 진단 속에서 되살아난다. 그런 축적은 치러야 할 대가가 있으며, 과잉노동, 과잉소비, 부채, 오염, 비만에 직면한 현대의 디오게네스라면 오래된 지혜를 되뇔 것이다. 단순화하라, 단순화하라! 필수적인 욕구와 잉여적인 욕망의 구분을 뚜렷하게 명시하기란 당연히 어렵다. 하지만 그것은 의식 경험의 한 가지 중요한 사실을 분명히 말해준다. 대개는 무언가를 선물하는 일에 마음을 쓰는 것이 정신 사나운 과소비보다 더 만족스럽다는 것이다. 유명한 행복 공식(특히 윌리엄 제임스가 받아들인)은 그 정신이 견유주의와 상통한다고 받아들일 수 있다. $H = C/D$. 여기서 H(행복)는 C(욕망을 충족할 능력)에 비례해서 증가하며 D(욕망)에는 반비례한다. 그래서 H는 당사자의 능력이 증대하거나 욕망이 감소하거나, 혹은 둘 다일 때 증가한다. 우리의 권력의지는 분자에 초점이 있고, 디오게네스는 분모에 초점을 맞춘다. 여기서 극한의 상황을 상정해본다면, 욕망이 없다는 것은 무한한 행복을 함축할 것이다. 실제로 견유주의자들은 신은 그 자신 이외의 그 어떤 것도 필요하지 않은 존재라고 추측하였다.

그런 규제적 이상理想은 또 다른 견유주의의 표어이자 인간의 의미의 후보로 이른바 자급자족을 제안한다. 경제적으로건 심리적으로건 영적으로건 타인을 필요로 하지 않는 것, 자신의 에너지, 식량, 옷, 신체 용품, 오락거리까지 모든 것을 생산할 수 있는 것, 궁핍함 없이 자족하면서 유행이나 타인의 의견이나 사회적 명예에 신세 지지 않는 것, 더 나아가 자신이 그 어떤 사물이나 그 어떤 사람에게도 좌우되지 않는 절대적 존재라는 감각을 획득하는 것. 이런 이상들 각각은 도저히 성취할 수 없거나 너무 극단적일 수도 있으나, 설령 그렇다 하더라도 개인과 국가의 야망과 행위를 규제하는 이상들로서 우리에게 손짓할 수 있다. 오늘날 더 지속 가능한 삶에 대한 욕구가 『21세기를 위한 자급자족 Self Sufficiency for the 21st Century』(Strawbridge and Strawbridge 2017) 같은 안내서의 등장을 불러온다. 비록 땅으로 돌아가 농부가 되거나 야생으로 떠나 생존가가 되는 사람은 소수에 불과하지만, 자율 건물(사회 기반 시설과 별개로 독자 관리할 수 있게 설계된 건물), 지역 농업, 에너지 자급자족 등을 장려하는 프로젝트들은 당연히 장차 더 많은 사람에게 유의미한 자율성의 감각을 더 훌륭하게 제공할 수 있을 것이다. 태양광 패널의 설치는 디오게네스가 알렉산드로스에게 해를 가리지 말고 비켜나라고 말했을 때의 정신과는 거리가 먼 것이었지만, 그의 자립 권고에는 역시 우악스럽고 영원한 지혜가 들어 있는 셈이다. 어느 정도의 자급자족 없이는 누구도 성숙하고 **견실한** 개인이 될 수 없다. 소로는 (그리고 어쩌면 통 속에 사는 디오게네스도) 자급자족하면서 숭고한 자유의 들뜬 기쁨을 느꼈다. 물론 디오게네스의 통, 소로의 도끼와 쇠못은 오로지 신이나 동물만이 철두철미 자급자족할 수 있다는 것과(Aristotle, 4c. BCE *Politics* I, 1253a), "어떤 인간도 외딴섬이 아니며" 다만 모두가 "대양의 일부"라는 것(Donne 1624: 108)을 충분히 예증한다. 존재의 상호연결성은 많은 현대 사상을 일원론적인 방향으로 몰아갔으며, 그런 점은 디오게네스의 전통에서는 아마도 적절하게 표현되지 않을 것이다. 그가 그리스의 도시국가에 진 빚, 인간이라는 동물 본래의 사회성은 난폭하고 시샘 많은 고독을 위해 내쳐진다. 후속 세대에 주어진 과제는 계속 심화해가는 상호연결성과 상호의존성에 대한 인식을 개인의 차이와 자유를 옹호하는 디오게네스의 주장(무도한 무정부주의의 잠재적 가능성까지 모두 고려하여)과 화해시키는 일이 될 것이다.

경험은 완벽히 또렷하게 표현되지 못할 수 있고, 어쩌면 지혜는 가르쳐질 수 없다. 분명 모든 현자가 자신의 지혜를 전달하려 한 것도 아니고 그러기를 바란 것도 아니다. 디오게네스로 말하자면, 그는 침묵의 현자가 아니었다. 그는 행인들을 조롱했고, 부끄러운 줄 모르고 날뛰면서 보는 사람들을 충격에 빠뜨렸다. 그가 늘어놓는 실로 갖가지의 빈정거림, 농담, 욕설, 촌극, 금언, 삼단논법은, 추잡한 음란 행위가 중간중간 끼어들기도 하고 아예 그런 행위로 대미를 장식하기도 했지만, 어쨌든 몇몇 사람들에게는 일종의 행위 예술처럼 감명을 주었다. 디오게네스 본인의 말에 의하면, 파르레시아 parrhēsia는 "가장 아름다운 인간적 행위"이다(Diogenes Laertius 3c. CE 6.69). 듣는 사람의 기분을 상하게 하거나 그 때문에 분노를 살지 모른다는 두려움 없이 언제 어느 때나 행사되는 발언의 자유를 뜻하는, 그의 저 유명한 파르레시아는 일종의 장난기 어린 자기 긍정이자 진지한 사회적 공헌 둘 다의 측면에서 찬사를 받았다. 후자 쪽 찬사에 따르면, 디오게네스는 인간의 악덕을 염탐하고 인류를 사랑하는 선교사의 마음으로 자연의 소박성에 관한 좋은 소식을 설교하는 "신의 척후병"으로서 이바지하기도 하고(에픽테토스), 혹은 급진적 자기 규율로 사회적 권력관계의 급진적 개조를 예고하는, 이른바 "진실의 용기"를 지닌 신계몽주의의 투사로서 이바지하기도 한다(푸코).[3] 푸코 이래로, "권력에 진실을 말하는" 용기는 상투적인 표현이 되었으며, 누구나 너무 쉽게 "진실"과 그것이 부여하는 도덕적 우월성을 정당하게 주장할 수 있다는 점이 미심쩍을 수 있으나 어쨌든 진실을 증언하는 것은 충분히 유의미한 삶을 위해 불가결한 것일 수 있다. 디오게네스가 관습을 비판하고 자연을 칭송할 때, 그의 반항적 파르레시아는 의미를 획득하거나 창조하는 (한 가지) 방식에 부합한다. 옹호하거나 반대하기 위해 싸울 대의나 대상을 갖는 것은 자아 존중감만이 아니라 자의식을 갖는 데도 필수적이다. 만일 그렇다면, 디오게네스의 후안무치한 파르레시아는 나름의 방식으로 피히테나 윌리엄 제임스의 위대한 통찰을 예증하는 셈이다. 반면, 디

---

[3] 에픽테토스, *Discourses* 3.22(with Billerbeck 1996). 푸코의 마지막 강의 시리즈에 관해서는 다음을 보라. Shea 2010: 169-91.

오게네스의 엉뚱한 미친 짓거리는 종종 대단히 익살스러우며, 니체와 슬로터다이크Sloterdijk(1983) 같은 찬미자들은 그가 상징하는 들뜸과 수더분한 뻔뻔스러움, 순전한 활력과 열정을 칭송한 바 있다. 근본적으로 심각할 것은 아무것도 없으며, 디오게네스라면 세상의 기상천외한 사건사고를 마치 우주 카니발을 구경하듯 쳐다볼 것이다. 삶은 축제이자 잔치이며, 함께 흥청거릴 신나는 기분만 갖고 있다면 누구에게나 매 순간 좋은 일이 벌어진다. 이럴 때 어릿광대 디오게네스는 타인을 향한 냉소적 비방을 넘어서 기쁜 마음으로 자신을 긍정할 수 있다. 이런 충만한 활력이 더 많은 것을 함축하는 것일까? 혹시 자기 비움, 아니면 스토아주의자의 우주나 스피노자의 신/자연에 대한 지적 사랑을 품기 위한 자아 확장? 거친 겉모습 이면의 디오게네스는 그의 이름에 대한 말장난이 암시하는 것처럼 "제우스에게서 태어난" 대단히 영적인 인간이었나? 이에 반해서, 니체가 본인이 바라보는 디오게네스의 즐거운 지혜를 "우리가 지구상에서 도달할 수 있는 최고의 것"으로 삼을 때, 그는 신을 모르는 현대인을 대변하고 있는 것이었다.[4] 그것은 금욕의 고통을 세속적 자아에 없어서는 안 될 일부로 포용하는 영웅주의로 본 것이다. 디오게네스의 웃음을 통해 어떤 더 깊은 의식이 울려 퍼지는 것일까? 초월적 신일까, 자족적 의지일까. 이 질문은 독자에게 숙제로 남겨둔다. 정직한 직관력을 발휘해보라. 그러나 요점을 놓쳐서는 안 된다. 디오게네스에게 삶의 의미란 근심 걱정 모르는 웃음이란

---

[4] "… 지구상에서 도달할 수 있는 최고의 것, 냉소주의": 『이 사람을 보라Ecce Homo』 (Nietzsche 1908: "나는 왜 그런 훌륭한 책들을 쓰는가Why I Write Such Good Books," §3); cf. Branham 2004 and Desmond 2008: 229-34. 등잔을 든 디오게네스를 그대로 모방한 니체의 "광인" 이미지는 (그가 의도한 그대로) 아주 많은 현대 사상가들의 시작점이다. 예를 들면 다음과 같다. Young 2014; Cottingham 2003: 12-15.

것을.

그런 요점에 담긴 지혜 혹은 어리석음에 관해 질문하기 전에, "삶의 의미"라는 구절에 대한 나의 성급하고, 반쯤은 개인적인 분석을 들어봐 달라.[5] 가장 분명한 것은, 단어, 문장, 명제는 그것이 언급하는 내용을 이해하는 사람들에게 "의미"가 있다는 것이다. 반대로, 우연히 튀어나온 음절, 비문, 무작위로 나열된 단어들은 그냥 아무 뜻 없는 헛소리이다. 오래된 은유에 의하면, 모든 객관적 존재자들은 다른 무언가에 대한 "단어", 기호, 혹은 상징이며 그것들이 유형의 사물들보다 더 실재적이다. 우리는 (디오게네스와 함께) 이런 플라톤적인 관점을 거부할 수 있지만, 그래도 대상들이 "의미"를 가질 수 있다는 생각 앞에서는 망설일 수 있다. 미술품, 악곡, 기념품, 기념비 등 모든 것이 그것들을 이해할 수 있는 사람들에게 의미를 지니며, 그것은 표면적인 물리적 성질 너머에 있는 더 깊은 지성적 성질과 가치를 가리키는 것처럼 보이지 않는가. 그래서 어떤 사람들에게는 우주 그 자체가 의미를 지닌다. 그럴 때 우주는, 물리적으로 이해할 수 있고 객관적 패턴들("자연의 법칙")로 구축된 것일 뿐 아니라, 아름답고, 선하며, 신 혹은 우주 자신의 웅대함으로 충만한 것이기도 하다.[6] 이런 차원의 객관적 의미를 생각할 때, 인간의

---

5 나의 소견은 메츠가 제시한 주관적 자연주의와 객관적 자연주의의 구분에서 다소간 영감을 얻은 것이다(Metz 2012: 163-248); cf. 코팅엄의 외인外因적 의미와 내인內因적 의미의 구분도 참조하라(Cottingham 2003: 11-12).

6 "세계는 신의 장엄함으로 충만하다./그것은 불타오를 것이다…"(G. M. 홉킨스 Hopkins 1877: 128).; "그리하여, 자연의 전쟁으로부터, 굶주림과 죽음으로부터, 우리가 떠올릴 수 있는 가장 숭고한 대상인 이른바 고등 동물들의 생성이 직접 뒤따른다. 이런 생명관 안에는 장엄함이 있다….": 『종의 기원On the Origin of Species』의 마지막 부분(Darwin 1859: 211, 강조는 필자의 것). 객관적 장엄함, 숭고함, 아름다움 등에 대한 이런 감각을 노골적인 목적론과 곧장 뒤섞어서는 안 된다. 그런 식으로 견유주의자의 자연주의도 확정적 목적들을 상당히 박탈당한다.

삶이 과연 "유의미"할 수 있을까? 인간의 삶 자체가 단지 정합적이고 지성적일 뿐 아니라 귀중한 가치를 지닌 것이라면 그럴 수 있을 것이다. 그런 가치가 있으려면, 그 나름의 자족성을 지니거나 혹은 "더 큰" 실재의 일부분, 일순간, 이미지, 모조품이 되어서 그런 실재에 근거를 두어야 할 것이다. 종교와 철학의 많은 사유 방식은 후자 형태의 객관적 의미를 강조한다. 적어도 수사학적으로는 그렇다. 삶은 흔히 태초부터 존재하는 것들이라 할 수 있는 집단, 영웅, 대의, 신 등의 그림자 속에 존립하는 정도만큼 유의미하다. (특히 Eliade 1963을 보라.) 그런 도식들 안에서 삶은 얼마나 고되고 비참하건 상관없이 유의미할 수 있다. 고통은 방해물이 아니라 개인의 구원이나 역사의 섭리에서 꼭 필요한 순간일 수 있다. 세계사 앞에서 우리가 느끼는 충격이나 우리의 소비주의적 편견으로 인해 우리는 그런 공식에 난색을 보일 수 있고, "금욕의 긴요성"이 쇠퇴하는 가운데(Harpham 1987) 의미의 주관적 도식들에 더 많이 끌릴 수 있다. 여기서 삶은 나에게 의미 있는, 혹은 의미 있어 보이는 만큼 유의미해진다. 나의 결정과 목표, 내가 선택한 특성, 심지어 내가 선택한 본성 안에서 나는 자유롭고, 스스로 정당화한다. "경험기계experience machine"(Nozick 1974: 42-45)는 고사하고 그 누구도 나 대신 내 삶을 살 수 없다. 플라톤의 형상을 조롱하는 디오게네스의 이미지 덕분에 니체 이후로 많은 이들이 디오게네스를 주관적 자기 정체성 형성의 모델로 삼게 되었다. "신의 죽음"으로 중심을 잃고 객관적인 거대 서사나 플라톤적 선善들과 결별한 세계에서 디오게네스의 웃음 짓는 자족성은 유의미한 실존의 모형이다.

의미에 관한 순수하게 주관적인 이해는 그것이 아무리 쩨쩨하건 이기적이건 가학적이건 상관없이 모든 삶의 도식을 정당화한다. "신"이 죽고 나니, 모든 것이 정당화될 수 있고 무엇이든 허용된다.[7] 그러나 디오게네스의 파르레시아 실천이 수많은 삶의 선택을 거짓이라 꾸짖는다는 점에서, 니체주의의 투영에도 불구하고 디오게네스는 소피스트적이거나 포스트모던적이거나 여타 어떤 의미에서도 상대주의자는 아니었다. 창조된 주관적 의미와 발견된 객관적 의미의 이분법 앞에서 그는 명백히 후자 쪽으로 방향을 튼다. 디오게네스가 참된 자유를 찾게 될 곳은 확실히 주관적 경험의 직접성 안에서지만, 그것은 자연의 제약에 순응하는 자유다. 변천하는 객관적 상황들과 객관적인 자연적 욕구에 순응하는 자유인 것이다. 이른바, 우리는 외적 대상이나 목표가 필요 없는 동물로서 자신의 타고난 본성으로 되돌아가야 한다. 그래서 역설적으로 디오게네스의 목표는 어떠한 목표도 없이 다만 유일한 객관적 실재인 바로 현재의 충만함 속에서 사는 것이다. 파피트의 "무시간Timeless"(Parfit 1984: 174)보다 더 극단적으로 무시간적인 디오게네스의 찰나의 자유는 나의 모든 범주를 뒤집고 주관적인 객관성을 지향할 것이다. 이를테면 그것은 전적으로 주체에 내재해 있음에도 종종 깨지곤 하는 자연법 같은 것이다. 늙은이와 젊은이, 남성과 여성, 그리스인과 야만인, 이들은 저마다 문화적 차이들을 뒤로 하고 소박한 자연생활로 되돌아갈 수 있으며 그리하여 "사물 그 자체", 평등한 "우주의 시민들cosmopolitai"이 될 수 있다.

그런 상태가 과연 삶에 객관적으로 참이면서 동시에 주관적으로 절실한 의미를 부여해줄까? 견유주의의 단점은 무수하다. 디오게네스의

7　인간의 전쟁 관행의 부조리함을 보여주기 위해서 디오게네스가 시시포스를 조롱하는 일화에 대해서는 다음을 보라. Desmond 2008: 112. 테일러Taylor는 "우리는 시시포스가 행복하다고 상상해야 한다"라고 하는 현대인에 대한 카뮈의 처방(Camus 1942a: 123)을 "어떤 이의 삶의 의의는, 살아 있는 것이 그의 본성이 되는 그런 방식으로, 단지 살아 있는 것이다"라는 식의 주관주의적 결론으로 받아들인다(Taylor 1970: 334). 순간순간의 자유라는 디오게네스의 이상을 다소간 연상케 하는 표현이다.

일화들은 언사를 명료히 하거나 기본 개념들을 분석하거나 관념들과 이론들을 조율하는 데 큰 도움이 되지 않는다. 덕과 행복에 관한 몇 가지 견유주의적 담론은 가치, 의의, 중요성, 의미 등에 관련된 언어로 번역될 수 있다. 하지만 견유주의적 "본성" 혹은 "자족성"의 더 심오한 의의나 가능한 유형들을 간파한다거나, 자연의 결정과 주관적 자유의 관계, 유한성과 의미의 관계, 세계 역사와 개인적 가치의 관계 등을 묻는다거나 하는 문제들은 그런 고대의 이미지들을 훨씬 뛰어넘는 창조적 해석과 추정을 요청한다. 그래서 그런 반지성적 철학은 추상적 관념들에 의존하는 사회에는 지극히 부적당해 보일 것이다. 현대의 디오게네스라면 반라로 난잡하고 추잡하고 음란한 소동을 벌일 것인가? 그는 자신의 무지를 드러내며 예술과 과학을 단지 "자욱한 연기"라며 목청 높여 조롱할 것인가? 그는 사회의 적선에 의존하면서도 공동체를 거부할 것인가? 그는 "열망하는 흔한 것들"을 향해 잔인하고 냉소적인 태도를 보일 것인가? 견유주의의 이런 측면들이 특히 우리 시대에는 바람직하지 않다는 인상을 내게 준다. 역겨울 지경에 이를 만큼 끈덕지게 유명론을 주장하는 감각론자가 어떻게 타인의 삶을 더 유의미하게 만들 수 있을 것인가? 확실히 견유주의의 웃음소리는 장엄함에 대한, 너무도 인간적인 우리의 착각을 치료하는 쓴 약이다. 하지만 디오게네스의 웃음소리가 허영의 가면을 벗긴다는 데서 얻는 자부심과 별개로 자신의 삶이 객관적으로 유의미하다는 주관적 확신을 고취할 수 있을까? 내 삶이 얼마나 짧고 불명예스럽건, 우주가 얼마나 거대하고 고요하건 상관없이, 그 웃음소리가 내가 어떤 존재이고 내가 하는 일이 중요하다는 의식적 확신을 과연 불러올 수 있을까? 디오게네스는 자신의 물통과 자연주의 안에 몸을 숨긴다. 그것으로 충분한가?[8] 회의주의자라면 비방자 디오게네스를 비방하면서 그의 보잘것없는 삶을 요약하기 위해 메니포스풍† 시구를 지을 수도 있을 것이다.

> 그는 세계와 그것의 모든 방식을 무시했다,
> 재치와 부끄러운 줄 모르는 환희로 -
> 자신의 왕국 물통 속에서 휘파람을 부니,
> 세상 그 누구도 그렇게 지독하게 자유로운 이 없었다.

그것이 전부인가? 의심 많은 플라톤의 유령이 물을 수 있을 것이다. 디오게네스의 금욕적 자연주의가 어떤 더 심오한 영적 의식의 씨앗이 아닌 한, 우리는 그것이 과연 충분한 것인지 당연히 의심할 수 있다.

그렇지만 마지막 도전적인 사유를 회피하지 말아야 한다. 그리스인들은 그들 가운데 디오게네스라는 사람이 있는 것을 보고 감탄했다. 중세 이탈리아인들은 프란치스코와 그의 동료인 신神의 음유시인들(성 프란치스코는 자신의 수사들을 '신의 음유시인들'이라고 불렀다고 전해진다)에게 감탄했다. 힌두교도들은 나체고행자들과 아바두타avadhuta(비범한 행동을 자주 선보이는 급진적 유형의 단념자) 현자들에게 감탄한다. 자기네 중에 그렇게 단순하고, 때로는 그렇게 놀랍도록 즐거워하는 금욕주의자들이 있는 것을 보고 경탄했던 모든 나라 모든 민족이 다 마찬가지다. 그런 긍정에는 대가가 따른다. 셰익스피어의 리어왕은 황야에서 벌거벗은 에드거를 보고 감탄하며, 그를 저 아테네인, 저 테베인으로 대한다. 한마디로 말해, 견유주의 철학자로 대한 것이다.

---

8   이것이 호트Haught(2006)를 자극한 의문이다.(책 제목이 『자연은 충분한가?Is Nature Enough?』이다.)

†   고대 그리스에서 사용된 문체 형식으로, 그리스의 견유주의 철학자 메니포스가 대화체의 풍자적 비판문에 사용한 산문과 운문이 혼합된 문체.

사람이 이에 지나지 않는 것이더냐? 그를 잘 생각해보라. 너는 누구에게 비단을 빌리지 않았고, 짐승에게 가죽을 빌리지도, 양에게 털도, 고양이에게 향수도 빌리지 않았구나. 허어! 여기 우리 셋은 세파에 찌들었구나. 너는 사물 그 자체다. 아무 꾸밈이 없는 인간은 너처럼 그렇게 불쌍한 알몸뚱이의 두 발 달린 동물에 불과한 것이다. 벗어라, 벗어라, 너의 빌려 입은 것들을! 자, 이제 단추를 풀어라(Shakespeare 1606: III.iv.103-11).

아무런 편의도 갖춘 게 없는 디오게네스는 여전히 도전이자 한계 사례로 남아 있다. 그 적나라한 견유주의자는 "사물 그 자체"이다. 옷, 기술, 사회, 만물로부터 보호받지도 방해받지도 않는 인간이다. 리어의 알몸뚱이는, 지금이야 우리가 가진 것과 자존심이 있을지 몰라도 어느 시점에선가는 누구든 단추가 풀어진 채 맹렬한 폭풍우 속에서 홀로 남겨지게 되리라는 것을 상징한다. 그 최후의 알몸뚱이 앞에서 어떤 경험이나 객관적 성취가 의미를 주장할 수 있고, 은신처를 제공할 수 있단 말인가? 셰익스피어의 비극에서 리어왕은 바로 고통을 통해서 단순한 것들 안에 들어 있는 겸손, 사랑, 기쁨의 지혜를 배운다.

디오게네스 같은 이가 스스로 부과하는 금욕주의도 또한 어떤 지혜를 가르쳐줄 것이다. 그 지혜에는 기독교적 사랑과 겸손은 덜 들어 있을지라도, 아마도 단순한 감각에서 누리는 더 큰 기쁨과, 누구든 거짓 관념들에서 벗어났을 때 매 순간을 축제처럼 즐길 수 있다는 위대한 낙관주의가 들어 있을 것이다. 고통과 쾌락, 금욕과 즐거움이라는 극단의 상태들을 파헤치면서 디오게네스는 모두에게 도전 과제를 제시한다. 그를 찬양하는 사람들에게 그는 유의미한 삶의 더할 나위 없는 이미지를 표상한다. 웃음, 놀림, 정직, 소박, 순간의 자유, 그리고 태양을 차지할 정도의 강인함, 한마디로, 그것은 변치 않는 삶의 동반자, 선善의 이미지이다.

7

장자와 삶의 의미
Z h u a n g z i

데이비드 쿠퍼David E. Cooper

장주(*c*. 369~286 BCE) 혹은 장자莊子는 아마도 중국 송나라의 하급 관리였던 것 같다. 전설을 믿는다면, 그는 고위직 제안을 거절하였다. 왕궁 안에서 골화된 존재가 되느니 "살아서 꼬리를 질질 끌며 진흙 구덩이를 헤치고 다니는" 거북이가 되는 쪽을 선호한 것이다(*Z* 17).[1] 대부분 학자는 그가 그의 이름으로 전해지는 문헌의 처음 일곱 편인 내편內篇의 저자라고 생각한다. 고전적 혹은 '철학적' 도가道家의 또 다른 위대한 문헌인 『도덕경』처럼, 『장자』도 오랜 세월에 걸쳐 많은 사람의 손을 탄 작품이다. 그 때문에 초래된 비일관성은 그 책이 활용한 아이러니, 우화, 여타 수사학적 장치들과 함께 그 책의 해석을 난제로 만든다. 그러나 전수된 사상을 향한 "파괴적 비판들"로 가득 차 있는 "매우 위험한" 저서라고 평한 오스카 와일드의 찬양이나 니체, 하이데거, 포스트모더니즘, 덕 인식론, 그리고 '신 없는' 종교철학의 주요 주제들을 예고

---

[1] 참고 문헌 표시는 『장자』의 장들을 가리킨다. 나는 여러 『장자』 번역본에 의존했다. 그중 특별히 두 권은 참고 도서 목록에서 확인할 수 있다. 오늘날 대부분 학자는 웨이드식 옛 표기인 'Chuang-Tzu'보다 병음Pinyin 표기인 'Zhuangzi'를 더 선호한다.

하는 것으로 인정받는다는 사실이 그런 문제 때문에 저해되지는 않는다.[2]

도가 문헌이 취합된 전국戰國 시대는, 한 권위자의 주장대로, 과연 천天이 결국에는 인간의 도덕의 편에 서 있다 할 것인지에 관하여 자라나던 "심원한 형이상학적 의심"에 응답하려는 강도 높은 철학적 활동이 펼쳐진 시대였다(Graham 1995: 107). 공자 시대에 이르러(6-5c. BCE) '천天' 개념은 대체로 이전까지 갖고 있던 종교적 의미를 상실하고 '자연' 개념과 거의 동등한 것이 되었다. 후대 사상가들의 문제는 공자가 아무런 논증 없이 인간의 도덕이 자연과의 조화에 있다고 가정한 것이 과연 정당하냐는 것이었다. 이 문제에 대한 응답들 가운데 장자와 동시대를 산 유가인 맹자孟子는 인간이 도덕적 성향을 미리 타고난다고 주장하는 논증들을 제시하였고, 묵자墨子(5c. BCE)의 추종자들은 천天이나 자연에 전혀 호소하지 않아도 어쨌든 공리주의적 근거에서 도덕을 정당화할 수 있다고 주장하였다.

두 권의 도가 고전이 제안한 답변은 더 급진적이었다. 인간이 나아갈 올바른 길이란 실제로 고대 중국인들이 제대로 보았던 것처럼 천天, 혹은 더 좋게 말하자면, 하늘과 땅과 온갖 만물을 "생성"하고 "부양"하는 이른바 도道에 따르는 것이어야 한다(Z 6). 하지만 그것이 도덕의 길은 아니다. 『도덕경』이 설명하는 바대로(38장), 의義, 인仁, 예禮, 지智에 몰두하는 것이야말로 도를 잃어버렸다는 확실한 징조이다.[3] 도덕 원리와 계율은 단지 "당대의 관습"에 불과한 것이며, "하늘에 의지하고 자신의 인격과 참된 것을 함양하는" 능력을 사실상 방해하는 부자

---

2 다음에서 인용, J. Cooper 2010: 42.
3 『도덕경Daodejing』(웨이드식 표기로는 Tao Te Ching)의 훌륭한 번역본들은 참고 도서 목록에서 확인할 수 있다.

연스러운 인간적 고안물이라고 장자는 말한다(Z 31).

그런 말들이 암시하는 바처럼, 확실히 『장자』는 선한 삶이란 무엇인지, '훌륭한' 혹은 '원숙한' 인간, 즉 현자가 된다는 것이 무엇인지에 관한 생각을 내놓는다. 현자는 도道를 따르는 진정으로 인간다운 면모를 드러내는 사람이며, 도는 나머지 만물에 그렇듯이 인간에게도 "타고난 본성"을 부여한다(Z 8). 그런 사람의 삶은 그로써 의미를 갖게 되는 것일까? 삶의 의미를 말한다는 것은 도가의 말투가 아니며, 『장자』는 삶이 어떤 최종 상태나 목표를 향해 전진하는 것이어야 한다는 생각을 노골적으로 거부한다. 도道나 천天은 목표를 설정하는 어떤 목적적 존재가 아니며, "어떤 특정한 목표"에 대한 헌신(도덕 규칙들에 전념하는 것과 어느 정도 비슷하다 할)은 "도 안에" 있는 삶들의 "넘침"과 "안정"과는 양립할 수 없는 것이다(Z 6). 예를 들어, 비록 그 고전 문헌의 저자들이 몸의 돌봄을 권장하기는 하지만, 그들은 아마도 후대에 조직적인 도교 분파들 사이에서 유행한 이른바 "우리의 전체적인 생존"의 유일한 "목표"가 "훌륭한 노년"과 "좋은 죽음"이라고 하는 생각에는 찬성하지 않을 것이다(Schipper 1993: 214).

하지만 『장자』에는 삶에 의미가 있다고 말할 수 있는 다른 면모들도 있는데, 그것은 『장자』의 내용과 잘 어울릴뿐더러 그 내용 속에 함축되어 있다고도 말할 수 있다. 만약 삶이 의미를 갖기 위해 그 자신보다 더 크거나 그 자신을 넘어서 있는 무언가와 적절히 연결되어야만 한다면, 첫째, 삶은 바로 그 무언가의 두드러진 실례實例 혹은 '암호'가 되어 그것을 체현함으로써 의미를 가질 수 있을 것이다. 둘째, 삶은 그 자신보다 더 크거나 그 자신을 넘어서 있는 그 무언가에 대한 감각이 인도하고 구현하는 것 안에서, 그리고 그것을 통해 의미를 가질 수 있다. 우리는 『장자』에서 이 두 가지가 결합해 있는 것을 발견한다. 현자의 삶은 도("세상 만물을 건사하고 함께 묶어주는" 것)의 감각이 인도하는 것이기 때문에, 그 삶은 결국 도에 필적하는 것이며(Z 6), 그로써 도를 체현하는 것이다. 이것이 현자, 즉 원숙한 인간의 삶이 의미 혹은 의의를 획득하는 방식이다. (『도덕경』에 나오는 가장 좋아하는 유비를 끌어오자면(8장), 물은 다양한 측면에서 도에 필적하며, 그로써 깊은 의의를 지닌다.)

하지만 어떻게 사람들이 도에 필적하거나 혹은 도를 "본뜰" 수 있을까? 『도덕경』이 내놓은 짧은 답변은(25장) 도 자체가 "자연스러운" 것이므로 사람은 "자연스럽게" 살아야 한다는 것이다. 이는 물론 도덕을 작위적이고 인위적이라고 보는 도가의 비판이 시사하는 바와 다르지 않다. 그런 비판은 단지 인간의 일상적 삶의 인위성에 대한 더 총체적인 비판의 한 부분일 뿐이다. 『장자』에서 비판의 표적은 자연에 부과되는 인간적 목표, 그런 목표를 성취하기 위한 "교활한" 기술의 사용, 계산적인 종류의 "지식에 대한 욕망"(Z 10), 그리고 우리의 언어와 개념 도식이 세계에 도입하는 인위적 구분이다(Z 2와 5). 그 문헌은 백정, 어부, 목수 등을 칭송하는 언급들로 가득하다. 그들은 기술적 장치가 없어도 상관없을뿐더러, 자신들의 재주를 통해 무언의 암묵적 이해를 보여주는 사람들이다. 그들의 재주는 '머릿속'이 아니라 '손에' 있는 비법이다.

이런 언급들이나 이른바 『장자』 '원시 편들'(8-10)[4]에서 느껴지는 러다이트 풍의 반지성적 어조에도 불구하고, 그 문헌의 주된 교훈은 인간이 '자연으로, 황무지로 돌아가' 문명으로 타락하지 않은 동물들처럼 살아야 한다는 말이 아니다. 장자의 영웅은 야만인이나 고귀한 미개인이 아니라 장인匠人과 현자이며, 미개한 본능과 기본적인 "호불

---

[4] 『장자』 4~3c. BCE-b, 4부.

호”에 굴복할 것을 결코 권고하지 않는다. 그런 것들은 우리가 “하늘에 따라 움직이고자” 한다면 반드시 벗어나야 하는 대상이다(Z 15).

현시대의 일부 ‘자연주의자들’과 다소 비슷하다 할 ‘원시주의자들’은 인간이 동물이나 자연의 나머지 모든 것과 근본적으로 다른 측면들을 알아보지 못한다. 사람들의 “도가 부여하는 덕德”(‘힘’, 즉 무언가를 본질상 바로 그것이게끔 하는 것)은 다른 모든 존재의 경우와 극단적으로 다르다. 한 가지 차이를 들자면, 인간만이 홀로 “도를 잃을 수” 있고, 그래서 “자신의 타고난 본성과 접촉이 단절될 수” 있다. 실제로 세계가 “무질서”로 이동하게 되고 그 결과 모든 피조물의 본모습이 아둔한 인간적 개입으로 위협받게 되는 이유는 사람들 대부분이 인위적인 삶을 살아가면서 도를 잃기 때문이다(Z 13). 하지만 결정적인 차이는 오로지 인간만이 “도를 이해”할 수 있으며, “사물들이 잘 들어맞는 길을 꿰뚫어” 볼 수 있다는 것이다(Z 17).

그런 능력은 철학적으로 더 유의미하고 독보적인 인간의 능력들을 함의한다. 첫째, “물고기는” 움직임이나 인식에 제약이 있는 강이나 호수 같은 “물속에서 한데 모이는” 반면, “인간은 도 안에서 한데 모인다.” 인간은 전체로서의 세계를 마음에 품을 수 있으므로 인간이 기울이는 주의는 직접적인 주변 환경에 국한되지 않고 자유로이 방랑할 수 있다. 둘째, 물고기는 도를 알아채지 못하므로, 도에 어긋나거나 도에 부합하게 처신하는 것에 대한 감각이 없다. 대조적으로 “인간은 자신이 도에 의해 움직이고 있음을 의식하게 될 수 있다. 그런 의식함은 다른 어떤 사물도 갖지 못한 자유이다.”(Møllgaard 2011: 124; 또 Perkins 2010을 보라.) 그리고 인간은 도에 의해 움직일 수 있으므로, 따라서 자신이 만들었을지도 모르는 “무질서”를 시정하고, 무질서 대신 “사물들을 살지게 하고” 조화와 질서를 복구할 수 있다(Z 33).

사람들이 이런 능력들 덕분에 어떻게 도에 필적하여 그것을 체현할 수 있게 되는지 헤아리기 위해 우리는 『장자』에 등장하는 밀접히 연관된 세 개념인 소요유逍遙遊, 심재心齋, 명明을 탐구할 필요가 있다. 이것들은 일군의 정신적 과제 혹은 인식적 덕목들의 과제 같은 것들로 생각하는 것이 유익하다. 현자는 자신을 도의 실례實例로 만들어주는 자발성 혹은 자연自然을 함양할 때 이런 과제들을 실천한다.

소요유는 "속세의 제한된 관점들 너머로 날아오른다"라는 의미를 지닌 장자의 은유이다.[5] 현자는 소요유에서 자신의 한정된 관점을 넘어설 뿐만 아니라 똑같이 한정된 타인이나 다른 생명체의 관점들을 개관하여 무엇이든 그런 관점들에 포착될 수 있는 것은 모조리 상회하는 "거대함"의 감각을 끌어낸다. 결국 현자의 마음은 "천상에서 소요한다"(Z 26). 심재(마음 비움)는 소요하는 자가 편협한 관점들로부터의 해방을 지속하는 명상 실천이다. 마음을 비우는 현자는 모든 일상의 "계산", 판단, 선입견이 제쳐진 "고요"를 성취하며, 그럼으로써 그 어떤 한정적 관점에 의해서도 왜곡되지 않는 "존재들의 현존"을 마주할 채비를 갖추게 된다(Z 4). 명(사물을 환히 밝힘)이란 선입견, 관점, 그리고 지식의 도식이 중지 상태가 되었을 때(후설Husserl의 말을 빌리자면 그런 것들을 "괄호" 안에 넣었을 때) 현자가 얻을 수 있는 비개념적이고, 비언어적인 형태의 사물 이해를 말한다. 현자의 마음은 이제 오로지 그 앞에 나타난 것에 의해서만 밝아지는 거울과 같다(Z 7).

『도덕경』은 우리에게 "무위無爲로 돌아갈 것"을 권한다. 그것은 사람과 사물을 향한 온화하고, 단정적이지 않고, 간섭하지 않는 태도이다(예를 들면, 1장과 10장). 『장자』도 그렇다. 예를 들면, 이 문헌은 우리

---

5 『장자』 4~3c. BCE-b, 43.

에게 세상 사물이 자라나게 돕되 그것을 통제하려 하지는 말라고 촉구한다(Z 19). 하지만 주된 강조는 "호불호"의 개인적 선입견을 사물에 부과하는 일을 금하는 무위에 있으며, 이를 준비하는 것이 소요유, 심재, 명이다. 현자가 삼가는 단정적 행위와 선입견 부과를 대체하는 것이 바로 '자연自然', 즉 자발성이다. 여기서 이 말은 어떤 변덕스러운 돌발 행동을 하는 경향이 있다는 의미에서 제멋대로 구는 태도를 가리키는 것이 아니라 문자 그대로 '스스로 그러함'을 의미한다. 오히려, 자발적 인간은 "무언가를 보태려고 노력하는 일 없이 … 각 사물이 스스로 있는 길을 함께 따라간다"(Z 5). 자발성이란 사물들이 그 자신이 어떤 존재인지 드러냈을 때 편견, 선입견, 인위적 구분과 인습적인 고정관념에 의해 방해받지 않는 통찰과 자각을 지닌 사람이 보이는 사려 깊고 유연한 반응성이다. 이는 하이데거의 '초연한 내맡김Gelassenheit' 개념에 비교할 만하다. 그것은 "사물들을 그대로 내버려 두거나" 혹은 그들을 그들의 본래 모습이 되도록 "풀어주는" 태도를 말한다(Heidegger 1966 참조). 어떤 의미에서 자발적인 인간은 '자아를 잃어버리고', 그 자아란 단지 도와 천에 의해 생겨난 것들에 개입하여 그것들을 왜곡하는 일을 할 뿐임을 인정한다.

그렇다면 자발성은 『장자』가 사람들에게 함양할 것을 권유하는 최상의 덕인 셈이다. 그것은 도가 인간에게 '부여한' 덕에 일치하는 진정한 인간 삶의 으뜸가는 측면이다. 그러나 그것이 그냥 덕인 것은 아니다. 왜냐하면 다른 무엇보다도 인간 삶에 의미를 제공하는 것은 바로 그 삶이 지닌 자발성의 질質이기 때문이다. 그 이유는 자발적인 삶이란 앞에서 본 것처럼 그 자체 '스스로 그러한' 혹은 자발적인 도에 필적하여 체현하는 삶이기 때문이다. 이런 대단히 횡뎅그렁한 진술을 잘 다듬어 설명하려면 도의 자발성이 지닌 몇몇 차원들과 현자 혹은 원숙한 인간의 삶에서 발견되는 그와 유사한 측면들을 확인해보면 된다.

우선 도는 세계의 바깥에 있으면서 그 세계에 자신의 의지, 목적, 도덕적 명령을 부과하는 그런 신적 존재 비슷한 것이 아니다. 도의 바깥에서 도와 경쟁하거나, 도에 무언가를 강제하거나, 도로부터 명령을 받는 그런 것은 없다. 도는 어떤 저항도 마주치지 않는다. 오히려 그것은 세계의 근원이자 세계를 떠받치는 것이며, 만물과 그것의 "변화"를 끊임없이 "낳는" 것이다(Z 17). 그것은 "덕의 펼침과 모음"이며 그런 것들을 조화시켜 응집력 있는 세계로 만드는 것이다(Z 24). 마찬가지로, 현자는 세계와 경쟁하거나 세계에 무언가를 강제하지 않는다. 그 원숙한 인간은 사물을 있는 그대로 마음에 비추고, 그것들 자체의 덕과 잠재력을 마음에 챙기면서, 그것들이 어떻게 조화로운 전체 안에서 "함께 잘 들어맞는지" 음미한다. 그는 "그것들을 그냥 내버려 두고" 진실로 그것들을 "살지게" 한다. 예를 들면, 그런 사람은 "말의 타고난 참된 본성"을 존중하는 "조마사調馬師"를 칭찬하지만, "말에 낙인을 찍고, 수염을 깎고, 털을 밀고, 고삐를 죄고, 족쇄를 걸면서" 횡포를 부리는 조련사를 칭찬하지는 않을 것이다(Z 9). 그런 측면에서 현자는 도가 하는 일을 지속한다. 현자는 결국 도 그 자체처럼 목적 없고 자아 없는 자가 되고자 갈망한다.

세계가 조화롭고 응집력 있는 전체("사물들이 서로에게 호혜적으로 흘러넘치는" 세계)라고 하는 정확히 그 이유에서, 어떤 것이 다른 것보다 객관적으로 더 가치 있는 것으로 여겨지는 일은 있을 수 없다. 도의 관점에서 볼 때, 어떤 것도 "가치 있거나 가치 없지" 않다(Z 17). 도는 철두철미 공평하며 그것이 부여하는 "사물들의 몫"을 치우치게 할 수 있는 그 무엇에 의해서도 제약을 받지 않는다. 일상생활에서는 대조적으로 사람들이 그것을 깨닫지 못하고 항시 인습이나 각자의 관심사,

야심, 호불호를 근거로 사물들을 판단하고 평가한다. 하지만 소요하고 마음을 비우고 사물을 환하게 밝히는 현자는 "분류하지만 평가하지 않으며" 도에 필적한다(Z 2). 이것은 단지 인습적 도덕의 규범들을 유예하는 문제가 아니다. 일상적 판단의 편파성은 너무도 일반적이기 때문이다. 세계에 관한 사람들의 모든 주장(단지 공공연한 평가적 주장들만이 아니라)은 특수한 제한적 관점들에서 나온다. 현자는 바로 그런 것들을 초월함으로써(적어도 명상의 순간과 소요의 시기에) 도의 공평무사함에 부합하는 데 성공한다.

아마도 비판자는 사람을 묘사하듯 도를 문자 그대로 비경쟁적이라거나, 베푼다거나, 조화시킨다거나, 공평무사한 것으로 묘사할 수는 없다고 주장할지 모른다. 장자는 도의 형용 불가능성을 고려할 때 그런 비판이 사실상 놀랍지 않다고 반응할 것이다. "모든 형태를 형태 짓는 바로 그것은 그 자체로 형태가 아니며", 그것은 "말로 이야기될 수 없다"(Z 22). 따라서 도에 관해 말하려는 모든 시도는 오로지 비유적이거나, 시적이거나, 유추적인 어휘들로 그것 앞에서 그저 몸짓할 수 있을 뿐이다. 하지만 그러면서 그는 그런 묘사가 비문자적 특징을 갖는다는 사실이 어째서 비판의 근거가 되는지 의문을 제기할 것이다. 예를 들면, 일부 측면들에서 인간을 신에 비교한 기독교 신학자들은 신을 현명하다거나, 너그럽다거나, 정의롭다고 묘사하는 것은 오로지 비유라는 점을 대개는 기꺼이 인정한다. 그런 태도가 사람들이 그런 측면들에서 신을 닮을 수 있다거나 그러기를 열망해야 한다는 생각을 파괴하는 것으로 받아들여지지는 않는다. 어떤 사람이 무언가를 모방한다는 것은 모방 대상이 모방자와 문자 그대로 같은 성질을 갖지 않는다고 해도 진정한 것일 수 있다.

만약 도에 필적하는(오로지 유추적으로라도) 현자라는 『장자』의 착상이 설득력이 있다면, 현자의 삶은 인간의 덕을 실현하는 선한 삶일 뿐만이 아니라 그 자신을 넘어서는 의의를 지닌 삶이기도 하다. 왜냐하면 사물들의 도, 즉 세계와 그 세계를 점유한 존재자들의 원천을 가리키는 암호이자 살아 있는 기호가 바로 삶이기 때문이다. 현인이 "고요하고 평온"할 뿐 아니라 "그 무엇도 해를 입힐 수 없는" 사람이라고 말해지는 이유는 아마도 잘 사는 삶이 아니라 도에 일치하는 삶을 인정하기 때문일 것이다(Z 17). 더구나 현자를 이런 식으로 바라보는 태도는 오늘날에도 많은 현대 철학자들이 공감할 수 있고 사람들 사이에서 여전히 반향을 불러일으키는 철학적 성찰과 제안에 근거한 것이다.

『장자』의 중심에는 지식 비판이 있으며 도덕적 지식도 그런 비판 대상에 포함된다. 주석자들은 그 책이 옹호하는 견해가 상대주의인지, 아니면 극단적 회의주의인지, 아니면 더 온건하게 모든 진술과 믿음에 대한 오류가능주의적 태도인지를 놓고 의견이 엇갈린다.(Coutinho 2004, 4장을 보라.) '사물들이란 단지 그렇게 불리니 그럴 뿐이다'라거나 각각의 사물은 '어떤 자리에 있어야 하며 그래야 비로소 그것이 이러저러하다고 단언할 수 있다' 등과 같은 언급들은(Z 2) 확실히 적어도 몇 개의 장들에서 그 책이 일종의 '관점주의'를 제시하고 있음을 암시한다. 관점주의는 특히 근대의 니체와 결부되는 이론이다. 이 견해에 따르면, 사물에 관한 모든 진술은, 그것이 참이건 거짓이건, 관점 상대적으로만 성립할 수 있으며, 어떤 특정 관점을 다른 어떤 관점보다 특별 대우하는 일은 공평하지 않은 처사다. 니체와의 공명을 확인하는 방법은 두 철학자 모두에게 관점주의의 참모습이란 무엇보다도 관점 및 그에 따른 판단이 욕구, 관심, 야망, 목적과 분리될 수 없다는 점에 있음을 알아채는 것이다. 그런 제약들에서 벗어난 채 세계를 묘사할 방법은 없고, 따라서 '절대적인 체' 혹은 객관적인 체하며 세계를 묘사할 방법은 없다.

　니체나 리처드 로티처럼, 때때로 장자는 관점들을 향해 아이러니한 자세를 취하는 것처럼 보이며 거기에는 자기 자신의 관점도 포함된다. 실천적 목적을 위해서는 특정 관점에서 사물을 평가하는 일이 꼭 필요하지만, 그 관점을 객관적으로 보장해주는 것은 아무것도 없음을 간명하게 인정하는 것이다. 하지만 그 문헌의 다른 곳에서는 오히려 인식적 덕목들의 함양을 옹호하는 것처럼 보인다. 현자는 밝아진 무언無言의 사물 인식을 성취하기 위해 겸손을 발휘해야 하고, 개방적이고 관용적이고 유연해야 하며, 다른 측면에서는 세계의 수동적 반영이어야 마땅한 것들에 자아가 침투하는 일을 통제해야 한다. 이런 측면들은 과학적 지식과 증거 존중에 주로 초점이 있는 현대의 덕 인식론자들이 가장 강조하는 덕목들은 아닐 수 있지만, 어쨌든 그들은 자신들이 추구하는 유형의 탐구를 했던 선구자로 장자를 알아볼 것이다.

　『장자』가 아이러니보다는 오히려 겸허와 수동성을 요청한다는 점이 니체나 로티의 지식 비판과의 결정적 차이를 보여준다. 그것은 삶의 의미 문제에 중대한 함의를 지닌다. 장자는 관점주의자이기는 하지만, 그는 이들 다른 철학자들과는 달리 모든 관점과 세계 자체가 말로 표현될 수 없는 실재에 그 원천이 있다고 생각한다. 바로 도道다. 니체의 영웅인 초인超人은 자기 나름의 '가치 목록'을 창조하여 세계에 자신의 개인 도장을 찍지만, 반면 도가적인 영웅은 도가 내재해 있는 세계를 그것이 드러나 보이는 그대로 받아들이고자 개체성을 포기한다. 그 차이는 또한 니체와 그의 포스트모던적 추종자들에게 삶의 의미란 개인이 부여하는 것 말고는 존재할 수 없는 것인데 반해, 장자에게는 삶의 의미란 삶보다 더 크고 삶을 넘어서 있는 것, 즉 도에 필적하고 그것을 체현하는 삶에 저절로 생겨나는 것임을 함의한다.

도가적인 현자의 현대 상속자는 확실히 니체의 초인이 아니라 하이데거의 '존재의 목자牧者'이다. 하이데거의 저술 안에서 고전적인 도가 문헌들의 명백한 메아리가 들려온다고 할 때, 그가 예전에『도덕경』의 번역에 착수했다는 사실을 알게 되는 것이 놀랄 일로 다가오지 않는다. 우리는 이미 그런 메아리 일부를 들은 적이 있다. 예를 들면, '저절로 그렇게 되는' 것을 살지게 한다는『장자』의 담론을 연상시키는 사물들의 '그냥 내버려 둠letting-be' 안에서 그렇다. 더 일반적으로 말하자면, 존재자들의 근원 혹은 수원水源인 이른바 말로 표현할 수 없는 존재Being라는 하이데거식 발상과 '만물의 어머니'라는 도가적 발상 사이에는 두드러진 상응 관계가 있다. 물론 하이데거는 이런 상응 관계를 알아보았고, '모든 사물을 움직이고 만물을 위해 길을 만드는 위대한 비밀의 강물' 즉 사물들의 신비로운 근원이라는 자신의 사고를 특징짓기 위해 도道라는 이름에 호소하였다(Heidegger 1971a: 92). 내가 생각하기에 하이데거는 '존재의 목자'로서의 삶이 도가적인 현자의 삶이 의미를 지니는 것과 같은 방식으로 의미를 지닌다는 제안에 반대하지 않을 것이다. 목자와 현자는 결국 둘 다 '만물을 위한 길을 만든다.' '위대한 비밀의 강물'과 도가 그렇듯, 사물들을 그냥 내버려 두는 것이다.

8

아리스토텔레스와 삶의 의미
A ristotle

몬티 랜섬 존슨Monte Ransome Johnson

아리스토텔레스는 삶의 의미를 체계적인 철학적 검토의 대상으로 삼았던 기록상 최초의 철학자다. 그는 그 주제에 대해『아리스토텔레스 전집Corpus Aristotelicum』의 몇 군데 핵심 대목들과[1] 그의 (잃어버린) 초기 유명 저작인『프로트렙티쿠스Protrepticus』(철학에 대한 권고)에서 가져온 것으로 밝혀진 몇 개의 토막글에서[2] 논리적, 심리적, 생물학적, 인류학적 관점을 통해 접근한다. 지금 상황에서 수백 년, 어떤 것은 수천 년도 더 넘게 이어져 온 통례의 논쟁거리들에 뛰어들 수는 없는 노릇이니, 나는 다만 이들 문헌에 주의를 기울여 정합적 해석을 시도하는 정도로 그칠 수밖에는 없겠다.

아리스토텔레스적인 관점에서 삶의 "의미"에 관해 물을 때, 우리는 삶이라는 용어의 정의에 관해 이론적인 질문을 던지는 것일 수도 있고

---

[1] 『아리스토텔레스 전집』에서 인용한 모든 번역은 J. 반스 J. Barnes가 편집한 옥스퍼드 개역판에 들어 있는 글들을 손본 것이다.

[2] 『프로트렙티쿠스』에서 가져온 토막글들의 신빙성에 관해서는 다음을 보라. Düring 1961, Hutchinson and Johnson 2005.

(그리고 그것이 생명을 총칭하는 것인지, 혹은 인간 삶에 한정된 언급인지도), 혹은 삶의(혹은 인간 삶의) 최종 목표 혹은 목적에 관한 실천적인 질문을 던지는 것일 수도 있다. 아리스토텔레스는 두 질문을 모두 주의 깊게 고려하였고, 그의 견해에 따르면 이론적 질문에 답하는 것은 실천적 질문에 답하기 위한 열쇠가 된다. 그래서 나의 계획은 다음과 같다. 나는 삶에 대한 아리스토텔레스의 이론적 정의를 보여주는 텍스트의 연결망을 검토한 후에, 그가 윤리적 저술들과 『프로트렙티쿠스』에서 제시한 자신의 답변으로부터 끌어낸 실천적 함축을 논의할 것이다. 『프로트렙티쿠스』에서 따온 것 중 유일하게 말이 이어지는 토막글에서 아리스토텔레스는 "'삶'이라는 단어는 이중적 의미를 갖는 것으로 보인다"라는 전제로 시작해서 다음과 같이 결론짓는다. "따라서 즐겁고 기쁘게 산다는 것은, 오로지 혹은 뭐니 뭐니 해도 철학자들에게 진정 해당하는 일이다."[3] 언뜻 보기에 극단적이고 호감 가지 않을 수도 있겠지만, 어쨌든 바로 이 견해가 아리스토텔레스의 윤리적 저술들에서 옹호된다.

아리스토텔레스의 자연주의적 관점에서, 식물, 동물, 인간, 심지어 신들까지 포함해 모든 생명체는 기능(에르곤ergon)에 따라 등급이 매겨질 수 있으며, 이때 그 기능은 그들 삶의 형식의 일반적 특징과 그들 삶의 방식의 구체적 특징을 고려하여 결정된다. 인간은 모든 생명체가 지닌 능력들, 인간종 특유의 능력들, 그리고 인간의 삶에서 그런 능력들이 사용될 수 있는 구체적인 방식을 성찰함으로써 아리스토텔레스 식으로 자기 삶의 의미를 성찰할 수 있다. 그런 성찰들이 목표로 삼는 것은 "삶"의 이론적 의미뿐만 아니라 "잘 사는" 것과 "좋은 삶"을 발견

---

3 Aristotle, *Protrepticus*, *apud* Iamblichus, Protrepticus XI.56.15-59.11-13.

하는 실천적 수단을 결정하는 것이다. 아리스토텔레스의 입장을 최대한 간결하게 진술하자면 이렇다. 즉, 산다는 것은 하나 이상의 생명 유지 능력(영양, 감각, 운동, 지성)을 적극적으로 활용하는 것을 의미하며, 인간으로 산다는 것은 구체적으로 지적 활동에 관여하는 것을 의미한다. 그래서 인간에게 궁극적인 삶의 의미는 지적 활동에 참여하는 것이다.

아리스토텔레스는 "생명"이라고 공통으로 번역되는 한 쌍의 그리스 어휘들을 사용한다. 바로 '조에zôê'와 '비오스bios'이다. 이 용어들에서 "동물학zoology"과 "생물학biology이라는 말이 생겼다. 아리스토텔레스가 그 두 단어를 서로 바꿔 써도 무방하게 사용하는 경우가 빈번하지만, 우리는 그가 채택한 그 단어들의 전문적 용법을 구분할 수 있다. 조에, 즉 "삶 혹은 생명"은 정의상 살아 있는 어떤 자연종이건 가지는 능력들과 어떤 것이 바로 그 종에 속하는 한 개체로 생존하기에 충분한 활동들, 이를테면, 영양과 번식(식물의 경우), 감각과 자기-운동(동물의 경우), 이성과 지성(인간과 신의 경우)으로 정의된다. 흔히 "삶의 방식"으로 더 잘 번역되곤 하는 비오스는 생명체 종이 자신의 생태적 영역 내에서 채택한 존재의 양식을 가리킨다. 예를 들면, 육상 동물에게 가능한 무리 짓거나 무리 짓지 않는 삶의 방식, 혹은 인간에게 가능한 실리적이거나 철학적인 삶의 방식 등이 그렇다. 따라서 "삶의 의미"란 특정 자연종 일반이나 그 종에 속하는 개별 사례 둘 다에 대해서 다르게 결정될 수 있다. 즉, 자연종 일반의 생명 유지 능력들로 결정되기도 하고 한 개체가 생명 유지 능력들을 발휘하는 구체적인 방식들에 의해 결정되기도 한다는 뜻이다.

조에에서 시작해보자. 논리학과 변증론적 추리 전략에 관한 논고인 『토피카topika』에서 아리스토텔레스는 용어를 정의할 때 잠재해 있는 문제를 설명하기 위해 그 용어의 의미를 논한다. 같은 이름과 정의를 가진 사물들은 "동의적으로" 명명되며, 이름은 같은데 정의가 다른 사물들은 "상동적으로" 명명된다. 그래서 만약 "생명"이라고 상동적으로 명명되는 것들이 있다면, 제시된 조에의 정의는 조에로 불리는 것 중 어느 하나에는 적용되지 않을 것이다. 아리스토텔레스는 디오니소스의 생명 정의를 예시로 인용한다.

> 이것은 생명zôê이라는 용어에 대하여 "일종의 선천적 영양 처리 과정을 유지하는 운동"이라고 한 디오니소스의 정의에서도 발생하였다. 왜냐하면 이 정의는 식물이건 동물zôiois이건 다를 바 없이 적용되기 때문이다. 그러나 생명이라는 용어는 단일한 형태에 부합하는 말이 아니라, 오히려 동물에 대해 하나가 존재하고 식물에 대해 다른 하나가 존재한다고 말해질 것 같다. 동시에 이런 식으로 의도적으로 정의를 만들어서 모든 생명zôês이라고 하는 단일한 형태에 부합하게 말하는 것도 가능할 것이다(VI.10.148a23-33).

디오니소스의 조에 정의의 문제점은 다음과 같다. 같은 어원의 어휘인 '조이온zôion'은 "생명체"와 "동물" 둘 다 의미한다. 그것은 식물을 포함해 모든 생명체를 지칭하는 데(또한 어떤 한 생명체의 모양이나 상을 지칭하는 데도[4]) 사용될 수 있으나, 흔히는 예를 들어 말, 원숭이, 인간 같은 "동물"만을 지칭하는 좁은 의미로 사용된다. 이제 만약 디오니소

---

[4] 이를테면, 『아리스토텔레스 전집』 전체에서 제일 처음 등장하는 예시는 이것이다. 즉, 아리스토텔레스는 상동성의 예시로 인간과 인간을 그린 소묘가 '조이온'으로 불린다는 사실을 지적하고, 동의성의 예시로는 인간과 소가 둘 다 그렇게 불린다는 사실을 지적한다(Categories 1.1a1-8).

스의 조에 정의를 받아들이되 통상적인 제한적 의미에서 조이온에 관해 이야기하고자 한다면, 예를 들어, "모든 조이온은 감각 기관이 있다"라고 주장하려 할 때 문제가 생길 수 있다. 문제는 식물은 영양 처리 과정을 사용하므로 디오니소스의 조에 정의에 들어맞지만, 감각 기관이 전혀 없으므로 어떤 식물도 "동물"을 가리키는 좁은 의미의 조이온'은 아니라는 것이다. 조이온이라는 용어의 애매성은 아리스토텔레스가 글을 쓰던 시기와 그 이후로 오랜 세월 동안 식물이 과연 살아 있다고 말해야 할지, 그리고 식물도 프시케psyché가 있는 것인지 등에 대해 논쟁이 있었다는 사실에 반영되어 있다. 이런 이유에서 아리스토텔레스는 조에라는 용어는 식물과 동물 둘 다에 상동적으로 적용되는 것 같다고 언급한다. 식물은 영양 능력에 기초하고 동물은 감각 능력에 기초한다는 식이다. 이 경우 식물을 포함하는 더 넓은 의미의 모든 조이온에 적용되는 단일한 정의는 존재하지 않을 것이다.

그러나 『토피카』의 해당 대목 마지막 문장에서 아리스토텔레스는 관점을 바꾸어 우리가 조에라는 단어를 넓은 의미의 모든 조이온에 단일한 형태로 적용될 수 있도록 의도적으로 정의할 수 있을 거라고 제안한다. 아리스토텔레스는 『토피카』에서 이 제안을 설명하지 않지만, 『영혼에 관하여』에서 '프시케(흔히 아니마anima, 즉 영혼으로 번역되는)'라는 용어의 정의와 관련하여 유사한 문제를 논의할 때 그의 의도가 분명해진다. 그는 프시케에 관한 선행 철학자들의 모든 연구가 인간의 프시케에만 한정된 것에 불만을 제기한다. 대신 그는 다음과 같은 질문을 진지하게 받아들이고 소홀히 하지 말라고 권고한다. "프시케에 대한 설명이 '살아 있는 것(조이우zôiou)'에 대한 경우에서처럼 단일한 설명인지, 아니면 예를 들어 '말', '개', '인간', '신'에 대해 제각각 다른 프시케의 설명이 있고 이런 경우 보편적인 것은 아예 없거나 나중 문제인지"의 질문이다(I.1.402b3-9). 만약 조이온과 프시케가 반드시 다르게 정의되는 것들에 적용된다면, 그 용어들을 단일하게 정의하려는 시도는 아리스토텔레스가 『토피카』에서 경고했던 동음이의성의 문제를 일으킬 것이다. 예를 들면, 프시케를 감각하는 것 혹은 사유하는 것으로 정의한다고 해보자. 프시케는 사유할 줄 모르는 소나 여타 동물들에도 적용되는 용어이므로, 다르게 정의되는 그런 동물들이 같은 용어에 의해 동음이의적으로 지칭되는 셈이다.

이 문제에 대한 아리스토텔레스의 해결책은 서로 다른 유형의 프시케(즉 서로 다른 유형의 영혼)가 있다는 것을 명시적으로 인정하는 선언적選言的인(이것이거나 저것이거나 식의) 프시케 정의를 세우는 것이다. 그러면 이 정의는 조에라는 용어에 여러 가지 의미가 있다는 사실을 반영할 것이다.

> 탐구를 처음 시작하는 사람은 "살아 있음toi zēn"과 관련하여 움직이는 것empsuchon과 움직이지 않는 것이 구분된다고 말할지 모른다. 그러나 "살아 있음"이라는 용어는 많은 측면으로 말해진다. 예를 들면, 지성과 감각, 장소에 관련된 운동과 휴지, 그리고 더 나아가 영양과 쇠퇴와 성장에 따른 운동 등이다. 그중 어느 측면 하나만 나타나도, 우리는 그것이 살아 있다고 말한다(*On the Soul* I.1.413a20-25).

그렇다면 생명체가 되는 방식들이 존재하는 만큼 영혼(혹은 영혼들)에도 많은 유형이 있게 될 것이며, '살아 있음'이라는 용어는 위의 목록에 나열된 능력 중 어느 하나 이상을 보여주는 것이라면 무엇에든 올바르게 적용될 것이다. 이로부터 모든 식물은 영양과 쇠퇴와 성장의 능력을 보유하므로 생명체라는 결론이 즉시 따라 나온다(413a25-26). 그러나 '살아 있음'이라는 용어가 식물과 동물에 같은 뜻으로 적용되는 것이 단지 선언宣言에 의한 것은 아니다. 왜냐하면 식물과 동물 둘 다 생장 능력을 지니고 있기 때문이다. "이 능력을 다른 능력들로부터 분리하는 것은 가능하지만, 인간의 경우 이 능력으로부터 다른 능력들을 분리하는 것은 가능하지 않다"(413a31-32). 신들의 경우에는 그들이 영양 능력을 사용하지 않으며 신찬神饌과 신주神酒에 관한 이야기들은 그저 신화에 불과할 뿐이라고 가정할 때 그들의 활동들(예를 들면, 지적 작용)을 생장 능력과 분리하는 것이 가능할 수 있을지 모른다. 그러나 식물, 동물, 인간을 포함해 유한한 생명체들에게 생장 능력은 다른 모든 능력이 현존하기 위한 필수 조건이다. 그래서 아리스토텔레스는 이렇게 말한다. "바로 그 원리 때문에 '살아 있음'이라는 용어가 동물들에게 적용되는 것이다. '동물'이라는 용어가 무엇보다 감각 때문에 사용되는 것임에도 불구하고 그렇다. 움직이지 않고 위치 이동도 하지 않지만 어쨌든 감각을 지니고 있으면 그런 것들도 우리는 단지 '살아 있는 것'이 아니라 '동물'이라고 말하니까 말이다"(413a20-b4; cf. 412a13-16).

이로써 우리는 종적 차원에서 "삶의 의미"를 묻는 이론적 질문에 대한 아리스토텔레스의 확정적 답변을 얻게 된다. 불멸의 생명을 논외로 할 때, 살아 있다는 것은 영양을 사용하는 능력과 함께 경우에 따라 감각이나 운동이나 지성의 활용 능력을 지닌다는 것을 의미한다. 그러나 아리스토텔레스가 지적한 대로, 비록 식물적 생장 능력에 기초하여 동물에 생명을 귀속하는 것이 가능하다 할지라도, 어떤 의미에서 거기에는 그들을 특별히 "동물"로 만드는 측면이 반영되지 않은 것처럼 보인다. 우리는 동물은 무엇보다 감각 능력 덕분에 동물로 사는 것이라고 말하기 때문이다. 이에 대한 흔적은, 바다 생물이 마치 뿌리를 박은 식물처럼 운동을 안 하더라도 최소한도의 감각 정도는 할 수 있다는 점에서 우리가 단지 "생명체"가 아니라 "동물"이라고 부른다는 것이다. 이렇듯 우리는 무언가를 그것의 영양 능력 때문에 "살아 있다"라고 말할 수 있지만, 그것이 감각을 갖고 있을 때만 "동물"이라고 부를 수 있다.

운동하지 않는다는 점에서 식물을 닮았으나 감각이 있다는 점에서 동물이라 불리는 종에 대한 아리스토텔레스의 언급은 원소들처럼 생명이 없는 것에서 시작하여 무생물 합성체를 거쳐 식물, 동물, 인간, 신으로 전개되는 자연종의 연속적 계열이 존재한다는 그의 형이상학적 신조를 반영한다. 무생물과 식물 사이에 "겹치는" 자연종들이 있다. 식물들 자체는 무생물과 동물 사이에 겹쳐 있다. 일부 종들은 식물과 동물 사이에 (우리가 방금 본 것처럼) "겹쳐 있다." 그리고 일부 다른 종들은 동물과 인간 사이에 겹쳐 있다. 그리고 아리스토텔레스는 인간이 신처럼 될 수도 있다고 주장하므로, 심지어 인간과 신 사이에 겹쳐 있는 인간종도 있다. 다름 아닌 철학자다. 각각의 종은 사실상 별개이며, 이론상 각기 나름의 정의를 갖는다. 하지만 종들 사이의 정확한 차이를 지각한다는 것은 대개 어려운 일이며 특히 낮은 차원의 종들에서는 더 그렇고, 일부 경우들에서는 심층적인 연구가 필요하다. 아리스토텔레스가 그 계열을 연속적이라고 부른 이유가 바로 그것이다. "그런 식으로 자연이 생명 없는 것들에서 생명체들로 조금씩 이동하는 바람에 그들 사이에 경계가 어디며 중간에 있는 것들이 어느 쪽에 속하는지 등과 같은 문제는 주목받지 못한다. 생명 없는 것들의 종 너머에 제일 먼저 있는 것이 식물종이니 말이다"(*History of Animals* VIII.1.588b4-7).

그 연속적인 계열은 서로 다른 여러 규준에 따라 서열이 매겨질 수 있다. 그런 규준에는 생명 유지에 필요한 열의 온도, 운동 양식, 생태적 지위, 번식 양식 등이 포함된다. 그러나 자연종들의 단일 서열 질서 는 생명력vitality, 즉 "생명 참여"의 상대적 수준에 상응한다. "식물들 사 이에서는 생명에 더 많이 참여하는 것처럼 보인다는 측면에서 한 종이 다른 종과 다를 수 있지만, 전체적으로 식물 종은 다른 물체들보다는 살아 있는 것처럼 보이고 동물들보다는 살아 있지 않은 것처럼 보인 다"(588b7-10). 식물이 무생물과 동물 둘 다와 닮아 보인다는 사실은, 그것이 살아 있는 것인지, 그래서 영혼을 가진 것인지에 관한 논쟁이 존재하는 이유이다. 동물 역시 한편으로는 식물과 닮았고, 다른 한편 으로는 인간과 닮았다. 생명력과 활동성 수준이라는 측면에서 동물 종 들 사이의 변이 추이는 식물 종들에서와 마찬가지로 연속적이다 (*History of Animals* VIII.1.588b10-21; *On the Parts of Animals* IV.5. 681a10-29 참고). 그러므로 살아 있음과 움직임의 측면에서도 연속적 인 계열이 존재하며(588b21-23), 감각 양식의 측면에서도 그렇다. 예 를 들면 일부 동물은 촉각만 가질 수 있지만, 다른 동물은 더불어 후 각, 미각, 청각, 시각 등 다른 감각들도 갖는다. 인간을 포함해 일부 동 물은 이 모든 감각 양식 능력을 보유한다. 이러한 서로 다른 감각 수준 을 근거로 아리스토텔레스는 어떤 것들은 실제로 "더 많이 살아 있는 것"이라고 기꺼이 인정한다. "더 많은 감각이 더 많이 살아 있는 것의 속성이듯, 더 적은 감각은 덜 살아 있는 것의 속성이 될 것이며, 가장 많이 살아 있는 것이 가장 많은 감각을, 가장 덜 살아 있는 것이 가장 적은 감각을 갖는다. 생명의 자격이 없는 감각은 자격이 없는 감각이 다"(*Topics* VIII.1.137b23-27).

가장 중요한 결론은, 모든 생명체는 "삶의 방식에 관련된 활동 들"(*History of Animals* 588b23)과 그에 따른 기능erga의 측면에서 연속 적 변이가 존재한다는 것이다. 자연 발생한 유기체도 "생기의 원리를 받아들이는 정도"(762a25-26)에 따라 자신들의 삶을 "다소간 가치 있거나 명예롭게" 만드는 활동에서 차이를 보인다(762a24-25). 일반적으로, "영혼의 기능은 생명을 생성하는 것이다"(*Eudemian Ethics* II.1.1219a24). 식물에도 분명히 기능이 있으나 단지 번식의 기능뿐이다. "씨앗을 통해 생겨나는 식물들에게 그 자신과 닮은 다른 것을 다시 만드는 것 말고 뚜렷한 다른 기능은 없다"(*History of Animals* 588b24-26). 그리고 일부 동물은 식물의 기능 이상의 기능이 거의 없다(588b26-27). 그러나 동물은 생명력과 활동성의 정도에서 엄청난 다양성을 보인다. "어떤 동물은 식물처럼 단지 계절에 따라 번식하지만, 또 어떤 동물은 새끼를 기르는 일에 노력을 기울이고, 다 기르고 나면 새끼들과는 어떤 일도 함께하지 않는다. 그러나 더 명민하고 기억력을 더 많이 쓰는 다른 동물들은 양육 기간이 더 길고 더욱 정치적인 기반 위에서 자손들과 잘 지내나간다"(588b21-589a2). 일부 동물에게 일정 정도의 사회성과 심지어 지능까지 있다고 간주함으로써 아리스토 텔레스는 일부 자연의 산물이 동물과 인간 사이에 겹쳐 있다고 주장한다. 즉, 삶의 방식에서 동물과 인간을 둘 다 닮았다는 것이다.

그렇다면 인간은 생장 능력만이 아니라 감각과 이동 능력에 기초해서 살아간다고 할 수 있다. 하지만 인간 삶의 특징적 활동과 목표는 그런 능력들보다 다른 능력들에 있는 것이 명백해 보인다. "그것은 명백히 감각과 앎이다. … 각자 인간에게 가장 선택할 만한 가치가 있는 것은 자기 자신을 감각하고 자기 자신을 아는 것이며, 바로 그것이 모든 이가 살고자 하는 본유적 욕망을 가지는 이유이다. 왜냐하면 우리는 살아 있음을 일종의 앎이라고 명시해야 하기 때문이다"(*Eudemian Ethics* VII.12.1244b23-29). 아리스토텔레스가 "살아 있음을 일종의 앎이라고 명시해야 한다"라고 말할 때, 그는 인간에게 삶이란 일종의 앎임을 의미한 것이다. 동물에게 삶이 단지 생장이 아니라 감각을 의미하는 것과 마찬가지로, 인간에게 삶은 단지 감각이 아니라 앎을 의미한다.

아리스토텔레스는 생물학 관련 저술들과『정치학』에서 인간이 가장 완벽하고 신성한 지상의 표본에서, 네발짐승 혹은 다리가 많은 곤충이나 심지어 식물로 변태할 가능성을 제기한다.[5] 이 모든 대목은 아리스토텔레스가 종의 진화(혹은 역진화) 과정을 기술한 것이라기보다는 연속적인 생명체 계열의 서열과 연관될 수 있는 결과들로써 한 개인의 변태 과정을 기술하는 것으로 해석하는 편이 최선으로 보인다. 나는 금수나 식물처럼 된다는 생각이 "신처럼 된다"라는 격려 어린 수사의 반대말이라고 제안한다. 그래서『프로트렙티쿠스』에서는 도덕적 요점을 제시하기 위해 두 가지 가능성이 함께 언급된다. "감각과 지성이 사라질 때, 인간은 대략 식물과 같은 것이 된다. 지성만이 사라질 때, 짐승으로 변한다. 불합리성이 사라지고 지성은 온전히 남은 채로 있을 때, 인간은 신과 비슷해진다"(*Protrepticus*, *apud* Iamblichus, *Protrepticus* V.35.14-18). 그러므로 개개의 인간은 짐승으로 후진할 수 있으며(이를테면 방종을 불러오는 쾌락은 짐승 같은 짓이다; *Nicomachean Ethics* III.10.1118b5), 심지어 식물이 될 수도 있다(그래서 우리는 아직도 일부 환자들을 영구적 식물 상태에 있다고 기술한다). 이것은 은유가 아니다. 먹고, 마시고, 섹스하는 것은 우리와 동물에 공통된 쾌락들이며, 움직이거나 감각할 수

---

5 "동물의 몸통은 점점 작아지고 다리가 많아지다가 마침내 다리가 없어져서 땅 위로 쭉 뻗게 된다. 이런 식으로 조금씩 나아가면, 그들의 기원도 아래에 있고, 머리에 상응하는 부분은 결국 운동과 감각을 할 수 없으며, 식물이 되어 자신의 위는 아래로, 아래는 위로 가게 된다"(*On the Parts of Animals* IV.10.686b29-34; cf. *On the Generation of Animals* I.23.731a25-b8; V.1.778b29-779a4; *Politics* V.3.1302b34-1303a3).

없을 때 우리는 문자 그대로 식물의 능력만 있는 것이다.

반면에 지성을 발휘함으로써 인간은 또한 신과 비슷한 무언가로 변태할 수도 있을 것이다. 이것이 아리스토텔레스가 『에우데모스 윤리학Eudemian Ethics』에서 규정한 대로, 동물들 가운데 오로지 인간만이 '에우다이몬eudaimon'〔원래는 행복을 지키는 정령을 가리키는 말로 여기서는 행복한 사람을 의미한다〕이 될 수 있는 이유인 것 같다.[6] "행복", "번영", "성공" 등에 해당하는 통상의 용어인 '에우다이모니아'는 인간 삶의 최종 목표를 가리키며, 아리스토텔레스는 그것이 유일하게 인간에게만 가능한 특별한 종류의 지적 활동에 참여할 것을 요구한다고 주장한다. 우리는 이런 식의 추론 방침이 윤리학 관련 저술들에 실린, 기능에 대한 온갖 형태의 논증들에서 통용되는 것을 보게 된다. 『프로트렙티쿠스』가 그 시작이다. 거기서 그는 인간을 단일 기능을 가진 동물로 보건 여러 기능을 가진 동물로 보건 상관없이, "진리의 관조"가 인간의 궁극적 기능이라고 말한다.

> 그래서 만약 인간이 이성과 지성에 따라 규제되는 실체를 지닌 단순한 동물이라면, 그의 유일한 기능은 오로지 가장 엄밀한 진리, 즉 존재하는 것들에 관해 진리를 말하는 것뿐이다. 그런데 만약 그가 더 많은 능력을 타고났다면, 그가 자연스럽게 완벽에 이를

---

[6] "아마도 존재하는 것들 가운데 다른 어떤 더 나은 것, 예를 들면 신의 에우다이모니아가 있을 수도 있다. 본성상 인간보다 열등한 다른 동물 중에는 확실히 그런 행복에 참여하는 것은 없다. 왜냐하면 '에우다이몬eudaimon'이라는 술어는 말에도, 새에도, 물고기에도, 그밖에 본성상 그들 종의 일반 명칭에 걸맞게 신적인 어떤 것에 참여하지 않는 채로 존재하는 다른 그 무엇에도 적용되지 않기 때문이다. 그러나 그것 말고라도 다른 어떤 좋은 것에 참여함에 따라서 그들 중 어떤 것들은 다른 것들보다 더 잘 살고 또 어떤 것들은 더 못 산다"(*Eudemian Ethics* I.7.1217a22-29).

수 있는 더 많은 것과 관련하여 그것 중 최고는 언제나 기능, 예를 들면 의사라면 건강에, 항해자라면 안전에 이르게 하는 기능임이 명백하다. 그리고 우리는 우리 영혼의 사유 혹은 관조의 기능에 진리보다 더 나은 이름을 붙일 수 없다. 따라서 진리는 가장 엄격한 의미에서 영혼의 그 부분이 지닌 기능이다(*Protrepticus, apud* Iamblichus, *Protrepticus* VII.42.13-23).

우리는 인간이 복합적 기능을 가질 수 있다는 말의 의미가 무엇인지 이미 논의하였다. 유한한 동물인 인간은 영양, 번식, 성장, 감각, 운동, 지성을 기능으로 갖는다. 식물적 생장 능력은 인간 특유의 것이 아니기 때문에 배제될 수 있다(*Eudemian Ethics* II.1.1219b20-1220a1). 동물의 능력도 같은 이유로 배제될 수 있다. "살아 있음은 식물에도 공통된 것으로 보인다. 하지만 우리는 인간 특유의 것을 찾으려는 것이다. 따라서 영양과 성장의 생명은 배제하자. 다음은 감각의 생명이 되겠지만, 그것 또한 말이나 황소 등의 동물에도 모두 공통된 것처럼 보인다. 그렇다면 이성을 가진 부분의 능동적 생명이 남는다"(*Nicomachean Ethics* I.7.1097b33-1098a4). 생명체들 사이에 기능의 연속적 계열이 존재한다는 아리스토텔레스의 주장에 비추어 이런 주장들을 독해하면, 『니코마코스 윤리학』의 끝부분에 나오는 에우다이모니아에 대한 극단적인 주지주의적 설명과 잘 맞아떨어진다. 결국 우리는 인간, 동물, 식물 사이에 생명 유지 활동들의 연속성이 있음에도 다른 어떤 낮은 차원의 능력과도 중첩되지 않는 그런 종류의 활동을 찾아야 할 필요가 있다. 비록 일부 동물은 다소간 "명민함", 일종의 정치 생활, 그리고 심지어 일종의 "지능"을 갖지만, 그들은 지성이 없으며 이론적 지혜를 생각하거나 성취할 수 없다.[7] 그리고 그런 이유에서 동물 생명의 다른 형태들과 인간 생명의 방식들은 신적 활동에 참여하지 않아도 즐겁고 좋을 수 있으나, 그래도 그들은 '에우다이몬'이 될 수 없다(*Nicomachean Ethics* X.8.1178b21-30).

아리스토텔레스는 더 나아가 확실히 지적 활동을 요구하는 도덕적 덕목들의 함양조차도 우리의 궁극적 목표가 아니며, 자족성, 목적성, 여유로움, 유일성의 기준을 고려할 때, 오직 이론적 관조만이 "인간이 생명biou의 완전한 기간을 누린다는 가정 하에서 그의 완전한 에우다이모니아"에 해당한다고 주장한다(*Nicomachean Ethics* X.7.1177b24-25). 그 결과는 다소 역설적이게도, 인간 삶의 궁극적 목표가 인간 삶을 초월하여 신처럼 되는 것이다. 그것은 우리 안에 가장 인간적이면서 동시에 가장 신적인 것, 즉 모든 생명체의 연속성 덕분에 중첩되어 존재하는 바로 그것에 따라 행동하는 일이 될 것이다.

> 하지만 그런 삶은 인간에게는 너무 높은 것이 될 것이다. 인간은
> 그가 인간인 한에서가 아니라 그 안에 신적인 무언가가 현존하는
> 한에서 그렇게 살 것이기 때문이다. 그리고 그것이 우리의 복합적
> 본성보다 우월한 만큼, 그것의 활동 또한 다른 유형의 덕을 발휘
> 한 활동보다 우월하다. 만약 그래서 이성이 비교적 신적이라면,
> 이성에 따르는 삶은 인간의 삶에 비해 신적일 것이다. 그러나 우

---

7   *On the Parts of Animals* I.1.641b8. 『프로트렙티쿠스』에서 아리스토텔레스는 인간이 다른 동물과 어떻게 다른지를 훨씬 더 분명하게 진술한다. "왜냐하면 우리를 다른 동물과 다르게 만드는 것은 그런 생명 하나를 통해서도 두드러지기 때문에, 사건들이 벌어지는 생명이란 것은 대단한 가치를 지니지 않을 수가 없다. 동물은 또한 이성과 지성의 기색은 거의 없고 이론적 지혜를 공유하는 바는 절대적으로 없으며 그런 지혜는 오로지 신들과만 공유한다. 인간이 감각이나 추동력의 정확성과 힘에서 실제로 많은 동물에 뒤처져 있는 것과 마찬가지다"(Aristotle, *Protrepticus*, *apud* Iamblichus, *Protrepticus* V.36.6-13).

리는, 인간이니 인간에 대해 생각하고, 죽을 운명이니 죽을 운명의 것들에 대해 생각하라고 우리에게 충고하는 자들을 따르지 말아야 한다. 그러지 말고 우리는 할 수 있는 최대한 우리 자신을 불멸하게 만들고 우리 안에 있는 최고의 것에 부합하는 삶을 살기 위해 모든 방면에서 힘을 기울여야 한다. 설령 그것의 크기가 보잘것없다 하더라도 그 힘과 가치는 모든 것을 훨씬 더 능가하기 때문이다. 또한 그것이 각자의 인간 그 자신인 것처럼 보인다. 왜냐하면 그것이 권위 있고 더 나은 부분이기 때문이다. 그렇다면 사람이 자신의 삶을 선택하지 않고 다른 무언가의 삶을 선택하려 한다면 이상한 일일 것이다. 그리고 우리가 이전에 한 말이 지금 적용될 것이다. 본성상 각각의 것에 고유한 것이 각각의 것에게는 최고이자 가장 즐거운 것이다. 따라서 인간에게 이성에 따르는 삶은 최고이자 가장 즐거운 것이다. 왜냐하면 이성은 다른 그 어떤 것보다 더 인간적이기 때문이다. 따라서 그런 삶이 또한 가장 행복한 삶이다(*Nicomachean Ethics* X7.1177b27-1178a8).

이렇게 해서 우리는 삶의 의미에 관한 일반적 질문과 구체적 질문 둘 다에 대해 이론적 답변과 실천적 답변 둘 다를 얻는다. 일반적으로 삶의 의미란 어떤 생명체를 특정 종류의 존재로 만드는 최고이자 가장 독보적인 능력의 발휘에 있다. 구체적으로 말해서, 인간 삶의 의미와 목적은 지적 활동에 참여하는 것이며, 그 이유는 지성은 (다른 아주 많은 것을 우리와 공유하는) 더 하위의 생명체들과는 공유하지 않고, (다른 것은 우리와 공유하는 것이 거의 없는) 신들과는 공유하기 때문이다. 비록 학자들은 인간의 최종 목적에 관한 이런 과도하게 주지주의적이고 사실상 엘리트주의적인 결론 앞에서 자주 주춤하곤 하지만, 독자 여러

분은 지금 이 순간에도 아리스토텔레스가 인간의 삶에 의미를 부여한다고 생각한 바로 그 활동에 참여하고 있다는 사실에서 필시 위안을 얻을 것이다.

9

에피쿠로스와 삶의 의미
Epikouros

캐서린 윌슨Catherine Wilson

에피쿠로스주의는 고대 그리스의 철학자 에피쿠로스Epicurus(341-270 BCE)와 그를 추종한 로마의 티투스 카루스 루크레티우스Titus Carus Lucretius(99-55 BCE)가 가르친 자연철학이자 도덕철학이다. 루크레티우스는『사물의 본성에 관하여』에서 그가 존경한 선대 철학자의 교리를 운문으로 번안하였다.

그 스승은 쾌락을 훌륭한 삶과 이성적 활동의 목표를 고찰하는 출발점으로 삼아 옹호한 것으로 악명 높다. 그는 이렇게 말한다.

> 쾌락은 우리 마음에 맞는 으뜸가는 선善이다. 그것이 모든 선택과 모든 반감의 출발점이며, 우리가 어떤 규칙에 따라 모든 좋은 것을 판단한다고 느끼고 있는 한, 언제나 그것으로 되돌아온다(Diogenes Laertius 3c. CE: X, 129).

많은 독자는 애초에 쾌락적인 삶과 의미 있는 삶에는 차이가 있다고 강하게 느끼는 경향이 있다. 유의미한 삶은 수많은 유의미한 경험과 유의미한 행위들로 가득한 삶이다. 그런 삶은 인내나 고난과도 양립할 수 있는 것처럼 보이며, 심지어 그런 상황을 요구하기까지 한다. 에피쿠로스는 의미 있는 삶의 조건들을 제시한다기보다 우리가 아예 의미가 있고 없고에 관심을 가질 필요가 없으며 그 대신 기쁨의 극대화를 겨냥해야 한다고 말하는 것처럼 보인다.

철학이라는 학문 전통이 오랫동안 이어져 내려온 문화들에서 우리는 유의미한 삶에 대해 두 가지 주된 사고방식을 접할 수 있다. 어느 쪽도 쾌락은 언급하지 않는다. 한 가지 사고방식에 의하면, 세속적 성취가 개인의 삶을 의미 있게 만든다. 다른 한 가지 사고방식에 의하면, 삶을 의미 있게 만들 수 있는 것은 오로지 도덕적 혹은 정신적 성취뿐이다.

세속적 관점에서, 최고로 분류될 수 있는 삶이란 사람들의 찬사와 존경을 얻고, 역사에 발자취를 남겨 사람들의 기억에 계속 살아 있을 수 있는 위업을 남기는 것 즉 위인이 되는 것이다. 위대한 예술가, 작가, 정복자, 과학자, 철학자가 이런 위상을 얻었다. 그러므로 미켈란젤로, 셰익스피어, 알렉산드로스 대왕, 아인슈타인, 소크라테스, 그리고 그밖에 다른 많은 이들이 이 규준에 따르면 모두 유의미한 삶을 산 것인데, 그중에 여성은 수가 아주 적다. 하지만 전체적으로 보면 과거의 인간 중 극소수만이 매우 유의미한 삶을 살았고, 그들만큼 널리 인정받고 기억될 만한 업적을 쌓지는 못하고 그저 고만고만한 정도로 의미 있는 삶을 산 인간이 그들보다 조금 더 많은 정도다.

도덕적-정신적 관점에서 보자면, 삶의 목적은 신을 사랑하는 것, 선행을 하는 것, 도덕적 시련을 이겨내는 것이다. 세상의 유혹에 맞서 싸우는 도덕적 투쟁에서 책무를 다함으로써 영생을 얻거나 새로운 몸으로 부활하는 것이다. 남자건 여자건, 노예건 자유인이건, 농부건 귀족이건 모든 이가 이런 종류의 삶을 성취할 수 있다. 이런 관점은 기독교 교리나 칸트의 도덕철학과 매우 잘 어울리는 것이었다.

에피쿠로스는 "축복받은" 삶에 관해 말한다. 그는 그런 삶을 살기 위해 성취나 영예를 다짐하는 삶을 촉구하지 않는다. 에피쿠로스주의자들은 영예로 나아가는 주된 통로인 정치적·군사적 활동을 거부하였으며, 그런 활동들을 고통스러운 번민과 타락한 야망의 원인으로 보았다. 그들은 신을 섬기는 일도 삶을 의미 있게 만든다고 믿지 않았다. 만약 신들이 실제로 인간의 상상이 미치지 않는 저 바깥에 존재한다면, 그들은 인간사에 관한 모든 걱정과는 철저히 거리를 두고 우주의 어떤 동떨어진 장소에서 아무런 근심 없는 삶을 즐기고 있을 것이다.[1] 가족에 대한 헌신과 희생 등의 이상들은 에피쿠로스주의자들의 눈에는 똑같이 무관심의 대상들이었다. 현명한 사람이라면 결혼해서 자녀를 기르더라도 오로지 상황이 딱 맞아떨어질 때만 그럴 뿐이며 가정생활은 결코 그의 중점적인 관심사가 되지 않을 것이다(Diogenes Laertius 3c. CE X, 119). 최고에 속하는 삶은 궁핍 없는, 특히 기아, 갈증, 추위를 겪지 않는 삶이며, 미래에 대한 공포와 불안이 없는 삶이다. 긍정적 측면에서, 그 삶은 두 가지를 요구한다. 우선, 친구들이다. 왜냐하면 "우정은 온 세상에서 춤을 추며, 우리 모두에게 행복 앞에서 깨어나야 한다고 알려주기 때문이다." 그리고 경험 세계에 관한 진지한 공부다.[2]

훌륭한 삶에 대한 이 세 번째 사고방식은 기독교 성서에도 빠지지 않는다. 「전도서」 8장 15절은 이렇게 말한다. "이에 내가 희락을 칭찬

---

[1] 에피쿠로스주의 신학에 관해서는 다음을 보라. Farrington 1938.

[2] Epicurus 4~3c. BCE: 31 (Vatican Sayings, no. 52).

하노니 이는 사람이 먹고 마시고 즐거워하는 것보다 해 아래서 나은 것이 없음이라." 그리고 「이사야서」 22장 13절은 이렇게 말한다. "내일 죽으리니 먹고 마시자 하도다." 나중에 스피노자는 『윤리학』에서 그저 이성이 인도하는 방식으로 "행동하고, 생활하고, 우리의 존재를 보존하는 것"이 인간의 덕이라고 기술한다(Spinoza 1677: pt IV, prop. 24).[3] 그러나 이 세 번째 사고방식은 다른 두 가지가 누린 철학적 존중을 성취한 적이 없다. 당대의 비판자들, 특히 고대 스토아주의자들에게 에피쿠로스주의자들은 이기적이고, 무책임하며, 제멋대로 구는 자들로 비추어졌다.[4] '정원the Garden'(아테네 시외에 있던 에피쿠로스학파의 소재지)에서 수행된 철학적이고 사회적인 활동들에 여성을 참여시킨 것은 그리스 철학계에서 유일무이한 일이었고 많은 경멸 어린 비판을 초래했다.[5]

좋은 삶을 의미 있는 삶과 동일시하지 않는 태도와 대조적으로 의미 있는 삶을 바라보는 신뢰할 만한 어떤 시각을 제공함으로써 에피쿠로스주의를 옹호할 수도 있는데, 그런 시도를 할 때는 일단 한발 물러나 그 결정적 용어에 의문을 제기해보는 것이 도움이 된다. 어떤 단어나 문구(예를 들면, 어떤 사람이 모국어로 하는 말이나 특수한 시구 같은)에

---

[3] 스피노자의 에피쿠로스주의에 관해서는 다음을 보라. Lagrée 1994.

[4] 에피쿠로스주의에 대한 키케로의 가장 철저한 비판에 대해서는 다음을 보라. *On Ends*(Cicero 45 BCE bks 1 and 2).

[5] "플루타르크는 두 개의 극단을 제시한다. 한편으로 지성적, 정치적, 군사적 성취에 따른 공적인 영광이 있고, 다른 한편으로 여자로 가득 찬 음침한 '정원'의 불명예가 있다. 논고 전반에 걸쳐 플루타르크는 에피쿠로스주의의 "의례들"을 … 여자, 어둠, 야간, 망각과 연결하고, '정원'에 대한 이런 식의 특성 묘사를 그가 진정한 철학자들 및 그리스와 로마 최고의 장군들과 정치가들이라고 판단한 남자들의 고귀하고 빛으로 가득 찬 덕스러운 세계와 대비시킨다"(P. Gordon 2004: 228). '정원'의 삶에 대해서는 다음을 보라. Frischer 1982.

'의미가 있고 없는' 게 아니라 어떤 경험이나 행위가 그렇다는 것은 도대체 무슨 뜻일까? 나는 거기에 '소유권', 인식, 수용 등의 의미가 들어 있다고 생각한다. 나는 내 모국어를 알아듣는다. 그리고 그 안에 들어 있는 단어와 문장이 의미를 지닌다는 것을 안다. 나는 그 의미를 통해서 나 자신을 표현하고 다른 사람들을 인도하며 다른 사람들의 인도를 받는다. 유의미한 시詩 역시 유사한 특징을 지닌다. 그것은 나에게 울림을 주는 이미지와 말씨를 사용한다. 나는 그 시 덕분에 앎과 이끌림을 느끼며, 어떻게 해서든 그것이 내 것이라고 주장하려 한다. 유사하게, 유의미한 삶은 내가 나 스스로와 동일시할 수 있는, 혹은 내 것으로 만들고 싶어 할 수 있는 삶이다. 그런 삶에 대한 묘사는 나를 인도하거나 내게 영감을 줄 수 있다. 이렇듯 유의미성은 자신보다 더 큰 체계에 속한다는 느낌을 수반한다. 유의미한 단어와 경험은 더 큰 실재를 향해 문이 열리는 것 같은 느낌을 제공한다. 유의미한 행위는 내 힘의 작용을 바로 그 더 넓은 실재와 연결한다.

유의미성에 관해 이런 방식으로 사유하는 것은 세 번째 사고방식을 세속적 성취와 도덕-정신적 사고방식들에 대한 대안으로서 더 가까이 하는 데 도움을 준다. 애초에 그 두 사고방식도 개인을 자기 자신보다 더 큰 무언가와 관계 맺게 하는 것들이 아니던가. 하지만 그래도 아직도 불충분해 보인다. 음식, 음료, 따뜻함, 교우관계에서 느끼는 쾌락은 집단을 형성하는 모든 동물에게 유효한 것이지만, 대개 우리는 제비, 개, 말, 침팬지 등이 유의미한 삶을 산다고 생각하지 않는다.

하지만 쾌락에 대해 인용한 구절들은 무엇이 삶을 가치 있게 만드는가에 대한 에피쿠로스식 관점을 포착해내지 못한다. 그 고대 학파의 일원들과 후대의 철학적 추종자들은 아마도 앞에서 인용한 성서 구절들이 다소 오해하기 쉽고, 피상적이며, 불완전하다고 생각했을 것이다. 나는 에피쿠로스주의자들의 자연철학과 쾌락, 고통, 공포, 불안의 역할을 간략히 설명한 후에, 에피쿠로스식 철학에서 이해 능력이 스스로 발전하여 함양된다는 것이 어떤 역할을 하는지 탐구하여 그 학파가 추천하는 이상적 삶이 유의미성의 조건들을 만족할 수 있는 방식이 무엇인지 밝혀 보고자 한다.[6]

에피쿠로스식 자연철학

에피쿠로스 철학의 핵심 주장은 우주와 그 안에 존재하는 만물은 신들이 어떤 목적을 위해서 혹은 어떤 모형을 본떠서 창조한 것들이 아니라는 것이다. 만물은 단지 '원자'라고 부르는 입자들로 이뤄진 혼돈의 수프에서 출현했을 뿐이다. 원자들로 만들어진 대상들과 달리 원자 자체는 쪼개지거나 파괴되지 않는다. 생명은 오랜 기간에 걸쳐서 이루어진 개별 원자들의 이합집산을 통해 생겨났다. 행성, 별, 지질학적 특징, 그리고 더욱 기능적인 식물과 동물이 조립된 것이다.[7] 루크레티우스의 문헌은 일종의 자연선택의 과정을 암시한다. 자연선택에 따라 생명과 복제에 적합하지 않은 형태들은 살아남지 못하고 자신들의 유형을 영속화하는 데 실패한 것이다.[8] 따라서 '인간이 어떤 목적으로 창조되었는가?'라는 질문은 '무생물과 생물의 본성이 어떤 목적으로 **창조되었**는가?'라는 질문만큼이나 무의미한 것이다. 의도나 계획이나 욕구를 지닌 어떤 행위자가 세상을 창조한 것이 결코 아니다.

---

[6] 특별한 에피쿠로스식 논제들에 관한 연구는 다음을 참조하라. Warren 2009; and Clay 1983. 간결한 개괄적 연구는 다음과 같다. Wilson 2015.

[7] 혹은 영구히 존재하는 '씨앗들'의 성숙을 통해서. 하지만 이에 관련된 원문은 다의적으로 해석될 여지가 있다.

[8] Wilson 2008: 85-111.

생명체는 본능적으로 보상이 있다고 느끼는 활동에 참여하고 고통을 유발하는 대상이나 상황은 회피하거나, 도망하려 하거나, 개선한다. 생명체에게 이런 본능이 없었다면, 생존하지 못했을 것이다. 이런 측면에서 동물의 생명은 쾌락과 고통에 지배된다. 그러나 생존은 시간의 제약을 받는다. 어떤 원자 뭉치도 분해를 피해 살아남을 수 없고, 언젠가는 영혼의 원자들(왜냐하면 영혼 역시 특별히 작고 기운찬 원자들이 모인 것이기 때문이다)도 흩어지고 당사자는 죽는다. 그런 영혼의 원자들은 이리저리 떠다니다가 결국은 다른 곳에 자리 잡고 다른 어떤 존재에 생명을 불어넣는다. 죽음은 최종적이고 영원한 것으로서 그 누구도 되돌아올 수 없는 상태이기 때문에, 유의미한 삶은 우리의 생물학적 수명의 한도 내에서 일어나며, 우리가 계속 존재하거나 생명이 복구될 내세를 준비하는 상태와는 전혀 관련될 수 없다.

죽음이나 죽어가는 과정은 두려워할 것이 없다. 왜냐하면 영혼이 없으면 어떤 경험도 있을 수 없고, 죽음에 접근해 간다는 것은 모든 고통과 쾌락의 감소를 의미하기 때문이다(Rosenbaum 1986). 누구도 지옥을 두려워할 필요가 없고, 누구도 천국을 희망할 수 없다. 그런 장소들은 없기 때문이다. 하지만 죽음을 추구하는 것은 잘못이다. 불치병, 재산 상실, 독재자의 탄압, 혹은 그저 넌더리가 나는 삶 등과 같은 특정 유형의 세속적 궁핍이 자살을 이성적이고 수용 가능한 선택지로 만든다고 주장한 스토아주의자들과 달리[9] 에피쿠로스는 삶의 단축이 아니라 고통의 경감이 목표가 되어야 한다고 강조했다. 우리는 무엇보다 세속적인 실망에 노출되는 일을 피해야 한다. 그러나 사정이 안 좋게 되는 바람에 눈이 머는 것과 같이 타인이 보기에 견딜 수 없을 것 같은

---

[9]   자살에 관한 스토아주의의 옹호에 관해서는 다음을 보라. Griffin 1986.

상황에 부딪치더라도, 우리는 살아나갈 수가 있다(Diogenes Laertius 3c. CE X, 119).

즐겁게 살기

쾌락의 전면적 추구보다는 고통과 죽음의 회피가 에피쿠로스식 윤리를 지배한다. 에피쿠로스가 지적한 대로, 어떤 재난의 모면을 경험하는 것보다 더 큰 쾌락은 없다(다음 참조 DeWitt 1950). 그래서 '어떻게 살아야 하나?'라는 질문에 대한 답변은 간단하고 직설적이다. 조심스럽고 무탈하게.

첫째, 우리는 몇 가지 형태의 쾌락 추구는 장기적인 측면에서 고통을 낳는다는 것, 일부 고통은 미래의 행복을 위해 인내하기도 해야 한다는 것을 깨닫는다. 따라서 좋은 삶은 과함에 있지 않다. 너무 많이 마시거나 너무 많이 먹거나 너무 많은 성관계는 건강 상실, 가난, 근력과 미모의 몰락으로 귀결된다.

> 우리가 쾌락이 목표라고 말할 때 어떤 사람들은 무지와 견해차 때문인지, 아니면 의도적으로 곡해해선지 몰라도, 그것이 난봉꾼의 쾌락이나 소비의 쾌락 같은 것을 의미한다고 믿는다. 하지만 여기서 말하는 쾌락은 다만 신체의 고통과 영혼의 동요가 없는 상태를 뜻한다. 즐거운 삶을 만드는 것은 술판을 벌이거나 끊임없이 잔치를 열고 소년과 여성을 즐기거나 물고기를 먹고 사치스러운 식탁에서 이런저런 진미를 맛보는 것이 아니라, 건전한 계산이기 때문이다. … 사려분별은 다른 모든 덕의 원천으로서, 사려 깊게, 명예롭게, 정의롭게 살지 않으면 즐겁게 사는 것은 불가능하다는 것을 가르쳐준다. … (Letter to Menoeceus, in Diogenes Laertius 3c. CE

X, 131-32).

둘째, 우리는 자연스레 어떤 재화를 원하게 되지만 엄밀히 말해 그것이 꼭 필요한 것은 아님을 깨닫는다(ibid.: X, 148-50). 그런 것들 없이도 살 수가 있다. 만약 자연이 내가 자녀를 가질 수 없다고 결정하거나, 내가 간절히 소망하는 직업을 가질 만한 재능이 없는 것으로 밝혀지거나, 혹은 내가 사랑하는 사람의 마음을 얻을 수 없다 하더라도, 내 삶이 그로 인해 파멸하는 것은 아니다. 내가 원한 것을 원한 것은 자연스러운 일이었다. 내가 욕망한 것을 성취했더라면 좋았을 것이다. 하지만 에피쿠로스주의자들은 설령 모든 욕망을 다 채우지 못하거나 아주 강한 욕망마저 모두 채우지 못하더라도 삶이 제공해줄 것은 그것들 말고도 충분하다고 주장한다. 짝사랑이나 사업 실패 때문에 스스로 목숨을 끊는 것은 불합리하다. 우리는 힘든 시기에도 과거의 행복을 기억하거나 그런 행복을 되찾게 되리라 기대하면서 스스로 위로할 수 있다.

셋째, 우리는 일부 형태의 쾌락 추구와 고통 회피가 타인의 고통을 유발한다는 사실을 깨닫는다. 공격, 기만, 조작 등을 통해 타인에게 해를 입히는 것은 그 일을 저지른 자에게 일시적인 즐거움을 줄 수 있으나, 깨우친 사람은 그런 행동을 자제하며 도덕의 규약들을 준수한다. '자연의 정의란 누군가에게 해를 입히거나 누군가에게 해를 입는 일을 못 하게 하는 타산적 방편의 상징 혹은 표현이다'(ibid.: 150). 사람들은 침해자들에게 불쾌한 방식으로 앙갚음하는 경향이 있으며, 그래서 도덕이란 타인의 감정을 침해하지 않는 것을 목표로 하는 일종의 사려 분별이다. 나쁜 짓을 저지른 사람은 늘 고통스러운 양심의 가책과 발각될 두려움에 떨며 살아야 한다.

에피쿠로스식 생활 방식에서 유의미성

그렇다면 에피쿠로스식 관점에서 볼 때 삶은 설령 죽음으로 한계 지워지고 심각한 궁핍을 수반한다고 해도, 또한 설령 세속적 유혹에 맞선 분투나 사회가 비준하고 보상하는 성취를 수반하지 않는다고 해도, 즐겁고 좋은 것일 수 있다. 그래도 여전히 삶은 유의미하다고 느껴질 수 있다. 자기 자신보다 더 큰 무언가에 속해 있다는 감각을 삶이 제공한다고 느낄 수 있다. 왜냐하면 거의 모든 인간은 철학을 할 수 있고, 과거와 미래 그리고 지금 그대로의 삶을 적어도 우리가 아는 한 다른 동물들은 할 수 없는 방식으로 성찰할 수 있기 때문이다.

생물학적 의미에서 인간종에 속한다는 사실, 즉 태어나고, 자라고, 타인과 기분 좋게 교류하고, 그들 중 일부를 사랑하고, 후손을 낳고, 그리고 죽어서 다음 세대를 위해 길을 내어준다는 이 사실이 유의미성의 원천이다. 에피쿠로스주의자들은 생명을 가진 개체들이 모두 아주 오래전부터 이어져 내려온 체계의 부분들임을 이해한다. 그 체계는 앞으로도 오랫동안 미래로 계속 이어지겠지만, 만물은 궁극적으로 구성인자인 원자들로 되돌아가기 마련이니 영원하지는 않을 것이다.

그렇게 해서 생명체들은 재생과 파괴의 순환에 참여한다. 루크레티우스가 명명한 대로, 우리는 "생명의 횃불"을 다음 세대로 넘긴다(다음 참조 Lucretius c. 55 BCE: 37; bk II, ll. 75-79). 그리고 살아 있는 자연의 아름다움, 즉 겨울이 물러가고 봄에 식물의 생명이 다시 등장하고 어린 동물이 탄생하는 과정은 자연의 덧없음만이 아니라 자연의 영속성도 함께 입증한다. 우리는 우리가 세계들로 이루어진 거대한 체계의 부분들임을 느끼고 알 수 있다. 모든 것은 같은 재료로 만들어진 것이며, 끊임없이 진화하고 변화하며 옛것들을 보존하기도 하고 새로운 형태들을 만들어내기도 한다. 죽음이 불가피하고 불가역적이라는 지식은 이번 생에 그것이 유일한 생이라는 의미를 부여한다. 타인의 생이 그들의 유일한 생임을 앎으로써 우리는 그들이 겪는 해악에 무심하지 않게 되고 그들의 짐이 더 무거워지지 않기를 염원하게 된다.

자기 자신을 그런 체계의 한 부분으로 경험한다는 것은 또한 작아지는 느낌(사랑받을지 미움받을지, 성공할지 무시될지, 쓰고 싶은 욕망을 충족할 만큼 돈이 풍족할지 쪼들릴지 하는 등에 대한 우리의 쩨쩨한 관심사가 대수롭지 않게 느껴질 수 있기 때문이다)과 커지는 느낌을 동시에 갖게 한다. 마음이 없는 원자들로 만들어졌음에도 불구하고 마음을 갖고 있다는 사실, 맹목적인 자연의 힘으로 만들어졌음에도 불구하고 방향과 목적을 지니고 있다는 바로 그 사실은 기적처럼 보일 수 있다. 우리는 광대하고, 우리가 아는 한, 대체로 생명은 없는 우주에 우리가 존재한다고 하는 대단한 행운을 자각하게 된다.[10]

그러므로 모든 사회적 동물의 먹고 마시는 희열과 에피쿠로스주의 철학자의 희열 사이에는 차이가 있다. 그는 인간의 생명력을 더 넓은 맥락의 생명과 아름다움 속에 집어넣는다. 아름다움이 세계에 등장한 것은 진화가 동물들의 신경계를 발전시켜서 동물들이 특정한 치장들에 반응하고 그것을 선호하게 되면서다. 비록 신들이 인간이 만족할 수 있는 아름다운 세계를 만든 것이 아니라 할지라도, 다른 생명체들의 취향과 행동 덕택에 꽃의 향기와 색깔, 새의 깃털, 우리 종 일원들의 얼굴과 사지가 만들어진 것이다.

이것이 시간과 우연의 역할에 대한 철학적 조망이 일상의 삶에 의미

---

[10] 비용이 많이 들고 아마도 성과 없을 게 뻔한 외계 생명 찾기(에피쿠로스주의자들도 이를 확신했다)는 우정을 바라는 인간 욕망의 기이한 발로가 아니고는 설명하기 어렵다.

를 부여할 수 있는 한 가지 방식이다. 덧붙여, 에피쿠로스주의 철학자는 자신을 둘러싼 자연과 사회에 빚어지는 현상들에 대한 이해를 추구한다.

에피쿠로스에게 자연에 대한 지식은 어떤 이득을 위해서가 아니라 미신, 특히 미신적인 공포를 물리치기 위해 추구해야 하는 것이었다. 그것은 천둥, 번개, 지진, 화산폭발을 일으킬 수 있는 신의 노여움이 자기를 표적으로 삼을지 모른다는 공포 같은 것을 말한다. 탐구자는 모든 현상이 눈에는 잘 보이지 않아도 어쨌든 순수하게 물질적인 원인에 의존한다는 사실을 이해한다. 원자들이 너무 작아 눈에 보이지 않기 때문에 그런 원인을 직접 파악할 수 없을 뿐이다. 그래서 참된 설명은 거의 알기 어렵고, 자연을 이해해 통제할 가능성은 없다. 그렇다 해도, 우리를 둘러싼 관찰 대상들에 대해서 가능한 설명을 추측해보는 일은 중요하고 만족을 준다.

우리 같은 현대인에게는 상황이 극적으로 바뀌었다. 우리는 광학 장비를 비롯해 여타 과학적 도구들을 마음대로 활용하여 극소한 세계의 원소들과 그것들의 상호작용을 관찰하거나 시각화하고 있으며, 이론적 지식을 이용해 원자 배열을 바꿈으로써 특정 물질을 다른 물질로 변질시킬 수 있다. 예를 들면, 석유를 플라스틱으로 바꾸는 것이다. 우리는 질병을 일으키는 살아 있는 입자들 앞에서도 더는 무기력하지 않다.

하지만 동시에 설령 우리가 신들의 노여움을 더는 무서워하지 않는다고 하더라도, 우리에게는 우리가 만들어낸 산물들을 두려워할 많은 이유가 있다. 우리의 재간 덕분에 원자력을 이용해 모든 도시를 깨끗이 날려버릴 수 있는 한층 더 치명적인 무기를 제작하게 되었고, 화학 지식으로 원재료에 변형을 가해서 공기, 물, 흙을 오염시켰다. 정치를 경멸하고 특수한 현상에 대한 올바른 설명을 찾는 일에 냉담한 에피쿠로스식 태도는 이제 이런 폐해 앞에서는 실망스럽게 보인다.

그러나 질병, 추악함, 고통의 경감이 목표이고, 이번 생이 우리가 가진 전부이고, 이 행성이 우리가 거주하고 활용할 수 있는 유일한 행성이라면, 에피쿠로스식 이상理想이 거북스러운 정치적 행위에 참여하기를 내켜 하지 않는 에피쿠로스식 태도를 능가할 수 있다. 공동선을 추구하는 직접적이고 유용한 과학적 탐구(비록 어떤 보상도 얻지 못하고, 어떤 특별한 영예나 존중도 성취하지 못한다고 하더라도)는 삶에 의미를 부여하는 또 다른 원천이다. 다른 사람들의 과학 연구에 관심을 두고 그에 대해 주변 친구들과 토론하는 일 같은 간접적 과학 참여도 일종의 물리 세계와의 연결과 그 세계 안에 있는 생명체들의 행복에 대한 다짐을 제공한다.

우리 정부들이 과학과 철학에 대해 이런 태도를 받아들이고 있다고는 말할 수 없다. 군사 기술을 발전시키고, 국내 생산을 늘릴 기술적 발견을 촉진하고, 생산성을 높이고, 천연자원을 소비물자와 폐기물로 둔갑시키는 데 막대한 돈을 쏟아붓고 있다. 그러나 발전과 성장은 에피쿠로스주의자들의 목표가 아니며, GDP를 높이고 더 좋은 전쟁 도구를 발명한다는 목표를 세운다고 과학 연구가 바람직해지는 것은 아니다. 적절하고 설득력 있는 철학의 뒷받침 아래 부의 창출보다 인간 고통의 감소를 당면 목표로 채택하는 정부라면 아마도 다르게 '취사선택할' 것이다.

에피쿠로스주의자들은 기술적인 면과 사회적인 면 둘 다에서 창안과 혁신이야말로 우리 자신의 마음에서 우러나는 우리의 노고라고 강조하였다. 루크레티우스는 "인간 본성은 단지 환경에 의해 온갖 종류의 많은 일을 배워서 부득이하게 하게 된 것"이라고 말하면서도, 우리 자신의 그러한 힘과 그런 힘의 적용에 관하여 깊은 양면적 감정을 표현한다.

항해, 농경, 도시 성벽, 법률, 무기, 도로, 의복, 그리고 여타 모든
실용적 발명은 모든 이의 삶의 보상과 교양, 시, 그림, 그리고 섬세
한 솜씨의 반짝이는 동상과 함께 단 하나의 예외도 없이 인류가
차근차근 발전하는 가운데 경험과 열정 넘치는 마음의 창의성이
가르친 것이었다. 사람들이 각자의 마음속에서 그것들이 차례차례
명료해지는 것을 알게 된 끝에 마침내 각각의 기예가 완벽의 정점에
이른 것이다(Lucretius c. 55 BCE 176; bk V, ll. 1449-56).

문명은 우리에게 완벽성과 안락함을 주었지만, 또한 탐욕스러운 부패
와 사치스러운 취향뿐 아니라 무차별적인 대량 학살, 바다 생명의 손
실, 인간이 막을 수 없는 유행성 질병을 만들어내기도 했다고 그는 지
적한다. "금빛과 자줏빛〔돈과 권력〕이 … 인간의 삶을 근심 걱정으로
애달프게 만들고 전쟁으로 지치게 만든다 … 인간은 결실 없는 헛된 노
동을 멈추지 않으며 괜한 걱정으로 자신의 삶을 소모한다"(ibid.: 175;
ll. 1422-31).

무의미함과 자기소외의 느낌들은 우리가 아주 오래전부터 획득해온
자연에 대한 지배력에서 생긴 부작용이다. 우리에게 나머지 자연과의
유사성과 우리 존재의 취약성을 상기시켜 줄 수 있는 것이 바로 철학
이며, 특히 에피쿠로스주의가 그런 일에 더할 나위 없이 적합하다. 철
학은 유의미한 노동을 하는 것과 경제 기계에 종속되는 것 사이의 차
이, 진정으로 쾌락적인 삶을 함양하는 것과 불필요하고 끝끝내 불만족
스러운 목표와 야망을 추구하는 것 사이의 차이를 강하게 꼬집어줄 수
있다.

10
「전도서」와 삶의 의미
Koheleth

새디어스 메츠Thaddeus Metz

머리글

「전도서Ecclesiastes」는 우리가 '성서적 실존주의'라고 부를 수 있는 것의 가장 분명한 예시(「욥기」가 그다음 대기 주자가 될 것이다)로 돋보이는 글이다. 「전도서」는 유대인에게는 『히브리 성서』, 즉 『타나크Tanakh』, 기독교인에게는 『구약성서』에 실린 다른 어떤 편篇보다도 세속의 삶에서 의미를 찾을 수 있느냐에 대한 숙고와 단호히 그럴 수 없다는 결론을 담고 있는 것으로 자연스럽게 읽힌다.

첫 장은 이렇게 시작한다. "전도자가 이르되 헛되고 헛되며 헛되고 헛되니 모든 것이 헛되도다!"(1.2) 그리고 전도자의 말로 인용된 마지막 절도 같은 어조로 끝맺는다. "전도자가 이르되 헛되고 헛되도다 모든 것이 헛되도다!"(12.8)[1] 비록 '무의미하다'라거나 '하찮다' 같은 단어들이 사용되지는 않지만, '헛됨' 혹은 때때로 '덧없음'으로 번역되곤

---

[1] 모든 인용은 히브리 성서의 「전도서」에서 가져온 것이다. *Tanakh: The Holy Scriptures* (Koheleth c. 450-180 BCE 1985: 1441-56).

하는 것에 관한 대화는 사실상 마찬가지 개념을 내포한다. 이 글의 핵심 주제는 지상에서 인간의 삶은 아무 의미가 없으며, 이 글에서 반복되는 또 다른 구절처럼 '바람을 쫓는 것'과 다름없다는 것이다.

'Koheleth(혹은 'Qoheleth'라고도 하는)'이라는 단어는 '수확하는 자'를 가리키는 히브리어로서 흔히 '교사'나 '전도자'를 뜻하는 말로 쓰이며, 반면 그에게 귀속된 편篇의 제목인 'Ecclesiastes'는 회중, 즉 모인 사람들을 뜻하는 그리스어이다. 그 전도자가 누구인지, 그 사람 외에 「전도서」의 저자가 추가로 더 있는 것인지, 이 편이 언제 쓰였는지 등의 문제를 놓고 그간 상당한 논쟁이 있었다. 집필 시기에 대해서도 기원전 900년대 솔로몬 시대에서부터 기원전 450-330년경 페르시아의 영향 아래 있던 시대를 거쳐 기원전 330-180년경 그리스의 영향을 받던 시대에 이르기까지 제안된 추정 연대가 대단히 폭넓다.

설령 가장 나중 연대를 가정하는 것이 정확하다 쳐도, 「전도서」는 무의미함이라는 주제를 명시적으로 언급하고 무엇보다 우리 삶에서 의미의 부재를 상정한 서구 유일신 전통 최초의 문헌 중 하나로 남는다. 이는 (「욥기」와 더불어) 근대기에 아르투어 쇼펜하우어(1851b), 레프 톨스토이Leo Tolstoy(1882), 알베르 카뮈(1942a)가 이어받은 허무주의 혹은 비관주의 전통의 기원이 되었다. 이런 철학자들의 논증 가운데 비록 대부분까지는 아니라 해도 사실상 많은 논증이 연대 상으로 적어도 2천 년이나 앞선 이 문헌에서 발견된다.

이번 장은 「전도서」에서 발견되는 의미에 관련된 가장 두드러진 논증들을 비판적으로 논할 것이다. 그런 논증들은 문헌에서 가장 많은 지면을 차지하거나 거듭 반복되는 것들로서 서양 철학 전통에서 특별히 영향력이 있는 것들이다. 그 논증들은 인간의 유한성, 우리가 받는 혜택과 부담의 부당한 할당, 우리 운명의 통제 불가능성 같은 측면들에 관해 숙고한다. 전도자가 "해 아래에서 무익한 것이로다"(2.11)라고 보는 근거로서 제시한 이런 측면들에 초점을 맞춘다는 것은 이번 장이 「전도서」에서 접하는 의미에 관한 다른 주장들은 제쳐놓는다는 것을 의미한다. 예를 들면, 우리 삶이 되풀이되고(1.4-1.9) 타인에게 잊히고(1.11, 9.5, 4.16), 오늘날 같으면 '인식적 불의'라고 부를 만한 일을 저지르기 (9.14-9.16) 때문에 헛되다는 전도자의 주장들은 다루지 않는다.

덧없는, 죽을 운명의 삶

『히브리 성서』에서 어떤 식으로든 불멸의 영혼이 언급되는 경우를 찾기가 어렵다는 사실은 잘 알려져 있다. 그런 측면을 그냥 평범하게 독해해 본다면, 아마도 성서를 저술한 사람들은 지상을 초월한 신이 존재하고 그 신이 지상에서 벌어지는 일을 결정한다고는 믿었지만, 우리 중 누구도 천국에서 신과 영원히 재결합하게 되는 일은 없을 것이라고 믿었던 것이 아닌가 생각된다.

『히브리 성경』에는 불멸의 영혼에 대한 뚜렷한 언급이 없을 뿐만 아니라, 특히 「전도서」에는 더 나아가 그 문제에 대한 회의적 시각까지도 나타난다. 전도자가 인생이 헛되다고 결론 내리게 된 한 가지 주된 근거는 누구도 불가피한 육신의 죽음에서 살아남지 못하리라는 믿음이다. 몇 군데 관련 대목은 통렬하다.

> 그리하여 나는 이렇게 결정하였다. 그들을 성스러운 존재들에게서 떼어놓고 자신이 짐승이라는 사실을 직시하게 하겠노라고. 사람의 운명과 짐승의 운명을 놓고 보면 그것들은 다를 바 없는 운명을 지닌다. 이쪽도 죽고 저쪽도 역시 죽으며, 둘 다 같이 숨으로 생명을 지탱하니 말이다. 둘 다 결국은 아무것도 아닌 셈이니, 사

람이 짐승보다 나을 게 없다(3.18-3.19).

왜냐하면 불행은 모두에게 닥치기 때문이다. 그리고 사람은 자기
의 때를 알지조차 못한다. 물고기가 파멸의 그물에 사로잡히고 새
가 올무에 붙잡히듯 사람도 재난의 시기에 걸려드는데, 그때란 아
무런 경고 없이 다가오는 법이다(9.11-9.12).

설령 사람이 여러 해를 산다고 하더라도, 그가 다만 앞으로 얼마
나 많은 어둠의 날이 찾아오게 될지를 기억하면서 그 모든 날을
즐기게 하라. 장래는 오직 헛될 뿐이리라!(11.8)

이런 대목들과 죽음에 대한 또 다른 분명한 언급들(예를 들면 3.20-
3.21, 9.9-9.10, 12.6-12.7)은 그런 글들의 저자가 "재로 돌아간다"라
는 전망 앞에 완전히 절망했음을 보여준다(3.20). 왜냐하면 그것은 모
든 것이 헛되다는 것을 함축하기 때문이다.

　이런 입장은 삶의 의미를 다룬 서구 철학자들 사이에서 지극히 큰
영향력을 발휘했으며, 특히 중세기 이후로 그러했다. 이에 동조적인
사람들은 흔히 일종의 초자연주의를 주장하게 되곤 한다. 그것은 구체
적으로 불멸의 영혼을 포함하는 영적인 영역의 존재를 삶의 의미의 필
요조건으로 보는 관점이다(예를 들면 Tolstoy 1882; Morris 1992;
Craig 1994). 하지만 초자연주의자들 사이에서도 우리가 영혼을 갖고
있어서 우리에게 의미가 가능하다고 믿는 사람들과 전도자처럼 우리
가 영혼을 갖고 있다고 믿지 않고 그래서 우리에게 의미란 불가능하다
고 믿는 사람들이 갈린다.

　오늘날 철학자들이 전도자의 견해를 비판하는 통상적인 방식은 비

록 우리가 모두 당연히 죽을지언정 어떤 이의 삶은 다른 이들의 삶보다 더 의미 있다고 제안하는 것이다. 알베르트 아인슈타인이나 넬슨 만델라의 삶은 이를테면 "침을 멀리 뱉거나 실뭉치를 크게 감는 기량을 연마하는" 데 시간을 들이는 삶보다 직관적으로 볼 때 더 유의미하다(Wolf 2010: 104). 더 나아가, 불멸성이 유의미한 삶의 필요조건임을 부인하는 정도가 아니라 아예 불멸성이 무의미한 삶의 충분조건이 되리라고 주장하는 사람들도 있다. 아마도 불멸의 삶이란 필경 지루해지거나(Williams 1973) 그 자체로 되풀이되는 삶이 될 것이다(Smuts 2011).

부당하게 대우받는 선인과 악인

「전도서」에서 발견되는 모든 것이 헛되다는 결론에 대한 두 번째 별개의 논거는 우리의 세속적 삶 속 불의의 양에 호소한다. 특히 전도자는 흔히 정의를 공과功過를 통해 생각하고, 공과는 우리의 노력으로 결정된다고 생각한다. 그러면서 그는 우리가 자신이 한 일에 대해서 마땅히 받아야 할 것을 얻지 못하는 경우가 얼마나 흔한지 지적한다. 그는 형편없는 선택을 한 사람들이 자격 없는 혜택을 받고 좋은 선택을 한 사람들이 억울하게 짐을 진다는 주장들을 염두에 둔다.

한 가지 사례는 죽음의 짐이 부당하게, 만인에게 분배된다는 것과 관련된다. "누구에게나 똑같은 운명이 기다리기 때문이다. 의인에게나 악인에게나, 선하고 깨끗한 자에게나 그렇지 않은 자에게나 … 그것은 해 아래서 이뤄지는 모든 것에 관한 슬픈 일이다. 똑같이 운명이 모두를 기다린다는 것은"(9.2-9.3; 다음 구절들에도 비슷한 내용이 있다. 2.14-2.16, 3.17.).

하지만 문헌에는 이것 말고도 부당한 조건들에 관한 사례가 무수히 많다. 억압받는 자들이 위안을 얻지 못한다(4.1). 재물을 모으기 위해 고되게 일해도 그것의 성취에는 오직 불만만이 있을 뿐이라거나(4.8, 5.9), 그것이 탕진되는 것을 보게 될 뿐이라거나(5.12-5.13), 다른 사람이 그것을 누리고 자기 자신은 그렇지 않은 것을 보게 된다는 등(6.2). 선하고 강직한 사람은 해를 입고 반면 사악한 인간이 영달을 누린다(7.15, 8.14). "하나님을 기쁘게 하는" 사람은 여인에게 선택되지 않고, 대신 그 여인은 하나님을 화나게 하는 남자를 선택한다(7.26). 불한당이 장례 의식을 누리는 반면 정의로운 사람은 잊히고 존중받지 못한다(8.10). 덧붙여 전도자는 이렇게 언급한다.

> 내가 다시 해 아래에서 보니
> 빠른 경주자들이라고 선착하는 것이 아니며
> 용사들이라고 전쟁에서 승리하는 것이 아니며
> 지혜자들이라고 음식물을 얻는 것도 아니며
> 명철자들이라고 재물을 얻는 것도 아니며
> 지식인들이라고 은총을 입는 것이 아니니(9.11).

여기서 끝이 아니다. 두 개의 사례만 더 들어보자. "함정을 파는 자는 거기에 빠질 것이요 돌담을 허무는 자는 뱀에게 물리리라"(10.8).

강직한 자, 용기 있는 자, 지혜로운 자, 배운 자, 열심히 일하는 자가 번영을 누리지 못하는 반면 사악한 자, 비겁한 자, 어리석은 자, 무지한 자, 게으른 자가 번영을 누리는 한, 정말로 삶은 헛되거나 부조리한 것으로 보인다. 그리고 더 나쁜 것은 전자 사람들이 땀 흘려 생산한 재물을 후자 사람들이 받아 가는 것이 아니겠는가!(2.12, 2.18-2.21) 의미를 논하는 현대 철학자들도 계속해서 이 논거가 강한 설득력이 있다고 생각한다. 앞의 논거와 마찬가지로 이 논거에 이끌린 많은 이들은 삶을 유의미하게 만들 수 있는 것이 무엇이냐에 관하여 초자연적인 입장에 호소한다. 정의는 분명히 이 세속의 세계에서는 실현되지 않는 것이기 때문에, 누군가의 삶이 유의미하기 위해서는 추정컨대 우리 육신의 죽음 이후에도 계속 살아 존재하는 영혼에 신이 공과를 할당하는 또 다른 영적 세계가 있어야만 한다는 것이다(예를 들면 Camus 1942a; Davis 987; Craig 1994; Quinn 2000).

이런 추론을 비판하는 사람들은 바로 그렇게 최소한 부당한 피해의 형태를 띤 불의라도 존재하기 때문에 우리에게 삶의 의미를 획득할 수 있는 한 가지 중대한 기회가 주어지게 되는 것이라고 주장한다. 만델라의 사례를 되돌아보면, 그의 삶은 그가 인종적 불의를 극복하는 데 성공적으로 이바지한 덕분에 유의미해진 것처럼 보인다. 피터 싱어 Peter Singer(1995)는 특히 도덕적 관점에서 나온 행위로부터, 구체적으로 말하자면 고통과 불만('무고한 사람들의'를 덧붙일 수도 있을 것이다)을 줄일 수 있는 일을 행하는 것으로부터 삶의 의미가 나오는 것이라고 주장한 바 있다. 싱어 본인의 삶은 동물에게 불필요한 고통을 입히는 일을 방지하기 위해 그가 한 일들 덕분에 틀림없이 유의미했다고 말할 수 있을 것이다. 이런 관점들에서 볼 때, 억울한 피해가 모든 이의 삶을 불가피하게 헛되게 만드는 것은 아니며, 오히려 그것이 어떤 삶에는 의의를 제공할 수도 있다.

예측할 수 없는 운명

지금까지 의미와 관련해서「전도서」에 제시된 가장 영향력 있는 두 관점은 죽음과 공과에 관한 숙고에 기반한 것들이었다. 하지만 이 문헌에 되풀이해서 등장하는 세 번째 주제가 있다. 그것은 철학적으로 여전히 중요한 논쟁거리로서, 우리가 우리 운명에 대한 통제권을 갖고 있지 않다는 사실과 관련이 있다.

전도자는 우리 삶의 행로에 책임이 없는 우리에게 삶이 헛되다 할수 있는 두 가지 측면을 상투적으로 언급한다. 우선 그는 우리에게 닥치는 일들은 대체로 신의 의지가 하는 일이라고 주장한다. "이미 있는 무엇이든지 오래전부터 그의 이름이 칭한 바 되었으며 사람이 무엇인지도 이미 안 바 되었나니 자기보다 강한 자와 능히 다툴 수 없느니라"(6.10; 다음 구절들에도 비슷한 내용이 있다. 7.13-7.14).

다른 하나는, 우리에게 어떤 일이 일어날지 신은 알고 있을지 몰라도 우리는 아니라는 것이다. 때때로 전도자는 죽음이라는 맥락에서 그런 생각을 제기한다. 우리가 곧 죽는다는 것을 알지 못한다는 것이 얼마나 어리석은지 지적하는 것이다(8.7, 9.12). 하지만 다른 대목에서는 이 요점이 더 확대된다. 우리는 미래의 상당 부분을 예측할 수 없으며, 그런 측면에서 우리는 우리 삶을 통제하지 못한다는 것이다. "바람의 길이 어떠함과 아이 밴 자의 태에서 뼈가 어떻게 자라는지를 네가 알지 못함 같이 만사를 성취하시는 하나님의 일을 네가 알지 못하느니라"(11.5; 다음 구절들에도 비슷한 내용이 있다. 3.22, 6.12, 8.17, 10.14).

요즘 들어 철학자들은 이런 요점들을 더 세속적인 어휘들에 담아내곤 한다. 이른바 복잡한 결정론적 우주와 관련된 어휘들이다. 아원자 입자 이상의 수준에서는 우리가 내리는 선택을 포함하여 모든 사건이 선행하는 사건들에 의해 필연적으로 일어나는 것으로 보인다. 더불어, 우리가 많은 것을 예측하기에는 우리의 선택과 그로 인한 결과에 영향을 미치는 사건들이 너무 많고 너무 복잡하다. 그러므로 설령 우리 삶을 통제하는 신이 존재하지 않는다고 하더라도 우리는 여전히 우리 삶을 통제하지 못하는 것으로 보인다. 그리고 그것이 사실상 삶을 무의미하게 만든다.

비록 이 비관주의적 논거가 위에서 논의된 다른 논거들만큼 영향력이 큰 것은 아님에도 불구하고, 우리에게 자연법칙에 종속되지 않는 모종의 자유가 있다고 믿어야 한다고 주장하는 칸트의 의향 배후에는 바로 그 논거 혹은 그와 비슷한 논거가 놓여 있다. 칸트(1790)는 우리의 "최고선", 즉 인간이 마땅히 추구해야 하는 최종 목적을 통해 삶의 의미를 생각한다. 그것은 행복과 덕이 균형을 이룬 상태로서, 이때 덕은 자연이건, 신이건, 그밖에 다른 무언가가 우리에게 하사한 법칙이 아닌 우리가 스스로 부여한 법칙에 따라 행동할 수 있는 능력을 요구한다.

칸트라면 결정론적 우주 안에 의미가 있을 수 있겠느냐에 관하여 아마도 '양립 불가능론자'라고 불리겠지만, 21세기에는 '양립 가능론'에 더 가까운 사람들이 등장했다. 최근 자유의지에 관한 논쟁이 책임 문제에 한정된 도덕적 고려들에서 더 폭넓은 평가적이고 규범적인 쟁점들로 옮겨가면서, 일부 사람들은 유의미한 삶이 결정론적 우주와 양립 가능하다고 주장하고 있다(Pereboom 2002-3; Arpaly 2006; Pisciotta 2013). 또한 틀림없이 그들은 우리의 삶이 장차 어떻게 펼쳐질지에 대해 결정론이 합리적인 수준의 예측을 한층 용이하게 해줄 것이라고 주장할 것이다. 적어도 비결정론이 득세했을 경우와 비교하면 훨씬 그렇다고 말이다.

결론: 우리는 어떻게 살아야 할까

끝으로, 전도자가 죽음, 불의, 그리고 자기 운명에 대한 통제력 부재가 문자 그대로 삶에서 가치 있는 것이 전혀 없음을 의미한다고 암시하지는 않는다는 점에 주목하라. 그는 사람이 쾌락을 추구하는 것은 값진 일이자 그것만이 값진 일이라고 되풀이해서 말한다. "사람이 먹고 마시고 즐거워하는 것보다 해 아래서 더 나은 것이 없음이라"(8.15; 3.13, 3.22, 4.6, 5.17, 9.7-9.9, 11.9). 전도자가 제안하고 있는 것은 설령 삶이 의미를 가질 수 없고 그저 대수롭지 않은 것에 불과하다고 할지라도 즐거울 수는 있다는 것이다. 행복은 행복이고, 무의미함은 또 다른 문제다. 설령 그가 모든 것이 헛되다고 한 말이 틀렸을지는 몰라도, 어쨌든 그가 헛됨과 불행을 구별한 것은 옳다(cf. Metz 2013: 59- 74).

11

에픽테토스와 삶의 의미
Epictetus

A. A. 롱Long

에픽테토스Epictetus(*c*. 50-138)가 공언하고 가르쳤던 스토아주의Stoicism 철학이 삶의 의미 그 자체를 탐구한 것은 아니었지만, 스토아주의 철학자들은 '삶의 의미'라는 그 현대적 표현이 일반적으로 제기한다고 여겨지는 두 가지 주요 질문에 대해 풍부한 답변을 많이 제공하였다. 첫째, "왜 세상이 이런 식일까?" 둘째, "어떻게 주관적으로 만족스럽고 객관적으로 가치 있는 삶을 살 수 있을까?" 첫째 질문에 대한 스토아주의의 답변은 세계 혹은 자연을 이성적 존재들에게 최선의 삶을 제공하기 위해 하나부터 열까지 온전히 섭리에 따라 조직된 전적으로 물리적인 구조물로 받아들이는 것이다. 이런 의미에서 세계는 하나의 코스모폴리스kosmopolis(범세계), 즉 신과 인간의 "거주지"로 정의된다. 둘째 질문에 대한 답변은 이 범세계적 논제를 바탕으로 상세히 설명된다. 인간은 마주치는 온갖 우연성 속에서 최선의 삶을 꾸려갈 채비를 본유적으로 갖춘(이는 적절한 교육과 훈련에 영향을 받는다) 범세계적 시민으로서 고유한 탁월성을 발휘해 세계의 이성적 체계화에 이바지하는 존재로 상정되는 것이다.

"삶의 의미" 문제에 대한 이런 스토아주의의 응답은 소위 "객관적 자연주의"라고 부르는 견해를 유신론과 결합한 것이라는 점에서 특이하다(Seachris 2013). 스토아주의가 주로 호소하는 신은 신을 이해하는 전형적인 방식과 달리 초자연적이거나 정신적인 존재가 아니라 자연physis(퓌시스)과 동치로서, 모든 특수한 형체들에 스며들어 그것들을 결정하며 세계 전체에 인과성과 정합성을 제공하는 물리적 힘이다. 스토아주의자들이 충만한 삶을 추구하며 이상적으로 연결되고자 애쓴 것은 그들 자신의 마음속에도 구현되고 신에 의해 결정된 그들 자연환경의 과정들 안에도 구현된 합리성이다. 위대한 스토아주의 논리학자 크리시포스Chrysippus의 말에 따르면, 그들은 "전체의 부분들"임을 자각하고, "자연에 따라" 살면서, "자연적 사건들에 대한 자신들의 경험을" 사회적으로 이롭고 개인적으로 즐거운 방식들로 펼쳐 나가고자 애쓴다(Diogenes Laertius 3c. CE 7.87-88).

삶의 "의미"에 가장 가깝게 상응하는 스토아주의 용어는 목적, 목표, 종착지 등으로 흔히 번역되는 '텔로스telos'다. 다른 고대 철학자들처럼, 스토아주의자들은 삶의 텔로스에 대한 해명을 중심으로 윤리 이론을 구축하였다. 그리고 다시 한번 다른 철학자들처럼, 그들은 그 표현을 인간 삶의 궁극적 목표를 가리키는 것으로 이해했다. 즉, 다른 모든 것은 그 목표를 추구하는 데 종속되는 것이거나 혹은 그래야만 하며, 그 목표 자체는 더는 도구적인 것이 아니다. 이 고대 철학의 프로젝트를 부르는 이름이 대략 말해서 바로 행복 혹은 번영(에우다이모니아)이며, 그 안에는 주관적 요소와 객관적 요소가 모두 포함되어 있다. 쾌락, 자기만족, 좋은 감정, 성취감, 우정과 사랑, 공적인 인정, 가족과 공동체에 대한 봉사 등, 이 모든 것은 현대 철학자들이 의미 있는 삶을 설명할 때와 마찬가지로 고대 철학자들이 생각하는 텔로스의 구성 요소로 등장할 수 있다. 하지만 고대 철학자들이 윤리학에서 다른 무엇보다도 강조한 것은 양질의 마음과 품성이었으며, 그것은 덕(아르테arete)과 이성과 지성의 올바름(오르토스 로고스orthos logos)이라는 개념 모두에서 다 함께 포착되는 것이었다. 스토아주의에서 텔로스의 한 요소이자 결과적으로 삶의 유의미성의 요소가 되는 그것은 가장 중요할 뿐 아니라 매우 확고한 것이었다. 자아의 직접적인 통제 능력을 벗어나 있는 것은 어떤 것도 훌륭한 삶의 필수 요소로 여겨지지 않았다. 쾌락이나 외적인 성공도 예외가 아니다. 이상적인 스토아주의자는 전적으로 이성을 함양한 덕분에 어떤 상황이 닥쳐도 최선의 삶을 살게 될 사람으로 받아들여졌다. 부당한 처벌을 당한 소크라테스나 삶의 안락이라고는 전혀 없는 견유주의자 디오게네스 같은 경우라도 마찬가지다. 특히 이제 내가 소개하려는 에픽테토스의 경우에는, 그런 식으로 마음과 자가 역량 증대에 집중하는 것이 그가 제자들에게 제시한 스토아주의 철학의 중심 특징이 되었다.

***

프리기아에서 노예로 태어나 젊을 때 로마에서 네로 황제 치하(54-68) 혹은 그 직후에 해방된 에픽테토스는 그리스 북서부에 있는 니코폴리스라는 찬연한 도시에서 젊은이들의 철학 교사로서 발자취를 남겼다. 그의 제자로 훗날 저명한 행정관료 겸 저술가가 되는 아리아노스가 에픽테토스의 강의를 받아 적었는데, 우리는 그렇게 해서 전해진 『대화록』과 그것의 발췌본으로 알려진 『엥케이리디온』을 에픽테토스 본인의 저술로 여기고 있다. 지금 글의 주제는 스토아주의 이론(에픽테토스가 다른 수업 시간에 학생들에게 설명해주었을 법한)을 개괄하는 것이 아니라 철학을 자기 자신과 자신의 일상생활에 적용하는 문제와 관련된 조언을 다루는 것이다. 에픽테토스는, 현대적인 치료법과 정신분석에 견줄 수 있는 대화술을 통해 학생들에게 질문을 던짐으로써 그들이 인간관계와 가족관계, 두려움과 야망, 특히 경험할 가능성이 큰 고결성에 대한 도전 등과 관련된 어려운 상황들을 상상하고 대면하게 만든다. 에픽테토스가 의미 있는 삶에 대해 아주 많은 말을 남긴 것은 아니다. 다만 기록으로 남은 그의 저술은 스토아주의의 가치관과 세계관에 따를 때 유의미한 삶이 무엇과 관계가 있는지에 대한 심층적인 해명을 제공한다.

그의 전형적인 사유와 권고의 상당 부분이 다음 글에 압축되어 있는데, 이는 『엥케이리디온』의 가르침을 잘 요약하고 있다.

그대[전형적인 학생 혹은 독자]는 그대 자신이 최고가 되기에 족하다는 생각과 만사에 이성을 그대의 결정 원리로 삼는 일을 언제까지 미룰 것입니까? 그대는 마땅히 승인해야 할 신조들을 전달받아 그것들을 승인했습니다. 그런데 그대는 여전히 어떤 스승을 기다리면서 그대 자신을 바로잡는 일을 그에게 전가하려는 것인가요? 그대는 더는 소년이 아닙니다. 이미 원숙한 인간입니다. 그대가 지금 무심하고 게으르게 자꾸 꾸물거리면서 그대 자신을 다스릴 때를 내일모레나 그다음에 올 어느 날로 잡는다면, 그대는 그대 자신이 전혀 앞으로 나아가지 못한 채 죽을 때까지 그저 보통 사람으로 평생을 허송하게 될 뿐임을 깨닫지 못할 것입니다. 그러니 지금 당장 그대는 자신이 전진하는 성숙한 인간으로 살기에 족하다고 생각하십시오. 그리고 최고에 대한 관점을 그대가 절대 어기지 않는 규칙으로 삼으십시오. 그리고 고통스럽거나 즐겁거나, 인기가 좋거나 안 좋거나 그대가 무엇을 마주치건 지금이

시합 날이고 여기서 지금 당장 올림픽 경기가 열리고 있으니 뒤로 미루는 것은 선택지가 아니며 그대의 전진은 단 하루 단 하나의 행위로 구제되거나 혹은 파멸되리라는 것을 명심하십시오. 그것이 바로 소크라테스가 만사를 마주할 때 이성 말고는 어떤 것에도 주의를 기울이지 않음으로써 자신을 완성했던 방법입니다. 그대 또한 비록 아직은 소크라테스가 아니더라도 소크라테스가 되기를 원하는 사람처럼 살아야 합니다(Epictetus *c.* 108 CE §51).[1]

에픽테토스는 단지 인간이라는 이유만으로 인간의 삶이 요람에서부터 장점이나 권리를 부여받는다고 가정하지 않는다. 그의 관점은 하나부터 열까지 목적론적이지만, 인간 본성에 내재한 적절한 목적들은 오로지 개개인이 자신을 위해 기울이는 노력과 헌신을 통해서만 성취할 수 있는 것들이다. 에픽테토스가 여기서 설명하는 대로, 스토아 철학의 교훈과 그런 교훈의 주도면밀한 실천은 자기 자신을 만들어가는 프로젝트에 본질적 요소이다. 그가 말을 걸고 있는 학생들은 군인, 관료, 법조인, 교육자 등의 직업에서 이력을 막 시작할 참에 있는 사람들이다. 그가 해설하는 스토아주의가 목적으로 삼는 것은 그들이 어떤 직업에서나 확실히 두각을 드러낼 수 있는 채비를 갖춰주려는 것이 아니라, 그들을 그가 색다르게 "전문적" 인간이라고 부른 존재로 변모시켜서 그들 앞에 무슨 일이 닥치더라도 대처할 수 있게 만들려는 것이다 (Epictetus *c.* 108 CE 2.9.1-7).

우리가 이 대목을 삶에 의미를 부여하는 비책으로 읽는다면, 그 비

---

[1] 이 논고에 인용된 에픽테토스의 영역 원문은 모두 저자가 직접 번역한 것이다. 에픽테토스의 현대적인 완역본은 참고 문헌 목록에 수록되어 있다.

책이 사람들에게 요구하는 필수 조건들로 다음 개념들을 추출할 수 있다. 성숙, 절박함, 헌신, 발전, 자기 평가와 자기 관찰, 성취, 객관적 탁월성, 그리고 서사적 정합성이다. 이것은 어느 것이 다른 것보다 우선한다는 의도가 전혀 없이 나열한 것이다. 그중 일부, 예를 들면 성숙, 성취, 객관적 가치나 탁월성 같은 것들은 삶의 의미 혹은 유의미성의 조건에 대한 통상의 현대적 설명들에 포함된다(Wolf 2007). 의미 있는 삶이 되려면 쾌락과 기본적인 안녕을 넘어서는 목표와 성취가 필요하다고 널리 여겨지고 있으며(Luper 2014), 이때의 목표와 성취란 개인의 특수한 욕구들을 초월하여 일반적으로 가치 있다고 받아들여지는 가치 표준들을 만족하는 것을 말한다.

하지만 지금 에픽테토스가 소위 전체적으로 적용되는 유의미성 규준을 대략 암시하고 있는 것으로 받아들였다가는 그를 오해할 수도 있다. 그가 "최고에 관한 규칙"과 이성에 초점을 둔 것은 이 글의 첫 단락에서 개괄한 유신론적이고 심리적인 신조들을 미리 전제한 것이다. '섭리에 관하여'라는 제목의 대화에서 따온 다음 대목에서 그는 그런 신조들을 상세히 설명한다.

> 비이성적인 동물들에게는 먹고 마시고 쉬고 자손을 낳고, 온갖 동물이 하는 모든 일을 하는 것으로 충분합니다. 반면 신이 사물들에 주의를 기울이는 힘까지 부여해준 우리는 그런 동물적인 활동들만으로는 충분치 않으며, 우리가 자신의 개별적 자연nature[†]과 소질에 일치하도록 적절하고 체계적으로 행동하지 않는다면, 더는 우리의

[†] 에픽테토스에게 '자연'은 이성이나 신과 같은 의미를 지니며, 우리의 개별적 자연은 신적 혹은 우주적 자연의 일부이다. 맥락에 따라 '본성'으로 옮길 수도 있다.

목적을 성취하지 못할 것입니다. … 신이 가르치기를, 인간은 자기 자신과 자기 일의 학생이 되어야 하며, 단지 학생만이 아니라 그런 것들의 해석자가 되어야 합니다. 따라서 인간이 비이성적인 동물이 하는 일로 시작과 끝을 맺는다면 잘못이거나 부끄러운(아이스크론 aischron) 일입니다. 그게 아니라 인간은 동물이 하는 일에서 시작해서 자연이 인간의 경우에 목적으로 삼는 곳에서 끝나야 합니다. 자연은 사물을 연구하고 주의를 기울이면서 자연과 조화를 이루는 삶의 방식을 목적으로 삼았습니다(Epictetus c. 108 CE 1.6.14-22).

우리가 일반적으로 "자연nature"이라는 단어를 사용할 때는, 불변까지는 아니더라도 정상적이거나 규칙적인 상태를 염두에 둔다. 에픽테토스는 먹고 쉬는 등의 활동을 열거할 때 그 용법을 받아들인다. 인간은 동물인 까닭에 그에 따라, 즉 자연스럽게 행동하며, 다르게는 살 수 없다. 우리가 다른 동물들처럼 먹고 자는 것은 자연스럽다. 우리가 인간적 정체성의 그런 측면들을 선택할 수는 없다. 그것들은 주어진 것이다. 이와 대조적으로, 에픽테토스가 인간 특유의 것으로서 신의 명령으로 상정한 자연은 주어진 것이 아니라 규범적이다. 우리의 기본적인 동물적 성질 안에 그 어떤 것도 우리에게 먹고 자는 것보다 이성과 오성을 더 존중하고 세계의 의미와 우리의 세계 속 위치에 대한 해석자가 될 것을 강제하지 않는다. 여기서 관건은 에픽테토스가 지치지 않고 계속 말하는 바와 같이 선택, 의지력, 장기적 목적이다. 우리는 우리의 규범적 자연을 저버릴 수 있으며, "비이성적인 동물들이 하는 일에서 끝을 맺을 수 있으나" 그 경우 우리는 또한 유의미한 삶도 버리는 것이다.

이 대화의 초반에서 에픽테토스는 빛, 색깔, 시각 사이의 관계와 번식을 위한 성적 유인의 유효성에서 잘 드러나는 목적론에 대한 견해를 제시함으로써 규범적 인간 본성을 다룰 채비를 갖춘다. 생물학적 목적성을 보여주는 그런 자연의 기호들은 에픽테토스가 인간에게 다른 동물들과는 구분되는 것으로 할당한 해석의 역할을 만족시킨다. 오래전에 플라톤과 아리스토텔레스는 인간이 자연을 탐구하는 일에 관심을 가진 것이 철학의 시발점이라고 밝힌 바 있다. 에픽테토스를 통해 우리는 자연이란 한 권의 책이자 기호 체계라는 생각에 가까이 다가간다. 우리가 완전한 인간적 잠재력에 따라 살고자 한다면 우리에게는 그 책을 연구하고 그 체계에 응답할 의무가 지워진다. 이런 해석에 의하면 삶은 문자 그대로 의미를 지니며, 그 의미란 우리가 자연적인 혹은 신적인 목적론의 기호들을 해석하는 방법 안에 구현되어 있다.

우리는 에피쿠로스주의와의 대비를 통해 역사적 맥락에서 그런 사고방식에 살을 붙일 수 있다. 에피쿠로스주의는 스토아주의가 시작할 때부터 주된 경쟁 철학이었으며 에픽테토스의 끊임없는 비판 대상이기도 하다. 에피쿠로스의 우주는 아무런 목적 없이 무한한 허공에서 운동하는 원자들로 이루어진 순수한 기계적 구조물이다. 일반적으로 인정되는 바에 의하면, 에피쿠로스식 세계에는 의미란 전혀 없다. 신과 인간을 포함해서 그 안의 만물은 설계가 아니라 목적 없는 물질적 운동의 결과물이기 때문이다. 가치란 전적으로 감각과 지각의 함수이며 쾌락이 선의 기반이고 고통은 악의 기반이다. 에피쿠로스에 따르면 인간의 삶은 모든 이가 자연스럽게 쾌락을 추구하고 고통을 회피한다는 의미에서 객관적인 텔로스를 갖는다. 철학은 평정심을 최선의 마음 상태로 간주하고, 죽음의 유해함과 부와 사회적 지위에 대한 갈망처럼 평정심을 방해하는 믿음들을 약화하고, 쾌락을 극대화하고 고통을 최소화하는 삶을 성취하는 데 필요한 욕망의 합리화에 어울리는 마음가짐으로서 이른바 사려분별을 함양함으로써 이런 쾌락주의적 목표에 이바지한다. 정치 참여 없이 친구들과 보내는 조용하고 단순한 삶은 이런 목적을 달성하기 위해 에피쿠로스가 추천하는 삶이다. 목적적이고 충만한 삶을 만들기 위한 더 이상의 성취는 요구되지 않는다.

에픽테토스는 에피쿠로스 본인의 삶이 과연 모든 긍정적 가치를 쾌락적 감각에 두는 철학에 부합하는지 의문을 제기하면서 에피쿠로스에게 도전한다. "숙고하고, 상세한 부분들을 검토하고, 육신 그 자체가 우리 본성의 주된 구성 요소라는 판단을 형성하는 당신 안에는 무엇이 존재합니까? 어째서 당신은 우리를 위해 등불을 밝히고 고생해 가면서 그렇게 많은 책을 쓴 것입니까? 그것은 진리에 대한 우리의 무지를 막기 위함이 아닌가요?"(ibid.: 1.20.18-19) 대단히 성공한 철학 학파의 창시자로서 에피쿠로스는 박애주의를 으뜸의 동기로 삼았다고 평가할 수 있는 삶, 사회적이고 역사적인 의의의 차원에서 의미가 충만한 삶을 살았다. 더구나 에픽테토스에 따르면 에피쿠로스의 삶은 인간이 가진 최고의 능력인 합리성의 함양이라는 측면에서 사실상 스토아주의를 과시한 삶이었다. 에픽테토스의 견해에 따르면 에피쿠로스의 삶에서 주로 빠져 있는 부분은 스토아주의자들이 이성이 지닌 최고 가치를 유신론적으로 보강한 측면이다. 그 가치는 이성의 사려분별이 발휘하는 효력이 아니라(물론 이성에 그런 능력이 있기는 하지만), 내면적인 삶의 경로를 외적 사건들(우호적일 수도 있고, 아닐 수도 있는)과 연결하고 그럼으로써 세계를 곧 집처럼 느낄 수 있는 친화성을 제공하는 능력에 근거한 것이었다.

나는 스토아주의의 가장 혁신적이고 강력한 개념 중 하나인 '오이케이오시스oikeiosis'라는 그리스어에 주목하기 위해 "집"과 "친화성"이라는 단어들을 선택한 것이다. 오이케이오시스는 가정, 친족, 소유권 같은 개념들에 은유적으로 기대면서 생명체가 자연스럽게 자기 자신과 자신의 후손에게 느끼는 친화성과 소속감을 표현한다. 더 나아가 스토아주의자들은 인간은 이성의 발달과 더불어 대체로 세계 안에서 편안함을 느끼도록 순응할 수 있고 (번영하고자 한다면) 그래야 한다고 주장하였다. 어떤 상황이 닥치든 집에 있는 것 같은 편안한 마음으로 대처할 수 있어야 한다. 이런 프로젝트를 뒷받침하는 것이 바로 내가 이 글을 시작할 때 개괄했던 유신론이다. 스토아주의자들은 전체적으로 세계가 섭리로 지배되고 인과적으로 맞아떨어진다고 주장하면서 자신이 처한 특수한 시공간적 상황이 지금과 달라질 수 없었음을 자명한 진리로 받아들였다. 우리에게 달려 있고 외적 결정으로부터 완전히 자유로운 것은 순간순간 우리의 경험을 해석하며 그것에 대응하는 방식이다. 그래서 에픽테토스는 제자들에게 이렇게 말하라고 가르친다. "오, 제우스신이시여, 원하는 일이라면 무엇이든 지금 저에게 일어나게 하십시오. 왜냐하면 저에게는 당신이 허락해준 수단과 방책이 있어 어떤 일이 닥쳐오든 나 자신에게 영광을 불러올 수 있으니까요"(ibid.: 1.6.37). 또 다른 주요한 로마의 스토아주의자 세네카는 같은 생각을 다음과 같은 방식으로 표현한다.

될 수 있는 한 운과는 거리를 두도록 합시다. 하지만 그렇게 할 수 있는 유일한 방법은 우리 자신과 자연에 대한 이해를 통해서입니다. 우리가 어디로 향하게 되며 어디서 온 것인지, 우리에게 무엇이 좋고 무엇이 나쁜지, 무엇을 추구하고 무엇을 피해야 하는지 알아냅시다. 추구하고 피해야 하는 대상들을 구분하고 우리 욕망의 광기를 진정시키고 우리의 두려움이 갖는 미개함을 확인하는 이성이란 어떤 것인지 알아냅시다(Seneca 62-65 CE: *Moral Letter* 82.6).

에픽테토스는 앞에서 본 것처럼 제자들에게 자신을 올림픽 출전 선수로 생각하라고 촉구하였다. 시합에 나설 채비를 하고, 결정적인 도전에 맞서고, 완전한 승리 혹은 실패라는 절체절명의 순간에 처해 있는 것처럼 생각하라고 부추긴 것이다. 그의 과장된 어투는 지나치게 엘리트주의적 시각으로 의미 있는 삶을 바라보는 태도를 내비친 것처럼 보일 수도 있을 것이다. 마치 우리의 삶이 어떤 주목할 만한 성취로 두드러져 보이려면 경쟁에서 이겨야 한다는 식으로 들린다. 이런 인상이 완전히 잘못된 것은 아니다. 왜냐하면 우리가 흔히 "덕"이라고 번역하는 그리스어 '아레테arete'는 '탁월성'이 더 잘 번역되는 말이기 때문이다. 스토아주의가 삶의 목표를 '아레테'라고 표현할 때, 그 최상급 성취에 의문이 든다. 우리는 '아레테'를 발휘할 수 없는 그저 평범한 사람들일 뿐이다. 이를테면 일이 순조롭게 풀리지 않을 때 불만스러워하고, 복권에 당첨되면 아주 기뻐하듯이 말이다. 그러나 아레테가 의미하는 특별함은 예술 작품을 완성한다거나 암 치료법을 발견한다거나 선거에서 승리하는 등과 같이 외적 규준으로 특징지어진 성취라는 의미에서의 성공과는 아무런 관계가 없다. 에픽테토스의 요지를 표현하는 최고의 방법은 나 자신, 내 성격과 내 정서적 기질을 도전이나 경쟁의 대상으로 여기는 것이다. 무용武勇과 진보는, 그가 이 단어들을 사용한 바대로라면, 아무리 평범한 일이더라도 신중한 반응이나 사회적 상호작용을 요청하는 모든 상황에 적용된다. 문제가 되는 것은 단지 모욕이나 세속적인 실망에 대한 우리의 반응일 수 있다. 혹은 타인의 삶에 영향을 미치는 결정을 내려야만 하는 상황이 문제가 될 수도 있다. 모든 경우에서, 스토아적인 의의가 있는 성취로 간주할 수 있는 결정 인자는 사람들이 특히 어려운 상황에서 드러내는 판단, 노력, 감정적 정서의 적절성이다. 이런 철학이 의미에 관한 생각들과 어떻게 연관되는지 포착하는 또 다른 방법은 스토아주의자에게 세계는 우리가 자신을 자기 운명의 주인으로 받아들이는 정도만큼 의미 있다고 말하는 것이다.

소크라테스의 용기, 결단력, 평정심은 굳이 설명이 필요 없는 모범적인 그의 삶에 의미를 부여했다. 에픽테토스는 그것을 스포츠의 이미지를 통해 서술한다. 그것은 현대적인 독자라면 설득력 있다고 여길 수 있고 이 책의 주제에도 적절하다고 생각할 법한 소재다. 그는 소크라테스가 공을 잘 가지고 놀았다고 말한다. 소크라테스가 다뤄야 했던 공은 그에게 마시라고 주어진 독약이었고 그가 슬퍼하는 친구들에게 선보이기로 선택한 유쾌한 태도였다(Epictetus c. 108 CE 2.5.18). 그의 경쟁적인 언어처럼, 과시주의도 에픽테토스에 따르면 마치 유의미한 삶의 필수 요소처럼 보일 수 있다. 왜냐하면 그는 존경할 만한 사람들이 자신을 보여주는 방식을 거듭 칭송하고 적합한 기준에 따라 살지 못하는 나약함을 드러내는 것을 창피한 일로 대하기 때문이다. 그러나 그런 과시를 바라보기에 적합한 청중은 외부 관찰자 무리가 아니라 그가 제자들에게 보여주고 있는 문예적 자아이다. 과시의 목적은 만일 그들이 그들 자신의 어떤 행동을 다른 사람들에게서 관찰한다면 그 행동을 어떻게 판단할 것인지 직시하고 묻게 하려는 것이다. 특히 인상적인 어떤 대화에서 그는 딸이 아파서 완전히 정신이 나간 아버지가 딸의 침대 곁을 도저히 지키고 있지 못하는 상황을 묘사한다(ibid.: 1.11). 그는 아버지에게 묻는다, 당신의 행동은 사랑에서 나온 것입니까? 아버지는 연민을 구하며 자신은 "자연스럽게" 행동하고 있다고 대꾸한다. 이에 대해 에픽테토스는 아버지가 아이를 포기한 것은 사랑의 본성에 완전히 어긋나는 것이라고 응수한다.

우리는 제정신이 아닌 그 아버지가 소녀를 돌보았더라면 그 행위가 윤리적으로 적절할 뿐만 아니라 객관적으로도 의의 있는 반응이었을 것으로 이해해야 한다. 왜냐하면 그것은 그에게 순전히 자기중심적인 본능적 반응을 극복하라고 요구했을 것이기 때문이다. 사람이 올바른 일을 할 때 어떤 감정적 비용을 치르는지 알게 되면, 그저 일상적 행위에 불과한 것들이 우리가 칭송하며 세상에 알리는 행위로 끌어올려질 수 있다. 에픽테토스의 주제는 세속적 난관(예를 들어, 질병, 불안, 분노, 소송, 마음에 안 드는 친척 등)에 초점을 둔다. 이런 난관들은 반사적으로나 충동적으로가 아니라 우리의 통제하에서 사려 깊게 처리할 수 있는 반응을 초래하기 때문이다. 개별 행위들은 그 자체만 놓고 볼 때 삶 전체에 의미를 제공하기에 사실상 충분치 않으며, 우리가 문제를 극복하고 성공을 거두는 것이 필수적인 규준이라고 가정하지도 말아야 한다. 그 점은 에픽테토스에게서 아주 크게 나타난다. 그가 생각하는 스토아주의의 정수는 자율성, 자기결정, 그리고 외적 구속으로부터의 자유이기 때문이다. 그렇다면 우리의 행위는 우리가 신중하고 자유롭게 스스로 선택한 것인 한에서 유의미하다. 우리의 행위에 의미를 부여하는 것은 바로 그 의도이다.

에픽테토스는 유의미한 삶으로 넘어가는 빗장을 아주 높게 설정했지만, 그 높이는 개인의 인격과 천부적 재질에 상대적이다. 오로지 소수만이 대중의 인정을 받고 찬사 어린 전기傳記의 대상이 될 잠재력을 갖는다. 그가 일반적으로 사람들에게 더 유효하다고 여긴 것은 자기 지식의 성취와 아버지, 형제, 아내, 군인, 행정관료 등으로서 사회적 역할의 탁월한 수행이다. 그는 이렇게 적었다. "그대가 자신의 의지와 선택권을 얼마에 팔고 있는지, 다른 이유가 없다면, 그것을 싸게 팔아서는 안 된다는 것만 생각하십시오. 하지만 위대하고 이례적인 것들은 아마도 다른 이들의 것일 겁니다. 소크라테스나 그를 닮은 사람들 말이죠"(ibid.: 1.2.33).

***

그렇다면 요컨대 우리는 에픽테토스가 삶의 의미에 관한 현대적 탐구와 어떤 관련이 있다고 평가할 수 있을까? 신과의 관계에서 의미를 찾는 사람들은 우리가 잘 살기를 소망하고 우리가 지닌 합리성의 일정 부분을 우리 마음에 심어준 최고 존재가 바로 세계의 궁극적 원인이라는 에픽테토스의 신념에 호감을 느낄 것이다. 하지만 스토아주의적인 그의 신은 내재적이며 삶 자체의 과정에 나타나는 것이기 때문에, 그의 주된 철학적 요지는 "인간 세계, 친숙하고 그저 평범하다 할 그 실천과 경험의 세계 안에 인간을 위한 충분한 의미가 존재한다"라는 생각과 완전히 양립할 수 있다(Blackburn 2007: 190). 에픽테토스는 삶의 의미를 설명하기 위해 "동물적 자아와 이성적 자아를 구분"할 필요가 있다고 강하게 강조한다(Metz 2013: 88). 그는 삶의 의미가 "우리가 우리 삶 전체에서 무엇을 성취하고자 하는지에 대한 어떤 결정"을 요구한다는 생각에 그다지 동조하지 않을 것이다(Luper 2014: 200). 그것은 아마도 그에게 하루하루의 삶이 지닌 우연적 본성에는 충분히 주의를 기울이지 않은 거창한 생각이라는 인상을 주었을 것이다. 에픽테토스는 성취에 큰 강조점을 두지만, 그가 제자들에게 성취하라고 촉구한 것은 특정한 인생 계획의 충족이 아니라(그것은 과대망상이나 균형의 상실로 쉽게 빠질 수 있다) 언제나 최고의 상태에 있기를 열망하는 마음가짐이다. 그 열망이 에픽테토스가 삶의 의미 문제에 이바지한 주된 공헌이다.[2]

---

[2] 이 글의 주제들에 관한 추가적인 탐구는 다음을 보라. Long 2002; Stephens 2007.

섹스투스 엠피리쿠스와 삶의 의미
Sextus Empiricus

스바바르 흐라픈 스바바르손Svavar Hrafn Svavarsson

섹스투스 엠피리쿠스Sextus Empiricus는 2세기 후반의 피론주의자로서 앎이 불가능하다고 주장한 극단적 회의주의자였다. 실제로 그는 어떤 믿음도 주장하지 않았다. 따라서 그는 삶의 의미에 관해 어떤 것도, 아니 삶의 의미가 있는지조차 주장하지 않았을 것이다. 그러함에도 불구하고 그에게는 자기 자신과 여타 회의주의자들에 관해 말해줄 이야기가 (혹은, 어쩌면 전달할 경험이) 있다. 그것은 그들의 최종 목적 혹은 목표가 무엇이었느냐는 측면에서 제공되는 이야기로서, 고대에 흔히 논의되던 것이었다.[1] 이들은 평정심 혹은 더 정확히 말하자면 불안의 부재 (그리스어 단어인 아타락시아ataraxia의 문자적 의미)를 추구한 사람들이다. 그것이 그들의 목표다. 그는 그것이 단순한 목표 이상의 무엇인지

---

[1] 남아 있는 엠피리쿠스의 저술은 세 권으로 된 『피론주의 개요Outlines of Pyrrhonism』(=PH)와 열한 권으로 된 『독단주의자들에 대한 반론Against the Dogmatists』(=M)이다. 후자는 두 부류의 별개의 책들로 구성되어 있는데, 뒤쪽 다섯 권이 논리학, 자연학, 윤리학을 다루고 앞쪽 여섯 권이 구체적인 분과 학문을 다룬다. 『피론주의 개요』의 첫 권은 엠피리쿠스의 피론주의를 전반적으로 소개한다. 다음을 보라. Sextus Empiricus 150-200 CE.

에 대해서는 말하지 않는다. 엠피리쿠스에 따르면, 그들은 그래서 그 목표에 도달하는 것으로 밝혀진다. 그리고 그들이 불안을 성공적으로 제거한 것이라면, 그것은 정확히 믿음을 희생한 덕분이다. 엠피리쿠스는 그런 결과로 이어지는 회의적 과정에 설명을 제공한다. 그는 상충하는 외양들appearances과 설명들이 동등한 설득력(혹은 힘의 균등)을 지니며 그로 인해 회의주의자는 믿음을 중지할 수밖에 없게 된다고 설명한다. 그는 회의주의자가 어떤 믿음도 갖지 않는다고 할 때 그들이 하는 행위의 기반은 무엇인지 기술한다. 그리고 그는 회의주의자가 어떻게 해서 평정심에 이르게 되는지 설명한다. 그의 회의주의 논증들이 특히 근대 초기를 포함해 여러 시대에 걸쳐 그 위력을 유지해오고 있지만, 평정심에 관한 그의 설명은 피론주의의 요점임에도 그다지 깊은 인상을 남기지 못했다(Popkin 2003). 반대로 회의주의자가 피하고자 애쓴 그 불안은 오히려 그들의 회의주의가 낳은 결과일 가능성이 더 크다는 주장도 제시된 바 있다. 이런 주장을 한 가장 유명한 사람이 바로 흄이다.[2] 엠피리쿠스의 모든 설명이 아주 명료한 것은 아니다. 회의주의자가 어떻게 목표를 달성하고 평정심을 갖게 되는지 분명히 밝히려면 믿음 중지 및 믿음의 부재 속에 사는 그들의 삶을 설명할 필요가 있다.

하지만 문제의 그 목표, 즉 그들이 갈망한 평정심이 무엇인지 이해하기 위해 우선 우리는 회의주의자가 떨쳐내고 싶어 한 것이 어떤 종류의 불안인지 알아야 한다. 그들은 "사물의 변칙성을 직면하고 그중에 어떤 것을 따라야 할지 어쩔 줄 몰라하는 자신을 발견했기" 때문에 불안해지기 시작했다(*PH* 1.12). 이런 지적인 종류의 초기 불안이 사물의 본성에 관한 그들의 탐구를 자극하였다. 그들은 진리에 도달함으로써 그런 불

---

[2] 특히 다음을 보라. *A Treatise of Human Nature* (Hume 1739-40) I.iv.2.

172

안을 극복하고자 희망했던 것이다. 이런 묘사가 인식적 불만까지는 아니더라도 어쨌든 호기심을 철학의 자극제로 보는 설명을 떠올리게 할 수 하지만, 엠피리쿠스는 그런 경험의 일반성에 관해 어떤 주장도 내놓지 않는다. 그는 그러면서도 그런 경험이 지적 재능의 전형적 특징임을 내비친다(*PH* 1.12). 그런 재능에도 불구하고 회의주의자는 실재에 대한 다양한 설명이 서로 충돌하는 문제를 해결할 수 없음을 알게 되었다. 여러 가지 설명이 똑같이 설득력이 있다는 것(이 말의 정확한 의미가 무엇인지는 지금은 잠시 접어둘 것이다)을 시종일관 깨닫게 된 것이다. 아니, 어쩌면 더 정확히 말해서 그들의 재능 때문에 그들이 그런 설득력의 평형을 끌어내는 일에 대단히 능숙하다는 것이 드러났다. 실제로 그들은 그렇게 하는 방법으로 소위 '양식들modes'을 제공하였다. 그중 가장 유명한 것은 우리가 잘 알지 못하는 아이네시데무스Aenesidemus와 철저히 베일에 가려진 아그리파Agrippa의 이름을 딴 방법들이다.[3] 좌우간, 그들은 어떤 설명을 근거로 실재에 관한 주장이 제기될 때마다 다른 설명에 근거한 정반대의 주장을 한결같이 마주하게 된다는 점에서 어떤 주장에도 동의를 보류할 수밖에 없었다. 간단히 말해, 그들은 믿음을 중지할 수밖에 없었다. 흄이 넌지시 비친 바대로, 우리는 그들이 탐구를 통해 진리에 도달하는 데 실패했으니 그런 난국이 그들을 전과 다를 바 없이 곤란하게 만들었을 것으로 생각할 수도 있을 것이다. 그러나 그들의 경험은 완전히 달랐다. 그들은 믿음을 중지함으로써 지적 불안이 없어졌음을 깨달았다. 엠피리쿠스는 이렇게 설명한다. "그들이 믿음을 중지했을 때, 믿음의 문제들과 관련하여 뜻밖에 평정심이 뒤따랐다"(*PH* 1.26).

---

3 아이네시데무스는 기원전 1세기 때 철학자로서 회의주의적 경향을 띠었던 당대의 아카데미 학파와 결별하고 피론Pyrrho of Elis의 사상을 되살려낸 인물이다(365/60-275/70 BCE).

('뜻밖에'라는 단어 때문에 아마도 눈살이 찌푸려질 것이다. 우리는 이 글의 말미에서 이 문제로 되돌아올 것이다.)

이제 우리는 문제의 평정심을 더 잘 이해할 수 있다. 그것은 꼼꼼한 탐구의 결과로서 믿음의 중지에 의존한다. 이를 깨달은 회의주의자는 이제 그들의 목표가 믿음의 문제들에서 그런 평정심에 이르고 그에 수반되는 것으로서 "우리에게 닥쳐온 문제들에서 감정의 순화(메트리오파테이아metriopatheia)"(*PH* 1.25)에 이르는 것이라고 말한다. 따라서 그들은 그런 목표를 달성하기 위해 적극적으로 모든 문제에서 믿음 중지를 추구한다. 만약 믿음 중지에 도달하지 못한다면, 그런 종류의 평정심과 감정적 순화는 그들을 피해 달아날 것이다. 그러나 믿음을 중지하기 위해서는 상반되는 다양한 외양에 대한 설명을 탐구해야 한다. 그리고 탐구는 진지하게 수행되어야 한다. 그들이 무엇을 소망하건 상관없이 실제로 믿음을 중지할 수밖에 없다는 사실이 무엇보다 중요하기 때문이다. 그들의 중지는 위장된 것이 아니라 진정한 것이어야 한다. 위장된 중지는 대립하는 설명들이 실제로는 똑같이 설득력이 있지 않으며 믿음 중지를 강제하지 못한다는 것을 함축하기 때문이다. 그런 절차는 그들의 평정심을 훼손할 것이다. 그렇다면 그들은 어떤 의미로 탐구하는가? 그들이 탐구하는 목적은 평정심을 지키는 것이다. 회의주의자답게 그들은 어떤 설명의 진실 혹은 거짓을 확립하려는 명시적 목적에서 탐구하는 것이 아니며 엠피리쿠스가 주장하는 바도 마찬가지다. 그렇다면 그들은 철학과는 거리가 먼 불성실하고 파괴적인 본성을 지닌 사람들인가? 그것은 덕에 대한 스토아주의자의 설명이건, 쾌락에 대한 에피쿠로스주의의 설명이건, 혹은 그 둘을 반박한다고 알려진 설명이건, 그들이 그런 여러 가지 설명을 공정하고 엄격하게 탐구하는 동시에 그것들이 똑같이 설득력 있음을 발견하게 되리라 희망할 수 있느냐에 달려 있다. 그들은 똑같은 설득력을 갖게 되리라는 편향된 확신에 처음부터 빠져 있었다는 비난을 받을 수도 있을 것이다. 그랬으니 그들이 그런 결과에 익숙해졌으리라는 데는 의심의 여지가 없을 것이다. 그러나 우리는 그들의 탐구에 적용된 여러 가지 제약을 여전히 존중해야 한다. 왜냐하면 비록 그들이 평정심을 추구하고 희망하기는 하지만, 그들이 믿음 중지를 강제하는 것이 필요할 만큼 엄격하고 공정하게 실재에 대한 저마다의 설명과 다양한 외양(즉 자기에게 그러저러하게 지각된 것)에 대한 찬반에 접근하지 않는다면 평정심은 생기지 않을 것이기 때문이다. 그와 동시에 그런 목표에 이르기 위해서 그들은 과도할 정도로 비판적이면서 실재에 대한 긍정적 설명이건 부정적 설명이건 모든 설명을 뒤집어엎을 수 있게 고안된 온갖 종류의 논증으로 철두철미 완전무장해야 한다. 그러지 않으면 그들은 평정심을 상실할 것이다. 그들의 회의주의적 성향이 다른 철학자들의 유사한 의심 성향과 크게 구별되는 점도 바로 그런 유별난 방식 덕분이다. 회의주의자는 그런 다른 철학자들을 '독단주의자'라고 불렀다. (그리스어에서 '믿음'을 뜻하는 일상적 단어는 '독사doxa'이지만 '도그마dogma'를 쓸 수도 있다.) 그 철학자들은 어쨌든 믿음을 마음에 품는 사람들이기 때문이다. 회의주의자는 진리를 발견하기를 희망하지 않으며 오히려 믿음의 문제들에서 평정심을 발견하길 희망한다.

그런 회의주의자의 희망에 근본적인 것은 믿음을 갖는 일이 불안을 수반한다는 경험이다. 물론 회의주의자가 '믿음'이라는 말로 무엇을 의미하냐에 많은 것이 달려 있다. 믿음은 한 종류이며 우리는 그것을 갖거나 갖지 않는다. 믿음을 갖는다는 것은 실재에 관한 어떤 주장에 논쟁이 있거나 있을 수 있는데도 그 주장을 참으로 수용한다는 의미다. 그러나 믿음 없는 삶은 인간의 삶으로서는 이상해 보이며 인정할 수조차 없을 듯 보인다. 우리의 행위와 우리 삶의 방향은 적어도 어느 정도는 우리의 믿음에 의존한다. 엠피리쿠스는 이 문제를 자각하고 있으며, 그것이 진정한 문제라는 것도 안다. 그는 회의주의자의 삶에서 믿음을 대체하는 것이 무엇인지 설명한다. 그들은 그들이 얻은 외양, 즉 그들에게 옳아 보이는 것에 따라 산다. 그렇지만 그런 외양의 참이나 거짓에 관해서는 어떤 찬동도 하지 않는다. 외양은 찬동 없는 믿음, 즉 '강한 경향성이나 집착'이 없는 믿음이라고 엠피리쿠스는 말한다 (*PH* 1.230). 여기서 찬동이란 사물들이 정말로 우리에게 보이는 그대로임을 (혹은 그대로가 아님을) 받아들인다는 의미이며, 바로 그런 찬동이 불안을 초래한다. 회의주의자에게는 어떤 것도 옳아 보일 수 있다. 더 나아가 외양은 믿음과 같은 방식으로 유래할 수 있다. 회의주의적 외양의 그런 특징들을 설명하려면, 믿음 중지로 이어지는 여정에 대한 엠피리쿠스의 설명을 밟아가야 한다.

엠피리쿠스는 우리에게 전형적인 아이네시데모스Ainesidemos적 양식들을 거쳐 믿음의 중지로 이르는 길을 안내한다. 그는 서로 다른 사례들에서 서로 다른 관찰자들과 사유자들이 얻은 외양들을 병렬하는 것으로 시작한다. 그러면서 어떤 외양이든 정반대의 외양과 맞붙일 수 있다고 제안한다. 예를 들면, 어떤 이(대부분의 사람)에게는 꿀이 달콤하게 여겨지지만 다른 이들(아픈 사람)에게는 그렇지 않으며, 어떤 이에게는 신이 존재한다고 여겨지지만 다른 이에게는 그렇지 않다. 그런 다음 그는 그런 외양들에 대해 주어지는 여러 가지 설명을 조사한다. 그런 여러 설명을 비추어본 그는 상반되는 외양들 가운데서 다른 것 말고 바로 이것이 참이라고 볼 만한, 즉 바로 그 외양이 실재나 사물의 본성을 드러내는 것이라고 받아들일 만한 이유를 발견하지 못한다. 그리고 상반되는 외양들이 둘 다 참일 가능성은 은연중에 배제된다. 그는 대다수 사람이나, 정상적이거나 건강한 사람이나, 똑똑한 사람에게 옳아 보인다고 해서 우선권을 주지 않는다. 어느 하나를 다른 것보다 더 선호할 수단이 없는 상황에서 그는 그중 어느 하나가 참이라는 믿음을 중지한다. 혹은 더 정확히 말하자면, 그는 자신의 바람과 상관없이 믿음을 중지할 수밖에 없다. 회의주의자가 굳이 논쟁에 가담할 필요는 없지만, 그런 일도 얼마든지 있을 수 있다. 그런 경우, 그는 자기에게 옳아 보이는 것과 다른 이에게 옳아 보이는 것을 병렬한다. 혹은 서로 다른 상황에서 제각각 자신에게 옳아 보인 것들을 병렬할 수도 있다. 이를테면, 결국에는 신의 존재에 관한 믿음을 중지하게 되겠지만, 지금은 신이 있는 걸로 보일 수 있다. 하지만 지금은 어쨌든 신이 있는 걸로 보일 수 있고 그러다가 나중에 가서 신이 없는 걸로 보일 수도 있다. 설령 믿음을 중지하더라도 그는 여전히 그의 외양을 가진다. 그 두 가지 태도는 같이 간다.

엠피리쿠스는 어떤 일이 벌어지는지 설명하기 위해 설득이라는 개념을 사용한다. 상반된 외양들을 접했을 때, 회의주의자는 힘의 균등함 때문에 믿음을 중지한다고 그는 말한다. 이 힘의 균등함은 설득력이 있고 없고의 문제에 관련된 동등성으로 설명된다. 상반된 외양들에 대한 서로 다른 설명에 동등한 설득력이 있으므로 회의주의자는 교착 상태에 빠진다. 엠피리쿠스의 설명은 당사자가 실제로 서로 다른 두 해명에 정확히 똑같이 설득되거나 혹은 그 두 해명에 똑같이 감명받지 못한다는 의미로 해석될 수 있다. 아마도 이로써 설득력의 균형이 잡히고, 회의주의자는 믿음을 중지하게 될 것이다. 하지만 이것은 사실상 맞는 해석이 될 수 없다. 왜냐하면 아주 놀랍게도 엠피리쿠스는 설령 회의주의자가 여전히 믿음을 중지한 상태에 있으면서도 이를테면 이 설명보다 저 설명에 실제로 설득될 수 있다는 것 또한 인정하기 때문이다. 그런 설득의 속성은 비록 믿음을 중지하더라도 회의주의자가 자기에게 그렇게 보이는 것을 유지하거나(그로서는 그런 외양을 경험할 수밖에 없으므로) 혹은 어떨 때는 심지어 마음을 바꿔서 정반대의 외양에 설득될 수도 있다는 사실에 반영된다. 엠피리쿠스는 무언가 다른 것을 염두에 둔 것이어야 한다. 그것은 반드시 회의주의자 본인이 상반되는 외양들에 똑같이 설득된다는 것이 아니라, 서로 다른 관찰자들과 사유자들(그 자신을 배제하지 않는)이 상반된 외양들에 설득된다는 것을 알아챈 회의주의자가 그 외양들에 대한 설명을 조사하더라도 (본인이 가진 논증적 통찰력과 수완 때문에) 그중 어떤 외양에 설득되어야 하는지를 결정할 도리가 없다는 것이다. 설령 그가 그중 어느 하나에 설득되는 일이 그냥 벌어지고 만다고 하더라도 어쩔 수가 없다. 그는 스스로 묻는다. 내가 왜 다른 이들을 설득한 외양보다 사실상 어쩌다 나를 설득하게 된 외양에 설득되어야 하는가? 이것은 상반되는 설명에 비추어볼 때 그가 답할 수 없는 질문이며, 바로 그것 때문에 그는 믿음을 중지할 수밖에 없는 것이다. 예를 들면, 엠피리쿠스는 자신은 꿀이 달다는 것에 설득될 수 있다고 말한다(*M* 8.53). 아마도 그것은 그가 아프지 않기 때문일 것이다. 그가 꿀이 달지 않다는 것에 동시에 똑같이 설득되지는 않을 것이 분명하다. 다시금 엠피리쿠스는 몇 가지 논제들에 대해서 자신의 경험을 비추어볼 때 미래에 똑같이 설득력 있는 반대 논제들이 제안될 수 있으리라는 고찰을 내놓는다. 분명히 그는 실제로는 아직 형성되지 않은 미래의 반대 논제들에 설득되지 않는다. 그가 판단을 중단한 것은 다르지만 똑같이 권위가 있는 설명들 사이에서 판단을 내릴 수 없기 때문이다. 상반된 외양들에 대한 설명들이 갖는 동등한 힘은 어떤 한 설명의 인식적 규범성을 무효화한다. 물론 그것이 그 회의주의자가 특정 순간에 좋은 이유에서건 나쁜 이유에서건 설득되었다고 여기는 바로 그것에는 아무 영향을 미치지 않지만 말이다.

회의주의자는 믿음을 보유하지 않기 때문에 자기에게 그래 보이는 것, 혹은 엠피리쿠스가 이따금 말하는 것처럼, 어쩌다 자기를 설득한 것을 근거로 말하고 행동한다. 회의주의자의 삶에서 믿음을 대체한 그런 외양들이란 대체 무엇인가? 엠피리쿠스는, 회의주의자에게 그래 보이는 것의 수동적 본성을 강조하면서 대략 그것을 정념(파토스pathos)으로 특징짓는다. 그는 "외양은 감정과 의도하지 않은 정념 안에 있다"라고 말한다(*PH* 1.22). 이런 특성이 또한 외양을 믿음과 구분해 준다. 믿음에는 외양을 참이라고 승인하거나 찬동하는 적극적인 기여가 수반되지만, 동등한 힘 때문에 회의주의자는 그렇게 적극적으로 기여하지도 않고 승인하지도 않는다. 그는 외양의 진리성을 선뜻 판단 내리지 않는다. 실제로, 믿음의 중지 그 자체가 그런 정념, 즉 동등한 설득력에 대한 수동적 반응의 분명한 사례이다. 그렇기는 하지만 우리는 회의주의자가 자신의 외양을 승인한다고 말할 수는 있을 것이다. 그가 다른 것이 아닌 지금의 구체적 외양을 자신이 갖고 있음을 인정한다는 의미에서 말이다. 그리고 그가 자신의 외양을 지지하는 근거들을 의식하지 말아야 할 이유는 없다. 그는 어째서 자기가 다른 것들이 아닌 바로 그 특수한 외양을 가졌는지 설명할 수 있다. 그는 어째서 꿀이 자기에게 달게 여겨지는지 설명할 수 있다. 병들지 않았기 때문이다. 그는 자기 외양의 원천으로서 어떤 종류의 논제를 옹호하는 특정 논증을 지목할 수도 있지만, 그것은 "단지 설득력이 있는 것일 뿐이며 그 순간에 그 논증이 그들[회의주의자]을 설득해서 승인을 유도한 것"임에 유의하라(*M* 8.473). 그는 문제의 그 설득(혹은 외양)을 신체적 혹은 감정적 정념과 비교함으로써 명료히 하고자 시도한다. 회의주자를 다른 사람들처럼 설득할 수 있는 수단은 많다. 이를테면 영리한 수사학, 위력적인 논증, 문화적 배경, 가족과 친구, 당사자의 이해관계 등이 그렇다. 그리고 우리는 엠피리쿠스가 회의주의자가 갖게 되는 외양의 원천으로서 추리를 거부하지 않는다는 점에 유의해야 한다. 그는 이렇게 말한다. "내가 생각하기에, 회의주의자에게 사유가 금지되는 것은 아니다. 그 사유가 명백히 그에게 수동적으로 그래 보이게 떠오른 논증들로부터 생긴 것이면서, 더불어 그렇게 사유한 사물들의 실재성을 전혀 함축하지 않기만 하면 상관이 없다"(PH 2.10).

물론 여기서 우리는 회의주의자의 삶에 대한 엠피리쿠스의 설명에서 문제점을 마주친다. 왜냐하면 회의주의자의 행위 규준을 다룬 한 중요한 대목에서(PH 1.21-24) 그는 마치 회의주의자가 단지 자신의 관찰에 근거해 외부 자극에 아무 생각 없이 반응하면서 자신이 일상적이라고 간주하는 삶을 그저 흉내 낸다는 식으로 말하는 것 같기 때문이다. 만약 그의 생각이 그런 것이라면, 회의주의자는 설령 평정심을 갖는다고 해도 단지 최소한의 사유만 하는 얄팍한 흉내쟁이이자 위장자에 불과할 것이다. 그들은 실제로 그런 식으로 묘사된 바 있으며, 그런 묘사에 정당성이 전혀 없다고는 할 수 없다(Striker 2010).

엠피리쿠스는 회의주의자의 외양에 실린 수동성을 강조한다. 앞서 언급한 대로, 이 수동성은 회의주의자가 자기가 얻은 외양의 참·거짓을 승인하는 적극적 기여의 부재를 나타낸다. 그러나 엠피리쿠스는 회의주의자가 소위 그가 삶의 관찰(테레시스tērēsis)이라고 부른 것을 따름으로써 자기 삶을 영위한다고 덧붙인다. 그 말은 '엠피리쿠스'라는 성姓이 암시하듯, 경험주의(엠피리시스트the Empiricists) 의학파醫學派에서 빌려온 기술적 용어로서 피론주의와도 밀접한 관련이 있다. 다음과 같은 갈레노스Claudius Galenu의 진술은 회의주의자의 규준과 경험주의적 의료 행위 사이의 밀접한 관계를 드러낸다. "의료 문제에 대한 경험주의자의 태도는 삶 전체를 바라보는 회의주의자의 태도와 비슷하다"(Galen *c*. 150-190 CE -a: 82).

이 학파에 따르면, 의술은 관찰과 경험에 기초할 때 가장 잘 행해진다. 엠피리쿠스는 이를 설명하면서 명백한 것(즉각 이해 가능한 무언가로서)과 명백하지 않은 것(오로지 추론적으로만 이해 가능한 무언가로서)의 구분, 즉 명백한 것에 대한 관찰과 명백하지 않은 것에 대한 추론 사이의 구분이 피론주의에 도입되었다고 기록한다. 관찰은 명백한 것들을 파악하며, 명백한 것들 너머의 무언가에 대한 성찰은 없어도 무방하다. 이 구분 때문에 피론주의의 실천적 규준이 회의주의자의 행동은 오로지 성찰 없이 수동적으로 관찰한 것에만 근거를 둔다는 식의 견해를 가리키는 것으로 여겨질 수 있다. 그러나 이런 의학적 구분의 채택은 오해의 소지가 있는 것으로 밝혀진다. 왜냐하면 그 구분은 회의주의자가 겉보기에 뚜렷한 것과 실제로 그러한 것을 구분한 것과는 근본적으로 다르기 때문이다. (구분을 명확히 하기 위해 나는 피론주의의 개념을 '뚜렷한 것'으로, 의학적인 개념을 '명백한 것'으로 칭할 것이다. 비록 두 경우 모두 그리스어 '파이노메논phainomenon'의 이형들이 사용되고 있지만 말이다.) 엠피리쿠스가 회의주의자는 자기에게 보이는 것에 근거하여 발언하고 행동한다고 주장할 때, 그는 즉시 파악이 가능한 것과 오로지 추론적으로 파악이 가능한 것을 암묵적으로 대비하고 있는 것이 아니다. 그는 회의주의자가 삶의 관찰에 대한 그의 설명에서만(아래에서 논의할 것이다) 확실히 예외일 뿐 나머지 경우에는 오로지 즉시 파악이 가능한 것에 따라서만 행동한다고 주장하는 것이 아니다. 엠피리쿠스가 의존하는 대비는 오히려 사물들이 어떻게 보이는가(그 외양이 즉각적이건 추론적이건 어떻게 생겨난 것인지는 상관없이)와 사물들이 실제로 어떠한가의 대비이다. 명백한 것이라 해도 명백하지 않은 것과 마찬가지로 실제로는 보이는 그대로가 아닐 수 있다. 엠피리쿠스에게 명백하지 않은 것은 매 경우 단지 탐구의 대상일 뿐이다. 왜냐하면 그런 모든 대상은 실제로 그것의 외양과는 다를 수 있기 때문이다. 회의주의자는 오로지 그런 의미에서 명백하지 않은 것에 관한 믿음을 중지한다. 왜냐하면 그는 사물들이 실제로 어떠한가에 관해서는 어떤 주장도 하지 않기 때문이다. 엠피리쿠스는 이런 혼동을 실제로 알고 있으며 나중에는 경험주의자Empiricists들과 사이가 틀어진다. 그가 경험주의자들이 독단적 정서를 품고 있다고 비판했기 때문이다. 그런 다음 그는 경험주의의 구분을 거부한 또 다른 의학파인 이른바 방법론자들(메소디스트Methodist)의 견해와 피론주의가 상통한다고 여긴다. 이런 혼동에 대해서는 간략한 설명이 필요하다.

엠피리쿠스에 따르면 삶의 관찰은 4중적이다. 첫 번째 항목, 그것은 지각하고 사유하는 인간 능력에 기반한다. 비록 비판적 성찰을 그런 능력으로 강조하지는 않지만, 그는 피론주의자가 성찰 능력을 포함해 전형적인 인간적 자질을 갖고 있음을 독자에게 환기한다. 목록의 두 번째 항목은 감정의 필요성이다. 여기서 엠피리쿠스는 마시기로 이어지는 갈증과 먹기로 이어지는 허기만을 사례로 언급한다. 엠피리쿠스 목록의 세 번째 항목은 법률과 관습 따르기에 관련된 것이다. 흔히 그 말은 회의주의자가 자기 문화의 관습과 법률을 통해 자신에게 주입된 가치들을 수동적으로 묵인한다는 의미로 받아들여져 왔다(Bett 2010). 엠피리쿠스는 피론주의자가 삶에서 접하는 공유된 경험을 모아놓은 것이 곧 관습과 법률이라고 본다. 그것은 경험주의 의사가 관찰과 경험의 보고寶庫로서 '자신의 관찰(아우토프시아autopsia)'만이 아니라 '다른 이들의 관찰(히스토리아historia)'도 접하는 것과 같은 방식이다. 목록의 네 번째는 전문 지식의 가르침이다. 이것은 기술의 전수에는 관찰과 경험이면 충분하다고 하는 전형적인 경험주의의 주장이다. 엠피리쿠스는 나중에(*PH* 1.237-40) 이 문제를 다시 다루면서 경험주의의 독단적 경향, 즉 명백하지 않은 것들은 파악할 수 없다는 주장을 비판하고, 대신 명백한 것들에 대한 방법주의의 견해를 칭찬한다. 그는 그것이 뚜렷한 것들에 대한 회의주의의 견해에 더 가깝다고 제안한다. 왜냐하면 그것은 더 폭넓고 추론적 사유도 포함하기 때문이다. 그래서 회의주의의 행위 규준은 그의 목록에 있는 두 번째 항목을 통해 방법주의의 관점과 조화를 이루도록 만들어진다. 감정의 필요성은 명백히 관찰되는 것들만이 아니라 경험주의자가 추론적 사유의 대상으로 간주하는 것까지도 아우른다.

그러나 이 모든 것이 평정심과 무슨 관계일까? 평정한 상태는 믿음을 중지한 결과이다. 그것은 특수한 삶의 방식에 의존하지 않는다. 그 삶이 믿음 없이 사는 삶이기만 하면 족하다. 서로 다른 회의주의자가 서로 다른 외양을 가질 수 있고, 그럼으로써 서로 다른 부류의 삶을 살아갈 수 있다. 그러나 엠피리쿠스는 회의주의자에 대해 이렇게 말한다. "그들이 믿음을 중지했을 때 믿음의 문제들과 관련하여 뜻밖에 평정심이 뒤따랐다"(*PH* 1.26). 회의주의자가 뜻밖에, 즉 우연히 평정심을 갖게 된다고 제시하는 것은 이상하다. 회의주의자가 믿음의 문제들에서 평정심을 겨냥한다는 것을 설명하기 위해 엠피리쿠스는 화가 아펠레스Apelles의 이야기를 전한다. 그는 말의 입에 거품이 이는 모습을 그리려다 포기하고, 대신 그림에 해면海綿을 던져 자기가 추구했던 완벽한 거품 그림을 창조했다(*PH* 1.28-29). 우리는 해면을 던지는 것이 어려운 주제의 이미지를 창조하는 신뢰할 만한 방법이 아니라고 너무도 당연히 생각할 수 있다. 점입가경으로 엠피리쿠스는 다음과 같은 비유를 사용한다. "그러나 그들이 믿음을 중지했을 때, 평정심은 마치 그림자가 몸통을 따르듯 그렇게 뜻밖의 결과로 따라왔다"(*PH* 1.29). 그러나 그림자가 몸통을 따르는 것은 우연한 일이 아니다. 이런 설명은 다소 축소된 상태로 경험주의 의학파에서 다시 발견된다.

엠피리쿠스가 『피론주의 개요』 말미에 내비친 것처럼, 피론주의의 설명에서 평정심은 경험주의가 설명하는 건강과 유사하다. 여기서 그는 "독단주의자의 자만과 경솔함을 논증으로 치유하고 싶어 하는"(*PH* 3.280) 회의주의자를 신체의 질병과 싸우는 의사와 비교한다. 피론주의는 의술처럼 치유의 효과가 있다. 치료의 발단에 대한 경험주의자의 설명은 피론주의자의 설명과 비슷하게 우연을 통해 주어진다. 『경험주의 개요』에서 갈레노스의 설명이 간명하다.[4] 그는 이렇게 말한다.

> 그런 지식의 사례들은 저절로 생겨난다고 하는데, 그것은 우연히 혹은 자연스럽게 생겨난다는 말이다. 우연히라는 말은, 뒷골에 통증이 있는 어떤 이가 우연히 넘어져서 이마 오른쪽 핏줄을 베인 바람에 피를 흘리고 상태가 나아지는 경우 같은 것을 말한다(Galen *c*. 150-90 CE-a: 44-45).

이 설명은 두통이 있을 때는 그저 충분한 피를 내겠다는 희망 아래 스스로 넘어져야 한다는 것(혹은, 기적적으로 우연히 넘어져야 한다는 것)을 보여주려는 의도가 아니라, 이런 경험에서 우리가 피를 냄으로써 두통을 완화할 수도 있다고 기대하게 된다는 것을 보여주려는 것이다. 갈

---

[4] 갈레노스의 『초심자들을 위한 학파들에 관한 고찰(On the Sects for Beginners)』의 서두에 더 긴 설명이 나온다. 다음을 보라. Galen *c*.150-190 CE-b.

은 방식으로 엠피리쿠스는 평정심의 도래를 힘의 균형에 직면하여 믿음을 중지한 우연적 결과로 설명한다. 그 결과는 앞서 언급한 바 있다. 만약 평정심의 성취를 원한다면, 우리는 적정하게 엄격한 방식으로 믿음을 중지할 필요가 있다. 그렇게 되는 것은 믿음을 중지하기로 마음먹어서가 아니라 힘의 균형으로 인해 믿음을 중지할 수밖에 없어서다. 그리고 그러려면 회의주의적인 재능이 필요하다.

13

이븐시나와 삶의 의미
Ibn Sīnā

나데르 엘-비즈리Nader El-Bizri

명령들

이번 장은 존재 문제에 관하여 이븐시나Avicenna, Ibn Sīnā(d. *c*. 1037 CE)
가 제기한 숙고들이 함축하는 바를 되돌아보는 신新이븐시나주의의 관
점을 통해 삶의 의미를 다루어보고자 한다. 시대착오를 피하고자, 이
사유 연습의 목적이 그 자체로 해석의 문제를 다루려는 것이 아니며,
동양학 일부를 다루려는 것도 아니고, 팔사파Falsafa(아랍/이슬람 철학)
의 역사에 관한 수사론, 문헌학, 사본학의 고색창연한 문헌들을 다루는
지배적 관행들을 따라야만 지탱될 이야기를 늘어놓으려는 것도 아님
을 밝혀야겠다. 나의 관점은 오히려 현대 철학의 탐구 주제로서 삶의
의미에 관한 이론화의 맥락을 배경으로 하며, 그런 이론화는 내가 다른
데서 의식의 문제에 관해 밟았던 경로의 연속선상에서 이루어질 것이
다(El-Bizri 2016: 45). 이 글의 목표는 전근대 사상가로서 이븐시나의
발화수반적illocutionary 명제들로부터 발화 행위들을 복구하고, 그 안에
잠재한 의도들을 드러내 밝히는 것이며, 그러면서도 예변법prolepsis[반
론을 예상하면서 미리 반박해두는 것], 편협성, 혹은 시대착오에 빠지는

일은 피하는 것이다.

삶의 의미를 우리의 신이븐시나주의적인 사고 실험 내에서의 탐구 주제로서 고려하는 것은 이븐시나가 이 문제를 직접적으로 성찰하지 않았음을 염두에 둔 것이다. 이것은 이븐시나의 철학적인 전체 저술을 그런 맥락에서 분석하려는 모든 시도가 그의 사상에서 나온 중심 주제들을 통해 다뤄져야 필요가 있음을 함의한다. 결과적으로 이븐시나식 개념들을 우리의 신이븐시나적 관점 안에서 개념적으로 재전유하고 확장하는 것은, 존재 문제에 관한 이븐시나의 존재론적 성찰들을 삶의 의미에 관한 우리의 철학적 고려에 대한 기초로서 재고하도록 만든다 (El-Bizri 2016: 45-53).

탐구를 시작하려면 존재(알우주드al-wujūd) 문제에 관한 이븐시나의 사유에 들어 있는 근본적 요소들을 설명할 필요가 있다. 원래 그가 근대 이전의 인과-자연화된 존재론의 개념 틀 안에서 필연성(알우주브 al-wujūb), 가능성으로서의 우연성(알임칸al-imkān), 그리고 불가능성(알임티나al-imtinā)이라는 양상들을 숙고함으로써 그 문제에 대한 사유를 수행했으니 말이다(Avicenna 1000-37a, 1000-37c, 1000-37d, 1000-37e, 1000-37f, 1000-37g; El-Bizri 2000, 2001, 2006, 2010, 2011, 2014). 그리고 나서 마음과 몸의 관계 및 구분에 관한 이븐시나의 사유와 그것이 존재 문제에 대한 그의 숙고에 미친 귀결들을 고찰할 것이다. 그리고 그런 것들이 결국 삶의 의미 문제와 관련이 있게 될 것이다.

존재의 양상들

삶의 의미 문제는 '없지' 않고 '있다는 것'이 무엇인지의 문제와 밀접하게 연결된다.

이븐시나는 필연성, 우연성-가능성, 불가능성의 양상들에 대한 논리적이고 존재론적인 고찰을 통해 다뤄지는 것으로서 존재 문제를 자신의 철학적 사유에서 가장 근본적인 것으로 받아들였다.

이븐시나는 불가능한 존재(뭄타니 알우주드mumtani' al-wujūd)란 있을 수 없으며, 그런 존재를 긍정하는 것은 모순을 함축한다고 주장하였다. 불가능한 것은 필연적으로 존재하지 않는 것이다. 불가능한 존재의 두 사례는 둥근 사각형과 일각수이다. 전자는 그 자체가 논리적으로 불가능하지만, 후자는 동물에 관해 경험적으로 알려진 바에 근거할 때 경험적으로 불가능하다. 둥근 사각형은 상상하거나, 그리거나, 흉내 내거나, 만들 수 없다. 그것은 정의상 범주 오류이다. 일각수에 관해서 말하자면, 그것을 상상하고, 묘사하고 흉내 내고 만들 수는 있다. 백마에 가짜 뿔을 달아 비슷해 보이게 만들거나, 어쩌면 언젠가 바이오 기술로 만들어낼 수 있을지도 모른다. 하지만 여기서는 사유 연습이라는 목적상, 불가능한 것은 논리적으로나 경험적으로나 필연적으로 존재하지 않으며 그것의 존재를 긍정하는 것은 모순을 함축한다는 점을 긍정하는 것으로 충분하다.

가능한 존재로서 우연적인 것(뭄킨 알우주드mumkin al-wujūd)은 그것의 존재 혹은 비존재가 불가능하지도 필연적이지도 않다. 그것의 존재를 긍정하거나 부정하는 것이 모순을 함축하지 않는다는 의미에서 그런 존재는 존재론적으로 중립적이다. 따라서 가능한 것으로서 우연적인 것의 본질 안에는 그것의 비존재에 비해 존재에 우선권을 부여할 내재적 요소는 없다. 그 반대도 마찬가지이다. 그것은 본질상 '그 자신에 기인(비다티bi-dhātih)'해서가 아니라 '그 자신이 아닌 다른 것(비가이리bi-ghayrih)에 기인'해 존재하거나 존재하지 않는 것이다. 우연적인 것은 '그 자신이 아닌 다른 것에 기인'해 존재하게 되고, 그것의 존재는 그것의 본질과는 별개이므로, 그것의 존재는 그 자신이 아닌 다른 원천에서 유래한다. 그것은 또한 그 자신이 아닌 다른 어떤 것에 의해 존재를 유지하거나 소멸한다.

필연적 존재(와집 알우주드wājib al-wujūd)에 관해 말하자면, 그것은 본질상 존재하지 않을 수 없는 방식으로 존재하며, 그것의 비존재를 긍정하는 것은 모순을 함축한다. 그것이 존재하지 않는 일은 불가능하기 때문이다. 하지만 필연적 존재는 '그 자신에 기인'해서거나 혹은 '그 자신이 아닌 다른 것에 기인'해서 그렇게 존재할 수 있다.

'그 자신에서 기인한 필연적 존재wājib al-wujūd bi-dhātihi'는 아리스토텔레스의 범주들을 넘어선다. 그것을 정의하거나 기술할 길은 없다. 왜냐하면 그것의 본질은 그것의 존재 이외에 아무것도 아니기 때문이다. 그것은 한정성 없는 순수 존재Pure Existence다(Avicenna 1000-37a: 262-63; 1000-37c: 65; 1000-37e: 36-39, 43-47, 350-55; 1000-37g: 255, 261-65, 272-75, 283-85). 결과적으로, 그리고 '존재being'의 자기-술어를 함축하는 자기-목적적이고 동어반복적인 '존재하다to be'라는 어구의 사용을 피하고자, '그 자신에서 기인한 필연적 존재'에 관해 말할 수 있는 것은 '후날리카hunālika'('있다')가 전부이다. '한정적 존재가 아닌 존재Being'가 '있다'(El-Bizri 2000, 2001, 2006, 2010, 2011, 2014). 이것은 존재 문제의 초월적 특성을 드러낸다. 그것은 이 세상에 내재하여 맹목적으로 숭배까지 될 수 있는 그런 심적 존재자로 변질됨 없이 개념들을 통해 순수하게 이성적으로 사유되는 것이기 때문이다. '그 자신에 기인한 필연적 존재'는 유일무이하다. 만약 그것이 둘이라면, 그들을 서로 구분해주는 차이가 상정되고 그런 식으로 존재할 때 그들은 상호 의존적인 것이므로, 그들이 각기 그 자체로 '그 자신에서 기인'한 것들일 수 없기 때문이다. '그 자신에서 기인한 필연적 존재'는 존재하기 위해 그 자신 말고 다른 어떤 것과도 관계할 필요가 없으며, 존재하지 않는 것이 불가능하다.

이제 '그 자신이 아닌 다른 어떤 것에 기인한 필연적 존재wājib al-wujūd bi-ghayrih'에 관해 생각해보자면, 그것이 현실태로 존재하는 한, 구체적인 현실적 존재라는 점에서 그것의 존재가 부정되기보다 긍정되는 것이 필수 조건이다. 하지만 그것이 현실태로 필연적으로 존재하는 것은 '그 자체에 기인'한 것이 아니라 '그 자체가 아닌 다른 어떤 것에 기인'한 것이다. 그것의 존재는 그 자체가 아닌 다른 것으로부터 부여된 것이다. 따라서 그것은 그것의 본질 바깥에 있는 인과적 원천 덕분에 존재하는 것이다. '그 자체가 아닌 다른 어떤 것에 기인한 필연적 존재'는 그것을 존재하게 한 인과적 원천이든, 그것이 존재하도록 지탱해주는 것이든, 혹은 그것을 소멸시킬 수 있는 다른 원인을 막아주는 것이든, 어쨌든 그 자체가 아닌 다른 것에 의해 잠재태에서 현실태로 옮겨진 '그 자체로 우연적인 존재'이다. 따라서 '그 자체에 기인한 필연적 존재'로서의 '존재Being'와 '그 자체가 아닌 다른 어떤 것에 기인한 필연적 존재'로서 '존재being' 사이에는 존재론적 차이가 있다 (Avicenna 1000-37a: 262-63; 1000-37c: 65; 1000- 37e: 36-39, 43-47, 350-55; 1000-37g: 255, 261-65, 272-75, 283-85; El-Bizri 2000, 2001, 2006, 2010, 2011, 2014).

존재의 존재론적 양상들에 대한 이븐시나의 분석은 통성원리quiddity〔같은 종류의 많은 개체에 보편적으로 속하는 성질]로서의 본질과 있음으로서의 존재 간의 관계 및 구별에 대한 그의 설명과 얽혀 있다. 이는 아리스토텔레스적인 '이것tode ti'(지금 현존하는 것으로서의 '이것임', 그것의 '개성원리haecceitas〔존재의 개체화를 지칭하는 용어]' 혹은 '동일성의 단독성')과 이해하기 어려운 '본질to ti ēn einai'(어떤 것이 바로 그것이 되게 하는 그 무엇)을 상기시킨다. 그런 표현들은 모두 아리스토텔레스적인 범주와 더불어 존재의 다양한 의미에 포함되어 있는 '우시아ousia (실체, 주체, 본질)'를 다시 언급하는 것이다(Aristotle 4c. BCE *Metaphysics* (Theta and Zeta)). 이 우시아론은 존재는 사물 개념에 첨가될 수 있는 실제 술어가 아니라 논리적으로 볼 때 판단의 계사繫辭라는 칸트의 논제를 떠올리게 한다(Kant 1787: A598/B626). 궁극적으로 이븐시나의 '그 자체에 기인한 필연적 존재'는 아리스토텔레스식의 본질주의적인 우시아 기반 실체 형이상학을 극복한다(El-Bizri 2000, 2001).

'공중에 떠 있는 사람'

존재 문제는 이븐시나의 '공중에 떠 있는 사람' 사고 실험과 밀접하게 연결된다(Avicenna 1000-37b: I.1, 15-16; El-Bizri 2016: 45-46). 그 사고 실험은 완전히 성숙한 성인인 내가 뇌졸중으로 감각 지각이 차단되었다는 가설로 시작한다. 즉, 감각적인 방식으로는 아무것도 지각하지 못하게 되었다는 것이다. 그런데 설령 그 가설적 상황에서 내가 내 사지나 기관들을 지각하지 않고 외부 물체들에 대한 어떤 감각도 없으며, 심지어 나를 난타하는 공기조차 느끼지 않는다고 하더라도, 나는 여전히 이븐시나의 어법으로 말하자면 나의 '영혼'이라 할 것의 존재를 긍정할 수 있다. 이렇듯, 자기의식은 신체 감각이나 육체와는 별개로 긍정된다. 내 영혼(자아/자기)의 존재는 내 몸과 구분되며 내성적 자기반성의 직접성 안에서 자기의식의 통일성에 의해 드러난다 (Avicenna 1000-37c: III.1, 2.319-24; El-Bizri 2016: 45). 여기서 우리의 관심사는 의식의 문제가 아니라 **존재의 장**場이 우리의 모든 체지각 체계로부터 가설적으로 분리될 수 있다는 사실이다(El-Bizri 2016: 46). 이븐시나는 영혼을 '기관을 가진 자연적인 신체의 제일 엔텔러키 entelechy'[사물의 직접적이고 현실적인 완전 상태]로 여긴다(Avicenna

1000-37b: I.49, 40). 상호 배타적인 정신과 육체는 '생성된 존재들'이라는 가장 우선적인 유類 아래 존재적으로 포섭되며, 이는 존재적 실체 이원론과 변증법적으로 결합한 이율배반적인 존재론적 일원론을 함축한다(El-Bizri 2016: 46). 영혼의 개별화는 체화된 존재들을 지배하는 삶-세계에서 물리 법칙들의 적용을 받지만, 의식이 생리학에 기초하여 설명되지는 않는다(ibid.: 47).

영혼은 비물리적인 존재이면서도 물리적인 것들에 영향을 받으며, 또한, 삶 속 상황적 경험들과 그 경험들이 체화된 삶에 투영하는 의미들을 통해 지성적이고 행동적인 차원에서 그 자신이 아닌 다른 것을 지향하는 방향성에도 영향을 받는다. 이런 것들이 의식이 개별화되는 기본 원리이다. '공중에 떠 있는 사람' 사고 실험에서 보듯이 사유와 그 사유에 대한 자기의식의 발생은 '있지 않다'가 아니라 '[존재]가 있다'라는 그 자체 동어반복적인 긍정이다. 그 '공중에 떠 있는' 사람은 그 자신이 아닌 다른 것으로부터 존재를 부여받은 것인 한 타자성과 연결된다(ibid.: 51-52). 감정이입에 의해서든, 유비에 의해서든, 호혜성의 기대에 의해서든, 대칭성에 의해서든, 혹은 윤리적 어휘로 말하자면 그들의 부름과 그들의 고통이나 기쁨에 양심상 기꺼이 응답할 자세에 의해서든, 어쨌든 내가 타자와 연결된다면, 타자가 그 자신의 삶-세계를 경험하는 방식이 무엇인지의 문제가 생긴다. 그들은 아마도 나와 유사하고 서로에게 유사한 방식으로 느끼고, 상호주관적인 공감을 표하고, 삶 속 상황적 경험들의 의미를 언어를 통해 교환할 것이다(ibid.: 52). 사고 실험에서는 영혼만 긍정되는 것이 아니라, 문제의 그 '공중에 떠 있는' 사람이 사유 중인 한 '있지 않음'이 아닌 '있음'도 긍정된다. 여기서 의미는 데카르트적인 '나는 생각한다, 고로 존재한다'로 환원되는 것이 아니라, 더 본질적인 측면에서 타자성으로부터 부여된 것으로서의 '[존재]가 있다'로 환원된다. 이것은 창이 없는 모나드 monad〔단자, 다른 것과 일절 영향을 주고받지 않는 자족적이고 정신적인 단순 실체〕의 상황이 아니라, 체화된 삶으로 개별화된 영혼의 상황이다. 개별화된 영혼은 현세적으로 '육신의 죽음을 향해 있는' 중에 '존재를 부여한 자를 향해 있도록' 내던져진 존재다. (이런 그림은 현존재Dasein가 죽음을 향해 나아간다는 하이데거의 실존적 분석과 레비나스가 말한 죽음 이후 타자성으로서의 불가사의한 미래, 그리고 '존재를 부여하는 것'의 본성들을 떠올리게 한다. 이를테면 하이데거의 경우에는 "존재가 … 주어져 있음Es gibt … Sein"[Heidegger 1927: §2]이고, 레비나스의 경우에는 "그저 있음il y a"[Levinas 1979: 25-26]이다.)

내세론? 불멸성?

이븐시나의 이성적 영혼은 몸에 의해 개별화되지만 몸과 구분되며, 몸이 죽더라도 죽지 않고 살아남는다(Avicenna 1000-37b: V.4, 227, 231). 개별화한 영혼의 체화는 존재론적 실재의 쇠퇴 수준을 받아들이게 된다. 하지만 그렇더라도 그것은 잔여의 육체적-자아상 안에서 육체적 감각-운동 기관의 고유감각 형식을 유지함으로써 이성적 영혼이 자체의 동역학과 기억술을 지닐 수 있게 한다(El-Bizri 2016: 47-48). 영혼은 개별화한 체화된 삶 속 상황적 경험들, 기억들, 상상들의 영향을 받으며, 이는 육체적 죽음 이후에 자신의 '환영幻影 같은 신체 자아상'이 존속하는 문제를 좌우한다. 개별화한 불멸의 영혼은 자신의 유한한 육체의 종말 이후에 그런 것들을 회상하게 될 것이다. 그것은 마치 자동 관찰 기계가 탈脫-체화한 관점에서 자기 몸을 벗어나 경험하듯 자기 자신을 바라보는 것과 같다(ibid.: 47-48). 육체는 영혼이 떠날 때 죽는다. 그것은 영혼이 내세의 운명을 위해 자유로워지고, 그럼으로써 생성과 소멸의 물질적 영역에 갇힌 유폐 상태에서 해방되는 것을 뜻한다. '공중에 떠 있는 사람'의 상황은 체화를 관_念으로 변모시킨다. 자아의 신체적 사지가 움직일 수 없고 시들어버린 상태이므로, 내면의 독백 이외에는 어떤 상호작용도 없게 자아를 올가미에 가두고 자아의 포박된 의지가 활성화되지 못하도록 저지된 것과 같다. 형체가 있는 존재는 스스로 움직이지 않으며, 그 자신이 아닌 다른 실체를 통해 움직인다. 그것은 스스로 움직일 수 없는 인간에게도 적용되며, 인간은 오로지 영혼의 주입을 통해서만 움직일 수 있다. 왜냐하면 영혼은 살아 있는 존재의 생명의 본질이기 때문이다.

대략, 이븐시나에게 존재의 존재론적 문제는 현세적으로 체화된 정신-신체 상관의 삶에서 육신이 느끼는 존재적 상황의 삶 속 경험들에 대한 형이상학적 성찰을 뒷받침한다. 이와 더불어 육신의 죽음을 통해 물리적인 몸과 분리됨에도 불구하고 현세적-체화로 개별화된 영혼(알나프스al-nafs)의 내세의 여생에 대한 내세론적 상상들에 대해서도 마찬가지다. 만약 현세적으로 체화된 정신-신체 상관의 삶에서 육신이 느끼는 존재적 상황의 삶 속 경험들이 고난이나 수고로 특징지어진다거나, 육신의 죽음을 통해 구원을 소망할 만큼 견딜 수 없을 정도가 된다면, 영혼의 내세의 여생에 대한 내세론적 상상들은 희망에 찬 약속을 낳을 수 있다. 체화된 정신-신체 상관의 삶을 살아가는 영혼은 '존재를 부여한 자를 향해 존재'하는 가운데 '내세를 향한 존재'가 될 준비를 한다. 이는 인간을 '육신의 죽음을 향한 존재'(단지 하이데거식 '죽음을 향한 존재'가 아니라)로 존재하도록 내던져진 '육체적으로 죽을 운명의 존재자들'로 생각하는 관점에서도 숙고할 수 있다. 체화된 삶이란 육체적으로 죽을 운명을 지닌 육신의 존재자에게 채무로서 존재를 부여한 자가 허락한 차용된 삶이다. 육체의 죽음에서도 살아남는 인간의 영혼은 늘 자신의 존재를 그 자신이 아닌 다른 것에 의해 부여받는다. 그런 영혼은 체화된 삶과 그 이후의 삶에서 자신의 존재적 잠재태를 현실태로 구현해냄으로써 자기실현을 이루며 그러는 가운데 자신의 원천을 지향하게 된다(Gardet 1952: 37, 67). 육체의 죽음 이후에 자신의 원천을 향해 나아가는 방향성을 도와주거나 저해하게 될 삶 속 경험이라는 측면에서 개별화한 영혼의 체화된 삶에서 일어나는 일들이 그런 영혼의 상상된 불멸성에 특색을 입힌다. 영혼이 육체 안으로 들어가 영혼에 동일성을 부여하는 과정에서 육체는 영혼이 우주에서 작동 중인 로고스 혹은 지성과 최적화된 교섭을 나누는 일을 촉진하거나 저해한다. 그런 교섭은 이성적 영혼이 육신의 죽음을 거쳐 육체에서 분리되면서 자신의 원천으로 귀환할 준비를 한다는 견지에서 벌어지는 일이다.

영혼은 체화된 삶 덕에 모양을 갖게 되며, 그런 특징은 탈체화된 불멸하는 영혼의 운명 안에서 유지된다(El-Bizri 2016: 48). 과거 육체의 형상에 담긴 비물리적인 흔적은 그 영혼의 자의식 안에서 유지된다. 체화된 삶을 통해 개별화된 이성적 영혼은 그 자신이 아닌 다른 것을 통해 필연적으로 존재하지만, '그 자체로 우연적인' 존재다. 사유하는 영혼이 자신의 존재를 스스로 의식하는 한, 없는 것이 아니라 있는 것이다. 더불어, 자기인식의 비非재귀성과 내재하는 대상적 내용이 없는 직접성에는, 육체의 의식으로서건 육체의 죽음 이후 의식의 흐름 속에서 자기 동일성을 기억하는 능력들에서건, 시간적 연속성이 있다. 있었던 일에 대한 자각과 있을 수 있는 일에 대한 예지가 유지된다는 것은 그 둘이 모두 과거와 미래를 현재와 함께 얽히게 한다는 것을 뜻한다(Avicenna 1000-37b: V.3, 38-54, 210-16, 234-35; El-Bizri 2016: 49-50).

존재-신학과 신성?

생성된 존재자들은 썩어 없어지게 되어 있다는 점에서, 존재란 생성된 존재자들이 잠시 빌린 것으로서 그들에게 '주어진 것'이다. 따라서 사유란 존재자들의 존재 원천으로 귀환할 운명에 있는 개별화된 불멸의 영혼이 체화된 삶에서만이 아니라 몸의 죽음에 뒤이어 올 수 있는 내세에서도 '존재를 부여한 자'에게 고마움을 표하는 양식일 수 있다. '존재를 부여한 자'의 신비로서 '그 자신에 기인한 필연적 존재'의 불확정성은 확정적 존재자로 지양되는 존재의 확정성으로 탈바꿈한다. '존재 자체'(존재의 불확정성으로서)는 '자기를 위한 존재'(존재의 확정성으로서)이며 또한 '타자를 위한 존재'이기도 하다. '자기를 위한 존재'로서 존재 자체의 확정성은 그 자신이 아닌 다른 것과의 변증법적 구별을 함축한다(El-Bizri 2006, 2010, 2011).

모든 존재자가 '그 자신이 아닌 다른 어떤 것에 기인한 필연적 존재'이고, 그런 존재자들이 원인 자체가 결과인 인과적 순환 속에서 서로의 원인이 아니라고 할 때, 세계와 삶의 총체를 형성하고 있는 존재자들의 총합은 그 자체로 '그 자신이 아닌 다른 것 덕분에 필연적'이다. 이는 세계가 그것의 존재 원천과의 공共영속성을 이룬다는 이븐시나의 논제에도 불구하고 성립한다. 이 논제는 우주론적 신지학에 등장하는 유출(알수두르al-ṣudūr; 알파이드al-fayḍ)에 관한 신플라톤주의적인 설명에 기반을 둔 것이다(El-Bizri 2016: 51). 존재를 넘치도록 유출하는 원천으로서 일자一者는 결정론적으로건 혹은 의지를 발휘해서건 그 자신으로부터 타자성을 유출한다.

같음으로부터의 타자성 유출에 뒤이어 유출된 것이 그 원천으로 되돌아가는 회귀 혹은 상승이 뒤따른다. 이것은 '존재의 거대한 위계적 사슬(스칼라 나투리scala naturae)' 안에서 유추적 연속체의 형태를 띤다. 만약 유출이 유출된 것과 그것의 원천 사이의 존재론적 차이가 상정되는 하강 속에 이뤄지는 추방이라면, 그러함에도 불구하고 유출된 것은 자신의 존재 원천과 늘 연결되어 있으며 자기실현을 통한 상승을 통해 그 원천으로 이끌리게 된다는 말도 성립한다. 인간은 육신의 세속적 영역과 정신의 초월적 영토 사이에 위치하며 체화된 삶에 의해 개별화된 이성적 영혼이 되는 것이다. 존재의 사슬에서 더 높은 영역을 향한 영혼의 상승은 오로지 영혼의 지적 능력이 수행하는 일이며, 그런 원천으로의 이끌림을 염원하는 것 자체가 선_善이다. 왜냐하면 그 원천은 존재의 긍정이자 결핍된 비존재의 부정이기 때문이다.

잠시 체화된 삶의 여러 존재적 가능성 속으로 내던져진 영혼은 육체의 죽음 이후 자신의 원천으로의 귀환을 실현함으로써 비로소 해방된다. 이것이 바로 이븐시나가 시작으로서의 '마브다mabda'와 귀환으로서의 '마아드maʾād'에 대해 설명하는 방식인 원인론적 내세론과 구제적 구원론(Michot 1986: 30-43)이다. 이는 스스로 존재를 보내고 스스로 존재를 물리는 것으로서 유출이 곧 원천에서 추방되는 것이고, 귀환이 곧 그곳으로 이끌려 돌아가는 것이다. 이 그림은 유한한 인간의 신체 소멸에 관해 이야기하는 종교 경전 해석과 해석학적으로나 주해적으로나 잘 맞아떨어진다. "우리는 신의 소유이고 우리는 그분에게로 되돌아갈 것이다['innā li-llāhi wa innā ilayhi rājiʿūn']"(Qur'ān, 'The Heifer' ['al-Baqara'], verse 156 [2.156]).

의미/무의미!

체화된 삶의 의미는 존재-신학적으로는 현세적인 '육체적 죽음을 향한 존재' 안에서 '존재를 부여한 자를 향해 존재하는 것'으로 파악될 수 있다. 육체의 종말에 대한 성찰은 내세의 신비로 들어가는 문을 열 수 있다. 내세란 체화로부터 분리되어 순수 사유의 형식을 띠는 해방된 미래의 존재 양식이다. 존재 문제는 사유를 통해 '육신의 죽음을 향해 나아가는 존재'이자 유한자인 인간의 세계 내 경험들 안에서 살펴진다. 삶의 의미가 타자성을 통해 존재를 부여한 자에 대한 숙고들로 모습을 드러낼 수 있는 것은 바로 그 방법을 통해서다. 살아간다는 것의 의미는 유출에서 추방의 운동 속에 '스스로 존재를 부여하는 자'와 귀환으로서 끌림의 운동 속에 '스스로 존재를 물리는 자'에 대한 사유를 통해 베일을 벗게 된다. 존재의 의미는 '존재를 부여하고 물리는 자'로서의 타자성에 관한 사유를 요청한다.

이런 존재 문제에 관한 사유를 요청하는 것이 바로 의미-생성하기다. 설령 그런 의미 생성의 소재지가 그 자체로 의미를 갖지 않는 것이라 할지라도 그렇다. 타자성은 '타자들과의 존재' 안에서 의미를 생성함으로써, 심지어 고립과 자기만족을 추구할 때도 자아 안에서 그대로 작동한다. 현재의 삶에서 벗어나 살아가는 것도 여전히 일하고 생각하고 활동하고 제작하는 방식들을 물려받는 것이기 때문이다. 그런 방식들은 원래 본인 것이 아니라 전수된 것들이다. 따라서 사밀성(심지어 '공중에 떠 있는 사람'의 차원에서조차)은 이미 타자성에 빚을 진 셈이다. 또한, 설령 현대 과학이 물질적 우주의 구조를 드러내면서 그것이 의인화된 의미와는 아무 관계도 없다는 것을 드러내 밝힌다고 하더라도, 물질의 원리들을 밝히는 활동으로서 과학적 연구의 의의는 유의미하게 남는다. '타자들과 함께 존재'하는 나의 삶-세계는 내 삶에 의미를 부여하는 방법에 대한 실마리를 제공한다. 이를테면, 바쁜 일상과 타인과의 관계(사랑에 빠지기, 자녀 돌보기, 타인과 함께 일하기, 사회적 규범과 국법에 따르기 등등)를 통해서 그렇다. 나 자신의 존재 문제에 주목하지 않을 때라도, 나는 내가 육신을 갖고 지금 여기서 살아가고 있다는 것에 의미를 부여한다. 혹은 나는 나의 현재를 향해 나아가도록 운명지어진 내 과거에서 의미를 발견한다. 혹은 나는 현재의 계기를 현세의 가능성이라는 내 미래의 지평으로 투사한다. 혹은 나는 '육신의 죽음을 향한 나의 존재'를 사후 여생에 대한 예측으로 그려내는 존재-신학적 전환을 통해서, 혹은 더 불가지론적으로 말하자면, 단지 후대에 역사적 흔적을 남기고자 소망하면서 의미를 부여한다.

삶이 무의미하다고 주장하거나 그렇게 믿는 것은 논증을 요구하며, 아무리 회의주의의 목소리를 내는 체하더라도, 그런 논증을 제시하는 것 자체가 논쟁을 통해 이유 있는 의미들을 생성하는 방식이다. 더구나 설령 그런 믿음의 자기논박적 성격이 입증된 논의가 아니라 해도 (즉, 그것을 입증한 논증이 없다 해도), 불안, 혐오, 무관심, 향락적인 생활(삶을 무의미하다고 바라보는 시각과 결합할 수 있는 태도들이다) 등의 삶 속 상황들에 대한 실존적 경험은 여전히 적어도 활동과 행동, 혹은 고립과 무관심에서 발견되는 결핍을 통해 의미를 산출할 것이다. 왜냐하면 무의미함은 그것이 기분, 태도, 처신, 선택에 영향을 미친다는 차원에서 기이하게도 유의미해지기 때문이다. 더구나 만약 일상성이 타자들과 함께 하는 소통적 관계를 요구한다면, 그 또한 의미를 지닐 것이며, 그러지 않으면 기본적 욕구 중 어떤 것도 충족될 수 없을 것이다. 자족을 추구하거나 구걸하거나 자비에 의존하는 경우라 해도, 몇몇 소통적 의미의 표시들은 긍정된다. 향락적 생활양식을 추구하고, 그럼으로써 오로지 육체적 쾌락만을 자신의 생물학적 현실 속의 삶을 긍정하는 양식으로 여기는 것조차도 우리에게 타인을 섬기는 태도를 가지라거나 그들에게 도움을 요청하라고 하는 등의 어지간한 수고와 노동을 요구한다. 그리고 그것이 의미를 거부하는 자를 타자들과 소통적 의미를 교환하는 영역 안으로 다시 집어넣는다. 허무주의자는 타자들과 함께 있으면서 수행하는 행위 속의 의미를 긍정할 수밖에 없다. 설령 그 행위가 논쟁에서 의미를 논박하는 사치를 부리기 위해(아마도 철학자는 그런 식으로 생계를 꾸리는 것일 수도 있다), 혹은 육체적 쾌락의 생활양식을 추구해서 수행된 것이라고 해도 말이다.

이븐시나의 사상과는 별개로, 우리 시대의 삶의 의미에 대한 탐구는 우리가 틀에 집어넣기(enframing, 즉 닦달하기(게슈텔Ge-Stell))'로서의 현대 기술의 본질das Wesen der modernen Technik에 응답하는 가운데 그런 닦달에 휘둘릴 가능성을 반드시 고려해야 한다(Heidegger 1954: 13-44). 만일 우리가 틀에 집어넣어지고 에너지 '예비력', 즉 '인간 자원'으로 받아들여진다면, 그것은 전적으로 우리 자신이 한 일은 아니다. 왜냐하면 기술이 우리의 생각과 갈망과 말하기와 행동하기의 양식들을 만들어낸 것이기 때문이다. 존재 문제의 수수께끼는 우리 자신의 '세계 내 존재'(Heidegger 1927, 1954) 혹은 우리의 삶 속 상황적 경험의 의미에 관해 사유하기를 요청한다. 그러지 않으면, 우리는 상품-물신주의가 주도하는 흔하디흔한 거래관계에서 부려지는 에너지 자원으로 전락하게 된다. 그런 관계는 기술에 의해 늘 틀에 넣어져서 일상에서 늘 준비된 행위를 할 거라는 기대를 형성하게 된다. 존재에 관한 사유는 그런 네트워크 안에 극히 미미하게나마 자유재량의 여지를 열어놓는다. 그런 사유는 존재를 부여하고 물리는 자의 신비에 대한 사색을 바탕으로 육신을 갖고 사는 삶의 현사실성 속에서 '있다'라는 것이 어떤 의미인지 숙고함으로써 이루어진다. 설령 우리가 우리 삶에 투사하는 의미에 관해서, 이를테면, 동기나, 위로나, (우리 자신의 필멸에 관한 번민과 관련하여) 상실과 이별을 겪으며 타자에게서 얻는 위안이나, (존재-신학적 내세론에서) 신의 심판대 앞에 서는 것 등에 관해서 확신을 느끼지 못한다고 하더라도, 존재의 목적이 지닌 신비는 삶의 타자성으로부터 우리에게 떠맡겨지는 것들을 통해서 우리에게 수시로 유의미성을 채워준다.

우리에게는 일상의 교제에서 책임이 부여된다. 우리는 의도적으로 그런 책임을 떠맡기도 하고, 혹은 양심의 부름을 듣고 들끓어 올라 사랑이나 우정으로 유대를 맺은 타인을 위해 자신을 희생하기도 한다. 혹은 의무, 존엄성, 명예, 연민 등의 시민적 감각을 통해 국민이 함께 뭉쳐지기도 하며, 존재를 정의할 수 없을 때 존재-신학적으로 존재의 불가사의를 숙고하기도 한다. 이것들은 행복과 파멸에 대한 삶과 죽음의 본능들을 나타내는 기표들이자(Freud 1920), 우리를 침범하는 타인의 의지에 맞서 싸우는 방식 혹은 우리가 타자에게 우리의 의지를 투사하는 방식 안에서의 기표들이다. 만약 삶의 의미 자체가 우리 존재의 원천으로 이끌리는 현상들에 대한 숙고들로 존재론적으로 충만해진다면, 살아간다는 것 자체가 최소의 저항과 고난 속에서 그런 귀환을 실현하는 길이 될 것이다. 비록 단테의 『신곡』이 이븐시나와는 다른 내세론을 기술하고 있지만, 두 사상가 모두 영혼이 존재의 원천으로 귀환하는 신플라톤주의적 여정을 그린다. 그렇다면, '존재를 부여한 자'에게로 되돌아가는 그런 서사적 이끌림이 우의적으로 지옥과 유사하게 묘사된 것에서 시작해서는 안 된다. 만약 원천으로 되돌아가는 영혼의(자신의 심오하고 불가해한 갈망들 덕분에 존재론적인 흔적을 얻은 채로) 거대한 이끌림이라고 하는 그림이 삶의 의미를 뒷받침하는 것이라면, 그런 상승을 향한 통로들은 미로처럼 구불구불할 것이다. 하지만 이븐시나의 관점에서 볼 때, 다음과 같은 주장은 여전히 성립한다. 즉, 원천에 대한 그러한 신비로운 사랑이 그 존재-신학적 의미를 가장 잘 부여받는 길은 먼 훗날 우리가 일자로 귀환할 때 무엇이 최선인지 밝혀내기 위해 지성(알아끌al-'aql)이 이 존재적 삶을 사색으로 인도하는 것이다.

마이모니데스와 삶의 의미
Maimonides

앨프리드 L. 아이브리Alfred L. Ivry

내가 이 논고를 헌정할 당사자는 제목에 나온 자신의 이름을 인정하지 않을 것이다. 그는 Abū ʿImran Mūsa ibn Maymūn ibn ʿAbdallah al-Qurtubi al-Andalusī al-Israʾīlī(이 이름은 그가 코르도바, 안달루시아, 이스라엘의 혈통을 지녔음을 보여준다)라는 아랍어 이름과 모셰 벤 마이몬Moshe ben Maimon(여기서 그리스어 이름 "Maimonides"가 유래했다)이라는 히브리어 이름으로 불렸다. 유대인 독자들에게 그는 흔히 "람밤Rambam"으로 알려졌다. 이것은 "랍비 모셰 벤 마이몬Rav (rabbi) Moshe ben Maimon"의 머리글자를 따서 만든 이름이다. 혹은 간단하게 라브Rav 또는 람Ram('Rabbenu Moshe'의 머리글자), 즉 시대의 랍비로 불렸다. 그가 살았던 시대는 대체로 12세기였지만(1138-1204), 람밤으로서 그는 적어도 중세부터 오늘날에 이르기까지 랍비 유대주의가 기반을 두고 있는 성서 율법에 대한 탈무드적 해석을 중시하는 모든 이에게 시대를 초월한 빼어난 랍비로 남아 있다.

또한 마이모니데스는 『당혹해하는 자들을 위한 지침서』의 저자로서 확실히 가장 유명한, 최고의 중세 유대 철학자로도 널리 인정받는다.

그 책에서 마이모니데스는 신의 이미지, 그리고 신이 세계와 맺은 관계를 제안하는데, 그것은 그가 랍비로서 남긴 저술들에서 묘사한 이미지와는 (대체로) 크게 상반된다. 장르는 다르지만, 마이모니데스의 랍비로서의 저작과 철학자로서의 저작은 모두 그의 삶의 의미 찾기가 신의 본성을 이해하고 그 이해에 따라 살고자 노력하는 데 있음을 입증한다. 사람들은 신의 본성을 서로 다르게 이해하므로, 마이모니데스는 유의미하게 사는 다양한 방법들을 제공하며, 모두에게 해당할 단 하나의 표준적 의미를 명령하지 않는다. 오늘날에도 그의 랍비로서의 저작과 철학자로서의 저작 중 어느 쪽이 삶의 의미에 대한 그의 개인적 선택을 가장 잘 표현한 것인지에 관해 학자들의 의견은 일치하지 않는다.

마이모니데스의 랍비로서의 위상은 무엇보다 그가 집필한 두 권의 율법 요약서에 기반을 두고 있다. 한 권은 미쉬나Mishnah에 대한 주석서인데, 대략 기원전 100년부터 기원후 200년 정도까지 팔레스타인에서 랍비들이 나눈 토론과 결정사항들을 담은 책으로서 탈무드의 밑바탕이 되는 텍스트에 해당한다. 다른 한 권은 탈무드 율법의 개요서로서, 율법의 근원에 관한 변증론적 논쟁을 덜어내고 주제별로 과감하게 체계화한 책이다. 그는 이 책을 『미쉬네 토라Mishneh Torah』라고 불렀는데, 그 뜻은 '토라의 암송' 혹은 '율법의 반복'으로 받아들일 수 있다. 그는 대부분의 유대인에게는 이 책과 모세오경을 공부하는 것으로 충분해야 하며, 그것이 결과적으로 탈무드 자체의 공부를 불필요하게 만든다고 주장한다(Kraemer 2008: 323; Davidson 2005: 197).

마이모니데스가 동료 종교인들 사이에서 큰 명성을 얻은 것은 다소 아이러니하다. 그가 탈무드 율법을 요약하고 율법의 모든 측면에서 올바른 절차들을 일방적으로 규정한 것은, 랍비 유대주의가 수백 년 동안 함양해왔던 독실함의 독특한 형태인 이른바 탈무드 공부에 큰 위협을 제기한 일이었기 때문이다. 성문 율법과 함께 시나이산에서 처음 주어졌다고 (바리새인과 그들의 랍비 후예들에 의해) 여겨져 구전 율법으로 재가된 탈무드는 유대인이 신과 상시 접속하는 특유의 수단으로 취급되었다. 탈무드의 논증들을 음미하고 숙지하는 것은 인간을 신의 현전에 더 가까이 다가서게 해주는 일로 생각되었다. 따라서 그런 탈무드 공부는 단지 지적 훈련이나 율법 지키기 연습이 아니라 근본적으로 일생에 걸쳐 추구할 수 있고 또 그래야만 하는 영적이고 종교적인 행위였다.

마이모니데스의 『미쉬네 토라』는 율법에 담긴 가능한 모든 이론적 함의들을 그렇게 무제한으로 끝없이 공부할 것이 아니라, 율법을 교리상 의심할 여지가 없는 성문화된 법령으로 탈바꿈시켜 공부가 아닌 참조의 대상으로 만들겠다고 위협한 셈이었다. 법전으로서 그 책이 지닌 탁월성이 탈무드의 대목들을 숙고하는 가운데 경험하게 되는 영적 보상의 미심쩍은 대체물이 되는 셈이다. 그리고 실제로, 마이모니데스가 랍비로서 집필한 저작들은 구전 율법을 통달했다는 점에서 대단히 존중받기는 했으나, 정작 그가 원했을 법한 성공은 거두지 못했다. 전통적인 형태로 수행되는 탈무드 공부가 그의 시대에도 계속되었고, 그 뒤로도(오늘날까지도 정통 유대인들 사이에서는) 유대인의 독실함을 보여주는 특유의 표현으로 남아 있으니 말이다.

유대 율법을 담은 법전으로서 『미쉬네 토라』는 율법에 대한 그 이상의 집착에 암묵적으로 반감을 표명한 것 못지않게, 그 나름대로 율법의 올바른 준수를 다그치려는 의도도 담고 있었다. 법률가로서 마이모니데스는 율법을 지켜야 한다는 요구에 엄격했고, 그렇게 정통적 실천에 충실함으로써 자신의 표면상 정통적인 신앙을 보완했다. 전통적인 탈무드 공부를 대하는 그의 부정적 태도는 유대인의 삶에 새로운 학습 요목을 제공하려는 그의 욕구로 일부분 설명될 수 있다. 그 새로운 학습 요목이란 온갖 형태로 모습을 드러낸 서양 과학에 관련된 것이었다. 그는 그리스 문화가 미성숙 단계의 랍비 유대주의와 처음 충돌을 빚었던 고전기 후기 이래로 "낯설고" 달갑지 않은 것으로 여겨져 왔던 그런 과목들이 유대주의 안에서 다뤄질 수 있는 지적 여지를 만들고 싶었다. 어떤 면에서 탈무드는 유대인이 유배와 빈번한 박해를 당하며 살았던 역사상의 "진짜" 세계 안에 가상의 현실을 창조하고자 세워진 장벽이었다. 소위 탈무드의 "대양"이라고도 불리는 그 장벽은 신봉자들을 보호하는 데 이바지했지만 그들을 그리스-로마 세계의 문예적·과학적 성취들에서 떼어놓는 데도 일조했다. 그 세계에 대한 적대감은 기독교로 인해 한층 강화되었고 유대인이 그런 세계와 연루되지 않도록 거리를 두게 했다.

과학을 대하는 유대인의 그런 부정적인 태도는 7세기에 이슬람의 확산 이후로 바뀌기 시작했고, 뒤이어 철학, 의학, 천문학 및 여타 과학들을 다룬 그리스 문헌이 당시 대다수 유대인의 공용어였던 아랍어로 번역되었다. 9세기에 접어들면서 팔라시파falāsifa로 알려진 이슬람 지식인들이 고대 그리스인들이 다져놓은 오솔길을 따라가며 그들의 연구에 주석을 달고 힘을 보탰다. 과학적·철학적 탐구들과 이슬람 신학의 교의들을 대체로 주의 깊게 구분했던 그들 철학자와 과학자 들은 표면상 중립적인 주요 학습내용을 종교적으로 제시하였고, 유대인들은 그것을 받아들일 수 있었다. 하지만 마이모니데스의 저술들 이전에는, 이제는 접할 수 있게 된 과학적 세계를 감히 연구하고 논평하여 자신들의 지적 지평을 확장할 준비가 된 유대인이 거의 없었다.

미쉬나에 대한 주석과 『미쉬네 토라』에서 마이모니데스는 상대적으로 간략하게나마 자신이 아리스토텔레스주의, 플라톤주의, 신플라톤주의 등 서구 전통의 주류 철학적 흐름에 익숙하다는 사실을 암시한다. 미쉬나에 대한 그의 주석서에 실려 있는, 미쉬나의 「아보트Avot」("아버지들")〔미쉬나에서 가장 널리 알려져 있는 소단원으로 조상들이 남긴 다양한 지혜와 도덕적 교훈이 실려 있음〕에 대한 여덟 장章짜리 서론에서 마이모니데스는 10세기 이슬람 철학자 알파라비Alfarabi가 번안한 『니코마코스 윤리학』을 따라가면서 그 안에 담긴 아리스토텔레스의 가르침을 거의 모두 채택한다(Maimonides 1168: 67). 유사하게, 『미쉬네 토라』를 구성하는 열네 권 중 첫 권에서 마이모니데스는 모든 유대인이 받아들여야 한다고 생각한 형이상학적 믿음들을 간략히 발췌하여 제공한다. 그런 믿음들이 상당 부분 신플라톤주의에서 유래한 것임에도 불구하고 말이다. 그런 다음 도덕적 기질과 윤리적 품행에 관해 이야기하는 율법 담론이 이어지는데, 그 내용은 대체로 아리스토텔레스에게 가져온 것들이다(Maimonides 1170-80: 43-64).

마이모니데스가 주변 동료 대부분이 여전히 논의 금지 대상이자 유대인의 생존에 위협이 된다고 여긴 전체 과학 분야를 찬양하는 일에 푹 빠져든 것은 뭐니 뭐니 해도 그의 『당혹스러워하는 자들을 위한 지침서』에서의 일이다. 책의 서문에서 마이모니데스는, 이슬람 신학에서 주장하는 기회원인론적 믿음들Occasionalist beliefs과 아리스토텔레스와 플로티노스가 주도한 "과학적" 철학 전통(마이모니데스 본인이 선호했던) 간의 갈등에 수반된 쟁점들과 교의들을 충분히 배우기 전까지 그저 미성숙 상태에 머물러 있을 수밖에 없었던 어떤 학생을 계몽하기 위해 그 책을 썼다고 적는다. 그 학생은 그런 충돌에서 채택해야 할 올바른 논리적 방법론이 무엇인지 확신하지 못했고, 마이모니데스는 종교적 믿음은 경험 과학과 논리적 추론에 따라 명백하게 참이거나 고도로 개연성 높다고 증명된 지식에 부합해야 한다고 강하게 주장해야 했다. 아무리 신실하게 주장된 종교적 교의라 할지라도 무제한의 상상이 가능한 영역에 존재할 수는 없다. 신이 아무리 특별한 존재자라고 해도 논리적으로 자기모순이라고 입증된 행동을 하거나 그런 상태가 될 수는 없다.

마이모니데스는 당대의 과학과 우주론을 이용해 신의 현존과 유일성을 주장하였다. 신이라는 존재의 통일성은 너무도 절대적이어서 신의 본질은 명목상 본인이 창조한 모든 속성 및 세계와의 모든 (직접적) 관계를 단절시킨다. 비인격적이고 불변하고 어떤 영향도 받지 않는 신의 이미지는 아리스토텔레스와 플로티노스를 통해 우리에게도 친숙한 것이며, 마이모니데스의 이슬람 선배들 몇몇도 받아들인 것이었지만, 성서에 등장하는 신, 즉 유대교, 기독교, 이슬람교의 인격신 이미지와는 정반대이다. 따라서 『지침서』에서 마이모니데스의 첫 번째 과제는 성서에 나오는 신에 대한 묘사를 문자 그대로가 아닌 은유적인 어휘들로 해석하고, 신과 인간의 조우를 우화적으로 이해하는 것이다. 마이모니데스는 성서가 당대의 믿음과 관습에 순응하기 위해 현교顯教적이고 신화적인 양식으로 써졌으며, 그 안의 율법 중 많은 부분이 고대기에 필수적으로 여겨졌던 이교도의 관행들을 반영한 것이라고 믿는다. 신과 천사들이 선지자들과 조우한 사건들은 모두, 마이모니데스가 보기에는 선지자들이 신의 의지라고 (옳게) 받아들였던 바를 인간적으로 투사한 결과물이다. 설교 대상인 사람들을 위해 대중적이고 분파주의적particularistic인 방식으로 전달된 보편적 진리들이라는 것이다.

성서적 서사에 대한 이런 우화화와 예언에 대한 심리적 해석은 그 이야기의 의미를 특정 시대와 장소에 한정된 것에서 보편적 수준으로 전환하는 효과가 있다. 구술된 역사와 명령받은 율법들은 특별히 이스라엘 백성에게 해당하는 것들이고 그들의 생존과 행복을 의도한 것들이지만, 그 안에서 신봉되는 정치적이고 개인적인 이상理想들은 모든 백성과 모든 시대에 타당한 것이다. 그래서 마이모니데스는 성서가 우연적인 역사적 기원을 초월하여 그것을 따르는 모든 이에게 유의미한 삶을 제공한다고 본다. 물론 아무리 그렇다 해도, 그의 직접적인 관심사는 그의 민족, 그의 모든 동포의 영적인 욕구 충족을 돕는 것이다. 그래서 명시적으로『지침서』는, 제기된 철학적 쟁점들을 알아들을 수 있고 논의된 과학적 주장들을 이해할 수 있는 선택된 소수를 위해 써진 것이지만, 그 책은 또한 인격신의 감정적 행동이라 여겨질 법한 내용도 종종 서술하면서 마이모니데스의 더 급진적인 주장들과는 모순되거나 반대되는 것처럼 보이는 주장들을 제시하기도 한다. 이것이 자신의 진짜 믿음들을 감추기 위한 전략일 수도 얼마든지 있겠지만, 마이모니데스가 그런 방식으로 보통 사람들이 갈망하는 바를 제공하는 것으로도 볼 수 있다. 마이모니데스는 모든 동포에게 그들이 감당할수 있을 만큼의 참된 가르침과 지침을 전달하는 것이, 설령 그로 인해 문제들을 어중간하게 와전하는 일이 벌어지게 되더라도, 어쨌든 자신의 책무라고 믿기 때문이다.

그렇다면, 마이모니데스에게 삶의 의미란 오직 그 자신이나 다른 철학자들을 위해서만 고려되어서는 안 되는 것이다. 삶은 다양해서, 공동체에는 온갖 유형의 삶이 있으며 저마다 이런저런 방식으로 삶에서 의미와 행복을 찾는다.『지침서』는 어느 정도, 그리고『미쉬네 토라』는 훨씬 더 많이, 공동체의 모든 구성원을 만족시킬 수 있는 유의미한 삶의 탐색에 대해 암묵적인 응답을 제공한다. 물론 이상적으로 말하자면,『지침서』에서 표현된 바와 같이, 삶의 의미는 자연 만물에서 신의 현전을 발견하는 것으로부터 찾아져야 한다. 개별 자연과학들에서 형이상학으로 또 거기서 일자一者로까지 이어지는 공부 속에서 신을 발견해야 하며, 그것은 우리가 신이라고 부르는 저 영원한 존재와의 영적 교섭과 그 존재에 대한 열렬한 사랑에서 궁극에 달하게 된다(Maimonides c. 1190: 618-28). 그것은 개별적 지성이 보편적 진리에 참여한다는 측면에서 불멸성의 맛을 경험할 수 있게 해준다. 비록 영혼의 더 많은 개별적 능력들은 그 일에 관여하지 않지만, 이 중대한 지점에 도달한 사람의 이성 능력은 무아경의 기쁨과 행복으로 가득 채워질 것이다. 지속할 수 있는 유일한 정신적 능력은 영원하고 그래서 신적인 존재의 탈脫인격화된 보편적 원칙들로 이루어진 후천적 지성이다.

따라서 마이모니데스는 『지침서』에서 불멸성을 오로지 선택된 소수만이 접할 수 있는 지적·영적인 성취로 제시한다. 이들은 어떤 개인적 호혜성이나 개별 영혼의 불멸성 같은 것 없이 그저 미지의 신에 대한 사랑 속에서 얻는 기쁨을 음미할 수 있는 사람들이다. 이런 믿음은 마이모니데스와 동시대 사람인 아베로에스Averroës의 믿음과 일치한다. 아베로에스는 영혼과 지성에 관한 아리스토텔레스적 관점과 후기-아리스토텔레스적 관점을 다루는 데 할애한 수많은 논고에서 이른바 심령일원설로 알려지게 된 견해를 제기한 바 있다. 그것은 사후에도 지속되는 인간 영혼의 유일한 부분은 땅 위 모든 형상의 직접적 원천인 '능동 지성'과 합일하게 되는 저 완성된 지성이라는 믿음이며, 여기에 영혼의 개별적 혹은 개인적 생존 같은 것은 없다는 것이다.

마이모니데스가 영혼의 능력을 아주 자세하게 분석하지는 않아도 암묵적으로 그는 아베로에스의 심령일원론적 관점에 동의하며, 아베로에스처럼 그런 관점을 선택된 소수를 위한 궁극적인 삶의 경험으로 제시한다(Ivry 2008: 124). 맞수인 그 이슬람 철학자가 그런 것처럼, 마이모니데스는 그 이론에 담긴 더 평등주의적인 함의를 사실상 모른 체한다. 이를테면, 그 이론에서는 사람이라면 누구든지 지식을 획득하고, 그럼으로써 오로지 단 하나의 영원히 참된 존재의 원칙과 결합함으로써 불멸의 수준에 도달할 수 있다는 말이 성립할 것이기 때문이다. 더구나 마이모니데스의 관점에서 볼 때 그 지식을 얻기 위해 전체 과학을 미리 통달해야 할 필요도 없다.

그것은 미쉬나의 「산헤드린Sanhedrin」 단원 제10장을 시작하는 "모든 이스라엘 백성은 다가올 세상에서 몫이 있다"라는 진술에 대한 마이모니데스의 가르침들로부터도 마찬가지로 추론될 수 있다. 거기서 마이모니데스는 불멸성을 보장한다고 주장되는 믿음이라 할 수 있는 신앙의 열세 원칙을 찬미한다. 마이모니데스가 그에 앞서 제기한 언급들에서 드러난 바처럼, "다가올 세상"이라는 것은 유대교에서는 정형화되지 않은 논쟁적 개념이었으며, 마이모니데스가 나열한 믿음의 열세 원칙을 전형적인 미쉬나 독자에게 충분히 이해시키려면 그가 제공한 것보다 더 많은 해명이 요구된다. 하지만 마이모니데스는 어떻게 이해된 불멸성이건 간에 어쨌든, 진리를 부분적으로 불완전하게 파악한 사람들에게 불멸성의 약속을 내민다.

미쉬나에 대한 주석서는 이렇게 불멸성과 그것이 신자에게 주는 행복을 공언한다는 점에서 철학적이라기보다는 교의적인 것이라고 주장할 수 있다. 마이모니데스는 부활과 메시아(에 대한 전통적 이해)를 신앙의 원칙들에 포함했음에도 불구하고 그것들을 믿지 않았다는 의심을 받았다. 하지만 비록 수사적이고 모호하기는 했어도, 배우지 못한 자기 민족 일반 대중에게 마이모니데스가 불멸성의 약속을 내민 것은 그가 단지 엘리트층이 아닌 그보다 더 많은 이들에게 관심이 있었음을 증언해준다. 공동체의 절대다수를 만나 그들의 신뢰를 얻고 그들을 유의미한 삶으로 인도하기 위해 지적 가로대를 낮춘 것이다.

그렇게 민족 전체의 복지에 관심을 둔 것은 미쉬나에 대한 주석서와

『미쉬네 토라』둘 다에서 전반적으로 나타나는 마이모니데스의 정치적이자 도덕적인 가르침의 취지이다. 근본적으로 아리스토텔레스적인 가르침을 받아들인 마이모니데스의 윤리학과 정치철학에서는, 토라 Torah와 랍비 전통을 개인 차원과 집단 차원 둘 다에서 삶에 의미를 부여하려는 시도들로 바라본다. 율법은 예외적인 사람이 아니라 전형적인 사람을 다루며, 모든 사람은 사회와 정치의 통일성을 위해 율법의 요구에 순응해야 한다. 율법 준수는 사람의 행동을 규율하며, 그것은 덕스러운 삶이란 계시가 명한 바에 따르는 삶임을 인정하는 것으로 이어진다. 분노 표현을 제외하고 모든 사안에서 중용이 표준이다. 분노는 멀리해야 하며 오로지 전략적 목적을 위해서만 (통치자가) 분노한 척해야 할 뿐이다. 아리스토텔레스의 가르침에서 벗어난 또 다른 내용 중에는, 마이모니데스가 아리스토텔레스의 자부심 강하고 자기만족적인 사회적 자선가보다 겸손하고 자기를 내세우지 않는 사람을 찬양한 점도 있다. 금욕적 실천을 지향하는 마이모니데스의 개인적인 성향은 그런 행동을 'Tzaddiq' 즉 '경건한 인간'의 행동으로 인정한 데서 증거를 찾을 수 있다. 그것은 'Ḥacham' 즉 단지 "현명"하기만 한 사람의 중용적이지만 더 제멋대로인 생활양식과 대비되는 것이다. 율법은 "현명한" 자와 "경건한" 자를 위한 것이지만, 후자는 글로 된 율법 너머에서 그 내면의 의미를 찾고자 할 것이다.

마이모니데스가 인간 경험의 다양성과 삶의 의미가 평가될 수 있는 정도의 차이를 인정한 것은 그가 남긴 많은 의학 저술들에서도 마찬가지로 뚜렷이 나타난다. 그는 이미 의학 논고들을 잘 읽고 배운 상태로 이집트에 당도했으며, 갈레노스의 (번역된) 저술들과 이븐시나의 『의학 규범』이 그의 주요한 지침서들이었다. 그는 낮에는 내과의로서 이집트 고관과 왕궁의 여타 귀족들을 위해 일했으며, 집으로 돌아와서는 지역 공동체를 위해 진료소를 운영하였다. 그는 용케 수많은 의학 교재를 집필할 시간까지도 쪼개냈으며 그중에는 질병 일반을 다룬 서적도 있고 특정 질병을 다룬 서적도 있었다. 랍비로서의 저술이나 철학적인 저술에서와 마찬가지로, 의학 저술 전반을 통해 마이모니데스는 삶의 의미를 추구하기 위한 선행 조건으로서 건강한 생활양식을 유지할 필요성을 강조한다. 실로 삶의 의미는 건강한 신체와 영혼을 요구하며, 그는 자신이 그 둘 다의 완벽성에 이르도록 사람들을 인도하고 있다고 보았다.

마이모니데스의 가장 방대하고 가장 유명한 저서는 당시에 알려진 의학의 전 분야를 아우른 『의학적 금언들의 책』이다. 그는 이 저술을 스물다섯 편의 논고와 대체로 갈레노스식인 1,500개의 "금언들" 즉 질병의 기술과 치료를 위한 처방으로 나누었다. 그는 구체적인 의학적 쟁점들에 대해서도 다른 논고들을 바쳤다. 이를테면, 「천식에 관하여」, 「치질에 관하여」, 「성교에 관하여」 등과 같은 글들이다. 마지막에 언급한 글에서(한 이슬람 유명인사를 위해 쓴 것이다) 그는 "성교가 잦아진" 해당 인물에게 도움이 될 지침서를 쓰라는 지시를 받았다고 독자에게 알린다. 그는 그 당사자가 수많은 후궁들을 만족시키려다가 거의 초췌해질 지경에 이르렀음을 지적하면서도, 어쨌든 그 지시에 따른다(몇몇 아주 기이한 처방과 더불어). 이 문제에 관한 마이모니데스 본인의 견해는 그의 논고 「건강의 조절에 관하여」에서 표현된다. 거기서 그는 "성교는 대부분 사람에게 해를 입히며 … 건강을 유지하고 싶은 사람이라면 성교에 관한 생각을 최대한 마음속에서 떼어내야 한다"라고 적는다.

마이모니데스가 성적 활동에 대해 드러낸 그런 부정적 태도는 분명히 자신의 개인적 관점이 반영된 것이지만 그는 다른 데서는 그런 활동에 대해 더 긍정적인 견해를 보임으로써 균형을 유지한다. 후자는 유대인 동료 종교인들의 정치/종교적 기대들뿐만 아니라 그의 이슬람 내담자들의 사회적 규범과 현실에 맞게 조율된 것이었다. 그는 유대인이건 이슬람교도건 보통의 사람이라면 이 영역에서 본성의 충동에 따라 방탕하게 굴거나 그런 충동을 아예 거부하는 극단적인 태도가 아니라 중용을 실천해야 한다고 권고한다. 그는 자기처럼 다른 사람도 육신의 자극을 부인하는 데서 삶의 의미를 찾아야 한다고 요구하지는 않는다. 그에게 삶은, 지성을 발휘하여 자연과 우주에 대한 과학적 이해를 통해 세상을 가득 채운 신의 섭리를 이해하는 데 도달하는 정도만큼의 의미를 지닌다. 그런 이해가 신의 사랑 및 존재의 영원한 원칙들과의 교섭으로 바뀌는 것이며, 그것이야말로 삶에서 발견하는 궁극의 의미이다.

에드워드 피저Edward Feser

토마스 아퀴나스는 확실히 삶의 의미에 관해 철두철미 설계된 관점을 갖고 있다. 우리는 그것이 그가 수행한 탐구의 핵심 주제라고까지 말할 수 있다. 내가 아는 한 그가 결코 '삶의 의미란 무엇인가?'라는 질문을 실제로 다룬 적이 없음에도 불구하고 그렇다. 아니, 더 정확히 말하자면, 그는 결코 그 문제를 그런 어휘들로 다룬 적이 없다. 사실, 요즘이야 그 질문이 친숙한 말로 들리겠지만, 원래 그 질문은 삶에 의미가 전혀 없을지도 모른다고 생각하기 시작한 이후에야 비로소 던져진, 뚜렷하게 현대적인 질문이다. 반면 중세인들에게 삶에 의미가 있음은 명백한 것이었다.

이제부터 나는 아퀴나스의 사상에서 그 질문에 대한 답변을 함축하는 요소들을 개진하는 것으로 논의를 시작할 것이다. 앞으로 보게 되겠지만, 그중 일부 요소는 아퀴나스가 받은 철학적 영향들에서 유래한 것이고(특히 아리스토텔레스주의와 신新플라톤주의로부터) 다른 것들은 기독교 전통에서 유래한 것이다. 그다음으로는 어째서 아퀴나스는 그 질문을 오늘날의 친숙한 용어들로 명시적으로 다루지 않았는지, 그리고 어째서 현대 철학자들은 그렇게 하는지 고찰할 것이다. 현대 철학자들은 그 질문에 대한 어떤 답변이든 문제가 있을 수밖에 없다고 생각하곤 하는데, 나는 그들이 그러한 경향을 보이게 된 방식과, 어째서 아퀴나스라면 그들의 생각에 동의하지 않을 것인지에 대해서도 논의할 것이다.

많은 독자는 아퀴나스의 접근 방식이 신과 관계가 있으리라 당연히 짐작할 것이다. 그것은 사실이지만, 오로지 그런 것만도 아니며, 현대의 독자들이 으레 가정하는 그런 방식으로도 아니다.

자연적 목적들

아퀴나스가 아리스토텔레스의 본질주의와 목적론에 찬동한다는 점을 제쳐 놓는다면 그의 철학에서 제대로 이해될 수 있는 것은 아무것도 없다.[1] 본질주의란 자연 만물이 본질 혹은 본성을 지닌다는 논제이다. 그것은 객관적 사실의 문제로서(이를테면 인간적 규약의 문제로서가 아니고), 무언가가 어떤 대상이고 그것의 전형적 속성과 활동이 무엇인지에 관해 실질적 사실이 존재한다는 말이다. 어떤 사물의 본질 혹은 본성에 근거를 둔 특성들 가운데 목적론적 특성들이 있다. 즉, 자연 만물은 바로 그 본질을 가진 덕분에, 혹은 바로 그런 종류의 사물이 된 덕분에, 어떤 특유의 목적 혹은 목표의 실현을 지향하게 된다. 예를 들어, 떡갈나무는 뿌리를 땅속으로 내려서 수분을 흡수하고 도토리 열매를 맺고 광합성을 하는 등의 목적을 실현하는 방향으로 나아가게 된다.

자연적 대상들은 시계, 침대, 컴퓨터 같은 인공물이나 언덕 아래에

---

[1] 아리스토텔레스식 본질주의와 목적론에 대한 상세한 해명과 변론에 대해서는 다음을 보라. Feser 2014b.

무작위로 형성된 돌무더기 같은 단순한 집합체들과 대조되어야 한다. 예를 들면, 시계가 하는 기능을 자연스럽게 지향하는 사물은 없다. 시계는 인간의 발명품이기 때문이다. 특정 금속 조각들을 시계의 톱니바퀴, 분침 등으로 간주한다는 것은 인간의 이해관계에 따른 것이며, 그런 것들 전체가 모여서 시간을 알려준다는 목적 혹은 목표를 지닌다는 것 또한 인간의 이해관계에 따른 것이다. 시계 같은 인공물은 떡갈나무나 다른 자연적 대상과는 달리 내재적인 혹은 "내장된" 목적론이 없다. 그리고 무작위적인 돌무더기 같은 집합체는 시계가 가진 외재적 혹은 관찰자-상대적 목적론조차도 갖지 않는다. 돌멩이도 어떤 최소한의 목적론을 갖는다. 그것은 압력에 버티고 공중에서 떨어뜨리면 땅을 향해 떨어지는 것 같은 목적들을 자연스럽게 지향하는 경향이 있다. 하지만 그 돌무더기는 무더기 자체로서는, 그것을 구성하는 개별 돌멩이들이 가진 자연스러운 경향성의 총합 말고 그 이상의 경향성이 없다.

아퀴나스 같은 아리스토텔레스주의자에게는 자연적 대상의 내재적 목적론이 그 대상에게 **좋음**과 **나쁨**의 객관적 기준을 함의한다.[2] 사물은 본성상 지향하게 되어 있는 목적들을 실현하는 한에서 좋고 그런 목적을 실현하지 못하는 한 나쁘다. 예를 들어, 땅에 단단히 깊게 뿌리를 내린 떡갈나무는 그런 측면에서 좋은 떡갈나무이고, 질병이나 손상으로 인해 그러지 못하는 떡갈나무는 그런 측면에서 나쁜 떡갈나무이다. 여기서 작동하는 "좋음"과 "나쁨"의 의미는 본디 우리가 어떤 사물 종의 좋거나 나쁜 **표본**에 관해 이야기할 때 염두에 두는 것들이다. 허약하고 병든 뿌리를 가진 떡갈나무는 나쁜 떡갈나무 표본이다. 왜냐하

---

[2] 이 가치론에 대한 해명과 변론에 대해서는 다음을 보라. Feser 2014a.

면 그것은 깊고 강인한 뿌리를 가진 떡갈나무와 달리 본성상 떡갈나무가 지향하게 되어 있는 목적을 달성하지 못하기 때문이다. 분명히 여기서 문제가 되는 것이 도덕적인 좋음과 나쁨은 아니지만, 아퀴나스 같은 아리스토텔레스주의자에게 도덕적인 좋음과 나쁨은 그런 더 일반적인 유형의 특수 사례일 뿐이다. 도덕적인 좋음과 나쁨은 이성적 존재의 좋음 및 나쁨과 관련이 있으며, 이성적 존재란 자신이 본성상 지향하게 되어 있는 목적을 추구해야 할지 말지를 선택할 수 있는 자다.

자연적 대상의 내재적인 목적론과, 인공물의 단지 외재적인 혹은 관찰자-상대적인 목적론 사이에 차이가 있다는 것은 시계나 여타 기계들은 자연적 대상을 설명하기 위한 좋은 모델이 아님을 함축한다. 무언가가 좋은 시계인지 나쁜 시계인지 마음-독립적인 객관적 기준은 존재하지 않는다. 왜냐하면 무엇보다 어떤 것을 시계로 간주하느냐 마느냐에 관해 마음-독립적이고 객관적인 실질적 사실이 존재하지 않기 때문이다. 대조적으로, 무언가가 좋은 떡갈나무 표본인지 나쁜 표본인지에 관해서는 객관적인 실질적 사실이 존재한다. 왜냐하면 무언가가 떡갈나무인지 아닌지, 그리고 떡갈나무가 된다는 것이 어떤 것인지에 관해 객관적이고 마음-독립적인 실질적 사실이 존재하기 때문이다.

이런 이유에서 아퀴나스의 관점에서 볼 때 윌리엄 페일리William Paley의 설계 논증이 보여주는 바와는 달리, 신이 세계와 맺는 관계는 장인이 인공물과 맺는 관계와 다르다.[3] 확실히 떡갈나무나 여타 자연적 대상들은 아퀴나스에 의하면 신이 창조한 것들이며, 더 나아가 신이 그것들의 존재를 부양해주지 않는다면 단 한 순간도 현존과 활동을 지속

---

[3] 아퀴나스의 관점이 페일리의 관점과 어떤 관계가 있는지에 관한 상세한 설명에 대해서는 다음을 보라. Feser 2013.

하지 못할 것이다. 하지만 설령 떡갈나무가 신에게서 떨어진 채로는 아예 존재 **자체가 불가능**할 수 있다고 하더라도, 그것은 여전히 자신의 자연적 목표로서 땅에 뿌리를 내리고, 도토리를 생산하는 등의 목적들을 가질 것이다. 그렇게 되는 이유는 단지 떡갈나무가 된다는 것으로부터 그런 목표들을 지향하게 된다는 것이 따라 나올 뿐이기 때문이다. 그것은 시간을 말해주는 시계의 기능처럼 관찰자-상대적인 특징과는 다르다.

그렇다면 '떡갈나무 됨'에는 무언가 의의가 있는 것이며, 그것은 어떤 종류의 자연적 대상이 되건 마찬가지다. 그 의의란 사물이 자신의 본성상 지향하게 되어 있는 목표들을 실현하는 것이다. 예를 들면, 떡갈나무 됨의 의의는 땅에 뿌리를 내리고, 광합성을 하고, 도토리를 생산하는 등등, 떡갈나무다운 사물이 되는 것이다.

자, 인간도 자연적 대상이다. 아리스토텔레스와 마찬가지로 아퀴나스에게, 인간의 본질 혹은 본성이란 **이성적 동물**로서의 본질 혹은 본성이다. 따라서 우리가 본성상 지향하게 되어 있는 목표들은 먹을 것과 피신처를 마련하고 짝짓기를 해서 후손을 낳는 등과 같은 동물적인 목표들을 포함한다. 그러나 이성적 동물로서 우리에게 유별난 특징은 지성과 의지를 소유한다는 것이며, 그래서 우리의 특징적인 목표들은 지성과 의지에 관련된 목표들인 진리와 선이다. 즉, 우리의 지성은 본성상 사물의 이해라는 목표를 지향하며 우리의 의지는 지성이 좋다고 지각한 바를 추구하는 쪽을 지향한다(목적론적이고 본질주의적인 관점에서 이해되고 있는 "좋음"은 앞에서 개관하였다).

그렇다면 인간 삶의 의의는 그러한 목표들을 실현하는 것이다. 그러나 아퀴나스가 보기에 우리가 본성상 지향하게 되어 있는 모든 목표가 동등하게 중요한 것은 아니다. 목표들은 위계적으로 질서를 이루고 있으며, 더 낮은 목표들은 우리를 특유의 인간으로 만드는 더 높은 목표들의 실현을 위해서 존재한다. 특히 우리의 동물적 목표들은 우리의 합리성이 함축하는 목표들, 다시 말해, 참인 것과 좋은 것의 추구를 실현하기 위해 존재한다.

구체적으로 거기에는 어떤 것들이 포함되는가? 아퀴나스는 인간으로서 우리를 충족시킬 수 있는 것이 무엇이냐는 질문에 대해서 가능한 다양한 후보 답변을 검토하면서 잘 알려진 여러 가지 답변이 잘못되었다고 주장한다(Aquinas 1265-74: I-II, 2). 재물이 우리를 충족시킬 수는 없다고 그는 말한다. 재물은 오로지 그것으로 획득할 수 있는 다른 것들을 위해 존재할 뿐이다. 명예일 수도 없다. 명예는 다른 어떤 좋은 것을 실현한 결과로서만 주어지며 그래서 그 자체로는 궁극적으로 좋은 것이 될 수는 없기 때문이다. 같은 이유에서, 명성일 수도 없다. 더군다나 명성은 어떤 좋은 것이 아니라 무언가 나쁜 것의 결과로 생겨날 수도 있다. 권력일 수도 없다. 권력도 역시 어떤 목표를 위한 수단일 뿐이며, 좋은 목표뿐만 아니라 나쁜 목표를 위해서도 행사될 수 있기 때문이다. 쾌락일 수도 없다. 쾌락은 좋음 그 자체를 구성하는 것이라기보다 어떤 좋은 것을 실현함으로써 생긴 부산물이기 때문이다. 단지 어떤 육체적으로 좋은 것일 수도 없다. 그것은 영혼의 좋음, 즉 지성과 의지의 좋음에 종속된 것이기 때문이다. 그러나 아퀴나스의 관점에 따르면 영혼 그 자체일 수도 없다. 왜냐하면 영혼은 창조된 것이며, 창조된 것은 그 어떤 것도 완벽한 충만을 가져올 수 없기 때문이다. 오로지 신만이 그렇게 할 수 있다.

여기서 아퀴나스가 신을 어떻게 생각하는지 이해하는 것이 매우 중요하다.[4] 아퀴나스의 형이상학은 아리스토텔레스의 현실태와 잠재태 이론을 토대로 형성된 것이다. 아퀴나스에게 모든 우연적 사물은 오로지 그것이 존재할 수 있는 잠재성이 바로 그 순간에 현실화한 한에서만 아주 잠깐만이라도 존재할 수 있다. 만약 그것을 현실화하는 자 자체가 현실화를 요구하는 또 다른 우연적 사물이라면, 악성 퇴행에 빠지게 될 것이다. 그러지 않으려면 현실화하는 자들의 연쇄가 순수한 현실태로 존재하는 원인에서 종결되어야 한다고 가정해야 한다. 그것은 현실화할 필요가 있거나 실제로 현실화할 수 있는 잠재태를 갖지 않는 존재이다. 그것은 그저 언제나 그리고 이미, 순수한 현실태이다. 이런 방식으로 그것은 원인 없는 원인일 수 있다. 왜냐하면 잠재태가 없으므로 무언가에 의해 야기된다거나 야기되어야 한다는 형이상학적 선행 조건이 적용되지 않기 때문이다.

아퀴나스가 생각하기에 신은 본질상 그런 존재이다. 이제, 사물들의 원인 없는 원인으로서 순수한 현실태인 신은 또한 세계의 궁극적 설명 근거이기도 하다. 따라서 지성이 세계의 이해라는 자신의 자연적 목표를 완전히 성취하기 위해서는 신을 아는 것이 꼭 필요하다. 신은 또한 가장 완벽하게 좋은 존재이기도 하다. 왜냐하면, 아퀴나스의 관점에 의하면, 현실화라는 개념에 비추어볼 때 목표의 실현으로서 좋음의 개념이 추가 분석을 통해 필시 따라 나오기 때문이다. 예를 들어, 강하고 깊게 뿌리 내린 떡갈나무는 그런 측면에서 좋은 떡갈나무이다. 병든 떡갈나무가 하지 못한 방식으로 뿌리를 자라게 해서 자신의 내재적 잠재태를 실현한 것이기 때문이다. 만약 신이 순수 현실태라면, 신은 완벽하게 좋은 존재이어야 한다. 따라서 신과 함께한다는 것은 또한 인간의 의지가, 좋음의 추구라는 자신의 자연적 목표를 완전히 실현하기

---

4   아퀴나스가 신의 현존과 본성에 관해 제시한 논증들의 해명과 변론에 대해서는 다음을 보라. Feser 2009: ch. 3. Cf. also Feser 2017.

위해서도 필수적이다.

그러므로 아퀴나스에게 신은 우리의 제일원인이자 동시에 최종 목표이기도 하다. 우리는 그것으로부터 나와서 그것으로 되돌아가고자 한다. 신에게서 와서 신에게로 되돌아간다는 이 논제는 신플라톤주의 철학자 플로티노스에게서 나타나는데, 아퀴나스는 그것을 아리스토텔레스식 형이상학에 비추어 해석하면서 자신의 『신학대전』에서 무엇보다도 중요한 논제로 삼는다. 그는 또한 인간 운명을 바라보는 기독교 특유의 사고방식을 그 논제에 접목한다.

초자연적인 목표들

아퀴나스의 관점에 의하면, 지금까지 기술한 모든 것은 순수하게 철학적인 논증들을 통해 원리상 알 수 있고, 우리가 지닌 자연스러운 힘들을 통해 이론상 성취할 수 있는 것들이다. 더 넓게 봐서 경전이나 특별한 신적 계시 가운데 그 어떤 것도 엄밀히 말해 필요하지 않다. 아리스토텔레스나 플로티노스 같은 이교도 철학자들이 신이나 인간 존재의 의의에 관해서 그처럼 많은 것을 알 수 있었던 이유가 바로 그것이다. 지금까지 다룬 쟁점들은 자연신학과 자연법의 문제들이지 기독교 자체의 문제들이 아니다.

하지만 그런 영역들에서 우리의 자연적인 능력들에는 심각한 제약이 존재한다. 첫째, 원리상 가능한 것과 현실적으로 실제 성취되는 것 사이에 매우 큰 격차가 존재한다. 우리는 이성적 '동물'이기에, 우리의 지성과 의지는 (비물질적인 천사들의 그것들과는 달리) 육체에 묶인 신세다. 그래서 지성은 지식 획득을 위해 감각의 입력을 요구하는데, 우리의 오관은 세계에 관해 매우 제한적인 정보만을(시간과 장소에 좌우되는) 제공하며 또한 오작동도 쉽게 일어난다. 그러므로 우리는 일상의 경험에서 아주 멀어진 문제들에 관해 추론할 때 심각한 오류에 빠질 수밖에 없다. 신의 존재와 본성에 관한 지식은 최적의 상황에서조차 오로지 부분적이고 오류와 뒤섞일 가능성이 있다. 더군다나 우리가 동물로서 보유한 신체적 욕구는 최고의 좋음을 추구하려는 우리를 쉽게 일탈시킬 수 있다. 그에 따라 우리는 심각한 도덕적 오류에 빠질 수밖에 없으며, 우리를 신으로부터 멀리 떼어놓는 행동 습관을 기르게 될 수밖에 없다.

둘째, 신에 대한 가장 완벽한 지식과 우리가 신과 자연스럽게 나눌 수 있는 영적 교섭이라고 해봐야 지극히 불완전할 뿐이다. 그것은 고도로 철학적이고 추상적이며, 지성이 자연스레 주의를 기울이게 되는 물질적 실재로부터 되도록 멀리 벗어날 것을 요구한다. 우리는 신이 어떤 존재인지보다 어떤 존재가 아닌지를 파악하기가 더 쉬우며, 어떤 성질이 되었든 신에게 있다고 여겨지는 성질을 말할 수 있으려면 명료한 언어보다는 비유적인 언어를 사용할 필요가 있다. 우리의 의지는 또한 세속적인 목표의 추구를 넘어서 내세적인 최고의 목표를 향해 우리를 데려갈 수 있도록 힘써야 한다.

기독교가 계시한 것은 신에 대한 초자연적인 지식과 신과의 영적 교섭의 가능성이다. 이 맥락에서 "초자연적"이라는 말은 마술, 유령, 악귀 등 대중적으로 그 용어와 결부되는 다른 어떤 것들과도 아무런 관계가 없다.[5] 초자연적 목표는 사물의 자연적 목표와 능력 너머에서 그것들에 부가되는 것이다. 다시 말하지만, 우리가 자연적 능력들을 사용하기 때문에, 신에 대한 우리의 지식과 신에 대한 우리의 갈망은 지

---

5   초자연적인 것과 그것의 올바른 해석을 둘러싼 논쟁을 아퀴나스가 어떻게 이해하는지 상세히 다룬 논고로 다음을 참고하라. Feingold 2010.

적·도덕적 오류와 크게 뒤섞일 수밖에 없다. 신의 초자연적인 조력이 그런 오류에 빠지는 것을 막아줄 수 있을 것이다. 또한 우리가 자연적인 능력들을 사용하기 때문에, 신에 대한 우리의 지식과 신과의 영적 교섭은 최적의 상황에서조차 고도로 제한될 것이다. 신의 초자연적인 조력이 신에 대한 훨씬 더 심오한 지식과 신과의 훨씬 더 내밀한 영적 교섭을 제공해줄 수 있을 것이다. 그것이 바로 육체의 한계를 우회하여 신의 본성을 **직접적으로** 깨닫는, 이른바 **지복직관**beatific vision이다.

기독교 신학에 따르면, 인류는 창조될 때 정확히 그런 초자연적 재능을 부여받았으나 그것을 거부하였다. 원죄의 처벌은 지복직관의 초자연적 목표에 이르는 통로가 차단되고(신에 대한 단지 자연적이고 철학적인 지식의 가능성은 여전히 열려 있다) 우리의 자연적인 지성과 도덕의 힘들이 작동할 때 발생할 수 있는 기능 장애를 방지하는 초자연적인 조력이 상실되는 것을 함의한다. (불완전한 방식으로 그런 힘들을 사용하는 것은 여전히 허용된다.) 구원이라 함은 이런 상실된 초자연적 재능의 복구를 의미한다.

따라서 아퀴나스는 이런 기독교 신학에 대한 이해를 자신의 사상 체계에 통합하면서 인간이 이중의 존재 의의를 지닌다고 여긴다. 인간은 신에 대한 지식이라는 자연적인 목표를 가지며, 이교도 철학자들은 적어도 그런 지식에는 접근하였다. 인간은 지복직관이라는 초자연적 목표를 가지며, 그것은 기독교 신학이 은총이라고 부르는 특별한 신의 조력과 별개로는 가능하지 않다.

목적 없는 세계

초기 근대 철학은 아마도 다른 무엇보다 아리스토텔레스적인 본질주의와 목적론의 거부로 정의된다고 말할 수 있을 것이다. 데카르트, 뉴

224

턴, 페일리 같은 근대 초기 사상가들은 자연적 대상(아리스토텔레스적인 의미에서 "자연적"인)과 인공물 사이의 구분을 없애고, 모든 사물을 인공물로 취급하였다. 식물, 동물, 돌, 물 같은 경우는 신의 인공물인 셈이다. 시계 부품에는 내재적 목적론이 없고 다만 시계 제작자가 외재적 목적론을 부과할 뿐인 것처럼, 이 관점에 따르면 생명체와 비유기적 현상 역시 그 어떤 내재적 목적론을 갖지 않는다. 그런 것들이 드러내는 모든 목적론은 바깥으로부터, 외재적으로, 신적인 설계자의 의도로부터 주어져야 한다. 후기 근대 철학자들이 실재의 그림에서 이런 신적 설계자마저 퇴출해 버렸을 때, 그런 외재적 유형의 목적론마저도 함께 쫓겨났다. 불가피하게 이제 세계는 의의나 목적이 완전히 없어진 것처럼 보이게 되었다.

물론 개별 인간들이 지닌 목적들이 여전히 존재했다. 그러나 그런 목적들은 두 가지 방식으로 문제가 되었다. 첫째, 내재적 목적론, 즉 사물의 본성에 근거를 둔 목적론이 부재한 상황에서 개별 인간의 목적이란 단지 임의적이고 우연적인 것으로 보인다. 그 자체로 인간 존재의 의의가 되는 그런 목적이란 있을 수가 없다. 특정 개인이 실현하느냐 못하느냐와 상관없이 존재하는 목적, 객관적 사실의 문제로서 그것의 실현이 당사자에게 좋고 충만한 일이 되는 그런 의미의 목적 같은 것은 없다. 이 사람 저 사람이 어쩌다 갖게 된 목적들만 있을 수 있을 뿐이며, 그런 목적들은 인간 본성의 바로 그 본질이나 본성에 들어 있는 그 어떤 요소도 반영하지 않기 때문에, 그것의 실현을 좋게 보는 관점은 객관적 지위를 누리지 못한다.

둘째, 대부분의 근대 철학자가 당연시하는 형이상학적 세계관을 고려할 때 우연적인 개인적 목적조차도 바로 그것의 존재 자체가 문제가 된다. 이번에도 역시, 그런 그림 아래서는 아리스토텔레스적인 종류의 내재적 목적론은 존재하지 않으며, 페일리식의 그 어떤 외재적 목적론 역시 존재하지 않는다. 존재하는 모든 것은 결국 역장力場들에 들어가 있는 목적 없는 입자들로 구성된 것임을 의미할 뿐이다. 따라서 인간의 사유와 행동이 드러내는 것으로 보이는 목적 혹은 목적론은 실제로는 다른 무언가로 환원되거나(최종 원인이 아니라 유효한 인과관계의 패턴들로) 아예 완전히 제거되어야 한다. 다윈식 설명들이 생명체 안에 진정으로 환원 불가능한 목적론은 존재하지 않고 다만 그런 것에 대한 환상만이 존재함을 보여준다고 주장하듯이, 유물론적인 설명들은 인간의 사유와 행동에서 환원 불가능한 목적론이 존재하지 않음을 보여준다고 주장한다.

이것이 근대 철학자들이 삶의 의미 문제라고 특징지은 문제의 기원으로 보인다. 상식적으로는 우리의 행위에 목적이 있고 자연에도 마찬가지로 목적들이 있어 보인다. 그러나 대부분의 근대 지성인이 수용하고 근대 과학에서 지지 근거를 찾았다고 생각한 형이상학적 그림은(물론 그런 그림이 실제로 근대 과학으로부터 따라 나오느냐는 논쟁거리이지만)[6] 자연에 목적이란 전혀 존재하지 않으며, 더 나아가 우리가 사유와 행위 속에서 발견한다고 생각하는 목적조차도 단지 착각임을 함의한다. 그렇게 해서 우리는 "삶의 의미란 무엇인가?"라고 묻게 된 것이며, 그렇게 해서 대체로 근대 철학자들은 그런 것이 전혀 존재하지 않는다는 것이 피할 수 없는 답변이라고 생각하게 된 것이다.

---

[6] 나는 근대 과학의 결과들에서 비非목적론적인 형이상학이 읽힐 수 있는 경우란 그것을 먼저 그런 결과들로 읽는 경우뿐임을 주장한다. 근대 과학의 결과들 자체는 아리스토텔레스적 해석과 비非아리스토텔레스적 해석 사이에서 중립적이기 때문에, 어느 해석을 받아들이느냐는 궁극적으로 과학적인 문제라기보다 철학적인 문제이다. 이에 관해 다음을 보라. Feser 2008.

아퀴나스는 결코 그런 방식으로 문제를 설정한 적이 없다. 정확히 그 이유는 그가 근대 철학자들이 당연시하는, 극단적인 비非목적론적 용어들로 세계를 생각하지 않기 때문이다. 그가 진실로 묻는 것은 우리의 "최종 목적"에 해당하는 것이 무엇인지이며, 그런 질문은 어쨌거나 그런 최종 목적이 있음을 전제로 해야 성립한다. 근대인들이 "삶의 의미가 무엇인가?"라고 묻는 이유는 삶에 실제로 의미나 의의가 있다고 확신은 하는데 다만 그 의미가 구체적으로 무엇인지를 잘 몰라서 궁금하기 때문이 아니다. 오히려 삶에 정말로 어떤 의미나 의의가 있는 것인지 자체를 의심하기 때문이다. (정확히 우리가 어떤 행위에 아무런 의의도 없다고 판단할 때, 수사적으로 "도대체 요점이 뭐야?"라고 묻는 방식과 비교해보라.) 간단히 말해서, 근대 철학자들은 근본적인 차원에서 인간 존재에 어떤 의의가 있느냐 없느냐를 물으면서 부정적인 답변 쪽으로 기울어진 반면, 아퀴나스는 그 질문에 대한 답변이 긍정적이라는 것에 아무런 의심도 없으며 대신 그 질문을 인간 존재의 의의가 구체적으로 무엇인지 묻는 것으로 다룬다.

아퀴나스가 그 답변이 긍정적임을 의심하지 않은 이유가, 그의 유신론 때문이 아니라 그의 본질주의적이고 목적론적인 형이상학 때문이라는 점을 강조하는 것이 중요하다. 모든 자연적 대상은 자연적 목적이라는 측면에서 의의를 지니며, 그러기에 인간이 그런 목적을 갖는다는 것이 문제가 될 리 없다. 불가능한 일이기는 하나 설령 신이 존재하지 않는다고 하더라도, 그것은 여전히 참일 수 있다. 그런 경우 그 의의가 무엇이냐는 달라지겠지만, 아무런 의의도 존재하지 않는다는 결론은 따라 나오지 않는다.

이런 이유에서 아퀴나스라면 삶의 의미에 관한 질문에 답변하려는 시도들에 관하여 근대 철학자들이 표현한 일부 염려에 별로 마음을 쓰지 않았을 것이다. 이를테면, 앨런 레이시Alan Lacey가 이렇게 물을 때 그런 염려가 표현된 것이다.

> 우리는 의미들을 잘 담은 접시가 우리에게 건네질 것이라고 기대할 수도 없지만, 설령 건네진다 한들 그것들이 우리에게 어떤 쓸모가 있겠는가? 신이 나를 창조할 때 나름의 목적이 있었는지는 몰라도 어째서 내가 그것을 받아들여야 한단 말인가?(Lacey 1995: 487-88)

이런 견해는 인간 존재의 의의가 불가피하게 우연적인 어떤 것이 되리라고 미리 가정한다는 것이 문제다. 이런 언급은 예를 들면, 만약 신이 우리를 창조했다면, 우리의 목적은 시계 제작자가 어떤 금속 조각에 부여하는 시간 알려주기라는 목적과 비슷할 것이라고 처음부터 생각하는 것이다. 신은 지금 그것 말고 다른 어떤 목적을 부여할 수도 있었고, 아예 어떤 목적도 부여하지 않을 수도 있었다. 그러나 아퀴나스의 관점에서 볼 때 그것은 창조의 작동 방식이 전혀 아니다. 신이 유형 X의 자연적 대상을 창조할 때, 그것의 목적 혹은 목표는 그것이 X의 본질 혹은 본성을 갖는다는 사실로부터 도출되며, 신이 임의로 정한 규정으로부터 도출되는 것이 아니다. 다시 말하지만, 설령 X가 신과 별개로 존재할 수 있더라도, 그것은 X 특유의 자연적 목적 혹은 목표를 여전히 가질 것이다.

아퀴나스의 관점에 의하면, 어떤 자연적 대상이 자신의 본성이 함축하는 목적 말고 다른 어떤 목적을 실현하는 것도 좋을 수 있다고 제안하는 것 또한 말이 되지 않는다. 왜냐하면 어떤 사물에 좋거나 나쁜 것은 그것의 본성 안에 내재한 목적들에 의해 **규정되는** 것이기 때문이다. 어떤 사물이 그런 목적들에 어긋나는 행위를 하는 것이 그 자신에게 좋다는 것은 형이상학적으로 불가능하다. 떡갈나무가 지성을 부여받았고 우리가 이렇게 묻는다고 가정해보자. "땅에 뿌리를 내리고, 도토리를 생산하고, 광합성을 하는 등의 목적들이 네게 어떤 쓸모가 있는가? 어째서 그런 목적들을 네 것으로 받아들이는가?" 떡갈나무는 이렇게 답할 수 있다. "지금 무슨 말을 하는 건가? 나는 떡갈나무다. 그런 목적들을 추구하지 않는 것이 어떻게 내게 조금이라도 좋은 일이 될 수 있단 말인가?" 같은 방식으로, 아퀴나스가 보기에, 우리의 본성상 지향하게 되어 있는 목적들 말고 다른 어떤 것을 추구하는 것이 좋을 수도 있다는 제안은 아무 의미가 없다. 레이시와는 반대로, 우리가 그런 목적들을 "받아들여야" 한다거나 "쓸모"를 찾아야 한다는 문제는 있을 수가 없으며, 마찬가지로 이성적 존재가 되는 것의 본성을 "받아들이거나" 혹은 그것의 "쓸모"를 찾는 것과 관련해서도 아무런 의문이 존재하지 않는다. 우리의 본성이 그렇듯, 아니 실은 우리의 본성 때문에, 이런 목적 혹은 목표는 우리에게 그냥 주어진 것이며 달리는 주어질 수가 없었다.

아니, 적어도 아리스토텔레스적인 본질주의와 목적론 같은 것을 전제한다면 그렇다. 그런 형이상학적 배경이 마련되면 삶의 의미 문제는 거의 생기지도 않지만, 생길 때도 긍정적 답변이 쉽게 주어질 수 있다. 그런 형이상학적 배경이 없다면, 그 문제는 명백하고 절박한 방식으로 발생하지만, 부정적으로 외에는 달리 대답하기가 불가능해 보인다.

16

몽테뉴와 삶의 의미

Montaigne

스티븐 리치|Stephen Leach

작고한 T. S. 엘리엇의 부인 발레리 엘리엇은 1970년 2월 10일 자『더 타임스』에 기고한 글에서 다음과 같은 일화를 전한다.

> 남편 T. S. 엘리엇은 어느 늦은 저녁에 택시를 잡았던 이야기를 즐겨 하곤 했지요. 택시에 올라타자 기사가 이렇게 말하더래요. "당신은 T. S. 엘리엇이로군요." 어떻게 알았냐고 물었더니 이렇게 대답했다더군요. "아, 제게는 유명인사를 알아보는 눈이 있습니다. 얼마 전에는 저녁에 버트런드 러셀이 타기에 이렇게 말했죠. '저, 러셀 경, 이 모든 것의 [인생의 의미]는 도대체 뭡니까?', 그랬더니, 그 양반, 아무 말도 하지 못한 거 아시죠."

나는 몽테뉴라면 똑같은 상황에서 그 택시 기사의 질문에 매우 간명한 답변을 내놓았을 것이라고 주장할 작정이다. 점잖지만 질문 자체만큼 간결하고 간단명료한 답변을 말이다. 몽테뉴라고? "당연히 몽테뉴는 위대한 인물이 아니다"(Friedrich 1991: 2). 다정다감한 친구이자 유쾌한 동료지만, 아무래도 그가 그런 가장 심오한 철학적 난제에 직면했을 때 제일 먼저 조언을 구할 만한 그런 사람은 분명 아니지 않은가?

그와는 반대로 나는 몽테뉴의 답변이야말로 간결하고 명료할 뿐만 아니라 '이 모든 것의 의미는 도대체 무엇인가?', 즉 '인생의 의미란 무엇인가?'라는 질문에 대해 주어질 수 있는 최고의 답변일 수 있다고 주장할 것이다. 사실상, 나는 그것이 철학자가 제공해서 말이 되는 유일한 답변이라고 주장할 것이다.

간단히 말하자면, 나는 몽테뉴가 이렇게 답변했으리라 믿는다. "스스로 해결해보시죠."

> 지금껏 철학은 모든 이에게 알맞은 평안의 길을 도무지 찾을 수 없었으니, 모두가 개인적으로 그 길을 찾아보자('Of Glory', 1578-80: 572).[1]

물론 만약 몽테뉴가 그런 답변을 내놓았다면, 택시 기사가 러셀 이야기와 매우 유사한 이야기를 떠들어댈지도 모른다. "얼마 전에는 저녁에 미셸 드 몽테뉴가 타길래 '도대체 이 모든 것의 의미는 뭡니까'라고 물

---

[1] 이 논고에 표시된 모든 집필 연대는 도널드 프레임Donald Frame이 편집한 몽테뉴 『선집』의 목차에서 가져온 것이다(Montaigne 1580-92). (몽테뉴만큼 간명하게 답변을 제공하지는 않더라도, 아마도 러셀 역시 그 택시 기사의 이야기가 우리의 상상을 자아내는 것만큼 그렇게 말문이 막히거나 하지는 않았을 것이다. 1931년에 러셀은 철학자 윌 듀런트Will Durant에게 일률적인 양식의 편지 한 통을 받았는데, 그 내용은 듀런트가 다수의 당대 저명 인사들에게 "인간 삶의 의미 혹은 가치가 무엇입니까?"라고 묻는 것이었다. 러셀은 이렇게 대답했다. "지금 당장은 너무 바빠서 도대체 삶에는 아무런 의미가 없는 것이라고 확신할 수밖에 없음을 말씀드리게 되어서 유감입니다. 사실이 그러할진대, 제가 당신의 질문들에 대해서 어떻게 말이 되게 답할 수 있을지 모르겠군요./저는 진리 발견의 결과가 어떻게 될지 우리가 판단할 수 있다고 생각하지 않습니다. 지금껏 발견된 진리가 없었으니까요"(Russell 1968: 205).)

었더니, 그 양반, 아무 말도 하지 못한 거 아시죠." 그렇게 말할지도 모를 일이지만, 아마도 그건 틀린 생각일 것이다.

택시 기사가 즉답을 기대하고 대답을 듣지 못해 실망한 데는 대단히 몰沒철학적인 무언가가 있다. 반면에 몽테뉴의 답변은 철학을 하라는 권유이다. 왜냐하면 몽테뉴의 말은 철학이 단정적인 즉답을 제공하지 않으니 우리가 철학을 접어야 한다는 것이 아니기 때문이다. 그는 삶의 의미는 아무거나 자신이 의미 있다고 받아들이면 그만이라고 말하는 것이 아니다. 전혀 아니다. 오히려 그는 철학이 우리가 모두 동의할 수 있는 답변을 제공하지 않기 때문에 어쩔 수 없이 우리는 자신이 가진 자원을 사용하여 스스로 살펴보고 스스로 생각해야만 한다고 제안하는 것이다. 당연히 그것이 지혜의 사랑, 철학의 출발점이다. 우리에게 스스로 생각하라고 가르친다는 그런 의미에서 "우리에게 사는 법을 가르치는 것이 바로 철학이다"('Of the Education of Children', 1579-80: 146).

이 시점에서 일부 독자에게는 다음과 같은 반론이 떠오를 수 있다. 몽테뉴는 삶의 의미를 찾는 일('내가 무엇을 아느냐?'라는 질문에 대한 답변으로서)이 아니라 삶 속 의미를 찾는 일('내가 무엇을 해야 하느냐?'라는 질문에 대한 답변으로서)에 관심이 있는 것이며, 그게 아니라면 그 두 질문을 뒤섞은 것이다.[2] 답하자면, 나는 그 둘이 서로 다른 질문임을 부인하지 않을 것이다. 그러나 그 반론은 번지수를 잘못 짚은 것이다. 왜냐하면 몽테뉴의 답변은 두 질문 중 어느 하나가 다른 것보다 더 근본적이라는 생각을 전혀 함축하지 않으면서 두 질문에 모두 답하

---

[2] 타르탈리아의 저서 『무의미한 삶 속의 철학Philosophy in a Meaningless Life』의 머리글을 보라(Tartaglia 2016a).

232

고 있기 때문이다. 하지만 비록 두 질문이 별개라 해도, 그 둘은 어느 한 질문에 대한 답변이 다른 질문에 대한 답변에 영향을 미칠 수 있음을 우리가 암묵적으로 이해하고 있다는 측면에서 서로 관계가 있다고 나는 믿는다.

편지와 여행일지를 포함해서 몽테뉴『전집』은 분량이 1300쪽이 넘는다. 그의『전집』은 생애 후반부 전체를 바라보는 저자 자신의 사유에서 온갖 우여곡절과 비일관성을 드러내는 것으로 유명하다. 그리고 그 저술로부터 나는 아까의 그 세 단어짜리 답변 문구를 추출한 것이다! 하지만 이 경우만큼은 몽테뉴가 그 특별한 질문에 대해 대단히 일관적이다. 즉, 말과 행동에서 그는 그 자신의 충고를 따르고 있다.

철학과 자전적 기록이 혼재된 그의『수상록』에는 이례적인 망설임이 담긴「독자에게」라는 짧은 꼭지가 머리말로 붙어 있다.

독자여, 이 책은 선한 신념으로 써진 것이다. 나는 이 책 안에 어떤 목적도 설정하지 않고 오로지 가정적이고 사적인 것들만 담았음을 처음부터 경고해둔다. 나는 그대나 나 자신의 영광에 이바지한다는 생각이 추호도 없다. 내가 가진 역량은 그런 목적에는 적합하지 않다. 나는 이 책을 내 친척들과 내 친구들의 사사로운 편의를 위해 헌정했으며, 그럼으로써 그들이 나를 잃었을 때(머지않아 그래야만 하리라), 이 책에서 나의 습관과 성미의 몇몇 특징을 떠올릴 수 있을 것이고 그를 통해 그들이 나에 대해 가지고 있는 지식을 더 완벽하고 생생하게 간직할 수 있을 것이다.

만약 내가 세상의 호의를 얻고자 이 책을 썼다면, 나는 나 자신을 더 잘 장식해야 했을 것이고, 나 자신을 잘 꾸며진 태도로 선보였어야 했을 것이다. 여기서 나는 억지를 부리거나 책략을 꾸미는 일 없이 단순하고, 자연스럽고, 일상적인 모습으로 비추어지기를 원한다. 왜냐하면 내가 묘사하는 것은 나 자신이기 때문이다. 대중에 대한 존중이 허락하는 한, 여기서 나의 결함은 생긴 그대로 읽히게 될 것이며, 내 타고난 외형 또한 그러할 것이다. 만약 내가 자연의 제일 법칙들이 주는 달콤한 자유 속에 여전히 살고 있다고 전해지는 그런 나라들에 있었다면, 나는 여기서 기쁜 마음으로 나 자신을 통째로 완전히 적나라하게 묘사했을 것이라고 그대에게 장담한다.

그러니 독자여, 나 자신이 바로 내 책의 소재이다. 그대로서는 그대의 여유로운 시간을 그렇게 너무 시시하고 헛된 주제에 소비한다는 것이 불합리한 일이 될지도 모르겠다.

그러면 안녕히. 몽테뉴, 3월 1일, 1580년.[3]

이것은 정직하지 않은 글일 수 있다. 몽테뉴는 실제로 자기 논고의 성공을 즐겼고, 자신에게 꽤 많은 허영이 있음을 인정한다. 하지만 그렇다 하더라도 우리가 『수상록』 자체에 관심을 기울일 때, 다음 글이 작품의 특성 및 그의 목적들에 대한 추가적인 설명들과 일치하는 것을 발견한다.

최근에 내가 은퇴하여 가정으로 돌아와 가능한 한 나의 남은 짧은 인생을 오로지 휴식과 은둔 속에 보내는 것 말고 다른 어떤 것도 신경 쓰지 않기로 단단히 결심했을 때, 내게는 완전한 게으름 속에

---

[3] 몽테뉴 『수상록』의 초판본은 1580년에 출판되었다. 최초의 '전집' 본은 1595년에 유고로 출판되었다.

서 내 마음이 그 자신을 즐겁게 해주면서 그 자신 안에 머물러 안정하게 하는 것 말고 내 마음에 더 큰 호의를 베풀 수는 없는 것처럼 보였다. 시간이 흐르면서 더 벅차지고 더 늙어가고 있는 나로서는 그런 일을 지금 더 쉽게 할 수 있기를 희망했다. 그러나 나는 깨닫는다, … 그와는 반대로 그것은 달아난 말처럼 타인들보다 그 자신에게 백 배는 더 많은 곤경을 선사하고 너무도 많은 키메라와 환상의 괴물들을 어떤 순서나 목적도 없이 차례차례 탄생시켰고, 그리하여 나는 내 마음이 언젠가는 저 자신을 부끄러워하게 만들리라 희망하면서 그것들의 우둔함과 기이함을 내 멋대로 사색하고자 글 속에 그것들을 집어넣기 시작한 것이다('Of Idleness', 1572-74: 25).[4]

몽테뉴는 자신의 『수상록』이 하나의 완성된 저술로서 독자들에게 가치를 지닌다기보다 일종의 연습이자 사다리로서 자기 자신에게 더 가치가 있다고 확신하였다.

『수상록』은 고전적인 저술가들(플루타르크, 세네카, 루크레티우스가 그가 가장 좋아한 저술가들이었다)의 글을 따와서 거기에 몽테뉴 본인이 방주를 추가하는 식의 일기를 쓰는 정도로 시작되었던 것 같다. 그러나 몽테뉴는 그 프로젝트에 끝이 없다는 사실과 게으름 부리며 시작했던 일거리가 실제로는 대단히 야심 찬 일이었다는 사실을 깨닫게 되었다.

---

[4] 몽테뉴는 1571년 38세의 나이에 보르도에 있는 가족의 사유지로 물러났다. 하지만 그는 나중에 공적 생활로 복귀했으며, 1580년에는 신장 결석 치료법을 찾기 위해 이탈리아로 여행을 갔지만, 거기에는 정치적인 이유도 있었다. 그리고 1581년에는 보르도 시장이 되었다. 몽테뉴는 수완 좋은 협상가였으며, 그의 생애 후반기에 프랑스를 전화戰禍로 몰고 갔던 종교 전쟁들에서 가톨릭과 프로테스탄트 양쪽 모두의 신뢰를 받았다.

타인이나 우리 자신이 이런 지식 사냥에서 찾아낸 것들에 만족하게 되는 것은 오로지 개인적인 나약함 때문이다. 더 유능한 사람이라면 거기에 만족하며 안주하지 않을 것이다. 그렇다, 계승자를 위한, 그리고 우리 자신을 위한 기회는 늘 존재한다. 그리고 다른 방향으로 가는 길도 그렇다. 우리의 연구에 끝은 없다. 우리의 끝은 다른 세계에 있다('Of Experience', 1587-88: 996).

그래서 그는 지속해서 새로운 주제들에 관해 글을 썼을 뿐만 아니라 예전에 쓴 수필에 계속 새 글을 보탰다. 글을 다듬어 윤을 내려는 게 아니라 말해야 할 것이 더 있음을 인식했기 때문이었다.

하지만 그는 자기가 따온 인용구에서 단지 무언가를 배우는 것이 아니라 지혜를 얻고자 노력했다. 배우는 것에 만족하고 마는 사람들에 반대하면서 그는 다음과 같이 조언을 건넸다.

우리는 다른 사람들의 의견과 지식을 자신의 보관함에 집어넣는다. 그리고 그게 전부다. 그것들을 우리 것으로 만들어야 한다. 우리는 불이 필요해 밖에 나가 불씨를 가져와야 하는데, 이웃집에서 아주 좋은 불을 발견하고 거기에 머물며 자기 몸을 데우느라 불을 가지고 집으로 돌아가야 한다는 사실은 까먹어버린 사람과 딱 닮았다. 우리의 배를 고기로 가득 채운들 소화되지 않는다면, 그것이 우리 안으로 바뀌어 들어오지 않는다면, 그것이 우리를 더 크고 더 강하게 만들어주지 않는다면, 우리에게 좋을 게 무엇이겠는가?('Of Pedantry', 1572-78: 122)

나이가 들면서 자신감을 얻고 『수상록』 초판이 성공을 거두자, 나중 수

236

필들에서 인용구의 빈도가 줄어들기 시작한다는 것은 주목할 만하다.

『수상록』의 집필에 관해 몽테뉴가 한 말 중 일부는 그것이 무심결에 작가이자 철학자로서 몽테뉴의 습관을 드러낸다는 것뿐만 아니라 하나의 장르로서 수필의 기원을 조명하게 한다는 점에서도 흥미롭다. 왜냐하면 수필은 몽테뉴가 고안한 것이기 때문이다. 어떤 이는 오늘날 학계나 언론계의 연구를 근거로 수필은 르네상스 시대의 한 플라톤주의자가 아주 오래된, 그러나 더 지혜로운 자신의 원래 출발점으로 되돌아가려는 한결같은 의도로 고안했다고 추측할지 모른다. 그러나 그것은 몽테뉴의 방식이 아니었다. 그의 목표는 언제나 이리저리 옮겨다니는 것이었다. 만약 우리가 그를 모범 삼아 무언가를 배운다면, 그건 하여간 좋은 일이다. "내게 유용한 것이 또한 우연히도 타인에게 유용할 수도 있다"('Of Practice', 1573-74: 331). 하지만 그의 우선적인 목표는 우리에게 답을 제공하는 것이 아니었다. "내게는 떠받들릴 만한 권위도 없고, 그런 것을 원하지도 않는다. 다른 이들에게 가르침을 주기에는 나 자신이 제대로 배운 게 너무 없다고 생각한다"('Of the Education of Children', 1579-80: 132).

그의 이탈리아 여행길에 조수가 다음과 같이 적은 바 있다.

> 몽테뉴 씨는 같은 길 두 번 지나기를 열심히 피했다('몽테뉴 여행기Travel Journal', 1580: 1101).

그의 저술에 대해서도 같은 말을 할 수 있다.

그가 계속해서 그 자신에 관한 주제로 되돌아온다는 점은 명백하다. 하지만 그 이유는 그가 자신의 변화무쌍함과 비일관성에 매료되었기 때문이다. 그는 병적으로 자기 내면을 관찰한 것이 아니며, 다만 논의

중인 주제가 무엇이건 간에('아는 체', '기도', '게으름', '영예로운 상' 등)
자신의 글이 표면상의 그 주제 못지않게 자기 자신에 대해서도 많은
것을 드러낸다는 사실을 잘 안 것이다. "나는 나 자신을 다른 어떤 주
제보다 더 많이 연구한다. 그것이 나의 형이상학이고 그것이 나의 물
리학이다"('Of Experience', 1587-88: 1000).

본인을 제외하고 그가 거듭해서 다룬 다른 주제들에는 우정, 인간적
연약함, 관습의 다양성, 그리고 죽음이 포함된다. 죽음은 주된 몰두의
대상이었다. "나는 본성상 우울한 게 아니라 몽상적이다. 아주 어릴 때
부터 죽음의 이미지들보다 내 마음을 더 많이 사로잡았던 것은 없다"
('철학을 한다는 것은 죽는 법을 배우는 것이다That to philosophise is to learn to
die, 1572-74: 72). 이 수필에서 몽테뉴는 죽음에 직면하여 기독교가
아니라 "우리의 대자연"으로부터 위안을 구한다. 그는 다음과 같은 대
자연의 발언을 전한다.

> 내가 준 생명 말고 영원한 생명을 얻었다면 인간이 얼마나 견딜
> 수 없고 고통스러웠을지 솔직히 상상해보라. 만약 너희에게 죽음
> 이 없다면, 너희에게서 그것을 박탈한 것을 두고 나를 끝없이 저
> 주할 것이다. 나는 일부러 죽음에 약간의 쓴맛을 섞어 놓았다. 혹
> 시라도 그것의 편의를 알아채서 너희가 너무 탐욕스럽고 무절제
> 하게 그것을 얼싸안는 일이 없도록 하려는 것이었다. 내가 너희에
> 게 요청한 중간 상태, 즉 삶에서 도망치는 것도 아니요, 죽음으로
> 부터 도망쳐 되돌아오는 것도 아닌 상태에 너희가 머물러 있게 하
> 려고 나는 단맛과 쓴맛을 둘 다 적당히 섞어 놓았다(ibid.: 81).

죽음에 대한 몽테뉴의 선입관과 "우리의 끝은 내세에 있다"라는 그의

견해를 놓고 볼 때('Of Experience', 1587-88: 996), 『수상록』이 "내세"에 대해 거의 아무 말도 하지 않은 것이 이상하게 생각될 수도 있다. 그의 평전을 쓴 필리프 드상Philippe Desan은 이렇게 말한다. "몽테뉴는 신학에 간섭할 각오가 되어 있지 않았고, 그저 관습적으로 종교에 접근할 수밖에 없었다. 이런 편법은 적어도 사람들의 마음을 누그러뜨리는 장점이 있었다. 그는 가톨릭신자로 태어났고 계속 신자로 남기로 마음먹었지만, 그런 결심은 개인의 선택에 의한 것이 아니라 관습적 의무와 전통에 대한 존중에서 비롯된 것이었다"(Desan 2017: 109).

이런 영역에서 정치적 방편으로서의 생략과 철학적 유의미성을 지닌 생략을 구분하기란 어려운 일이다. 하지만 두 시간 넘게 완전히 의식을 잃었던 낙마 사고에 대한 몽테뉴의 회상에서 기독교 신앙의 위안이란 어떤 것인지가 그것의 부재를 통해 다시 한번 뚜렷이 눈에 들어온다. 다음 구절에서 그는 의식이 돌아온 첫 순간을 이야기한다.

> 내 생명이 내 입술 끝에 대롱대롱 매달려 있는 것만 같았다. 나는 그것을 밀어내는 일을 거들려고 눈을 감았던 것 같은데, 아마도 점점 나른해지는 나 자신을 기꺼이 놓아버리고 싶어서였던 것 같다. 다른 것들도 다 그렇듯이 그저 내 영혼의 표면에 미묘하고 박약하게 떠 있었을 뿐인 생각이었지만, 진실을 말하자면 그것은 불안이 사라진 것일 뿐 아니라 스르륵 잠에 빠져드는 사람들이 갖는 달콤한 느낌과도 뒤섞인 그런 것이었다('Of Practice', 1573-74: 327).

> 사실, 그건 아마도 매우 행복한 죽음이 되었으리라. 내 오성의 나약함으로 인해 그것에 관해 어떤 판단도 하지 못했고, 내 몸의 나약함으로 인해 그것에 관해 어떤 것도 느끼지 못했으니 말이다.

나는 나 자신이 아주 점잖게, 그리고 아주 서서히 아주 쉽게, 사라지도록 내버려 두고 있었기에, 무언가 애쓴다는 느낌도 별로 없이 사실상 아무 일도 하지 않았다(ibid.: 330).

그는 이 사고에 대한 회상이 자신의 이전 의혹들을 확증해주었다는 측면에서 자신의 철학에 영향을 미치게 되었다고 말한다.

나는 그것이 죽음의 고통 속에 나약하게 까무러친 것으로 보이는 사람들이 처해 있는 것과 같은 상태라고 믿는다. 그리고 나는 우리가 그들이 심한 고통으로 심란해하거나 그들의 영혼이 고통스러운 생각으로 짓눌려 있으리라 가정하고 아무런 까닭 없이 그들을 동정한다고 주장하련다. 나는 늘 그렇게 봐왔다. … 나는 그렇게 심한 사지 마비와 그렇게 대단한 감각의 쇠퇴에도 불구하고 영혼이 내면에 힘을 유지할 수 있고 그 힘으로 그 자신을 의식할 수 있으리라고는 믿을 수 없었다. 그래서 나는 그들이 자기 자신을 괴롭히는 성찰 같은 것을 하지 않으며, 어떤 것도 그들이 자신이 처한 상태의 비참함을 판단하거나 느끼도록 만들 수 없으며, 결과적으로 그들을 불쌍히 여길 것이 많지 않다고 믿었다(ibid.: 327-28).

지금 거의 몽테뉴는 가능한 어떤 "내세"에 들어가서 비존재를 체험해보고는 이렇게 말하는 사람처럼 보인다. 자, 보시라, 아주 좋았노라. "내 영혼에 강렬하게 각인된 이 회상은 나에게 죽음의 얼굴과 관념을 있는 그대로 잘 보여주면서 내가 죽음과 어느 정도 화해할 수 있게 해준다"(ibid.: 327).

240

『수상록』의 주요 내용에서 대략 1576년 무렵에 강조점의 변화가 일어났다는 것에 일반적인 의견이 일치한다. 그 시기는 몽테뉴가 그의 초창기 수필의 특징이었던 스토아주의와 멀어지고 대신 회의주의 쪽으로 기울어졌을 때다. 그리고 이런 관점 이동과 때를 맞추어 그의 수필은 더 가벼워진 분위기가 된다. 「레이몽 세봉을 위한 변명」에서 회의주의에 대한 찬양이 명백히 나타나며(1575-76, 1578-80), 회의주의는 그 뒤로 계속 영향을 미친다. 초창기 수필들을 철저히 뜯어고친 것은 아니지만, 그는 이제 스토아주의자로서 죽음을 맞이하려는 시도를 포기한다.

> 우리가 어떻게 살아야 하는지를 알지 못한다면, 어떻게 죽어야 하는지 우리를 가르치며 그 끝을 전체와 일관되지 않게 만드는 것은 잘못이다. 만약 우리가 부동의 신념을 갖고 고요하게 사는 법을 안다면, 우리는 같은 방식으로 죽는 법도 알게 될 것이다. ··· 내가 보기에 죽음은 실제로 끝이지만 그렇다고 삶의 목적지는 아닌 것 같다. 그것은 삶의 종착지이고, 말단이지만 그렇다고 삶의 성취 대상은 아니다. 삶은 그 자신에게 목표가 되어야 하고 그 자신에게 목적이 되어야 한다. ··· 사는 법을 아는 문제에 관한 이 전반적인 본론 안에 포함된 다른 많은 의무 가운데는 죽는 법을 아는 문제에 관한 지금의 이 글도 들어간다. 그리고 그것은 만약 우리의 두려움이 그것에 무게를 보태주지 않았더라면, 아마도 가장 가벼운 의무 중 하나일 것이다('Of Physiognomy', 1585-88: 980).

그는 단명하는 우리의 본성이 우리 행복의 조건임을 깨닫게 되었다. 안전은 지루하지만, 반면 "난관은 사물에 가치를 부여한다. ··· 무언가를 금지하는 것이 그것을 원하게 만드는 것이다"('우리의 욕망은 어려움에 의해 증가한다That our Desire is increased by Difficulty', 1575-76: 564-65). 다른 말로 하면, 우리는 모험을 원한다. 하지만 너무 많이는 아니다. 그러지 않으면 잘 알려진 바와 같이 "그것은 눈물로 끝날 것이다."

그래서 어떤 형태의 초월이나 신뢰할 만한 평온을 찾아내지 못한 몽테뉴가 모종의 회의적인 모호성을 받아들이기로 작심한 것이리라 나는 믿는다. 낙마 사고에도 불구하고 그는 "내세"에 대해 확실하게 아는 것이 아무것도 없다는 것을 인정해야 했다. "나로 말하자면, 나는 죽음이 어떤 것인지 내세로 간다는 것이 어떤 것인지 알지 못한다. 아마도 죽음은 대수롭지 않은 어떤 것, 어쩌면 바람직한 어떤 것일 수도 있다"('Of Physiognomy', 1585-88: 981). 따라서 삶의 더 큰 맥락이 있는지 없는지 어느 쪽도 가리킬 수 없는 그는 삶이 무의미하다고 공언할 수 없었다. 하지만 그는 삶의 부조리함을 선포할 수는 있었다. 그 선포는 허영에 관한 수필에서 널리 울려 퍼진다. 그 글은 다음과 같은 (델포이 신전에서 어떤 신이 말한) 선언으로 결론을 맺는다.

> 우주를 품에 안은 너만큼 공허하고 궁핍한 것은 단 하나도 없다.
> 너는 지식 없는 탐구자이며, 권한 없는 판관이며, 대략, 익살극에
> 나오는 바보다('Of Vanity', 1585-88: 932).

삶은 부조리하다. 왜냐하면 에피쿠로스가 지적한 바와 같이, 그리고 어쩌면 낙마 사고 덕에 몽테뉴에게 친숙해졌던 바와 같이, 무無에 대한 실망은 우리가 결코 실제로 경험하게 될 실망이 아닌데도 우리가 완전히 이성적인 피조물이 아닌 까닭에 지금 우리가 살아 있으면서도 그 실망을 여전히 두려워하기 때문이다.

후대의 열렬한 몽테뉴 애호가인 윌리엄 해즐릿William Hazlitt이 희극과 비극에 대해 언급한 바와 같이, 이성적으로 정당화되지 않는 낙관주의에 뿌리를 둔 이 부조리는 철학자의 서재만이 아니라 우리의 사회적 삶 전체에 스며들어 있다.

> 인간은 웃고 우는 유일한 동물이다. 인간은 사물들의 본성이 서로
> 다르며 그것들이 무엇이 되어야 하는지도 서로 다르다는 것에 감
> 명을 받는 유일한 동물이기 때문이다. 우리는 심각한 문제들에서
> 우리의 욕망을 좌절시키거나 넘어서 있는 것을 접하고 운다. 우리
> 는 우리의 기대를 하찮게 저버리기만 할 뿐인 것을 접하고 웃는
> 다. … 웃음과 눈물의 본성을 설명한다는 것은 인간 삶의 조건을
> 설명하는 것이다. 인간 삶의 조건은 이들 둘이 혼합되는 방식 안
> 에 있기 때문이다!(Hazlitt 1819: 1)[5]

희극과 비극, 두 경우 모두 우리는 실망 때문에 놀란다. 그리고 때로는 기뻐서 놀라기도 한다. 이성적으로 보면 그래서는 안 되지만 그렇게 한다. 반복해서 말하지만, 몽테뉴가 완벽히 잘 알고 있었던 바와 같이, 우리는 완전히 이성적이지 않기 때문이다.

> 다른 사람들이 내가 하듯 자기 자신을 세심히 검토했다면, 자신이
> 우둔함과 무의미로 가득 차 있음을 발견했을 것이다. 나 자신을
> 없애지 않는 한 그것을 없앨 수가 없다. 우리는 모두 그 안에 완전

---

[5] "죽음은 우리의 삶에 철저하게 뒤섞이고 녹아든다"('Of Experience', 1587-88: 1031).

히 빠져 있으며, 누구나 다 마찬가지다. 그러나 그것을 깨달은 사
람들이 조금은 더 낫다. 비록 나는 모르지만 말이다('Of Vanity',
1585-88: 931).

우리는 몽테뉴처럼 우리 존재의 부조리를 인정하는 데 이를 수 있다.
하지만 그렇게 한다고 할 때, 우리가 조금 더 낫건 아니건 간에, 우리는
그것의 부조리함을 넘어서는 것도 축소하는 것도 아니다. 그러나 그렇
다고 내 말을 받아들이지는 말라 ….

17

데카르트와 삶의 의미
Descartes

존 코팅엄John Cottingham

근대적 문제?

데카르트의 저술 중에는 '삶의 의미'로 옮길 수 있는 프랑스어나 라틴어 구절을 포함한 것이 없으므로 일견 삶의 의미라는 주제는 그의 철학적 사유에서 완전히 빠져 있는 것처럼 보일 수도 있다. 더 나아가 인간의 삶이 의미를 갖느냐는 바로 그 질문은 훨씬 후대의 철학적 탐구에 속하는 것이라고 제안해볼 수도 있다. 예를 들면, 하이데거가 인간은 '내던져진' 존재라고 말한 것이나 장 폴 사르트르의 '구토'를 생각해보라. 우리 인간이 사물들의 난폭한 우연성 혹은 사실성을 마주한 채로 단지 여기서 존재하고 있음을 깨닫고 그들이 느꼈을 공포를 말이다.[1] 인간 삶에 궁극적 의미가 없다고 느껴지는 데서 발생하는 이런 종류의 방향 감각 상실은 아마도 『차라투스트라는 이렇게 말했다』에서 니체의 광인이 선포한 대로, 신을 죽임으로써 우리는 "묶여 있던 태양을 풀

---

[1] '내던져짐'과 '구토'에 대해서는 각각 다음을 보라. Heidegger 1927: §135, Sartre 1938.

어주었고" 우리 삶에서 모든 목적의식과 방향 감각을 잃어버리게 된 데서 비롯된 특히 근대적인 현상으로 보일 수 있다(Nietzsche 1883-85: §125). 그런 실존주의적 번민은 데카르트가 속해 있다고 흔히 이야기되는 '이성의 시대'[2]나 자신의 과학 체계를 떠받칠 의심 불가능한 형이상학적 토대를 확립하겠다는 그의 프로젝트와는 천양지차로 보일 수 있다.

하지만 철학에서 태양 아래 새로운 것은 거의 없으며, 비록 인간 삶의 외부 상황들이 17세기 이후 몰라볼 정도로 바뀌었다고 하더라도 인간적 절망의 근본 문제들은 늘 그래왔듯 지금도 똑같다. "태양 아래 새로운 것은 없다"라는 그 구절은 물론 성서에 나오는 말로서 그리스도 탄생보다 7세기를 더 거슬러 올라가는 「전도서」의 한 대목(1.9)이다. 이 구절은 "헛되고 헛되도다, 모든 것이 헛되도다"(1.2)라는 유명한 구절과 함께 언뜻 보기에 무의미하고 부조리해 보이는 인간 삶에서 생길 수 있는 번민의 영원한 표현이다. 인간 존재의 궁극적 의의가 설사 있다 쳐도 그것이 과연 무엇인지에 대한 의문은 철학을 하고픈 인간의 충동만큼이나 오래된 것이며, 비록 그것이 데카르트의 저술들에서 명시적으로 다루어지지는 않지만, 그의 관점에서 그 문제가 지닌 중요성은 그의 철학 체계가 발전하고 구조화되는 과정의 많은 지점에서 나타난다.

데카르트는 확실히 의심과 방향감 상실이 낯선 사람은 아니었다. 그는 유구한 수많은 확실성이 퇴조하던 시대에 성장하였다. 1609년에 갈릴레오가 금성의 위상 변화와 목성의 위성들을 발견했을 때 데카르

---

2 이 용어를 사용해 17세기 '합리주의자'의 시대를 특징짓는 문제에 관해서는 다음을 보라. Hampshire 1956.

트는 예수회가 세운 라플레쉬 콜레주College of La Flèche의 학생이었다. 그 사건은 아주 오랜 세기를 지배해왔던 낡은 지구 중심 체계의 토대를 뒤흔든 최초의 단단한 관찰 증거가 되었으며, 그 덕분에 청년 데카르트는 심지어 가장 확고하게 굳어진 믿음들조차 어떻게 위태위태한 것으로 판명 날 수 있는지를 절실히 깨달았을 것이다. 여러 해가 지난 후『제일철학에 관한 성찰』(1641)에서 그는 "예기치 않게 깊은 소용돌이에 빠지는" 느낌을 생생하게 기술한다. 몸이 빙빙 돌아갈 정도로 소용돌이가 너무도 세게 몰아치는 바람에 그는 "바닥에 서 있을 수도 없고, 물 위로 헤엄쳐 나갈 수도 없었다."[3] 어쩌면 이것은 단지 수사학적인 과장일 뿐 그 성찰자가 처한 곤혹은 기존에 수용한 믿음의 인식적 지위에 관한 어쨌든 순전히 이론적인 차원의 문제로 생각할 수도 있을 것이다. 그러나 혹시 거꾸로 우리가 오늘날의 직업적인 강단 철학자의 편안하고 초연한 태도를 데카르트에게 너무 많이 투사하는 것은 아닌지 주의해야 할 것이다.『성찰』이 과학의 "안정적 토대들"을 찾으려는 인식적 문제에서 출발했다는 것은 물론 맞는 말이다.[4] 그러나 뒤이어 그런 탐색을 특징짓는 체계적 의심의 물결 속에서 데카르트는 "악령, 꿈꾸는 자, 광인"에 관한 극단적이고 "과장된" 시나리오를 생각해내고[5], 매 순간 정합적으로 추리할 수 있는 본인의 능력마저도 의문시하며「제1성찰」을 빛으로부터 차단된 채 "헤어날 수 없는 어둠"의 한가운데서 분투해야 하는 악몽 같은 시나리오로 끝맺는다.[6] 데카르트

---

[3] AT VII 24, CSM II 16. 이 글에서, 'AT'는 프랑스어-라틴어 표준 데카르트 판본을 가리킨다. 'CSM'는 영역본을, 'CSMK'는 영역 서간 모음집을 가리킨다.

[4] 「제1성찰」의 첫 단락을 보라.

[5] 이 구절의 출처는 [Frankfurt 1970]이다. '과장된' 의심에 대해서는 다음을 보라. Descartes, Sixth Meditation, AT VII 89, CSM II 61.

[6] AT VII 23, CSM II 15.

가 이런 어둠에서 벗어나는 탈출로를 계획하는 방식은 우리를 그의 유신론적 관점의 한가운데로 이끌며, 그것은 인간으로서 우리의 지위와 우리 존재의 의미에 관해서 다중적인 함축을 지닌다.

의심에서 신으로

데카르트는 보편적 의심에서 벗어났음을 요약하는 유명한 대목에서 이렇게 말한다. "이와 같은 진리, 즉 '나는 생각한다, 고로 나는 존재한다'가 너무도 단단하고 확실해서 회의주의자들의 가장 터무니없는 가정들도 그것을 흔들 수 없음을 관찰한 나는 망설임 없이 그것을 내가 찾고 있는 철학의 제1 원리로 받아들일 수 있겠다고 결정하였다."[7] 다른 곳에서 그는 "나는 있다, 나는 존재한다"가 자기 철학의 토대가 될 아르키메데스의 점이라고 기술한다.[8] 여기서 데카르트의 야심을 바라보는 한 가지 관점은 요컨대 그를 전적으로 자신이 보유한 자원만으로 포괄적인 철학 체계의 수립을 꾀한 근대성의 선구자이자 독립적이고 자율적인 탐구자로 보는 것이다. 이 관점에 따르면, 데카르트의 접근 방식은 인류가 진리와 의미 추구에서 자기를 도와줄 외부나 초월적 힘들에 의존할 수 없다는 현대의 세속적 사고방식의 씨앗이다. 인류는 본질상 자율적 이성의 도구를 활용하여 자기 스스로 그 과제를 수행해야 한다.

그러나 『성찰』에 실린 데카르트의 더 상세한 논증들을 더욱 면밀히 조사해보면, 겉으로는 그 성찰인이 진리의 탐색을 고독하게 수행하는 듯 보이지만 실은 그가 총체적으로 의존하고 있는 어떤 독립적 실재가

---

[7] Descartes, *Discourse on the Method [Discours de la method]*, 1637, Part Four, AT VI 32, CSM I 127.

[8] 「제2성찰」의 첫 단락을 보라.

그 탐색을 뒷받침하고 있다는 사실이 드러난다. 자기 자신의 존재에 대한 확실성마저도 어떤 순간에든 꺼져버릴 수 있는 깜빡이는 촛불이다. "나는 있다, 나는 존재한다, 그것은 확실하지만, 얼마나 오랫동안인가? 왜냐하면 내가 생각하고 있는 동안이기 때문이다. 혹여라도 내가 완전히 생각하기를 멈춘다면, 나는 완전히 존재하기를 멈춰야 할 것일 수도 있기 때문이다."[9] 데카르트는 이어서 자신보다 더 큰 힘에 완벽하게 의존한다는 것의 결정적인 지표로 사유의 취약성을 사용한다. 사실, 자기 마음에 의존하지 않으면서 자기 마음에 자동적인 동의를 불러일으키는 객관적 의미 구조가 존재하지 않았더라면 의심의 과정조차 시작할 수 없었을 것이다. 처음부터 끝까지 데카르트적 탐색을 특징지은 이성의 "자연의 빛"은 다른 모든 것과 마찬가지로 모든 진리와 선의 원천인 무한하고 완벽한 창조자에 의존하는 것으로 드러난다. 이를 옹호하기 위해 데카르트는 신의 존재를 옹호하는 수많은 복잡한 논증들을 늘어놓지만, 「제3성찰」에 기술된 것은 추론이라기보다는 조우, 유한한 마음과 무한자의 조우라는 에마뉘엘 레비나스Emmanuel Levinas의 해석이 상당히 설득력이 있다(1982: 91ff). 마음은 자신의 불완전성과 유한성을 깨닫고 무한자를 알아보지만, 그것을 올바로 파악하거나 아우를 능력이 없다. 이는 퍼트넘이 다음과 같이 적고 있는 바와 같다.

> 데카르트가 전하고 있는 것은 연역 추론의 한 단계가 아니라 심오한 종교적 경험이다. 그것은 균열의 경험이라고 기술할 수도 있는 경험으로서 그의 모든 범주를 붕괴시킨 무언가와 대면하는 경험

이다. 이런 해석에 의하면, 데카르트는 무언가를 증명하고 있다기보다 무언가를 인정하고 있다. 그가 고안해낼 수 없었던 어떤 '실재'를 말이다. 그 실재는 내 마음에 떠올리는 것이 현상적으로 불가능하다고 밝혀진다는 바로 그 사실로 인해 자신의 존재를 증명하는 그런 실재이다(Putnam 1986: 42).

그러한 무한한 창조력에 의존한다는 사실을 깨달은 유한한 인간의 마음은 경이와 숭배 속에 고개 숙일 수밖에 없을 것이다. 성찰인은 「제3성찰」의 말미에서 이렇게 말한다. "여기서 잠시 멈춰 서서, 나의 어두워진 지성의 눈이 감당할 수 있는 한까지 경이와 숭배의 마음으로 이 광대한 빛의 아름다움을 응시해보라."[10]

　데카르트 형이상학의 중심에 있는 유신론적 시각은 인간 삶의 의의에 중요한 함의들을 지닌다. 「제3성찰」 말미의 방금 인용한 대목에서 받는 첫인상은 데카르트가 예를 들면 토마스 아퀴나스에게서 발견되는 '지복직관至福直觀'이라는 가톨릭의 전통 교리를 실로 기꺼이 긍정한다는 점이다(c. 1259-60: III, §1, ch. 37-48). 지복직관이란 다음 세계에 있는 신을 우리 존재의 궁극적 목표이자 목적으로 사색한다는 착상이다. 데카르트는 이렇게 적는다.

　　우리가 신앙을 통해 다음 생의 지고한 행복이 오로지 신의 장엄함에 대한 사색에 있다고 믿듯이, 경험은 그런 사색이 비록 완벽에는 많이 못 미쳐도 우리가 이번 생에서 누릴 수 있는 최대의 기쁨을 알게 해줄 수 있음을 말해준다.[11]

---

[10] AT VII 52, CSM II 36.

이는 삶의 의미에 관한 한 데카르트를 매우 '플라톤적인' 방향으로 이끌어가는 듯 보인다. 그는 모든 삶은 죽음을 위한 준비이며,[12] 따라서 육신을 가진 피조물로서 우리의 체화된 본성은 우리 존재의 참된 의미와는 전혀 무관하다는 소크라테스적 견해에 동의하는 것처럼 보일 수 있다. 우리 존재의 참된 의미는 다음 세계에 있는 신(이 세계에서 불완전하게 앞질러 어렴풋이 감지한)을 사색하는 것이다. 만약 이게 이야기의 전부라면, 데카르트가 "기계 속 유령"의 신화, 즉 비물질적인 정신이 기계적인 육체에 머물고 있다는 생각을 조장했다는 길버트 라일Gilbert Ryle의 유명한 비난은 아마도 상당한 정당성을 얻게 될 것이다(Ryle 1949: ch. 1). 그리고 우리는 우리 존재와 유관한 유일하게 의미를 지닌 인간적 속성은 '영적' 속성, 즉 사후에도 계속 살게 될 비물질적 영혼이 지닌 속성이어야 한다고 결론 내릴 수도 있을 것이다. 그러나 데카르트의 사유에서 플라톤적인 요소들을 부정할 수 없다고 하더라도, 그것들이 인간의 조건과 우리 삶에 의미를 부여하는 문제와 관련해 데카르트가 말하려 하는 바를 남김없이 다 말해주는 것은 전혀 아니다.

데카르트가 본 인간 본성

우리 존재의 참된 의미가 비물질적 영혼에 온전히, 그리고 전적으로 의존할 수 없다는 첫 번째 암시는 「제6성찰」에 나타난다. 거기서 데카르트는 인간의 건강과 행복을 위한 감각 경험의 가치와 중요성을 보여주기 위해 엄청난 노력을 기울인다. 데카르트는 심신 상호관계의 체계를 기술하는데, 이 체계에서 특정 생리학적 상태가 해당 뇌 상태를 초래하

---

[11]　AT VII 52, CSM II 36.
[12]　Plato, *Phaedo c*. 380 BCE, 64a3-4.

며 그것은 차례로 특정 감각(예를 들면, 허기, 갈증, 쾌락, 고통 등)과 상
호관계를 맺는다. 그는 계속해서 이렇게 말한다.

> 고안될 수 있는 최선의 체계는 [해당 뇌 상태가] 모든 가능한 감
> 각 중에서 건강한 인간의 보존에 가장 각별하게 그리고 가장 빈번
> 하게 이바지하는 하나의 감각을 산출해야 한다. 그리고 경험은 자
> 연이 우리에게 부여한 감각들이 모두 그런 종류의 것들임을 보여
> 준다. 그러므로 그것들에서는 신의 권능과 선함을 증언하지 않는
> 것은 어떤 것도 절대로 발견되지 않는다.[13]

여기서 데카르트는 자신의 공식적인 이원론적 비非유물론에서 발견되
는 것과는 분명히 다른 논조로 말하고 있다. 그 비유물론적 그림에서,
"바로 이 나(스무아ce moi)", 즉 개별적 의식의 주체는 "나를 내가 되게
하는 것으로서의 영혼"과 동일시된다. 그리고 그것은 "육체와 전적으
로 독립적이며 육체 없이도 존재할 수 있는 것"이라고 선포된다.[14] 대
조적으로 「제6성찰」에서 데카르트의 주된 관심은 비육체적 자아가 아
니라 그가 다른 곳에서 "르브레옴므le vrai homme"[15], 즉 육신을 가진 피
조물이라고 부른 진짜 인간에게 향한다. 그러한 인간은 우리 같은 체화
된 존재의 대표적 특징인 감각과 감정적 경험의 총체적 스펙트럼의 주
체이다. 그리고 신의 자비는 단지 영혼의 궁극적 운명으로 지속되는 사
색의 선함에서만이 아니라 인간 본성을 지배하고 우리를 번영하게 하

---

[13] AT VII 87, CSM II 60.

[14] *Discourse on the Method*, Part Four, AT VI 33, CSM I 127.

[15] *Discourse on the Method*, Part Five, AT VI 59, CSM I 141. 추가로 다음을 보라.
Cottingham 2006: ch. 1, §3(d).

는 정신물리학의 법칙에서도 드러난다.

그렇다면 데카르트에게 인간으로서 체화된 존재의 의미와 목적은 무엇인가? 이 질문에 답하기 위해 이제 데카르트의 형이상학과 인식론에서 그의 윤리학으로 자리를 옮길 필요가 있다. 윤리학은 그가 자기 체계 최고의 성취로서 모습을 드러내리라 희망했던 철학 분과이다.

> 내가 이해하는 '윤리학'은 가장 고귀하고 가장 완벽한 도덕 체계를 의미한다. 그것은 다른 과학들에 대한 완전한 지식을 전제로 하는 궁극적 차원의 지혜이다. 자, 우리가 열매를 수확하는 곳이 나무의 뿌리나 몸통이 아니라 오로지 줄기 끝인 것처럼, 따라서 철학이 주는 주요한 이득은 오로지 모든 것의 맨 마지막에 가야만 배울 수 있는 철학의 그런 부분들에 달려 있다.[16]

오늘날 우리는 도덕 체계가 행동 규칙이나 원칙과 관계가 있다고 주로 생각한다. 그러나 데카르트는 더 오래된 아리스토텔레스식 모범을 따라 품성의 덕이라는 측면에서 도덕 체계를 생각한다. 우리는 그런 덕들의 발전을 통해서 행복을 꽃피워 성취하게 될 것이다. 그의 구체적인 관심은 그가 인간적 행복의 열쇠로 간주한 감정과 정념에 있으며, 그것이 그가 마지막으로 출판한 『정념론』(1649)의 주제를 이룬다. 이번에도 역시 오늘날의 독자가 제목에 들어 있는 '영혼'이라는 단어에서 비유물론적인 내포를 읽어낼 수 있음에도 불구하고, 그의 주된 초점은 우리의 각별한 인간 본성에 있다. 데카르트가 볼 때 "육신을 가진 존재"

---

[16] Preface to the 1647 French translation of the *Principles of Philosophy*, AT IX 14-15, CSM I 186.

인 인간은 일종의 "복합적" 피조물이기 때문이다. 그는 다른 곳에서 그런 특징을 영혼과 육체의 "실체적 합일"[17]이라고 부른다. 그리고 우리가 풍요로운 보답의 삶을 살기 위한 열쇠가 바로 그 합일이다.

> 영혼은 그 나름의 쾌락을 얻을 수 있다. 그러나 **영혼과 육체에 공통된 쾌락들은 전적으로 정념에 의존하므로, 정념들이 최고 수준으로 최대한 활동할 수 있는 그런 인간들**은 이 삶의 가장 큰 단맛을 볼 수 있다.[18]

많은 초기 윤리 체계들, 그중에서도 가장 유명한 고대 스토아주의는 정념을 우리의 평화와 충만을 잠재적으로 전복하는 것이라 여기고 매우 경계했다. 합리성과 덕의 삶이란 정념에서 벗어난 삶이라는 것이 주도적인 발상이었다. 그러나 데카르트는 명시적으로 그런 식의 태도와 거리를 둔다. 그는 서신을 주고받던 어떤 이에게 이렇게 썼다. "내가 권장하는 철학은 정념의 사용을 거부할 정도로 모질거나 잔인하지 않습니다. 그와는 반대로, 지금 삶의 모든 달콤함과 기쁨이 발견되어야 하는 곳이 바로 거기라고 나는 믿습니다."[19] 하지만 그는 정념이 종종 우리를 타락으로 이끈다는 것을 인정한다. 정념은 어떤 물건이 실제보다 더 유의미하고 중요해 보이도록 만들며, 결과적으로 우리는 "불만족, 후회, 원망"의 감정에 다다르게 된다.[20] 그래서 인간이 가치 있는 번영의

---

[17] 데카르트가 1643년 6월 28일에 엘리자베스 공주에게 보낸 편지(AT III 691-92: CSMK 227)와 1645년 2월 9일에 메슬랑 신부에게 보낸 편지(AT IV 166: CSMK 243)를 보라.

[18] Descartes, *Passions of the Soul* [*Les passions de l'âme*], art. 212, AT XI 488, CSM I 404. emphasis supplied.

[19] 1648년 3월 또는 4월 시옹Silhon에게 보낸 편지, AT V 135, CSMK 330.

삶을 살려면, 비록 삶에서 정념을 없애는 것까지는 아니더라도, 정념들이 선에 대한 우리의 이성적 지각과 일치할 수 있는 길을 모색할 필요가 있다.

결과적으로 좋은 삶에 관한 데카르트의 이론은 정념에 상당한 지위를 부여하며, 덕스러운 존재가 되는 열쇠로서 훈련과 습관이라는 오래된 아리스토텔레스식 관념에 어느 정도 의존하지만, 그 관념은 이제 그런 훈련의 범위에 무엇이 속하는가에 관한 새롭고 야심적인 사고방식으로 새 활기를 얻는다. 데카르트는 철학을 하나의 통일된 체계로 보았고, 그 안에서 윤리학과 과학은 단일한 유기적 지식 체계로 통합되었다. 그는 생리학적인 과학의 결과물들을 이용하여 윤리학에 이바지하는 방식에 관한 인상적인 관점을 발전시켰다. 그는 1646년에 서신을 보내면서 자기가 물리학에서 거둔 성과들이 "도덕철학의 확실한 토대를 수립하는 데 큰 도움이 되었다"라고 적었다.[21] 그리고 1649년에 정념들에 대한 논고를 출판했을 때, 그는 자신의 목표가 물리학자로서, 즉 물리 과학자의 관점에서 정념에 대한 설명을 제공하는 것이었다고 설명하였다.[22] 데카르트는 우리의 정신물리학적 반응들을 재훈련하는 체계적인 프로그램을 구상하였다. 그는 심지어 이성 없는 동물들이 어떻게 훈련을 통해 그런 반응을 수정할 수 있는지를 매우 강조했다. 그래서 예를 들면 총소리를 들으면 자연스럽게 뛰어나가는 성향이 있는 총 사냥개gun dog도 꼼짝하지 않도록 훈련할 수 있다.[23] 동물들의 정념 작동 프로그램을 바꿀 수 있다면, 우리 인간의 경우에는 그런

---

20 1645년 보헤미아의 엘리자베스 공주에게 보낸 편지, AT IV 284-85, CSMK 264.
21 1646년 6월 15일 샤너Chanut에게 보낸 편지, AT IV 441, CSMK 289.
22 AT XI 326, CSM I 327.
23 *Passions of the Soul*, art. 50, AT XI 369-70, CSM I 348.

일을 얼마나 훨씬 더 많이 할 수 있겠는가?

여기서 데카르트의 야심은 그가 『방법서설』에서 표현했던 전반적인 포부와 연결된다. 이른바 그가 발견하기를 희망한 새로운 수리-기계적 과학이 인간을 '자연의 주인이자 소유자'가 되도록 만들어줄 수 있으리라는 포부다.[24] 그러나 여기서 '자연'은 우리가 거주하는 물리적 환경만이 아니라 우리 자신의 인간적 본성을 의미하기도 할 것이다. 과학의 지배는 조작과 통제의 범위를 주변 세계뿐만 아니라 우리 몸의 메커니즘에까지 확장될 것이다. 우리 몸의 물질적 구조와 작동 법칙들은 데카르트에게는 우주의 다른 어디에서 발견되는 메커니즘이나 구조와 원리상 다르지 않다. 그래서 데카르트에게 과학은 덕을 얻는 실천적 처방의 문을 열어준다. 왜냐하면 우리 자신을 재프로그램하는 문제는 이제 우리의 정신물리학적 반응들이 어떻게 작용하는지에 대한 과학적 지식으로 무장한 우리의 힘에 달렸기 때문이다. "가장 연약한 영혼을 가진 사람들도 모든 정념을 훈련하고 인도하는 데 충분한 노력을 기울인다면 절대적인 통제력을 획득할 수 있을 것"이라고 데카르트는 『정념들』에서 진술한다.[25] 제안된 '훈련'이 목표로 삼는 것은 다름 아닌 바로 뇌 운동les mouvements du cerveau의 패턴들과 거기에 결부된 감정들을 조정하는 것, 즉 전수되고 획득된 우리의 정신-뇌적 반응들을 체계적으로 재프로그램하는 것이다.

의미에 이르는 통로: 통제 혹은 순종?

데카르트의 과학적 목표와 그것을 정신생리학과 윤리학에 적용하는

---

[24] *Discourse*, Part Six, AT VI 62, CSM I 142.

[25] *Passions of the Soul*, art. 50, AT XI 370, CSM I 348.

문제에 관해 어쩔 수 없이 아주 짧게 쓴 이 소론으로부터, 인간 존재의 의미에 대해서 그가 밑바탕에 깔고 있는 그림에 관한 몇 가지 매혹적인 의문이 생겨난다. 특히 어떻게 그의 과학적 야심이『성찰』에서 기술된 형이상학적 여정에 활력을 불어넣는(앞에서 본 것처럼) 유신론적 시각과 관계를 맺게 되는지 궁금할 수 있다. 이런 해석상의 의문에 답변한다는 것은 쉽지 않다. 부분적인 이유는 그가 근대기의 문턱에 서 있으면서 또한 여전히 그의 사상의 상당 부분은 중세기와 고전기 선행자들의 세계관 안에 뿌리를 내리고 있는 경계선상의 인물이기 때문이다. 데카르트를 과학에서 기계론적 설명을 제시하고 물리학에 근대적인 계량화된 접근법을 시도한 주된 창시자로 보고 그를 이른바 근대성의 선구자로 생각하는 것은 근본적으로 그를 과거 전통의 권위에서 벗어나기를 열망한 독립적인 사상가로 보게 만든다. 데카르트가 자신의 원대한 과학적 야심에 관해 말하는 몇몇 방식들은 이 해석을 지지하는 것처럼 보인다. 이 해석에 의하면, 데카르트는 어떤 측면에서 과학의 도구들로 무장한 우리가 우리 자신의 운명을 책임질 수 있다는 근대적 관념을 예고한다. 우리가 어떻게 살아야 하느냐는 측면에서 볼 때, 이런 접근 방식은 니체와 그를 추종한 사람들이 보여준 생각, 즉 인간은, 아니 적어도 충분히 강한 인간은 용기 있는 의지의 행위를 통해 앞으로 뻗어나가면서 자기가 가진 자원으로 자기 삶 속에서 의미와 가치를 생성할 필요가 있다는 생각을 미리 보여주고 있다(Nietzsche 1882: §335).

하지만 그런 관념들은 궁극적으로는 데카르트의 사고방식에 맞지 않는다. '자기 창조'라는 개념 혹은 우리 자신의 자유롭고 자율적인 선택들이 그 자체로 우리 삶을 유의미하게 만들 수 있을 것이라는 발상은 인간의 자유를 바라보는 데카르트의 사고방식과는 극단적으로 어긋나는 것이다. 그런 사고방식에 대한 가장 분명한 기술은「제4성찰」

에서 발견된다.

> 자유롭기 위해서 내가 두 방향 모두로 나아갈 수 있어야 할 필요
> 는 없다. 그와는 반대로, 오히려 내가 한 방향으로 기울어질수록,
> 그것이 진리와 선에 대한 분별들이 그 길을 가리킨다는 것을 내가
> 분명히 이해하기 때문이든, 신에 의해 만들어진 나의 마음속 깊은
> 사유의 기질 때문이든, 나의 선택은 더 자유롭다.[26]

데카르트에게 인간적 자유의 정점은 저 행동 방침 말고 이 행동 방침에 따르도록 "갑작스레" 개입하는 어떤 초연한 힘이 아니라 "진리와 선에 대한 분별들"(다른 곳에서 데카르트가 신이 각자의 마음 안에 심어 놓은 "자연의 빛"이라고 부른)로 인해 드러난 것을 자동으로 승인하는 데 있다. 데카르트가 다른 데서 종종 언급한 것처럼, 내가 명석 판명하게 "2 더하기 3은 5이다"와 같은 어떤 단순한 명제를 지각할 때 내가 그것에 주의를 기울이는 한 나는 그것의 진리성을 자동으로 승인하지 않을 수 없다.[27] 그리고 같은 말이 선에 대한 나의 지각에도 적용된다. 일단 내가 명석 판명하게 어떤 대상이 선하다고 지각하면, 나는 그것이 추구하거나 선택할 만한 가치가 있다고 판단할 수밖에 없다. 데카르트에게는 궁극적으로 신이 정해놓은 진리, 의미, 가치의 객관적 개념 틀이 늘 미리 전제되어 있다.

이 모든 것의 요점은 데카르트에게 의지의 역할은 말하자면 무엇이 선한지 혹은 무엇을 추구해야 하는지를 결정하는 것이 아니라 오히려

---

[26] Fourth Meditation, AT VII 57-58, CSM II 40.

[27] Compare Third Meditation, AT VII 36, CSM II 25.

자연의 빛이 내린 평결에 자유롭게 동의하는 것이다. 진리성이 분명하지 않을 때 자의적으로 한 방향에서 다른 방향으로 전환하는 것은 "가장 낮은 등급의 자유"라고 데카르트는 말한다. 인간에게 더 바람직한 상태는 진리 혹은 선에 대한 분별들 덕에 오로지 한 가지 행동 방침만이 가능하다는 그런 깨우침을 얻는 것이다.[28] 이것이 결국은 우리를 「제3성찰」의 유신론적 시각으로 다시 데려간다. 거기서 성찰인은 "이 광대한 빛의 아름다움"을 경이롭게 응시하며 사색한다. 데카르트적인 사유 방식에서 의미와 가치는 그 자신이 아닌 다른 원천에서 흘러나온다. 그것은 오로지 기쁘고 자동적인 묵종만이 유일하게 가능한 선택지가 될 정도로 명료하게 마음에 넘쳐흐르는 원천이다.[29] 우리는 이것을 인간 자유에 대한 '순종적' 사고방식이라고 부를 수 있을 것이다. 하지만 이것은 마지못해 강제되거나 제약받는 그런 의미의 '순종'이 아니다. 오히려 그것은 (본유적으로 부여받은) 내 이성이 선하거나 참되다고 지각한 것에 동의하면서 의지가 자동으로 유출되는 것이다. 그러나 비록 그렇다고 해도 그렇게 동의한 대상이 나 자신과는 별개로 있으면서 그것이 지닌 진리성이나 가치가 '내가 그것을 좋아하든 아니든' 내게 동의를 명령한다는 의미에서는 '순종적'으로 여겨질 수 있다. 이것은 데카르트가 삼각형의 속성에 대해 이야기한 것과 같은 맥락이다. 내가 일단 삼각형을 명료하게 지각하고 나면 싫든 좋든 그것의 속성을 인정할 수밖에 없다.[30]

그렇다면 이 '계몽의 자유'(나와 독립적으로 참되거나 선하다고 이성적으로 지각된 것에 자동적으로 동의하는 것으로서의 인간 자유)가 어떻게

---

[28] Fourth Meditation, AT VII 58, CSM II 40.
[29] Cottingham 2010.
[30] 「제5성찰」과 비교해보라. AT VII 64, CSM II 45.

인간이 '자연의 주인이자 소유자'가 되어서 환경과 심지어 우리 자신의 신체적 반응 패턴들마저도 통제할 수 있어야 한다는 데카르트의 과학적이고 기술적인 야심과 연결되는 것일까? 내가 볼 때 답변은 이렇다. 만약 인간의 삶이 대국적인 차원에서 자비로운 창조주의 명령으로 유의미한 위치를 갖는다고 하는 통찰을 정념을 통제하고 관리하겠다는 데카르트의 그러한 청사진에 불어넣지 않는다면, 그것은 그저 방향을 잡고 항로를 안내해줄 것이 아무것도 없는 키잡이 없는 배가 되고 말리라는 것이다. 독립적으로 추구할 만한 가치를 지닌 객관적인 선과 유의미성이 먼저 존재하기 때문에 비로소 과학의 자원은 인간을 도와 훌륭하고 유의미한 것들을 추구하는 데 사용될 수 있는 것이다. 그러므로 데카르트라면 유의미한 삶을 꾸리는 일은 "누구나 제 하기 나름이다"라는 식의 현대적인 발상에 절대 동의하지 않을 것이다. 오늘날의 "표현주의적" 윤리관이나 순수하게 도구주의적인 윤리관은 선에 대한 모든 실체적 관점으로부터 윤리학을 자유롭게 풀어놓고 단지 개별 행위자 혹은 행위자 무리의 "선호"를 극대화하는 것을 목표로 삼지만, 그는 결코 그런 관점에 솔깃하지 않았을 것이다.[31]

데카르트는 자신의 새로운 수리과학의 청사진을 기술하면서 한번은 목적인目的因의 탐색이 "물리학에서 철저히 쓸모없다"라고 적은 바 있다.[32] 확실히 그는 과학적 설명이란 계량화된 법칙들(운동 법칙 같은)을 통해 작동한다고 보았고, 창조주의 "불가해한 지혜의 심연에 숨겨져 있는" 가상적인 목적들에 호소하지 말 것을 경고했다.[33] 그러나 그 것은 데카르트가 우주를 맹목적으로 상호작용하는 입자들의 무의미한

---

[31] '표현주의'에 대해서는 다음을 보라. MacIntyre 2016.
[32] Fourth Meditation, AT VII 55, CSM II 39.
[33] Fifth Replies, AT VII 375, CSM II 258.

연쇄로 이해한다는 의미를 함축하지 않는다. 데카르트에 따르면 물리학에는 아마도 목적론의 여지가 없을 것이다. 하지만 그래도 그는 우주가 여전히 신의 창조물임을 주장한다. 우주가 작동하는 법칙들에는 그것들을 결정한 신적 지능의 검인이 찍혀 있다.[34] 데카르트가 비록 물리학에서는 목적론의 배제를 최선으로 생각했지만, 어쨌든 인간 삶의 영역에서는 목적론이 온전히 작동한다고 여겼음을 보여주는 증거가 우리가 보아온 문헌들에 넉넉하다. 계량화된 우주의 다른 모든 것처럼 우리의 신체도 미립자들의 상호작용에 관한 법칙들에 따라 작동하는 것은 맞지만, 인간은 이성이라는 선물을 통해 여전히 자기 삶이 의미와 가치의 객관적 원천을 지향하도록 만들고 그럼으로써 충만하고 유의미한 삶을 성취할 수 있다고 데카르트는 믿기 때문이다. 오늘날의 대단히 몰(沒)데카르트적인 세계관에서는 전형적으로 신을 방정식에서 빼 버린다. 그런 세계관 아래서 의미를 구하는 인간의 갈망이 과연 충분히 채워질 수 있을지, 그럴 수 있다면 어떻게 그럴 수 있을지, 이는 현대 철학이 아직도 최종적으로 해결하지 못한 문제이다.

---

[34] *Principles of Philosophy [Principia philosophiae]* 1644, Part Two, art. 36, AT VIII 61-62, CSM 240.

스피노자와 삶의 의미
Spinoza

제니비브 로이드Genevieve Lloyd

과거의 철학자를 현재의 쟁점을 둘러싼 논쟁에 소환하려면 상상력을 발휘해야 한다. 비록 그 상상이 역사적으로 근거가 있는 문헌 분석으로 채워지는 것이라 해도 말이다. 그것은 상상을 통해 과거로 되돌아가려고 노력하는 것뿐만 아니라 우리가 지금 던지는 종류의 물음들에서 무엇이 문젯거리가 될 수 있을지 성찰하는 것과도 관련이 있다. 삶의 의미에 대한 물음은 과거를 현재에 대입하는 복잡한 문제에 착수하기 전부터도 벌써 그 자체로 당혹스럽다. 우리 개개인의 삶과 관련하여 보자면, 우리는 의미의 현존보다는 슬프거나 우울한 쇠약 상태에 있을 때와 같은 의미의 결핍이나 상실을 더 잘 이해할 수 있는 것처럼 보인다.

삶의 '일반적' 의미에 관한 관심은 흔히 냉소적인 어조로 이야기된다. 그런 관심은 흔히 철학적 탐구의 어리석은 측면을, 아니, 철학적 탐구 그 자체의 어리석음을 집약하는 것으로 취급되곤 한다. 하지만 최근 들어 철학자들이 그 문제에 실로 진지한 관심을 기울이는 것처럼 보인다. 우리 같은 사람들이 '위대한 철학자들'을 대변하며 이 책의 저술에 참여하기 전부터도 이미 그 문제에 관해서 좋은 평가를 받는 책들이 많이 출간되었다. 사정이 그런데도 여전히 스피노자에게서 어떤 답변이 도출되리라 기대한다는 것은 특히 더 이상하게 보일 수 있을 것 같다. 그는 명시적으로 이 물음을 논의하지 않는다. 그리고 그가 한 말 중 많은 부분은 심지어 그런 문제를 제기하는 것 자체와도 어긋나는 것처럼 보인다. 하지만 그는 또한 그를 그 논의의 장으로 데려가게 할 것처럼 보이는 몇몇 통찰을 제공한다. 적어도 우리는 스피노자로부터 이 물음에서 관건이 되는 것이 무엇인지 조명하는 데 도움을 줄 수 있는 몇 가지 통찰을 끌어낼 수 있다.

악명 높게도 스피노자의 세계는 그 안에도 그 바깥에도 목적이 없는 세계이다. 그는 개인적 삶이든 집단적 삶이든 우리 삶이 인류의 미래를 걱정하는 자애로운 신 덕택에 지탱된다고 여기지 않는다. 하지만 그의 시각이 모진 것은 아니다. 스피노자식 삶이 본래부터 고독하거나 쓸쓸한 투쟁은 아니다. 그의 철학에서는 자연 세계를 초월해 있으면서 삶에 외적 의미를 제공해줄 수 있는 그런 것은 없다. 하지만 그런 결핍이 훌륭한 인간적 삶의 이상에 관한 그의 명료한 진술에 손상을 입히는 것처럼은 전혀 보이지 않는다. 그는 자유의지와 그 안에 담긴 목적성의 내포를 논박한다. 하지만 그는 인간의 삶을 모양 짓는 것으로서의 욕망이라는 풍요로운 개념을 반대급부로 제공한다. 그리고 기쁨은 그의 핵심 개념인 **코나투스**, 즉 계속 존재하고자 하는 분투에서 필수적인 요소이다.

그렇다면 스피노자를 대신하여 내가 제기하고 싶은 첫 번째 질문은 이것이다. 무언가를 삶의 의미에 관한 우리의 현대적 물음에 대한 답변으로 여길 수 있으려면 무슨 조건이 필요한가? 표면적으로 보자면, 그 답변은 잘 산다는 것이 무엇인지에 대한 설명 그 이상의 무언가를 제공해야 한다. 철학자들은 의미에 호소하지 않고도 최선으로 사는 방법에 관한 조언을 제공할 수 있다. 더구나 의미 있게 사는 방법에 관한 처방을 제공하면서 삶의 의미라는 생각을 통째로 거부하는 것이 가능해 보인다. 예를 들면, 삶의 의미란 우리가 자신의 자율적인 프로젝트와 위업을 통해 스스로 제공하는 것일 뿐이라는 격언으로 요약되는, 넓은 의미의 실존주의적 접근 방식을 생각해보라. 우리는 여기서 삶의 의미에 대한 현재의 논의가 갈라지는 단층선 일부를 보게 된다. 즉, 우리는 삶 자체에 어쨌든 의미가 있다는 주장에 찬동하지 않으면서 우리의 삶 속에서 의미를 찾고자 노력할 수 있다는 것이다.

여기서 스피노자가 제공해야 할 것은 무엇인가? 그의 철학은 훌륭한 인간적 삶의 본성에 관한 오래된 철학적 의문들에 답변을 제공하는 것처럼 보인다. 그것은 또한 유의미하게 산다는 것의 교훈적 사례들을 제공하는 것으로도 기꺼이 이해될 수 있다. 물론 자유의지라는 가정된 능력의 올바른 사용에 중점을 둔 사례들과는 매우 다른 종류에 속하는 답변이지만 말이다. 하지만 그중에 어떤 것이라도 정말로 우리의 의문에 대한 답변에 해당할지는 분명치 않다.

이제 상상 속 논쟁의 판관 역할로서 말하자면, 나는 여기서 무언가를 진정한 답변으로 간주하기 위한 선결 조건으로 나 자신이 이해한 바를 제공하고 싶다. 나는 진정한 답변이라면 인간 현존에 관한 어떤 일반적 진리를 제공해야 한다고 제안한다. 그리고 그런 진리를 수용한다는 것은 우리가 사는 방식에 동기를 부여하는, 아니 어쨌든 그런 방식을 모양 지어가는 것이자, 미래를 위한 어떤 희망의 기초를 제공하는 것으로 여겨질 수 있어야 한다. 그런 답변 가운데 가장 명료한 것은 우리에게 인간 삶의 초자연적인 틀을 지향하라고 알려준다. 하지만 초자연적인 것을 전혀 상정하지 않는 답변들도 있다.

초자연적인 것에 대한 믿음을 틀로 삼는 답변의 경우는 인간 삶에 의미를 제공한다고 정합적으로 여겨질 수 있는(비록 정당화되지는 않는다고 하더라도) 인간 삶 너머의 무언가를 분명히 가리킨다. 그것은 사후 보상 혹은 처벌을 약속하는 일군의 신의 명령들일 수도 있다. 그게 아니라 집단적인 세속의 목표를 향해 진보한다는 서사를 통해 답변이 주어질 수도 있다. 불멸성 담론만큼이나 인간종이 완벽해질 가능성에 대한 발상들도 지금의 현실을 이상화된 미래 속에 포섭시킬 수 있다. 하지만 그 자체로 유한하고 제한된 대상에 호소하는 것은 의미를 수여하는 힘에 대한 회의주의를 끌어낼 가능성이 더 크다.

여기서 핵심적인 도전 과제는 로버트 노직이 그의 책 『철학적 설명 Philosophical Explanations』의 제6장 결론부에서 또박또박 진술한 바 있다. 그것은 한계와 조우한다는 느낌에서 생겨난다. 삶의 의미를 추구할 때 우리는 더 광대한 무언가를 찾는다. 그것이 필경 우리가 출발했던 지점에 의미를 부여할 것이다. 하지만 그렇게 해서 우리가 어디에 도달하든 그것은 또한 그 자신의 한계를 지닌다. 그래서 원래의 '문제'가 다시 표면화된다. 노직은 이것이 암시하는 바가 무엇인지를 이렇게 진술한다. 즉, 그 문제는 오로지 우리가 그것 밖으로 나간다는 것을 상상조차 할 수 없는 그 무엇에 의해서만 피하거나 넘어설 수 있으며, 끝없는 의문 제기는 서 있을 다른 곳이 없는 지점에 이르러서만 멈춰진다는 것이다(Nozick 1981b).

노직의 의견은 신의 심판이 기다리는 내세나, 어쨌든 인간의 사유로는 파악되지 않는 목적이나 원리에 대한 신적 이해의 요청 같은, 초월적인 영역으로의 도약을 이야기하는 것들이 어째서 삶의 의미를 묻는 물음에 대한 가장 명료한 형태의 답변으로 여겨지는지를 설명하는 데 도움이 된다. 이 경우는 전통적으로 '무제약적' 존재로 이해되는 것에서 의미의 탐구가 멈춘다. 그리고 탐구가 멈춘 곳에서 삶의 의미 찾기의 담론이 가능해진다. 실제로 유신론자들이 흔히 그러는 것처럼 말이다.

스피노자는 그런 일반적 패턴에 어울릴 만한 무언가를 제공하는가? 이를테면, 눈앞의 현실에 대한 지각을 형성하고 미래를 위한 희망을 제공할 수 있는, 그런 인간 삶에 관한 외적 진리 같은 것을 말이다. 그리고 만약 그가 그런 진리를 제공한다면, 그로써 노직이 제기한 도전 과제에서 벗어나는 것일까?

스피노자의 대변자 역할로 되돌아가서, 훌륭한 인간 삶에 대한 그의 견해가 지닌 몇 가지 유관한 특징들을 간략하게 되짚어보고자 한다. 그의 견해는 그가 인간 존재의 본성에 관해 제시한 형이상학적 진리에 근거를 두고 있는 것처럼 보인다. 스피노자에게 훌륭한 삶이란 자기 자신을 총체적 존재를 구성하는 일부분으로 이해하는 것에 초점이 있다. 신체로서의 우리는 물질세계라고 하는 상호 연결된 전체 속에 동적으로 체현되어 있다. 정신으로서의 우리는 그런 신체의 관념으로서, 상응하는 사유의 총체 내에 있는 유한한 양태이다. 이 체계에서 정신과 물질은 같은 실재이며, 그가 '신 즉 실체'로 간주한, 완벽하나 초월적이지는 않은 존재의 서로 다른 '속성들'로 표현된 것뿐이다.

『에티카』(Spinoza, 1677)는 기쁨과 희망의 광활한 삶에 관한 서술과 더불어 의기소침, 쓰라림, 절망의 쪼그라든 삶에 대한 대안적 서술도 함께 제공한다. 그런 서술들은 인간 존재의 본성에 대한 스피노자의 이해를 반영한다. 그의 관점에서 이상적으로 말하자면, 개개의 정신은 적절성이 지속해서 증가하는 가운데 그 자신이 상호 연결된 총체의 일부이며 자신의 존재가 그 총체에 의존하고 있음을 파악하기에 이른다. 그 이해의 명료성과 정동의 강도는 삶에서 내내 부침을 거듭할 것이다. 총체성 내의 유한한 양태들로서 우리는 적대적인 힘들 앞에 취약하다. 하지만 우리는 또한 친화적인 힘들로부터 내구력을 끌어낼 수도 있다. 궁극적으로 우리는 존재하기를 멈출 것이다. 하지만 우리는 사는 동안 우리의 존재가 의존하는 상호연결성에 대한 이해에 이를 수 있다. 그런 이해를 성취하고 지탱하려는 노력이 스피노자에게는 훌륭한 삶의 열쇠이다.

　『에티카』의 결말부 절들에서 스피노자는 그런 삶이 가장 고결한 형태를 띠게 되었을 때 그에 수반되는 정신은 '신의 정신' 속의 영원한 관념으로서 그 자신을 이해하기에 이른다고 주장한다. 선명하지만 잘 이해되지 않는 그런 구절들에 대한 주석들에서 합의된 부분은, 그렇게 드높은 고결함이 개별적인 불멸성에 해당하는 것은 아니라는 것이다. 스피노자의 '정신의 영원성'은 덕스러운 삶을 통해 성취되는 천국 같은 내세에 자리하지 않는다. 이것은 우리에게 정신의 '영원성'에 관한 스피노자의 견해가 내세에 대한 믿음과 유사한 세속적인 무언가를 제공할 수도 있다는 흥미로운 가능성을 제기한다. 그렇다면 그것이 인간 존재에 관한 진리를 제공하고 그런 진리의 이해가 의미를 주고 희망을 받쳐줄 수도 있는 것일까? 그리고 그럴 때, 그런 의미를 찾는다는 발상 자체가 무엇이 문제인지를 보여주는 노직의 공식에서 벗어날 수 있는 것일까?

　형식적으로 보자면, 우리의 의문에 대한 답변을 가진 인물로 스피노자를 섭외하는 것이 유망해 보인다. 정신은 그 자신을 사유의 총체 안에 있는 유한한 양태로 파악할 때, 자신의 의미 원천을 다른 유한한 사물에 위치시키지 않는다. 그것에 대해서 똑같은 의미 탐색의 문제가 생길 수 있을 테니 말이다. 스피노자식 정신이 자신의 존재 의미를 발견하게 되는 것은 초월적 영역으로 주의를 전환하는 것이 아니라 전체 자연 속에 자신이 포함된다는 것을 이해하는 데 있다. 그러나 그런 자기 이해의 내용이 정확히 무엇인가?

좌절한 많은 주석자가(아마도 가장 심한 사람은 조너선 베넷Jonathan Bennett일 것이다) 『에티카』의 그런 결론부의 절들을 불가해한 것으로 처리한다(Bennett 1984: 357-72). 삶의 의미에 내용을 제공하기 위한 시도로서 정신의 영원성에 관한 스피노자의 이론이, 아무리 잘 봐줘도 스피노자 학자들 가운데서 가장 헌신적인 사람들에게만 이해될 수 있다는 명백한 난점을 지녔다고 보는 것도 당연할 수 있다. 우리가 사는 동안 이해될 수도 없고 만사가 명백해질 수 있는 내세로 투사될 수도 없는 그런 '의미'라면, 그것이 미래를 위한 전반적인 희망의 원천으로 큰 쓸모가 있으리라고 입증될 가능성은 없는 것처럼 보일 수 있다.

정신의 영원성에 대한 스피노자의 설명은 『에티카』 전체의 복잡한 논증적 구조의 결말, 즉 그가 정신을 사유로-표현된-실체의 유한한 양태로 취급한 궁극적 귀결로 의도된 것이다. 얽히고설킨 기저의 형이상학을 걷어내고 나면 우리가 자신을 전체의 부분으로 생각해야 한다는 그의 계고는 삶의 의미를 명료하게 제시하라는 도전에 대한 공허한 반응으로 보일지 모른다. 그러함에도 불구하고 여기에는 이 물음에 대한 우리의 현대적 관심을 이해하는 문제와 직접적인 연관성이 있는 결정적인 통찰이 있다.

스피노자 본인은 우리가 총체의 부분들이라고 하는 진리가 정신의 영원성 안에서 궁극적으로 실현된다는 것 말고도 그 진리 자체를 단지 상투적 문구 이상의 것으로 여겼다. 그에게 그런 진리의 이해는 고난의 시기에 인간 삶을 바라보는 어느 정도의 묵종이나 평온을 불러올 수 있는 태도의 토대가 되는 것이었다. 인간적 조건에 대한 이런 통찰은 고대 스토아주의의 몇 가지 측면을 되풀이한 것이지만, 그 안에는 스토아주의의 유산에 대한 공통된 해석으로 되어 있는 모진 정서적 유리遊離는 들어 있지 않다.

스피노자는 친구인 헨리 올덴부르크Henry Oldenburg에게 보낸 1665년의 편지처럼 철학적 저술들 이외의 지면에서 그런 요지를 더 스스럼없이 표현하였다. 영국에 거주하던 올덴부르크가 당시 네덜란드군과 영국군이 벌이고 있던 전쟁의 야만성을 통탄하는 편지를 스피노자에게 보냈는데, 그는 그 전쟁이 세상의 모든 문명화된 행동을 거의 내팽개치고 있다고 편지에 적었다. 스피노자는 답신에서 (아마도 데모크리토스Democritus를 가리키면서) 고대의 어떤 유명한 냉소적 인간이 그자들의 작태를 보았더라면 아마도 웃다가 숨이 넘어갔을 것이라고 촌평하였다. 하지만 그는 작금의 대혼란은 자신을 웃기거나 울리는 것이 아니라 오히려 철학을 하게 만들며 결코 조롱이나 탄식의 대상이 되어서는 안 되는 인간 본성을 더 잘 관찰하게 자극한다고 힘주어 말한다. 왜냐하면 인간은 자연의 부분일 뿐이며 자신은 어떻게 각 부분이 전체에 들어맞는지, 어떻게 다른 부분들과 응집하는지 알지 못하기 때문이라고 그는 말한다.

여기서 스피노자가 눈물이나 웃음보다는 더 심오한 묵종에 관해 언급한 요점은 일부분 오늘날에는 진부하다 할 만큼 더 친숙하게 들릴 수 있다. 그것은 이를테면 곤경에 직면하여 우리는 우리 자신의 작은 부분적 세계에 매몰되지 말고 더 폭넓은 관점을 받아들일 줄 알아야 한다는 흔히 듣는 말이 아니던가. 하지만 사유하는 정신이 그 자체로 존재의 총체성 안으로 빠져들어 가는 방식들에 대해 스피노자가 『에티카』 전반에 걸쳐 보여준 통찰에는 더 심오하고 낯선 무언가도 들어 있다. 그에게 정신은 자신의 바로 그 존재를 그런 식으로 전체의 일부분이 된다는 것에 의존한다. 우리가 사유한다는 것은 전체의 일부분으로서 사유한다는 의미이다. 그것은 결국 정신의 안녕, 자신의 존재가 지속된다는 것에 대한 기쁨은 그 자신이 다른 것들과 맺고 있는 상호 연결성을 이해하려는 부단한 노력에 있음을 의미한다. 스피노자에게 훌륭한 삶이란 이러한 인간 삶의 조건들, 즉 그 자신의 지속적인 존재를 가능케 하는 상호연결성과 상호작용에 대한, 정신의 지속적인 이해에 있다.

현대의 스피노자 독자들이 정신을 그 자체로 더 넓은 전체의 부분으로 보는 이런 식의 담론에 참여하기란 어려운 일이다. 우리는 어쨌든 우리의 정신이 총체성의 바깥에 자리한다고 더 쉽게 생각한다. 그런 외부적 관점을 가짐으로써 우리는 나머지 세계를 숙고할 수 있는 것이다. 하지만 우리가 세계-내-정신이라는 스피노자의 관점을 갖는다고 애써 상상해볼 때, 우리는 삶의 의미 담론에 어떤 의의를 부여할 수 있을지 통찰할 수 있다.

사유하는 정신을 그 자체로 전체의 일부분으로 다루면서 스피노자는 일종의 자기-초월을 제공한다. 그것은 우리가 여전히 자연 세계에 굳건히 머물러 있으면서 이루어지는 그 자체 초월될 수 없는 그런 종류의 초월이다. 그가 생각한 '실체로서의-신'은 존재의 총체이며, 우리는 우리 자신을 그것의 일부로 경험한다. 우리는 스피노자가 말하는 '신의 정신' 안에 존재하는 '관념들'이 아니다. 그것은 우리가 다른 어떤 존재의 게임 속에 등장하는 졸들이 아니라는 뜻이다. 그것이 아무리 자애로운 게임이라 해도 그렇다. 정신으로서 우리의 바로 그 존재는 우리가 잠겨 있는 그 총체성에 대한 부족한 이해 속에 머문다.

그런 스피노자의 사유 틀 안에서, 우리는 우리 자신 너머에 도달함으로써 삶의 의미 찾기를 말할 수 있다. 하지만 그런 의미 찾기가 취할 수 있는 유일한 형태는 우리 자신을 전체와의 상호의존적인 부분들로 보는 더 나은 이해를 통해서 얻게 된다. 우리는 우리처럼 유한한 다른 무언가에서 삶의 의미를 찾지 않을 것이다. 그러나 자연을 넘어서 있다고 상상되는 무언가에 도달하거나 자연 그 자체를 초월적 신의 대리자 같은 별개의 더 높은 존재의 일종으로 취급함으로써 삶의 의미를 발견하게 되는 것도 아니리라. 우리는 우리 자신을 복잡한 주변 환경의 조건들에 의해 부양되는 상호 연결된 생명체들로 보는 더 충만한 이해에 이르러 총체적 자연을 향해 나아갈 때만 그것을 발견하게 될 것이다. 아니, 어쨌든 거기에 이르러서야 그 탐색을 멈출 것이다.

이것을 우리 삶의 의미에 대한 통찰이라 보아도 좋을까? 만약 그것이 사유하는 개별적 인간으로 살아 있다는 것이 무엇인가에 대한 이해를 의미하는 것이라면, 그렇다. 여기서 스피노자의 통찰을 파악한다는 것은 인간의 정신이란 오로지 상호 연결된 총체의 부분으로서만 존재한다는 것을 강조한 그의 견해를 진지하게 받아들이는 데 달려 있다. 스피노자의 '합리주의'에 대한 해석들은 그런 견해의 여러 가지 귀결을 과소평가하곤 한다. 어떤 차원에서 그의 철학은 실제로 이성적으로 질서 지어진 두 개의 구조, 즉 '사유의 질서'와 '사물의 질서' 사이의 완벽한 대응 관계를 강하게 옹호한다. 하지만 그는 또한 개별적 정신은 그 자체로 상상과 감정이 혼란스럽게 합쳐져 있는 것으로서, 사물의 총체성 안에서 이성을 발휘하여 명료성에 도달할 수 있기 위해 분투하고 있음을 강조하기도 한다.

스피노자가 이성의 힘과 타당성을 확신하는 것은 명백하지만(이런 점에서 그를 '합리주의자'로 여기는 것은 옳다), 정신을 전체 자연의 일부분으로 취급하는 그의 견해에는 우리 시대에 강한 울림을 일으킬 수 있는 더 어두운 측면이 존재한다. 『정치-신학 논고』 16장에서(Spinoza 1670) 스피노자는 인간 이성은 그 자체로 오로지 전체 자연의 일부일 뿐이라고 진술한다. 전체란 자기 안의 그런 작은 부분의 법칙들로 제약을 받지 않는다. 우리의 정신은 우리 자신을 전체의 부분으로 사유함으로써 유지될 수 있지만, 그 사유의 다른 일면은 우리 자신의 우주적 하찮음을 암시한다.

스피노자에 대한 우리의 고찰이 우리를 어디로 데려온 것일까? 그는 삶의 의미에 관한 물음에 답변을 제공한 것일까? 아니면, 그의 공헌은 오히려 그 물음 자체에 들어 있는 문젯거리가 무엇인지 폭로하여 그런 문제에 매달리는 일을 중단하라고 우리를 설득할 수 있게 해준 것이라고 보아야 할까? 그의 견해에는 그 두 가지 접근 방식의 요소가 모두 들어 있다. 그 물음의 밑동을 도려내는 스피노자의 방식이 애초에 물음이 던져지도록 자극한 의미 추구의 욕망을 부인하자는 것은 아니기 때문이다. 탐구를 중단한다는 것이 반드시 무언가를 찾아냈다는 것은 아니다. 하지만 그렇다고 반드시 헛된 탐색에 실망하게 된다는 말도 아니다.

필연적으로 상호 연결된 총체들에 대한 스피노자의 담론은 그것이 함의하는 일원론적 형이상학 및 합리주의적 인식론과 더불어, 많은 측면에서 현대적인 철학적 사유에는 낯설다. 하지만 사물들의 상호 연결성에 대한 그의 강조는 기후 위기의 시련을 바라보는 지금의 우려 속에서 더 폭넓게 메아리친다. '삶의 의미'는 지구가 생명 자체를 가능케하는 취약한 조건들을 더는 부양하지 않을 수도 있다는 가능성을 접할 때 새로운 차원으로 접어든다. 아마도 스피노자가 감지한 인간과 우주의 수렴은 바로 이 지점에서 가장 많은 것을 제공할 수 있을 것이다.

오늘날 스피노자를 읽는다는 것은 인간의 삶이 복잡하고 취약한 생태계에 통합되는 방식들에 대한 현대적 이해와 공명을 불러일으킬 수 있으며, 그것은 아마 스피노자 본인으로서는 내다볼 수 없었을 것이다. 그런 사고의 많은 부분은 인류를 최고의 종으로 바라보았던 오래된 관념, 즉 인류는 생명이 도달한 최고의 성취이자 자연 질서의 정점으로서 그 질서 속에서 주권자의 위치를 차지하고 그로부터 '그 자신의' 세계를 만들어낸 존재라는 관념과 부합하지 않는다. 우리는 이제 다윈 이후의 스피노자를 읽는다. 진화 생물학이 이룬 더 근래의 발전들에 비추어 스피노자를 읽는 것이다. 우리는 또한 시간이 얼마나 '오래됐는지' 점점 더 많이 이해해가는 가운데 그를 읽고 있다.

스피노자는 자애롭건 심술궂건 아무런 목적이 없는 우주를 사색하였다. 하지만 그는 생명 자체가 궁극적으로 사라질 것이라고는 상상할 수 없었을 것이다. 그는 먼 미래에 불가피한 변화들이 궁극적으로 지표면 혹은 대양 속 생명을 불가능하게 하리라는 것이나, 그렇게 생명을 부양하는 대양들 자체가 결국은 사라지리라는 것을 알 수 없었을 것이다. 그는 아주 오래된 과거에 상상할 수 없을 정도로 느린 적응 과정이 혼재된 우연과 격변 속에서 생명이 등장했다는 사실을 알지 못했다. 그는 그 자신을 세계의 부분으로 이해할 수 있는 사유하는 존재들의 점차적인 등장을 가능케 한 종의 소멸을 이해하지 못했다.

요사이 삶의 의미에 관한 쟁점들에 대해 철학적 관심이 되살아난 것은, 생명이 존재하는 것 자체의 의의와 그 결말에 관한 관심이 반영된 측면이 있다. 삶의 의미에 관하여 그런 측면에서 물음을 던진다면 거기에는 진정한 답변이 없을 수 있다. 그런데도 그 물음을 제기해야 할 필요성을 절실히 느낀다는 것은 삶의 조건의 나약함과 취약성에 대한 새로운 자각을 표현하는 것일 수 있다. 오늘날 우리는 전 지구적 변화의 위력 아래서 장차 생명이 번영할 수 있는 조건들이 종료되리라는 것을 이해할 수 있다. 또한 우리는 두려우리만치 가까워진 미래에 인간의 능력 그 자체의 진보가 그런 취약한 조건들을 위협하게 되리라는, 여태껏 생각할 수 없었던 가능성을 파악할 수 있다.

아마도 삶의 의미에 관해 오래된 질문들을 다시 던져야 할 필요성은 생명의 취약성과 우주 안에서(아니, 어쩌면 다중 우주 안에서라 해도 좋다) 인류의 궁극적인 미천함에 대한 유익한 염려를 표현하는 방법이 될 수 있다. 상호 연결성에 관련된 스피노자의 애먹이는 논제들은, 우리를 인간적 사유 그 자체가 광대무변한 총체성 속 단지 하나의 점에 불과하게 되는 방식들에 대한 더 깊은 성찰로 인도할 수 있다. 승자의 시각에서 인간 이성을 생각하는 방식들이 지닌 지배력이 생명 자체를 때 이른 위협에 처하게 한 공범이라면, 결과적으로 그런 성찰이 그 지배력을 뒤흔드는 데 도움을 줄 수 있을 것이다.

테리 F. 고들러브Terry F. Godlove

내가 아는 한, 칸트에게 인간 삶의 유의미성 문제가 명시적으로 제기되지는 않는다. 동시에, 지식, 윤리, 종교에 관한 그의 사유 중 많은 부분이 그 문제와 관련이 있다. 그렇다면 문제는 칸트의 관점에서 그 쟁점에 어떻게 접근하는 것이 최선인가 하는 것이다. 그것은 정당한 질문인가, 만약 그렇다면 답변은 어떻게 해야 하나? 한 가지 접근 방식은(유일한 방식이라고 말하지는 않겠다) 더 다루기 쉬운 문제, 이른바 인간 행위에 대한 칸트의 설명에서 시작하는 것이다. 그 발상은 특정한 행위들에 특유의 성질과 깊이를 제공하는 것이 무엇인지, 즉 그것에 '의미'를 제공하는 것이 무엇인지 이해할 때 인간 삶의 의미라는 더 큰 질문을 던질 수 있다는 것이다.

인간의 행위를 유별하게 만드는 것은 그것 특유의 동기 구조이다. 칸트에 따르면 우리는 경험적 상황들로 인해 밀고 당겨지는 부류의 존재들이지만 우리 내부로부터 일련의 사건들을 시작할 수 있는 존재들이기도 하다. 그런 까닭에, 『도덕 형이상학의 기초』에 나오는 잘 알려진 사례를 예로 들자면, 아무런 의심을 하지 않는 손님에게 바가지를 씌우고 싶은 유혹에 저항하는 점원은 발각되는 것이 두려워 그럴 수도 있고, 손님을 단지 재산 증식의 수단으로 대우하는 것이 잘못이라는 생각에서 그럴 수도 있다(Kant 1785b: 52; 4: 397).[1] 전자의 경우, 그 두려움은 말마따나 "나의 것"임에도 불구하고 나는 그것에 의해 움직여지는 것이다. 그것은 이를테면 외래의 힘이다. 대조적으로 후자의 경우, 나는 무엇이 옳은가에 대한 생각, 내가 스스로 부여한 생각에 따라 행위하고 있다. 칸트가 말한 바대로, "오로지 이성적 존재만이 법의 표상에 부합하게, 즉 원칙에 부합하게 행위할 능력이 있다"(ibid.: 66; 4: 412).

다른 말로 하면, 우리는 어떤 원칙의 목적이나 형식에 의해 동기를 부여받을 수 있다. 아마도 그 점원은 이를테면 손님의 인종이나 사회적 지위 같은 어떤 경험적 특징을 마음에 담고 있을지 모른다. 반면에 사람을 단지 사물로(즉, 목적을 위한 수단으로) 취급해서는 안 된다는 생각은 그런 결단의 주관적 근거를 일절 참조하지 않는다. 오히려 그것은 이른바 의무라는 순수한 관념에만 호소할 뿐이며, 잘 알려져 있듯 칸트는 이를 정언명령이라 부른다. 우리가 타인을 존중할 때 우리는 의무에서 행위하는 것이다.[2] 그것은, 우리가 아는 바대로, 우리가 자유롭게 행위할 수 있다는 것과 다를 바 없다.

자유로이 행함 즉 의무로부터의 행함이 특정 부류의 인간 행위, 그러니까 도덕적 지위를 지닌 행위에 '의미'를 부여한다고 말해보자. 물

---

[1] 칸트 저작의 인용문에 대해서 "아카데미Akademie" 판본의 권호와 페이지를 표시할 것이다. 『베를린 학술원판 전집Kant's gesammelte Schriften』(Kant 1747-1802).

[2] 칸트는 "도덕의 원리"에 대해 다양한 설명 혹은 "공식"을 제시하면서 그것들이 결국 같은 것으로 귀착된다고 주장한다(Kant 1785b: 85; 4: 436). 여기서 그런 쟁점들을 논의할 여유는 없다.

론 의무로부터의 행함을 가지고 모든 인간 행위의 의미를 남김없이 논할 수 있는 것은 아니다. 그 점은 앞에서 언급한 논의에 충분히 함의되어 있다. 칸트는 많은 행위의 경우 행복이나 불행에 대한 고려가 있어야 그 의의가 남김없이 다뤄지리라는 점과, 무엇에서 만족을 얻느냐와 관련하여 사람들이 가지각색이라는 점을 누구 못지않게 잘 안다. 그는 『도덕 형이상학』에서 그런 요점을 힘주어 말한다.

> 오로지 경험만이 우리를 기쁘게 하는 것이 무엇인지 가르쳐줄 수 있다. 음식, 성, 휴식, 운동에 대한 자연스러운 욕구와 (우리의 자연스러운 소질이 발달함에 따른) 명예의 욕구, 우리 지식 확장의 욕구 등 이런 욕구들만이 우리 각자가 그런 기쁨들을 오직 저마다의 특수한 방식으로 무엇에서 찾을 것인지를 각자에게 말해줄 수 있다. 그리고 같은 방식으로 오직 경험만이 그런 기쁨을 추구하는 수단을 가르쳐줄 수 있다. … 누구든 자신이 선택한 삶의 방식을 자신의 특수한 성향들과 만족감에 맞추고자 한다면 수없이 많은 예외가 허용되어야 한다(Kant 1797: 371; 6: 215-16).

여기서 주된 요점은 의무의 획일성과 기쁨의 다양성을 대비시키는 것으로 보인다. 어떤 이를 경멸하듯 대우하는 것은 절대 허용될 수 없지만, 어떤 이의 옷차림이나 그 사람이 차린 음식에서 만족을 얻느냐 여부 같은 문제들에 대해서는 획일성은 자연스럽지도 않고 바람직하지도 않다. 칸트는 일의적인 도덕적 기준 내에서 방향성을 갖는 다양한 "삶의 방식"을 상상하고 있는 것처럼 보인다.

같은 저서의 다른 곳에서 칸트는 어째서 인간의 행위에 덕 그 이상의 것이 있어야 하는지 두 번째 이유를 제시한다.

그러나 그것은 인간이 어떤 것도 도덕적으로 무관함을 허용하지 않고 한 걸음 한 걸음을 … 모두 의무로 뒤덮어버릴 만큼 공상적으로 덕스러울 수 있다는 말이다. 그런 사람에게는 내가 고기를 먹느냐 생선을 먹느냐, 맥주를 마시느냐 포도주를 마시느냐가 대수롭지 않은 문제가 아니다. 어느 쪽이든 내게 잘 어울린다고 가정하더라도 말이다. 공상적인 덕이란 사소한 세부 사항[Mikrology]을 우려하는 것이며 … 그것은 덕스러운 정부를 폭정으로 변모시킬 것이다(ibid.: 536-37; 6: 409).

다른 말로 하면, 너무 많은 덕은 큰 손해를 입힐 수 있다. 만약 삶의 "사소한 세부 사항"(맥주냐 포도주냐?)에서도 도덕적 엄중함을 찾는다면, 기쁨을 놓칠 가능성이 클 뿐만 아니라 진정한 도덕적 함의가 담긴 문제들에 직면할 때 마음을 비우고 성찰하지 못하게 될 위험에 처할 수 있다. 맥주를 마시느냐 포도주를 마시느냐가 도덕적 무게를 지닐 수도 있다는 데는 의심의 여지가 없다. 틀림없이, 도덕적 고려는 어떤 미래 행동에건 덧붙여질 수 있다. 요점은 이어지는 매번의 상황을 도덕적 성찰의 기회로 간주할 수는 없다는 것이다. 그 이유는 한마디로 성찰 활동이란 나에게 끊임없는 사유의 연쇄를 이어갈 것을 요구하기 때문이다. (예를 들면, 나는 삶에 지쳤다. … 끝내 버리는 것은 어떨까? … 하지만 그것은 나 자신을 대상으로 취급하는 꼴이 될 것이다. … 그러나 그렇다면 그런 일은 허용할 수 없다.) 그러니 내가 매 순간 새로운 도덕적 성찰의 연쇄를 시작할 수는 없는 노릇이다.

검토해보자. 우리는 분명 거대하고 버거운 질문인 "삶의 의미란 무엇인가?"에 대한 칸트의 답변을 추적하고 있다. 우리의 전략은 더 작고 더 감당하기 좋은 질문을 통해 그 답변에 접근하는 것이었다. 무엇이 인간 행위에 의미를 부여하는가? 이 질문에 대해 지금 우리는 유용한 답변에 도달한 것처럼 보인다. 이른바 의무와 기쁨의 균형이다. 하나의 올바른 삶의 방식이 존재하지 않듯, 여기에 하나의 "올바른" 균형 같은 것은 존재하지 않는다. 이 시점에서 명료화를 요구하는 많은 질문이 생겨나겠지만, 그것들은 일단 한편으로 치워놓아야 한다. 인간 행위에 대해 그런 그림이 제기된다면, 삶의 의미는 어떻게 되는가?

이 지점에서 우리는 어떤 당혹감을 느낀다. 지금까지의 우리의 성찰이 우리의 탐구를 진척시키기기는커녕 인간 삶의 유의미성에 관해 일반적 의문을 제기하는 일을 어렵게, 아니 어쩌면 불가능하게 만들어 놓은 것처럼 보일 수 있기 때문이다. 결국, 내가 나의 모든 행위 각각에 대해서 그 행위가 일어날 때 그것을 유의미하게 만드는 것이 무엇인지 안다면, 일반적 질문을 던질 수 있는 어떤 여지가 남는단 말인가? 우리는 이 문제를 이렇게 표현할 수도 있다. 언제 어느 때라도 나는 특정 종류의 행위가 요청되는 상황에 직면한다. 그런 상황 중 일부는 특정 종류의 만족이나 어쩌면 기쁨까지도 얻을 수 있는 열쇠가 될 것이고 (개와 산책할 시간? 맥주 혹은 포도주?), 일부는 도덕적 무게를 지니게 될 것이다. (어떻게 하면 약속도 지키고 무고한 사람을 배반하지도 않을까.) 그러나 어느 쪽이든 나는 내게 필요한 모든 자원을 가진 것 같다. 만약 의무의 문제들이 발생하지 않는다면, 나는 행복의 고려에 기초하여 행위할 것이다. 만약 도덕적 부담이 얹힌 경우라면, 나는 어떤 의무가 요구되는지 성찰할 필요가 있을 것이다. 내 의무가 무엇인지를 내가 언제나 인식하리라는 것은 아니다. 틀림없이, 시간의 압박이나 피로 등을 고려해야 할 힘겨운 경우들이 있을 것이다. 요점은 해당 행위에 중요성, 깊이(『도덕 형이상학의 기초』에서 칸트는 "숭고함"이라고 말한다. Kant 1785b: 88; 4: 439), 지금의 용어로 말하자면, 의미를 부여하는 것은 그 행위가 의무(그리고 그럼으로써 자유)를 가동되게 한다는 바로 그 사실임을 내가 안다는 것이다. 이런 의미에서 나는 어떤 행동 방침에 대해서든 그것을 유의미하게 만드는 것이 무엇인지 알기 때문에, 인간 삶의 유의미성에 관한 일반적 질문에 구미가 당길 사람을 찾지 못할 것처럼 보일 수 있다.

이 도전에 대해 칸트 성숙기의 저술에서 내내 반복된 그의 응답은, 우리는 도덕적 분투의 각 사건을 고립적으로 조망할 수 없으며 다만 그것들을 전체로서, 하나의 단일성으로서 바라보아야 한다는 자신의 주장에 의존한다(Kant 1793: 177; 6: 154). 자, 그 자체로 놓고 볼 때, 다수성을 단일성으로 여기는 행위는 이례적이지 않다. 그런 일은 사실상 일상적 경험 안에 만연해 있다. 이를테면 우리가 하나의 직선을 인지할 때, 우리는 점들의 다수성을 단일성으로 받아들이는 것이다(Kant 1787: A162-63/B203). 우리가 집을 인지할 때도 문, 창문, 지붕을 하나의 것으로 받아들이는 것이다(B162ff.). 다수성을 단일성으로 받아들이는 활동이 수학적 판단과 경험적 지각의 맥락에서 불가피하다는 점에 우리는 동의할 수 있다. 결국 우리는 단지 점들이 아니라 선을, 단지 문, 창문, 지붕이 아니라 집을 인지하길 원한다. 우리의 관심사인 도덕적 맥락은 어떤가? 어째서 우리는 특수한 행위들을 그 자체로 인지하는 데 만족할 수 없는가?

칸트가 보기에 이 질문에는 문제가 될 것이 많다. 그의 철학의 중심에는 정당한 질문과 가짜 질문을 분리하는 문제에 관한 이야기가 자리하고 있다. 『순수이성비판』에서 칸트는 우리가 오로지 감각에 주어진 것들로서만 대상들을 인식한다고 논증한다. 대상들이 어떻게 우리에게 영향을 주는 방식과 별개로 존재할 수 있느냐에 관한 질문들, "그 자체로" 고려된 대상들은 어떤 것이겠느냐 하는 질문들은 정당하지 않다. 칸트는 보기 드문 쾌활한 기분을 돌연 드러내며 이렇게 적는다.

> 왜냐하면 만약 [어떤] 질문이 그 자체로 부조리하고 불필요한 답변을 요구한다면, 그것을 제안한 사람의 당혹감뿐 아니라, 부주의한 청자를 부조리한 답변으로 인도하여 (고대인들의 말마따나) 한 사람이 아래에 체를 대고 있는 동안 다른 사람이 숫염소의 젖을 짜는 것과 같은 우스꽝스러운 장면을 연출하는 손실도 있기 때문이다(Kant 1787: A58/B82).

더 평소다운 『순수이성비판』의 준엄한 언어로 말하자면, 우리가 스스로 절대적 총체라는 관념을 형성할 때 우리는 "초월적 가상"에 빠진다(A310/B367). 칸트는 그런 몇 가지 가상들을 제시하고 비판하는 데 많은 주의를 기울인다. 그중에는 **영혼**과 세계에 관련된 가상들도 있다. 의심할 바 없이 나는 나와 함께 걷는 개를 인식하며, 콧노래의 곡조를 인식한다. 그러나 경험 속 그 어디서도 실체적인 영혼을 마주하지 않는다. 마찬가지로 우리는 크고 작은 대상들을 경험하지만 우리는 절대적 총체로 여겨지는 세계를 얻을 수 없다. 이런 각각의 경우들에서 문제는 다수성을 단일성으로 받아들이는 데 있다. 즉, 우리는 이 고통, 저 지각, 이 기억, 그리고 그 감정을 하나의 가짜 대상으로 통일한다. 그것이 바로 영혼이다(B422). 또한 우리는 이 별, 저 폭포, 이 은하계, 그리고 저 책을 하나의 부당한 대상으로 통일한다. 그것이 바로 세계다(A522/B550).

삶의 의미를 물을 때 우리는 우리 자신을, 이 특수한 행위 혹은 저 특수한 행위의 의미로부터 전체로서의 행위들의 의미로 나아갈 수 있는 사람으로 표상한다. 이런 나아감은 점들을 하나의 선으로 혹은 문과 창문을 하나의 집으로 통일하는 것과 비슷한가, 아니면 숫염소에서 젖을 짜려고 하는 짓과 비슷한가?

칸트는 많은 것이 위태위태하다는 것을 잘 안다. 『실천이성비판』 후반부를 저술한 동기도 부분적으로 그것이다. 요구되는 것은 한꺼번에 고려된 내 행위들의 의미를 묻는 일의 정당성을 보여주는 논증이다. 이 작업에서 강조점은 "유한한 이성적 존재"라는 개념을 해명하는 일에 떨어진다. 우리가 순수하게 이성적인 존재들이라면, 우리의 "최고선"은 의무로부터 행함이라는 개념, 즉 덕의 개념으로 남김없이 구명될 것이다. 그러나 우리가 본 바와 같이, 이성적이지만 또한 유한하기도 하다는 말의 부분적인 의미는 덕뿐 아니라 행복도 추구한다는 뜻이다. 그렇다면 우리 같은 피조물에 해당하는 완전한 선이라는 의미에서 최고선은, 덕에 따라 행복이 분배되는 세계일 것이다(Kant 1788: 5: 110). 그런 세계는 알다시피 정의로운 자들과 불의한 자들에게 똑같이 비가 내리는 우리 세계와는 극명하게 대비될 것이다. 그러므로 우리가 개별 행위들을 다 함께 (하나의 단일성으로) 고려할 때, 우리는 우리의 "최종 목적" 즉 최고선의 창조를 목표로 삼아야 한다고 칸트는 말한다. 이 시점에서 우리의 중심 질문을 상기해보라. 어째서 우리는 우리의 행위 모두를 하나의 단일성으로 고려해야 하는가? 어째서 각각의 행위 그 자체로서의 유의미성에 만족하면 안 되는가? 이에 대해 『실천이성비판』에서 칸트는 정언명령에 직접 호소하는 식으로 답변한다. "도덕 법칙이 나에게 이 세계에서 가능한 최고선을 내 모든 행위의 최종 목적으로 삼으라고 명령한다"(ibid.: 108; 5: 129). 이 구절에 담긴 한 가지 분명한 의미는, 칸트는 덕이 행복으로 보상받는 세계를 장려하는 것 그 자체가 "삶의 의미"라고 말하고 있다는 것이다.

이제 이런 설명에 대해 우리가 보일 수 있는 한 가지 반응은, 칸트가 부인할 수 없는 중요성을 지닌 최고선 개념을 마주친 것이라고 말하는 것이다. 그러면서 우리는 하나의 개념으로서 그것이 중요한 부분적인 이유는 그 개념이 의무와 행복 둘 다의 끌림을 느끼는 피조물에 자연스럽게 부합하는 방식에 있다는 점을 인정하고 싶을 수 있다. 그렇지만 우리는 그와 동시에 칸트가 그것은 그런 정도보다는 어쨌든 더 중요한 것임을 보여준 것이 아닐까 의심해볼 수도 있다. 즉, 칸트는 내가 "나의 모든 행위"에 대한 목적 혹은 목표를 찾아야 할 필요가 있음을, 혹은 우리의 용어로 말하자면, 삶의 의미를 찾아야 할 필요가 있음을 보여준 것은 아닐까 의심해볼 수 있다는 것이다. 이런 의심은 칸트식 사유 노선의 저 깊은 배후에서 당연히 따라 나올 수 있다는 점에 유의하라. 이를테면, 최고선의 구성 요소로서도 그렇지만, 어떤 형태의 것이든지 간에 행복을 명령하는 정언명령을 갖는다는 것은 적어도 이상하다고는 생각할 수 있으니 말이다. 사실은 칸트의 최고선이 정언명령의 요구라는 근거에서 우리에게 객관적으로 필수적인 것으로 여겨져야 한다는 말 자체가 초월적 가상의 기미를 드러내는 것일 수도 있다.

이런 이유에서건 아니건, 5년 후에 『이성의 한계 안에서의 종교Die Religion innerhalb der Grenzen der blossen Vernunft』(1793)에서, 칸트는 최고선의 추구를 아주 다른 근거 위에 정초한다. 여기에 그 핵심 구절이 있다.

> 도덕에는 올바른 행위를 위한 아무런 목적도 진정 필요치 않다. 그와는 반대로, 자유의 사용 일반에 대한 형식적 조건을 포함하는 법칙이면 충분하다. 하지만 똑같은 그 도덕으로부터 목적이 생겨난다. 왜냐하면 우리의 그런 올바른 행위의 결과가 대체 무엇인가라는 질문에 어떻게 답해야 할지 논하는 것은 도저히 사소한 문제일 수 없기 때문이다. 우리가 우리의 행함과 행하지 않음을, 적어도

그것들이 조화를 이루고자 하는 대상으로서 무엇을 향해 방향 지울 것인지에 대해서도 마찬가지이다. 비록 그것이 완전히 우리의 통제하에 있지 않음을 인정하더라도 말이다. 그리고 실로 그것은 그 자신 안에서 모든 목적의 형식적 조건을 통합하는 유일한 객관의 이념으로서 우리가 가진 목적들에 좌우되고 의무에 부합하는 (의무 준수에 비례하는 행복) 모든 것에 대해 우리가 마땅히 가져야만 하는(의무) 그런 것이다. 달리 말해 그것은 이 세계에서의 최고 선의 이념이다. … 이 이념은 (실천적으로 고려될 때) 공허한 것이 아니다. 왜냐하면 전체로서 받아들여진 우리의 모든 행함과 행하지 않음에 대해 이성이 정당화할 수 있는 모종의 궁극적 목적을 생각하는 일은 우리의 자연적 욕구를 충족하기 때문이다. 그렇지 않았더라면 그 욕구는 도덕적 결단의 방해물이 되었을 것이다. 하지만 여기서 가장 중요한 것은 이 이념은 도덕으로부터 생겨나는 것이지 도덕의 토대가 아니라는 것이다…(Kant 1793: 58; 6: 5, 강조는 원문 그대로).

강조 표시된 문장에서 시작해보자. 우리는 인격체들을 존중하고 단지 수단이 아닌 목적으로 대하려고 노력하는 어떤 이를 상상 중이다. 이 단락의 중심 사유는 그런 사람에게 도덕은 특수한 용어로만이 아니라 일반적인 용어로도 그 자신을 드러내야 한다는 것이다. 즉, 이 사람은 상황이 벌어질 때 올바른 일을 하고자 노력하며 또한 자신이 그렇게 노력 중임을 자각한다. 이런 특수한 행위들은 서로 닮아야 하며, 더 높은 유類에 속하는 종으로서 서로 닮았다고 평가되어야 한다. 결국 각각의 행위는 "올바른 행위"의 사례이고자 의도된 것이다. 따라서 그 사람은 자신이 특정 종류의 행위를 시도하고 있다는 생각을 피할 수가 없다.

그러나 특수한 행위들이 어떤 의도된 결과를 요구하듯이, 행위 일반도 역시 마찬가지다. 나는 어떤 특수한 약속 이행 행위가 이를테면 부채의 변제라는 결과로 이어지기를 의도한다. 분명히, 나의 약속 이행에 동기를 부여한 것은 변제 그 자체가 아니라, 변제 실패는 채권자를 단지 목적 달성의 수단으로 이용할 것을 요구하는 꼴이 되리라는 자각이다. 결정적인 질문은 "약속 이행이라는 방침의 목표는 무엇인가?"가 아니다. 약속 이행은 그 자체로 더 큰 도덕 영역의 일부("전체로서 받아들여진 우리의 모든 행함과 행하지 않음")이다. 질문은 이것이다. "도덕이라는 더 큰 기획의 목표는 무엇인가?" 칸트는 여기서도 전처럼 답변한다. 덕에 따라 행복이 할당되는 세계.

1788년과 1793년 사이에 삶의 의미에는 무슨 일이 일어난 걸까? 어떤 면에서는, 아무 일도 일어나지 않았다. 『실천이성비판』과 『이성의 한계 안에서의 종교』 둘 다에서 삶의 의미는 최고선의 추구이다. 차이는, 나중 저서에서는 최고선을 추구하는 유인이 더는 정언명령에서 직접 나오는 것이 아니라 다음과 같은 사유의 연쇄에서 나온다는 데 있다.

1. 모든 행위는 어떤 목적 혹은 목표를 가져야 한다.
2. 그러므로 행위의 일종인 올바른 품행도 어떤 목적 혹은 목표를 가져야 한다.
3. 의무와 행복에 둘 다 부응하는 피조물에 가장 잘 어울리는 목적 혹은 목표는 덕이 행복으로 보상받는 세계이다.
4. 다른 말로 하면, 올바른 품행의 목표는 최고선이다.

여기에서 인간 행위의 일반적 특징으로부터(전제 1), 우리의 도덕적 행위들을 하나의 단일성으로 간주할 수밖에 없는 불가피성으로부터(전제 2), 그리고 도덕적 인간학의 가장 일반적인 정황으로부터(전제 3), 최고선 혹은 완전한 선의 추구라는 의미에서의 삶의 의미가 모습을 드러낸다.

이 지점에서, 우리의 성찰 과정에서는 두 번째로 우리가 삶의 의미에 관한 사유의 자연스러운 종착점에 도달한 것처럼 보일 수 있다. 우리는 개별 행위들의 의미(의무와 행복)를 알며, 그런 의미가 요구됨을 인정하게 되면 우리는 그것들을 합쳐서 생각할 때의 목적을 갖는다(최고선). 그러나 적어도 우리가 고찰해온 저서들에서 칸트는 우리의 작업이 마무리됐다고 여기지 않는다.

『실천이성비판』과 『이성의 한계 안에서의 종교』에서 칸트는 최고선을 성취하고자 의도한다는 것은 그런 세계가 가능하다고 믿을 것을 내게 요구한다고 주장한다. 그러지 않고, 그런 세계가 가능하지 않다고 믿는다면 나는 그런 추구를 멈출 것이다. 그러나 최고선이 가능하다고 생각하는 것은 자연이 언젠가는 비례적 행복으로 덕을 보상하리라 믿을 것을 요구한다. 그리고 그것은 그럴법해 보이지 않는다. 나는 비가 어느 날부터 저절로, 오로지 불의한 자들에게만 내리기 시작할 것이라고 믿을 이유가 없다.

> 따라서 세계에서의 최고선은 오로지 도덕적 성향과 일치하는 인과성을 가진 자연의 최고 원인이 가정되는 한에서만 가능하다. 이제, 법칙들의 표상에 부합하는 행위를 할 수 있는 존재는 지성(이성적 존재)이고, 법칙들의 표상에 일치하는 그런 존재의 인과성은 그의 의지이다. 따라서 최고선을 위해 자연의 최고 원인이 반드시 미리 전제되어야 한다고 하는 한, 그것은 이해와 의지에 의한 자

연의 원인으로서의 존재(즉 자연의 창조자), 즉 신이다(Kant 1788: 101; 5: 125).

다른 말로 하면, 나 자신 세계 안에서 최고선을 성취하는 데 헌신하는 가운데, 그럼으로써 나는 그것의 가능성에 헌신하는 것이다.[3] 그러나 비가 덕을 존중하도록 만들 수 있는 존재는 신이다. 그러므로 "신의 존재를 가정하는 것이 도덕적으로 필수적이다"(Kant 1788: 105; 5: 125, 강조 표시는 원문 그대로).

칸트는 『이성의 한계 안에서의 종교』에서 그 점을 이렇게 적고 있다.

그래서 도덕은 불가피하게 종교로 이어지며, 종교를 통해 도덕은 인간 바깥에 존재하는 강력한 도덕적 입법자의 이념으로 그 자신을 확장한다. 그의 의지 안에 있는 궁극적 목적(세계 창조라는)은 궁극의 인간적 목적이 될 수 있고 또한 그렇게 되어야 한다(Kant 1793: 35-36; 6: 6).

"궁극적 인간 목적"에 대한 언급은 확실히 우리의 질문과 관련이 있어 보인다. 삶의 의미는 세계 내에서의 최고선 추구에서 신의 존재에 대한 도덕적 "요청"으로 확장되는 것일까?

쉬운 문제가 아니며, 이에 관해서 명백히 칸트 본인도 달리 생각했던 바가 있다. 『실천이성비판』에서 칸트는 신에 대한 믿음은 "객관적으로" 필요한 것이 아니라 "주관적으로" 필요한 것임을 강조한다. "더

---

[3] 단지 그것의 논리적 가능성에 대해서가 아니라 그것의 진짜 가능성에 헌신하는 것이다. 다음을 보라. Ferreira(2013).

구나 이를 통해 모든 의무 일반의 근거로서 신의 존재를 반드시 가정할 필요가 있다고 이해되어서는 안 된다(왜냐하면 그것은, 지금껏 충분히 입증한 바와 같이, 이성의 자율성 그 자체에 의존하는 것이기 때문이다)"(Kant 1788:105; 5: 125-26). 그러나 그렇다면 우리는 처음의 당혹으로 다시 내던져지는 것처럼 보인다. 만일 내가 "모든 의무의 근거"를 안다면, 삶의 의미에 관해 어떤 추가적인 의문을 가질 수 있단 말인가? 칸트 자신도 죽기 직전에 쓴, 많이 논의되는 어떤 단평에서 꽤 많은 말을 하는 것처럼 보인다.[4]

삶의 의미 문제에 대한 칸트의 답변을 구하면서 우리는 개별적 인간 행위들에서 합쳐서 고려된 모든 우리의 행위들을 거쳐 신에 대한 믿음에 이르는 큰 경로를 그렸다. 그리고 우리는 우리를 자극한 그 질문이 그 길을 따라가다 나오는 어떤 정류장에서건 제기되고 답해질 수 있다는 것을 보았다. 그런 어떤 지점에서건 칸트를 진지하게 받아들이려면 우리는 정언명령을 승인해야 한다. 그것은 인격체들이 존중되어야 한다고 요구하는 것이다. 그런 승인이 우리를 내내 신에 대한 믿음으로 데려갈 것인지, 아니면 단지 세계 안의 최고선, 가장 완전한 선에 대한 헌신으로 이끌 것인지, 그것이 문제다.

---

4 "종교는 양심이다(나에게는 이것이 종교다). 수용Zusage의 신성함과 인간이 그 자신에게 고백해야만 하는 것의 진실성. 당신 자신에게 고백하라. 종교를 갖는 데 신의 개념이 요구되지는 않는다('신이 존재한다'와 같은 공준은 말할 것도 없다)"(Kant 1795-1804: 248; 21: 81).

쇼펜하우어와 삶의 의미
Schopenhauer

로버트 윅스Robert Wicks

삶의 의미 문제를 고려할 때, 몇 가지 진입 지점을 명확히 해둘 게 있다. 첫째, 삶의 의미'the' meaning of life를 언급할 때 흔히 단일한 하나의 궁극적 의미를 염두에 둔다는 것이다. 둘째, 사람들은 삶의 의미에 관해 물으면서도, 대개는 생명체건 무생물이건 상관없이 모든 존재, 달리 표현하자면, 모든 있음의 의미에 관심이 있다는 것이다. 셋째, 그 질문은 마음 독립적인 객관적 의미에서 삶, 존재, 혹은 있음에 관한 것일 수도 있고 혹은 그와는 달리 '나에게' 혹은 '어떤 사람 혹은 사람들'에게 삶, 존재, 혹은 있음의 의미가 무엇인지에 관한 것일 수도 있다. 삶, 존재, 있음에 객관적 의미는 없을 수도 있지만, 한 사람 혹은 다수의 사람에게 조건부로 의미를 지닐 수는 있다. 비록 죽을 때 그 의미는 해체되겠지만 말이다.

아르투어 쇼펜하우어Arthur Schopenhauer는 실재 그 자체의 객관적 가치에 견주어볼 때 삶이 살 가치가 있는지 묻는 것으로 삶의 의미에 관한 질문에 접근한다. 그에 따르면, 궁극적 실재, 혹은 칸트의 용어법대로 말하자면, '물자체物自體'는 목적 없고, 의미 없는 충동에 지나지 않으며 암묵리에 삶도 그러하다. 쇼펜하우어는 궁극적 실재를 지칭하기 위해 '의지'라는 단어를 사용한다. 그는 다음 인용문들에서 그런 실재를 이렇게 특징짓는다.

물자체는 우리의 오관을 통한 지각과 독립적으로 존재하며 그래서 정말로 참되게 존재하는 것을 표현한다. 데모크리토스에게 그것은 형상을 지닌 물질이었다. 본질상, 그것은 로크에게도 여전히 같았다. 칸트에게 그것은 x였다. 나에게 그것은 의지이다(Schopenhauer 1851b: §61, 90).

사실상, 모든 목적의 부재, 모든 한계의 부재가 의지 자체의 본질적 성질에 속하는데, 의지란 끝없는 분투이다. ⋯ 모든 개별 행위는 목적이나 끝이 있다. 전체로서의 의지함에는 어떤 목적도 보이지 않는다(Schopenhauer 1818: §29, 164).

순전히 그 자체로 고려된 의지는 지식이 전혀 없는, 오로지 맹목적인, 저항할 수 없는 충동일 뿐이다⋯(ibid.: §54, 275).

의지 자체는 절대적으로 자유롭고 전적으로 자기-결정적이며, 의지에는 법칙이 없다(ibid.: §54, 285).

쇼펜하우어는 물자체로서의 **의지**(Will. 이후에 언급되는 굵은 글씨로 표시된 '의지'는 모두 쇼펜하우어 특유의 의지 개념을 가리키는 말로 쓰인 것임)는 일—과 다多의 구분을 넘어선 '일자'로서, 주체-객체의 구분도 넘어서고, 공간과 시간도 넘어선 것이라고 덧붙인다(ibid.: §23, 113;

§25, 128). 의지가 시공간적 세계를 구성하는 한, 그것은 또한 도덕적으로 불쾌한 존재이기도 하다. 시간과 공간에 널리 퍼져 있으면서 서로 끊임없이 계속 갈등을 빚는 무수히 많은 개별자의 모습으로 자신을 드러낸다는 점에서 그렇다. 생명체들의 영역은 이런 갈등을 가장 격렬하게 체현한다.

> 이 세계는 고통스럽게 투쟁하는 존재자들의 싸움터이다. 그들은 제각기 타자를 잡아먹음으로써만 계속 존재한다. 따라서 그 세계의 모든 포식자는 수없는 타자의 살아 있는 무덤이며, 그 세계의 자체 정비는 곧 일련의 괴로운 죽음들이다(Schopenhauer 1844: XLVI, 581).

> ⋯ 이런 투쟁 자체는 오로지 의지에 본질적이라 할 그 자신과의 불화를 폭로하는 것뿐이다. 이 보편적 갈등은 동물의 왕국에서 가장 분명히 드러난다. 동물은 자신들의 영양 공급을 위해 식물의 왕국을 보유하며, 이어서 동물의 왕국 내에서도 모든 동물은 다른 어떤 동물의 먹이이자 음식이다. ⋯ 이런 종류의 가장 명백한 사례를 호주 불도그-개미가 제공한다. 왜냐하면 그 개미의 몸통이 둘로 잘릴 때 대가리와 꼬리 사이에 전투가 시작되기 때문이다. 대가리는 이빨로 꼬리를 공격하고, 꼬리는 대가리를 찌르면서 용감하게 자신을 방어한다. 싸움은 그것들이 죽거나 혹은 다른 개미들에 의해 끌려갈 때까지 보통 30분 동안 계속된다. 이런 일이 매번 일어난다(Schopenhauer 1818: §27, 147).

그러므로 직설적인 의미에서 쇼펜하우어는 세계를 본질상 무의미하고,

근본적으로 사악하며, 도덕적으로 불쾌한 것으로 이해한다. 왜냐하면 실재는 '의지'이기 때문이다. 의지란 그것의 감각·지각적 측면에서, 서로를 잡아먹음으로써 자신을 건사하는 자기중심적 개별자들이 가득 찬 세계의 모습으로 그 자신을 드러내는 무감각한 충동이다. 의지가 식인적食人的이고 도덕적으로 불쾌한 존재자인 한에서 쇼펜하우어는 차라리 이 세계와 우리 자신이 존재하지 않았더라면 더 나았을 것이라고 결론 내린다.

> 사실, 우리가 존재하지 않는 편이 더 나았으리라는 지식 말고 다른 그 어떤 것도 우리 존재의 목적으로 진술될 수 없다(Schopenhauer 1844: XLVIII, 605).

사람들이 이기적이고 동물적인 경향이 있다거나, 세계가 무가치하다거나, 우리뿐 아니라 고통받는 모든 생명체가 존재하지 않았다면 더 나았을 것이라는 쇼펜하우어의 주장은 곧잘 반발에 부딪히곤 한다. 그의 메시지는 편안하게 받아들여지지 않으며, 그것은 그의 철학이 유난히 비관적이고 염세적인 어조를 띤다는 공통된 인상의 바탕이 된다. 다음이 좋은 예이다.

> 도덕적으로 고려했을 때 인간이 전반적으로 어떤 가치를 지니는지 알고 싶다면, 전반적으로 인간의 운명을 고려해보자. 그 운명은 곤궁하고, 황폐하고, 비참하고, 비탄에 찬 죽음이다. 영원한 정의가 승리하는 법이다. 만약 인간이 전체적으로 경멸적이지만 않았던들, 전체적으로 그들의 운명이 그렇게까지 우울하지는 않았을 것이다(Schopenhauer 1818: §63, 352).

세상을 바라보는 쇼펜하우어의 시각이 비관론적이란 평가에는 일말의 진실이 들어 있기는 하지만, 그것은 삶이 가질 수 있는 어떤 심오한 의미에 대한 그의 이해를 헤아리지 않은 것이다. 그것을 알아내기 위해 우리는 『의지와 표상으로서의 세계』 제1권의 결론적인 진술을 성찰해 볼 수 있다. 그 진술은 언뜻 시공간적 세계가 무의미하다는 그의 설명을 강화하는 것에 불과해 보이지만, 실은 그 안에는 우리의 세속적 상황을 간파할 수 있는 무서우리만치 유의미하고 반역적인 방식을 산출해줄 추가적인 고려가 담겨 있다. 그는 이렇게 적는다.

> … 우리는 여전히 의지로 충만한 모두에게 의지의 완전한 철폐 이후 남는 것은 확실히 아무것도 없다는 것을 자유로이 인정한다. 그러나 거꾸로도 마찬가지로서, 의지가 등을 돌리고 그 자신을 부인한 그런 자들에게, 자체로 모든 태양과 은하계를 보유한 우리의 이 진짜 세계라는 것은 아무것도 아니다(ibid.: §71, 411-12).

앞서 적은 바와 같이 쇼펜하우어는 각 개별자는 생물이건 무생물이건 의지의 현시이며, 그런 현시들이 동물과 인간의 형상을 띨 때 욕망이 그들의 삶을 지배하는 것이라고 주장한다. 우리의 일상적 세계관은 결과적으로 여전히 의지로 충만한 존재의 세계관이다.

이런 조건과 대조적으로 쇼펜하우어는 욕망을 극단적으로 최소화하는 데서 비롯된 이례적인 계몽된 의식 상태를 확인한다. 그것은 확연히 의지 부재의 평화롭고 맑은 정신의 상태이다. 이것이 금욕주의자의 각성 상태이며, 쇼펜하우어는 그런 이의 세계관을 위에서 "의지가 등을 돌리고 그 자신을 부인한" 자의 것으로 은연중 언급한 것이다. 쇼펜하우어는 누구든 금욕적으로 각성한 사람은 초월과 지고한 만족의 상태, 즉 심오한 의미를 누리게 될 것이라 본다. 그런 상태에서는 일상 세계가 반대로 중요치 않아진다. 그는 시공간적 세계는 자식성自食性의 지의 현시로서 도덕적으로 무가치하다고 주장하지만, 금욕주의자의 관점에서는 그것이 "아무것도 아닌 것"으로 보인다고 덧붙이면서, 초월을 유의미한 경험과 결합한다.

> 하지만 만약 의지의 부정이라고 하는 오로지 부정적으로만 철학이 표현할 수 있는 것(즉 금욕주의)에 대해 어떻게든 적극적 지식이 획득되어야 한다는 점이 절대적으로 고수되어야 한다면, 의지의 완전한 부정을 성취한 모든 이(즉, 금욕주의자들)에 의해 경험되고 황홀경, 환희, 깨달음, 신과의 합일 등의 이름으로 지칭되는 그 상태에 주의를 기울이는 것 말고는 달리 아무런 방법이 없을 것이다. 그러나 그런 상태는 지식이라 불릴 수 없다. 왜냐하면 그것은 더는 주관과 객관의 형식을 갖지 않기 때문이다. 더군다나 그것은 추가로 소통할 길 없이 오로지 본인의 경험으로만 접근할 수 있다 (ibid.: §71, 410).

쇼펜하우어는 헤겔과 헤겔주의를 경멸한 것으로 알려졌지만, 자의식에 중요성을 부여한다는 측면에서 그의 철학이 헤겔 철학과 대단히 유사하다는 것은 놀랄 일이다. 특히 헤겔은 실재가 서서히 그 자신을 인식해 가면서 결국은 철저하게 이성적이고 성찰적인 인간의 모양새로 자기 각성을 성취하는 성장 과정의 산물이 바로 세계라고 주장한다. 헤겔의 궁극적 실재는 우리가 쇼펜하우어의 철학에서 발견한 것과 같은 비이성적인 의지가 아니다. 그것은 계속 누적되는 반대와 조화의 패턴들을 통해 단일하고, 무시간적이고, 추상적인, 깨끗하게 텅 빈 존재 개넘으로부터 자의식을 가진 개인들이 거주하는 정돈된 시공간적 세계를 향해 논리적으로 성장하는 근본적으로 이성적인 존재이다. 쇼펜하우어 철학에서 기본적으로 단일하고 무시간적이고 목적 없는 존재로서의 의지는 본성상 이성적이거나, 개념적이거나, 논리적이지 않고, 내재적으로 도덕적인 것도 아님에도 불구하고, 쇼펜하우어는 헤겔과 비슷하게 의지가 자의식적 인간들을 포함하는 세계로 모습을 드러내는 가운데 그 자신을 자각하게 된다고 주장한다.

의지는 목적 없고 무의미할 수 있지만, 인간의 등장과 더불어 쇼펜하우어는 우리의 목적이 무엇인가에 대한 대답을 발견한다. 그런 발견은 어떻게 인간 그 자신이 인간의 모양새를 한 철학적 성찰을 통해 그 자신을 알아가고 있는 의지의 현시인지를 헤아림으로써 이루어진다. 헤겔이 이성적 존재로 이해된 실재가 인간 역사의 과정을 통해 그 자신에 대한 각성을 발전시키고 결과적으로 그 자신 및 여타 비슷한 마음을 가진 존재들을 통해 철학적 명료성을 획득한다고 주장한 것처럼, 쇼펜하우어는 비이성적 존재로 이해되는 의지가 인간 역사의 과정을 통해 그 자신에 대한 각성을 발전시키고 결과적으로 그 자신 및 여타 비슷한 마음을 가진 존재들을 통해 철학적 명료성을 획득한다고 주장한다. 비록 궁극적 실재의 본성에 관해서는 두 견해가 다르지만, 어쨌든 그 둘은 나란히 달린다.

쇼펜하우어의 경우에, 실재 즉 의지가 그 자신에 관해 알게 되는 것은 자신이 완전하게 이성적이고 도덕적이고 체계적으로 통합된 존재로 발전 중이라는 것이 아니다. 그게 아니라 의지는 자신이 끔찍하고 도덕적으로 개탄스러운 존재임을 깨닫는다. 어떤 이가 거울을 들여다보고 거기 비친 괴물의 모습에 충격을 받게 될 때처럼, 의지는 자신이 비이성적이고, 무의미하며, 고통을 생산하고, 식인食人적임을 깨닫게 된다. 쇼펜하우어는 삶의 목적은 자기에 대한 지식, 실재의 실체인 이른바 의지 그 자체가 무가치하고 도덕적으로 불쾌한 존재임을 이해하는 것이라고 결론 내린다. 오로지 인간의 모양새를 한 의지만이 이를 깨달을 수 있으며, 그런 깨달음이 의지를 버리고 금욕주의를 향해 나아갈 것을 자극한다.

> 그는 전체를 인식하고, 그것의 내적 본성을 파악하며, 자신이 끊임없는 소멸, 헛된 분투, 내적 투쟁, 지속적인 고통에 사로잡혀 있음을 발견한다. 어디를 보더라도 고통스러운 인류, 고통스러운 동물 세계, 죽어가는 세계가 보인다. 이제 이 모든 것은 그 자신의 인격이 이기주의자에 가까이 있는 딱 그만큼 그에게 가까이 있다. 그런데 세계에 대해 그런 지식을 가진 그가 어떻게 의지의 항구적 행위들을 통해 바로 그 삶을 긍정하고, 어떻게 정확히 그런 방식으로 그 자신을 삶에 더욱더 군건히 동여매고 그 자신을 거기에 더욱더 밀착시킬 수 있는 것일까? 이를테면, 개체화의 원리, 이기심에 사로잡힌 사람이라면 누구나 오로지 개별 사물과 그것이 자신과 맺는 관계만을 인식하며, 그래서 그런 것들이 늘 그의 의욕의 새로워진 동기가 된다. 반면, 앞서 설명한 바 있는 전체에 대한 지식, 즉 물자체의 내적 본성에 대한 지식은 모든 낱낱의 의욕에 진정제가 된다. 의지는 이제 삶을 외면한다. 의지는 자신이 삶의 긍정으로 인정하는 쾌락에 몸서리친다. 인간은 자발적인 단념, 체념, 참된 평정과 완전한 무의지의 상태에 이른다(ibid.: §68, 379).

이러한 관점의 전도는 결국 의지가 그 자신과 벌이는 투쟁에 해당하며, 여기서 인간에게 성찰이 나타나고 도덕적 자각이 밝아온다. 그리고 여기서 계몽된 개인은 의지가 그 자신의 욕망을 최소화함에 따라 자신의 다양한 현시들에서 자신이 저지르는 식인주의食人主義를 최소화한다는 것을 깨닫는다. 그런 계몽된 인간은 의지가 만들어내는 것이므로, 쇼펜하우어는 그 사람이 의지의 욕망을 최소화한 것은 의지 그 자신이 자신의 형이상학적 자기 인식을 증대해 자신의 힘을 감소시키려는 자유와 자기 억압의 행위에 다름 아닌 것으로 간주한다. 쇼펜하우어는 결과적으로 금욕주의와 그에 결부된 의지의-부정을 최상위 차원의 각성으로 위치시킨다. 왜냐하면 금욕주의자는 시공간적 세계가 본래 도덕적 가치를 지니지 않으며 의지가 있는 그대로 그 자신을 드러낼 때의 그 고유한 악함은 중화되어야 함을 깨닫기 때문이다.

이 시점에서 물어야 할 질문은, 만약 우리의 가장 깊은 실체가 도덕적으로 불쾌한 존재이고, 결과적으로 "우리가 존재하지 않는 편이 더 낫다"면, 어째서 개인들이 자살하는 것이 타당하지 않느냐 하는 것이다. 그 이유는 우리가 존재하지 않는 편이 더 낫다는 쇼펜하우어의 진술은 실은 의지가 존재하지 않았더라면 더 나았을 것이라고 말하는 것이기 때문이다. 어째서 아무것도 없지 않고 무언가가 있느냐는 가장 폭넓은 질문의 맥락에서, 쇼펜하우어는 무無를 더 선호한다. 하지만 의지는 있다. 그리고 개인의 자살은 그것에 영향을 미칠 수 없다.

또한 쇼펜하우어는 자살의 전형적 동기를 의지의 억압이나 부정이 아닌 의지의 암묵적 긍정이라고 본다. 그는 사람들이 절망을 느끼거나 고통이 너무 극심해서 죽음만이 유일한 합리적 대안인 경우들을 염두에 둔다. 쇼펜하우어는 만약 그런 상황에서 예기치 않은 희망이 생기거나 고통이 감소한다면, 계속 사는 문제에 대한 그 사람의 관심은 즉각 급등할 것이라고 주장한다. 사람은 고난을 겪을 때 자살하고픈 성향이 있더라도 살고자 하는 의지는 잠재적으로 지속한다고 그는 지적

한다.

그래도 어쨌든 쇼펜하우어 철학의 근저에 자살 성향이 있다. 하지만 그 성향은 다른 동기를 지니며 욕망으로 가득 찬 개개인의 차원보다 더 근본적인 형이상학적 차원에 자리한다. 쇼펜하우어의 가장 절박한 도덕적 관심은 고통을 줄이는 것이며, 이를 성취하려면 고통을 생산하는 힘인 이른바 의지 그 자체에 맞서야 한다는 것을 그는 깨닫는다. 따라서 의지의-부정, 즉 개별 인간에게서 그 자신의 모습을 드러낸 의지를 질식시키는 것이 평화에 이르는 궁극적인 통로로 보인다. 단지 자신의 의식을 해체하고 자신의 몸을 의지의 식인적인 자식성의 장으로 다시 뒤섞이게 할 뿐인 한 개인으로서의 자살보다는, 가능한 한 금욕적으로 살면서 욕망을 최소화하고 의지의 에너지를 감소시키는 것이 최적의 도덕적 경로다. 금욕적 존재의 도덕적 목적은 형이상학적 차원에서 의지를 진정시키는 일에 참여하는 것이다.

삶의 의미와 관련하여, 많은 사람은 자신이 전심전력을 다해 헌신하는 대단한 과제 안에서 의미를 찾으려 하는 것이 보통이다. 예를 들어, 흔히 정치 지도자들은 제1차 세계대전 이후에 독일이 자국민을 향해 표출했던 것처럼 조국을 다시 한번 위대하게 만든다거나, 혹은 제2차 세계대전에서 독일에 맞서 싸운 나라들이 내세웠던 것처럼 악마 같은 적국과의 전쟁을 수행한다거나 하는 절체절명의 사명을 규정함으로써 자기네 사회에 동기를 부여한다. 자유롭고 정의로운 세계 사회를 성취하기 위해 노력한다거나, 자국을 부패와 억압에서 해방하기 위해 노력하는 것 등이 또 다른 사례들이다. 사람들은 그런 거창한 프로젝트를 기준으로 자기 삶을 규정함으로써 그 자신에게 단일하고 단단한 의미를 확립한다. 가족, 공동체, 지역 단체 등을 부양하기 위해 열심히 노력하는 것 같은 더 작은 규모의 외골수 과제들 또한 사람들에게 만족스러운 삶의 의미들을 제공한다.

쇼펜하우어 역시 이와 같은 패턴을 고수한다. 그는 아마도 가장 위대하다 할 과업과 관련된 삶의 의미를 제시한다. 그 과업이란 절대적이고 패퇴시킬 수 없는 적, 이른바 실재 그 자체에 맞서는 도덕적 전투를 수행하는 것이다. 그 적은 그 존재의 중대함에 견주어 볼 때 그에 맞서 도전적인 전투를 치르는 사람들에게(그것은 근본적으로 자기 자신과 싸우는 전투이다) 의미의 가장 큰 감각을 생성한다.

이것은 쇼펜하우어가 생각하는 바와 같이 독특한 전투이다. 왜냐하면 의지라는 자기 내면의 존재에 맞선 게릴라전의 형태를 띠기 때문이다. 대개 의지는 그 자신을 이기적이고, 경쟁적이고, 서로 잡아먹고, 도덕적으로 무정한 개인들의 무리로 현시하는 존재이다. 자기 내면의 존재와 맞서 싸우는 이 전쟁을 헤아리기 위해, 의지가 곧 궁극적 실재라는 쇼펜하우어의 주장을 그가 형이상학적 지식의 추구를 기술하기 위해 사용한 은유들에 특별히 주의를 기울여가며 고려해보자. 그 은유들은 어떻게 금욕주의가 실재 그 자체에 맞서 싸우는 전복적인 도덕적 출정에 나서게 만드는지를 잘 조명해준다.

쇼펜하우어는 우리 일상의 경험은 우리에게 궁극적 실재가 참으로 어떠한지 알려주지 않는다는 칸트의 견해를 비록 전적으로는 아니지만 유의미한 범위에서 수용한다. 쇼펜하우어는 우리의 일상적 경험을 시간과 공간 속에 자리 잡고 서로 인과적 관계를 맺고 있는 "대상들"의 세계로 기술한다. 그는 칸트의 견해를 해석하고 단순화하면서, 공간, 시간, 인과성은 우리 마음의 기본 형식들이며, 그것들을 통해 우리는 궁극적 실재의 외양을 구성한다고 주장한다. 따라서 궁극적 실재를 그것 자체로 파악하는 문제는 그것을 공간, 시간, 인과성의 형식들과 독립적으로 파악하는 문제가 된다.

쇼펜하우어는 공간 안에 있는 대상들을 분석하는 과학적 방법들을 통해서는 형이상학적 지식을 획득하는 것이 불가능하다는 것을 깨달았기 때문에, 궁극적 실재를 파악하려는 자신의 노력에서 그 방향을 내면으로 전환한다.

> … 단지 지식과 표상의 경로를 따라가서는 사물의 내적 본성을 파악하기에 이르는 것이 절대로 불가능하다. 왜냐하면 그런 지식은 언제나 사물의 바깥에서 오는 것이며 따라서 영원히 그것의 바깥에 머물러야 하기 때문이다. 그런 목적은 오로지 사물의 내면에서 우리 자신을 발견하고 그리하여 그 내면의 세계가 우리에게 직접적으로 알려짐으로써만 달성할 수 있을 것이다(Schopenhauer 1844: I, 12).

쇼펜하우어는 자신이 다른 모든 사람처럼 자신의 몸을 내면으로부터 안다는 사실을 깨달음으로써 사물의 "내면"에 대한 지식을 성취한다. 그는 물리적 대상 그 자체로서의 몸을 모든 다른 물리적 대상과 형이상학적으로 동등한 존재로 인정한다. 그는 결과적으로 내성(內省)하고, 그럼으로써 공간과 인과성의 형식들을 접고 오로지 시간의 형식만을 자신의 궁극적인 내면의 존재에 씌워진 "얇은 덮개"로 남겨두며, 그 자신의 형이상학적으로 기본적인 측면을 파악하고자 시도한다. 그는 자신의 내면적 존재를 만들어낼 뿐 아니라 모든 물리적 대상의 내면적 존재 또한 만들어낼 수 있는 본인의 기본적 측면을 직접 파악하기로 마음먹는다. 그는 그것을 자신의 자각과 신체 행위의 근저에 있는 맹목적이고 목적 없는 충동, 즉 그가 이른바 "의지"라고 부른 것 안에서 발견한다. 계속해서 그는 실재의 모든 것을 의지로 일반화하고 기술하면서, 앞에서 논의한 바와 같이, 도덕적으로 불쾌한 그 존재의 본성 때문에 금방 거북함을 느끼게 된다.

쇼펜하우어가 과학적 탐구 양식들이 과연 형이상학적 지식을 제공할 수 있을지 고려하면서 사용한 은유들에 관련하여 볼 때 그가 내린 결론은 그런 노력이 무익하다는 것이다. 그는 자신의 처지가 성에 들어가려고 노력 중이지만 출입구를 찾을 수 없는 사람과 유사하다는 것을 발견한다.

> 여기서 우리는 이미 우리가 결코 사물의 내적 본성을 외부에서 파악할 수 없다는 것을 안다. 우리가 얼마나 많이 탐구하건 상관없이, 우리는 오로지 상像과 이름만을 얻을 뿐이다. 우리는 입구를 찾아 성을 헛되이 빙빙 돌며 이따금 외벽을 스케치하는 사람과 비슷하다. 하지만 이것이 내 앞의 모든 철학자가 따랐던 경로이다 (Schopenhauer 1818: §17, 99).

여기까지 나는 칸트에게 동의한다. 그러나 이 진리에 대한 평형추로서 이제 나는 우리가 단지 인식 주체가 아니라, 우리 자신이 또한 우리가 알아야 할 필요가 있는 그러한 실재들 혹은 존재자들에 속하며, 우리 자신이 곧 물자체라고 하는 저 또 다른 진리를 강조한다. 결과적으로 외부에서 뚫고 들어갈 수 없는 사물의 저 진정한 내적 본성으로 이어질 내부의 길이 우리에게 열려 있다. 그것은 소위 지하 통로이자 은밀한 협력자로서 마치 반역을 저지르듯 외부 공격으로 점령할 수 없었던 성채 안으로 우리 모두를 즉시 데려온다. 정확히 그런 식으로, 물자체는 이른바 그 자체가 그 자신을 의식함으로써 오로지 매우 직접적으로만 의식 안으로 들어

올 수 있다. 그것을 객관적으로 알고자 하는 노력은 무언가 모순적인 것을 욕망하는 것이다(Schopenhauer 1844: XVIII, 195).

쇼펜하우어는 내성內省을 통해 의지로서의 형이상학적 자기 지식을 일정 정도 성취한 후, 이어서 자신의 철학을 또박또박 진술한다. 그의 주장들에서 주목되지 않는 부분은 형이상학적 지식을 추구하는 그의 탐구를 표현한 주요 은유들에 담긴 전복적인 함의들이다. 그것은 우리에게 성이나 성채의 방어벽을 은밀하게 침투하는 이미지를 선사한다. 그런 함의들은 자기 지식 추구의 시작만이 아니라 자기가 발견한 것을 부정하는 후속 프로젝트에도 적용되기 때문에 전복적이다. 쇼펜하우어가 처음에 소위 궁극적 실재에 대한 지식을 얻기 위해 성으로 들어간 경로는, 나중에 그가 내면의 실재(즉, 세계의 수수께끼를 풀려는 탐구에서 그가 찾아내고자 했던 철학적 보물)가 도덕적으로 비위에 거슬리는 것이라는 끔찍하게 놀라운 결과를 얻고 난 후에 금욕주의, 즉 의지의 부정을 옹호하면서 그 성을 파괴하기 위해 진입한 경로와 같다.

쇼펜하우어가 "지하 통로이자 은밀한 협력자로서 마치 반역을 저지르듯 외부 공격으로 점령할 수 없었던 성채 안으로 우리 모두를 즉시 데려오는 것"이라며 형이상학적 지식을 향해 나아가는 경로를 언급할 때, 이중적으로 적용 가능한 게릴라전의 암시가 등장한다. 왜냐하면 그는 성벽을 뚫고 들어가 그 성을 내부에서 알아내는 것뿐만 아니라 그것이 담고 있는 공포를 깨달은 후에 금욕주의의 형태로 그 성을 파괴하는 것에도 관심이 있기 때문이다.

그렇다면 요컨대 금욕주의자는 게릴라 전사, 혹은 닌자, 혹은 최고급 형이상학 조직에 속한 비밀 요원으로서 맹목적 의지로 여겨지는 실재 그 자체에 대한 전쟁을 도덕적인 동기에서 수행하는 셈이다. 그렇다면 의지-없음의 상태에서 직접 경험된 의미가 존재할 뿐만 아니라, 의지의 부정을 통해 도덕적으로 비위에 거슬리는 격퇴 불가의 적에 맞선 형이상학적 전투에 참여하는 금욕주의자의 경험에는, 쇼펜하우어가 금욕주의자의 경험을 신을 접한 황홀경과 결부시키는 한, 절대적 의미 또한 존재한다.

그렇다면 기대와는 반대로, 의지로서의 궁극적 실재가 본질상 무의미하다는 쇼펜하우어의 입장은 절망적 비관주의로 이어지지 않는다. 적어도 금욕주의자의 모양새 안에서, 그리고 직접적으로건 간접적으로건 금욕적인 의지의 부정을 함양하는 일에 연루된 인생 계획을 세운 사람에게서, 의지에 대한 쇼펜하우어의 설명은 평화의 주창자이자 도덕적 십자군으로서 존재의 최고 수준에서 절대적으로 유의미한 삶을 향해 나아가는 문을 열어준다. 그것이 수반하는 삶이란 공간과 시간의 무한성과 그 안에 포함된 모든 생명체가 지닌 중요성을 반대로 감소시킬 만큼 매우 유의미한 삶이다. 이것이 우리가 『의지와 표상으로서의 세계』 제1권의 마지막 문장을 이해할 때 그 안에 담긴 의미이다. "의지가 등을 돌리고 그 자신을 부인한 그런 자들에게, 자체로 모든 태양과 은하계를 보유한 우리의 이 진짜 세계라는 것은 아무것도 아니다."

오늘날 우리 삶의 의미에 관하여 말하자면, 쇼펜하우어는 의지 부정의 경험을 직접 수반하거나 혹은 그런 경험을 조장하거나 떠받치는 모든 생활양식이 절대적이고 긍정적인 형이상학적 의미를 지닌다고 인정할 것이다. 대조적으로 그는 고집, 이기심, 공격성, 개체성, 경쟁, 착취, 그리고 사악함이 지배하는 생활양식은 세상 만물의 큰 그림에서 볼 때 본질상 무의미하다고 여길 것이다. 여기에 들어 있는 함의는 진지한 사유를 요구한다. 왜냐하면 그것은 이를테면 금욕주의자들의 수도원에 우유와 음식을 전달하는 변변찮은 임무와 관련된 직업을 지닌 사람들을 형이상학적으로 유의미하고 존중할 만한 삶을 사는 사람들로 만들고, 전쟁을 수행하고, 군대를 건설하고, 국민을 서로 싸우게 만들고, 다른 생명체들을 착취하는 기관과 제도를 유지하는 사람들을 형이상학적으로 무의미한 삶을 사는 사람들로 만들 것이기 때문이다.

키르케고르와 삶의 의미
Kierkegaard

마크 버니어Mark Bernier

쇠렌 키르케고르Søren Kierkegaard, 1813-1855는 근대 초기가 저물어갈 무렵 덴마크의 황금기에 살았다. 그는 덴마크의 문화 수도 코펜하겐에서 태어나 그곳에서 자랐다. (그리고 그곳에서 죽었다.) 부유한 상인의 아들로서 그는 당시의 중요한 문화적 지적 사건들에 노출되었다. 삶의 의미 문제가 절박성을 지닌 나름 정당한 논의 주제로서, 지금의 우리에게 친숙한 형태로 등장하기 시작한 것이 바로 그때 19세기 초였다. 그 절박성은 '삶'과 '의미'의 연관성에 대한 근본적 중요성을 반영하는 것이었다. 키르케고르는 이런 극적인 사유 전환의 선봉에 서 있으며, 그의 저술은 기독교적 관점의 범위 안에서 전개되어온 의미 문제에 대한 일련의 사색으로 읽힐 수 있다. 따라서 그의 설명은 그가 의미 문제를 하나의 근본적 위기로(더 정확히 말하자면, 유일한 근본적 위기로) 여긴 최초의 근대 사상가 중 한 명이라는 점에서 역사적으로 의의가 있다. 이 글에서 나는 그의 견해에 담긴 몇 가지 근원적 측면들을 비롯해 그가 그 문제를 어떻게 이해했고 무엇을 해결책으로 삼았는지 조명할 것이다. 그의 사유는 그가 실존적으로 다룬 절망과 신앙이라는 기독교적 개념들의 궤적을 따라 발전한다. 그는 삶을 근본적 과업, 거부되어버린 과업으로 본다(절망). 문제는 자아 그 자체가 과업이라서 자신의 과업을 거부하는 것은 곧 자기 자신을 거부하는 셈이 된다는 것이다. 이것이 의미가 처한 실존적 위기의 뿌리이다. 키르케고르에 따르면 삶 속 의미는 자기 자신을 과업으로 받아들이는 데 있지만, 우리는 신과 맺은 올바른 관계(신앙)를 통해서만 의미를 확보할 수 있다.

그의 작업 전반에 걸쳐 이 주제가 건드려지지만, 대개는 간접적이다. 그의 저술 범위는 설교, 성서 주해, 평론, 수필, 단행본, 그리고 수천 쪽의 성찰 일지들을 포함할 정도로 폭넓다.[1] 그러나 그가 의미의 중요성을 이해하는 방식과 문제의 성격을 조명하기 위해 나는 그의 일기에서 가져온 잘 알려진 텍스트에 초점을 둘 것이다. 그것은 그가 1835년 8월 1일에 쓴 길렐라이에Gilleleje 항목이다. 그의 분석은 철두철미 기독교적임을 유의해야 한다. 키르케고르의 아버지는 아들의 태도와 믿음의 발전에 막대한 영향력을 행사했으며, 아버지에게서 그는 우울한 기질과 완고한 기독교적 사고방식, 특히 원죄, 죄의식, 그리고 개인적 신앙의 필요성을 강조하는 덴마크 루터교의 경건주의를 물려받았다. 이런 기독교적 개념 틀은 키르케고르가 자아와 의미를 이해하는

---

[1] 키르케고르의 원저자 표기 방식은 해석의 문제를 어렵게 만든다. 그가 가장 중요한 저서 중 여러 권을 익명으로 썼기 때문이다. 익명 사용은 당시 덴마크에서는 흔한 일이었다. 키르케고르가 그런 수법을 쓴 것은 단지 다른 이름으로 저술하려는 것이 아니라 다른 시각에서 저술하려는 의도였지만 말이다. 하지만 그는 그런 익명의 시각들이 자신의 관점을 대변한다는 것을 부인한다. 그것들은 자기 저서가 아니라는 것이다. 그러면서 그는 그 저서들을 자기 이름으로 쓴 저서와 별개로 간주해야 한다고 강조한다. 그는 이렇게 적는다. "그러므로 그 익명으로 쓴 저서들 안에는 내 것이라고는 단 하나의 단어도 없으며, 나는 그런 저서들에 대해 제삼자의 의견만을 가질 뿐이고, 그것들의 의미에 관해서도 단지 독자로서의 지식만 가질 뿐이다"(Kierkegaard 1844: 551). 이 글의 목적상, 우리가 점잖게 그런 커다란 해석상의 쟁점을 덮고 넘어간다 하더라도 의미 문제에 대한 그의 설명을 이해하려는 시도가 왜곡되지는 않을 것이다.

데 영향을 주었으며, '기독교계'에 맞선 그의 반란의 무대를 마련해주었다. 덴마크 루터복음교가 덴마크의 공식 교회였으며, 기독교인이 되기란 그저 상식을 가진 사람으로 덴마크에서 태어나기만 하면 어려울 게 없는 일이었다. 키르케고르는 그런 축소가 사적이고 개인적인 신앙의 필요성을 파괴하며, 기독교인이 되는 것에 내재해 있다고 그가 생각한 투쟁을 싸구려로 만든다고 옳게 지적하였다. (이 논제들은 코펜하겐의 신학 담론에 영향을 미친 헤겔주의적 기독교 해석에 반대하며 그가 거론한 것들이다.) 의미 문제는 이런 배경에 비추어 이해되어야 한다. 의미 문제를 자극한 것은 기독교 국가들에서 살면 누구나 이미 기독교인으로 여겨졌던 역사상의 특정 시대와 장소에서 기독교인다운 개인이자 진정한 자아(이것들은 키르케고르에게는 같은 것이었다)가 되는 것이 무엇인지에 대한 그의 관점이다.

문제 이해하기

의미 문제에 대한 키르케고르의 관심은 1835년 8월 1일자의 한 강력하고 희석되지 않은 성찰 속에서 분명하게 포착된다. 그 글은 그가 스물두 살에 쓴 것으로, 그때는 그가 『이것이냐 저것이냐』(1843)로 저술 활동을 시작하기 여러 해 전이다.[2] 이 일기 항목은 실존주의 사상의 가

---

[2] 이 일기 항목은 그의 어머니가 사망(1834년 7월 31일)하고 일 년 하루가 지난 후에 쓰였다. 그 해에 그는 자신과 여섯 동생이 서른네 살 이전에 모두 죽을 것이라고 믿게 되었다. 그는 아버지가 어릴 때 유틀란트에서 찢어지게 가난하고 고독한 양치기로 살면서 너무도 비참했던 나머지 황야에 홀로 서서 신을 저주했다는 사실을 알았다. 아버지는 훗날 일곱 명의 자녀를 가족으로 거느린 엄청난 갑부가 되었다. 그렇지만 그는 자기가 했던 일 때문에, 자신이 누리는 부유함은 역설적인 신의 처벌이며 자신은 아주 오래 살면서 아이들이 서른네 살에 이르기 전 모두 죽는 것을 지켜보게 될 것이라고 확신했다. 키르케고르는 아버지가 옳았다고 확신했다. 실제로 어머니와 동생 중 다섯은 아주 일찍 죽었다. 그런 자각이 그를 뼛속까지 뒤흔들었고, 어쩌면 그것이 서른네

장 초기 표현 중 하나이며 주관적 진리라는 키르케고르의 착상을 잘 보여주는 것으로 널리 인용된다는 점에서 주목할 가치가 있다. 하지만 이 글은 키르케고르가 의미를 주된 실존적 갈림길로 본다는 점 역시 아주 분명하게 보여준다. 그리고 그 단락이 그렇게도 강력하게 역설하는 것이 바로 그 위기이다. 전체 항목이 상당히 흥미롭지만, 우리는 그의 성찰에서 몇 가지 중심축이 되는 요소들에 초점을 둘 것이다.

내게 정말로 필요한 것은, 지식이 모든 행위에 선행해야 하는 방식에 대해서는 제외하고, 내가 무엇을 알아야 하는지가 아니라 무엇을 하고자 하는지 분명히 하는 것이다. 그것은 내 운명을 이해하는 문제이며, 신이 진정으로 내가 무엇을 하기를 원하는지 알아보는 문제이다. 관건은 나에게 진리인 진리를 찾는 것이다. 내가 기꺼이 죽고 살 관념을 찾는 것이다. 그리고 내가 설령 소위 객관적 진리를 발견한다손 치더라도, 혹은 내가 철학자들의 체계들을 통달했더라도, 그것이 다 무슨 소용이 있겠는가. … 기독교 신앙의 의미를 제시하고 많은 개별 사실들을 설명할 수 있다 해도, 만약 나 자신에게 그리고 나의 삶에 그것이 더 깊은 의미를 지니지 않는다면, 무슨 소용이 있겠는가? … 그러나 그런 관념을 찾기 위해서, 아니, 더 정확히 말하자면, 나 자신을 찾기 위해서, 세계 속으로 내가 아주 멀리까지 뛰어 들어간들 아무런 소용이 없다. … 우리는 먼저 다른 어떤 것을 알기 이전에 자기 자신을 아는 법을 배워야 한다(그노티 세아우톤 gnothi seauton(너 자신을 알라)). 오로지 그

번째 생일이 다가오는 세월 동안 그를 자극했던 절박함을 설명해줄 것이다. 그것은 또한 어째서 의미 문제가 그를 개인적으로 사로잡게 된 것인지를 이해하는 데도 도움이 된다.

사람이 안으로 그 자신을 이해하고 자기가 나아가야 할 길로부터 자기의 행로를 내다볼 때만, 그의 삶은 평안과 의미를 획득한다…
[강조는 원문 그대로](Kierkegaard 1835: I A 75, §5100).

그가 이 단락에서 기술한 것은 심원한 실존적 위기이며, 여기서 의미 문제는 자기가 어떤 사람이 되고자 하는지에 관한 개인적 의문으로 공식화된다. 그는 자기가 처한 상황을 향해 바깥으로 시선을 돌리지 않는다. 즉 어떤 종교나 철학 체계가 가장 참일 가능성이 큰지 결정하기 위한 비판적 분석에 끼어들지 않는다. 그가 말한 바와 같이, "세계 속으로 내가 아주 멀리까지 뛰어 들어간들 아무런 소용이 없다." 그는 내면으로 향한다. 의미 부재는 자기 지식의 결여와 연결된다. 그는 자신의 접근 방식의 근거를 자기 지식의 위기에 둠으로써 의미 문제를 각자 개인이 답해야 하는 문제로 만든다. (보편적인 답은 없다.) 의미는 풀어야 할 중심 문제이다.

  이것은 추상적인 수수께끼가 아니다. 그럴 수가 없다. 달리 환원할 길 없는 개인적인 문제. 의미 문제를 철학적인 사실-사냥 사파리로 취급하는 것은 범주 오류를 저지르는 것이다. 그는 삶의 일반적 의미를 추구하지 않는다. 그것은 그에게 아무런 의미도 없을 것이다. 그는 자기 삶의 의미를 추구한다. 그가 반드시 알아야 하는 것과 반드시 해야 하는 것이라는 서로 다른 두 명령에서 끄집어낸 중요한 구분에 주목하라. 그는 우리가 세계의 지식을 추구해야 함을 부인하지 않는다. (객관적인 철학적 진리는 기독교적 진리에 대한 지식이 그렇듯 나름의 자리가 있다.) 그러나 의미는 어떤 논증의 결론이 아니다. 명백히 그에게는 자기가 무엇을 해야 하는지를 분명히 하는 것이 훨씬 더 중요하다. 이렇게 자기 삶의 질감에 기반을 두지 않고서는 객관적 지식은 중요치 않다. 따라서 그의 관심은 일반적 진리들이 아니라 어떻게 사느냐에 있다. 그러나 여기서 우리는 또한 한 가지 구분을 끌어내야 한다. 그의 관심은 정언명령이나 도덕 법칙에 있지 않다. 그는 쾌락의 극대화나 행복한 삶을 성취할 수 있는 수단을 추구하는 것이 아니다. 오히려 그는, 그가 말한 대로, 자신의 운명을 이해하려 한다. 신이 그에게 살면서 하기를 원하는 것은 무엇인가. "나에게 진리인 진리를 찾는 것이다. 내가 기꺼이 죽고 살 관념을 찾는 것이다." 그런 엄중한 말투는 (예를 들면) 적어도 플라톤 이래로 철학적 탐구의 주된 영역이었던 행복이라는 주제에서 떠나가는 것이다. 자기가 무엇을 해야 하는지 결정하려는 키르케고르의 탐색은 선한 삶을 언급하지 않는다. 그는 "내가 어떤 사람이 되어야 하는가?"라고 묻지 않는다. 대신 "나는 무엇을 위해 살아야 하는가?"를 묻는다. 그는 자기 삶의 의미와 목적이라는 문제에 대해 근본적인 대답을 추구한다.

잠시 그의 극적인 어투에 머물러보자. 그는 자신의 탐구 대상은 자기가 기꺼이 살고 죽을 수 있는 관념이라고 기술한다. 그렇다면 그가 추구하는 것은 '관념'이다. 하지만 "그가 기꺼이 살고 죽을 수 있는"이라는 제약 조건을 붙임으로써 그는 그것이 자기 삶 속에서 구체적 표현을 찾으려는 의도임을 암시한다. 그것은 단지 기술記述적인 차원이 아니라, 그의 삶 전체의 목적에 관한 폭넓은 규범성에 관련된 것이다. (그는 자기가 무엇을 해야 하는지를 분명히 하고자 하므로, 그것은 규범적이어야 한다.) 그가 직면한 문제는 그의 삶 전체를 고려한다. 죽음은 단지 삶의 존속 기간이 끝났음을 가리키는 한계 기능만을 수행하는 것이 아님을 주목하라. 죽음은 무엇을 그 문제에 대한 적절한 반응으로 간주할 수 있는지에 관한 시험에 들게 한다. 만족할 수 있는 유일한 답변은 그가 기꺼이 살고 그리고 죽을 수 있는 그런 답변이다.

여전히 우리는 물어야 한다. 어째서 그는 자신이 기꺼이 죽고 살 그런 진리를 찾아야 할 필요가 있는 것인가? 무엇이 그를 자극한 것인가? 잠시 후 그의 절망 개념을 검토할 때 이 문제로 돌아올 것이다. 그러나 지금 시점에서 우리는 위 단락에서 그가 자신의 답변이 "평안과 의미"를 제공할 것이라고 말한 것에 주목할 수 있다. 이 말은 무언가가 사라졌고, 바로 그 자리를 삶에 관한 만연한 불안이 차지하고 있음을 가리킨다. 그 사라진 요소는 "그가 해야만 하는 것"과 연결된 "관념"이며, 여기서 그 답변은 자기-지식 안에서 찾아져야 한다. 앞서 본 바와 같이, 그가 자신의 윤리적 범위를 발전시킬 필요가 있다는 것은 답변이 아니다. 그는 도덕적 위기를 겪고 있는 것이 아니며, 단지 자신이 어떤 사람인지를 기술하는 지식을 추구하는 것도 아니다. 그의 마음속에 있는 것은 그가 나중에 발전시킨 주제, 즉 자아에는 과업이 있다는 것이다. 따라서 그가 추구하는 것은 자기 삶의 과업이 무엇인지 분명히 하는 것이며, 그것이 바로 그 관념이라고 나는 제안한다. 본인 삶에 적용하는 과업의 "관념"은 자기 지식의 구성 요소들과 규범성을 결합하여 의미가 흐르는 도관을 만든다. 누군가의 삶의 의미는 그가 해야 하는 과업 안에 체현된다. 그리고 자신의 과업을 받아들이는 것이 곧 의미를 획득하는 것이다. (우리는 이 문제로 되돌아올 것이다.)

기독교 신앙(그가 받아들이는)의 객관적 진리는 의미를 생성하지 않으며, 실제로는 문제를 일으킬 수도 있다는 점에 유의하라. 그 문제는 이미 앞에서 언급한 바 있다. 누구나 단지 덴마크에서 태어난 덕분에 '기독교인'이 될 수 있다. 그런 경우, 기독교적인 개념 틀은 누군가의 삶을 위한 의미를 지니지 않는다. 그것은 단지 기술적일 뿐 규범적이지 않으며(지금 논하고 있는 바로 그 차원에서), 우리에게 어떻게 살아야 하는지 과업을 제시하지 않는다. 우리가 본 것처럼, 키르케고르는 설령 자기가 기독교를 완전히 이해했다 하더라도, 자기 삶을 위해 "그것이 더 깊은 의미를 지니지 않는다면" 공허할 것이라고 말한다. 이것은 기독교가 적어도 잠재적으로는 우리 삶을 위한 의미의 토대를 제공할 수 있음을 암시하는 것이다. 그러나 우리는 그것을 자기 삶의 과업의 한 구성 요소로 전유해야 한다. 기독교는 단지 일반적이고 객관적인 (체계적인) 것으로 그냥 남아 있어서는 안 되며, 의미 문제를 생성하는 우선적인 요인으로서 개인적인 특유의 것이 되어야 한다. "신이 정말로 내게 하기를 원하는 것"은 무엇인가? 따라서 키르케고르는 문제의 틀을 세우지만, 그 답변을 제공하지는 않는다. 우리는 내면으로 방향을 돌려서 그 답을 찾아야 한다.

만연한 문제: 절망

키르케고르식의 절망은 자기 자신이 되는 과업의 거부다. 자신이 되고 싶은 것이 되지 못하는 실패이며, 자기 삶의 의미의 원천으로서 신을 희망하는 일을 꺼리는 것이다. 절망을 극복하는, 따라서 자기 삶의 의미를 확보하는 유일한 길은 신을 향한 신앙에 있다. 우리는 키르케고르가 개인적으로 의미의 위기를 경험했음을 보았지만, 그는 또한 모든 인류가 위기에 처해 있다고도 본다(대개는 알아채지 못하고 있는). 그것은 자아에 대한 그의 철학적 인간학의 근간에 해당하는 인간의 절망적 상태이다. 그것은 체계적이고 만연된 상태이며, 어째서 우리가 의미의 위기에 처해 있는지를 설명해준다. 한 마디로, 우리는 우리 실존의 신적 근거를 자진해서 포기하고 신을 희망하는 일을 내켜 하지 않는다는 것이다.

키르케고르에 따르면, 절망은 상충하는 두 가지 태도로도 마찬가지로 특징지어진다. 기꺼워하는 마음과 내키지 않는 마음이다. 우리는

지금의 자기에 내켜 하지 않고 대신 앞으로 되고 싶은 자기를 편애한
다(Kierkegaard 1849: 14). 하지만 문제는 지금의 자기를 제거할 수
없으며, 결코 되고 싶은 자기가 정말로 될 수는 없다는 것이다. 그것이
자기 삶과 자기 자신에 대한 불만족스러운 감정을 기저에 생성하는데,
대부분 사람에게 그런 감정은 대체로 들키지 않은 채로 있다. 하지만
우리는 모두 지금의 자기와 되고 싶은 자기 사이의 메워지지 않는 틈
새로 고통받는다. 그리고 자아의 그런 두 충동 사이에 다리를 놓을 수
없기에 우리는 절망 속에 머문다.

키르케고르의 절망감은 다른 무엇보다도 바로 자아의 질병으로 인
한 것이다. 인간 실존의 근간에서 무언가가 잘못되었다. 하지만 절망
에 관해 생각할 때, 전형적으로 우리는 정서적 붕괴를 유발하는 상실
의 경험을 떠올린다. 예를 들면, 우리는 사랑하는 사람이 더 살지 못할
거라는 소리를 들을 때 절망에 빠진다. 하지만 이것은 키르케고르식
관점에 어긋나는 것이다. 신체 질병에 굴복할 때처럼 우리가 단지 수
동적인 희생양이 아니라는 점에서다. 절망은 불행이나 어떤 사건의 결
과가 아니라 능동적인 양태로서 우리가 우리 자신에게 행하는 무언가
다. 『죽음에 이르는 병』에서 안티-클리마쿠스라는 익명의 저자는 이
렇게 적는다. "그가 절망에 빠져 있는 매 순간 그는 그 절망을 자초하
고 있는 것이다. 그것은 언제나 현재시제이다"(ibid.: 17). 그래서 절망
은 과거의 어떤 사건의 결과가 아니라 지속해서 자기 스스로 입히는
상태이다. 만약 누군가가 '절망에 빠져' 있다면, 그는 그것을 초래한
능동적 과정에 처해 있는 것이다.

절망을 우리 자신이 초래한 상태로 생각하는 것이 이상할 수도 있
다. 그러나 큰 틀에서 말하자면, 키르케고르의 설명은 자기 자신과 신
에 관하여 존재 혹은 지속의 방식으로서 기독교적 원죄의 관점을 따른

다. 절망은 두 가지 형태로 구현되는 그런 지속 방식에 대한 실존적 표현으로 여겨질 수 있다. 절망을 자청하는 것으로서 그것은 우리가 되고 싶은 자아가 되려는 욕망에서 나온 원초적 선택이다. 그런 충동이 지금의 자기 자신(영원한 신과의 관계 속에 있는)이 되기를 거부하는 마음과 짝을 이루는 것이다. 절망(죄악)을 추동하는 핵심은 자기-만들기의 욕망이다. 하지만 이런 식으로 자기-만들기의 과업을 자기 방식대로 받아들일 때, 우리는 의미의 위기를 경험한다. 왜냐하면 그럴 때 우리는 자기 존재의 근거도 상실하고, 자기가 원하는 존재도 될 수 없기 때문이다.

모든 사람이 이와 같은 키르케고르의 기독교적 설명을 받아들이지는 않겠지만, 그가 따라가 본 실존적 절망의 경험은 분명히 많은 이들에게 친숙할 것이다. 우리가 삶에서 목적을(그가 일기에 적은 대로 말하자면, "운명"을) 상실한다는 느낌, 우리가 의도한 존재가 되는 데 어쩐지 "실패할" 것 같은 위험에 처해 있다는 느낌이 가끔 우리의 의식 속으로 진입해 들어올 때가 있다. 그것은 다른 거의 모든 감정과 닮지 않은 감정이다. 그것은 도덕적 실패가 아니라(그것은 전형적으로 죄책감이나 후회의 표현을 동반한다), 불안과 기저의 절망감이 어우러져 등장한다. 우리 안에는 우리 삶에 대한 슬픔이 있을 수 있다(중세 기독교인들은 그것을 나태(아체디아acedia) 개념으로 설명한 바 있다). 그것은 우리가 너무 나약해서 삶의 과업을 떠안을 수 없다는 느낌이다. 혹은 이런 감정에 맞서 반항적으로 움직일 수도 있다. 우리가 되기로 선택한 것이 되고자 자신을 밀어붙이고 자기 길을 만드는 것이다.[3] 키르케고

---

[3] 토마스 아퀴나스가 희망의 사악한 양극단을 다루는 방식과 절망에 대한 키르케고르의 설명 사이에는 주목할 만한 유사성이 있다. 아퀴나스는 희망을 절망(희망의 포기)과 억측(유덕해지려는 아무런 노력도 없이 신의 자비에 의존하는 자의 뻔뻔함) 사이의

르는 나약함과 반항이 절망의 두 가지 주요 형태라고 제안한다(『죽음에 이르는 병』에서 길게 논의된). 그러면서 그것들을 확실한 발판을 찾지 못하는 우리의 질병과 무능력의 증거로 명시한다. 그는 기독교적 틀을 이용해 이런 불안정과 절망감을 영원한 것의 상실이자 우리 실존의 근거로서의 신과의 단절이라 설명한다.

이 문제에 접근하는 한 가지 방식은 그 절망의 고통이 유의미한지 아닌지 묻는 것이다. 고통은 유의미할 수 있다. 절망의 고통은 왜 아니겠는가? 하지만 다음을 고려해보라. 자신의 통제를 넘어선 외부 조건들의 결과로 삶에서 고통을 겪을 때 해답이 없는 경우가 있다. 그럴 때 아마도 우리는 세계가 돌아가는 방식 앞에 나 자신을 포기하고 신의 의지나 순전히 운에 맡겨진 우주에 의문을 제기할 수 있다. 아마도 그런 경우에는 자신의 고통에서 의미를 발견하거나 고통에 의미를 부여할 수도 있을 것이다. 그러나 나 자신이 내 고통의 원인일 때 그것은 전적으로 다른 부류의 위기다. 이것은 먼 옛날 내가 나약하거나 무지했던 순간에 일으킨 어떤 사건을 통해서가 아니라, 지금 진행 중인 상태로서 그런 경우를 말한다. 우리가 이것을 어떻게 유의미한 고통이라고 말할 수 있겠는가? 그것이 키르케고르가 파고든 낯설고 어려운 지형이다. 여기서 작동하는 절망 개념은 행복을 위해 꼭 필요한 어떤 좋은 것을 상실한 데서 기인한 결과가 아니다. 그것은 어디나 만연한 실존적 허무주의, 즉 자기 자신에 대한 절망이다.

하지만 키르케고르의 입장은 단지 자아에게는 과업이 있다는 것이 아니라, 자아가 곧 과업이라는 것이다. 익명의 저자 안티-클리마쿠스

중간에 위치시킨다. 키르케고르의 설명에서, 대략 이 양극단은 각각 나약함과 반항이 되며, 합쳐서 절망의 실존적 상태를 형성한다. 놀랍게도, 키르케고르가 아퀴나스의 견해에 익숙했다는 증거는 없다. 다음을 보라. Bernier 2015: 62-64.

에 따르면, 자아는 "실제로 그 자신이지만, 그것에게는 그 자신이 되어야 하는 과업이 있다"(ibid.: 35). 우리의 실존에는 불완전성이 있다. 그것은 지금의 자신과 되고 싶은 자신의 분열이며, 바로 그것이 그 과업의 근거를 제공한다. 통일된 정체성을 통해 유의미한 삶을 확보하는 것이다. 키르케고르의 요점은 내가 곧 과업일 때 그 과업을 기꺼이 수행하거나 수행하지 않는 것은 내가 계속 존재할 것인지 아닌지의 문제와 같다는 것이다. 우리는 햄릿의 질문으로 되돌아간다. 죽느냐 사느냐(Bernier 2015: 33). 따라서 절망은 자기 자신, 자신의 실존을 적극적으로 등지는 것이다. 그것은 실존적 상황의 결과가 아니라 지금의 자기로 있기를 꺼리는 마음과 자기 자신의 자아를 확립하려는 추동력이 짝을 지어 만들어낸 상태다. 이것이 절망의 변증법이고 의미의 실존적 위기를 초래한 원인이다.

신앙: 문제의 한 가지 해결책

실존적 절망의 특징인 의미 상실은 신과의 초자연적인 화해를 통해 극복된다. 이것은 신앙의 위대한 성취로서, 신에 의지하기 위해 자기 삶의 선함으로 온 마음을 기울여 헌신하는 것이다. 절망의 행위는 영원과의 단절을 수반한다. 그리고 영원은 삶의 의미에 필수적이다. 신앙은 자기 실존의 영원한 근거와의 화해를 통해 그런 절망의 질병을 치유한다.

키르케고르식 신앙의 구조는 그런 신앙이 어떻게 절망을 극복하는지 이해하는 데 중요하다. 『두려움과 떨림』에서 신앙은 "이중 운동"으로 기술된다(Kierkegaard 1843: 29). 무한한 체념이라고 불리는 첫 번째 운동은 우리가 세계 안에서 갖는 모든 슬픔, 모든 절망의 고통을 흡수하여 무너지지 않고 그것을 직면하는 운동이다. 그는 그것을 어떤 오랜 전설과 비교한다. 갑옷보다 더 튼튼한 눈물로 꿰맨 셔츠에 관한 전설이다(ibid.: 38). 처음에 우리는 전심전력을 다해 이 세계에 헌신 하겠노라는 용기를 가져야 한다. 그것은 자기 삶의 의미를 만들어내는 그런 헌신이다. 그러나 세계는 의미의 지속적 토대를 제공할 수 없다. 우리는 자신을 이런 상실과 화해시켜야 하며, 그것을 최대한 받아들여 야 한다. 무한한 체념은 그런 상실의 수용이자 그것과의 화해이다. 그 것은 내 슬픔을 내 정체성의 일부로 만듦으로써 가능해진다. 이 운동 을 완벽하게 해내는 사람들은 공중으로 아름답게 도약하지만 머뭇거 리며 착지하는 춤꾼과 비슷하다. "그들은 실제로는 세계 속의 이방인 들이기 때문이다"(ibid.: 34). 화해의 보상은 세계 안의 고향에 편히 머 무는 일의 종결이다.

신앙의 두 번째 운동에서 우리는 춤꾼의 도약을 이루며 세계가 더는 우리의 고향일 수 없다는 것을 받아들이되, 체념의 종결 이후에는 불가 능한 무언가를 하게 된다. 춤꾼은 마치 세계 안에서 다시 완벽하게 고향 에 머물게 된 것처럼 "그 도약을 걸음새로" 전환하며 우아하게 착지한 다(ibid.: 34). 우리는 세계로, 체념의 종결에서가 아니라 의미 있는 삶 으로 귀환한다. 신앙은 춤의 이중 운동으로 이루어지며, 오로지 의미 있는 세계를 되찾기 위해서 늘 그 세계를 떠난다. 이런 귀환을 가능하게 하는 것은 전환이다. 즉, 자기 삶의 의미를 위해 신에게 완전히 의지하 는 것이다. 그렇게 귀환한 춤꾼은 이미 절망의 모든 슬픔과 체념의 종결 을 흡수한 상태지만, 영원을 통해, "신에게는 모든 것이 가능하다는 바 로 그 사실에 의해" 의미의 가능성이 복원된 것이다(ibid.: 39).

만약 신앙이 오로지 미래의 삶을 위한 것이었다면, 그것은 신앙이 아닐 것이다. 신앙은 반드시 이 삶을 위한 것이어야 한다(ibid.: 17). 의미가 복원될 수 있는 이유는 신앙이 이 삶을 위한 것이기 때문이다.

그렇지 않으면 우리는 체념할 뿐이다. 의미는 우리의 세속적 헌신, 우리의 역사, 우리의 관계들을 통해 각자 개인의 삶에 따라 덧없는 속계俗界에서 형성되는 것이기 때문이다. 그것은 자기-지배의 행위가 아니다. (그것은 절망으로 이어진다.) 신에 의지함은 우리에게 자신의 주체 정립 프로젝트를 포기하라고 요구하기 때문이다. 신앙은 지금의 자기를 받아들이는 것이며, "신 안에서 투명하게" 휴식하는 것이다(Kierkegaard 1849: 82). 그것은 자아의 과업을 충족한 것이자 절망을 "완벽하게 뿌리 뽑은" 상태이며(ibid.: 14), 그 덕분에 각자는 자아의 과업을 받아들임에 따라 각자의 삶에서 의미를 구성할 수 있게 된다.

마르크스와 삶의 의미
M arx

에이미 E. 웬들링Amy E. Wendling

머리글

마르크스의 작업은 인간의 고통을 이해하는 데 중요한 함의를 지니며 인간 삶의 의미에 대해서도 마찬가지다. 자본주의는 삶의 수준을 높여서 고통을 종식해 주겠다고 어떤 이들에게 약속한다. 그러나 그러려면 다른 이들의 고통을 적극적으로 유발하는 비용을 치러야 한다. 그러므로 자본주의는 일부는 안락하고 또 다른 일부는 비참하기를 요구한다. 이를 수용하는 사람들은 개인적인 경제적 이득이 인간의 고통을 적극적으로 유발한 일과 적절한 균형을 이룬다고 느낀다.

실제로 어떤 이들은 그런 요구를 정말로 수용한다. 그러나 많은 이들은 그렇지 않다. 자본주의는 약탈하는 자들과 순응하는 자들, 두 집단 모두를 필요로 한다. 이를 성취하기 위해 자본주의는 상당히 많은 거짓 믿음을 유포시킨다. 마르크스에게는 거짓 믿음에 의존하는 것 자체가 중요한 인간 고통의 한 형태이다. 이런 형태의 고통은 흔히 고통받는 자들을 뚜렷이 인식하지 못한 채 계속된다.

거짓 믿음의 제거 자체가 마르크스를 다른 철학자들과 구분해주지는 않는다. 플라톤과 칸트, 헤겔과 데카르트까지 모두가 동굴 벽에 비친 이미지들에서 탈출하기를 소망한다. 마르크스를 특징짓는 것은, 거짓 믿음 없이 살기라는 프로젝트와 인간 고통의 문제 간의 연관이다. 인간의 고통이 올바로 정의되고 나면 그것은, 아주 간단히 말해서, 가능한 한 그 어떤 형태로든 완화되어야 한다. 마르크스의 철학은 그런 완화에 방해가 되는 것들을 일소하고자 한다. 그가 수행한 작업의 상당 부분은 가능한 것과 불가능한 것에 대한 이념들을 재설정하는 일이 될 것이다. 왜냐하면 그런 것들의 범위를 거짓 믿음이 결정하게 되어 있으니 그렇다.

유대-기독교 민족들은 고통의 서사를 구원의 서사와 통합한다. 너무 빈번하게, 너무 신속하게, 고통의 유형을 제대로 구별하지도 않은 채 그런 일을 벌인다. 앞으로 보겠지만, 마르크스도 고통과 구원의 서사를 파고들며 싸운다. 하지만 마르크스의 가장 중요한 질문들은 고통의 서사와 구원의 서사를 떼어놓아야 비로소 표면에 떠오른다. 신체적이건 정신적이건, 구원되지 않은 형태의 고통이란 어떤 것인가? 일부 형태의 고통은 구원되지 않을 뿐 아니라 고통받는 이의 여러 가능성을 훼방하고 박탈하는 것이라면 어떻게 되나? 고통은 아무 의미가 없을 뿐만 아니라 치명적이고 파괴적이기까지 하다면 어떻게 되나? 그리고 마지막으로, 가장 극심한 고통은 부르주아의 생활수준 향상과 직접적으로 연계되고 결과적으로 부르주아가 행사하는 바로 그 지배에 연계되는 것이라면 어떻게 되나? 한 마디로, 가장 극심한 인간 고통은 모두 연결되어 있는 것이라면 어떻게 되나?

지배 이념 1: 차별 없는 고통

거짓된 사회적 믿음을 퇴치하려는 학문적 이론마다 나름의 용어법이 있다. 마르크스는 이데올로기를 언급한다. 그를 추종하는 그람시는 헤게모니를 말한다. 하지만 어떤 용어도 마르크스가 여기서 해명하고자 하는 생각을 "지배 이념"이라는 용어만큼 완벽하게 포착하지 못한다. 그것은 『독일 이데올로기』에 등장하는 그의 고유한 용어이며, 그래서 나도 여기서 선호하게 될 것이다.

마르크스에게 거짓 믿음의 문제는 물질적 고통의 문제와 연결된다. 왜냐하면 인간의 관념은 어디서나, 해당 사회를 건설한 물질적 생산 체계에 어느 정도 직접 의존하기 때문이다. 지배 구조와 함께 돌아가는 사회는 그 구조를 반영하는 일련의 믿음들을 생산할 것이다.

그런 믿음들을 마르크스는 지배 이념이라고 부른다. 그는 이렇게 적는다.

> 어느 시대에서나 지배 계급의 이념이 지배 이념이다. 즉 사회의 물질적 지배력인 계급은 동시에 그 사회의 지적 지배력이기도 하다. 물질적 생산 수단을 좌우하는 계급은 동시에 정신적 생산 수단에 대해서도 통제력을 지닌다. 그렇기에, 일반적으로 말하자면, 정신적 생산 수단이 없는 자들의 이념은 그런 통제에 종속되는 것이다. 지배 이념은 지배적인 물질적 관계, 이념들로 파악된 지배적인 물질적 관계를 이상적으로 표현한 것이며, 그것은 결국 하나의 계급을 지배 계급으로 만드는 관계를 그렇게 표현한 것에 지나지 않는다. 따라서 그것은 사회의 지배 세력이 가진 이념들이다
> (Marx and Engels 1846: 172-73).

지배 이념이 사회적으로 지배력을 가지게 되면, 노동계급뿐만 아니라 부르주아도 그것의 손아귀에 들어간다. 명백히 참이 아닌 것도, 특별히

거짓 믿음의 연결망 안에서 다른 상보적 지배 이념들과 연결되고 나면 지배 이념으로 기능할 수 있다. 심지어, 지배 이념들이 제각기 지배 체계를 뒷받침하는 데 여전히 이바지하기만 하면 서로는 모순될 수도 있다.

부르주아는 인간 고통에 관하여 많은 지배 이념들을 생산한다. 이 논고는 그중 다섯 가지를 탐구한다. 첫 번째는 차별 없는 고통의 이념이다.

개인적인 경제적 이득을 인간 고통의 적극적 유발과 적절히 맞바꿀 수 있다고 간주하는 일을 가능하게 하는 것은 다음 두 가지 조건이다. 첫째, 개인적인 경제적 이득을 얻지 못하는 것도 일종의 고통으로 인정해야 한다. 둘째, 모든 고통이 같은 종류의 것이어야 비로소 고통의 완화와 고통의 악화를 맞바꿀 수 있다.

첫째 조건은 빈자들을 불리한 처지로 몰아가는 데 매우 적극적이면서 동시에 그들이 의존할 만한 사회적 연결망이 거의 없는 그런 사회에서 힘을 얻는다. 그것은 엥겔스의 저술 『영국 노동계급의 상황』(1845)에서 묘사된 유형의 사회이다. 그런 사회에서 최저 임금 같은 개인적인 경제적 이득을 얻지 못한다는 것은 실제로 삶과 죽음을 가르는 차이가 될 수 있다.

그러나 "개인적인 경제적 이득"이라는 개념은 또한 연소득 10만 5000달러와 7만 5000달러 사이의 차이를 기술하는 데도 사용될 수 있다. 그것은 행동 경제학자들이 일종의 "행복 역치"라고 확인한 임금 인상 폭이다(Kahneman and Deaton 2010). 최저 임금을 벌지 못한 것과 이 3만 달러의 임금 인상을 얻어내지 못한 것은 분명히 같은 종류의 고통이 아니다. 두 경우가 같아 보이는 까닭은 오로지 그 둘을 "경제적 이득"이나 "생활수준의 향상" 같은 균일화된 이념들로 분류하기 때문일 뿐이다.

그것이 두 번째 조건이 등장하는 무대를 마련한다. 그것들이 모두 같은 종류에 속하는 것들인 양 취급하면서 고통의 본성을 적극적으로 위조하는 것이다. 마치 어떤 고통이건 조금의 위안만 얻어도 인간의 신체와 의식에 가해진 커다란 침해를 보상할 수 있다는 듯이 말이다. 고통의 유형별 차이를 분별하고 그것들을 서로 비교하여 등급을 매기는 일이, 차별 없는 고통이라는 지배 이념을 해소하기 위해 요구될 것이다. 우리는 또한 실존적 차원을 지닌 고통과 "단지" 통증 혹은 불편에 해당하는 고통을 구분할 필요가 있다.

아무리 아주 대단한 인간적 편의라 할지라도 노예제나 죽음 같은 일들의 구실이 될 수 없음은 초보적인 분석만으로도 입증될 것이다. 아마 장시간 노동 같은 일의 구실조차도 될 수 없을 것이다. 만약 더 많은 이들이 개인적 경제적 이득과 인간 고통의 적극적 유발 사이의 거래를 거부하게 되려면, 바로 그 점을 이해할 수 있어야 할 것이다.

지배 이념 2: 신체적 고통

고통을 적절히 활용하기 위해 마케팅에서 사용하는 스톡사진의 상당수는 확연히 신체적인 것들이다. 미국에서 텔레비전이나 소셜미디어에 소개되는 광고는 대개 다른 나라의 다치고 굶주린 동물들의 비참한 광경이나, 굶주린 사람들 특히 어린이들의 비참한 광경을 제공한다. 미국 어린이들 역시 식량 불안정으로 고통받고 있음에도 그렇다. 그에 대한 응답으로 우리는 수표를 발행해서 금전적인 도움을 보내달라는 요청을 받는다. 그런 원조는 수표발행인이 가진 자원의 맥락에서 볼 때 비교적 소량의 금액이 될 수밖에 없다.

이런 광고들은 건강식품으로 위장한 스낵류, 더 빠른 인터넷 공급자, 신용평가점수 혜택 광고들과 나란히 방송된다. 다른 여러 가지 것들 가운데서 사야 할 하나의 대상으로 말이다. 이것은 차별 없는 고통이라는 첫 번째 지배 이념을 확증해준다. 모든 불편은 서로에게도 그렇고 고통받는 아이들이나 동물들에게도 마치 상대적으로 동등한 무게인 것처럼 자리매김한다. 실제로 광고에 나온 다른 재화들의 가격은 고통받는 어린이나 동물을 도와달라고 할 때 요청한 소액 기부와 비교하면 몇 배가 넘는 액수에 해당할 수 있다. 광고들은 그 점을 명백히 보여준다. 시청자는 "하루 커피 한 잔 값"으로 도울 수 있다.

분명히 기아와 상해의 고통은 괴롭다. 더군다나 그런 고통은 경시되어서는 안 되는 실존적 차원을 지닌다. 하지만 굶주리거나 다친 아이들의 참상은 음험한 방식으로 기능한다. 기아와 상해를 생산하는 바로 그 경제 구조들에서 눈길을 돌릴 수 있는 시청자의 재간을 부추기는 것이다.

먼저, 시청자는 생활수준이나 생활양식이나 신념들을 바꾸라는 것도, 혹은 자신을 부유하게 만든 경제 체제들이 많은 돈을 피 묻은 돈으로 만들 수 있다는 사실을 인식하라는 것도 요청받지 않는다. 다만 그저 작은 액수의 돈을 꺼내는 것만으로 그 기아와 상해에 대한 책임을 지라는 요청을 받을 뿐이다. 액수가 아주 작다는 것은 그런 사람들이나 동물들의 건강과 복지가 얼마나 하잘것없는지를 잘 보여준다. 그것은 구경꾼이 자기가 가진 비교적 커다란 경제적 부유함에 안심하도록 해준다. 자기가 좋은 사람인 것처럼 느끼게도 해주고, 그와 동시에 만약 자기가 재산을 날리면 무슨 일이 벌어질지 위협도 실감하게 하면서 말이다. 그에게는 덤으로 자신의 쇼핑 본능에 탐닉하는 일이 허용된다.

둘째, 그런 이미지들은 구경꾼이 도덕적, 정신적, 지적, 상상적 고통보다는 신체적 고통에 초점을 두게끔 조장한다. 자본주의가 부자들을 위해 쉽게 완화해주는 불편들, 그중에서 특히 신체적 불편이 그가 오로지 주목하는 초점이 된다.

심지어 편리를 추구하는 행동들로부터 고차원의 고통이 직접 귀결될 수 있다. 나는 우리 집 구형 에어컨을 성능 좋은 신형 에어컨으로 교체하지만, 그렇게 해서 그 후로 2년간 할부를 갚아야 하는 문제 때문에 걱정과 씨름한다. 나는 편리를 걱정과 바꾼 것이다. 에어컨은 필요한 물건이라고 느끼지만 그럴 때 걱정이 눈에 보이지 않는 비용으로 남는다. 실존적이면서 신체적이기도 한 형태의 고통인 걱정은 고통스러운 사람에게 좀처럼 잘 감춰지지 않으면서도 잘 알려진 바와 같이 그것의 진짜 원인과는 연결되지 않는 방식으로 표출된다.

기본 구조는 중독이다. 그것은 마르크스가 소외라고 불렀던 고통의 현대적 형태이다. 실제로 쇼핑 중독과 부채로 인한 고통은 정신분석가 토마스 스볼로스Thomas Svolos가 "새로운 증상들"이라고 부른 것에 속한다(Svolos 2017: 113-25).

마르크스는 프롤레타리아의 신체적 괴로움을 잊지 않았지만, 그들의 고차원적인 고통에도 또한 관심이 있었다. 프롤레타리아는 오로지 살기 위해 노동했으며, 단지 자신의 생물학적 사실성을 지속한다는 제한된 의미에서 살고자 할 뿐이다. 이것이 마르크스가 소외라고도 불렀던 상황이다. 그러나 소외는 단지 부족한 음식이나 짧은 수명에 한정된 것이 아니었다. 소외는 프롤레타리아의 지능, 상상력, 정신에 입힌 상처를 아우르는 것이었다.

이런 여러 가지 이유에서 마르크스가 1844년에 소외에 관해 제시한 설명은 또한 인간 고통에 대한 포괄적 이론이기도 하다(Marx 1844: 71-77). 마르크스는 네 개의 계기를 도식화한다. 프롤레타리아는 자신이 창조한 대상으로부터, 자신이 수행한 활동으로부터, 인간 본성의 개념을 창조하는 일에 참여하는 것으로부터, 그리고 다른 인간들로부터 소외된다.

프롤레타리아는 자기가 창조한 대상으로부터 소외된다. 다른 이들은 그것을 사용하지만, 프롤레타리아는 아니다. 물론 물질적 궁핍은 신체적 괴로움과 고통의 유형이다. 그러나 그것은 또한 고차원적인 고통이기도 하다. 내가 만든 물건을 소비하거나 사용함으로써 얻는 쾌락은 다른 이가 만든 물건을 소비하거나 사용함으로써 얻는 쾌락과는 다르고 질적으로 더 고차원의 쾌락이다. 쾌락은 단지 소비가 아니다. 그것은 자신이 설계한 무언가를 사용할 때 발생하는 주체와 대상 사이, 상상과 물질세계 사이의 오고 감이다. 그래서 자신이 창조한 대상으로부터 분리되는 괴로움은 단순히 그 대상을 상실하는 것이 아니라 자신의 창조적 지향성을 상실하는 것이다. 쇼핑객은 미리 제작된 물품들을 반복적으로 소비하며, 그런 물품들이 주는 쾌락은 모양이나 재료의 측면 둘 다에서 그를 위해 정확히 설계된다. 하지만 이것들은 다 부질없다. 그가 찾는 바로 그것은 그런 대상에서는 발견될 수 없으니까.

이것은 소외의 두 번째 계기와 밀접하게 연결된다. 거기서 프롤레타리아는 창조 활동 그 자체에서 소외된다. 혁신과 상상의 능력을 확장하는 대신에 프롤레타리아의 노동은 지루하고 단조로워진다. 바로 그 지루하고 단조로운 활동에 다른 어떤 종류의 활동보다 더 긴 시간이 소비되기 때문에, 프롤레타리아는 자신의 활동을 증오하고 부인하는 법을 배운다. 프롤레타리아는 자신의 노동 경험을 더는 즐기지 않는데, 그 이유는 그것이 위험하거나 힘들어서가 아니라 그 일을 하면서 일을 즐길 수 있는 자신의 능력을 현실화하지 못하기 때문이다. 그런 배경에 비추어볼 때 모든 노동은 일종의 고통이다. 이 지배 관념은 그런 측면이 노동과 고통을 연결하는 전근대적 서사들과 결부된다는 점을 활용한다. 그런 관념이 지배하게 되면, 나는 오로지 노동하지 않을 때만 자유를 느낀다. 나는 노동이 아니라고 공격적으로 부호화된 활동을 추구한다. 존재는 쇼핑이다.

이렇듯 처음 두 형태의 소외에는 분명한 위안의 차원이 있지만, 더 상위의 차원도 있다. 세 번째와 네 번째 형태의 소외는 둘 다 전적으로 더 상위 형태의 고통이다. 그것들은 각각 다음 두 절의 주제들이기도 하다.

지배 이념 3: 존재론적 고통

사이먼 스켐턴Simon Skempton이 말한 대로, 마르크스가 설명하는 소외의 세 번째 계기인 유적 존재species being의 이념은 잘 이해되지 않는다(Skempton 2010: 101). 영어에서 "유類"라는 단어는 생물학적 담론을 불러내며, 고정되고 결정된 인간 본질이라는 관념이 그 안에 실려 있다. 그러나 마르크스는 실제로 그와 반대되는 것을 염두에 둔다. 그는 인간 본질에는 외부 조건에 따라 유연하게 형태를 바꾸는 능력 즉 가단성이 있다고 믿으며, 그런 가단성을 인간이라는 유개념을 재정의하는 창조적 행위의 명시적 대상으로 삼는다. 그로써 마르크스의 이념은 제2의 본성이라는 아리스토텔레스적 관념의 범위를 넓힌다.

세 번째 형태의 소외에서 프롤레타리아와 부르주아는 똑같이 자본주의에 순종하는 인간의 존재론들을 수용한다. 자본주의가 부각하고 선호하는 경향이 있는 한 가지의 인간 존재론은, 고통 자체이다. 인간이 되는 것은 고통을 겪는 것이다.

마르크스의 사상은 인간성과 고통의 동일시를 우려한다. 그렇게 하는 것은 자본이 노동계급을 착취하는 구실이 될 뿐 아니라 자본주의적 소외의 구실이 되기도 하기 때문이다. 하나의 개념으로서 인간을 고통받는 존재로 정의하는 것은 차별 없는 고통이라는 이념에 의존한다. 만약 고통으로 인간 경험을 통합한다면 한 형태의 고통을 다른 형태의 고통과 구분하는 일은 덜 중요해진다. 실제로 인간을 고통과 동일시하는 것은, 더 심한 고통일수록 인간적 경험은 더 진정한 것이 된다면서 최악의 고통 형태들을 조장할 위험이 있다.

그렇게 해서, 어떤 비용을 치르더라도 반드시 근절되어야 하는 작은 신체적 불편을 제외하고, 자본주의는 정말로 끔찍한 모든 고통이 꼭 필요하다고 우리가 생각하기를 바란다. 고통이 인간이 된다는 것의 의미에 포함된다고 여길 때, 자본주의의 손아귀에 놀아나기에 안성맞춤이다. 고통이 인간적 조건을 정의하는 한, 자본주의는 매우 끔찍한 형태의 많은 고통이 자신이 창조하고 악화시킨 역사의 인위적 산물이라는 사실을 인정할 필요가 없다. 우리는 또한 어떤 고통이 가장 가혹하게 불의한지 분별하려 하지 않을 것 같고, 혹은 굳이 분별해야 하더라도 그것을 제거하기 위해 안달할 일은 없을 것 같다. 왜냐하면 그런 고통이야말로 인간이 무엇이냐는 우리의 정의에 중심축이 되는 것이기 때문이다.

인간이 고통과 동일시되고 나면, 그것이 자본주의 프로젝트를 확대하는, 자연과 인간 본성에 관한 정의들로 나아갈 길을 닦아준다. 자연은 인색하고 오로지 제한된 양의 자원만을 갖는다. 맬서스Malthus, 스미스Smith, 버크Burke가 그렇게 말한다. 소수를 위한 물질적 부는 다수의 고통이라는 비용을 치러야만 살 수 있다. 이에 비추어볼 때, 인간 본성은 개인주의적이고 경쟁적이다.

마찬가지로, 어떤 이들은 망상 없이 살 수 있다. 즉 철학과 더불어 살 수 있다는 것이다. 그러나 플라톤이 주장한 대로, 그러려면 여가가 필요하다. 여가는 노예제 혹은 임금 노예의 혜택 덕분에 노동 의무에서 해방된 소수에게만 가능할 뿐이다. 그것이 모든 인간에게 가능할 리는 거의 없을 것이다. 여가를 누릴 수 없는 사람들에게 스토아주의는 이렇게 말한다. 고통은 생득적인 인간적 조건의 일부로서, 피할 수 없으며, 완화되기보다는 흡수되어야 한다. 고통은 구원한다고 기독교는 말한다. 인간이 된다는 것은 노동한다는 것이라고 로크는 말한다. 으윽, 하고 니체가 말한다. 하지만 그럴 때 니체의 프로젝트는 예전의 그리스-로마 가치 체계를 소생시킬 위험이 있다.

자본주의적 착취에 가장 순종적인 형태들로 변신한 이런 사유 형태들은 단단히 자리 잡는다. 그런 사유들이 서로 상충한다는 사실이 그것들을 해체하는 시도를 더욱더 힘들게 만든다. 플라톤과 로크의 연결 고리를 끊지 않으면서 플라톤을 로크로, 혹은 로크를 플라톤으로 치환할 수 있기 때문이다. 그리고 마르크스의 요구는 다름 아니라 우리가 그런 사유들을 모두 버려야 한다는 것이다.

고통스러운 인간 본성, 그것에 대응하는 자연 세계, 그리고 그런 인간 본성이 가능케 하거나 거부하는 인간 사회의 여러 가지 가능성, 이 모든 것은 가능한 것과 불가능한 것의 범위를 거짓되게 정의하는 미혹의 사유 형태들이다. 그렇다면 마르크스에게 인간 삶의 의미란 인간 본성을 개조하고, 그와 더불어 가능한 것과 불가능한 것의 범위를 개조하는 것이다. 많은 철학자가 그렇듯, 그의 프로젝트도 역시 자유의 프로젝트이다.

지배 이념 4: 약탈적 고통

네 번째 지배 이념은 지배력이 여가를 좌우하고, 여가가 일부 사람들에게 진리와 자유를 가능케 한다는, 노예제에서 유래한 고전적 이념을 재활성화한다. 이에 대응하여 마르크스는 그것이 사실임은 분명하나 다만 도덕적이지 않을 뿐이라고 단순하게 주장하는 것이 아니다. 그는 그것이 불가능하다고 주장한다.

일부를 위한 자유를 사려고 타인의 자유를 비용으로 치러서는 안 될 뿐만 아니라, 실은 그런 비용으로 살 수도 없다. 지배력 자체가 미혹의 사유를 생산한다. 그것은 누구에게나 그렇다. 지배력이 상승하면 망상도 그렇게 된다. 미혹의 사유를 해체하는 일은 지배력의 해체 또한 요구할 것이다. 마르크스 이론의 위대한 후건 부정식이다.

마르크스는 소외가 사람들을 서로에게서 차단한다고 생각했다. 소외는 우리가 궁핍한 세계에서 서로를 적대적 경쟁자들로 보게 만들며 서로의 결속은 사실상 허용하지 않는다. 그런 상실은 우정이나 사랑, 그리고 사회적 감정의 여타 형태들의 가능성을 축소한다. 그것은 우리를 타인과 갈라놓으며 우리에게 끝없이 상승하는 불신의 부담을 지운다. 그것은 감정이입을 불가능하게 만든다. 기껏해야 데탕트 관계뿐이다. 정치적 동물zoon politikon이 경제적 인간homo economicus이 될 때, 그 인간은 자신이 철저히 혼자라는 것을 깨닫는다.

그런 관계의 실패는 상위의 고통에 속한다. 지배자의 관계들이라고 해서 피지배자의 관계들보다 더 잘 살아남는 게 아니다. 사실상, 그 관계들이 더 나쁠 수 있다. 힘 있는 사람들의 감정이입 상실에 관한 새로운 경험적 연구가 이러한 마르크스의 통찰을 확인한다(Useem 2017). 어떤 신경과학자 연구팀은 실험에 참여한 고위 권력자 집단을 대상으로 감정이입 중에 활성화된다고 생각되는 운동성 공감도 즉 '거울' 반응을 검사했다(Hogeveen et al. 2014). 그 집단의 운동성이 다른 집단들에 비해 상대적으로 낮았다. 대커 켈트너Dacher Keltner의 연구는 동종 현상일 수도 있는 결과물을 보여준다. 그는 일단 권력을 획득하고 나면 그것이 어떻게 "공감 결핍", "도덕 감정의 감소", "이기적 충동", "무례", "경시", "예외주의 서사" 등으로 이어지게 되는지 조사하였다(Keltner 2016: 101).

모든 고통을 물리적 편의에 관한 고통으로 이해함으로써 지배자는 자기 역시 자본주의 생산 체계의 손아귀에서 고통받고 있다는 진리에서 도망칠 수 있다. 그의 고차원적 고통은 고통의 개념에 포착되지 않거나 그저 대수롭지 않은 것이 되며, 그와 더불어 당사자의 눈에도 보이지 않는다. 사실상, 지배자는 지배 그 자체로부터 고통받는다. 피지배자의 극심한 고통과 지배자의 가장 통렬한 고통은 비록 다른 것일 수는 있지만 서로 연결된다.

결론: 목적론적 고통

만약 자본주의적 사유 형태들이 그래도 아직은 감정이입의 경험을 허용한다면, 엥겔스의 『영국 노동계급의 역사』에 나오는 사례들에 마음을 뺏기기가 아주 쉬울 것이다. 발진티푸스. 구루병. 공장에서든 집에서든 간신히 숨을 쉴 수 있을 정도의 공간과 석탄으로 오염된 도시 공기. 다섯 살배기 어린이의 돌봄을 받으며 집에 남겨진 유아(예외 없는 굶주림과 그로 인한 영향을 누그러뜨리려 약을 먹여 재워놓곤 하는)와 공장 일터에서 젖을 뚝뚝 떨어뜨리는 젖가슴. 옷장 안에 여러 날 감금하기, 성적 학대, 양마저 부족한 저질 음식 등을 포함하는 구빈원救貧院의 처벌들.

우리는 오늘날의 빈곤 노동자 사례 목록을 새로 작성할 수 있을 것이다. 노동 중 부적절한 화장실 사용 허가(Linder 1998), 기아와 비만을 포함하는 영양불균형(Albritton 2009), 이민자 수용소의 경우를 포함하는 불균형적인 구금, 특히 임금 노동자를 위한 육아휴가와 양질의 보육 제공을 둘러싸고 지속되는 난제들 등등.

노동계급이 겪는 그러한 고통은 단지 통증 이상의 그 무엇이었고 지금도 그렇다. 엥겔스가 적은 것처럼, "불안정은 빈곤보다 훨씬 더 크게 사기를 떨어뜨린다"(Engels 1845: 131). 그러므로 고통은 젖가슴의 통증만이 아니라 먹고살려고 노동하면서 동시에 자기 아이를 먹여 살릴 수 없는 현실로 인한 번민과 좌절이기도 하다. 혹은 평소보다 더 풍성하게 식탁을 차리긴 했지만 지금 같은 노동 기회의 기간이 언제 끝나게 될지 알지 못하는 불안이기도 하다. 혹은 꾸준히 노동하지만, 언제 이민국 관리들이 나타나 수용시설에 갇히는 신세가 될지 알지 못하는 공포가 동반되는 것이기도 하다.

프롤레타리아 계급의 고통이 심화하는 가운데 거대한 부가 창조되었다. 자연을 과학적으로 조작하는 일이 모범이 되었다. 법규는 유산계급을 위한 협상력의 주요 수단이 되었다. 부르주아 사회 계급의 그러한 성취를 단순히 찬양하는 사람들과 달리, 마르크스는 그런 성취가 프롤레타리아의 고통에 기반을 두었다는 점에 주목했다. 그런 구조에 대한 마르크스의 주된 비판은 그것의 불의함이다. 그것은 다른 많은 사람의 발을 묶고 그들의 성장을 저해하고 그들을 지독히 괴롭게 하는 비용을 치르면서, 일부 사람들을 위해 엄청난 부, 여가, 아름다움을 생산한다. 이런 이유에서 개인적인 경제적 이득은 프롤레타리아의 고통을 지속시킬 수 있는 만족스러운 구실이 되지 못한다. 그래서 마르크스는 다른 식의 설명을 탐구한다. 정치 혁명이 고통받는 프롤레타리아를 구원한다. 우리는 그런 식으로 고통을 설명하는 것을 목적론적 설명이라고 부를 수 있다.

목적론적 고통의 문제는 그것이 절대적으로 무엇에든지 구실로 기능한다는 것이다. 심지어 사악하게도 기능할 수 있다. 이를테면, 혁명의 결실을 재촉하기 위해 인간적 고통을 악화하는 대의가 되기도 한다는 것이다. 그리고 마르크스가 지상의 고통이 천국에서 구원된다는 기독교의 진통제를 철저히 거부하지만, 그런 거부가 목적론적 구조 그 자체로까지 더 멀리 확장되지는 않는다. 많은 정치 혁명이 도래할 때 이 문제는 악화한다. 물론 그런 혁명들이 마르크스가 상상했던 장소에서 그가 생각한 그대로 발생했던 것은 아니었지만 말이다. 이에 비추어볼 때, 고통을 정당화하는 혁명은 오로지 지연된 혹은 연기된 약속으로서만 기능한다. 결국엔 천국보다 나을 게 그리 많지 않다.

목적론적 고통에 대한 설명은 그것이 기독교적이건 마르크스적이건 유예된 약속의 형태를 띠는 한 부르주아 세계에는 매우 쓸모 있는 것이다. 그것은 고통을 설명하지만, 우리에게 그 문제에 관해 무슨 일이든 하라고 요구하지 않는다. 아니, 최소한 해야 할 일이 무엇인지가 불분명하다. 이런 식으로 목적론적 고통은 그 자체로 지배 이념으로 기능한다.

23
밀과 삶의 의미
M ill

프랜스 스벤슨Frans Svensson

I

존 스튜어트 밀John Stuart Mill은 『종교의 유용성』의 서두에서 이렇게 주
장한다.

> 만약 종교 혹은 그것의 어떤 특수한 형태라도, 그것이 진리이기만
> 하면, 그것의 유용성은 다른 증명 없이도 따라 나온다. 만약 어떤
> 사물의 질서, 어떤 우주의 통치 형태 아래 사는 것이 우리의 운명
> 인지 확실하게 아는 일이 유용하지 않다면, 대체 무엇을 유용하다
> 고 여길 수 있을지 상상하기 어렵다(Mill 1874: 403).

그러나 밀에 따르면 종교의 진리에 반대되는 증거가 꾸준히 늘어나고
있다. 따라서 이제 이렇게 물어야 할 시간이 된 것이다. "진리 문제와
별개로 단지 설득력만 고려했을 때 종교적인 믿음"(ibid.: 405)은 어떤
점에서 좋은 것인가? 밀의 작업에 밑바탕이 되는 공리주의적 개념 틀
을 고려할 때, 그 자체로 바람직한 유일한 목적은 이른바 행복 혹은 복
지(밀에게는 결과적으로 같은 것이다)다. 따라서 그가 제안한 우리가 물

어야 할 질문은 이것이다. "진리 문제와 별개로 단지 설득력만 고려했을 때" 종교가 "인류의 복지를 … 위해 없어서는 안 된다"(ibid.)라고 한다면 과연 어떤 측면에서 그러한가? 밀에 따르면 이 질문에는 두 가지 측면이 있다. 한편으로 종교(에 대한 믿음)에 어떤 사회적 이득이 있을 수 있는지 물을 수 있다. 다른 한편으로 종교가 개인을 위해 어떤 일을 하는지 물을 수 있다. 즉 "[종교가] 개별 인간의 본성을 개선하고 고귀하게 만드는 일에" 그리고 그럼으로써 그 개인의 행복 혹은 안녕을 증진하는 일에 "어떤 영향을 미칠 수 있는지"(ibid.: 406) 묻는 것이다.

사회적 관점에서 종교가 없어서는 안 된다고 말할 수 있는 방식들에 관하여 가능한 여러 가지 제안을 거부하고 난 후에, 밀은 개인에 대한 종교의 유용성을 그럴 법하게 부인할 수 없는 한 가지 중요한 측면이 있다고 제안하기에 이른다. 예를 들면, 짧은 삶, 우주적 하찮음, 삶에 수반되는 실망과 고통 등 세속적 삶의 많은 결함과 단점 때문에, 우리에게는 "더 높은 것을 향한 갈망"(ibid.: 419)이 존재한다고 그는 말한다. 우리 삶에서 의미 혹은 목적을 찾거나 진지한 관심을 유지하기 위해 우리보다 더 위대하고 더 완벽하고 더 오래가는 무언가에 대한 구상들이 필요하다. 우리는 사유와 감정 속에서 그 무언가와 이어질 수 있다. 그리고 밀에 따르면 서로 다른 수많은 모습을 드러내는 종교가 실제로 그런 구상을 공급한다. 그는 이렇게 적는다.

신 혹은 신들에 대한 믿음과 사후의 삶에 대한 믿음은 모든 마음이 각자 능력에 따라 자신이 고안하거나 복제할 수 있는 이상적인 그림들을 채워 넣는 캔버스가 된다. 누구나 현세에서 찾지 못한 좋은 것들, 혹은 현세에서 부분적으로 보고 알게 된 좋은 것들 덕분에 떠올리게 되는 더 좋은 것들을 사후의 삶에서 찾게 되기를 희망한다(ibid.).

밀은 분명히 "더 높은 것들을 향한 갈망"의 만족이 개인의 행복에 결정적이라고 생각한다. 우선, 그것은 우리가 실존적 좌절이나 공허의 경험으로 고통받는 것을 막아줄 것이다. 더불어, 밀의 견해에 의하면, "우리가 아는 평범한 인간 삶에서 구현된 것보다 더 위대하고 더 아름다운" 것을 지향하는 사유와 감정의 함양 그 자체가 우리가 인간으로서 누리는 번영하는 삶 혹은 충분히 행복한 삶의 본질적 요소이다(ibid.).[1] 그러나 설령 우리의 갈망이 밀이 표현한 대로 "종교에서 가장 분명한 만족을 찾는다고 하더라도," 심지어 그런 측면에서조차 종교가 인간의 행복이나 복지에 꼭 필요하다는 결론이 따라 나오지는 않는다(ibid.). 초자연적인 요소가 전혀 들어 있지 않은 다른 어떤 대안이 존재할 가능성이 여전히 있으며, 그런 대안이 대략 지금의 종교 수준이나 적어도 종교가 전통적으로 유지했던 수준으로 함양된다면, 우리의 "더 높은 것들을 향한 갈망"을 마찬가지로 만족시킬 것이며 어떤 측면들에서는 어쩌면 종교보다 훨씬 더 나을 수도 있다. 그리고 곰곰이 생각해보면 관련된 그 갈망을 만족시킨다는 측면에서 종교와 대등할 뿐만 아니라

---

[1] 밀 자신의 설명에 의하면, 그가 "처음으로 인간의 행복에 가장 필요한 것들 가운데에서 […] 지금은 내가 경험을 통해 알고 있는 바와 같은 이른바 개인 내면의 문화에 그 합당한 자리를 부여했던 것"은 1826년에 앓았던 우울증의 결과로 그의 사유가 경험했던 "뚜렷한 효과" 중 하나였다. 계속해서 그는 말한다. "능동적 능력들만이 아니라 수동적 감수성도 함양될 필요가 있으며, 그것은 다스려질 뿐만 아니라 살고 풍요로워지기도 해야 한다"(Mill 1873: 145ff). 이에 비추어 밀은 자기가 특히 워즈워스의 시를 읽은 것이 자기에게 큰 영향을 미쳤음을 암시한다. 그는 이렇게 적는다. "워즈워스의 시들은 단지 외향적인 아름다움만이 아니라 아름다움으로 인해 흥분한 감정 상태들과 그런 감정으로 채색된 사유의 상태들을 표현했다. 그 시들은 내가 찾고 있던 바로 그 감정의 문화를 표현하는 것 같았다"(ibid.: 151).

더 우월하다고 할 대안이 실제로 존재한다고 밀은 제안한다. 그 대안은 인본주의, 혹은 그가 그것을 가리킬 때 흔히 사용하는 표현대로(조금은 신기하게도), '인류 종교the Religion of Humanity'이다.[2]

나는 3절에서 밀의 인본주의적 대안의 주요 특징들을 개괄할 것이며, 더불어 인본주의가 종교보다 실제로 우월하다고 생각한다며 그가 제공한 두 가지 이유를 소개할 것이다. 그런 다음 4절에서는 밀의 인본주의와 관련하여 제기될 수 있는 세 가지 서로 다른 질문들을 숙고할 것이다. 5절에서는 몇 가지 결론적인 언급으로 글을 마무리할 것이다. 하지만 무엇보다도 2절에서, 우리의 "더 높은 것들을 향한 갈망"을 만족시킬 수 있는, 종교 이외에 어떤 대안이 존재하는지가 어째서 밀에게 중요한 문제가 되는지 조금 더 언급하는 데 시간을 들일 가치가 있을 것이다. 어떻게 해야 우리의 갈망이 가장 잘 해소되거나 충족될 수 있는지 논의하면서 밀이 직접적인 관심을 두지 않은 한 가지에 관해서도 무언가 언급할 필요가 있다. 이른바 객관적인 삶의 의미이다.

II

우리의 "더 높은 것들을 향한 갈망"을 만족할 수 있는 대안이 종교 이외에도 존재하는지가 밀에게 중요한 적어도 두 가지 이유가 있다. 그중 하나는 우리가 이미 접한 바 있다. 이른바 종교가 인간의 행복에 꼭 필요한 것인지 아닌지를 확립하고자 함이다. 하지만 두 번째이자 내가 받

---

[2] 밀은 인본주의가 초자연적인 요소들을 전혀 포함하지 않음에도 불구하고 종교의 본질적 성립 조건들을 충족한다고 주장한다(Mill 1874: 422; 1865: 332f). 그가 그런 주장을 옹호하기 위해 제시한 근거들을 지금 굳이 고찰하지는 않을 것이다. 덧붙여, 지금부터는 '인류 종교'라는 이름표는 떼어놓고 대신 간단히 '인본주의'라는 용어를 고수할 것이다.

아들이기로는 더 중요한 이유는, 밀의 견해에 따르면 그런 대안이 있는지 아닌지가 규범적으로 중요하다는 것이다. 밀의 공리주의 윤리에 따르면, 그 자체로 바람직한 것은 오로지 행복뿐이다. 그리고 바로 그 때문에 행복은, 밀에 따르면 모든 실천적 혹은 규범적 이유의 원천이기도 하다. 만약 우리의 "더 높은 것들을 향한 갈망"을 종교보다 더 잘, 혹은 훨씬 더 높은 수준으로 만족할 수 있는 대안이 존재한다면, 그 대안은 또한 개인의 행복이나 복지에 더 많이 이바지하는 것이기도 하다. 그렇다면 우리는 우리 삶에서 종교적 믿음보다 그런 대안을 함양해야 할 더 강력한 이유를 갖게 되는 셈이다.

객관적 삶의 의미, 의의, 목적 등을 구성할 수 있는 것이 설령 있다 해도 그것이 무엇이냐는 문제에는 밀이 적어도 직접적인 관심이 없다는 점에 주목해야 한다. 만약 그런 객관적인 삶의 의미 같은 무언가가 존재한다면, 우리가 어떤 삶을 살아야 하는지에 대해 되도록 완전한 정보에 근거한 판단을 내릴 수 있기 위해서 그 의미를 아는 것이 추정컨대 유용할 것이다. 그러나 그 객관적 의미가 하나의 신념으로 전환될 수 있는지, 그래서 그것의 함양이 우리의 "더 높은 것들을 향한 갈망"을 효과적으로 만족시켜 줄지는 별개로 탐구되어야 할 것이다. 예를 들어, "우리가 인육을 좋아하는 다른 동물들의 식량으로 길러지고 있는데, 그 동물들이 우리 살이 너무 질겨지기 전에 우리를 커틀릿으로 만들어 버릴 작정임을 알게 되었다"라고 가정해보라(Nagel 1971: 721). 이것은 우리가 우리 종의 복지를 증진하기 위해 무엇을 할 수 있을지 고찰할 때 고려해야 할 중요한 정보가 될 것으로 보인다. 예를 들면, 우리는 인육을 먹는 자들이 찾아올 때를 대비해 우리를 보호할 수 있는 어떤 방법을 찾을 필요가 있다고 제안할 수 있다. 그러나 그것이 우리 삶에서 진지한 관심을 유지하는 데 도움을 줄 수 있는 "고상한 신념"을 발전시키기에 매우 유망한 재료가 되지는 않을 것이다.

III

밀의 관점에서는, 우리가 "웅대한 포부에 걸맞은 그 어떤 합리적 요구라도 만족시켜줄 수 있는 아주 큰 대상"을 찾기 위해 "우리가 거주하는 세계의 범위 너머로 여행을 떠날" 필요가 없다(Mill 1874: 420). 우리는 대신 인간성으로, 혹은 "우리의 세속적 삶의 이상화, 그것이 어떤 삶이 될 수 있을까에 관한 고상한 신념의 함양"으로 방향을 바꿀 수 있다(ibid., 강조 표시는 원문대로). 밀의 제안이 실현되려면 여기에 실제로 일정 정도의 이상화가 필요하다는 말이 그럴듯하게 들린다. 어쨌든 인류의 역사에는 영감과 경외의 모범을 구성하는 것과는 상당히 거리가 먼 사례들이 아주 많다. 그래서 밀은『오귀스트 콩트와 실증주의』에서, 우리가 "과거 모든 시대와 다양한 지위를 아울러서 오로지 살면서 가치 있는 구실을 한 사람들로만 이루어진 인류 혹은 인간종을 떠올려야 한다"라고 제안한다. "우리 종의 집합체가 우리의 숭배를 받을 만한 대상이 되는 것은 오로지 그렇게 제한되었을 때다"(Mill 1865: 334). 하지만 밀에 따르면, 우리가 일단 적절히 이상화한 인류 개념을 우리 마음에 분명히 떠올리게 될 때, 인류의 진보에 구실을 다한다는 발상, 이를테면 과거에 인류의 위대한 시혜자들(밀은 특히 소크라테스와 그리스도를 언급한다)이 했던 노고를 이어간다는 발상은 큰 힘을 얻을 수 있고 그래서 우리의 사유와 감정에 영향을 미칠 수 있다. 그것은 우리가 "인류가 처한 이 현세의 운명 속에서 위대한 드라마의 대단원이나 장편 서사시의 줄거리"를 보게 만들 수 있을 것이다. 그러면서 "모든 인류 세대는 확고 불변하게 단일한 하나의 이미지로 통합된다"(ibid.). 밀은 인류가 우리를 필요로 한다고까지 제안한다. (더없이 완벽한 존재

Being라면 아마도 그렇지 않을 테지만!) 인류의 "위대한 드라마"에서 우리는 각자 능력껏 최대한 개척하고 수행해야 할 역할이 있다.

그러나 설령 밀이 제안한 대로 우리의 "더 높은 것들을 향한 갈망"이 실제로 종교에서만이 아니라 인본주의에서도 충족될 수 있다 해도, 인본주의가 그 갈망을 더 효과적으로 충족할 수 있다고 생각할 어떤 이유가 존재하는지 여전히 물어야 할 수 있다. 밀은 존재한다고 생각한다. 먼저 그는 이렇게 주장한다. 인본주의는,

> 공평무사하다. 생각과 감정을 자아 밖으로 데리고 나가, 목적 그 자체로 사랑받고 추구되는 비이기적 대상을 응시하게 한다. 미래 세계에 관하여 약속과 위협을 거래하는 종교는 정확히 반대의 일을 한다. 종교는 사람이 죽음 이후에 직면할 이해관계에 생각을 붙들어 맨다. 다른 사람에 대한 의무에서 수행한 일들도 기본적으로 자신이 구원을 얻기 위한 수단으로 간주할 것을 부추긴다(Mill 1874: 422).

그래서 밀의 견해에 의하면 종교와 대비되는 인본주의의 한 가지 장점은, 일차적으로 자기 자신이나 자신만의 이득을 위한 관심에서 비롯된 대상과 일체가 되려는 어떤 유혹에서도 자유롭다는 것이다. 대신, 인류와 그 잠재력에 대한 고결한 신념의 함양은 우리 자신보다 "더 웅대하고 더 아름다운" 것을, 순전히 그것 자체를 위해 지향하는 생각과 감정의 육성을 수반한다. 그리고 그렇게 고상한 혹은 고귀한 생각과 감정은 그 자체로 인간 행복의 중요한 요소들이다.

더군다나 인본주의는 추종자들에게 "무감각 상태"나 "지성 능력들의 적극적인 비틀기"를 요구하지 않지만, 밀에 따르면 종교는 그렇지

않다(ibid.: 423). 특히 밀은 지적으로 멀쩡하고 정직한 사람이라면 누구도 "이 행성과 이곳 거주자들의 삶처럼 그렇게 아주 서툴게 만들어지고 변덕스럽게 다스려지는 피조물의 창조자 겸 통치자에게 절대적인 완벽성을 아무 거리낌 없이 부여할 수는 없을 것"이라고 제안한다(ibid.).[3] 인본주의는 초자연적 요소들을 전혀 포함하지 않고 특히 지극히 완벽한 창조주나 이 세상의 통치자에 관한 가정을 전혀 하지 않으므로, 이런 문제를 완전히 피한다.

IV

밀의 인본주의에 관하여 당연히 여러 가지 의문이 제기될 수 있다. 여기서 나는 그런 의문 세 가지를 간략하게 고려할 것이다. 처음 두 가지는 종교와 비교할 때 인본주의가 지닌 잠재적 결함과 불리한 사정에 관련된 것이지만, 대신 세 번째는 인본주의의 동기 부여에 관한 것이다.

1

한 가지 던질 수 있는 질문은 종교와 대조적으로 인본주의는 우주 전체와의 관계에서 우리 삶을 이해하는 데 무능력하므로 우리의 "더 높은 것들을 향한 갈망"을 적어도 부분적으로는 충족되지 않은 채로 남겨둘 수 있지 않느냐는 것이다. 토머스 네이글이 언급한 사례를(특별히 밀을 언급하고 있는 것은 아니지만) 고려해보자. "우주는 인간 세계와 동일시될 수 없으므로, [인본주의나 그것의 유사 이념들은] 실제로 전체로서의 우주 개념을 우리의 삶과 우리가 그러한 삶을 생각하는 방식 안에

---

3 이런 종류의 종교 비판이 담긴 고전적 진술에 관해서는 다음을 보라. Hume 1779: parts X and XI.

통합하는 방법을 제공하지 않는다"(Nagel 2010: 11-12). 반면에 많은 형태의 종교가 "모종의 만물을 아우르는 정신 혹은 영적 원리"에 대한 개념을 제공한다. … 그것은 우주 존재, 자연 질서, 가치, 그리고 우리의 실존, 본성, 목적의 기반이다"(ibid.: 5). 우리 자신을 전체로서의 우주와 조화를 이루며 존재하는 것으로 이해하거나 생각할 수 있는 것이, 우리의 "더 높은 것들을 향한 갈망"이 수반하는 것의 일부인 한, 적절한 형태의 종교들은 인본주의에 비해 분명하고 중요한 장점이 있는 것처럼 보일 것이다.

그러나 밀에 따르면, 우리 자신을 전체로서의 우주와 조화를 이루며 사는 존재로 생각하는 것은 우리의 "더 높은 것들에 대한 갈망"의 본질적인 요소가 아니다.[4] 밀의 주장에 따르면, 역사는 사람들이 실제로, 예를 들면 자국에 관련된 고상한 신념으로부터, 자기 삶의 의미나 목적을 획득하고 발전시킬 수 있었다고 가르친다. 만약 그럴 수 있었다면, 어째서 그들이 자기 나라와 비교할 때 더 큰 대상인 인간 혹은 인류와 관련하여 같은 일을 할 수 없으리란 말인가? 인본주의는 확실히 우리가 한 개인으로서의 우리 자신을 넘어서게 만든다. 더 나아가 밀이 표현한 대로 설령 "개인의 삶이 짧더라도 종의 생명은 짧지 않으며, 그것의 한도 없는 존속은 실제로 끝이 없다는 말과 동치이다." 그리고 그에 덧붙여 "그것은 한도 없는 개선 능력과 결합한다"(Mill 1874: 420). 그렇다면 어째서 그것을 적절히 함양하여 우리의 "더 높은 것들을 향한 갈망"을 충족할 수 있는 무언가로 발전시키는 일을 안 된다고만 해야 한단 말인가?

---

4   네이글 역시 그렇게 생각하지 않는다는 점을 말하고자 한다. (네이글은 더 높은 것들을 향한 일반적인 갈망 같은 것이 아예 존재하지 않는다고 생각하는 것 같다. 오히려 그는 어떤 사람들은 그런 갈망이 있고 어떤 사람들은 없다고 말한다.)

2

인본주의는 앞서 본 바와 같이 "우리가 거주하는 세계의 범위 너머로 여행"해야 할 필요 없이 우리의 "더 높은 것들을 향한 갈망"을 해소하거나 충족할 방법을 구상하려는 것이다. 인본주의에는 개인에게 이번 삶 다음의 삶에 대한 어떤 전망도 제시하지 않고 그런 것을 주장하지도 않는다. 대신 인류의 잠재력에 관한 고상한 신념이 "웅대한 포부에 걸맞은 그 어떤 합리적 요구라도 만족시켜줄 수 있는 아주 큰 대상을 … 제공한다"라고 주장한다(ibid.: 420). 그러나 어떤 이는 이렇게 물을 수 있을 것이다. 사후세계의 전망을 실제로 주장하는 그런 종교 형태들과 비교했을 때, 그런 전망을 일체 결여한 인본주의에는 정말로 불리한 측면이 있는 게 아닐까? 사후의 삶에 대한 전망은 사람들이 자기 삶에 대한 진지한 관심을 유지하는 데 필요한 매우 중요한 요소가 아닌가?

이 질문에 대한 대답으로 밀은 "인류가 천국에 대한 믿음 없이도 완벽하게 잘 해낼 수 있다는 것"이 역사에서 얻은 또 다른 교훈이라고 제안한다(ibid.: 427). 이에 대한 증거로서, 밀은 한편으로 고대 그리스인들을 언급한다. 그는 그들이 "미래 상태에 대한 유혹적인 생각을 전혀 갖지 않았지만, 다른 사람들보다 인생을 덜 즐긴 것도 아니고, 죽음을 더 두려워한 것도 아니다"라고 적는다(ibid.). 그는 다른 한편으로 불교도들을 언급한다. 그들의 "교리는 영혼이 새로운 인간 혹은 동물의 몸으로 환생한다는 등과 같이 … 미래의 삶에 많은 처벌의 양식이 있음을 인정한다." 반면, "그 교리가 보상으로 제안하는 천국의 축복은 적어도 모든 육신에서 분리된 의식적 존재의 소멸 [혹은] 중지이다"(ibid.). 이런 사례 중 어떤 것도 논쟁의 여지가 전혀 없는 것은 아니다. 그러나 여기서 밀이 옳다고 단순히 가정해보자. 그렇더라도 여전히 이렇게 물어볼 수 있다. 과연 인본주의는 우리가 "천국에 대한 믿

음 없이도 … 완벽하게 잘" 해나가게 해줄 수 있을까? 밀은 분명히 그
럴 수 있다고 생각한다. 인본주의를 함양함으로써 우리는 다른 사람들
의 감정, 생각, 행동에 공감하게 될 것이며, 우리가 이번 삶 이후에 또
다른 삶으로 이동하게 될 것인지에 관해 이전에 가졌을 수 있는 모든
걱정이 그저 대수롭지 않게 여겨질 것이라고 그는 주장한다. 오히려
우리는 "죽음의 시간이 닥쳐올 때까지 장차 우리를 뒤따를 사람들의
삶 속에서 더할 나위 없는 삶을 살게 될 것이다"(ibid. 426).

3
여기서 제기할 마지막 세 번째 질문은 이것이다. 밀의 견해에 의하면
인본주의를 함양하는 목적은 개개의 사람들에게 인류 전체의 이익을
바라는 배타적 관심을 불러일으키려는 것인가? 우리가 무슨 일을 하
건 인류의 이익이 우리의 유일한 동기, 목표 혹은 목적이 되어야 한다
는 말인가? 이 질문에 대한 밀의 답변은 분명히 '아니오'이다. 인본주
의는 오히려 밀이 개체성individuality이라고 부른 것과 양립할 것으로 기
대될 뿐 아니라, 어쩌면 그런 개체성을 장려한다고 하는 편이 나을 것
이다.[5] 『자유론』 3장에 나오는 그의 유명한 주장대로, 우리가 단지 다
른 사람들을 따라 모방하는 대신에 자신의 "지각, 판단, 분별 있는 감
정, 정신 활동, 그리고 도덕적 선호의 능력들까지" 활용하여 자신의 선
택권을 행사한다는 것은 실로 인간다운 행복한 삶의 필수 구성요소이
다(Mill 1859: 262). 그렇다면 만약 실제로 인본주의가 개체성과 양립
할 수 없다면, 밀의 관점에서는 인본주의에 대한 결정적 반론이 성립
할 것처럼 보인다. 하지만 우리는, 밀이 인본주의를 이해한 방식대로,

---

[5] 특히 다음을 보라. Mill 1859: ch. 3; but also Mill 1865: 335-39.

어쩌면 인본주의란 자기 삶에 대한 일반적 서사의 틀을 채택하는 문제와 관련된 것으로 생각할 수 있다. 이 서사의 틀 내에서 개체성을 발휘하여 우리 삶을 만들어간다면, 그것은 인류의 "위대한 드라마"의 일부분이 되는 것이고 우리는 바로 그 덕분에 의미나 목적을 획득하게 될 것이다.

V

이제 정리할 시간이다. 밀은 많은 이에게 현세의 삶이란 확실히 눈물의 골짜기일 뿐만 아니라 중요한 측면들에서 여전히 흠결이 있음을 시사한다. 그로 인해서 우리에게는 "더 높은 것들을 향한 갈망"이 생기고, 그 갈망은 "종교 안에서 가장 명백한 만족을 발견한다." 그러나 밀에 따르면, 비종교적인(초자연적이지 않은) 대안도 존재한다. 만약 그런 대안이 현재 수준의 종교적인 믿음 정도로 함양된다면, 그것은 우리의 갈망을 종교 못지않게 잘 충족할 수 있으며 적어도 두 가지 측면에서는 더 잘 충족할 수 있다. 밀이 염두에 둔 대안은 인본주의, 혹은 앞서 본 그의 표현대로라면, "우리의 세속적 삶의 이상화, 그것이 어떤 삶이 될 수 있을까에 관한 고결한 신념의 함양"이다. 밀이 보기에, 인본주의가 종교보다 우월한 적어도 두 가지 이유가 있다. 첫째, 종교와 대조적으로 인본주의는, 주로 이번 삶 이후의 삶에서 개인적인 이득을 확보하기 위한 방식으로 그 대상과 일체가 되라는 어떤 유혹도 제공하지 않는다. 둘째, 인본주의는 (다시 한번 종교와 대조적으로) 우리가 현재 거주하는 이 세계처럼 불완전한 피조물의 창조자이자 통치자로 되어 있는 더없이 완벽한 존재에 대한, 지적으로 혼란스러운 그 어떤 믿음에도 우리를 매어놓지 않는다. 밀은 행복이 모든 규범적 이유의 원천을 이루며, "더 높은 것들을 향한 갈망"의 충족이 행복한 삶에 결정적이라고 믿기 때

문에, 이에 따라 우리가 종교보다 인본주의를 함양해야 할 더 강력한
이유가 존재한다는 주장이 뒤따른다.[6]

---

6   초벌 원고를 읽고 의견을 제시해준 폴 카론Paul Carron, 단 에버스Daan Evers, 리사 헥
    트Lisa Hecht에게 감사한다.

24
니체와 삶의 의미
Nietzsche

레이먼드 앤절로 벨리오티Raymond Angelo Belliotti

니체는 어떤 보장도 뚜렷하지 않다는 점을 인정하면서도, 어쨌든 힘에의 강건한 의지와 삶에 대한 최대치의 긍정적 태도("아모르 파티amor fati")의 합일에 자신의 신념을 건다. 힘에의 강건한 의지, 온건한 의지, 미약한 의지라는 여러 해석을 제시하여 변론하고, 그런 다양한 의지의 형태들을 인간 삶의 의미를 구성하는 조망들과 연결하고 난 다음에, 비로소 니체의 설명에 담긴 통찰과 결함이 전모를 드러낸다. 고결한 개인적 이상을 추구하는 숭고한 귀족들에 대한 니체의 찬사는 더 폭넓은 인간적 발전에 필요한 건전한 공동체 감각의 달성과 불편하게 합쳐진다.

니체는 그의 가장 유명한 우화에서 신의 죽음을 선언한다(Nietzsche 1882: §125). 그 은유는 여러 가지 메시지를 전달한다. 토론장은 시장市場이다. 그곳은 상거래의 중심이자 현대적인 삶의 초점이며 주류 문화의 상징이다. 소식을 갖고 온 자는 광인狂人이다. 기독교가 지배하는 유럽에서 신의 효력을 부인하는 것은 대중에게 제정신이 아닌 것으로 여겨지리라. 더구나 사회에서 일탈자로 낙인찍힌 그 광인은 호롱불을 들고 나타난 특별한 통찰의 담지자이다. 광인과 천재의 구분은 흔히 생각하는 것보다 더 얄팍한 것일 수 있다. 그 소식 자체는 진부한 무신론의 주장이 아니라 오히려 역사 궤적의 관찰이다. 설령 문화적 조건들이 더는 열렬한 종교적 믿음과 실천을 뒷받침하지 않음을 대중이 현재 깨닫고 있지 못하다 하더라도, 신이라는 관념은 이미 가치 없는 혹은 그렇게 될 믿음이다. 이전까지는 오로지 신, 신의 권능, 그리고 신의 거대한 계획에 대한 강건한 믿음만이 제공했던 설명을, 과학과 기술의 발전이 대거 퍼뜨리고 있다. 처음 얼마간은 신에 대한 신앙이 일상의 삶에 활력을 불어넣었다. 하지만 그 확신은 약해졌고 단지 제도화된 일련의 종교적 격식과 의례로 급속하게 변모하고 있다. 그런 것들은 뜨거운 열정보다는 그저 습관에 의해 생명을 유지할 뿐이다.

우리가 "지평선 전체를" 지워 버렸다는 극적이면서도 시적인 결론은 니체의 논점을 분명히 보여준다. 그것은 열성적인 종교적 믿음과 실천이 없다면 우리의 진리 기준들, 의미 토대들, 그리고 초월적 구원에 대한 이해는 증발할 것이며, 신이 없으면 존재의 세계는 붕괴하고 오로지 내재적 의미를 배제하는 생성의 세계만이 남으리라는 것이다. 우리가 고결함, 지적 청결함, 그리고 진리의 추구를 통해 그간 이어져온 열정적인 종교적 믿음을 훼손하는 문화를 만든다는 의미에서, 우리 모두가 신을 "살해"한 것이다. 객관성, 절대적 진리, 보편적 적용을 추구한다는 점에서 "기독교적 양심"의 승화된 형태라 할 "과학적 양심"이 신의 죽음에 장작을 지핀다. 그래서 니체는 특유의 냉소를 드러내며 신은 원래 우리가 신을 부르짖을 때 필요했던 바로 그 기독교의 도덕에 의해 "살해"되었다고 주장한다(ibid.: §357).

기쁜 소식?

니체는 "신의 죽음"에 대한 인식이 널리 퍼짐에 따라 인간이 우주가 근본적으로 무의미하다는 것을 인정하게 되리라 예상한다. 따라서 우리의 발견을 기다리는 삶의 의미 같은 것은 없다. 인간의 존재 자체는 의미가 없다. 더군다나 인간이 그 부서지기 쉬운 의미를 자기 삶에서 만들어낼 수 있을지 미심쩍어진다. 개별 인간이 각자의 사회적 삶 안에서 의미를 생성할 수 있다는 보장이 없기 때문이다.

신의 죽음은 의미 토대의 원천을 소멸시키고 허무주의의 유령을 싹 틔운다. "허무주의"는 우리의 최고 가치들이 스스로 가치를 깎아내린다는 사실을 인식한 후에 발생하는 정신의 질환이다. 근원적 의미의 토대가 존재하지 않는다는 더 나아간 인식 속에서, 가치들은 멋대로인 듯 보이고, 목표에는 목적이 없고, 이해의 지평은 쇠퇴한다. 우리는 신 없이 우리 자신을 어떻게 재구성할 것인가? 어떤 새로운 신화가 필요할 것인가? 우리가 우리 자신의 신이 되어야 하는 것은 아닌가?

니체는 문화와 비극적 인생관 사이의 연결고리에 관심이 있다. 허무주의의 유령은 가장 중차대한 인간적 가치와 의미를 손에 넣을 참이라고 암시하고, 니체는 과연 인간이 허무주의의 시간 속에 열린 여러 가능성에 정력적으로 대응할 것인지 보장할 수 없다. 그가 보기에, 가장 소중한 실질적 믿음들의 안전한 토대를 상실한 것은, 우리가 궁극적으로 극단적인 불확실성의 조건들 아래서 선택해야 한다는 것을 암시한다. 인간의 이성은 우리의 절망을 구원할 수 없다. 어떤 이들은 공포에 질려 몸을 움츠릴 것이다. 우리는 슬픔과 자기연민에 자신을 맡기고 모든 것을 잃어버렸다고 결론 내릴 것이다("애처로운 허무주의"). 어떤 이들은 초월적 세계와 행복에 겨운 내세의 환상을 단념하기를 받아들이지 않을 것이다("수동적 허무주의"), (Nietzsche 1883-85: pt II, "The Soothsayer"). 다른 이들은 우주적 무의미함을 수용하고 그것을 웅장한 창조성의 출발점으로 사용할 것이다("능동적 허무주의"). 과학과 기술의 발전을 통해 신을 "살해"하고 이전 세기들에서는 오로지 신을 들먹여서만 설명할 수 있었던 자연 현상에 대해 설득력 있는 설명을 제공하는 사회적 조건들을 창조한 덕분에, 우리는 이제 우리가 거둔 문화적 성취의 여진과 다투어야 한다(예를 들면 다음 참조 Nietzsche 1882: §§108, 283, 343, 382).

니체는 당당한 능동적 허무주의자다. 우주적 무의미함을 여러 창조적 가능성을 향해 뛰어 오르는 발판으로 삼고, 극단적 우연성을 탐닉하고, 인간적 조건의 비극적 차원들을 인식하면서도 그 맛을 완벽하게 즐기고, 자아를 재창조하고, 강요된 가치들과 의미들로부터의 해방을 축하하는 것, 이런 것들이 능동적 허무주의 중심에 있다. 능동적 허무주의는 이 삶과 이 세계에 최고의 가치를 부여한다. 왜냐하면 다른 것은 없기 때문이다.

권력 척도가 니체식 능동적 허무주의의 토대가 된다. 장애물 극복의 핵심에 분발, 투쟁, 고난이 있으며, 인간은 오로지 장애물 극복을 통해서만 자신의 권력을 진정으로 느끼고 경험한다. 신에 대한 확신을 즐거운 마음으로 거부할 수 있는 용기를 지닌 사람들에게, 신의 죽음은 창조의 기회들을 약속한다. 능동적 허무주의는 힘에의 의지를 소생시킬 수 있다. 그것은 역사적으로 폐물이 된 전前기독교적인 호메로스의 (주인의) 도덕으로 되돌아감으로써가 아니라, 우연성의 찬양과 새로운 가치들의 창조를 통해 이루어진다. 우리 중 가장 뛰어난 자들이 우리의 신들이 되어야 한다.

힘에의 의지

"힘에의 의지"의 정확한 정의는 현재도 학술 토론의 주제이다(예를 들면 다음 참조 Kaufmann 1974; Clark 1990; Reginster 2006; Soll 2012;

Belliotti 2017). 내 견해는 포괄적인 힘에의 의지 혹은 힘 그 자체에 대한 의지는 오로지 모호하게만 기술될 수 있다는 것이다. 그것은 1차 욕망을 갖고, 추구하고, 충족하기 위한 2차 욕망이다. 그것은 저항과 걸림돌을 대면하고 극복하는 일과 관계가 있으며, 힘을 느끼는 경험에 대해서만이 아니라 탁월성과 개인적 탈바꿈의 추구와도 관련된다(Belliotti 2017: 163-66). 하지만 해석자들과 니체주의자들이 "힘에의 의지"에 호소할 때, 전형적으로 그들은 내가 대략 제시한 막연한 포괄적 형태에 대해서가 아니라 힘에의 강건한 의지에 대해서 말하고 있다. 따라서 나는 그 유형을 기술하는 것으로 시작할 것이다.

첫째, 니체는 힘에의 강건한 의지가 증진되기 위해서는 계속 증대하는 도전과 더 큰 저항을 대면할 필요가 있다고 힘주어 말한다. 힘에의 강건한 의지는 같은 수준의 저항을 되풀이해서 대면하고 극복하거나, 혹독한 자기 극복, 탁월성의 추구, 끝없는 성장을 저버리는 권력을 단순 반복해서는 충족될 수 없다. 둘째, 획득할 수 없고 다만 지칠 줄 모르는 분투를 통해 가까이 다가갈 수밖에 없는 하나의 이상理想으로서 니체식 자기완성을 추구하는 것이 결정적으로 중요하다. 셋째, 힘에의 강건한 의지는 다름을 위한 열망과 일종의 지배력 확립을 부르짖는 걸출함을 이루려는 투쟁을 함의한다. 넷째, 니체는 힘에의 강건한 의지의 활동이 힘 그 자체의 증대로 귀결되는 방식을 찬양한다. 그것은 행위자가 결과물에 영향을 미치는 능력의 증대로 이해되는데, 힘은 오로지 계속 늘어나는 도전들(혹은 적어도 서로 다른 도전들)과 더 큰 저항에 직면하는 일들이 발생할 때만 증가하는 것이다. 다섯째, 니체의 가장 웅장한 열망은 힘에의 강건한 의지를 그의 가장 고귀한 가치, 즉 삶을 향한 최대의 긍정적 태도("아모르 파티")와 맺어주는 것이다. 힘에의 강건한 의지는 자기 극복의 차원들, 탁월성의 추구, 걸출함을 이루려는 투쟁, 다름과 지배력의 토대 다지기, 힘 증진하기, 영속적 성장을 통해 그런 합일의 가능성을 증대시킨다. 그런 식으로 그려지는 힘에의 의지의 활동은 거의 확실히, 삶을 향한 최대의 긍정적 태도를 반영하고 지탱할 것이다.

따라서 힘에의 강건한 의지는 이런 것이다.

1. 1차 욕망을 갖고 추구하려는 강력한 2차 욕망이다.
2. 유의미한 저항과 장애물을 대면하고 극복하며 그럼으로써 그런 1차 욕망을 만족하는 가운데 힘을 느끼고자 하는 강력한 2차 욕망이다.
3. 반복적인 자기 극복과 탁월성 추구에 이바지한다.

힘에의 의지를 **만족시키는** 일은 철저히 역설적이다. 그것은 응당한 충족에 뒤이어 즉각 불만족이 뒤따르는 일시적 계기로서 오로지 현재 진행 중인 활동을 낳을 뿐이기 때문이다. 힘에의 강건한 의지의 만족은 상대적으로 안정적인 상황도, 오래 늘어지는 상황도 아니고 추가적인 분투가 즉각 뒤따라야 하는 잠정적 순간 혹은 경험에 해당한다. 맥빠진 형태의 힘에의 의지라면 당연히 오래 늘어지는 만족이나 더 지속적인 (그리고 쾌락적인) 만족을 열망할 수 있겠지만, 니체에게 '진품' 힘에의 의지는 그런 망상들을 품고 있지 않다. 늘 그렇듯 가치는 힘에의 강건한 의지의 진행과 반복적 활동 속에서 가장 두드러지게 빛난다.

이런 식으로 해석할 때, 힘에의 강건한 의지가 만족을 성취하지 못할 수 있는 경우란 어떤 것일까? 가능성은 여러 가지다. 1차 욕망을 추구할 수 있는 능력이 부족하거나 없다는 것은 힘에의 강건한 의지의 활동을 방해하고 그럼으로써 만족을 부정할 것이다. 1차 욕망을 추구하면서 저항을 접하지 못하거나 혹은 저항을 극복하는 데 실패하는 것 또한 만족을 식어버리게 할 것이다. 그러므로 만약 어떤 행위자가 자기 활동 영역 안에서 독점적 지배권을 확립했다면, 그 행위자는 극복해야 할 적당한 "적"이 없게 될 것이다. 행위자의 독점권은 힘에의 강건한 의지의 열망에 관한 한 자기 파멸적인 요소가 될 것이다. 걸출함, 다름, 지배력이 그에 어울리는 경쟁의 제거를 함의해서는 안 되는 이유가 그것이다. 마찬가지로 만약 경쟁이 너무 벅차다면, 행위자는 아마도 극복하지 못하게 되고 힘에의 강건한 의지는 좌절될 것이다. 좌절의 또 다른 원천은, 힘의 느낌을 생성하지 않거나 힘이 증대하도록 촉진하지 않는 오로지 적당한 저항만을 극복하는 데서 생겨난다. 힘에의 강건한 의지를 좌절시키는 이런 모든 방식은 또한 자기 극복, 탁월성의 추구, 성장을 방해할 가능성이 크다.

나는 자기 극복의 여러 가지 가능성, 탁월성의 추구, 힘의 느낌들에 대한 경험 등에 직접 영향을 미치는, 심각한 저항을 극복하려는 의지의 욕망 강도를 통해 다양한 수준의 힘에의 의지를 기술할 생각이다. 니체는 모든 인간이 어느 정도는 힘에의 의지를 체현한다고 주장한다. 근본적인 생의 본능으로서 힘에의 의지는 생명체가 상실하거나 포기할 수 없다. 그 가운데 특히 힘에의 강건한 의지는 심각한 저항에 맞서고 그것을 극복하는 길을 명시적으로 추구한다.

이런 식으로 생각할 때 힘에의 온건한 의지란 이런 것이다.

1. 1차 욕망을 갖고, 추구하고, 만족하려는 **신중한** 2차 욕망이다.
2. 심각한 저항과 장애물을 극복할 준비가 **되어 있고** (그런 것들을 열심히 찾아다니는 것은 아니지만), 그럼으로써 1차 욕망을 만족하면서 어떤 힘을 느끼고자 하는 **신중한** 2차 욕망이다.

3. 꾸준한 자기 극복과 개선을 추구하는 데 이바지한다.

즉, 힘에의 온건한 의지를 체현한 사람들은 심각한 저항이 모습을 드러
낸다면 그것을 인정하고 극복하기 위해 분투하겠지만, 그런 시련 없이
목표를 성취하는 쪽을 더 선호할 것이다. 보통, 힘에의 온건한 의지를
체현한 사람들은 힘에의 강건한 의지를 행사하는 사람들에 비해서 힘
의 느낌을 덜 자주, 덜 강렬하게 느낄 것이며, 자기 극복과 탁월성에 근
접해 가는 일도 덜 자주, 더 열의 없게 이루어질 것이다.

마지막으로 우리는 니체의 가장 "경멸적"이고 "야비한" 인간, 즉 이
른바 '인간 말종the last man'이 체현하는 힘에의 의지 유형을 설명해야
한다(Nietzsche 1883-85: 5). 인간 말종은 최소한의 노력만 기울이며
종교에 기대 고통을 회피한다. 그들은 강렬한 사랑, 창조, 동경, 분투,
탁월성의 가능성을 소멸시키는 피상적 "행복"을 추구하는 얄팍하고 옹
색한 인류 평등주의자들이다. 인간 말종의 최고 야망은 위안과 안전이
다. 그들은 짐승의 정신을 가진 극단적인 사례들이다. 버릇, 관습, 나
태, 평등주의, 자기보존, 그리고 연약한 힘에의 의지가 주도한다. 인간
말종은 탈바꿈 행위에 박차를 가할 내적 긴장이나 갈등은 전혀 체현하
지 않는다. 그들은 위험을 무릅쓰지 않으며, 확신이 없고, 실험을 피하
고, 오로지 입맛에 맞는 생존을 추구한다.

인간 말종은 자기가 지금 되어가고 있는 인격에 책임을 지지 않으
며, 자신의 단점에 안이한 변명으로 일관하고 오로지 입맛에 맞는 쾌
락적 위안을 추구하며, 자신들의 고분고분한 본성을 부각하고 외부의
비준을 바라는 강박을 충족하기 위해 지배적인 사회 이념에 비굴하게
순종한다. 대개 인간 말종은 최소의 저항이 있는 경로를 택한다. 손쉬
운 적응과 맥 빠진 열망이 자기실현이라는 고된 과제를 대신한다. 인

간 말종이 사악한 행위자가 아님을 주목하라. 니체의 눈에 인간 말종을 가장 비열하고 가장 경멸적이고 가장 해로운 자들로 만드는 결함은, 바로 그런 자가 지닌 힘에의 매우 미약한 의지이다.

따라서 힘에의 미약한 의지(인간 말종이 체현하는 유형의)는 이런 것이다.

1. 1차 욕망을 갖고, 추구하고, 만족하기 위한 쇠약해진 2차 욕망.
2. 그런 1차 욕망을 만족할 때 심각한 저항과 장애물을 마주하지 않으려는 작지 않은 2차 욕망.
3. 열의 없는 쾌락, 위안, 공동의 평화를 확립하거나, 유지하거나, 증가하는 데 이바지한다.

힘에의 미약한 의지를 품은 사람들은 1차 욕망을 만족하는 과정이 너무 험난하다면 그런 욕망의 추구를 종종 포기할 것이다. 대신 그들은 더 쉽게 충족할 것처럼 보이는 새로운 1차 욕망을 떠올려 추구할 것이다. 힘에의 미약한 의지는 1차 욕망을 갖고, 추구하고, 충족하기 위한 현행의 2차 욕망을 함의하지만, 심각한 저항에 맞서는 일을 애써 피하고 거듭되는 자기 극복과 탁월성을 명시적으로 얻으려 하지 않는다. 따라서 힘에의 미약한 의지를 체현한 사람들은 힘의 느낌을 어쩌다 말고는 거의 경험하지 못한다(Belliotti 2013: 126-36; 2017: 163-66).[1]

인간의 삶에서 의미 만들기

니체가 흔히 지적 운동으로서의 낭만주의를 통렬히 비난하기는 하지만,

---

[1] 물론 내가 설명한 힘에의 의지의 세 유형이 전부라고 여길 필요는 없다. 그런 생각이 드는 사람들은 힘에의 강건한 의지, 온건한 의지, 미약한 의지 사이를 연결하는 중간적 유형들을 대략 구상해볼 수 있을 것이다.

정작 자신의 저술은 유사한 충동을 많이 분출한다. 낭만주의자들은 고결성, 성실성, 소중한 이상을 위해 기꺼이 자신의 목숨을 희생할 용의를 중시했다(예를 들면 Berlin 1966a). 그들은 내면의 평화, 조화, 평정에 대한 고대 그리스의 욕망을, 무한에 다가가고, 자연을 창조하여 거기에 유산을 남기고, 투쟁하고 비상하려는 만족할 줄 모르는 갈망으로 대체했다. 낭만주의자들은 세계의 자극과 가능성은 완전히 소진될 수 없으며, 어떻게 살아야 하는지에 대한 최종적이고 고정된 그 어떤 답변에도 결코 접근할 수 없다고 확신하였다. 그들은 자신들을 끊임없이 행동하는 사람들이자, 생성하고 창조하고, 스스로 늘 새롭게 변모하는 사람들로 인식했다. 그러면서 그들은 거듭 자기 자신을 쇄신하면서, 거대한 우주적 설계의 축소판처럼 전진해 나갔다. 그들은 자신들의 무한한 듯 보이는 본성이 더욱더 높은 경지까지 올라서게 함으로써 신성神性을 향해 초월하였다. 우주의 흐름과 끝없는 자기 창조성을 모방하며 낭만주의자들이 드러낸 불굴의 의지, 중단 없는 파괴, 재상상re-imagination, 재창조의 과정이 그들의 열정에 생기를 불어넣었고, 그들 삶의 의미를 형성하였다. 낭만주의자들에게, 실재는 안정적인 상태가 아니라 역동적인 변화의 과정이며, 인간은 그러는 과정에서 온전히 모습을 드러낸다. 그리고 부분적으로는 인간이 바로 그 과정을 형성하는 요소이기도 하다. 인간은 자연과 자기 내면의 가장 깊숙한 존재가 지닌 영성을 공유하면서 자연과 일체가 되는 것으로 보이게 된다. 창조적 예술가들은 영웅적으로 찬양을 받으며, 예술은 종교적 섬김의 대상이 된다.

니체는 또한 삶을 힘에의 강건한 의지가 보증을 선 자기 창조, 미적 창조성, 웅대한 분투의 담대한 서사, 혹독한 프로젝트로 이해한다. 그런 묘사는 삶을 문학과 예술에 견주는 것이다. 그러나 그렇다면 우리는 우호적인 청중의 비위를 맞추기 위해 사는 것인가? 우리는 우리의 퍼포먼스나 예술적 창조물을 감상할 줄 아는 팬들, 추종자들, 비평가들을 사로잡기 위해 에너지와 열정을 발휘하는 것인가? 꼭 그렇지는 않다. 잘 산 삶은 대중의 박수를 받을 만한 것이지만, 그런 인정이 유의미한 인간 삶을 만드는 핵심은 아니다.

니체는 우리가 감정과 열정을 통해 우리 삶에서 의미를 만들고 경험한다고 암시한다. 더 나아가, 우리는 이성을 통해 우리 삶과 의미를 생산하는 더 폭넓은 가치들을 연결한다. 창조성은 그저 어지간히 독창적인 무언가를 생산하는 것이 아니다. 창조성은 창조자에게 영향을 미치는 자기 검토와 자기 탐구이다. 창조적 활동은 자기 탈바꿈을 낳는다.

따라서 활기 넘치는 유의미한 삶은 포고(pogo sticks, 긴 막대기 아래에 용수철과 발판을 부착하여 아이들이 올라타고 놀 수 있는 기구)의 은유를 불러낸다(Belliotti 2001: 78-84). 우리는 목표에서 목표로, 욕망에서 욕망으로 튀어 오르며, 그럴 때 각각의 (일시적) 만족은 우리에게 새로운 상상과 추구를 재촉한다. 비록 성취를 맛보려면 시간이 들지만, 우리는 그 과정 덕분에 흥분하고 탐구를 계속한다. 최고의 인간들은 능동적 허무주의자의 덕목들인 반복적 파괴, 재상상, 재창조라고 하는, 니체식 생성의 완전한 과정을 대변할 것이다. 더 높은 인간 유형에 한층 더 가까이 다가갈 준비를 하기 위해 우리는 훈육, 반항, 창조라는 "세 번의 변태"를 통과해야 한다(Nietzsche 1883-85: pt I, "On the Three Metamorphoses"). 낙타 같은 정신은 엄청난 짐을 지고 사막으로 도망친다(사회적 구성의 과정). 사자 같은 정신은 주인 즉 전통적인 금기들을 분쇄함으로써 자신의 자유를 분출하는 정복자로 자기 자신을 변모시켜야 한다(과거의 해체와 과거로부터의 해방 과정). 그러나 사자는 새로운 가치들을 창조할 수 없으며, 따라서 그 정신은 자신을 아이로 변모시켜야 한다. 아이의 장난기 넘치는 순진무구함, 망각 능력, 창조적 놀이 능력은 그 정신이 자신의 의지를 기꺼이 행사한다는 신호이다(재상상과 재창조의 과정들). 이 전체 과정은 우리가 죽을 때까지, 혹은 참여에 필요한 인간적 능력을 상실할 때까지 계속된다. 모든 단계에서 학습이 이 과정을 활기차게 한다. 새로운 이해와 발견이 우리를 앞으로 나아가게 몰아친다.

니체가 말한 그 과정은 충분한 휴식 속에 음미할 수 있는 시간이 포함되어 있지 않다는 점에서 비판받을 수도 있지만, 그런 측면에도 불구하고 그 과정은 삶을 특수하고 고정된 최종 목표로 향해 나아가는 단순한 여정으로 바라보는 시각의 결함들을 부각한다. 가장 좋게 보아서, 포고의 은유는 극단적인 불확실성 앞에서의 확신, 선택, 행위로 이해되는 신념의 필요성을 강조한다. 니체가 상기시켜 주는 바와 같이, 우리의 자기 창조 프로젝트는 우리 삶 최대의 미학적 사명이다. 포고의 은유는 박차를 가한 참여가 우리 삶에서 의미와 가치를 보증하는 방식을 찬양하고 니체의 과정적 가치관을 확증한다.

니체를 따를 때, 우리의 성장과 고통은 흔히 연결된다. 니체보다 넉넉히 앞선 시기의 이탈리아 속담은 이렇게 증언한다. "나를 파괴하지 못하는 것은 나를 더 강하게 만들 것이다Ciò che non mi distrugge mi rende più forte." 비록 엄밀한 진리는 아니어도, 이 속담이 지나온 궤적에는 값어치가 실려 있다. 우리가 세속의 경험을 겪어가면서 청춘의 순수를 잃고, 우리의 상상의 폭을 좁히는 선택을 하면서 무한한 가능성에 대한 감각을 잃고, 우리가 사랑하는 사람들을 땅에 묻으면서 무한한 희망을 잃고, 우리를 쇠약하게 하는 질병으로 고통받으면서 초월적 힘을 잃고, 사랑이 시큼하게 상하면서 충만했던 자존감을 잃는, 이 모든 것이 성장과 의미 … 혹은 자기 파괴를 촉발할 수 있다. 우리는 인간적 경험의 고통스러운 측면들을 우리의 현실에 통합해야 한다. 악, 고통, 죽음, 우리와 가장 가까운 것들의 상실은 또한 삶의 일부이기도 하다. 역경이 단지 역경일 필요는 없다. 우리가 그것을 그러라고 허용하지 않기만 하면 말이다. 의지만 결연하다면 역경은 실제적 이득으로 바꿀 수 있다. 그러나 삶은 아무것도 보장하지 않는다.

원하는 것을 아무런 투쟁 없이 너무 쉽게 얻는 것은 단지 목표의 성취가 아닌 지루함을 초래할 것으로 능히 예상된다. 고전적인, 때로는 약 올리는 것 같기도 한 금언에 주목할 가치가 있다. "획득하는 데 큰 노력이 드는 것들만이 가질 만한 가치가 있다. 가치 있는 것은 그 어떤 것도 쉽게 오지 않는다." 어쩌면 니체가 말했던, 성가신 전사戰士의 수사법도 진실의 일면을 발산한다. 전쟁은 끔찍한 만큼이나 멋진 의미의 기회들을 제공한다. 냉담과 무관심, 세속적인 것에 전적으로 빠져드는 것은 무효다. 집단적 기면증嗜眠症과 엎드린 채 안주하는 무신념은 증발한다. 우리는 삶의 급진적 불확정성, 즉 우주적 유배의 두려움과 무한한 구원의 동경을 단지 이성적으로서가 아니라 본능적으로 이해한다.

힘에의 의지에 대한 니체의 심리 이론이 만약 내가 해석한 대로가 아니라면, 포고가 암시하는 것은 무엇일까? 1차 욕망을 갖고 추구하려는 2차 욕망은 유의미한 삶에 필요한 현재 진행형의 참여를 조장한다. 1차 욕망의 목표를 성취하는 과정에서 저항에 맞서 그것을 극복하려는 욕망은, 참여의 지속적 증대에 박차를 가하는 자기 극복, 그리고 탁월성 추구에 이바지하는 고통의 창조적 사용을 뒷받침한다. 결과물에 영향을 미칠 수 있는 능력이자 기질인, 힘을 느끼고 싶은 갈망은 점점 더 그것을 지닌 자에게 삶의 욕구와 신념을 부추긴다. 고정된 최종 목표의 결여는 그에게 현재 진행형의 활동이 곧 삶의 궤적임을 상기시킨다. 그리고 만족을 모르는 힘에의 의지의 본성이 보증하는 명제는 바로 이것, 즉 최종적인 충족을 기대할 수 없다는 것이 곧 좋은 소식이라는 것이다.

니체에게 의미는 순수하게 객관적인 문제가 아니다. 우리는 결코 우리의 지각과 믿음을 세계 그 자체와 대비시켜 중립적으로 평가할 위치에 있지 않다. 우리의 해석은 우리의 세계 경험의 영역 내에 있으며, 우리는 우리의 세계 바깥의 지점으로 상승할 수 없다. 우리는 순수하게 비非해석적인 사태에 대한 전적으로 무無이론적인 지각에 호소할 수 없다. 진리의 영역은 경험, 이성, 정념의 영역들 안에 있다. 인간은 이들 영역 바깥에 있는 진리나 지식에 접근할 수 없다. 우리가 최종적으로 진리 주장을 동결하고 해석을 신성시할 수 있는 어떤 단일한 특권적 위치에 접근할 수는 없지만, 그렇다고 그것이 모든 해석이 다 똑같이 건전하다는 생각을 함의할 필요는 없다(Belliotti 2017: 198-205).

우려들

니체의 완벽주의는 개인주의적이고 귀족주의적이다. 그런 점에서 그는 모든 이가 자신의 규범적 메시지를 포용할 것을 의도하지 않는다. 사실상, 그는 오로지 삶의 비극적 본성을 완전히 이해하면서도 여전히 모든 차원에서 삶을 긍정할 수 있는 잠재력을 가진 소수에게만 말을 건 것이다. 니체에게, 고귀한 인간을 정의하는 결정적 구성 요소는 거대한 고통을 견디면서 그것을 실제적인 이득으로 바꿀 수 있는 능력, 비상한 창조성이 요구되는 프로젝트에서 고도의 에너지와 열정을 발휘하려는 충동, 그리고 개인적인 해체-재상상-재창조라는 현재 진행형 과정에 대한 완전한 참여이다. 가장 위대한 자들에게 최고의 예술적 프로젝트는 웅대한 자아를 만들어내는 일이다.

니체의 수많은 구체적 선언들은 골칫덩어리에 설득력도 없다. 몇 가지만 언급해보자. 완고한 엘리트주의 옹호, 인간적 생산성의 사회적 차원을 축소, "수많은 일반 대중을 도구"로 이용하곤 하는 귀족 집단에 바치는 비위도 좋은 상찬(Nietzsche 1886: §257), 오로지 소수만이 강건하게 유의미한 삶을 성취할 수 있다는 강변, 소수가 생성한 문화 유물을 찬미함으로써 수많은 인간의 고통을 덮어버리기, 내면적 삶의 덕목들을 부풀리기 등등. 요약하자면, 니체의 완벽주의는 우리 중 대다수에게 우리 사회의 가장 위대한 본보기들의 탁월성을 길러내는 일에만 전념할 것을 명령하며, 그 위대한 본보기들에게는 우리의 희생을 받아들이고 선한 양심으로 우리의 봉사를 이용할 수 있는 권한을 부여한다. 니체의 생각과는 반대로 평범한 사람들도 탁월성, 개인적 성취, 지성, 창조력을 모두 구현할 수 있다. 우리가 모두 무리 동물이나 문화적 천재인 것은 아니다. 많은 철학자처럼 니체도 탁월성을 지적 활동과 너무 열심히 동일시한다. 군사적 투쟁에 대한 그의 낭만적인 숭배와 별개로 그는 미술, 음악, 철학, 과학에서만 천재를 본다. 우리가 쉽게 내면의 삶을 비방해서는 안 되겠지만, 세계에 참여하려면 그것만으로는 지독히 불충분하다. 사적 충족은 특정 공동체와의 열정적인 동일시를 요구하는 공적 참여보다 덜 목적적이다. 니체 같으면 참으로 끔찍하기 짝이 없다고 할 그런 활동은 떼거리와의 뒤섞임을 의미한다. 인간은 어딘가에 속할 필요가 있다. 큰 공포, 불안정성, 이기심, 불안은 그런 욕구의 좌절에서 생긴다. 그런 욕구는 떼거리 본능에서 흘러나오는 것이 아니라(적어도 경멸적인 의미에서는 아니다), 고도의 질감이 있고 강건하고 유의미한 삶의 선행 조건이다. 민감한 소속감의 결여는 자아의 발전을 침해한다. 거창하게 분투하는 자의 덕목을 강조하고 그것을 같은 계층이 아닌 자들의 덕목과는 아주 미약하게만 연결함으로써, 니체는 건강한 공동체 감각을 침해하고 더 폭넓고 유익한 인간적 발전에 손상을 입힌다.

25
오르테가와 삶의 의미
Ortega

페드로 블라스 곤잘레스Pedro Blas González

스페인 철학자 호세 오르테가 이 가세트José Ortega y Gasset가 제기한 인간 실존의 의미에 관한 철학을 간명하게 설명하자면, 인간은 자기 안에서 사는 법을 배워야 한다는 것, 한 마디로, '깊게 사색ensimismamiento'할 줄 알아야 한다는 것이다(Ortega 1939: 180). 'ensimismamiento'는 우리의 상황을 존중하지 않는 삶에 해당하는 혼란alteración과는 정반대로서, 자기반성을 의미한다. 오르테가에게 반성하는 삶이란 인간 실존과 인간 생명을 구분하는 것이다. 전자는 실존적 범주지만 후자는 생물학을 나타낸다. 하지만 오르테가의 사유에서 사색은 단지 세계로부터 초연해지는 것이 아니다. 대단히 아이러니한 방식으로 오르테가는, 인간은 자기반성을 통해 객관적 세계에서 주관성이 처한 실존적 곤경에 주의를 기울임으로써 세계로부터의 휴식을 취할 수 있게 된다고 제안한다. 반성 덕분에 인간은 자신의 주변 환경 안에 자신을 위치시키게 되고 그로써 한 개인의 환경을 구성하는 일부가 된다. 그렇게 해서 실존적 존재로서, 인간은 배경이 되는 자연 바깥으로 자기 자신을 투사할 수 있다. 뚜렷한 돋을새김의 조각상처럼 말이다.

인간의 환경을 구성하는 일부분에 지나지 않는 세계는 인간이 선택해야 하는 가치들의 위계를 통해 정합성을 띠게 된다. 한편 인간은 실존적 동요를 거치면서 인간적인 경험을 해석하기 위해 자기 내면으로 시선을 돌려야 한다. 삶의 의미에 관한 오르테가의 사상은 '자기반성'과 '혼란'의 상호작용에 뿌리를 둔다. 이 두 단어는 진정성과 비非진정성의 거점으로서, 물론 다른 실존주의자들의 사유에서 발견되는 것과 같은 의미를 담고 있지는 않다. 오르테가의 작업은 이 두 개념을 바탕으로 엮어진 것이다. 이 개념들은 그의 형이상학을 통합하는 접착제로 이바지하는데, 그의 형이상학에는 결국 철학적 인류학이 스며들어 있다.

오르테가의 1939년도 논고 「자아와 타자」는 이 스페인 사상가가 생각하는 인간 내면의 삶과 그 인간이 거주하는 세계의 요구사항들 사이의 긴장이 무엇인지를 훌륭하게 해명해준다(ibid.: 178). 이를테면, 인간이 실존적인 내면의 성질을 무시하고 자기 바깥으로 나가서 살아갈 때, 그로 인해 인간은 "광기 어린 몽유병의 발작 속에서 기계적으로 행동"할 수밖에 없게 된다(ibid.). 자기반성은 불안정이 인간의 삶을 지배한다는 사실을 인식할 수 있게 한다는 점에서 중요성을 지닌다. 자기반성이 요구하는 반성의 시선은, 삶을 단지 생물학적 범주로서의 인간 생명에서 실존적 자기반성을 가리키는 실존으로 변모시킴으로써 그것에 의미를 부여한다. 자기반성은 지각적 혼돈 속에 사는 동물과 달리 인간에게 자기지배의 가능성을 제공한다.

인간이 영구적으로 세상을 외면하는 일은 가능하지 않기 때문에, 인간은 자기 안에서 우뚝 서야 한다고 오르테가는 주장한다. 설령 이런 형태의 내향적 반성을 무한히 지속할 수 없다고 하더라도, 그것은 인간이 인간적 현실이라는 더 큰 도식 안에서 자신의 삶과 환경이 수행하는 역할을 이해하는 데 도움을 준다. 따라서 인간은 먼저 자신이 이를테면 물리적 실재 속에 파묻혀 있다는 것을 깨달아야 비로소 자아의 본성을 성찰할 수 있다. 많은 시련과 고난, 인간적 현실에 대한 실망과 환멸 이후에, 인간은 인간적 삶이 본질상 난파된 실존임을 이해하기에 이른다. 오르테가는 열두 권으로 이루어진 스페인어 전집 전반에 걸쳐 여러 곳에서, 인간이 난파돼 있다고 말한다. 하지만 난파됨이라는 실존적 조건은 다른 실존주의자들의 저술에서 흔히 주장되는 바와는 달리 인간의 실존에 의미나 목적이 없다거나 인간이 세계로부터 소외되어 있음을 함축하지 않는다. 오르테가에게 난파돼 있다는 말의 의미는 모든 개인이 삶을 정합성 있게 짜맞추어야 함을 뜻한다. 인간은 이런 실존적 현실과 타협해야 하는 차별화된 존재이다. 사람들은 인간적 삶을 저마다의 유일한 현실로서 마주하게 된다. 인간은 자기 자신의 실존을 이해해야 할 책무가 있다.

인간은 인간적 조건이 곤경과 한계에 물들어 있음을 발견한다. 오르테가는 곤경과 한계가 인간에게 인간적 삶이 불안정하다는 것을 가르친다고 주장한다. 그는 이렇게 설명한다. "삶이란 삶의 실체를 형성하는 기본적 불안정에 대한 우리의 반응이다. 따라서 인간으로서 자신이 명백한 불안정에 아주 많이 둘러싸여 있음을 깨닫는 것은 지극히 중대한 문제이다. 안정성의 의식은 삶을 죽인다"(Ortega 1932: 161). 오르테가는 인간적 현실과 인간적 인격의 발견은 세 단계의 발견이라는 과정으로 나타난다고 주장한다.

인간이 인간적 현실을 발견하는 첫 단계는 모두의 욕망에 맞추기 위해 현실을 변형할 수는 없다는 사실의 깨달음이다. 그것은 인간적 현실을 보기 흉하고 하찮은 것이 되게끔 망가뜨릴 것이다. 오르테가에 따르면, 개별적 관점이 객관적 실재의 구조를 짓밟을 수는 없다. 객관적 실재의 두 가지 기본 구성 요소는 저항으로서의 삶 및 자아의 불안정성(과 한계)이다. 객관적 실재의 삶 그 자체의 우연성에 역점을 둠으로써 인간은 결국 자신의 상황을 구원할 방법을 발견한다.

오르테가가 설명한 대로, 인간이 인간적 현실과 대면하는 첫 단계는 대상들과 타인들이 현기증 나게 늘어서 있는 한복판에 속해 있는 자기 자신을 발견하는 일이다. 그것이 결국 인간이 자기 내면의 성질을 발견하는 데 이바지한다. 그러나 우선 인간은 불안정이 삶을 지배한다는 깨달음에 이르러야 한다. 내면을 발견하는 첫 단계를 거치는 동안 인간은 내면으로 방향을 돌림으로써 세계를 등진다. 이 단계에서 인간은 자신이 단지 세계를 구성하는 데 이바지할 뿐인 하나의 대상이 아님을 깨닫는다. 오르테가가 내면으로의 전환이라고 지칭한 이 자기반성의 단계는 엄청난 개인적 노력을 필요로 한다. 오르테가는 그것을 세계의 노예 신분에서 일시적으로 풀려나는 것이라고 지칭한다. "그런 내면을 향한 유념, 그런 자아 내에서의 우뚝 섬은 가장 반자연적인 초생물학적 현상이다"(Ortega 1939: 186).

발견의 첫 단계는 인간이 세계 안에서 난파된 자신을 발견하는 것이지만, 두 번째 단계는 인간이 내면으로 방향을 바꿀 때 시작된다. 오르테가는 그것을 "우리의 상황을 구원하기"라고 지칭한다. 발견의 두 번째 단계는 자기반성의 결정적 구성 요소이다. 다른 사람들을 멀리하고 산꼭대기에서 은둔자로 사는 것조차, 인간이 먼저 그 자신 안에서 실존할 것을 요구하기 때문이다. 내면으로의 방향 전환은 인간이 객관적 세계와 인간적 현실을 이해하는 필수 단계이다. 상황(세계) 속 존재로서의 인간과 상황 그 자체로서의 삶을 인식하는 내향적이고 시간지향적인 존재로서의 인간 사이에 성립하는 명백한 거리는, 차별화된 존재인 인간의 본성에 대한 반성을 통해서 생겨난다.

인간은 그 자신을 자기반성의 대상으로 전환하면서 인간 삶의 의미 문제에 주목한다. 자기인식auto-gnosis의 두 번째 단계에서 인간이 발견하는 것은, 인간의 실존이야말로 근본적인 혹은 기본적인 실재로서 다른 모든 실재가 그것으로부터 정합성을 이루게 될 수 있다는 것이다. 이것이 인간은 존재론적으로 혼자이며 세계는 오로지 그 안에 자리 잡고 자신을 발견한 자아를 위해 존재할 뿐임을 함축하는 것은 아니다. 그런 자각 덕분에 인간은 세계와 맺는 일상적 교제에서 의미를 직면하게 된다.

그러므로 오르테가가 자기반성의 두 번째 단계, 즉 안으로의 방향 전환에 부여한 근본적 중요성은, 인간은 그런 전환에 뒤이어 세계와 인간적 현실에 관한 관념들을 함양할 수 있다는 것이다. 달리 말하자면, 오르테가는 세계 안에서 인간의 전前반성적 실존은 인간이 자기반성으로 이끌리기 전까지는 그런 관념들을 진정성 있게 마주치지 못한다고 주장한다. 물리적 세계에서 동물처럼 존재하는 물리적 존재로서의 인간은 혼란 속에 사는 것이다. 관념들을 함양하는 것이 인간이 세계 안에서 살아가는 지침으로서 이바지하는 이유가 거기에 있다. 관념의 함양은 인간의 마음속에 동물들은 내밀히 접근할 수 없는 형태의 자유를 떠오르게 한다. 그래서 관념들은 무생물체들의 세계에서 차별화된 존재로서 인간이 성취할 수 있는 근소한 이해에 힘입어 인간이 인간적 실존을 헤쳐나갈 수 있게 해준다. 이런 활동을 수행하는 것은 사치가 아니라 생존에 필수적이다. 오르테가는 자기발견의 두 번째 단계가 인간 쪽에 큰 주도권을 쥐여준다고 강조한다. 결과적으로 오르테가는 세계에 관해, 그리고 궁극적으로 자신의 실존에 관해 알 수 있는 존재가 되고자 노력하는 인간에게 자연스러운 것은 아무것도 없다고 주장한다. 후자는 자부심amor propre에서 기원한 의지의 행위이다. 아리스토텔레스와 달리, 오르테가는 인간이 지식을 추구하는 성향이 있다고 믿지 않는다. 더군다나 자기지식은 더욱 그렇다.

오르테가가 인간의 기꺼운 자기반성 수용으로 간주한 내향성의 두 번째 단계는 그가 『대중의 반역』에서 타락이라고 지칭한 바 있는 인간 삶의 비인간화를 허용치 않는 데 필요한 조치이다. 오르테가가 관심을 둔 대상화의 형태는 피히테가 지적한 객관적 실재의 "나-아님"의 측면과 유사하다. 오르테가에게 문제는, 인간이 없더라도 세계가 객관적으로 파악될 수 있느냐 혹은 인간이 상황으로서의-세계 없이 그 자신이 될 수 있느냐가 아니라 오히려 "나는 나이자 나의 환경이다"라는 것이다(Ortega 1914: 45). 오르테가는 관념론과 실재론 사이의 공통지대를 찾고자 애쓴다.

이것은 여러 가지 이유에서 중요하다. 젊은 시절 오르테가는 독일에 가서 그가 "신칸트주의의 성채"라고 지칭한 것을 연구하였다. 그는 독일 철학을 스페인 사람들에게 소개하는 일에 관심이 있었다. 1905년부터 1908년까지 마르부르크에서 파울 나트로프Paul Natorp와 헤르만 코헨Herman Cohen과 함께 공부하면서 오르테가는 신칸트주의에 몰두하게 되었다. 뒤이어 그는 자신이 믿기에 삶의 철학에 거의 이바지하는 바가 없는 이런 사유 형태의 불임성을 거부하게 되었다. 오르테가가 신칸트주의에 불만을 품게 된 또 다른 주된 이유는 스페인 문화와 관련이 있었다. 더 구체적으로 말하자면, 신칸트주의가 스페인 사람들의 기질과 양립할 수 없다는 그의 믿음 때문이었다. 오르테가의 작업에서 삶의 의미문제는 생적 이성vital reason라는 그의 착상에 뿌리내리고 있다.

젊을 때 신문에 글을 기고하면서 오르테가의 집필은 그 양식에서 명료성에 대한 존중을 구현하게 되었고, 그는 그런 명료성을 사상가가 독자에게 보여줄 수 있는 궁극의 존중으로 보았다. 그것이 그가 많은 철학 학술지에서 마주쳤던, 신조어와 불임성을 피하게 된 한 가지 이유다. 철학 사상의 측면에서 오르테가는 독일 애호가로 여겨질 수 있다. 그는 독일 철학의 완강한 변증법을, 흔히 보이는 스페인의 민활한 기질과 혼합하고 싶었다. 오르테가의 철학적 기량은 실천 이성(그에게는 생적 이성)은 삶에 도움이 되는 일을 해야 한다는 인식을 거쳐 그 과제에 집중되었다. 이것은 오르테가의 사유가 실존적 차원을 드러내는 또 다른 방식이다.

그렇게 인간적 현실 속에서 새로 발견한 자신의 역할에 대한 이해로 무장한 인간은 세 번째이자 마지막 자기 발견의 단계에서 세계를 새로운 시각으로 마주한다. 더는 무생물체들과 타인들 사이에서 난파된 존재자가 아니게 된 인간은 자신의 실존을 인도할 수 있는 존재로서 그 자신을 온전히 차지한다. 그가 자신을 난파된 존재로 바라볼 때보다 훨씬 더 그렇다. 세 번째 단계의 중요성은 인간이 우주를 인간화하는 존재임을 자각하는 것이다. 오르테가가 의미하는 것은 인간이 세계에 가치를 불러온다는 것이다. 다른 말로 하면, 물리적 우주에 대한 인간의 가장 큰 공헌은 그것에 의미를 제공하는 것이다. 의심할 바 없이, 우주, 그리고 그 우주의 법칙과 과정은 목적으로 충만하다. 하지만 목적과 의미는 같지 않다. 인간 실존의 의미에 관한 한 그렇다.

오르테가의 저술에서 의미의 한 가지 본질적 특질은 그것을 의식적으로 추구해서는 안 된다는 것이다. 인간이 관념들에서 안정을 추구하는 것에 해당하는 오르테가의 세 단계 발견이 지닌 의의의 일부분은, 그렇게 함으로써 그 인간이 객관적 실재와 대면할 더 나은 채비를 갖추게 된다는 것이다. 관념들은 인간을 고귀하게 만든다. 자기반성은 존재와의 참여 수준을 인간이 "자기 안에서" 살고 그래서 대상화를 피할 수 있는 정도가 되게 해준다. 하지만 오르테가가 제안하는 것이, 안으로 방향을 전환함으로써 인간이 명상적 상태로 있을 수 있다는 말은 아니다. 대신 자기반성은 진취적으로 물리적 실재의 요구와 절박성을 대면한다. 이것이 "나는 나이자 나의 환경이다"라고 말해질 수 있는 한 가지 방식이다.

하지만 인간의 환경이 무엇인지에 대한 오르테가의 생각들이 단지 인간은 항상 어떤 상황 속에서 자신을 발견한다는 것을 의미한다고 제안한다면 오해일 것이다. 그것은 세계와 맺는 피상적인 관계의 차원에서만 참일 뿐이다. 오르테가의 사유에서 삶 속 의미의 원천으로 이바지하는 환경에 대한 더 폭넓은 이해는 소명을 함양하는 인간 능력과 관계가 있다. 오르테가에 따르면 그런 사유는 인간이 존재한다는 측면에서 절대적으로 필요한 특성이 아니기 때문이다. 그것은 진부한 사용으로 인해 활기를 잃고 마모된다.[1] 이것은 사유함에 대한 비판이라기보다는, 인간이 내면의 삶에서 주의력과 창조성을 외부 세계로 향하게 한다는 것이 어떤 의미인지를 명료화한 것이다. 이렇게 해서, 관념들은 인간이 단지 동물 이상의 존재가 되게 한다. 왜냐하면 동물을 특징 짓는 것은 혼란이기 때문이다. 이는 동물의 삶이 목적을 드러낼지는 몰라도 의미를 드러내지는 않음을 함축한다. 이것이 오르테가의 사유에서 생적 이성이 뜻하는 바의 일부이다.

오르테가는 이렇게 설명한다. "사물들에 매인 노예 상태에서 일시적으로 자신을 자유롭게 할 수 있다는 것은 인간이 소유한 경이로운 능력으로서, 그 능력에는 두 개의 매우 다른 힘이 들어 있음을 주목하라. 하나는 치명적인 위험 없이 긴 시간이든 짧은 시간이든 세계를 무시할 수 있는 능력이고, 다른 하나는 사실상 세계를 떠나서도 어딘가에서

---

[1] "단지 낡은 동전들처럼 마모되어감으로써 우리에게 어떤 힘이 실린 의미를 전달할 수 없는 말을 보면서, 우리는 그런 과정을 사유라고, 사색이라고 부르는 데 익숙하다"(Ortega 1939: 181).

우뚝 서 있을 수 있는, 어딘가에서 존재할 수 있는 능력이다"(Ortega 1939: 181). 오르테가의 사유 안에서, 인간 삶의 의미 문제는 인간의 내면적 삶에 대한 그의 이해 혹은 자기반성이 인간 실존에 관해 시사한다고 그가 믿는 바에 근거한다. 인간이 세계에서 발견하는 기초적인 실재는 사색해야 할 하나의 문제로서 그 자신의 실존이다. 그것이 오르테가가 근본적 실재라는 말로 의미하는 바이다. 근본은 뿌리를 의미한다. 하지만 이미 본 바와 같이, 그것은 인간에게 쉽게 발견되지 않는다. 다른 말로 하면, 인간이 그 자신을 발견하려면 먼저 세계 안에서 난파된 그 자신을 발견해야 한다. 이것은 단지 방향 감각의 상실만이 아니라 자신의 주변 환경을 이해하고픈 욕구를 창조한다. 이것은 결국 자기 이해를 필수적으로 만든다. 결과적으로 인간은, 설령 반드시 진정한 의미의 실재는 아닐 수 있지만, 실재를 다루고 해석하는 데서 조금이나마 자기-자율성을 성취할 수 있다. 오르테가의 형이상학은 인간에게 경의를 바친다. 형이상학은 인간을 위해 필요한 것이다. 이것은 오르테가의 삶의 철학이 철학적 인류학임을 의미한다.

  "인간이란 무엇인가?"라는 질문에 답하면서 오르테가는 다른 형이상학적 범주들로 논의를 넓힌다. 하지만 그런 범주들은 실존적 존재로서의 인간이 부재한 상황에서는 생겨날 수 없다. 인간은 최소 수준의 자기인식이라도 성취하려면 근면하게 노동해야 한다. 이것이 오르테가의 작업에서 삶의 의미가 '해야-함quehacer'의 개념과 분리될 수 없는 이유이다. '해야-함'은 일상생활의 세속적인 문제들에 대처해야 한다는 것으로 이해될 수 있다. 하지만 우리는 또한 오르테가의 스페인 사람다운 실용적 기질이 세속적인 일들을 정확히 삶을 유의미하게 만드는 그런 종류의 활동들로 바라보게 한 것이라는 점도 염두에 두어야 한다.

1910년에 출간된 「천국의 아담Adán en el Paraíso」이라는 제목의 논고에서 오르테가는, 인간의 실존은 궁극적 실재로서 그것으로부터 실재의 뒤 이은 측면들이 정합성을 얻을 수 있다는 생각을 처음으로 선보인다. 이것이 오르테가가 근본적인 실재는 기본적 실재로 이해해야 한다고 주장할 때 의미한 바이다. 오르테가는 인간의 실존은 구별되는 인격들의 삶 속 세계에서 그 자신을 마주한다고 주장한다. 다른 말로 하면, 인간은 자기인식의 구축을 통해 세계를 알게 된다. 인간이 세계를 알 수 있게 하는 것은 정확히 유의미한 삶을 허용하는 바로 그것, 즉 인간을 도와 삶을 꾸려가게 하는 관념들이다. 관념들을 함양함으로써, 인간은 물리적 우주에서 자신을 위한 실존적 통로를 다질 수 있음을 발견한다. 이것은 자유의지의 발휘뿐만 아니라 일정 정도의 실존적 안정까지도 수반한다. 선사시대의 인간에게 음식, 물, 은신처를 찾는 일은 생명을 구하는 문제라는 점에서 심원한 함의를 지녔다. 이것은 궁극적 형태의 '해야-함'으로서 그의 전체 저술, 특히 그가 처음으로 생적 이성으로서의 삶에 대해 글을 쓴 『돈키호테 성찰Meditations on Hunting and Meditations on Quixote』(1914)을 관통하는 주제이다. 이 책에서 오르테가는 인간과 그의 환경 자체의 문제를 다룬다. "삶은 개인과 그의 주변 환경 사이에서 벌어지는 역동적인 상호 교환이며, 그의 주변 환경은 삶의 문제들에 대한 그 자신의 정서적이고 지적인 반응을 포함한다(Ortega 1943: 8).

　　모든 인격은 자신의 실존적 성질과 타협을 이루어야 하며, 그것은 인간 실존을 반성해야 할 하나의 문제로 선보인다. 인간의 본질은 본래 언제나 '되어감'이라고 오르테가는 곧잘 말하곤 한다. 인간은 이를테면 제작 중인 작품이다. 그것이 안으로부터 경험된 삶이 드라마이자 서사인 이유이다. 인간은 그 자신의 소설가가 된다고 오르테가는 제안한다. 왜냐하면 인간은 그 자신의 드라마 속 등장인물이기 때문이다. 이것은 인간의 삶에 실체가 없다는 의미가 아니다. 반대로 인간의 전체 삶이 자아의 함양에 바쳐져야 한다는 것이다. 그렇게 하지 않는 것은 세계 안에 거대하게 늘어선 무생물체들 속에서 자신을 상실하고 그럼으로써 혼란 속에 살아가는 것이다. 비非진정성은 세계에 대한 부적응 상태라기보다는 인간이 자아를 함양하지 못한 무능력의 결과다. 오르테가는 이렇게 적는다. "문화의 숙명, 인간의 운명은 우리의 내적 존재 안에서 그 극적인 의식이 늘 살아 있도록 유지하는 것에, 그리고 우리의 오장육부에서 대위법 선율을 웅얼거리듯 오직 불안정에 대해서만 확신할 뿐이라고 느끼는 것에 의존한다"(Ortega 1939: 191).

오르테가 사유의 실존적 구성 요소는 인간이 오로지 안으로 방향을 전환해서만, 즉 내면성을 지향해서만 얻을 수 있는 자아의 감각을 전한다. 내면성은 인간이 일생에 걸쳐 발견해야 할 뿐만 아니라 지속해서 함양해야 하는 존재의 본질적 차원을 형성한다. 세계 안에서 난파된 자신을 발견하고 그것을 반성함으로써 자신의 환경을 구원하는 인간이 쉽게 동물적 존재로 움츠러들 수 있는 이유가 그것이다. 세계는 인간에게 물리 세계를 구성하는 거대한 행렬 안에서 그 자신을 상실할 계기들을 제공하기 때문에, 실존적으로 말하자면 인간은 그 자신을 붙잡지 못할 항시적 위험에 처해 있는 것이다.

유의미한 삶은 그 자신을 자연과는 다른 종류로 간주한다. 하지만 이미 본 바와 같이, 그것이 세계와의 극단적인 단절을 나타내지는 않는다. 대신, 반성하는 인간은 사람들마다 환경이 다르다는 깨달음을 통해 일부 시각이 인간 실존의 진정한 중요성을 함양하기에는 부적절하다는 자각에 동의해야 한다. 인간의 의미 추구는 자기 의식적인 노력을 통해 충족될 수 없다. 그것은 의미와 행복을 끝없이 위치를 바꾸는 이동 표적으로 만들 것이다. 의미에 이르는 길은 그렇다기보다는 우리의 개인적 환경을 온전히 자기 것으로 만드는 최상의 방법에 관한 성찰로 포장된다. 물론 이것은 위압적인 탐구일 수 있다. 왜냐하면 그로 인해 인간은 삶이 위험하다는 자각과 대면하기 때문이다. 이것이 오르테가가 인간은 위험하게 살아야 한다는 니체의 주장을 기각한 이유이다. … 왜냐하면 삶은 이미 충분히 위험하기 때문이다.

안으로 내면을 향해 방향을 전환하는 일이 함축하는 한 가지는, 이 과제가 다른 인격의 삶과 공유되거나 그것으로 대체될 수 없다는 것이다. 우리는 자신의 교환 불가능한 환경과 더불어 사는 법을 배워야 한다. 인간의 안으로의 전환의 근저에서 우리는 공격 계획이 필요하다는 것을 깨닫는다. 그것이 관념들이 인간 실존에서 수행하는 역할이다. 그러나 관념들은 미리 만들어진 것이 아니다. 오르테가의 작업에서 관념들이 삶에 이바지해야 하는 이유는 이른바 생적 실존을 위해서다. 이와 같이 관념들은 생적 이성의 형태로 실존적 목적에 이바지한다. 그는 "사유는 인간에게 주어지는 선물이 아니라, 고되고, 불확실하고, 변질하기 쉬운 취득물이다"라고 적는다(ibid.: 193). 오르테가가 신봉하는 종류의 사유는 순수 이성이 아니라 생적 이성이다. 사유한다는 것은 순전히 생존을 위해 인간이 치르는 과제이다. 궁극적으로 사유는 생적 실존의 기능이어야 한다. 사유의 열매는 인간에게 진취적인 방식으로 삶을 마주하게 해준다. 행위는 현실, 즉 세계와 타자들과 끝없는 맹목적 전투를 치름으로써 결심하게 되는 것이 아니다. 대신, 행위는 세계 안에서 살 계획을 짤 수 있는 인간의 능력을 분명히 보여준다.

오르테가에 따르면 행위를 단순한 활동과 결부시켜서는 안 된다. 오르테가는 행위 그 자체를 위해 행하는 것을 주의주의主意主義라고 부른다. 가장 미숙한 형태의 주의주의는 혼미로 이어지며, 그의 평가에 의하면 그것은 가장 혐오할 만한 형태의 혼란이다. 혼란은 인간의 삶을 갉아먹는 의미의 결여를 조장한다. 혼란 대신, 인간 행동을 인도하는 자기반성이 행위를 인도해야 한다. 인간이 유의미한 실존을 영위하게 해줄 반성의 형태는 인간이 '반성적으로 내면을 향해 방향을 전환함en-simismarse'으로써 생겨난 자기반성이다. 오르테가에게 진정성의 행위로서 자기반성은 삶을 위해 작동한다. 이것이 소크라테스가 생각한 좋은 삶으로 이어진다. 물리 세계의 우연성을 파악하기 위해 인간은 반성할 수밖에 없다고 오르테가는 주장한다. 반성은 필수품이지 사치품이 아니며, 한편 그것의 정반대가 주지주의主知主義이다. 오르테가는 이렇게 설명한다. "그런 사슬들 가운데 가장 무거운 것이 '주지주의'이다. 그리고 이제 우리가 경로를 바꾸고 새로운 길을 택하는 것(간단히 말해, 제대로 된 길을 타는 것)이 피할 수 없는 일이라 할 때, 우리가 지난 200년 동안 극단으로 치달았던 그런 고풍스러운 태도를 스스로 결연히 제거하는 것은 무엇보다 큰 중요성을 지닌다"(ibid.: 197).

오르테가는 근대성 안에서 유의미한 삶의 전망을 달성하기 어렵게 만든 조건들을 좀먹은 책임이 주지주의에 있다고 비판한다. 주지주의는 혼란의 결과이다. 사유 그 자체를 위한 사유는 정도를 벗어난 것이라고 오르테가는 시사한다. 그러므로 우리는 유의미한 삶에 대한 오르테가의 생각이, 인간적 현실의 질서를 직면하기 위해 그 자신 안에 우뚝 서야만 하는 인간에 근거를 둔 것임을 깨닫는다. 지성적 가치들을 움켜쥠으로써(대개 필사적으로) 살아가는 삶은 인위적인 삶이다. 혼란에서 생겨난 행위에 포로 신세가 된 삶, 또 다른 행위에 의지해서만 배불리 만족할 수 있는 그런 삶은 혼란이 지배하는 삶이다. 인간 삶의 의미에 관한 한, 그러한 행위의 삶은 최선의 행위 방법, 즉 대상화에 굴복하지 않고 살아가는 법을 알 수 있는 시간과 창조적 상상의 여지를 거의 남기지 않는다. 그것이 오르테가가『대중의 반역』에서 이렇게 말할 때 의미한 것이다. "그리고 간명한 진리는 이렇다. 전체 세계, 국가와 개인은 타락한다. 한동안은 이런 타락이 오히려 사람들을 즐겁게 하며, 심지어 모호한 환상을 일으킨다"(Ortega 1930: 135).

비트겐슈타인과 삶의 의미
Wittgenstein

레자 호세이니Reza Hosseini

분석철학자들 사이에서 삶의 의미에 관한 요사이 문헌은 원대한 함축을 지닌 한 쌍의 미묘한 구분에 기반하고 있다. 첫째, '도덕'이나 '행복'과는 구분되는(혹은 그 둘 다와 모두 구분되는) 규범적 범주로서 '유의미성'을 확립하는 문제에 상당히 큰 노력과 관심을 기울이고 있다. 전통적인 철학자들은 어떤 삶이나 행위를 훌륭하게 만드는 것이 무엇인지 설명하기 위해 도덕이나 행복에 호소하곤 했지만, 행동 방침을 정당화하는 방법들을 사색할 때 흔히 고려하는 다른 요소들이 있다는 생각이 거기에 깔려 있다. 우리의 행복 욕구로 인해 형성되는 것도 아니고 도덕적 고려에 좌우되는 것도 아니며, 다만 우리의 삶을 더 의미 있게 만들 수 있는 자격을 지녔기에 우리가 하는 그런 일들이 있다. 그리고 우리 대부분은 아무 행동에나 그런 자격이 있으리라고는 생각하지 않는 것처럼 보인다. 예를 들면, 우리는 아이스크림을 먹은 일, 늦잠을 잔 일, 이를 닦은 일, 셀카를 찍고 보정을 한 일, 집에 들어앉아 컴퓨터 게임을 즐긴 일 등 이때 쓴 모든 시간의 총합이 우리 삶을 유의미하게 만드는 진지한 후보라고 생각하지 않을 것이다. 우리는 정원 가꾸기, 우정, 일하기, 미술이나 공예 배우기, 먼 대륙 여행하기, 육아, 우연히 만났던 누군가를 다시 만나는 일(심장이 두근거리니까) 같은 경우들을 생각하는 쪽을 더 선호할 수도 있다. 두 번째 목록에는 첫 번째 목록에는 없는 어떤 공통점이 있는 것 같다. 아이스크림 먹기는 좋지만, 여행이 좋은 것과 같은 의미에서는 아니다. 여행하며 다른 문화를 배우게 된 일을 자랑하는 것과 같은 방식으로 아이스크림 먹은 일을 자랑하지는 않을 것이다. 규범적 범주로서의 의미는 단지 부분적일지라도 그 차이를 설명하는 데 도움이 될 수 있다.

문헌에서 이뤄지는 두 번째 구분은 삶의 의미에 대한 우주적 이해와 개별적 이해에 있으며, 그것은 '삶의 의미'와 '삶 속 의미'의 구분으로 바꿔 쓸 수 있다. 그런 가정은 개별적 의미에서 삶의 의미 문제에 대한 답변이 우주적 의미에서 삶의 의미 문제에 대한 답변에 도달하거나 답변을 얻는 것을 선결 조건으로 삼지 않는다는 것이다. 그 주장은 이런 식이다. 우리는 설령 삶의 목적에 관한 질문들에 전혀 답을 제공하지 못한다고 하더라도 유의미한 삶을 살 수 있을 것이다. "이게 도대체 다 무슨 의미야?"라는 참을성 없는 울부짖음은 개별적인 차원에서 어쨌든 무언가가 우리 삶에 의미를 부여할 수 있을지에 대한 철학자의 탐구를 흔들지 않을 것이다.

이 구분을 염두에 두고서 이제 우리는 루트비히 비트겐슈타인Ludwig Wittgenstein과 그가 삶의 의미 문제를 바라보는 방식에 대한 논의를 시작할 수 있다. 비트겐슈타인은 규범적 범주로서 '의미'에 관해 체계적인 방식으로 글을 쓴 적이 없지만, 그의 성찰은 삶의 의미를 탐구하는 바로 그 현상과 삶의 의미가 그 자신을 드러내는 다양한 방식들에 관해 중요한 통찰을 제공한다. 우리가 모두 알고 있듯이, 그는 삶의 의미에 관한 일차적인 철학적 탐구에 관여하는 데는 관심이 없었다. 넓게 이해했을 때 가치를 논했다고 할 수 있는 그의 글들은 현저하게 이차 질문들이 주도해 나간다. 다른 말로 하면, 전반적으로 삶의 유의미성 문제에 대한 그의 공헌은 문법적인 공헌이다. 그가 물은 종류의 질문들과 그가 공유한 관찰들은 대체로 '문법적인 언급들'이다. 그의 질문들은 삶의 의미가 지닌 '본질'을 찾아내는 것을 겨냥하지 않는다. 오히려 그는 삶의 의미의 문법에 관해 많은 질문을 던진다. 비트겐슈타인의 원문 텍스트는 삶의 의미 탐구의 본성에 관해 여러 가지 방식으로 통찰을 제공할 수 있지만, 그런 통찰을 헤아리기 위해 우리는 삶의 의미의 본질에 대한 탐색은 내버려 두거나 괄호를 쳐놓고 이차 탐구들, 즉 삶의 의미에 대한 탐구의 다양성에 대한 탐구를 바라봐야 할 필요가 있다. 그는 이런 식의 질문들을 던지곤 했다. 삶의 의미에 관한 어떤 이론에 담긴 '뜻sense'을 성공적으로 소통하는 일이 가능한가? 왜 우리는 특정 행위(기도를 드리기 위해 이른 새벽에 일어나기, 사람 형상 불태우기, 바람에 흩날려 사라진 유골을 기억하며 죽은 사람의 사진에 입 맞추기 등)를 하면서 그 안에서 의미를 찾는가? 만약 내 행동을 정당화할 이유를 찾지 못한다면 내 삶은 무의미해지는 것일까? 어째서 "아주 똑똑하고 많이 배운 사람들"이 다른 사람들이 명백히 거짓으로 생각하는 것들을 믿는 것일까?(Wittgenstein 1933-35: §336)

이와 같은 질문들과 그것들을 이해하려는 비트겐슈타인의 시도들은 일기에서부터(예를 들면, 『문화와 가치Culture and Value』와 『공적인 일들과 사적인 일들Public and Private Occasions』[†]에서 찾을 수 있는 두 가지 편집본) 강의록과 공책들(『공책들 1914-1916Notebooks 1914-1916』, 「윤리학에 관

[†] J.C. 클라게와 A. 노르트만이 엮은 책으로, 1부 제목은 'Private Occasions'이다. 1부의 1장은 '코더 다이어리'라고도 하는데 국내에는 『비트겐슈타인의 1930년대 일기』로 번역되었다. 2부 제목은 'Public Occasions'으로 비트겐슈타인의 강의를 모았다.

한 강의」, 『미학·종교적 믿음·프로이트에 관한 강의Lectures on Psychology, Aesthetics and Religious Beliefs』, 「프레이저의 〈황금가지〉에 관한 소견들」, 『확실성에 관하여On Certainty』)에 이르기까지 그의 글 전체에 흩뿌려져 있다. 더불어 많은 해석가가 비트겐슈타인의 삶의 철학을 바라보는 자신들의 관점을 논할 때 전기적 일화에 호소한다. 예를 들면, 비트겐슈타인이 편지나 친구에게 던진 간단한 언급에서 사용한 어떤 문장이 특정 해석가의 독해에서 결정적으로 중요하게 여겨지는 경우를 보는 일은 특별하지 않다. 실제로 가치에 관한 그의 개인적인 언급 중 많은 것이 격언 같은 성격을 지니며, 우리의 의미 탐구의 본성에 관하여 중요한 통찰을 제공하곤 한다. 결과적으로, 만약 누군가가 비트겐슈타인이 삶의 의미에 관해 무슨 생각을 했는지 아는 데 관심이 있다면, 그 사람은 비트겐슈타인이 말하고 행한 것과 말하거나 행하지 않은 것에 대한 수많은 극적인 이야기들에 귀를 기울일 수밖에 없다. 비록 그의 비범한 전기에 주목하는 것이 그의 삶의 철학을 이해하는 데 도움을 줄 수 있기는 하지만, 앞으로 이 글에서 나는 오늘날 급증하고 있는 삶의 의미에 관한 문헌에서 널리 다뤄지는 쟁점과 의문들에 그가 기본적으로 공헌했다고 생각되는 측면에 초점을 둘 것이다.

I

이 책처럼 삶의 의미에 관한 위대한 철학자들의 사유를 조명하고자 기획된 편저에서는 서로 다른 배경을 가진 해석가들이 자기가 가장 좋아하는 철학자의 삶의 의미에 관한 설명을 소개하며 각자의 생각을 공유하게 된다. 자, 이제 우리가 그런 모든 관점에 공통된 적어도 하나의 근본 요소를 찾아내기 위해 전체적인 검토에 나선다면, 삶의 의미에 관한 원칙 혹은 이론에 도달하는 근사한 기회가 될 수 있을 것도 같아 보인다. 그리고 설령 모든 반론을 이겨낼 수 있는 이론에 도달하지 못한다고 하더라도, 우리는 이 책 어딘가에 우리의 전체적인 "보기 방식way of seeing"을 바꿔놓을 힘을 가진 무언가가 틀림없이 있으리라는 느낌을 받을 수 있을지도 모른다. 우리는 데이비드 린치David Lynch 감독의 〈트윈 픽스Twin Peaks〉에 나오는 벤 혼처럼 느낄 수도 있을 것이다. 어떤 장면에서 그는 '코란, 바가와드 기따, 탈무드, 신약성경, 구약성경, 도덕경'을 손에 쥐고 등장해서 오드리에게 이렇게 말한다. "여기 어딘가에 우리가 찾는 답이 있습니다." 우리는 이렇게 말할 수도 있다. 이 책 어딘가에 '무엇이 삶을 유의미하게 만들어줄까'라는 의문에 대한 답이 있다.

그러나 우리가 글을 쓰고 있는 철학자 본인들도 어쩌면 "우리가 흔히 일반 명사 아래에 포섭되는 모든 존재자에 공통된 무언가를 찾으려는 (똑같은) 경향" 또는 똑같은 충동을 가졌을 수 있다(Wittgenstein 1933-5: 17). 그들의 목표 또한 삶의 의미에 관한 모든 이해가 공유하는 바로 그 공통 요소를 찾으려는 것이라고 가정하는 것이 그럴 법하다. 그러나 그 말이 맞다면, 어째서 삶의 의미에 관한 이론들은 모든 삶에 의미를 부여할 수 있는 그 멋진 것에 관해서 최종 결론에 도달하지 못한 것일까? 비트겐슈타인은 삶의 의미에 관한 다양한 이론 가닥들 사이에서 그런 거대한 불일치가 발생할 수밖에 없다고 생각한다.

비트겐슈타인은 초기 저술에서 유의미하게 말해질 수 있는 것과 "한도의 건너편에 있는 것"을 가를 경계선 혹은 범위를 설정하고자 하면서 철학의 모든 문제가 이 경계선에 대한 오해 혹은 침범의 결과물이라고 주장하였다. 이런 논증 방식에서 가치에 대한 발화들은 유의미한 명제들로 표현될 수 없다. 가치의 표현 불가능성은 세계의 "구조"와 관계가 있다. 「윤리학에 관한 강의」에서 그는 더 나아가 삶의 가치나 의미에 관해 글을 쓰는 것은 우리 언어의 구조 및 의사소통할 수 있는 것이 무엇이냐에 대한 총체적 재평가를 함축할 것이라고 주장한다. 어떤 사람이 삶의 의미에 관한 정말로 참된 이론으로서 삶의 의미에 관한 이론을 제공한다는 것은 실제로 가장 특이한 일이 될 것이기 때문이다. 그것은 너무도 특이해서 은유적으로 말하자면 "그 책이 폭발과 함께 세상에 있는 다른 모든 책을 파괴할 것이다"(Wittgenstein 1929: 46). 비트겐슈타인이 말하려는 것은 만약 우리가 삶의 의미에 관해서 참된 책을 쓰고자 했다면, 우리는 유의미하게 말해질 수 있는 것과 말해질 수 없는 것의 경계선 전체를 폐기할 필요가 있으리라는 것으로 들린다. 그는 삶의 궁극적 가치에 관해 무언가 말을 하고 싶은 우리의 소망을 인정하지만, 그와 동시에 그렇게 하려고 시도할 때 우리의 마음이 온갖 종류의 무절제에 노출될 수 있음을 우려했다. 그는 삶의 의미에 관한 이론을 제공하지 않았다. 그는 그런 이론을 갖고 있지 않았으며, 그런 이론을 꾸려내는 일에 관심도 없었다. 왜냐하면 그는 삶의 의미 문제를 이론적으로 바라보는 것은 올바른 길이 아니라고 믿었기 때문이다. 그것은 우리가 삶의 유의미성 물음과 그에 대한 여러 가지 답변을 경험하는 다양한 방식들을 정당하게 평가하는 것이 아닐 것이다.

만약 그래서 그것이 맞는 말이라면, 비트겐슈타인에 따르면 삶의 의미에 대한 의문을 바라보는 소위 "올바른 방식"이란 무엇일까? 나는 비트겐슈타인이 우리 삶의 유의미성에 대한 지식은 우리 삶의 다양한 측면들 사이의 연관성을 어떻게 끌어낼 것인지에 대한 지식, 즉 서로 다른 부분들을 통일된 전체로 통합하는 방법을 아는 능력과 더 비슷하다고 보았으리라 생각한다. 그것은 간단한 이론으로 환원될 수 없는 지식이다. 삶, 삶의 경험의 다양성에는 무언가가 있으며, 그런 것은 어떤 이론으로도 포착할 수 없다. 마사 누스바움의 말에 따르면, 삶에 관해서는 "복잡성, 다면성, 그때그때 발전하는 다원성"이 존재하며, 그것은 삶의 의미에 관한 "명시적 이론들" 안에는 대개 빠져 있다(Nussbaum 1990: 283). 우리는 애초에 우리의 탐구를 시작하게 했던 그 복잡성을 수용할 수 있는 접근 방식이 필요할 것이다.

하지만 그것은 어떤 종류의 지식이며 우리가 과연 그것을 획득할 수는 있는 걸까? 가능하다. 하지만 삶의 의미에 관한 과목을 수강해서는 아니다. 삶의 의미를 이해하는 문제의 열쇠는 아이리스 머독Iris Murdoch이 소위 "삶에 대한 총체적 시선"이라 부른 것에 주목하는 것이다.

> 우리가 다른 사람들을 이해하고 평가할 때, 구체화할 수 있는 실제적 문제들에 대해 그들이 내놓은 해결책만을 고려하는 것이 아니다. 우리는 소위 삶에 대한 총체적 시선이라고 부를 수 있는 파악하기 더 어려운 무언가도 고려한다. 그 무언가는 발언 혹은 침묵의 양식에서, 그들의 단어 선택에서, 그들의 타인에 대한 평가에서, 그들의 자기 삶에 대한 이해 방식에서, 그들이 매력적이라거나 찬양할 만하다고 생각하는 것에서, 그들이 재미있다고 생각하는 것에서 드러난다. 간단히 말해 그것은 그들의 반응과 대화에서 지속해서 모습을 드러내는 사유의 윤곽들을 통해 보게 되는 것들이다. 이런 것들을 … 우리는 그것을 인간 존재의 결 혹은 그 개인적 시선의 본성이라고 부를 수 있을 것이다(Murdoch 1956: 80-81).

다른 말로 하면, 아마도 비트겐슈타인은 삶의 의미에 관한 우리의 이해 방식에는 "결"이 존재하며 그 덕분에 삶이 어떤 모양을 띠게 되는 것이라고 말할 것이다. 눈에는 아주 많은 것이 보인다고 아마도 그는 말할 것이다. 머독이 암시하는 종류의 이러한 "행동의 섬세한 음영"에 주목하는 것은 삶의 의미에 관한 전체적 그림에 도달하는 데 도움을 줄 것이다. 그것을 삶의 의미 문제에 대한 "이론적" 접근 방식과 대비되는 "고해告解적" 접근 방식이라고 부를 수도 있을 것이다. 고해적 접근 방식의 목적은 어떤 이의 "삶에 대한 총체적 시선" 안에 구현된 인간 삶의 이해를 획득하는 것이다. 이런 관점에서, 자신의 삶이 유의미하거나 무의미하다고 받아들이는 것은 삶의 의미에 관한 이론을 확보하는 것과는 관련이 적고 오히려 자신의 삶에 대한 총체적 시선과 더 관계가 있다. 왜냐하면 우리는 신의 목적을 충족하는 것이 삶의 궁극적 의미라는 주장을 받아들이면서도 여전히 우리가 삶에서 경험하는 것에서 신의 의지를 알아보지 못할 수 있기 때문이다. 혹은 객관적 가치를 지닌 프로젝트들 쪽으로 삶의 진로를 잡는 것이 우리 삶을 유의미하게 만들 수 있다고 결론 내리면서도 여전히 그렇게 하지 못할 수도 있다. 냉담한 신자와 자연주의자의 문제는 한 사람은 점점 더 말이 안 된다고 느끼고, 다른 한 사람은 자기가 객관적으로 가치 있는 프로젝트를 추구한다는 열정에서 행동한다고 진심으로 생각하지 못한다는 것이다. 근교에 대출로 집을 사서 이자 갚으며 사는 것이 그의 일생의 프로젝트인 셈이다. 혹은 그들은 삶의 의미에 관한 모든 이론을 위협하는 무언가에 사로잡혀 있을 수도 있다. 그것은 톨스토이가 "삶의 구금"이라고 재치 있게 기술했던 감정이다(Tolstoy 1882: 7).

비트겐슈타인은 이런 경험이 그 자신의 모습을 드러내는 다양한 방식들에 관해 글을 남겼다. 예를 들면, 다음은 '코더 다이어리Koder Diaries'의 한 대목이다.

인간은 꺼질 때까지는 의식하지 못하는 빛의 조명을 받으며 일상의 삶을 산다. 일단 꺼지고 나면 삶은 갑자기 모든 가치, 의미, 혹은 뭐라 부르고 싶든 간에 바로 그것을 빼앗긴다. 그냥 존재하는 것은(이렇게 말하고 싶다면 좋을 대로) 그 자체로 여전히 완벽하게 공허하고 황량하다는 것을 우리는 갑자기 깨닫게 된다. 그것은 마치 모든 사물에서 광채가 싹 지워지는 것과 같다(Wittgenstein 1930-37: 207).

저 삶의 조명을 멈춘다는 말은 무엇인가? "일면-보기aspect-seeing"와 "일면-맹목aspect-blindness"이라는 비트겐슈타인의 개념들이 지금 우리에게 도움이 될 수 있다. 일면-보기에서 우리는 시각 경험 대상의 일면을 보게 된다. "나는 얼굴을 응시한다. 그러다가 갑자기 그 얼굴이 다른 사람의 얼굴과 비슷하다는 것을 알아챈다. 나는 얼굴이 변한 것이 아니고 내가 그것을 다르게 본 것임을 안다"(Wittgenstein 1953: 193). 다른 말로 하면, 변화는 저 밖에 있는 것이 아니라 눈에 있다. 그리고 "일면 변화의 표현은 새로운 지각에 대한 표현이며 동시에 지각의 불변에 대한 표현이기도 하다"(ibid.: 196).

마찬가지로, 일면-보기가 우리가 함양하는 우리 안의 능력이라면, 일면을 보는 능력이 없는 것에 관해 말하는 것도 말이 될 것이다. 비트겐슈타인은 그것을 "일면-맹목"이라고 부른다(ibid.: 213). 그리고 내가 다른 글에서 주장한 바와 같이, 비트겐슈타인에게 일면-맹목성은 그림에만 한정된 것이 아니다. "우리는 삶의 다양한 경험들에서 일면-맹목일 수 있다"(Hosseini 2015: 50). 즉, 우리가 삶의 유의미성을 경험하는 방식은 우리가 일면을 보는 방식과 유사하다. 삶의 빛이 소멸한 것처럼 보이는 사람에 관해 비트겐슈타인은 아마도 여기서 "파악

불가능한 것은 아무것도 변하지 않았지만 모든 것이 변했다는 사실"이라고 말할지 모른다(Wittgenstein 1946-49: 474). 일면의 변화와 더불어, 삶은 변한 것이다. 이제, 눈뜸, 일상의 소소한 대화, 괴테가 "일상의 요구들"이라고 부른 것은 모두 정당화가 필요하게 된 것처럼 보인다. 우리는 빛이 소멸하기 전에 우리의 "일상적 삶"을 아주 성공적으로 살아갈 수 있었다. 비트겐슈타인은 늘 우리가 "그림"을 획득하거나 상실하는 방식, 혹은 세계를 바라보는 방식에 깊은 관심을 보였다. 예를 들면, 어떤 이는 "신의 눈은 모든 것을 본다"라고 말하곤 하는데, 비트겐슈타인은 이렇게 대꾸한다.

> 나는 이에 관해 그것이 그림을 사용한다고 말하고 싶다. 나는 그런 말을 하는 사람을 얕잡아보고 싶지 않다. … 우리는 어떤 특정한 사용을 그림과 결부시킨다. … 당신은 어떤 결론들을 끌어낼 것인가? … 신의 눈과 관련해서도 눈썹 이야기를 하게 될 것인가? … 만약 그가 그림을 사용했다고 내가 말한다면, 나는 그 자신이 말하지 않을 것은 어떤 것도 말하고 싶지 않다. 나는 그가 그런 결론들을 끌어낸다고 말하고 싶다(Wittgenstein 1938: 71-72).

그런 사람은 신의 눈은 중요해도 그분의 눈썹은 그렇지 않은 세계의 그림에 도달하는가? 어째서 우리는 그분의 말씀은 명상해도 그분의 억양에 관해서는 생각하지 않는가? 우리 삶에서 신의 손을 본다는 것은 무엇을 함축하는가? 많은 기회에서 비트겐슈타인은 "삶이 우리를 가르쳐 신에 대한 믿음을 갖게 할 수 있게 하는" 방식(Wittgenstein 1914-51: 86) 혹은 세계를 바라보는 종교적 방식에 도달하기 위해 특정한 "양육"이 어떻게 요구되는지 언급한다. 예를 들면, 우리는 일출이 특별한 의미를 지니는 환경에서 자랄 수 있고, 그 일을 계속해서 특별한 무언가로 바라볼 수 있다. 하지만 태양의 특별함에 익숙해질 수 있고, 시간이 흐르면서 그것이 정말로 그렇게 특별한 것인지 의문이 들기 시작할 수 있다. 그러면 태양은 다르게 보이기 시작할 수도 있다. 비트겐슈타인은 삶에 대한 우리 그림의 변화는 흔히 이런 식으로 생겨난다고 생각하는 것 같다. 사물들은 "깨지고, 미끄러지고, 상상할 수 있는 온갖 해악을 일으킨다." 그리고 우리는 사물들을 다르게 보기 시작한다(ibid.: 71). 우리 삶의 가장 어두운 시간은 떠오르는 태양 바로 앞에서 지나갈 수 있다. 예를 들면, 비트겐슈타인의 일기에 나오는 이 대목을 생각해보라.

> 나에게 가장 힘든 하루가 지난 후, 나는 오늘 저녁 식사 시간에 무릎 꿇고 기도하다가 불현듯 무릎을 꿇고 위를 바라본 것에 관해 이렇게 말했다. "여기에는 아무도 없어." 그 말 덕분에 나는 편안함을 느꼈다. 어떤 중요한 문제에서 깨달음을 얻은 것처럼 말이다. 하지만 그것이 정말로 무슨 의미인지는 나는 아직도 모른다. 나는 마음이 편해졌다고 느낀다. 하지만 그것은 예를 들면 내가 이전까지 오류에 빠져 있었다는 그런 의미는 아니다(Wittgenstein 1930-37: 193).

"신의 눈이 만물을 본다"라는 믿음으로부터 "여기에 아무도 없다"라는 자각으로의 게슈탈트 전환은 단지 한 견해에서 다른 견해로의 전환이 아니다. 우리는 이런 중대한 전환을 일으킨 것이 무엇인지 애매하지 않은 용어로 말하지 못할 수도 있지만, 어쩌면 비트겐슈타인은 그것이 바로 그 사람의 삶을 요약해줄 수 있는 거라고 제안할지도 모른다. 그는 세계에 대한 하나의 그림을 내버리고 다른 그림을 받아들인다는 것이 무엇인지 알기를 원한다. 삶의 현상에 대한 인간 반응의 다양성이 그에게 관심거리다. 인간 삶의 "기이함"과 우리 삶 속 많은 활동의 "의례儀禮적" 본성이 그에게 관심거리다. 간단히 말해서, 그는 "인간 정신의 심연"에서 벌어지는 일들에 깊게 몰입해 있다(ibid.: 183).

그러나 어째서 그는 삶의 의미 문제에 대한 일차적 개입을 삼가는 것일까? 즉, 어째서 그는 우리 삶에 의미를 부여할 수 있는 것에 관한 원리나 이론을 제안하지 않은 것일까? 비트겐슈타인은 삶의 의미에 관한 이론을 내놓는 일이 어쨌든 삶이 친숙해질 수 있다는 가정을 함축한다는 확신을 가진 것 같다. 그것은 삶을 세계에 대한 이해 체계의 틀, 이를테면 과학적이거나 종교적인 세계관 안에 집어넣을 수 있다는 가정이다. 자연주의적이건, 초자연주의적이건, 혹은 비관주의적이건 삶의 의미에 관한 이론들은 궁극적으로 사물들이 설명될 수 있음을 당연시하며, 비트겐슈타인은 바로 그 점을 받아들이기 어렵다고 본 것이다. 그는『논리철학논고』의 말미에 가서 이렇게 쓴다. "세계에 대한 전체적인 현대적 개념화"는 "소위 자연의 법칙들"이 모든 것을 설명할 수 있으리라는 "착각"에 기초한다. 그래서,

> 오늘날 사람들은 자연법칙들 앞에 멈춰서서 그것들을 침범할 수 없는 것으로 여긴다. 마치 과거에 신과 운명이 그렇게 여겨졌던 것처럼 말이다. 그리고 사실 그 둘은 둘 다 옳기도 하고 둘 다 그르기도 하다. 옛날 사람들의 관점은 명확하고 승인된 종착점을 가진다는 점에서 더 분명하고, 한편 현대적인 체계는 마치 모든 것이 설명되는 것인 양 보이게 하려고 애쓴다(Wittgenstein 1922: §6.372).

대조적으로 사물들이 모조리 설명될 수 있다고 확신하지 못하는 사람은 철학적인 삶의 전형이라 할 이른바 경이의 삶을 받아들이는 쪽이 될 것이다. "세계가 멋진 장소이고 싸워서 차지할 가치가 있기 때문"이 아니라, 그것이 존재하기 때문에 경이롭다(Hemingway 1940: 488). 그런 사람에게 "신비로운 것은 사물들이 세계 안에 어떻게 존재하느냐가 아니라 그것이 존재한다는 것이다"(Wittgenstein 1922: §6.44). 저 사물들이 여기에 있고, 여기에 있는 저 사물들은 소진되거나 사라져버리곤 한다. 시간이 동터온 이래로 저 사람들은 세계 안에 있는 자신들의 모습을 발견한다. 만일 우리가 신선하고 순진무구하게 세계를 떠올린다면, 우리가 세계를 이해하는 방식들이 처음 우리의 사유를 생겨나게 한 모든 것들만큼이나 경외심을 자아낼 수 있음을 알 수 있을 것이다. 수차례에 걸쳐 비트겐슈타인은 삶을 바라보는 이런 양식을 가리키면서, 바람과 비의 세계, 영속적인 기억들, 우리가 자기 자신 안에서 그리고 타인의 삶 안에서 보는 것들에 대한 인간 반응의 다양성, 그리고 "내 삶은 많은 것들을 기꺼이 받아들이는 데 있다"라는 사실을 이해하려고 늘 노력한다(Wittgenstein 1933-35: §344). 이는 「프레이저의 〈황금가지〉에 관한 논평들」의 한 대목에서 설명하는 바와 같다.

> 인간처럼 보이는 저 인간 그림자, 혹은 저 거울상, 혹은 저 비, 폭풍, 달의 위상, 계절 변화, 동물들의 서로 그리고 인간과 닮은 점과 다른 점, 죽음, 탄생, 성생활의 현상들, 간단히 말해서, 세월이 오고 가는 동안 자기 주변에서 한 인간이 지각한 온갖 다양한 방식으로 함께 연결된 모든 것, 그 모든 것이 그의 사유(그의 철학)와 그의 실천에서 구실을 해야 한다는 것은 명백하다. 아니, 다른 말로 하자면, 그것이 우리가 실제로 알고 흥미롭다고 생각하는 것이

다(Wittgenstein 1931: 6).

삶의 현상들에 대한 이런 접근 방식은 전반적으로 삶이란 낱낱이 설명되기 위해 존재하는 것이라고 여기는 많은 철학자의 접근 방식에는 부합하지 않는다. 삶의 의미 이론가는 삶은 단지 저기에 있고, 인간 삶의 기이함에 관해 우왕좌왕 던지는 질문들에 의존하는 것은 건설적이지 않다고 말할 수 있다. 우리는 그 기이함에 익숙해져야 하고, 무엇이 우리 삶을 유의미하게 만드는지 보여줄 이론을 제시해야 한다. 달리 말해, 삶의 의미 이론가들은 우리에게 이론을 제공할 테지만, 그것은 "세계가 우리를 한 방 칠 때" 우리가 느낀 최초의 놀람과 맞바꾸는 일이 될 것이다(Clack 2002: 27). 비트겐슈타인은 그런 거래에 회의적이다. 그는 어떤 이론도 삶의 현상들을 접한 인간 반응의 끝없는 다양성, 혹은 에머슨Emerson이 예전에 소위 "이런 종잡을 수 없는 시선의 언어"라고 부른 것을 제대로 다루지 못할 것으로 생각한다(Emerson 1848: 341). 이런 관점에서 우리는 비트겐슈타인이 던진 종류의 질문들과 그가 "흥미롭다"고 생각한 부류의 해결책들이 무엇일지 짐작해볼 수 있을 것이다.

하이데거와 삶의 의미
Heidegger

웬델 오브라이언Wendell O'Brian

아기일 때를 넘긴 이후로 하이데거의 전 생애는 사유의 행로였다. 아니, 어떤 행로를 따랐다고도 말할 수 있고, 때로는 새로운 행로를 구축한 것이기도 했다. 그의 행로는 우여곡절의 행로였고, 한 곳에서는 명백히 유턴하기도 했다. 여기서 그런 행로의 의미는 다음과 같다. 우리는 삶의 의미에 관한 하이데거의 사유가 서로 다른 때에 서로 다른 방향으로 나아갔으리라 기대해야 한다는 것이다.

『존재와 시간』 전후의 하이데거 저술들

마르틴 하이데거Martin Heidegger는 1927년에 대작 『존재와 시간』이 등장하기 전까지 프라이부르크대학교에서 여러 해 동안 강의하였다(지금은 강의록 영역본이 출간되었다). 이들 초기 강연의 주제는 이미 의미로 꽉 찬 채 다가오는, "현사실적"〔사물의 사실성과 구별되는 인간 존재의 실존적 사실성으로 우연적이고 일회적이며 반복할 수 없다〕 인간의 삶이다. 삶은 자족적이다. 그것은 완전히 유의미해지기 위해서 그 자체 바깥에 있는 어떤 것도 요구하지 않는다. 해야 할 일은 삶의 깊이, 직접

성, 강렬함에 대한 온전한 이해를 발전시키는 것이다. 삶의 유의미성은
바로 거기에 있다.[1]

많은 세월이 지난 후에, 하이데거는 삶의 의미와 관련된 더 많은 저
술을 제공하였다. 이들 저작은 산만하고 종종 시적이며, 거기서 의미
에 관한 하이데거의 견해가 정확히 무엇인지 말하기가 어렵다. 한 하
이데거 학자는 "후기 하이데거"에서 삶의 의미는 지구의 수호자가 되
는 것이라고 주장한 적이 있다(다음 참조 Young 2014: 232; Young
2002). 다른 이들도 온갖 종류의 제안을 내놓았다. 사유하기, 신들의
귀환을 기다리기, 세상사 될 대로 그냥 내버려 두기, 시적으로 살기,
언어가 말하는 것에 귀 기울이기, 형이상학을 극복하고 기술적 세계관
을 "닦달Gestell"하고 인간들, 신들과 함께 지상에서 하늘 아래 만물과
함께 거주하는 법 배우기, 등등.[2]

후기 저술들에 대해서 서로 엄청나게 다른 해석들이 아주 많이 존재
한다는 사실은 놀랄 일이 아니다. 우리는 그의 글들에서 영어권 독자
에게는 바야흐로 이해 불능의 상태에 도달할 수밖에 없는 문장들을 발
견한다. 이를테면, "사물 안에 사물같이 있는 것은 무엇인가?" "사물이
사물하다." "사물하므로, 사물들은 사물들이다." "우리가 사물을 세계
하는 세계로부터 그것의 사물하기 안에 나타나게 한다면, … 우리는
사물하게 된 … 것들이다." "[항아리로부터] 유출이라는 선물은 네 개
의 네 겹 중 한 겹을 머무르게 한다." "멀리 있음을 보존하면서, 가까이

---

[1] 프라이부르크 시절의 하이데거 초기 사상에 관심이 있는 사람들은 캠벨의 책
(Campbell 2012)으로 시작해야 하며, 그런 다음 그의 안내를 받아 다른 자료들을
살펴야 한다.
[2] 하이데거의 후기 사유를 전달하는 논고, 강연, 연설 들은 쉽게 접할 수 있는 여러 권의
선집에서 찾아볼 수 있다. 그 가운데 다음과 같은 것들이 있다. Heidegger 1971b,
1938-55, 1927-64.

있음은 그 멀리 있음을 가까이 있게 하면서 가까이 있음을 보존한다,"
등과 같은 문장들이다.[3] 그러나 하이데거의 후기 문헌에는 꽤 흥미로
운 내용이 많다. 독해가 가능할 때는 말이다.

하지만 여기서 나는 하이데거의 가장 유명하고 가장 영향력 있는 저
서인 『존재와 시간』에 초점을 둘 것이다.[4]

『존재와 시간』의 주요 질문들은 무엇이며
그것들이 대체 무슨 소리인가

『존재와 시간』에서 하이데거의 주제는 말 그대로 "삶"이 아니라 "존재"
와 "인간 존재"이다. 『존재와 시간』에는 두 개의 으뜸 질문이 들어 있
다. "존재는 무엇인가?", "존재의 의미는 무엇인가?"

이들은 불가사의한 질문들이다. 우리는 하이데거가 도대체 무엇을
염두에 둔 것인지 묻고 싶다. 그러나 만약 우리가 하이데거의 프로젝
트를 무의미한 것으로 일축하고 다른 누군가(이를테면, 버트런드 러셀
같은 이들)가 쓴 더 나은 책을 집어 드는 게 아니라 그를 명료하게 읽어
보기를 원한다면, 우리는 그의 책을 읽고 그의 질문들과 프로젝트를
이해하려 노력하게 될 것이다. 나는 우리가 적어도 어느 정도 수준까
지는 그럴 수 있다고 믿는다.

---

3 모든 사례는 다음 저서에서 가져온 것이다. Heidegger 1971b.

4 『존재와 시간』을 다루는 나의 논법은 하이데거에 대한 입문서에서 제시된 찰스 귀논
Charles Guignon과 영Young의 해석들(Guignon and Pereboom 2001, Young
2004)을 자구에 구애받지 않고 활용한 것이다. 나는 또한 리처드 폴트Richard Polt와
마이클 인우드Michael Inwood의 글이 대단히 유익하다고 생각한다.

존재의 문제

인간으로서 우리는 이미 존재Being에 관한 흐릿하고, 모호하고, 암묵적이고, 전前개념적인 이해를 지닌다. 그런 이해는 대개 옳다고는 해도 그 안에 오류들도 들어 있다. 만약 그런 애초의 이해가 없었다면, 우리는 망치를 쓸 수 없었을 것이고, 다른 사람들과 관계 맺지 못했을 것이고, 혹은 우리를 둘러싼 존재자들을 상대하지 못했을 것이다. 우리가 존재의 질문을 던지고 그 답을 찾아 나설 수도 없었을 것이다. 우리가 이미 가진 흐릿한 이해보다 더 낫고 더 명료한 무언가를 원하는 것이 바로 우리의 본성이다. 특히 **철학자**는 더 원한다. 그 철학자가 어쨌거나 하이데거와 비슷한 사람이라면, 그 사람은 **근본적인 존재론**을 원한다. 그 사람은 존재에 대해 개념적이고, 명시적이고, 결정적이고, 선명하고, 가능한 한 올바른 이해를 추구한다. 그러나 그런 이해를 추구하거나 찾는 일은 쉽지 않다. 그것이 어려운 이유는, 마이클 인우드가 말한 바와 같이 "존재들의 존재는 국지화되거나, 확연히 눈에 띄거나, 혹은 기린들의 짝짓기 습관처럼 우리 자신과 독립적인 것이 아니기 때문이다"(Inwood 1997: 21).

나는 이와 더불어, 우리가 존재의 의문 안에 담긴 어떤 뜻을 본다고 생각한다. 존재는 존재자들과 다르다는 깨달음과 함께, 그 의문에 대해 더 많은 뜻이 드러난다. 그리고 그 의문에 대해 답하는 길로 나아가는 한 걸음이 취해진다. 나는 존재자이고, 나의 개도 명백히 그렇다. 그러나 존재는 존재자가 아니다. 그것은 어떤 종류의 것도 아니다. 그것은 존재자들과 어떤 것들의 **총합**도 아니다. 그것은 신도 아니다. 설령 신이 존재한다고 하더라도.

존재의 의미에 관한 의문

우리가 여기서 가장 관심이 있는 것은 존재의 의미에 관한 의문이다. 그런 의문을 제기한다는 것이 정확히 무엇인가? 나는 찰스 귀논이 제안한 것보다 더 나은 답변을 제공할 수 없다.

> 존재의 의미에 관해 묻는 것은 사물들이 어떻게 우리 삶과 관계된 구체적인 방식들로 가치 있거나 중요하게 모습을 드러내게 되는지를 묻는 것이다(여기서 "의미"라는 단어는 우리가 "이 책은 내게는 많은 의미가 있다," 혹은 "그 사건은 전혀 의미가 없어"라고 말할 때의 그 의미로 사용된다)(Guignon, in Guignon and Pereboom 2001: 185).

토머스 네이글Thomas Nagel 같은 "분석" 철학자를 포함해 많은 철학자가 삶의 의미 문제를, 어떤 것이 중요한지 아닌지, 만약 중요하다면 어떻게 그런지의 문제로 받아들인다(Nagel 1987: 95-107).[5] 그렇다면 나는 존재의 의미에 관한 하이데거의 의문을, 이 책 전체의 주제인 삶의 의미 문제와 동치로 받아들일 것이다. 내가 볼 때, 하이데거가 "삶"보다 차라리 "존재"를 사용한 것은 실질적인 문제라기보다 언어적인 문제로 더 잘 설명되는 것 같다. 1926년 혹은 1927년에 이르러 그는 "삶" 개념(들)이 너무 좁으면서 또한 너무 넓다고 생각하기에 이른다. 그리고 그 단어 자체가 절망적으로 다의적이다. 더군다나 하이데거는 자신이 속하고 싶지 않은 특정 사조와 동일시할 수 있는 "삶" 같은 단어들의 사용을 피하길 원한다.

---

[5] "삶의 의미"를 다룬 단원은 온통 어떤 것이 중요한지 아닌지, 어떻게 그런지에 관한 것이다.

이런 삶의(존재의) 의미 문제를 왜 묻는가? 하이데거 연구자인 율리안 코라프-카르포비치W. Julian Korab-Karpowicz는 이렇게 적는다. "존재의 의미 문제는 모든 인간에게 가장 심오한 삶의 문제이다"(Korab-Karpowicz 2017: 109). 나는 하이데거가 이 진술에 동의할 것이며, 그 진술이 『존재와 시간』에 부분적인 동기를 부여한 그의 신념을 포착한다는 제안을 아마도 인정하리라 믿는다. 그러나 하이데거는 또한 이 질문을, 특히 1927년 바로 지금 묻는 것이 중요하다고도 생각한다. (그것이 나머지 동기이다.) 존재(삶)의 의미 문제는 심오하고, 또한 지금 물어야 할 만큼 중요하다.

그 질문을 지금 하는 것이 왜 그렇게 중요한가? 짧게 답하자면, 서구의 거의 모든 이에게 조금씩 흘러 들어간 현대 과학의 세계관은 어떻게 어떤 것이 의미나 가치를 가질 수 있는가에 관한 문제를 우리에게 남겼다는 것이다. 우리 자신이 그 자체로 가치 없고 무의미한 세계에 가치를 주입하는 것으로 되어 있으나, 우리에게는 그럴 수 있는 기반이 없는 것처럼 보인다. 그 결과 우리는 어떤 삶의 방식을 다른 방식보다 "더 낫다"라거나 "더 고귀하다"라고 여길 수 없게 되고, 광범위한 의미의 상실감이 존재하게 된 것이다. 그것은 나쁘고 위험하다. "현대의 삶에서 이런 광범위한 의미 상실을 대면하는 문제에 관심을 두는 것이 『존재와 시간』의 핵심적인 목표 중 하나다"(Guignon 2001: 187).

하이데거는 무엇을 계획했고 실제로 무엇을 했나

『존재와 시간』을 쓸 때 하이데거의 원래 계획은 어떤 한 특수한 (종류의) 존재, 이른바 현존재의 의미에 대한 검토를 통해 일반적인 존재의 의미 문제에 접근하는 것이었다. 그러나 하이데거는 『존재와 시간』의 3분의 1만을 완성했고, 존재 그 자체의 의미 문제를 다루는 데 가까이 가지 못했다. 하지만 그는 현존재와 그것의 존재 양식에 관해서 실제로 많은 이야기를 했다.

현존재

"현존재Dasein"는 문자 그대로 "저기 있음" 혹은 "여기 있음"을 의미한다. 이중 어느 것이 더 나은 문자적 번역인지는 분명치 않지만, '여기'도 '저기'도 아니다. 그리고 일상적인 독일어 용법에서 그것은 "삶" 혹은 "존재"를 의미한다. 하이데거는 자신만의 특별한 정의를 제공한다. 현존재는 그것의 존재가 그 자신에게 문젯거리가 되는 그런 존재이다. 결과적으로 현존재는 인간, 인간적 삶이다. 왜냐하면 우리가 아는 한, 존재는 오로지 인간에게만 문젯거리이기 때문이다. 나는 현존재이고, 여러분 독자들은 또 다른 현존재이다. 하지만 나의 개는 현존재가 아니고, 여러분에게 개가 있다면 그 개도 그렇다. 개는 존재나 삶의 의미 같은 것을 생각하지 않는다. 그래서 이제부터 나는 "현존재"와 더불어, 때때로 "현존재" 대신 "인간", "사람", "존재", "삶" 같은 대안적인 표현을 사용할 것이다. "개"를 사용하지는 않을 것이다.

현존재인 인간은 본질이 없다. 인간이 무엇인지는 선택과 행동에 달려 있다. 우리는 본래 행위자들이다(초연한 관찰자나 인식 주체가 아니라). 우리가 누구인가는 우리가 무엇을 하는가에 의해 결정된다.

서로 다른 사람들은 서로 다른 선택을 하고 서로 다른 일들을 한다. 그래서 한 사람의 존재는 (어느 정도는) 다른 사람의 존재와는 다르다. 그리고 한 사람의 삶의 의미는 다른 사람의 삶의 의미와는 아주 다를 수 있다. "모든 사람이 [존재의 의미에 관한 질문에] 홀로 답한다. 따라서 우리의 답변이 타인들에게 언제나 타당한 것은 아니다"(Korab-Karpowicz 2017: 109).

내면의 현존재 같은 것은 없다. 우리는 자기 머릿속에 포박된 채 바깥으로 나가려고 애쓰면서 "외부" 세계가 실제로 존재하는지, 만약 실제로 있다면 그것을 어떻게 알아낼 것인지 궁금해하는 그런 정신들이 아니다. "외부 세계에 대한 우리의 지식에 관련된 문제" 같은 것은 존재하지 않는다. 내적-외적이라는 그 구분은 이런 맥락에서 볼 때 의심스럽다. 현존재의 존재는 그 자체로 세계-내-존재이다.

삶의 의미

『존재와 시간』을 쓸 때 하이데거는 발견되어야 할 어떤 보편적인 삶의 의미, 이를테면 신을 믿는 독실한 신앙인이 기대할 수 있거나 혹은 찾았다고 주장할 수 있는 그런 종류의 의미가 존재한다고 생각하지 않는다. 하이데거는 이렇게 적는다. "현상학의 현상들 '배후'에는 본질에서 다른 것은 아무것도 존재하지 않는다." 그리고 "불안으로 인해 우리가 마주 보게 된 '무無'가 그 쓸모없음의 가면을 벗기는데, 현존재는 매우 기본적으로 바로 그것에 의해 정의된다"(Heidegger 1927: §7, §62).

그렇기는 하지만, 삶의 유의미성과 의미에 관해 묻는 것은 여전히 말이 된다. 왜냐하면 삶은 유의미하고(유의미할 수 있고) 그 안에 의미를 지니기 때문이다.

『존재와 시간』에서 삶(인간 실존)의 의미는 무엇인가? 그리고 무엇이 삶을 유의미하게 만드는가? 몇 가지 가능한 답변이 있다. 나는 그중 세 가지를 논할 것이다. 나는 그중 어느 하나가 정답이라고, 하이데거의 입장을(그의 행로 상에서) 올바로 표현한 것이라고 열심히 주장하지 않을 것이다. 그 세 답변은 서로 일관될 수 있고, 혹은 일관되지 않을 수도 있다. 단일한 답변을 원하는 독자는 『존재와 시간』을 세심하게 읽어야 한다. 그리고 그런 다음 그것을 더 세심하게 여러 번 다시 읽어야 한다. 그러면서 최고의 주석서들을 나란히 놓고 참조해야 한다. 그리고 그 문제에 관해 나름의 결정을 내려야 한다. 그렇기도 하지만, 나는 많은 독자가 하이데거의 관점들에서 발견할 수도 있는 몇 가지 잠재적 문제점과 몇 가지 반론을 언급할 것이다.

삶의 의미로서 심려

하이데거는 현존재 그 자체의 존재 의미는 심려Sorge라고 말한다. 그는 이렇게 말한다. "현존재의 존재는 심려로서 그 자신을 폭로한다." "세계-내-존재는 본질상 심려이다." "[현존재는] 그것의 존재가 '심려'로 정의되어야 하는 존재자이다." 그리고 현존재의 존재에 관해 말하자면, "그것의 존재적 의미는 심려이다"(ibid.: §8, §39, §41).

심려는 원초적인 구조적 총체로서, "갈기갈기 찢어질" 수도 없고, 의지나 소망 같은 특별한 작용 혹은 충동으로 거슬러 올라갈 수도 없는 통일체이다. 하지만 그러함에도 그것에는 실제로 삼중으로 된 구조가 있다. 그 구조에 들어 있는 세 가지 항목은 이렇다. (1) 세계-내-기성-존재 (2) 그-자신에-앞선-존재 (3) 나란히-존재 혹은 같이-존재(세계 안의 다른 사람들, 존재자들, 다른 것들과). 하이데거는 그것을 이렇게 표현한다. "현존재의 존재는 (세계-내에서 마주치는 존재자들과) 나란히-존재로서, 그-자신에-앞선-(세계)-내-기성-존재를 의미한다 …. 이 존재가 '심려'라는 용어의 유의성을 가득 채운다"(ibid.: §41).

세계-내-(기성)-존재는 한 사람의 과거, 그의 "내던져짐"과 그것의 함의들을 뜻한다. 우리는 처음부터 존재하겠노라 결정한 것이 아니다. 우리가 자기 자신을 창조하거나 자기가 살 세계의 종류를 선택하지 않는다. 우리는 단지 과거로부터, 즉 우리의 역사, 우리 공동체의 역사로부터 유래한 의무들, 과제들, 경향들 등을 지닌 채 세계 안에 거주하는 우리 자신을 발견할 뿐이다. 나는 현재 어떤 존재인지, 내가 지금 무엇을 해야 하는지는, 예를 들면 내가 여러 해 전에 했던 선택에 의존하거나, 혹은 내가 그 안에 내던져졌음을 알게 된 공동체의 역사에 의존할 수도 있다.

그-자신에-앞선-존재는 미래와 관계가 있다. 우리 존재의 이런 측면을 하이데거는 "투사projection"라고 부른다. 현존재는 그 자신을(혹은 자신의 존재를) 폭넓은 미래의 여러 가능성 중 어떤 것을 향해 투사한다. 그렇다면 현존재는 다양한 존재 양식의 잠재성을 지닌다(혹은, 현존재가 곧 잠재성이다). 나란히-존재 혹은 함께-존재는 현재와 관계가 있다. 하이데거는 그것을 "퇴락fallenness"이라고 부른다. 현존재는 홀로 있지 않다. 현존재는 본래적으로 그리고 원초적으로 세계 안에서 존재자들, 다른 것들과 마주치며 산다. 그중 일부는 다른 현존재(인간)들이고, 일부는 아니다. 인간은 그 안에서 살 세계가 없었더라면 존재할 수 없었다. 그 세계 안에는 만나고 관계 맺을 다른 것들과 존재자들이 있다. 현존재, 즉 인간의 존재는 하나부터 열까지 시간적이다. 그것은 과거에서 오고, 현재에 (타자들과 함께) 머무르며, 미래를 대면한다.

하이데거의 "심려"는 걱정 같은 어떤 특수한 감정이 아니다. 그것은 일반적인 원초적 관심과 염려이다. 인간은 본래 가까이에 있는 것에 관심이 있으며, 타인을 심려한다(염려한다). 사람들과 사물들은 필연적으로 우리에게 중요하다. 만약 그렇지 않았다면, 삶은 무의미해질 것이며, 어쩌면 아예 불가능해질 것이다. 그래서 어쩌면 우리는 실로 하이데거에게, 그가 좋아하건 아니건, 심려가 삶의 의미라는, 아니 적어도 그것이 삶을 유의미하게 만든다는 관점을 정당하게 귀속할 수 있을 것이다.

이 모든 것이 비독일어권 독자에게는 이해하기가 어려울 수 있다.

그러나 한 가지 분명한 것은 『존재와 시간』에서 하이데거의 사유는 삶(혹은 존재)의 의미, 뜻, 혹은 비밀을 무심, 이탈, 초연, 초탈 같은 무언가에 두는 사유, 예를 들면 『바가와드 기타』, 도가의 특정 분파들, 불교, 스토아주의에서 발견되는 사유와는 완전히 불일치한다는 것이다. 리처드 폴트Richard Polt는 이렇게 적는다. "비록 하이데거가 직접 그렇게 말하지는 않지만, 그의 '심려'의 언어는 모든 초연의 철학에 대한 암묵적 비판이다. 인간은 결코 … 극단적으로 무심해질 수가 없다"(Polt 1999: 79).

때때로 우리는 평화롭고, 조용하고, 무사태평함에서 무심함, 초연함, 해방감을 느낀다. 하이데거가 이를 부인하지 않는다. 그러나 그는 이런 것들조차도 심려 혹은 근심의 양식들, 결핍의 양식들이라고 주장한다. 그러나 만약 그가 그 가능성을 어쨌든 허용하기로 한다면, 하이데거가 바로 그 삶 속에서 진정으로 완전한 초탈의 상태를 성취하거나 열반을 실현한 어떤 이에 대해서는 무엇이라고 말할 것인가? 그는 아마도 폴트가 이에 대해 한 말과 비슷한 무언가를 말할 것이다.

> 진정으로 절대적 무심에 도달한 사람은 더는 현존재가 아니라, 열반이나 식물 같은 또 다른 존재의 상태에 진입한 것이며, 그것은 여전히 세계 안에 거주하는 우리에게는 이해될 수 없는 상태이다 (ibid.: 47).

비록 심려가 내게는 삶의 의미의 합당한 후보인 것처럼 보이지만, 나 같으면 그것에 반대표를 던질 것 같다. 어쨌든 투표를 꼭 해야 한다면 말이다. 확실히, 초연함의 철학, 많은 위대한 사상가들이 신봉한, 서구와 아시아 둘 다의 유산에 속하는 그런 철학에 무언가가 있다고 생각하는 사람들은 "아니오"라고 투표하거나 혹은 (더 그럴듯하게는) 기권할 것이다.

삶의 의미로서의 시간

하이데거는 삶을 철저히 시간적인 것으로 간주한다. 그리고 그가 더 나아가 심려 그 자체의 의미가 시간이라고 말하기 때문에, 우리는 하이데거에게 인간 실존의 의미는 시간이라고 합당하게 주장할 수 있을 것이다. 결국 바로 그의 책 제목이 『존재와 시간』이며, 하이데거는 이렇게 말한다. "우리의 일시적 목표는 어떤 존재를 어떤 식으로 이해하건 그에 대한 가능한 지평[지시의 맥락 혹은 틀]으로서 시간의 해석이다"(Heidegger 1927: 19). 그는 또한 시간성이 현존재의 존재의 "의미"라고도 말한다(ibid: §5). 더구나 여기에 존재할 시간이 없이는 현존재는 아예 처음부터 존재할 수가 없었다. 시간은 현존재의 바로 그 가능성 근거이다.

하이데거의 용어법에서 "시간"이라는 단어는 일상적인 시계나 달력의 시간을 의미하지 않는다. 그런 종류의 시간은 시간이 끝이 없는 일-방향적인 매 순간들의 계승이라는 이론적 이해 방식과 결부된다. 이런 덜 중요한 종류의 시간이 시간에 대한 표준적인 일상의 감각이 되었다. 그러나 그런 시간은 근본적인 것이 아니다. 그것은 가장 큰 중요성을 지닌 그런 종류의 시간으로부터 파생된 것이다.

가장 중요하고 근본적인 의미의 시간은 원초적 시간이다. 나는 『존재와 시간』에서 이 "원초적 시간"의 정의 같은 것을 전혀 발견하지 못했다. 그러나 하이데거는, 그것을 무엇이라 여길지에 대한 약간의 암시를 제공하는 특징짓기를 실제로 제공한다. 여기에 간략히 그중 두 개를 소개한다. (1) 원초적 시간은 현존재의 시간성이다. 현존재는 현재,

과거, 미래를 갖는다. 이 세 가지는 탈자태脫自態.ecstase이다. 시간성은 이 세 가지 탈자태에 있다. "시간성은 스스로 그 자신을 위한 원초적인 '그-자신의-바깥'이다"(ibid.: §65). 시간성의 본질은 "그 탈자태들의 통일성 안에 이루어지는 시간화의 과정"이다(ibid.: §65). 하이데거는 "시간화"가 무엇인지 이렇게 명료히 한다. "미래는 지금까지 있어 온 것보다 더 늦지 않으며, 지금까지 있어 온 것은 현재보다 더 빠르지 않다." 그리고 "시간화는 지금까지 있어 온 것의 과정 안에 현재가 되게 만드는 미래로서 그 자신을 시간화한다"(ibid.: §68). 독자들이 재주껏 해석하기를 바란다. (2) 시간은 의의significance의 문제이다. 시간 속에서 사물들은 현존재에 중요하다. "우리의 미래와 우리의 과거는 … 일상생활 속에서 우리에게 유의미하다. 왜냐하면 그것들은 현재 우리의 실제적 관심사들과 관련이 있기 때문이다"(Polt 1999: 107).

나는 시간이 삶의-의미 지위에 오를 수 있는 훌륭한 후보로서 많은 독자에게 감명을 줄 것 같지는 않다는 의구심이 든다. 그렇게 볼 몇 가지 이유가 있다. (1) 그렇기는 하다. 살아갈 시간이 존재하지 않는다면 우리가 아예 존재할 수가 없다. 하지만 그런 식으로 말할 수 있는 것들은 많다. 공간, 공기, 물, 음식, 거처, 담배, 등등. 시간을 우승후보로 채택하는 것은 자의적인 것 같다. (2) "삶의 의미는 시간이다"라는 진술은 독자의 귀에는 너무도 당연히 그냥 틀린 말로 들릴 수 있다. 만약 니체가 자기 코를 신뢰할 수 있다면, 우리라고 자기 귀를 신뢰하지 말란 법이 있는가? (3) 여기서 하이데거의 추론은 공허하고 순환적으로 보인다. 현존재의 의미는 시간이다. 시간은 유의성의 문제이다. 그러므로 현존재의 유의성은 유의성이고 의미의 의미는 의미이다.

우리의 삶을 유의미하게 만드는 것으로서 본래성

앞의 추론 결과들에 대한 그럴듯한 대안이 있다. 하이데거에게 삶의 유의미함은 본래성Eigentlichkeit에 있다는 것이다. 영Young은 이렇게 적는다. "본래성은 유의미한 삶을 산다는 것이 무엇인가에 대한 하이데거의 설명이다"(Young 2014: 146). 본래성과 그것을 둘러싸고 거미줄처럼 엉킨 쟁점들에 대한 하이데거의 처리 방식은『존재와 시간』에서 가장 중요하고 영향력 있고 흥미로운 부분에 속한다.

우리는 단지 군중을 따라서 사는 "평균적-일상성"의 영역 "가까이에서 대부분" 산다. 우리는 사회적 역할을 맡는다. 우리는 동료 집단의 사회적 압력에 굴복하거나 혹은 그냥 아무 생각 없이 순종한다. 우리는 사회적 규약을 따르면서 "누구나" 하는 일을 하고 "아무도" 하지 않는 일을 삼간다. 내가 대머리 때문에 괴롭다고 가정해보라. 나는 이 사실에 어떻게 대응해야 하나? "가발을 쓰는 것은 수용할 만한 대응이지만, 다른 모든 이의 머리를 밀어서 내가 더는 예외적으로 보이지 않게 하려는 시도는 그렇지 않다"(Inwood 1997: 26). 이런 점에서 나는 "세인The Man" 혹은 "그들They"의 명령을 따른다. 내가 누구이고 어떤 사람인지, 내가 하는 선택, 내가 취한 행동을 결정하는 것은 내가 아니라 "그들"이다. "그들"이 내 삶을 경영한다. 내가 아니라.

이런 종류의 존재는 비본래적이다. 누구나 그것이 무언가 잘못되었다고 막연히 느낀다. 내 존재의 어떤 차원에서는 나 자신이 내가 누구인지 결정하고, 내가 내린 선택, 그리고 내 삶이 취해야 할 형태를 결정해야 한다고 느낀다. 나는 자기 배반을 느낀다. 그렇다면 평균적-일상의-비본래성 존재 양식에는 무언가 나쁜 것이 있는 셈이다. 그러나 거기에는 양지도 있다. 그것은 안도감을 불러온다. 그것은 위안을 가져오고, 평온을 생성하는 경향이 있다. 다 좋은 소리로 들린다.

하지만 비본래적인 삶에서 우리가 실제로 하는 일이란 우리 자신으로부터 도피하여 **죽음**을 회피하고자 노력하는 것이다. 세금을 치르는 다른 모든 사람처럼, 나는 내가 죽으리라는 것을 안다. 그러나 "그들"은 죽지 않는다. 나 자신을 "그들"과 동일시함으로써, 나는 불멸성의 (망상적인) 감각을 획득한다. 그럴 때 나는 내 죽음을 잊을 수 있고 죽음은 내가 그냥 생각하지 않는 무언가로 남겨 놓는다.

하이데거는 결단코 그리되지 않으리라고 믿는다. 나는 **본래적인** 사람이 되기 위해서 죽음을 직시해야 한다. 나는 내 죽음이 실제로 내 것이며 어느 순간에든 일어날 수 있는 실제적이고 피할 수 없는 절대적 소멸이라는 생각을 내 머릿속에 주입해야 한다. 본래적인 사람은 죽음을 미리 고려한다. 그 사람의 존재 양식은 "죽음을 향한 존재" 혹은 "죽음을 향해 돌진하기"다. 그것은 절벽 끝을 향해 돌진한다고 할 때의 그런 문자적인 의미에서가 아니라 사유 속의 죽음을 향해 돌진한다는 그런 의미에서다. 하이데거는 어디에서도 자살을 권유하지 않는다.

자기 죽음에 대한 이런 생생한 자각 속에서 사람은 자기 존재와 자기에게 허용된 가능성의 유한성을 자각한다. 그 사람은 자기 삶의 소중함을 깨닫고, "그들"의 삶에서 그것을 탕진할 때 무언가를 낭비했다고 느낀다. 요컨대, 본래성은 자기 **스스로** 선택하는 문제이며, 자신이 어떤 종류의 사람이 되고 자신의 삶이 어떤 길로 나아갈 것인지(삶이 지속되는 한) 스스로 결정하는 문제이다. 그럴 때 우리는 결연히 그런 결정과 선택에 따르는 삶을 산다. 이것은 우리 삶에 형태와 통일성을 부여하며, 초점을 창조하고, 목적과 중요성과 시급성의 감각을 제공하며, 따라서 우리의 삶을 진정으로 유의미하게 만든다.

심원한 불안의 경험이 본래성을 향한 움직임을 자극한다. 불안은 우리가 만사가 무의미함을 직면하여 자신의 존재 문제와 대면하도록 다시 내던져질 때의 드문 분위기 혹은 "기분attunement"이다. 나, 웬델은 불안을 느끼고 내가 언제라도 죽을 수 있음을 깨닫기 때문에, 나는 그런 불안과 그것이 어떻게 작동하는지 더 논하고 있을 수 없다.

이 중 어떤 것도 여기서 하이데거의 사유가 극단적인 개인주의임을 의미하지 않는다. 사람은 전통의 우물로부터, 자기 공동체의 유산으로부터 자신의 선택을 끌어낸다.

나는 독자 대부분이 본래성을 하이데거가 『존재와 시간』에서 삶의 의미에 관한 질문에 대해 내놓은 세 가지 가능한 답변 중 최고로 생각하리라고 믿는다. 하지만 어떤 이는 (아마도 착각으로) 사람이 자기 죽음을 항시(혹은 자주) 마음에 품고 있어야 한다는 생각이 아주 끔찍하다고 여길 것이다. 그리고 모든 위대한 사상가가 다 그런 생각을 받아들이지는 않을 것이다. 이를테면, 스피노자는 이렇게 적는다. "자유인은 모든 것 중 죽음에 대해 가장 적게 생각한다. 그리고 그의 지혜는 죽음이 아니라 삶에 대한 명상이다"(Spinoza 1677: IV, §67). 스피노자가 옳은가?

부도덕한 삶을 살기로 선택한 사람은 어떻게 되는가? 결국 우리가 물려받은 역사 속에는 많은 영웅 못지않게 많은 악당이 존재한다. 그리고 비본래적이지만 "세인The Man"이 명령하는 편안하고 평온한 삶을 진정으로 선택하고 단호히 따르는 사람은 어떻게 되는가? 의문은 남는다.[6]

---

[6] 이 소고를 쓰면서 나는 많은 사람에게서 유익한 조언과 제안을 받았다. 스콧 캠벨Scott Campbell, 대니얼 달스트롬Daniel Dahlstrom, 찰스 귀논, 마이클 인우드, 테드 키셀Ted Kisiel, 율리안 코라프-카르포비치, 리처드 폴트, 로버트 샤프Robert Scharff, 토마스 쉬한Thomas Sheehan, 마크 래트홀Mark Wrathall, 줄리언 영Julian Young. 그들이 만약 이 결과물을 정말로 읽어본다면 아마도 실망할 공산이 크겠지만, 그래도 어쨌든 나는 그들에게 깊이 감사한다.

사르트르와 삶의 의미

Sartre

조지프 카탈라노Joseph S. Catalano

내 앞에 주어진 과제는 삶의 의미를 바라보는 사르트르의 관점을 잘 풀어냄으로써 그것이 "역사적 재구성의 작업이 되기보다는 철학의 역사를 직접 행동으로 옮기는 수단이 되도록" 하는 것이다. 사르트르에 관해 글을 읽고 쓰며 지난 30년의 좋은 세월을 보낸 나는 즐거운 마음으로 내 대답을 제공하려 한다. 나는 사르트르의 사유 발전을 느슨하게 반영하는 네 단계로 글을 전개할 텐데, 그러면서 단계마다 그 앞뒤를 살피도록 할 것이다.

그 단계들에서 첫 번째는 우리 자신의 개인적 "프로젝트"의 형성, 즉 우리의 일상적 행위가 삶의 의미를 바라보는 우리의 일반적 관점에 부합하는 방식의 형성이다. 아주 어릴 때, 우리의 생각이나 행동은 이리 갔다 저리 갔다 한다. 그러나 다섯 살 혹은 적어도 열 살에 이르러 점차 타인들과 상호작용하면서, 우리는 내 삶에 의미를 부여하는 과제를 어떻게 추구할지에 대한 일반적 패턴을 스스로 형성한다. 물론 그 패턴이 삶을 무의미하다고 생각하는 것일 수도 있겠지만 말이다. 우리가 어떤 프로젝트에 더 오래 머물수록 변화가 생기기는 더 어렵겠지만 어쨌든 나중의 전향은 언제든 가능할 것이다. 두 번째 단계는 타인과의 초기 상호작용이 우리가 자기 삶에 의미를 부여하는 일반적 활동을 형성하는 데 도움을 준다는 것이다. 우리는 이 단계를 어른-아이 관계로 부를 수 있다. 세 번째 단계로, 우리는 모든 면에서 우리를 둘러싸고 있는 역사의 힘들 한복판에서 자기 삶에 의미를 부여하는 우리의 개인적이고 일상적인 활동을 계획한다. 마지막으로, 각자의 삶은 그 자신의 프로젝트와 모든 인간의 프로젝트를 반영한다.

상기한 단계들이 가리키는 바와 같이, 사르트르의 사유에는 발전이 있다. 그러함에도 불구하고, 우리 삶에 의미를 부여하는 우리 활동에 대한 그의 모든 반성을 관통하는 일반적 주제가 존재한다. 장 폴 사르트르Jean-Paul Sartre의 모든 철학은 다음과 같은 도덕적 명령을 지닌다. 즉, 우리는 사회의 더 불리한 구성원들과 제휴해야 한다. 그들의 시각에서 세계를 바라보고 그런 다음 그들을 우리의 더 유리한 위치로 끌어올리는 데 도움을 주려 애써야 한다. 이 세상에서 잘 먹고 잘사는, 상대적으로 안전하고 다복한 사람들인 "우리" 모두에게(설령 우리가 사회에서 그런 지위를 누릴 만한 자격이 있다고 생각하더라도) 그런 집단적 책임이 부여된다. 이런 도덕적 명령은 사르트르의 가장 초기 논고인 『실존주의는 휴머니즘이다Existentialism Is a Humanism』에 멋지게 요약되어 있다. 나는 휴머니즘에 관한 이 초기 저술을 아직도 좋아한다. 특히 마지막 부분이 그렇다.

> 내일 내가 죽고 난 후에 어떤 사람들이 파시즘을 창설하기로 마음 먹을 수 있고, 다른 이들은 너무 겁이 나거나 태만해서 그러도록 내버려 둘 수 있다. 만약 그렇다면 파시즘은 인간의 진리가 될 것이며, 그러면 우리에게는 훨씬 더 나쁜 일이 될 것이다. … 그것은 무저항주의 앞에 나 자신을 포기해야 한다는 것을 의미하는가?

아니다. … 만약 내가 "이러한 사회적 이상이 과연 현실이 될 것
인지" 자문한다면, 그건 말할 수 없다. 내가 아는 것은 오로지 내
게 어쨌거나 그렇게 만들 힘이 있다면, 그렇게 하리라는 것뿐이다
(Sartre 1946: 358).

"내게 어쨌거나 그렇게 만들 힘이 있다면, 그렇게 하리라." 내 동료 한
명은 특별히 사르트르를 좋아하지 않음에도 그의 실천적 신념만큼은
신뢰한다. 그는 한 세대의 학자들에게 거리로 나가서 참여해야 한다고
가르쳤다. 사르트르는 팸플릿을 뿌렸고, 그 자신을, '그 자신의 몸'을
그가 파리에서 목격한 수많은 불의의 원인과 연관시켰다. 이런 점에서
그는 그를 그런 문제의 전문가로 생각하지 않았던 많은 동시대 사람들
의 체면을 깎아내렸다. 사르트르가 볼 때, 우리의 철학적 사유는 최대
한 행동으로 흘러넘쳐야 한다.

　나는 휴머니즘에 대한 사르트르의 초기 태도를 언급했지만, 나중 저
술에서 사르트르가 부르주아 휴머니즘과 실존적 휴머니즘을 구분한
것을 보태는 것이 중요하다. 최종 형태에서 이 부르주아 휴머니즘은
신 혹은 자유인이 없는 세계를 함축했다. 그 세계에는 인간 존재의 의
의에 관하여 어떤 유의미한 답변도 존재하지 않는다. 왜냐하면 모든
답변이 이미 그 세계의 일부 부속품들로서 단지 과학이 발견해야 하는
것들이기 때문이다. 부르주아 휴머니즘은 적자생존의 원칙을 고수하
면서 빈자의 궁핍을 밟고 일어선 신흥 프랑스 중산층의 욕구를 강조한
점에서 부자와 권력자에게 봉사했다. 가장 불리한 자들의 시각에서 세
계를 바라보면서 그들에 대한 직접적 도움을 추구하는 실존적 휴머니
즘은 언제나 가능했지만, … 결코 실천으로 옮겨지지 않았다. 이런 이
야기들은 무신론자의 사상이라는 점에 주목해야 한다. 사르트르에게

신은 존재하지 않으며 다만 자유와 책임이 존재한다. 이를 염두에 두고 이제 우리는 위에 열거한 네 단계에 대한 성찰을 시작해볼 수 있다.

첫 단계: 프로젝트

『존재와 무Being and Nothingness』는 복잡하고 밀도 높은 저서로서, 사르트르는 지금도 자기와 함께 그 책 속으로 모험하기를 계획해보라고 우리를, 독자들을 초대한다. 그는 우리 각자가 모든 현실과 어떻게 관계 맺고 있는지에 대해서 책을 쓰고 있노라고 알려주면서, 독자들이 틀림없이 그의 과제에 대한 그의 일반적 관점을 알고 싶어 할 것을 안다고 말한다. 그는 자기를 따라오라고 권한다.

> 이제 바로 그 탐구가 우리에게 원하는 행동을 제공한다. 나라고 하는 이 사람, 만약 내가 그를 지금 순간 이 세계에 있는 그 사람 그대로 이해한다면, 나는 그가 질문하는 태도로 존재 앞에 서 있음을 굳게 믿는다(Sartre 1943: 4).

모든 인간의 삶은 그것이 곧 존재의 의미 문제의 탄생이기 때문에 의미로 가득 차 있다. 단 한 사람의 존재도 질서와 위계, 즉 우리가 소위 "세계"라고 부르는 것을 창조하며 실재를 부서뜨린다. 진실을 말하자면, 인간이 존재하지 않았더라도, 예를 들면 아마 공룡은 존재했을 것이다. 하지만 일진 돌풍과 입자와 눈송이의 셀 수 없는 운동도 존재했을 것이며 우리는 그런 것들이 제각기 서로 다르다고 말할 것이다. 유일무이하고 대체 불가한 눈송이 하나는 왜 공룡보다 덜 중요해야 하는가? 유일한 답변은 우리는 녹아서 사라져가는 눈송이들보다는 지구를 어슬렁거렸던 그런 더 큰 존재자들 사이에서 우리 자신의 삶과 더 밀접한 연결성을 본다는 것이다. 사르트르는 사물들의 질서가 없는 무한한 복잡성을 "즉자적 존재being-in-itself", 혹은 간단히 "즉자卽自, in-itself"라고 칭한다. 인간 존재는 "대자對自, for-itself"로 명명되는데, 왜냐하면 우리가 실재에 의문을 가질 때 우리는 모든 사물을 우리 자신과 관계시키기 때문이다. 그러함에도 불구하고, 우리는 즉자로부터 생겨나기 때문에 즉자 없이는 존재할 수 없을 것이다. 비록 사르트르가 보기에, 어째서 그래야만 하는지는 이유가 없지만 말이다.

모든 인간은 철학자로 태어난다. 모든 어린아이의 그 셀 수 없는 "왜"를 떠올려보라. 하지만 이 책에 등장하는 인물들 같은 소수만이 그 과제를 하나의 삶의 방식으로 받아들인다. 그러나 저마다의 삶은 사르트르가 삶의 일상적인 활동, 삶의 "프로젝트"라고 이름 붙인 활동에서 존재의 의미 문제에 대한 답을 추구한다. 자신의 삶에서 무엇을 소망하는지에 대한 명료한 생각이 없는 10대 청소년이 그런 결정에 도움을 얻기 위해 학교에 가는 경우를 생각해보라. 여전히 그것 자체가 중대한 결정이자, 프로젝트이다. 만약 우리의 그 젊은이가 매일 아침 깨어날 때마다 학교에 가는 것이 최선인지, 아니면 차라리 자퇴하고 직업 생활을 시작하는 것이 최선인지 자문했더라면, 신경 쇠약이 답이었을 것이다. 자퇴의 가능성은 언제나 존재하지만, 그것을 실행 가능한 선택지로 생각할 준비가 된 그런 시간이 올 때까지는 그냥 깊숙이 보관해 둔다. 그런 선택을 하지 않는다면, 그 사람은 자신의 프로젝트를, 더 구체적으로 말하자면 자신의 기본 프로젝트를 계속 이어나간다.

『존재와 무』 4부에서 사르트르는 이렇게 적는다. "나의 궁극적이자 애초의 프로젝트는(왜냐하면 그것들은 결국 하나일 뿐이기 때문이다), 앞으로 보겠지만 언제나, 존재 문제의 해결책에 대한 개요를 얻고자 하는 것이다." 그리고 그는 이렇게 보탠다. "그러나 그런 해결책은 처음에는 떠오르지 않고 나중에야 깨달아진다. 우리가 바로 그 해결책이다(ibid.: 463). 존재 문제에 대한 우리의 해결책은 우리가 우리 삶을 사는 구체적인 방식들이다. 가장 일반적인 두 가지 방식은 선한 신념으로 그런 책임을 수용하거나 혹은 자기기만으로 그런 책임에서 달아나는 것이다. 추상적인 것에서 구체적인 것으로 전개되는『존재와 무』는 개인이 된다는 것에 따르는 책임을 회피하고, 그럼으로써 존재 문제에 대한 개인적인 해결을 회피하려 하는 수많은 방식을 실제로 상세하게 기술한다. 이것은 사르트르가 자신이 속한 프랑스 사회에서 반유대주의 같은 자기기만의 현상들이 만연해 있는 것을 경험했을 뿐만 아니라 이미 제1차 세계대전을 되돌아보았으며 제2차 세계대전을 목도하고 있다는 사실을 깨닫지 않으면 이해하기 어려울 것이다.

실제로 그가『존재와 무』에 쓴 것처럼, 사르트르는 자신의 도덕적 견해를 더 자세히 설명할 필요성을 깨달았던 것 같고, 그래서 그는 윤리학을 곧 선보이겠다고 약속하였다. 그 약속은 지켜지지 않았지만 우리는 오늘날 그가 그런 글을 썼다는 것을 안다. 그 글은 사후에『윤리학을 위한 노트』로 출판되었다. 그 글은 권력을 가진 사람들이 자신의 이득을 위해 타인을 종속시키는 다양한 방식들을 상세하게 검토한 것이어서 흥미롭다. 움트는 자유에 대한 다음과 같은 내적 구조조정은 무죄가 아니다. "흔히 말하는 것과는 다르게, 억압받는 사람들을 기계로가 아니라 제한된 자유로 이용하는 것이다"(Sartre 1983: 328).

이만『존재와 무』로 되돌아가자. 제3부의 제3단원인 "타자와의 구체적인 관계"에서 사르트르는 우리가 서로를 향해 드러내는 기본 태도들에 대한 일반적 설명을 제공하고자 한다. 나는 그 지점이 그의 저서에서 가장 취약한 부분이라고 늘 생각한다. 그는 너무 많은 일을 너무 빠르게 해치우려 한다. 그렇기는 해도, 돌이켜 생각하면, 그런 말들을 그의 나중 저술들에 비추어 다시 읽어볼 때 기본 주제는 더 분명해진다. 그는 논의를 세 부분으로 나눈다. 첫 부분은 사랑, 언어, 마조히즘을 다룬다. 두 번째는 무관심, 욕망, 증오, 사디즘을 다룬다. 그런 다음 마지막은 "우리"에 관한 것이다. 처음 두 절은 모두 사랑에 관한 고찰 안에 실마리가 있다. 기본적인 생각은 간단하다. 사랑하는 사람과 사랑받는 사람 둘 다의 자유를 존중하는 도박 같은 사랑이 있고, 오로지 자기만을 위해 자유를 지키고자 함으로써 안전을 추구하는 사랑이 있다. (이 모든 내용은 사르트르의 플로베르 연구에서 멋지게 등장한다. 플로베르의 아버지는 아들이 자기처럼 의사나 적어도 법률가가 되어야 하며 어리석은 소설들을 쓰느라 시간을 낭비하지 않기를 원한다.) 사르트르는 이렇게 적는다.

> 타자의 현전 속에서 나의 프로젝트들에 늘 붙어 따라다니는 저 실현할 수 없는 이상理想은, 사랑이 하나의 진취적 시도인 한, 즉, 나자신의 가능성들을 지향하는 프로젝트들의 유기적 총체인 한, 사랑과 동일시되어서는 안 된다. 하지만 바로 그것이 사랑의 이상이며, 그것의 동기이자 목적이고, 그것 특유의 가치이다(Sartre 1943: 366).

이 절의 여기저기에서 이뤄진 구분은 행위와 이상 사이의 구분이지만, 모든 행위가 이상을 포함하므로 혼란스러울 수 있다. 사르트르가 염두에 둔 이상들은 자기기만의 이상들이다. 그것은 변화에 대한 믿음을 수반하지 않는 이상들, 사랑하는 타자에게 자기 쪽으로 거울을 비추게 해서 그 사랑하는 자가 변치 않고 그대로 있는 동안 나 자신의 발전을 볼 수 있게 하기를 원하는 이상들이다. 사랑의 이상에서 바람직한 것은 소유권이 아니다. 오히려 더 깊은 무언가, 이른바 자기 자신의 자유에, 그리고 자기 몸의 모든 세세한 부분에 영원히 고정된 자유이다. "내가 눈, 머리, 눈썹을 갖는 것, 넘쳐흐르는 관대함 속에서 그것들을 지치지 않고 아낌없이 쓴다는 것은 얼마나 좋은 것인가. 이것이 기쁨이 있을 때 사랑의 기쁨을 위한 기반이다. 즉 우리는 우리 존재가 정당화된다고 느끼는 것이다"(ibid.: 371).

우리가 타인의 자유를 존중한다면 이 모든 태도가 좋은 신념에 따른 것일 수 있다. 오로지 마조히즘만이 언제나 자기기만에 따른 것이며, 그것에 관해 사르트르가 쓴 글은 흥미롭다. "따라서 마조히즘은 이론상 실패이다. 우리가 마조히즘은 '악덕'이며 악덕은 이론상 실패에 대한 사랑임을 깨닫는다면, 그로 인해 우리가 놀랄 일은 없어야 한다"(ibid.: 379). 그래서 도덕적인 사람들은 도전한다. 시도하라! 실패하면 실패한 것이다. 그러나 그것이 우리가 추구한 실패일 수는 없다. 그럴 거라면 결코 진정으로 시도할 리가 없었을 것이기 때문이다.

나는 이번 절에서 세 번째 부분을 언급했다. 바로 "공동존재Mitsein"로서 "타자와 함께함"이라는 하이데거의 개념이다. 사르트르에게 우리가 타인과 함께함이란 오로지 우리의 노력을 통해 성취하는 무언가이며, 우리가 타고나는 그런 것이 아니다.

두 번째 단계: 어른-아이 관계

모든 철학 저술은 자기가 어릴 때 어땠는지 잘 잊어버리는 어른들이 쓴다. 당연한 말이며, 사르트르도 예외가 아니다. 적어도 그의 초창기 철학 저술은 그렇다. 사르트르가 장 주네Jean Genet에 관한 글을 쓰기로 마음먹고 그 뒤에 귀스타브 플로베르Gustave Flaubert의 삶을 상세하게 성찰하기로 작정했을 때 가서야 비로소, 그는 모든 아이에게 적어도 대여섯 살때까지 확실하고 그 뒤로도 빈번히 나타나는 취약성을 고찰하기 시작했다. 그 관계는 "사업"으로서의 사랑 중 하나여야 한다. 즉, 아이가 자라나삶에서 그 자신의 모험을 발견하게 하는 사업이다. 사르트르는 노예, 피억압자, 극빈자의 아이들은 자기 잘못이 아닌 부모의 잘못으로 그 기회를 빈번히 박탈당한다는 사실을 깨달았다. 그러나 사르트르는 주네와 플로베르를 연구하면서 중산층의 억압을 접한다. 『플로베르, 가족 바보Flaubert, The Family Idiot』라는 대작은 가장 포괄적인 연구지만, 주네에 관한그보다 짧은 연구도(그나마 600쪽가량이다) 나름의 특징적인 측면들을지닌다. 특히 무신론자 사르트르가 참된 선과 진정한 악을 어떻게 구분할 수 있는지 분명하게 표현한다는 점에서 그렇다.

> 전문가, 행정관료, 범죄학자, 사회학자에게, 악한 행위란 존재하
> 지 않는다. 오로지 처벌해야 할 행위들만 존재한다. 거리의 평범
> 한 사람에게는 악한 행위들이 존재하지만, 그런 짓을 저지르는 사
> 람들은 언제나 타자들이다. 주네는 전자에게는 악이 존재한다는
> 것을, 후자에게는 악의 뿌리가 그들 본인에게서 찾아져야 한다는
> 것을 폭로하고 싶어 한다(Sartre 1952: 490).

주네에 대한 사르트르의 연민 어린 연구의 핵심에는, 삶의 의미를 사물의 소유에서 찾으려는 우리의 오도된 추구가 있다. 이상하게도 주네는자산 소유자가 되고 싶어 하고 그런대로 괜찮은 사회의 일원이 되고 싶어 한다. 그러나 그는 너무 빨리 도둑으로 판정받고, 그래서 사람들은그가 가진 것은 뭐든지, 사실이든 아니든, 훔친 것으로 간주한다. 주네는 세계의 "선한" 사람들에게서 판정을 받은 것이며, 그런 판정은 그

젊은이의 내면 깊숙한 곳에 영향을 미친다. "어린 주네는 비인간적 산물로서 그것의 유일한 문제는 사람이다. 사람들에게 어떻게 받아들여질 것인가?"(ibid.: 46) 주네는 훌륭히 자신의 역할을 수용한다. 그렇다, 그는 추방자가 될 것이다. 하지만 순결한 추방자, 내쫓긴 사람들의 "성자"가 될 것이다.

세 번째 단계: 역사의 힘들

사르트르의 『변증법적 이성 비판』의 두 권은, 어떻게 우리의 개별적인 삶들이 우리가 사는 복잡한 물질세계에서 나름의 의미들을 규명해 나가는지 보이는 데 할애된다. 낙관주의에 대한 한 가지 훌륭한 언급에서 시작해보자. 우리는 처음으로 우리 미래의 역사 발전을 인도할 수단을 손에 쥐고 있는 전례 없는 시기를 살고 있다. 그것이 항상 맞는 말은 아니었다. 사르트르는 중국 소작농 사례를 사용한다. 그는 땅을 개간하기 위해 숲을 없앴고 그 덕에 스스로 홍수의 원인이 되었다. 물론 홍수는 자연도 일으킨다. 그러나 여기서 요점은 곡식을 심으려는 바로 그 의도가 나무가 없는 불모의 땅이란 역逆-합목적성을 감추었다는 것이다. 중국 소작농들이 땅에서 숲을 없앤 결과를 내다보는 것이 불가능했다면, 우리가 지금은 우리 행위들에 대한 그런 예측 및 결과의 통제가 가능하다는 것이 『변증법적 이성 비판』의 교훈이다. 그래서 변증법은 특정한 유형의 지적 노력이다. 그것은 헤겔, 키르케고르, 마르크스에게서 태어났고 인간을 이윤의 도구로 활용하곤 했던 사람들에 맞서 동맹을 규합하고 조직을 만들고자 한 셀 수 없는 노력의 산물이기도 한, 이른바 '고쳐 생각하기'이다. 세상은 지금보다 더 나은 장소가 되어야 하지만, 우리의 그 모든 실패에도 불구하고 수많은 인간의 선한 행위들은 나름의 영향을 미쳤다. 사르트르는 이렇게 적는다.

따라서 우리가 누구나 비판적인 탐구를 수행할 수 있다고 주장할 때, 그것은 그런 일이 어느 시기에든 일어날 수 있었다는 의미가 아니다. 그것은 오늘날의 누구나를 의미한다. 그렇다면 "누구나"는 무엇을 의미하나? 우리가 그 용어를 사용한 것은, 만약 역사적 전체화가 존재할 수 있어야 한다면, 어떤 인간의 삶이든 그것이 만물과 만인에 대립한다는 정확히 그런 측면에서 모든 것(전체화 운동의)과 모든 삶의 직간접적 표현임을 가리키기 위해서다(Sartre 1960: 50).

이 일반적 주장을 표현하는 또 다른 방식은 다음과 같다. 즉, 궁극적으로 우리에게 "하나의 세계"를 제공하는, 제한 없이 계속 확장되는 전체성들의 거미줄 안에 우리가 포함되어 있고 바로 그럼으로써 우리가 이 유일무이한 인격으로 구별된다는 것을 우리 각자가 이해하는 한에서, 역사에는 의미와 진리가 있다는 것이다.

하지만 이 위대한 낙관주의적 견해는 세상의 부유한 권력자들이 집단적 역사의 혜택을 독점하도록 허용하는 불운한 방식들과 균형을 이루어야 한다. 그런 사람들은 인간적 노력을 이용하고 유도하여 인간이 동료 인간을 늘 의심하도록 만든다. 그들의 성공은 너무 대대적이어서 우리 역사의 의미로 "결핍"을 반영하도록 제도들이 날조될 정도다. 무엇이건 모두에게 충분할 일은 결코 없을 테니 각자 알아서 챙기는 게 더 낫다는 식으로 말이다. 사르트르는 이렇게 적는다.

짐승이나 미생물은 말할 것도 없고, 그 어떤 존재도 지능적이고, 육식성이고, 잔인하며, 인간의 지능을 이해하고 속여먹을 수 있고, 정확히 인간의 파멸을 목표로 하는 그런 종보다 더 인간에게 두려울 수 없다. 하지만 분명히 그 종은 결핍의 맥락에서 개개의

구성원이 다른 사람들에게서 지각하는 바로 우리 종이다. … 이런
경우 첫 번째 윤리 운동은 극단적 악과 마니교를 만들어낸다
(ibid.: 132).

결핍, 모두에게 충분할 일은 결코 없을 것이라는. 둘째, 선 그 자체의
실천보다는 악의 파멸이 곧 선임을 선포하는 마니교. 그리고 마지막으
로, 우리가 가진 것을 위협할 수 있어 보이는 위험한 빈자와 불우한 자
들에게 극단적 악을 배치하는 것. 이것이 우리가 진짜로 선한 일을 하
지 못하도록 미혹하는, 우리 역사의 제도화된 힘들이 전개하는 세 가지
주요한 도덕적 국면들이다. 우리는 끝없이 적을 재탄생시킴으로써 이
지옥을 계속 가동한다. 때로는 그런 위험한 타자들이 "저기 바깥"에 존
재하지만, 아니다, 그자들은 우리 발밑에 있다. 아니면 문을 쾅 닫고 집
에 안전히 들어앉아 있으면 된다. 아마도 지금은 그들로부터 안전한 것
같다. 나는 너로부터, 너는 나로부터 안전하다. 그러나 무슨 일이 벌어
질지 누가 알랴?

　실제로 사르트르의 다음과 같은 지적은 도널드 트럼프 치하 현대 미
국의 정치 지형과도 관련이 있다. 사르트르에 따르면, 프랑스의 알제
리 식민지배의 취지에서 자본주의적 이득을 얻는다는 측면은 일부분
에 지나지 않는다는 것이다. 값싼 노동보다 더 중요한 것은 그들 자신
의 이득과 기성 질서의 이득을 위해 이슬람교도를 길들이고 다스릴 필
요가 있는 위험한 하류 인간으로 꾸며내야 할 필요성이었다.

　개인적으로 어떤 한 사람이 역사를 바꾸는 것은 불가능하지만, 우리
는 사르트르가 "융합한 집단들groups-in-fusion"이라고 명명한 것을 형성
할 수 있고 또 실제로 그렇게 하고 있다. 그것은 조건들이 맞아떨어지
는 특정 시기에 우리의 개별 행위들이 다른 행위들과 자유롭게 합일하

여 억압을 극복할 수 있음을 말하는 것이다. 나는 여기서 내가 할 수 있는 일을 한다. 그리고 할 수만 있었다면, 당신도 나를 돕기 위해 여기에 있었으리라. 그리고 호혜적으로, 당신도 나에 대해 똑같이 생각하리라. 여전히 사르트르에게 "우리"는 우리의 개별 행위들로부터 구성된 그 무엇이다. "유일하게 실천적인 변증론적 실재이자 만물의 동기가 되는 힘은 개별적 행위이다"(ibid.: 322).

마지막: 각자의 삶은 어떻게 역사를 반영하는가

역사의 힘들이 우리에게 어떻게 작용하느냐와 별개로 개인과 가족의 드라마는 여전히 존재한다. 실제로 사르트르가 가장 길고 가장 포괄적으로 수행한 연구는 중산층에 속하는 어느 프랑스 가족, 즉 플로베르 가족에 관한 것이다.

아실-클레오파스Achille-Cléophas와 카롤린 플로베르Caroline Flaubert는 자녀를 가질 계획이 있었고, 사르트르가 관찰한 대로, 부모가 계획을 세울 때 아이들은 운명을 지닌다. 첫째 아들로 태어난 아실은 아버지처럼 저명한 의사가 됨으로써 자신의 운명을 실현했고, 유일한 딸인 카롤린은 이름을 물려준 어머니처럼 좋은 짝을 만나 결혼했다. 오직 둘째 아들 귀스타브만이 가족계획에 순종할 수 없었던, 아니 그럴 의사가 없었던 것처럼 보인다. 그는 그런 저항의 대가를 치렀다. 사르트르는 거침없이 말한다. "귀스타브와 어머니의 관계는 그에게 긍정의 힘을 앗아갔고, 그가 말과 진리와 맺는 관계는 더럽혀졌으며, 그가 변태 성욕의 운명에 빠지게 했다. 아버지와의 관계는 그의 현실 감각을 잃게 했다"(Sartre 1971-72: II, 69).

부모가 아이에게 그렇게 큰 영향을 미칠까? 흔히 부모의 현전은 친척과 친구의 영향으로 완화된다. 하지만 플로베르 가족처럼 가족 구조가 탄탄할 때 유아는 오로지 가족을 통해서만 실제 세계에 진입할 수 있다. 그러나 만약 사랑의 결핍으로 인해 실제 세계로 나가는 그 문이 닫힌다면, 오로지 한 가지 다른 통로가 유아를 유혹한다. 바로 상상력의 문이다(나중에는 그 아이나 청소년이 죽음을 선택할 수도 있다). 그래서 유아 귀스타브 플로베르는 상상력을 선택한다. 옷 꾸러미를 어깨에 들쳐 메고 자신이 원치 않는다고 느낀 가정을 떠나기에는 너무 어렸던 그는, 다른 많은 이들이 그러듯 자신의 연약한 몸을 집에 그대로 머물러 있게 하면서도 다른 곳에서 살 수 있는 길을 발견하였다. 이런 식으로 귀스타브 플로베르는 일곱 살이 채 되기 전의 아주 어린 시절부터 몽상 속에서 살았으며 언제나 무감각한 상태에 처해 있었던 것 같다. 그에게는 이미 형의 특징이었고 나중에 여동생에게도 나타났던 빠른 학습 능력이 없었다. 비교해보면 귀스타브는 열등아였던 것 같다. 하지만 열 살, 열한 살쯤에, 그전까지 글을 읽을 줄 몰랐던 그가 이미 보기 드문 글쓰기 능력을 보여주었다. 사르트르는 이렇게 적는다. "진실로, 열세 살 때부터 본색이 드러났으며, 귀스타브가 책과 편지를 썼고 영원한 증인들이 있다는 사실을 잊지 말자. 그렇게 잘 알려진 사실을 멋대로 다루는 일은 불가능하다"(ibid.: I, 46).

프랑스어로 세 권이고 영역본으로는 캐럴 코스만Carol Cosman의 탁월하고 헌신적인 노력으로 다섯 권으로 출간된 저서를 통해, 사르트르는 플로베르 가족이 결코 그의 아들을 받아들이지 않았던 가혹한 방식을 추적한다. 그가 영예를 얻었을 때조차 그들은 그를 "가족 중의 바보"로 취급했다. 그는 의사나 아니면 법률가라도 되어서 그런 오명을 차단할 능력이 없다는 것이다. 공들여 써낸 이 드라마를 오늘날 우리에게 그렇게 설득력 있고 시의적절한 것으로 만들어 주는 것은 귀스타브 플로베르의 삶과 글, 그중에서도 특히 『보바리 부인』이 나폴레옹의 패배로 인해 폭발 직전 상태로 부글거리면서 나름대로 원한을 풀 길을 찾고 있던 프랑스의 사실상 가망 없는 역사적 상황을 반영한 방식이다. 그것은 중산층 부양에 실패한 미국이 탈출구를 찾고 있는 것과 상당히 비슷하다. 미국에서 우리는 다른 번영하는 국가들의 도움으로 세계를 먹여 살리고 모두에게 버젓한 삶을 제공할 수 있지만(산업 혁명이 그것을 성취했다), 모든 존재에 의미를 부여하는 모험적인 삶을 보유하고 … 또한 낭비하고 있는 부유한 권력자들은, 보통 사람들이 자기들과 똑같이 그런 삶을 살 자유와 기회를 누리게 되는 세계에서 살게 될까 두려워한다. 사르트르는 이렇게 적는다. "우리 종은 자기 길들이기를 향해 돌이킬 수 없는 길을 떠났다"(ibid.: I, 98).

그래도 사르트르의 일관된 메시지는 개인이건 사회건 변화는 항상 가능하다는 것이다. 사르트르 철학의 모든 것은, 어떻게 각자 삶의 의미가 모든 인류의 존재 의미를 드러내는지 자세히 설명하는 것이다. 우리는 그 짐을 지거나 혹은 자기기만에 따라 그로부터 도망칠 수 있다. 마르크스를 제외하고 다른 어떤 철학자도 이 한 가지 주제에 그렇게 헌신하며 글을 쓴 적이 없다. 사르트르는 자신과 마르크스의 관계를 이런 식으로 정리한다. "이 탐구에서 결핍의 재발견이 마르크스의 이론에 반대하거나 그것을 완성한다고 주장하는 것이 절대 아니라는 점이 분명히 이해되어야 한다. 그것은 다른 질서에 관한 것이다"(Sartre 1960: 152, n. 35). 그 "질서"는 자유이며, 거기에는 개인적 노력의 효율성과 가치가 함께 한다. 그것은 매우 큰 차이다.[1]

---

[1] 이번 장은 나의 다음 논문을 토대로 쓴 것이다. Catalano 2010.

29

보부아르와 삶의 의미
Beauvoir

조너선 웨버Jonathan Webber

시몬 드 보부아르Simone de Beauvoir가 처음 발표한 철학적 논고는 부조리와 도덕에 관한 그녀의 짧은 책 『피로스와 키네아스Pyrrhus and Cineas』이다(Beauvoir 1944). 60년이 지나서야 비로소 이 책을 영어로 접할 수 있게 된 것은 꽤 불행한 일이다. 도덕철학과 정치철학에 관한 그녀의 1940년대 작업은 결정적으로 이 책의 핵심 논증에 의존하고 있으므로, 그 논증에 충분히 주목하지 않았던 것이 영어권 세계에서 그 사상의 수용을 저해했던 셈이다. 그리고 그 책에는 그녀가 부조리와 인간 조건에 대해 유일하게 지속했던 고찰이 담겼으므로, 그녀의 실존철학은 왜곡되게 받아들여져 온 셈이다.

보부아르는 이 책에서 독자의 손쉬운 이해를 허용하지 않는다. 그녀의 관심은 사상사에서 부조리 문제에 대해 드러낸 다양한 반응을 몽테뉴가 발전시킨 고전적인 프랑스 에세이 스타일로 이리저리 훑고 지나간다. 그러는 과정에서 기독교 신학, 중세 유럽 정치, 예술사, 여러 과학 분야의 발전 등에서 가져온 사례들로 자세한 설명이 제시된다. 이 모든 박학함이 책의 논증을 다소 불명료하게 만드는데, 앞으로 보게 되겠지만 그 논증은 멋지게 따로 떼어내서 또박또박 진술할 가치가 충분하다. 왜냐하면 그것은 부조리 문제를 도덕을 정초하는 문제와 연결함으로써, 실존철학과 도덕철학 둘 다에 공통되는 하나의 혁신적 공헌을 이뤄내기 때문이다.

부조리와 실존주의

책은 기원전 3세기 때 에페이로스의 왕 피로스와 그의 조언자 키네아스가 세계 정복 계획에 관해 나눈 대화로 시작한다. 피로스가 제일 먼저 그리스를 정복할 것이라고 선언하자 키네아스는 그다음에는 무엇을 할 것인지 묻는다. 피로스는 다음에는 아프리카를 정복할 것이라고 대답하고 이에 대해 키네아스는 같은 질문으로 응수한다. 이런 질문과 대답은 피로스가 정복할 땅이 바닥날 때까지 계속되는데, 그 시점에 이르면 그는 쉴 것이라고 말한다. 하지만 그러자 키네아스는 왜 그냥 바로 쉬지 않느냐고 묻는다. 그가 암시한 바는, 피로스가 계획한 세계 정복의 삶보다 이 휴식의 삶이 덜 의미 있지는 않으리라는 것이다.

보부아르는 키네아스가 실로 일리가 있다고 주장한다. 우리의 프로젝트는 추구하는 동안에는 우리가 가치 있게 여기는 목표를 지니지만, 일단 프로젝트를 완료하고 나면 우리는 새로운 목표, 새로운 가치로 이동하며 예전 것은 이제 더는 그리 중요하지 않아 보인다. 우리는 이런 관점을 프로젝트가 완료되기 전에 가져볼 수도 있다. 지금의 목표에 관해 성찰하고 어째서 다른 어떤 것보다 지금 이 프로젝트에 가치를 부여하는 것인지 묻는 것이다. 가치란 오로지 우리의 프로젝트가 산출한 일시적 착각에 불과하다는 이런 반성적 자세의 함의를 우리가 수용해야 할까? 키네아스가 암시하는 이런 허무주의적 결론을 수용해야 할까?

전혀 수용할 수 없다는 것이 보부아르의 견해다. 핵심 가치를 지닌 프로젝트를 추구한다는 것은 반려동물을 기르거나 신문을 읽는 것 같은 인간 삶의 선택적 특징이 아니다. 그것은 그냥 포기할 수 있는 일이 아니다. 보부아르는 프로젝트의 추구가 곧 우리 존재의 구조라는 실존주의적 관점을 고수한다. 이 관점에 따르면, 설령 성찰해보면 우리의 가치들이 전적으로 임의적인 것처럼 보일 수 있을지라도, 우리 존재의 구조는 우리에게 그런 가치들을 진지하게 받아들일 것을 요구한다. 그러나 한 걸음 물러나 우리가 가진 가치에 의문을 제기할 수 있는 이런 능력도 우리의 실존에 똑같이 근본적으로 중요하며, 그래서 그것 역시 그냥 무시해버릴 수는 없다고 그녀는 주장한다.

우리에게 남겨진 것은 허무주의가 아니라 부조리인 것처럼 보인다. 우리는 전혀 정당화가 안 되는 가치들임에도 불구하고 그것들을 진지하게 받아들여야 하는 운명에 처한 것처럼 보인다. 이것이 보부아르가 다루고자 작정한 문제이다. 실존적인 측면에서, 그 문제는 우리 삶과 그것을 구성하는 활동들이 어떤 진정한 의미나 가치를 지닐 수 있는지 의문을 제기한다. 도덕적인 측면에서, 그 문제는 우리가 추구해도 무방한 프로젝트들의 범위를 제약하는 어떤 객관적 가치가 존재하는지 의문을 제기한다. 보부아르의 전략은 이 문제의 도덕적 측면을 통해 그것의 실존적 측면을 해결하는 것이다.

피로스는 시시포스가 아니다

알베르 카뮈는 자신이 바라보는 부조리 문제를 시시포스의 이미지로 구체화한 것으로 유명하다. 시시포스는 쉴 새 없이 바위를 산꼭대기로 밀어 올리지만, 그저 다시 굴러 내려오는 것만 보게 될 뿐이다. 보부아르의 책보다 2년 먼저 출간된, 부조리에 관한 그의 짧은 논고는 다른 사례들도 많이 제공하지만, 그 이미지를 책 제목과 책의 마무리 장에서 사용한 것이 결정적인 역할을 한다. 보부아르는 자신의 부조리 분석에 서『시시포스의 신화』(Camus 1942a)를 어디에서도 직접 언급하지 않지만, 프로젝트 추구를 정의하는 사례로 피로스를 선택한 것은 그 책과 선명한 대비를 이룬다.

왜냐하면 피로스와 시시포스는 세 가지 중요한 방식에서 다르기 때문이다. 피로스는 서로 다른 영토를 차례로 정복할 계획을 세운다. 여기서 각각의 영토는 서로 다른 도전을 나타낸다. 하지만 시시포스는 단지 단일한 프로젝트를 반복할 뿐이다. 피로스는 정복할 땅이 조만간 바닥나리라는 것을 너무도 잘 알지만, 시시포스는 영원토록 바위를 굴려야 할 운명이다. 그리고 어쩌면 가장 중요하게도, 피로스는 각자 나름의 프로젝트를 추구하는 타인들로 가득 찬 세계에 연루되어 있지만, 반면 시시포스는 근본적으로 고독한 기획에 착수한 것이다.

세 가지 방식 모두에서 피로스는 시시포스와는 달리 인간이 처한 조건과 공통점이 있다. 인간 실존의 구조는 우리를 단일한 프로젝트를 끝없이 반복하는 운명에 처하게 하지 않는다. 대부분 사람에게 삶의 많은 부분은 건강하게 연명하는 데 필요한 조건들을 유지하는 반복적 순환에 할애되는 것이 사실이다. 그러나 삶이 전적으로 그 자체의 유지에만 바쳐져야 한다는 것이 인간적 조건에 내재해 있는 것은 아니다. 오히려, 연명은 개인의 경제적 상황에 좌우되는 한도 내에서 다른 프로젝트들을 추구하기 위한 필수 토대를 제공한다.

따라서 연명이라는 목표는, 그것이 성취되는 한, 보부아르가 '출발점point de départ'이라고 부르는 것의 사례인 셈이다. 목표가 성취된 후 단지 새 프로젝트가 수행된다고 해서, 이전 목표가 세계에서 사라져버리는 것이 아니라고 그녀는 지적한다. 오히려 그것은 새 프로젝트에 필요한 기반으로 이바지하도록 유효하게 남는다. 피로스는 서로 다른 프로젝트에 순서대로 참여한다는 점에서 시시포스와 다를 뿐만 아니라, 순서상의 각 프로젝트가 그다음 프로젝트를 위해 요구되는 토대 일부를 제공한다는 점에서도 다르다. 언덕 위로 바위를 밀어 올리는 일의 경우 시시포스가 거둔 이전의 성공은 그가 그 프로젝트에 다시 착수할 때 아무런 영향을 미치지 않는다. 이와 대조적으로 피로스는 먼저 그리스를 정복해서 더 큰 군대를 기르지 않는 한 아프리카를 정복할 희망을 품을 수 없다.

출발점

보부아르의 요점은 단지 성취된 목적이 향후 목적을 위한 수단으로 이바지할 수 있다는 것이라기보다, 그럼으로써 그것이 가치 있는 것으로 남게 된다는 것이다. 그러나 그 가치가 나 자신의 향후 프로젝트들에서 수단으로 구실해야 할 것을 요구하지 않는다. 그러려면 그것의 수단으로서의 가치가, 그런 향후 프로젝트들에서 추구된 목적들의 가치로부터 획득되어야 할 것이기 때문이다. 그런 목적들이 성취되고 난 후 그 가치가 지속되지 않는다면 그것들은 결국 진정으로 가치 있는 것이 아니게 보일 것이고, 그러니 그런 목적들이 또 다른 향후 프로젝트들에서 수단으로 채택되어야 한다고 요구될 것이며, 이 과정은 끝없이 계속될 것이다. 나의 성취된 목적의 가치가 내가 그것을 수단으로 사용함에 의존한다는 것은, 실제로는 피로스처럼 우리의 야심이 유한해야만 하는 상황인데도 우리가 저마다 시시포스처럼 자기 앞에 무한한 프로젝트들이 연쇄적으로 놓여 있어야 한다고 요구하는 꼴이다.

보부아르에 따르면, 그래서 우리가 시시포스처럼 고립적인 삶을 사는 게 아니라 피로스처럼 사람들이 저마다의 프로젝트를 추구하는 세계에서 프로젝트를 추구한다는 것이 중요하다. 우리가 성취한 목적의 가치는 그것이 나의 향후 프로젝트의 수단으로 기능할 수 있다는 데에 있는 것이 아니라, 그것이 나의 프로젝트이건 타인의 프로젝트이건 상관없이 일반적으로 프로젝트들의 수단으로 기능할 수 있다는 데에 있다.

그러나 그렇더라도 여전히 프로젝트의 가치가 그것이 성취한 목적이 또 다른 프로젝트의 수단으로 활용된다는 데 달린 것일 수는 없다. 이에는 두 가지 이유가 있다. 하나는 그런 목적이 나의 향후 프로젝트들에서 수단이 된다고 해서 그것에 가치가 주어질 수 없는 이유와 근본적으로 같다. 그것은 그 프로젝트들이 무한한 연쇄를 이룰 것과 그 목적들이 저마다 그다음 프로젝트의 수단으로 채택될 것을 요구할 것이다. 설령 인간의 역사가 무한히 이어진다고 하더라도, 나의 어떤 세세한 목적이건 그것이 성취만 되면 그런 무한한 연쇄의 한 부분을 형성하리라고 말하는 것은 전혀 그럴법하지 않을 것이다. 그렇게 되면 나의 모든 목적에 사실상 어떤 진정한 가치도 없을 가능성이 압도적으로 높다고 말해야 할 것이다.

똑같이 중요한 또 다른 이유는, 어떤 수단이 다른 사람의 프로젝트에 이용되었다고 해서 어째서 그것이 나에게도 가치 있는 것이 되어야 하는지 여전히 아무런 까닭을 모르겠다는 것이다. 그것은 당사자에게는 가치가 있을 것이다. 사람들은 자신의 목적을 가치 있게 여기며 그 수단이 그 목적을 성취하는 데 필요하기에 그렇다. 그러나 그것이 그 목적을 객관적으로 가치 있는 것으로 만들지는 않는다. 그것이 그 수단을 나에게 가치 있는 것으로 만드는 것도 아니다. 설령 그것이 다른 누군가의 수단으로 존재하는 이유가 오로지 내가 과거에 그것을 성취할 만한 가치가 있는 목적으로 여긴 덕분이었다고 해도 마찬가지다. 예를 들면, 내가 고안한 장치 덕분에 누군가가 그의 프로젝트를 성공적으로 완수하게 될 때 그 장치가 그에게 가치가 있을 수 있지만, 그렇다고 그것이 그 장치를 나에게도 가치 있는 것으로 만드는 것은 아니다. 이를테면, 그 사람의 프로젝트가 내 프로젝트와 상충하는 것일 수도 있지 않은가.

잠재적 수단의 가치

따라서 보부아르는 성취된 어떤 목적의 지속적 가치는 수단으로서 그것이 지닌 실제적 용도가 아니라 잠재적 수단으로서 그것의 지위에 있다고 주장한다. 내가 성취한 목적의 가치가 단지 무언가의 수단으로 사용될 가능성에 의존한다면, 그것은 향후의 모든 실제 프로젝트가 가치를 지녀야 한다고 요구하지 않으며, 나의 목적이 프로젝트들의 무한한 연쇄의 한 부분을 이루어야 한다고도 요구하지 않을 것이다. 그리고 같은 이유에서 그것은 다른 누군가의 프로젝트가 나에게 가치 있어야 한다고 요구하지 않으며, 따라서 내 가치와 다른 이들의 가치가 일치해야 한다고도 요구하지 않는다.

어째서 이로부터 우리가 성취된 목적에 어떤 가치도 없다는 것이 아니라 잠재적 수단으로서 가치를 지닌다는 결론을 내려야 하는가? 보부아르는 성취된 목적이 아무런 가치도 지니지 않는다는 생각을 받아들일 수 없다고 주장한다. 그녀의 관점에 의하면, 우리가 프로젝트를 추구하는 것이 인간 실존의 구조이며, 그것은 우리가 그런 프로젝트의 목적을 성취하는 일을 가치 있게 여겨야 한다고 요구한다. 우리는 목적들을 가치 있게 여기는 데 실존적으로 마음을 쏟으며, 그것은 그런 목적들의 성취를 가치 있게 여기고 그럼으로써 그것들이 성취되고 나서도 계속 가치를 지니리라는 주장에 마음을 쏟는다는 것을 함축한다. 따라서 성취된 목적이 가치 있는 이유를 설명하는 우리의 유일한 선택지는 그것이 다른 프로젝트들에 대한 잠재적 수단이기 때문임을 수용하는 것이다. 그런 다른 프로젝트들이 자기 것이건 타인의 것이건 상관없다.

보부아르의 논증에서 그다음 단계는 이 잠재적 수단의 가치가 그것을 수단으로 사용할 수 있는 능력의 가치를 함축한다는 그녀의 주장이다. 왜냐하면 무언가가 수단으로 사용될 가능성은 그것을 수단으로 사용할 능력이 존재한다는 사실에 의존하기 때문이다. 만약 그런 가능성 자체가 가치 있는 것이라면, 그 가능성이 의존하는 능력 또한 그래야만 한다. 성취된 목적들에 잠재적 수단으로의 가치가 있음을 수용해야 한다면, 따라서 목적을 설정하고 그것을 추구할 수단을 배치하는 능력 자체가 가치 있다는 것 또한 받아들여야 한다.

물론 이 능력은 실존주의가 생각하는 인간 주체성 외에 다른 것이 아니다. 따라서 보부아르의 논증은 자기가 가진 목적들의 가치로부터 인간 주체성 일반의 가치로 이어진다. 만약 이 논증이 타당하다면, 우리가 자기 목적의 가치를 실제로 수용하므로, 그것을 성취하는 가치를 수용해야 하고, 그래서 결국 성취된 목적을 수단으로 배치하는 능력으로서 인간 주체성의 가치를 수용해야 한다.

이 논증은 인간 주체성 자체가 누군가의 프로젝트에서 수단이나 목적이 된다는 것에 의존하지 않는다. 따라서 그것이 확립하는 인간 주체성의 가치는 어떤 구체적 프로젝트를 갖는 것에 의존하는 주관적 가치일 수 없다. 오히려 그 논증의 결론은 우리가 실제로 어떤 프로젝트를 추구하느냐와 상관없이 인간 주체성의 가치를 수용해야 한다는 것이다. 즉, 우리는 인간 주체성이 객관적으로 가치 있다는 사실을 수용해야 한다. 이것이 보부아르가 부조리에 대한 숙고로부터 끌어낸 기본적인 도덕적 결론이다.

도덕 법칙으로서 본래성

이마누엘 칸트는 도덕은 단 하나의 정언명령으로 이루어진다고 주장하였다. 우리가 그 명령을 따라야 하는 정확한 이유는 우리가 스스로 주관적 목적을 설정하는 이성적 행위자들이기 때문이다. 그는 『도덕 형이상학의 기초』(1785)에서 이 명령이 다양한 방식으로 공식화될 수 있다고 주장한다. 인간성 공식이라고 알려지게 된 것도 그중 하나인데, 이 공식은 우리가 인간 주체성을 그 자체 객관적으로 가치 있는 것으로 취급해야 한다고 선언한다. 『피로스와 키네아스』에서 보부아르가 내린 결론은 칸트의 인간성 공식과 매우 닮은 정언명령이다. 그것을 옹호하는 그녀의 논증은 대체적인 윤곽이 칸트의 논증과 비슷하다. 둘 다 각자의 정언명령을 인간 주체성 자체의 구조에서 도출하기 때문이다.

이 전반적 전략은 우리 자신의 주체성 바깥에 어떤 도덕 명령의 원천을 상정해야 할 필요성을 비켜간다. 이 전략이 성공적이라면, 그것은 어째서 우리가 다른 피조물과 달리 도덕에 종속되어 있는지 설명해준다. 아마도 가장 중요한 것은 이 전략이 도덕 명령에 대한 복종이 우리의 자유에 위협이 되지 않음을 보여주겠노라 약속한다는 점이다. 우리가 정언명령에 복종하지 않는 한 자율적이지 않다는 것은 우리 자신의 주체성 구조가 그 명령을 함축하기 때문이라고 칸트는 주장한다. 보부아르의 관점은 인간 존재자로서 우리의 참된 구조의 인정이자 표현인 본래성이 우리에게 그 정언명령을 존중해야 함을 요구한다는 것이다. 우리 존재의 바로 그 구조가, 우리가 그런 명령에 종속되어 있음을 함축하기 때문이다.

이것은 보부아르가 단지 칸트의 논증을 다른 언어로 바꿔 진술한 것일 뿐이라고 말하려는 것이 아니다. 보부아르는 자신의 정언명령을 목적들의 추구로서의 인간 주체성 구조로부터 직접 도출하려 하지만, 칸트의 논증은 이성적 이해의 영역과 감각 경험의 세계에 관한 더 일반적인 형이상학 이론에 의존한다. 그래서 보부아르의 논증 형식은 칸트의 이성적인 것과 감각적인 것의 엄격한 구분, 즉 그의 더 광범위한 형이상학 이론을 요구하지 않는다. 그녀의 논증이 칸트 철학의 이런 측면들에 대한 거부를 함축하는 것도 아니다. 그런 논쟁적인 문제들에 대한 어떤 식의 개입도 수반하지 않는다는 것이 그녀 논증의 강점으로 보인다.

하지만 『피로스와 키네아스』가 칸트에 관해서 몇 개의 짧고 파편적인 언급들만 담고 있다는 점, 그리고 그것들이 지금 여기서 다루는 그녀의 메타윤리적 사유와 칸트 사상 사이의 유사성을 인정하는 것으로 보이지 않는다는 점은 조금 이상한 일이다. 그런 빈약한 언급들이 초점을 둔 부분은 칸트의 기본적인 도덕철학 자체가 아니라 그것의 응용, 특히 정언명령을 준수하는 일이 언제나 가능하다는 칸트의 가정에 대해서다. 보부아르의 관점은 칸트보다 비관적이다. 주위 사람들 사이에 빚어지는 갈등을 고려할 때, 우리는 불가피하게 그 도덕 법칙을 깰 수밖에 없는 운명이라고 그녀는 생각한다. 우리가 부도덕한 행위를 항상 피할 수는 없다고 그녀는 주장한다. 여기서 그녀는 부도덕한 행위를 폭력적인 행위와 동등하게 간주한다.

도덕과 삶의 의미

하지만 보부아르의 논증은 우리가 인간 주체성을 객관적으로 가치 있는 것으로 취급해야 한다고 실제로 결론짓는다. 이런 결론은, 그것이 때때로 진정한 딜레마를 일으킨다는 사실로 인해 흔들리지 않는다. 그녀의 논증은 또한, 우리가 그런 인간 주체성 구조를 다른 모든 가치의 토대로 고려해야 한다는 추가 주장을 함축한다. 그런 다른 가치들은 두 종류로 나눌 수 있다.

　한 종류는 자연 세계를 구성하는 항목들과 더불어 인간 주제성에 의해 창조된 세계 내의 대상들, 설계들, 관념들, 이론들, 이야기들, 그리고 여타 항목들에 해당한다. 이런 것들은 모두 우리 목적의 잠재적 수단들이다. 사람들이 형성하고 추구할 수 있는 목적의 범위에는 분명한 사실적 한계가 없으므로, 그런 지위를 특정 항목들의 집합에 한정할 이유는 없다. 우리는 어떤 잠재적 수단은, 그것을 사용해서 추구할 수 있는 유일한 목적들이 그 자체로 정언명령에 따라 부도덕하다고 판정 난다면, 가치가 없게 되리라는 점에 동의할 수 있다. 그러나 가능한 인간적 목적의 범위란 그것을 상상할 수 있는 그 누구의 능력보다도 훨씬 방대하다는 점을 고려할 때, 아마도 모든 항목이 이런 기술에 들어맞으리라 자신하지 말아야 한다. 그 말이 옳다면, 우리는 모든 잠재적 수단이 그것을 수단으로 활용하는 인간적 능력의 가치로부터 도출되는 가치를 지닌다고 생각해야 한다.

　다른 종류는 우리가 추구하는 목적들이 갖는 가치이다. 보부아르의 논증이 옳다면, 우리의 목적들은 정확히 그것이 인간 주제성의 표현들이기 때문에 진정으로 가치를 지닌다. 따라서 이 가치는 인간 주제성의 가치로부터 도출된다. 이것이 보부아르가 부조리 문제의 도덕적 측면에 대한 답변을 통해 그 문제의 실존적 측면에 대한 자신의 답변 근거를 마련하는 방식이다. 결국 우리가 실제로 가치가 없는 목적들을 가치 있게 여긴다는 선고를 받게 되는 것은 아니다. 우리의 목적들은 우리의 목적이 된다는 것으로부터 진정한 가치가 도출된다. 그러나 이것은 우리가 추구하기로 작정한 모든 목적이 동등하게 가치 있으리라는 것을 의미하지 않는다. 왜냐하면 우리 목적들의 가치는 다음과 같은 도덕 법칙에 따라서 조정되기 때문이다. 즉, 다른 사람의 주제성을 희생해 가면서 추구하는 목적들은 가치가 없다고 하는 법칙이다. 인간 주체성의 표현으로서 목적이 지닌 가치는 인간 주체성의 억압이라는 부정적 가치에 의해 상쇄된다.

따라서 진정으로 가치 있는 목적을 추구하는 유의미한 삶을 산다는 것은, 인간 주체성을 존중하라는 정언명령의 준수를 요구한다. 그 명령을 위반하는 프로젝트는 부조리하다. 그런 프로젝트의 목적은 가치가 없다. 그러나 그것이 우리가 인간 주체성을 존중해야 하는 이유는 아니다. 이 짧은 책에서 보부아르가 제시한 도덕적 논증의 결론은, 만약 우리가 실존적 부조리를 피하고 싶다면 인간 주체성을 존중해야 한다는 식의 가언명령이 아니기 때문이다. 그것은 우리가 우리의 목적들을 가치 있게 여긴다면 인간 주체성을 존중해야 한다는 식의 가언명령도 아니다. 그것은 우리가 인간 주체성을 존중해야 한다는 정언명령이다. 이런 도덕적 결론이 확립되고 나면, 그것은 어떤 프로젝트가 그 명령을 위반할 때, 오직 그때만 그것이 부조리하다는 실존적 요점의 근거가 될 수 있다.

본래성의 요구

그런 정언명령에 복종한다는 것은 무엇을 의미할까? 『피로스와 키네아스』에서는 이 질문에 대한 상세한 답변이 제공되지 않지만, 보부아르는 그 질문을 1940년대에 출판된 도덕과 정치 관련 후속 글들에서 다룬다. 이 책에서는 그녀가 자신의 역할을, 그 명령이 단지 나의 프로젝트가 다른 사람의 주체성을 파괴하거나 손상하지 말아야 한다는 것보다 많은 것을 요구한다는 점을 논증하는 데에 한정한다. 더 정확히 말해, 그녀는 그 명령이 주체성을 효과적으로 발휘하기 위해 요구되는 조건들을 누구에게나 보장할 것을 요구한다고 주장한다. 가난은 그렇게 프로젝트를 형성하고 추구해나갈 능력을 빨아들여 그저 기본적인 연명 프로젝트로 만들어버릴 수 있다. 질병은 프로젝트를 수행하는 데 필요한 에너지를 시들게 할 수 있다. 교육의 결여는 새로운 프로젝트를 상상하고 발전시키는 능력을 제한할 수 있다. 따라서 우리는 모두를 위해 부, 건강, 교육을 증진해야 할 의무가 있다고 그녀는 주장한다.

보부아르는 이 의무를 옹호하는 자신의 논증을 분명하게 제시하지 않는다. 어째서 인간 주체성의 객관적 가치에 대한 존중이 단지 인간 주체성을 억압하지 않는 정도가 아니라, 그것을 증진할 것까지 요구해야 하는가? 다른 모든 가치의 기반이 인간 주체성에 있다는 점을 답변으로 생각해볼 수도 있을 것이다. 사람들이 주체성을 더 많이 행사할 수 있게 될수록 더 가치 있고 잠재성 있는 목적들이 존재하게 될 것이며, 그리하여 세계에는 더 많은 가치가 존재하게 될 것이다.

하지만 보부아르의 논증은 이런 결과주의적 추론을 지지할 수 없을 것이다. 이런 추론은 오로지 우리가 가치를 극대화하라는 명령에 따라야 할 경우에만 인간 주체성 증진의 의무를 지지할 수 있기 때문이다. 보부아르의 논증은 그런 명령을 함축하지 않는다. 그리고 설령 가치 극대화의 명령이 존재한다고 하더라도, 가난, 질병, 교육 부족으로부터 인간 주체성을 해방하려는 우리의 노력이 의도한 결과를 낳는다는 보장이 없다. 우리가 해방한 사람들이 과연 그 도덕 법칙을 준수할지 통제하거나 예측할 수 없으므로, 그들의 해방이 전체적으로 긍정적 결과를 낳을지 부정적 결과를 낳을지 알 수 없을 것이기 때문이다.

어쩌면 그녀의 사유는 오히려, 어떤 프로젝트가 그것이 의존하는 무수한 수단 중 어느 하나라도 인간 주체성을 억압하거나 파괴하는 방식들로 만들어진 경우라면 그 프로젝트는 도덕 법칙에 위배된다는 것이다. 이런 식으로 도덕 법칙의 간접적 침해를 피하는 것이, 우리가 채택한 수단의 생산에 관여한 사람들이 아닌 모든 사람에게 더 나은 삶을 증진할 의무를 부여하게 될지는 분명치 않다. 그러나 지구 경제의 복잡한 전체론, 자신의 잠재적 프로젝트의 범위를 가능한 한 개방적으로 유지해야 하는 여러 이유를 고려할 때 어쩌면 그런 식으로 일반화하려는 움직임이 지지받을 수도 있을 것이다. 아마도 그런 고려는 모든 가용한 선택지가 그 정언명령을 침해하는 상황에서라면 어떻게 결정을 내려야 할지를 설명하는 데도 또한 도움을 줄 수 있을 것이다.

그런 의문들이 어떻게 해소되느냐 상관없이, 『피로스와 키네아스』에서 보부아르의 논증이 부조리라는 실존적 문제에 대한 혁신적인 응답이자 도덕적 의무의 토대 짓기를 옹호하는 참신한 논증인 것은 분명해 보인다. 그녀의 논증은 실존철학과 도덕철학 둘 다에서 진지하게 주목해볼 가치가 있다. 나는 나의 책 『실존주의 다시 생각하기Rethinking Existentialism』에서 이에 대한 더 상세한 분석을 제시한 바 있지만(Webber 2018), 불운하게 무시된 보부아르의 논증에 실린 완전한 철학적 의의를 끄집어내기 위해서는 훨씬 더 많은 연구가 이루어져야 한다.

이 개론적인 분석을 마무리하기 위해 우리는 보부아르의 책 제목의 등장인물들로 되돌아가야 한다. 그들 중 누가 옳은가? 보부아르의 전반적 논증이 제공하는 답변은 이렇다. 누구도 아니다. 키네아스는 비록 중요한 실존적 문제를 밝혀내는 데 실제로 성공하기는 했지만 모든 프로젝트가 부조리하다고 암시함으로써 틀렸다. 피로스는 다른 나라 땅을 정복하는 프로젝트를 높이 평가한 점에서 틀렸다. 말할 것도 없이 프로젝트의 폭력성이 도덕 법칙에 위배되기 때문이다. 그의 프로젝트는 부조리하지만, 키네아스가 암시하는 이유 때문은 아니다. 오히려 그것이 부조리한 이유는 부도덕하기 때문이다.

베유와 삶의 의미

W eil

리사 매컬러Lissa McCullough

짧은 생의 마지막 몇 년 동안 시몬 베유Simone Weil의 철학적 관점은 20
대 후반에 일어난 예상 밖의 종교적 전회로 인해 심대하게 변모하였
다.[1] 종교 사상가로 변신한 후기의 베유는 삶의 초월적 의미가 욥의 이
야기 안에 서술된다고 믿었다. 그녀는 욥의 이야기가 영적靈的 정화를
더없이 순수하게 설명해 준다고 판단했다. 시험에 든 인간 영혼의 완벽
한 표본이라는 것이다. 끝없는 역경을 겪는 중에 욥은 세속의 모든 가
능한 위안을 넘어서는 신의 은총을 발견한다(Job 19.25-27; Weil
1970: 139).[2] 베유는 증언한다. "초자연적 긍휼은 위안 없는 쓰라림이
지만, 진공을 봉하고 있는 것이어서 그 안으로 은총이 내려온다. 그것
을 되돌릴 수 없는 쓰라림이 되게 하라, 우리가 육신에서 겪는 고통의

---

[1] 시몬 베유는 "영적 자서전Spiritual Autobiography"이라는 제목의 편지에서 이 전혀 예
   상치 못한 영적 변화를 자세히 서술하고 있다. 이 글은 다음 영역본에 실려 있다. Weil
   1951: 61-83.

[2] 베유의 저술 대부분은 1943년 그녀가 죽은 후에야 출판되었고, 여러 해에 걸쳐 작성된
   공책들에서 편집된 것들이기 때문에, 참조는 처음 출판일 기준으로만 표시한다(영역
   본이건 프랑스어본이건).

되돌릴 수 없는 쓰라림처럼 …. [「욥기」에서] 인간의 비참함에 대한 사색은 우리를 신을 향해 맹렬히 이끌어간다"(Weil 1956: 281). 베유에게 삶의 궁극적 의미는 삶의 의미에 대해 확신을 가진 사람보다는 재앙적인 의미 상실을 겪는 사람에게 가장 진정하게 다가오는, 실재와의 초월적 접촉이다. "실존적 의미"를 탐구하는 독자들은 베유의 극단적인 영적 금욕주의에 난처해할 가능성이 크다. 그녀는 통상적인 사회적 정서나 순진한 낙관주의뿐만 아니라, 신에 사로잡힌 신비주의자나 성인들이 의지하는 가장 금욕적인 위안들에 대해서도 대단히 회의적이다. 그녀의 관점에 의하면, 설령 그들이 자기를 혹독하게 학대하는 금욕주의자 혹은 자기부정의 미니멀리스트가 되는 데 성공한다고 하더라도, 어쨌거나 그들은 어떤 위안을 찾으면서 나름의 보상을 받는 것이다. 기독교인인 그녀에게는, 십자가야말로 순수한 신앙의 근거이자 기쁨을 초월적인 것으로 만드는 불가사의의 중심이기 때문이다. 초월적인 기쁨은 단지 조건들의 변화에 따라 분쇄되고 말 운명인 행복한 상황들의 산물이 아니라, 비참한 역경malheur과 가장 극심한 고통의 한가운데에 거주하는 속죄의 기쁨이다.

윌리엄 제임스William James는 유익하게도 한 번의 탄생으로 족한 건강한 정신을 지닌 영혼과 아픈 영혼을 구별했지만(James 1902: lectures 4-7), 시몬 베유의 영적 순수성 개념과 씨름하려면 우리는 아픔과 건강이라는 이 구분을 심문해야 한다. 그러면서 그것 자체가 진리조건들에 따라, 그리고 삶을 살아가는 현실의 절박한 사정들에 따라 고도로 상대적인 사회적 구성물임을 깨달아야 한다. 평온한 시민사회의 맥락에서 건강하고 적응적으로 보이는 태도들은 강제수용소의 조건들 아래에서는 부적응적인 것이 된다. 한 번 더 생각해보는 일 없이 그저 자신의 환상을 탐욕스럽게 포용하는 영혼들은 특권적인 사회생

436

활의 관점에서 보면 꿋꿋해 보이지만, 그들 실존의 실제 조건들에 관해서는 철저히 속거나 무지한 상태인 셈이다.

궁극적으로 삶에서 찾을 가치가 있는 유일한 의미는 정화淨化에 해당하는 영적 구원이다. 삶의 참된 의미는 삶을 초월한다. 다른 모든 의미는 조건적이며 덧없다. 삶 그 자체는 최고로 복잡한 조건들의 집합으로 존속하므로, 삶은 근본적으로 파괴나 해체에 취약한 조건부 의미를 가질 수밖에 없다. 이치에 안 맞는 불가능한 일이겠지만 단 한 가지 절대적 가능성만이 예외이다. 즉, 의미에 대한 모든 기대로부터, 삶이 의미를 지닌다는 바로 그 생각으로부터 영적으로 초연해지는 것이다. 결국 산다는 것은 진정 영적인 의미에서 초월하는 것이다. 즉, 환상과 위안으로부터의 총체적인 초연이다. 그것은 공허 속에서 일시 중단된 초자연적 위안을 체현하며 삶을 넘어서 사는 것, 순수한 신앙 속에서 사는 것이다.

베유에게는 진리가 삶을 이긴다. 삶은 거짓이다. 오로지 죽음만이 진리이다.[3] 진실한 성자의 표식은 극단적 겸허, 영적 빈곤, 특히나 찾기 어려운 진리를 향한 비타협적인 열정이다. 그 이유는 정확히 삶을 향한 탐욕은 생명체에 동기를 부여하는 근본적 타락이기 때문이다. 인간은 환상에 매달리는 경향이 있다. 그 이유는 정확히 우리가 진리를 십자가에 매다는 오류를 선호하기 때문이다. 「마태복음」 16장 25절이 증언하는 바대로, 진리가 우리를 자유롭게 할 것이지만 그것은 우리의 생명을 취함으로써 그렇게 할 것이다.

삶에서 경험하는 자연스러운 기쁨은 아름다운 것이며, 종교적인 경

---

[3] '삶은 거짓이고 오로지 죽음만이 진리이다'라는 베유의 생각에 관해서 다음을 참조하라. McCullough 2014: 22-24, 67-69.

외심으로 사랑하고 즐겨야 하는 은총이다. 창조주 신이 그런 자연이 주는 모든 기쁨의 제공자기에 그렇다. 그러나 자연의 기쁨은 사라질 일군의 조건들에 근거한다. 조건부 기쁨이 사라질 시간이 올 때, 우리는 그렇게 빼앗긴 조건을 위로하고, 감추고, 부정하는 환상들이 아니라 실재(십자가)의 진리를 선택해야 한다. 이것이 베유의 종교적 사유에 들어 있는 구조적 교의의 핵심을 말해준다. 그것은 플라톤의 필연성과 선의 구분을 채택하고 확장하는 것이다(*Republic* 6.493c; *Timaeus* 47e-48a를 보라). "우리는 늘 선의 불가능성을, 즉 필연적인 것의 본질이 선과 얼마나 많이 다른지를 의식해야 한다"(Weil 1956: 410). 베유는 세계란 필연성이며, 목적이 아니라고 주장한다(Weil 1968: 196). "모든 현상이 에너지 분배의 변용이라서 결국 에너지 법칙들로 결정되는 바와 같이, 감지할 수 있는 우주란 필연성의 실재에 지나지 않는다"(Weil 1949: 293).

결과적으로, 우리가 가진 자연적 에너지의 종말에 도달할 때, 우리의 의지는 무능력해지고 공허 속으로 내던져진다. 무능력의 충격에 대한 우리의 반응은 르상티망ressentiment[약자가 강자에게 품는 증오, 복수, 원망, 시기, 질투가 뒤섞인 감정으로 니체의 이론에서 중요하게 다뤄진 개념]을 갖고 울부짖고, 악담하고, 비난하는 것이다. 우리 안에 있는 모든 자연스러운 기대는 비틀린다. "의미"는 실패하고, 아마도 결코 되살아나지 못할 것이다. 베유는 버티던 마지막 끈이 끊어진 암소의 비유를 든다. 암소는 갑자기 풀썩 주저앉아 이렇게 외친다. "나의 에너지 사용은 끝이오."(Weil 1956: 179). 이런 근거에서 베유는 앙리 베르그송의 '생의 약동élan vital' 개념을 거부했다. 생의 약동은 유기적 생명의 에너지로서 철학적 혹은 영적 측면에서 의미가 의존하는 기반이다(Weil 1956: 167-68; 1949: 249). 생의 약동은 극심한 역경을 겪고 있는 자에게는 아무것도 제공하지 않는다. 그런 사람의 곤경은 모든 자연스러운 기쁨과 자연이 준 에너지를 바닥내고, 의미 없는 무한한 고통으로 현세의 의미가 발을 디딜 모든 발판을 일순간 앗아가 버린다. 오로지 신의 자발적인 자기 비움과 십자가에 못 박힘을 사유하면서 이뤄지는 신앙만이 그런 바닥 모르는 지옥에 떨어진 영혼에까지 닿는 은총을 제공할 수 있다.

우리에게 본성상 불가능한 게 무엇인지 아는 것이 초자연적 가능성으로 나아가는 처음 통로이며, 따라서 베유는 부조리의 논리를 형성하는 것이 시급하고 본질적인 과제라고 생각하였다(Weil 1970: 182). 우리의 삶은 불가능성, 부조리에 지나지 않는다. 우리는 자신의 모든 존재를 걸고서 있지도 않은 선을 욕망한다. 그런 것의 존재는 불가능하다. 반면, 우리는 존재하지만 선하지 않은 철통같은 필연성을 경험한다. 실제로 고통을 통해 그런 불가능성을 경험한다는 것은 단지 개인적 혹은 신체적 죽음 이상의 더 포괄적인 죽음을 겪어내는 것이다. "불가능성, 즉 명료하게 지각된 극단적 불가능성인 부조리는 초자연적인 것으로 이어지는 관문이다. 우리가 할 수 있는 것은 그 문을 두드리는 것뿐이다. 열어주는 이는 다른 이다"(Weil 1956: 411-13). 불가능성을 담고 있는 집착은 중간 연결로metaxu이다(ibid.: 222).[4]

우리 삶이 불가능한 집착이라고 할 때, 초월적 진리의 빛으로 자양분을 얻는 영적 능력의 처음 탄생을 더 불가능하게 만드는 것이 바로 절대적 초연(진공의 수용)을 왜곡하는 것이다. 자연의 에너지가 아닌

---

[4] 플라톤의 『향연』에서 유래한 이 용어는 "중간 위치" 혹은 "중개자"를 의미하며, 전통적으로 구전전통이 서로 다른 사람들에 의해 서로 다른 방법들로 지각될 수 있는 방식을 가리키는 데 사용된다. 베유는 이 용어를 "선의 세계와 필연성의 세계 사이를 잇는 교량"이라는 의미로 사용한다(Miles 1986: 30).

빛을 자양분으로 삼지 못하는 우리의 무능력으로 귀결되는 것이 바로 삶에 대한 우리의 모순적 집착이다. 우리는 현실의 진리를 보고 승인하는 것을 실제로 더 선호한다. "오직 하나의 잘못이 있다. 빛을 자양분으로 삼지 못하는 무능력이다. 이 능력이 없을 때 모든 잘못이 가능해지고 어떤 잘못도 피할 수 없기 때문이다"(ibid.: 223). 우리가 할 일은 판단이 아니다. 모든 인간의 잘못은 가치가 똑같기 때문이다. 올바르기 위해서는, 영적으로 순수해지기 위해서는, 벌거벗음과 죽음이 필수적이다(Weil 1989-2006: III, 96, 저자의 번역).

빛은 세속의 에너지가 아니라 아름다움으로 영혼에 먹이를 주는 초월적 양식糧食이다. 우리가 삶에 초연하고 죽음이 진리임을 수용할 수만 있으면 그렇다. 만약 우리가 삶을 움켜쥐지 않는다면, 만약 우리가 삶을 우리의 의지가 닿지 않는 조건부의 것으로 내버려 둔다면, 우리는 삶을 소유하려 고집하지 않고 그저 실재를 목격할 수 있다. 베유는 이 빛을 "지각 불가능한" 초자연적인 아름다움이라고 칭한다. 그것은 영혼이 더는 다른 그 어떤 것으로도 먹고살지 않고 다만 진공 속의 빛에 의해 자양분을 얻었다는 의미이다. 그 빛은 영적으로 변형된 시각 능력에만 지각될 수 있는 무상의 은총이다.

> 아름다움은 언제나 기적이다. 그러나 그 기적은 영혼이 아름다움의 인상을 받을 때 차상위 등급으로 격상된다. 그것은 모든 감각 지각을 넘어서 있지만 추상적이지 않고, 노래가 우리 귀에 닿는 순간에 그 노래가 일으킨 인상처럼 실재적이고 직접적이다. … 만사가 일어나는 것이 마치, 기적적인 호의로 우리의 바로 그 감각들 자체가 침묵을 소리의 부재가 아니라 소리보다 무한히 더 실재적인 그 무엇이자 소리의 조합이 생산할 수 있는 그 어떤 것보다

도 더 완벽한 조화의 중심으로 인식하게 되는 것과 같다(Weil 1951: 213).

이 아름다움은 영원한 "네yes"의 얼굴이다(Weil 1970: 194). 신의 창조가 지닌 아름다움은 절대적인 "네"다. 이 "네"는 가슴이 터질 것 같은 모든 노래, 매혹적인 풍경, 드높은 영광의 거룩한 행위, 진공의 어두운 공허함이 일으키는 효과 속에서 들리지 않게 들린다.

  아름다움의 경험이건 고통의 경험이건 똑같이 우리의 경험은 다 우리 욕망의 현시들이다. 아름다움 속에는 환원할 수 없는 무언가가 있다. 물리적 고통도 정확히 마찬가지다. 실제로 아름다움의 향유는 통증이 수반되지 않는, 실재 속에 깊게 심어진 필연성의 "고통"이다. 그것은 필연성이 스스로를 바람직한 것으로 현시할 때 띠게 되는 겉모습이다. 아름다움이 완벽한 목적성의 감각을 통해 기쁨을 제공하는 반면, 고통은 목적성의 완벽한 공허함, 즉 유의성의 부재, 무익함, 무의미함, 진공에 대한 감각을 부과한다. 아름다움과 고통은 둘 다 똑같이 진정한 실재의 환원 불가능성을 반영한다. 그것은 지성으로서는 꿰뚫어 볼 수 없는 환원 불가능성이다(Weil 1956: 308). 실재의 본질은 아름다움, 혹은 "초월적 어울림" 속에 있다(ibid.: 515), 왜냐하면 아름다움은 실재의 현시적 외양이기 때문이다(Weil 1970: 341). 그리고 기쁨이란 실재하는 것들이 지닌 정감의 충족이라고 베유는 제안한다(Weil 1956: 222, cf. 360). 세계의 아름다움은 사랑받는 세계의 질서이다(Weil 1951: 170). 실재 속에서 우리의 기쁨은 궁극적으로 모든 실재의 원천인 신 안에서의 기쁨이며, 그것은 사건들의 국면에서 볼 때 "신의 의지에 순종한다는 개념은 실재의 개념과 똑같은 것"임을 의미한다(Weil 1949: 270). 아름다움의 절대적인 신성함 때문에 그것을 넘어서는 것은 없다고 베유는 말한다. 혹은 오히려, "선만이 홀로 아름다움 그 이상의 것이다. 하지만 그것은 넘어서 있는 것이 아니다. 그것은 직선이 끝나는 점과 같은 방식으로 아름다움의 끝에 있다"(Weil 1956: 605).

베유는 아름다움의 감각이 비록 현대적 삶의 소외와 약탈로 인해 절단되고 왜곡되었지만, 정의, 신념, 희망, 사랑을 향한 가장 강력한 유인으로 인간의 마음속에 여전히 뿌리내린 채로 있다고 믿었다. 말년의 도스토옙스키가 "아름다움이 세계를 구원할 것이다"라고 예언했듯이 (Dostoevsky 1869: 356), 비슷하게 베유는 주변에서 관찰한 퇴폐적인 전시戰時 문명의 자기 파괴 속에서 아름다움의 힘이 어떻게든 순수를 향한 새로운 충동을 불러올 수 있으리라고 상상하였다. 그녀는 재앙적인 손상을 입은 현대 세계가 이를 "망각"한 것을 통탄하면서, 우리는 "우주 안에 내재한 시를 몽땅 잃어버릴 정도로 우리 자신을 스스로 저주하게 만든 산더미 같은 죄악을 쌓아 올렸음이 틀림없다"라고 비평한다(Weil 1956: 540). 베유가 보기에, 아름다움은 보편적으로 인정되는 유일한 가치이다(Weil 1957: 103). 베유가 쇠퇴해가는 이전의 기독교계 한가운데에서 진정으로 **포용적인** 기독교의 체현을 희망할 수 있게 해준 것이 바로 그 가치의 보편성과 양도 불가능성이었다. 그것은 타협적인 성직자 교회 전통의 폐허를 세속적 세계의 보편적 본체로 대체하는 것이었다.

마지막 공책에서 베유는 부조리를 통찰하는 순수성을 지닌 인간의 삶이라고 하는 실존적 역설을 숙고했으며, 그것은 오로지 카프카의 천재성 정도에나 비견될 만한 것이다. 그녀는 "영혼의 굶주림은 견디기 어렵지만, 우리의 질병에 그것 말고 다른 치료제는 없다"라고 썼다 (Weil 1970: 286). 치료제로서의 굶주림? 그 이유는 배불리 욕망을 충족하는 일은 불가능하다는 것이 그것에 관한 궁극적 진리이기 때문이다. 배부른 충족의 희망은 거짓이다(Weil 1956: 60). 영혼의 영원한 부분은 굶주림을 먹고산다. 필연성이 인간이라는 그릇을 궁핍, 고통, 타락, 비틀린 퇴폐와 미몽의 형태로 산산조각 낼 때, 삶의 부조리의 그 고갱이가 벌거벗겨진 채 노출된다. 공허 속에서 접할 수 있는 유일한 선택지가 남아 있다. 그것은 무에서ex nihilo 시작하는 것이다. 아무것도 갖지 않고, 아무것도 아닌 것이 되는 것이다. 삶의 규정과 조건 "바깥"에서의 절대적 시작으로서 이 길을 시작한다는 것은 신앙을 넘어선 신앙의 기적이다. 괴로운 영혼이 구원을 위해 의존하는 데에 그것보다 더 연약하고 덧없는 것은 없다. 구원은 초자연적 선의 불가능하고 역설적인 현시로서 도래한다. 그것은 가시적인 빛 너머의 빛, 물리적 아름다움 너머의 아름다움, 의미 너머의 진리, 죽음 너머의 삶이 불어넣어진, 무게 없고, 육신 없고, 조건 없는 기쁨이다. 유일하게 순수하고 오류 불가능한 선은 초자연적인 선이라고 베유는 강조한다. 이런 영적 진리들은 아주 오래된 것이지만, 시몬 베유는 그 진리들을 20세기 초의 유럽으로 가지고 와서 신이 죽은 여파를 겪고 있는 현대인의 마음이 또렷이 감지할 수 있게 만들었다.[5]

---

[5] 베유의 종교적 사유가 등장하게 된 문화-역사적인 맥락적 배경에 관한 나의 입장은 다음을 참조하라. McCullough 2017.

에이어와 삶의 의미
Ayer

제임스 타타글리아James Tartaglia

A. J. 에이어Ayer는 빈학단the Vienna Circle과 한배를 탔고 그러는 과정에서 그가 발견한 논리실증주의를 열정적으로 받아들였다. 그 결과물이 그가 스물다섯 살에 출판한 『언어, 진리, 논리Language, Truth and Logic』였다. 첫 단락부터 벌써 분명히 드러나듯이, 그가 가장 열중했던 프로젝트는 철학사의 방대한 영역들을 불신하는 것이었다. 그는 '철학적 탐구의 목적과 방법이 되어야 할 것이 무엇인지를 의문의 여지 없이' 확립함으로써 전통과 역사에 깊게 뿌리박혀 있는 담론들에 종지부를 찍고 싶었으며, 그러지 않으면 그런 담론들이 끝없이, 그리고 그의 판단으로는, 그럼으로써 무익하게 계속되리라고 생각하였다. 그는 그 작업이 실행 가능하다고 생각했다. '만약 어떤 것이든 철학이 답변할 몫으로 과학이 남겨둔 의문들이 있다면, 간단한 소거 과정을 통해 그런 것들을 틀림없이 찾아낼 것'이기 때문이다(Ayer 1936: 45). 그런데 실은 과학이 철학에 아무것도 남겨 놓지 않았을 수도 있다. 과학이 모든 답변을 알고 있거나 혹은 적어도 답변을 제공할 수 있는 자원을 보유하고 있을 수도 있다. 오늘날의 일부 물리주의자들은 여전히 그렇게 생각한다

(Rosenberg 2011). 그러나 에이어는 일부 철학 전통을 보존할 가능성을 열어 두었으며, 그가 가장 좋아한 부분은 과학을 위해 일한 원조 '부하 일꾼' 로크에서 유래한 경험주의 전통이었다. 하지만 철학이 다룰 의문들을 과학이 정말 남겨둔다면, 그 의문들은 과학과 비슷한 방식으로 답변할 수 있어야 할 것이다. 기술적인 장치들을 응용하여, 의심의 여지 없이 단호하게 말이다. 논리학이 실험 설비의 철학적 대체물이 될 것이다. 그렇게 해서 합법적인 철학 탐구의 진로는 정답이 밝혀지면서 종결되고, 나머지는 헛소리로 불신받게 되리라. 진보의 기운이 감돌았고, 만약 철학이 과학을 도와 진보를 성취하게 할 작정이라면, 가장 시급한 과제는 철학이 그 자신을 정화하는 것이었다.

이 프로젝트에 사용할 에이어의 주된 도구는 그의 검증 원리였다. 그 원리에 따르면, 만약 어떤 명제가 동어반복도 아니고 그 명제의 참과 거짓 여부를 결정하기에 적합한 어떤 가능한 감각 경험이 존재하는 경험적 가설도 아니라면, 그것은 형이상학적 명제이며 그런 모든 명제는 문자 그대로 무의미하다. 이 원리를 적용함으로써 그는 제6장 '윤리학과 신학 비판'에서 종교에 관해 특유의 강경 노선을 택하게 되었고, 이 책이 초기에 얻은 악명의 일차적 원인은 바로 거기에 있었다. 이를테면, 신이 존재한다는 주장은 어떤 경험도 그것의 진리 여부를 결정하는 데 도움을 줄 수 없으므로 무의미하다. 그러나 무신론자가 신의 존재를 부인하는 것도 똑같이 의미가 없는데, 신이 있는지 없는지 어떤 적극적 입장을 택하기를 거부하는 불가지론자도 마찬가지다. 그런 거부는 그 질문이 합법적임을 전제하는 것이기 때문이다(Ayer 1936: 153). 신자들, 무신론자들, 불가지론자들 모두 단지 무의미한 대화를 나누는 것뿐이다.

그런 식의 마음가짐이었다면, 에이어가 삶의 의미에 관해 무슨 말을 했을지는 분명해 보이지만, 어쨌든 그 문제가 명시적으로 다뤄진 것은 아니다. 더없이 비과학적이고 더없이 지당한 그 철학적 쟁점은 논리실증주의의 전성기 이래로 많은 분석철학자의 마음속에서 최고의 골칫거리로 낙인찍힌 상태다. 그 낙인은 논리실증주의가 퇴조한 후에도(에이어는 나중에 '논리실증주의는 거의 다 틀렸다'라고 말했다[1]) 그대로 남았다. 비록 그 상황이 이제 바뀌기는 했지만, 삶의 의미는 오늘날의 열렬한 물리주의자와 자연주의자를 여전히 당혹스럽게 하는 문젯거리이다.

그러나 에이어는 두 차례의 중대한 인생의 전기轉機에서 그 문제와 씨름했다.[2] 첫 번째는 『언어, 진리, 논리』의 제2판 서문과 대략 같은 시기에 쓴 「철학의 주장들The Claims of Philosophy」이라는 글에서였다. 이 글에서 에이어는, 당시에도 불과 서른다섯 살이었으면서, 자신의 그 고전을 '어느 모로 보나 젊은이의 책'이라고 기술하였다(Ayer 1946: 7). 그는 막 제2차 세계대전, 즉 매우 정직하게도 자기가 즐겼음을 인정했던(Ayer 1988a: 194)[3] 전쟁에서 성공적으로 살아남았다. 그리고 그가 삶의 의미에 관심을 두게 된 것은 바로 그 시기였다. 비록 그는 삶의 의미에 대한 질문이 무의미하다고 결론짓지만, 이번에는 그것을 검증 원리로 간단히 처리해 버리지 않는다. 오히려 그는 그 질문에 낙인을 찍는, 내가 아는 한 가장 구체적인 논증을 제공한다.

---

[1] 그는 방송 대담에서 그렇게 말했다. 내가 에이어 방송을 참조한 것들은 BBC 라디오 4에서 A. C. 그레일링이 진행한 'A. J. 에이어가 전하는 삶의 의미'라는 프로그램에서 가져온 것이다. 그 방송은 온라인으로 접할 수 있다. www.bbc.co.uk/programmes/b05pw9tw.

[2] 그런 일은 그사이에도 잠깐 있었지만(Ayer 1973: 233-35), 나는 주된 두 진술에 주목할 것이다.

[3] 그는 큰 상실을 경험하지 않은 영국인은 대부분 그랬다고 말하지만, 그 함축은 매우 분명해 보이며 이는 그의 개인적인 전쟁 이야기가 충분히 뒷받침한다. 다음을 보라. Rogers 1999.

에이어는 죽기 전 해에 그 질문으로 되돌아왔다. 당시 그는 이 주제와 내세의 가능성 사이의 관계를 제기하였고, 그 이후로 그 질문은 그가 최후를 맞이할 때까지 그를 사로잡았다. 그 계기는 그가 그사이에 겪었다고 잘 알려진 임사臨死 체험에 대한 성찰을 통해서였다. 그 시기에 이르러 종교에 대한 에이어의 태도는 부드러워졌다. 이제 그는 자신을 기꺼이 무신론자라고 부를 정도였다. 그리고 삶의 의미 문제에 대한 그의 태도 역시 부드러워졌다. 마지막 방송 대담에서 이렇게 말했기 때문이다. '나는 삶에 본인이 부여할 수 있는 의미를 떠나 별도의 의미란 존재하지 않는다고 봅니다. 하지만 그로부터 삶이 멋지다거나 추하다는 결론이 따라 나오는 것은 아닙니다.' 나도 동의한다(Tartaglia 2016a). 나라면 '본인이 부여할 수 있는 삶의 의미'에 관한 담론에 제약을 두고 싶을 텐데, 에이어 역시 아마 그럴 것이다. 에이어는 철학에서 오랫동안 성공적인 삶을 누렸으나, 그러는 세월에 자신이 젊을 때 원했던 확정적인 답변들은 제출된 적이 없음을 알았다. 더불어 그는 자기가 애써 제공했던 답변들도 그저 계속 이어지고 있는 역사적 대화(끝나지 않는 대화이기를 나는 희망한다)에 제 나름의 다른 의견을 보탠 것이었을 뿐임을 틀림없이 알았을 것이다. 그를 사로잡던, 실증주의라는 반反철학이 힘을 잃게 되자, 그는 과거에 분명히 문제시했던 전통적인 철학적 쟁점 두 가지에 대해 더 전향적인 태도를 보이게 되었다. 그는 이제 무신론자이자 비관주의자였다.

'철학의 주장들'은 원래 삶의 의미에 관한 것이 아니라 철학의 본성에 관한 논고였다. 그가 그 관계를 어떻게 설정하는지 보는 일은 흥미롭다.[4] 그는 철학의 "교황들"과 "일꾼들"을 구분하면서 시작한다. 그것

---

[4] 그 관계에 관한 나의 견해는 다음을 참조하라. Tartaglia 2016b.

은 『언어, 진리, 논리』에서 했던 논리실증주의 및 영국 경험론이라는 적법한 철학과 형이상학자들 사이의 구분을 개작한 것이다. '자연과학 과의 경쟁을 철학의 본령에 속하는 일로 생각하는 것'이 교황들의 특 징이라면, 일꾼들은 '과학의 한 전문 사전이 아닌 다른 그 무엇으로서 의 형이상학적 체계라는 숭고한 이념에는 이성적 기반이 전혀 없다'라 는 것을 깨닫는다(Ayer 1947: 1-2). 이 새로운 용어법은 뜻깊다. '교황 들'은 에이어가 생각하는 형이상학과 종교의 관계를 보여주며, 그가 비트겐슈타인 정도의 위상을 지닌 철학자들까지 '일꾼들'로 묘사할 준 비가 되어 있다는 사실은 철학자와 과학자의 차별화된 위상에 대한 그 의 깊은 신념을 보여준다.[5]

에이어는 '철학의 역사는, 교과서에 가르치는 바대로, 대체로 교황 들의 행진이지만, 오늘날은 영국과 미국에서 일꾼들이 득세한 상황'이 라고 말한다(ibid.: 3). 하지만 그의 걱정거리는 그들이 '어지간히 소재 의 빈약함'을 겪는다는 것이다. 새로운 철학자들은 '그들 기법의 풍부 함과 그 기법을 발휘할 수 있는 소재의 빈곤함 사이의 불운한 괴리'를 발견하고 있다(ibid.: 6). 그는 그들의 구원이 '철학과 과학의 재결합' 에 있을 수 있다고 생각한다.

그가 그렇게 생각한 이유는 나에게는 불분명하다. 일꾼들은 '교황들 의 행진'이 토해 놓은 언어적 혼란뿐만 아니라 일상적 대화에서 생겨 나는 유사한 혼란도 일소한다. 이에 대해 에이어가 들고 있는 사례는

---

[5] 비트겐슈타인은 이 논고에서 자신의 철학이 그런 식으로 다뤄진 것에 몹시 감정이 상 해서 에이어와의 모든 관계를 단절했다(Honderich 1990: xii). 명백히 그런 손상을 입힌 부분은 에이어가 비트겐슈타인에 대해서 이렇게 말한 대목이다. '그의 가르침이 그의 더 똑부러진 제자들에게 미친 영향은 그들이 주로 철학을 심리분석의 한 분과로 취급하게 된 점이었다.'(Ayer 1947: 5) 저 특별한 '일꾼'이 '제자들'을 거느렸다고 말해진 것은 주목할 만하다.

지각과 타인의 마음에 관한 문제들 및 도덕적 판단의 유의성을 결정하는 문제 등이다(ibid.: 3). 하지만 이것들은 교황들도 다룬 철학의 전통적 문제들이다. 다만 일꾼들은 그것들이 언어적 혼동을 스스로 구현한 것들일 수밖에 없다고 미리 전제한다는 점만 다르다. 그들이 그렇게 미리 전제하는 이유는, 그것들이 진정한 문제들일 수 있다고 인정하는 것은 세계를 이해하는 유독 철학적인 방식의 가능성을 수용하는 셈이며 에이어가 보기에 그것은 과학에 대한 도전에 해당하는 것으로 생각했기 때문이다. 그러나 전통적인 문제들이 단지 의미론적인 문제일 수밖에 없다고 간주하지 않는 한, 그 문제들이 그리 얄팍한 것은 아니다. 그런 식으로 간주하면, 철학을 과학과 통합하는 일이 어떻게 도움이 될지 분명치 않다. 설령 특별히 철학적인 무언가가 살아남았더라도, 그것이 실제로 과학이 아닌 한 그것은 얄팍해질 것이다. 에이어는 '형식 논리', '과학적 방법의 분석', '과학 이론들의 평가', '과학적 용어들의 명료화'를 언급한다(ibid.: 3). 그러나 설령 그런 과제들이 수학자와 과학자가 수행할 수 없는 것들이라 하더라도, 어떤 이유에서 보면 그런 과제들이야말로, 에이어가 철학이 얄팍해지는 게 아닌가 걱정하게 만든 바로 그런 것들이다.

되돌아 생각해보면, 에이어의 저술에서 얄팍함의 문제는 감지되지 않는다. 이는 그의 철학을 잘 반영한 판단일 뿐, 그의 교황/일꾼 구분을 반영한 것은 아니다. 하지만 어쨌든 그는 당시에 『언어, 진리, 논리』의 끝부분에서 '철학은 과학 없이는 사실상 공허하다'라고 말하면서 우려를 표했다(Ayer 1936: 201). 에이어에게서 과학은 거의 찾아볼 수 없으며, 물론 그렇더라도 그가 '상대적으로 과학에 무지한 일꾼들이 합당하게 해결 요청을 받을 수 있는 논리적 퍼즐들'에 매달릴 수 있긴 했지만(Ayer 1947: 6), 그 자신의 실증주의적 견지에서 볼 때 계속 버틸 수 있는 상황은 아니었다.

그리하여 매우 참여적인 대중 지식인인 미래의 앨프리드 에이어 경은 '대중이 자기네 철학자들에게 기대한 바'에 유의한다. 그리고 그들이 듣기를 기대하는 것은 삶의 의미에 관한 이야기라고 그는 생각한다. 일꾼이건 교황이건 누구에게 듣느냐는 그들에게 중요치 않다. 에이어의 응답은 그들이 불가능한 것을 묻고 있다는 것이며, 그것을 안다면 '문제는 해결된다. 추론으로 그 문제를 해결할 수 있기만 하면 된다'라는 것이다(ibid.: 7). 이를 보여주기 위해, 먼저 그는 인간 존재가 목적을 갖는 것이 어떻게 가능한지를 묻는다.[6] 한 개인에게 그것은 바람직한 결과를 불러오고자 무언가를 의도하는 것이며 그렇게 프로젝트들에 참여할 때, 우리가 하는 일들은 우리에게 의미를 지닌다. 우리 삶이 대부분 이렇게 소비되므로 그 전체의 의미가 무엇인지 궁금해하는 것은 지극히 당연하다. 그리고 에이어가 말한 대로, 아마도 간단한 답변은 '모든 사건이 특정하게 명시할 수 있는 목적을 향해 나아가고 있다'라는 것이 되리라(ibid.: 7). 그에게는 두 개의 답변이 있다. 첫째는 삶 전체에 의미가 있으리라는 '그 가정이 참이라고 여길 어떤 훌륭한 이유도 없다'라는 것이다(ibid.: 7). 나 같으면 거기까지 하고 비관주의가 삶의 의미 문제의 정답이라는 결론을 내리겠다. 그리고 위에 인용한 그의 마지막 방송에서 에이어 역시 궁극적으로 그 결론에 도달한 것처럼 보인다. 그러나 그는 두 번째 답변으로 나아간다. 그리고 여

---

[6] 에이어는 이 문제를 거침없이 언급하지만, 오늘날 일부 철학자들은 이 문제를 아주 불명료한 것으로 받아들이고 있다(예: Mawson 2016). 나는 삶의 의미가, 나중에 에이어가 동의하듯이(Ayer 1988a: 191) 인간의 존재에 반드시 목적을 부여해주어야 할 필요는 없다고 생각한다(Ayer 1988a: 191). 아니, 실제로 그 어떤 목적이건 전혀 그럴 필요가 없다. 그러나 그렇기는 해도 그럴 가능성 자체는 우리의 관심사의 큰 부분이다. 다음을 참조하라. Tartaglia 2016a: introd.

전히 영향력을 지닌 채로 남아 있는 추론 방식이 바로 그것이다(예로, Nozick 1981a: 585ff.; Metz 2013: ch. 6; Trisel 2017).

그는 설령 실재가 불가피하게 특정 결말로 이어지도록 설정되어 있다고 하더라도, 그것이 우리에게 삶의 의미를 말해주지는 않을 것이라고 말한다. 왜 그런가? '문제의 그 결말은 [우리 자신]이 선택한 것이 아닐 테니 그렇다'(Ayer 1947: 7). 이를테면, 우리 자신의 관점에서 볼 때, 그 결말은 '전적으로 임의적'일 것이므로, 우리에게 우리 존재의 정당화를 제공해준 것은 아닐 것이다. 그것은 단지 우리 존재에 관한 사실들을 설명해줄 뿐이다. '그런 설명이라고 해봐야 단지 더 일반적으로 기술하는 것에 지나지 않기 때문에,' 사건들이 그런 결말을 향해 나아간다는 것은 그저 그대로 주어진 사실일 수밖에는 없을 뿐이다 (ibid.: 8). 그러므로 인간이 왜 존재하고 지금처럼 사는 것인지라는 질문은 합당하게 답해질 수가 없다. 왜냐하면 그런 질문을 던지며 삶의 의미를 궁금해하는 사람들은 인간이 **어떻게** 존재하는지가 아닌 다른 무언가를 말해주는 답변을 원하는 것이기 때문이다.

에이어는 이제, 신이 실재를 설계했고 우리의 목적이 그런 신의 목적들을 실현하는 것이라는 가능성을 고려한다. 앞선 두 가지 답변 방식을 되풀이하면서 그는, 첫째로는 그것을 믿을 훌륭한 이유가 없으며, 둘째로는 어쩌면 우리 삶이 목적으로 가득 차 있을 수도 있으나 그것은 우리의 목적이 아닐 것이라고 말한다. 신이 그런 목적을 선택했다는 것은 단지 궁극적으로 주어진 사실일 것이며, 그러므로 이번에도 우리는 정당화가 아니라 오직 기술記述을 얻게 될 뿐이다. 그다음 그는 그 목적이 우리에게는 어떤 실질적인 의의도 없을 수 있다고 주장한다. 그 목적이 실재에 처음부터 내장되어 있어서 우리가 노력 중인 일이 무엇이 되었건 그것을 지향하게 되어 있는 것이거나, 혹은 우리에게 선택권이 있는 경우라고 해도, '우리가 그것이 옳다고 독립적으로 판단하지 않는 한' 그 목적에 순응하기 위해 노력할 이유가 없을 것이다(ibid.: 9). 따라서 에이어는, 우리가 결정적으로 플라톤의 에우티프론 딜레마에 빠진다는 결론에 도달한다. 즉, 도덕적 문제들에 대해서 신들이 무슨 생각을 하는지는 전혀 상관이 없다는 것이다. 사실상 종교는 일반적으로 삶의 의미와 무관하다. 왜냐하면 종교적 가설이 만약 참이라 해도, 그것은 단지 과학들이 우리에게 말해주는 것과는 다른, 그냥 그대로 주어진 사실이 성립한다는 것을 의미할 뿐이기 때문이다. 우리는 우리가 어떤 존재인지에 관하여 다른 이야기를 얻게 되겠지만, 우리가 왜 그런 존재인지에 관해서는 아무것도 배우지 못할 것이다. 그러므로 삶의 의미 문제는 답변할 수가 없다. 우리는 삶의 의미가 존재하지 않는다고 낙담하지 말아야 한다. '논리적으로 불가능한 것을 갈망하는 것은 분별없는 짓'이기 때문이다(ibid.: 9). 우리는 그런 의미가 있다고도 없다고도 말하지 말아야 한다. 그런 것들은 사실상 유의미한 진술들이 아니기 때문이다.

전체 논증은 우리가 삶의 의미를 선택해야 하리라는 가정에 의존한다. 그것이 우리의 선택이 아니라면 임의적인 것이 되어 우리의 존재를 정당화할 수 없을 것이다. 그러나 만약 그것이 우리가 선택한 것이어야 한다면, 그리고 그런 요구사항을 그 질문을 던지는 사람들이 인정하고 받아들일 것으로 여긴다면, 그 질문의 실천적 측면에서 볼 때 질문을 던지는 이유는 사람들이 무엇을 선택해야 할지 모르기 때문이었어야 할 것이다. 하지만 그렇다면, 그 질문에는 우리와 나머지 실재가 존재하는 이유에 관한 이론적 측면도 들어 있는데, 어떻게 우리가 내린 선택이 조금이라도 그런 측면에 대한 답변을 제공할 수 있겠는가? 명백히 그럴 수 없을 것이며, 그렇다면 에이어는 '답변 불가'라는 결론을 처음부터 준비해 놓은 셈이다.

하지만 그 논증은 그것의 실천적 측면 때문에라도 간단히 실패한다. 왜냐하면 어떻게 살아야 할지 선택하기 위해 그 답을 알고 싶어 한다는 점에서 이미 전제되는 바와 같이, 만약 우리가 내리는 선택이 삶의 의미에 부합할 수도 있고 아닐 수도 있다면 우리가 그것을 선택한다는 것은 삶의 의미에 관한 요구 조건이 아닐 것이기 때문이다. 우리가 틀렸을 수 있다는 것은 우리가 선택하지 않은 그 삶의 의미로 인해 성립하는 말일 테니 말이다. 만약 우리가 그 문제에 선택권이 있다면, 우리 삶이 삶의 의미에 부합하게 해야 한다는 것은 단지 공허한 요구사항일 뿐이다. 그것은 우리가 삶의 의미에 부합하는 삶을 살기 위해서는 삶의 의미에 부합하는 삶을 선택해야 한다는 말에 지나지 않기 때문이다. 만약 삶의 의미가 X이고, X가 나에게 Y라는 삶을 살라고 요구한다면, 나는 Y에 대해서는 선택권을 가질 수 있으나 X에 대해서는 아니다. 내가 Y를 선택해야 한다는 것은 X에 대한 요구사항이 아니지만, 내가 X에 부합하기를 정말로 원하고, 나에게 선택권이 있다면, 나는 Y를 선택하는 편이 더 낫다.

이 논증의 전반적 결함은 이렇게 요약할 수 있다. 누군가가 삶의 의미 문제를 묻는다는 것은, 에이어가 무의미하다는 진단을 내리기도 전에 이미 시작부터 의미를 가질 만한 것이 아니게 될 터이다. 그 진단이 요구하는 대로, 모든 적합한 답변은 사람들이 스스로 선택한 것이어야만 한다는 것을 미리 전제로 한다면 말이다. 고양이가 어디에 있느냐는 질문에 대해서, 이를테면 '매트 위'라는 나의 답변이 고양이의 소재에 의해 결정되는 것이 아니라 내 선택에 의한 답변이어야 한다고 미리 전제하는 상황에서는, 그 질문을 유의미하게 물을 수 없다.

하지만 그 문제는 차치하자. 그 대신, 올림포스의 신들이 역사 내내 우리를 지배해왔음이 분명해졌다고 가정하라. 그들은 우리의 삶을 가지고 놀면서, 자기들 마음에 들지 않는 것이 보이면 우리가 반드시 괴로운 최후를 맞이하게 만든다. 이런 이야기가 실재가 존재하는 이유를 말해주지는 않겠지만, 과학적 우주론도 그러기는 마찬가지다. 만약 신들이 그 이유를 알고 있는 것처럼 보이고, 다만 그런 지식은 인간들에게는 금지된 것이라고 말하면서, 우리 삶은 삶의 의미와 일치하게끔 인도되고 있다고 확신시켜 준다면, 나는 그들의 선언을 합리적으로 의심할 근거가 거의 없다고 본다. 우리가 신들이 요구하는 일들을 해야 하는 이유는 뭘까? 우리가 독자적으로 품은 자신의 목표들을 성취하고 싶다면 신들을 자기편으로 둘 필요가 있어서다. 안 그러면 일들이 제대로 진행되지 않을 테니 말이다. 우리가 그들의 목표를 우리 것으로 삼는 것도 같은 이유다. 그런 목표들이 우리의 도덕적 성찰과 일치하지 않을 수도 있으나, 그러면 우리의 성찰이 잘못이라고 가정할 수 있는 좋은 이유를 갖게 되는 셈이다. 우리의 신념을 고수할 수도 있으나, 복종을 거부해서 양심을 지킬 수 있으려면 더 많은 고통을 감수해야 할 것이다. 우리는 직접 이해하지 못할 때 인간 전문가를 신뢰하며, 그래야 한다고 생각한다. 나는 우리가 신들을 신뢰하리라 상상한다. 오로지 바보만이 그런 근본적인 시나리오에 인식의 빛을 비추며 무엄하게 죄악을 저지를 것이다.

현재로서는 우리의 삶이 특정한 삶의 의미에 의해 지배된다고 가정할 훌륭한 이유가 없으며, 그렇지 않다고 생각하는 사람들이 희박한 증거를 가지고 그런 특정한 삶의 의미를 플랫폼으로 이용해 도덕적 성찰을 사전 차단하는 것에 분개할 수 있다. 에이어는 확실히 그랬고, 나는 종교적 믿음의 권위주의에 대한 일반적 반감이 '신은 어쨌든 무관하리라'라는 강경한 태도의 지속인 인기를 설명해준다고 생각한다.

사람들은 종교가 최선의 가용한 답변을 찾아낼 수 있는 우리 능력에 대한 민주주의적 자부심뿐만 아니라 현대의 개인주의를 쉽게 침해할 수 있으며, 그런 답변은 주어진 실제 상황 속에서 우리가 개인적으로 또한 공동체적으로 책임져야 하는 대상이라고 생각한다. 그러나 그런 정서가 철학적 추론을 비뚤어지게 하고 상식을 어리둥절하게 만들 수 있다. 생애 말년에 에이어는 '자기가 그 어떤 종교적 감정도 완전히 결여하고 있다는 것이 그간 철학자로서 자신에게 장점이었는지 핸디캡이었는지 모르겠다'라고 말했다. 그런 질문을 던진다는 것이 자체가 그의 마음이 얼마나 많이 흔들렸는지를 보여준다(Ayer 1989: 345). 나는 그것이 핸디캡이었을지는 의심스럽지만, 그의 반종교적 감정은 핸디캡이었다고 생각한다.

에이어는 어떤 한 종교적 가설이 참이라는 것은 오로지 실재가 어떠한가에 관해서 더 많은 것을 말해줄 수 있는 것뿐이며, 그래서 우리가 추구하는 정당화를 제공하지는 못한다고 말한다. 그의 추론은 '사실'로부터 '당위'를 도출할 수 없다는 흄의 원리를 따른다. 하지만 존 설 John Searle이 주장한 바대로, 어떤 사회적 설정 안에서는 그 원리가 그렇게 명확하지는 않다. 이를테면, 약속하기라는 관례를 미리 전제하면, 그 점은 아주 쉽게 설명된다. 누군가 돈을 주겠다는 특정한 말을 내뱉었다면 그는 돈을 주어야 한다(Searle 1964). 자, 물론 그런 관례들이 단지 궁극적으로 무의미한 물리적 실재에 해당하는 사회적 구성물에 불과하며 그런 실재에 '당위' 개념은 어울리지 않는다고 반론할 수도 있을 것이다. 하지만 삶의 의미라는 착상의 전체적 요점은 우리가 그런 종류의 실재에 거주하고 있지 않다는 것이다. 만약 삶의 의미가 존재한다면, 그런 관례는 실재의 구조 속에 내장되어 들어 있을 것이다. 자신의 본성이 그 자신의 존재를 설명해주는, 그런 실재 안에서라면 우리의 삶이 의미를 지닌다는 것은 아마도 사실일 것이다. 에우티프론의 딜레마를 성찰하면서 비트겐슈타인은, 어떤 것이 선한 이유가 신이 그것을 바라기 때문이라는 견해가, 신이 어떤 것을 바라는 이유가 그것이 선하기 때문이라는 견해보다 더 '심오'하다고 말했다. 왜냐하면 전자는 '"어째서" 그것이 선인지에 대한 온갖 종류의 설명으로 나아가는 길을 차단'하지만, '반면 두 번째 해석은 "마치" 선에 그것 너머의 어떤 토대가 주어질 수 있다는 듯 군다는 점에서 얄팍한 이성주의적 해석'이기 때문이다(Wittgenstein 1930: 115). 옳은 말처럼 들린다. 만약 실재의 의미가 혹시 죽음에 이르러 나의 지금 이해를 압축하는 새로운 이해가 분명해짐으로써 비로소 알 수 있게 되는 그런 무언가라면, 지금은 신의 의지를 추측할 때가 아니다.

우리가 삶의 의미를 선택해야 한다는 발상에 대한 긍정적 호소력은 어디에 있는가? 하긴, 내가 기꺼이 받아들이지 않는 목표를 향해 노예처럼 일한다는 생각은 호소력이 없다. 우리는 자유재량권이 있다는 느낌을 위축시킴에도 불구하고 돈 때문에 그렇게 일을 하지만, 어떤 목적을 이루기 위해 돈을 버는 것과 같은 그런 매개적인 일들을 썩 좋아하는 편은 아니다. 우리는 오늘이 금요일인 것을 신께 감사하지 않는가. 요즘 우리는 자기 일에 편하게 종사하는 것을 좋아하며, 기술은 점점 더 쉽게 종사하는 방법을 제공한다. 그래서 일부 철학자들은 특정한 '더 나은' 유형의 일자리 종사를 삶의 의미로 여기는 쪽을 생각해보려 한다(Dreyfus and Kelly 2011). 더 넓게 문화적으로 보면, 기술이 우리의 일자리 종사를 너무 덧없게 만들어버렸다는 우려에서 '마음챙김mindfulness' 현상이 나타나고 있음에도 불구하고 말이다. 이런 상황에서, 우리가 물려받은 그 의문의 답을 홀로 안다고 하는, 그런 삶의 의미 개념은 무척 시대에 뒤처져 보이기 시작한다. 우리는 정말로 우리 마음에 드는 활동을 못 하게 막을 수도 있는 의미 앞에서 주춤한다. 특히 천국의 봉급날을 진지하게 받아들일 수 없다면 더욱 그렇다. 하지만 그런 생각이 시대에 뒤처지지 않은 측면은, 그것이 우리가 무엇 때문에 여기에 존재하는지 묻기 위해 심지어 가장 동떨어진 프로젝트들 그 너머로까지 생각의 범위를 넓혀 보라고 요구한다는 것이다. 이런 종류의 자연스러운 철학적 호기심을 성공적으로 일소하라, 그러면 일꾼의 종착지는 그가 생각하는 것보다 더 이르게 다가올 것이다.

에이어는 77세에 「삶의 의미」라는 글과 함께 그 주제로 되돌아왔는데, 이 글에서 그의 고조된 죽음의 감각은 그냥 겉으로만 그런 것이 전혀 아니다. 그는 자기가 삶의 의미를 내세의 가능성으로 '부르기로 작심했다'라고 말한다(Ayer 1988a: 180). 하지만 그는 곧 그 전통적인 문제로 다가간다. 둘의 관계는 내세의 보상이나 처벌에 대한 믿음이 신자들의 삶의 방식에 어떻게 영향을 미칠 수 있는가에 관한 논의를 통해 이루어지는 데 그는 그것이 전적으로 합리적이지는 않다고 생각한다. 그렇지만 그는 여전히 죽음이 비존재로 이어진다고 생각하면서도, 만약 로크식 인격 동일성 해명의 요구 조건들이 충족된다면 내세가 가능하다고 인정한다. 죽음이란 두려워할 게 아니며 일반적으로 과장되어 있다고 생각할 몇 가지 이유를 열거한 후에, 그는 자신도 연장된 삶을 좋아하리라는 점을 인정한다. 그러나 그 이유는 오로지 그가 특권적 소수에 속하기 때문이다('대다수 인류는 … 자신의 비참한 신세가 길어지기를 소망하는 것이 합리적이라 할 만큼 괜찮은 생활수준에 미치지 못하는 삶을 산다.'). 그것도 오로지 인생의 전성기로 되돌아갈 수 있을 때나 그렇다. 왜냐하면 나이가 들수록 '우리는 덜 열심히 사는 경향이 있기' 때문이다(ibid.: 187-88).

논의는 오늘날 삶 속에서 의미 있다고 불릴만한 것이 무엇인지로 이어진다. 그것은 '사람들 각자가 개인적 삶의 성격과 행실로부터 얻는 만족'으로 해석된다(ibid.: 190). 그의 마음에 가장 먼저 떠오른 것은 우리가 프로젝트에 얼마나 열심히 종사하는지다. 그는 사회적으로 의미 있는 삶을 사는 것과 도덕적으로 가치 있는 삶을 사는 것 사이에는 근본적 연결 관계가 없다고 지적한다. 나쁜 사람들이 강렬하고 유의미한 삶을 살기도 한다. 그러면서 그는 '무엇이 유의미한 삶을 구성하느냐는 질문에 일반적 답은 없다'라고 결론 내린다. 그 이유는 그 답이 자기가 사는 문화에 의존할 것이기도 하고, 또한 일에 종사하는 문제에 관한 주관적 규준이 객관적 규준과 일치할 필요는 없기 때문이기도 하다(ibid.: 196). 나는 그가 옳다고 생각하지만, 이 주제를 다룬 최근 문헌 상당수는 일반적 설명의 가능성을 전제로 삼고 있다. 사회적으로 유의미한 삶은 도덕적으로건 다른 어떤 식으로건 긍정적인 것이어야 한다고 미리 가정되며, 문화적인 차이들은 무시된다. 그리고 한 가지 두드러진 사례에서 보듯, 주관적 규준과 객관적 규준을 조합하려 시도하면서 그 둘 다에 모두 호소한다(Wolf 1997b). 하지만 에이어는 '대부분'(Ayer 1988a: 190) 문제는 삶의 의미(삶 속 의미가 아니라)에 초점을 둔 것이라고 말한다. 이에 대해 그는 설령 그런 하나의 삶의 의미가 있다고 하더라도, 그렇게 믿는 사람들조차 실은 그것이 무엇인지 알지 못할 수 있다고 말한다. 그렇다면 그것이 사람들에게 무슨 중요성을 지니겠는가? '사람은 대부분 자신이 더 큰 기획에 관여되어 있다는 느낌에서 흥분을 얻는다.'(ibid.: 193). 결국 그는 강렬함으로 되돌아온다. 그리고 그가 제2차 세계대전을 즐겼다고 언급한 것은 바로 이 맥락에서다.[7]

---

7   이 단락의 용어법에서 보면, 그의 1947년도 논증은 삶의 의미와 삶 속 의미를 뒤섞고

얼마 지나지 않아 에이어는 임사 체험을 했다. 의식이 돌아온 그는 '강'을 건너려 하고 있었다고 말했다. 나중에 그는 그 강이 혹시 하데 스로 가는 길에 있는 스틱스Styx가 아니었을까 추측했다. 그는 그 도강 일화가 기억나지 않았지만, '우주의 통치를 책임지는' 빛에 관해서 그가 기억해낸 일부 경험은 분명히 강력한 환상이었다. 박진감 넘치는 그 장면은 충격적이었다(Ayer 1988b: 200). 이어지는 성찰에서 그가 C. D. 브로드가 내세의 충분한 가능성이 있다고 믿었다는 사실에 미련을 두고 있음을 발견할 수 있다. 브로드는 무신론자였고, 내세를 원치 않았으며, 위대한 철학자였다. 그가 비트겐슈타인보다 더 낫다고 말하는 사람들도 있다(ibid.: 203). 에이어는 이렇게 결론 내렸다. '내 최근 경험은 어지간히 가까이 다가온 나의 진짜 죽음이 나의 종말이 되리라는 내 신념을 약간은 약화했다. 물론 여전히 그러기를 희망하지만 말이다.' 그를 인생의 전성기로 되돌아가게 할 기술적 전망이 당장 보이지 않았으므로, 그는 삶의 종말을 원했다(ibid.: 204). 에이어는 나중에 명백히 당혹해하면서 그 문장을 철회하고자 노력했지만(Ayer 1988c), 그럴 필요는 없었다. 죽을 때 뱃사공에게 줄 동전 한 닢을 챙겨라. 그랬다는 걸 다른 사람에게 본보기 마냥 떠벌리지만 않으면 된다.

있으며, 주관적 관여라는 측면에서 후자에 대한 일반적 설명을 미리 전제하고 있다.

32

카뮈와 삶의 의미
Camus

윌리엄 맥브라이드William McBride

2013년은 알베르 카뮈 탄생 100주년이 되는 해였고, 카뮈 부흥이 그때 한창이었다는 데는 의문의 여지가 없다. 이를테면, 그해 여름 어느 날 머리 위로 그의 사진들이 잔뜩 걸려 있는 엑상프로방스Aix-en-Provence〔프랑스 남동부의 지방 도시로 이곳 인근에 있는 루르마랭에서 카뮈가 마지막 생을 보냈다〕의 사랑스러운 거리를 걷고 있던 때가 기억난다. 철학자, 성공적인 소설가, 노벨상 수상 작가, 미완의 "록스타"까지, 만약 카뮈가 백 년이 되는 해까지 살아서 자신의 명성을 계속 드높일 수만 있었던들 아마도 그는 그야말로 모든 것을 가진 사람이 되었을지도 모를 일이다!

하지만 카뮈의 삶에는, 1960년 1월 릴의 어느 울적한 금요일 오후에나 개인의 심금을 울렸던 또 다른 일면이 있다. 그날은 성탄절 휴가를 마치고 장 그르니에Jean Grenier 교수의 수업을 들으러 대학으로 돌아온 첫날이었다. 나는 그해 릴에서 대학에 다니고 있었다. 그르니에는 슬픔 속에서 깊은 생각에 잠겨 있었다. 그의 옛 학생으로서 평생지기이자 서신 왕래 상대였던 알베르 카뮈가 며칠 전 자동차 사고로 사망했기 때문이었다. 전혀 예상치 못한 이 비극의 형용할 수 없는 부조리는 우리 모두를 무겁게 짓누를 수밖에 없었고, 그중에서도 그르니에가 단연 그랬다.

카뮈의 가장 마지막 글 중 하나는, 알려진 바대로, 그르니에의 수필집 『섬Les Iles』의 신판에 붙인 머리글이었다. 글에서 카뮈는 그 수필을 스무 살 때 처음 읽었다고 말한다. 이 머리글은, 카뮈가 자신의 삶을 바꾸는 데 다른 그 어떤 것보다 더 많은 영향을 미쳤다고 주장한 책에 손수 바친 멋진 헌사이다. 여기에 그중 일부를 짧게 소개한다.

> 전통적인 종교들의 바깥에서 자라난 젊은이에게, 이 사려 깊고 암시적인 접근 방식은 아마도 그를 삶에 대한 더 깊은 명상으로 인도해 간 유일한 방법이었을 것이다. 개인적으로 나는 신들이 부족하지 않다. 태양, 밤, 바다 … 그러나 이들은 향락의 신들이다. 그들은 가득 채워준 다음에는 다 비워낸다. 오직 그들을 벗 삼은 나는 향락 그 자체를 위해 차라리 저 신들은 잊었어야 했다. 언젠가는 덜 오만하게 자연의 신들에게로 되돌아가기 위해 나는 신비롭고 성스러운 것들, 인간의 유한한 본성, 불가능한 사랑을 나 자신에게 상기해주어야만 했다. 그러므로 내가 그르니에에게 빚진 것은 무언가 확실한 것들이 아니다. 그는 그런 확실성을 내게 줄 수도 없었고, 주고 싶어 하지도 않았다. 하지만 대신 나는 그에게 절대 끝나지 않을 의심을 빚졌다…(Camus 1932-60: 262-63).

카뮈와 옛 스승이 주고받았고 지금까지 전해져 책으로도 출판된(『섬』의 이 머리글 영역본이 이 서간집에 부록으로 실려 있다) 편지들에서는, 내가 카뮈에 대해 고정관념처럼 받아들인 이미지, 즉 잘생기고 용감한 레지스탕스 전사이자 프랑스와 결국에는 서구 대부분을 집어삼킨 전후 실존주의 물결의 아이콘으로서의 이미지와는 꽤 다른 그의 이미지가 떠오른다. 한편으로 그는 그런 편지들 가운데 어떤 한 대목에서, 세간에 널리 받아들여지던 시각을 거부했다. 그것은 그가 어릴 때나 학창 시절 내내 곤궁하게 살았기 때문에 그의 유년기가 불행했다는 것이다. 그러나 다른 한편으로 그의 나중 삶의 많은 측면은 불안으로 채워졌다. 그것은 단지 고등학교 말년에 처음 발병해서 한 해를 환자로 무기력하게 보내게 했던 결핵 증상의 재발 때문만이 아니라, 나중에 아내의 자살 위기와 계속되는 심리적 고통 때문이기도 했으며, 또한 특히 신진 작가로서 풋내기 시절에만이 아니었던 자신의 글쓰기 능력에 대한 자기 의심 때문이기도 했다. 카뮈의 이력 내내, 가톨릭 신자이자, 온화하고, 인습에 얽매이지 않고 도가사상에 강한 끌림을 느낀 남자였던 장 그르니에는 카뮈의 막역한 친구이자 지지자로 이바지했다. 카뮈가 대학원 졸업 요건의 부분적 충족을 위해 기독교 형이상학과 신플라톤주의에 관해 쓴 짧은 논문 작성은 그르니에의 공동 지도하에 이루어졌다. 그르니에는 카뮈가 고등교육에 짧게 발을 들였던 시기에 대학으로 자리를 옮긴 참이었다. 일부 주석자들이 주목한 바 있던 카뮈 사상의 "신비주의적" 측면은 이 초창기 교류와 연구에 뿌리를 둔 것이다.

그렇다, 카뮈는 신비주의자였다. 하지만, 아니엘로 몬타노Aniello Montano의 말마따나 "신 없는 신비주의자un mystico senza Dio"였다. 몬타노가 같은 제목으로 쓴 논문의 서두에서 전하는 바와 같이(Montano 1994: 285), 카뮈는 『르몽드』에 기고한 글에서 신을 믿지 않는다고 주장했으나, 그와 동시에 자신은 무신론자가 아니라고도 주장하였다. 몬타노는 카뮈가 부단한 불신 속에서도 늘 인간적 고통에 아주 큰 무게를 두었다는 점을 옳게 강조한다. 오래된 친숙한 의문이 제기하듯, 만약 신이 정말 있고 전능하다면 어떻게 그렇게도 많은 고통을 이 세계에 허용할 수 있을까? 이 질문은 특히 카뮈의 위대한 소설 『페스트』에서 전면에 등장한다. 이 소설에서 알제리의 도시 오랑은 나머지 세계와 단절된 채 전염병에 휩싸여 있다. 그로 인해 그곳에서 무고한 수많은 어린이를 포함해 많은 시민이 속절없이 죽는다. 소설 속의 주요 등장인물인 파늘루 신부는 설교를 통해 전통적인 기독교의 주장을 늘어놓는다. 이 재난이 신의 분노의 표현인 것은 확실하지만 동시에 시민에게 신과의 화해를 권유하는 초대장으로서 궁극적으로 더 높은 선을 성취하기 위한 도구이기도 하다는 것이다. 끝에 가서 소설의 서술자로 드러나는 의사 리유는 사제의 이야기를 받아들이지 못한다. 전체 상황은 부조리하지만, 두 사람은 고통을 줄이기 위해 함께 노력한다.

"부조리"라는 단어는 삶의 의미에 대한 카뮈의 관점을 이해하는 핵심어이다. 이 단어는 똑같이 영향력 있는 그의 또 다른 소설 『이방인』의 출판과 대략 같은 시기인 1942년에 써진 그의 가장 영향력 있는 철학 저서 『시시포스의 신화』의 도입 주제이자 핵심 주제이다. 이 논고는 소설과 허구의 관계 같은 다른 주제들도 아우르지만 애초에 부조리와 자살의 관계 즉, 자살을 부조리의 해결책으로 볼 수 있느냐는 의문에 관한 연구로 발표된 것이다. 카뮈가 우리에게 이해해보라고 던져준 부조리는 인간적 특징이나 세계의 성질이라기보다, 인간과 세계 그 둘 사이의 어찌할 도리가 없는 불일치를 말한다. 이 틈새를 연결하기 위해 "합리성"이나 "추론"에 호소하려는 만연한 시도는 실패할 운명을 타고난 것이다. 또한 흔히 카뮈가 실존주의 철학자라고 부르는 사람들, 그중에서도 가장 눈에 띄는 키르케고르 같은 이가 제안하는 종교적 신앙에 의한 다양한 해결책 시늉만 낸 것들도 마찬가지다. 카뮈는 그런 해결책을 "철학적 자살"이라고 칭한다.

여기서 몇 가지 상세한 배경을 언급할 가치가 있다. 첫째, 부조리라는 발상은 초기 기독교에 강하게 뿌리를 둔 것으로서 이미 언급한 대로 카뮈는 그 발상에 상당히 친숙해 있었다. 아마도 가장 유명한 것은 초기 교부인 테르툴리아누스의 진술일 것이다. "나는 부조리한 까닭에 믿는다Credo quia absurdum." 이는 인간이 되어 인간의 원죄를 위해 죽은 신에 관한 기독교의 근본 교리를 가리키며 한 말이다. 이와 똑같은 생각이 키르케고르의 사유에서 큰 역할을 한다. 카뮈가 학생일 때, 러시아 태생의 망명 철학자 레프Lev(혹은 레오Leo) 셰스토프Chestov가 프랑스어로 쓴 『키르케고르와 실존철학』이라는 제목의 책이 출판되었다 (Chestov 1934). 카뮈는 『시시포스의 신화』의 지면 몇 쪽을 셰스토프에 바친다. 그는 부조리에 직면하여 신앙의 도약을 이룰 필요성을 강조한 측면에서 오히려 키르케고르보다 더 극단적이었다. 한편, 가장 크게 존경받던 프랑스의 강단철학자 중 한 명인 장 발Jean Wahl이 1938년에 『키르케고르 연구Etudes Kierkegaardiennes』를 출간했다. 발은 대서양으로 헤엄쳐 들어가 돌아오지 않는 방식으로 자살한 19세기 사람 쥘 르키에Jules Lequier를 프랑스의 키르케고르로 여겼다. 그 자살은 그가 보기에 인간의 자유를 부정하고 있는 온갖 철학과 문화적 경향에 반대하면서 실제로 그런 자유가 존재함을 증명하기 위한 또렷한 시도였다. 카뮈는 『시시포스의 신화』 서두 언저리에서 르키에를, "삶에의 의미 부여를 거부한 사상가" 가운데 그런 거부를 몸소 실천에 옮긴 극소수에 속하는 인물이라고 아주 짧게 언급한다(Camus 1942a: 6). 장 그르니에의 박사 논문이 르키에에 초점을 둔다는 것, 그리고 이전까지 논고 한 편(공교롭게도 윌리엄 제임스의 삶에서 중요한 역할을 했던 글이다)을 제외하고 출간된 적이 없던 그의 대단히 방대한 글을 편집한 사람이 바로 그르니에였다는 사실을 아는 것이 놀랄 일은 아닐지 모른다.

그가 실존주의 철학자로 지목한 사람들과 대조적으로 카뮈는 부조리에 맞선 영웅적 태도를 옹호한다. 가치의 창조자, 다른 세계에 대한 환상을 버리고 났을 때 존재하는 유일한 실재의 창조자인 우리 자신에만 의존하는 것이다. 카뮈도 인정하듯이 이런 옹호 속에서는 분명한 니체의 메아리가 들린다. 하지만 그는 초인이나 새로운 영원회귀의 신화 같은 것은 전혀 동경하지 않는다. 그리고 니체가 대부분 글에서 드러내는 모습과 달리, 카뮈는 예술의 창조력을 강력히 지지하며 특히 시각예술과 문학예술에 대해 그렇다. 그것은 "부조리한 창조"라는 제목의 끝에서 두 번째 장에서 이렇게 결론 내린 바와 같다. "죽음이라고 하는 단 하나의 숙명 이외에는 기쁨이든 행복이든 모든 것은 자유이다. 인간이 유일한 주인으로 하는 세계가 남는다"(Camus 1942a: 87). 그래서 실제로 카뮈는 시시포스에 대한 고대 신화를 아주 짧게 이야기하는 것으로 책을 마무리하면서, 우리는 신들의 저주로 다시 굴러떨어질 뿐인 바위를 영원토록 언덕 위로 밀어 올려야 하는 시시포스가 행복하다고 상상해야 한다고 말한다. 마찬가지로 "이방인"이자 같은 제목을 단 소설의 화자이기도 한 뫼르소가 살인죄로 처형되기 직전에 내린 결론도 그것이다. 그는 마침내 "우주의 자애로운 무심함 앞에 자신의 마음을 열고" 자신이 여태껏 행복했으며 "지금도 여전히 행복"함을 깨달은 것이다(Camus 1942b: 154).

오로지 역사적 정확성을 기하기 위한 것이기는 하지만, 『시시포스의 신화』에서 카뮈가 본인의 "부조리" 사유와 당시에 그가 바라본 실존주의자들의 사유를 구분했음을 다시 언급하는 것이 중요하다. 하지만 전후에 실존주의에 대한 열광적 환호가 생겨나고 점차 고조되면서 카뮈는 장 폴 사르트르, 시몬 드 보부아르, 그리고 그 용어를 처음으로 고안했던 철학자 가브리엘 마르셀과 나란히 실존주의자 중 한 명으로 여겨지게 되었고, 그런 동일시는 그 이후로 다소간 고착되었다(사르트르 본인도 일찍이 자신은 "실존주의"가 무슨 의미인지 확실히 모르겠다고 말하기에 이르렀으며, 당시에 마르셀은 그 용어가 점점 더 자신이 경멸하기 시작한 사르트르와 연결되는 쪽으로 이야기되자 그 용어와 거리를 두기 위해 애썼다). 그 시기에 카뮈와 사르트르의 사유는 실제로 상당히 중첩해 있었다. 사르트르는 1943년에 『이방인』에 대한 안목 있는 서평을 발표했다. 그해 6월 그들은 사르트르의 희곡 「파리들」의 초연 자리에서 처음 만났다. 독일 점령군 당국은 이 작품을 즉각 금지했는데, 그것이 그들의 점령을 풍자하는 것으로 볼 수 있었기 때문이었다(사르트르의 의도대로). 카뮈가 『페스트』를 열심히 집필하기 시작한 것도 바로 그해였다. 대체로 글을 쓰는 동안 직면한 난제들 때문에 1947년에 가서야 비로소 출판되기는 했지만 말이다. 1946년에 카뮈는 그르니에에게 이렇게 편지를 적었다. "저는 저의 책 『페스트』를 탈고하느라 온갖 고초를 겪었습니다. 이제 작업은 끝났지만 저는 책에 관한 (그리고 저 자신에 관한) 의구심이 가득합니다"(Camus, in Camus and Grenier 1932-60: 92). 『페스트』도 역시 다른 무엇보다 독일 점령의 우화로서 이바지하려는 의도가 있었다.

『페스트』의 결론부에서는, 내가 앞서 『이방인』과 『시시포스의 신화』의 마무리 부분들에서 인용한 바 있는, 겉보기에 가망 없어 보이는 곤경을 극복함으로써 얻는 행복이라는 주제로부터 묘하고 흥미로운 분위기 반전이 일어난다. 전염병이 마침내 종식되고 살아남은 시민들의 큰 박수갈채 속에 오랑 항구가 다시 개방되면서 의사 리유는 사건들의 연대기를 쓰기로 작정한다. 그는 사람들의 축하를 음미한다. 하지만 그는 지난 역사에 기초할 때, 세월이 지나면 언젠가 박테리아 전염병은 다시 등장할 것이며 행복한 도시에 다시 한번 죽어가는 쥐들을 게워 내리라는 것을 마음 깊이 알고 있다. 내가 이미 언급했듯이 비교적 짧은 카뮈의 생애 말년에는 실제로 많은 불행이 있었다. 질병의 주기적 재발 말고도 핵에 의한 절멸의 위협이 있었고, 냉전이 있었다. 그의 책『반항하는 인간L'Homme révolté』의 출간으로 인해 냉전은 그에게 개인적으로도 여파를 미쳤다. 그리고 그가 태어난 사랑하는 알제리에서 사악한 전쟁이 실제로 벌어지고 있었다.

핵의 위협은 카뮈 세대 사람들을 무겁게 짓눌렀다. 그런 측면에서 그는 확실히 혼자가 아니었다. 그는 이미 스페인 내전을 겪었고, 그다음엔 나치주의의 발흥과 독일의 프랑스 점령, 그리고 그다음엔 그가 죽기 2년 전 노벨상 수상 연설에서 탄식했던 것처럼, 핵의 위협이라는 새로운 광기를 겪으며 살았다. 그는 인류가 오히려 광기 속으로 더 깊게 추락해가고 있다고 암시했고, 낙관주의의 근거가 존재하지 않음을 깨달았다. 그렇다, 그는 드높은 명성을(그리고 적어도 작가로서 대단한 행운을) 얻었다. 그는 글을 통해 자신에게 줄곧 주어져 온 사명을 실현해가고 있다고 느꼈지만, 분명히 그는 바로 지금 기쁨을 거의 느끼지 못했다. (그 상은 그가 열한 차례나 후보에 오른 끝에 주어졌다는 점에 주목해야 한다. 시시포스의 메아리!)

『반항하는 인간』은 1951년에 출간되었다. 이것은『시시포스의 신화』와 더불어, 카뮈의 또 다른, 더 엄밀한 철학적 성격의 책이다.『시시포스의 신화』보다 훨씬 더 긴『반항하는 인간』은 많은 문학적·역사적인 근거를 구석구석 고찰하는데, 거기에는 테러리즘에 대한 몇 가지 매우 강도 높은 논의가 포함되어 있다. 하지만 핵심적인 메시지는 결국 카뮈가 승인하는 (개인적인) 반역과, 그에 따르면 언제나 결국에는 나쁘게 끝나게 되는 (정치적) 혁명을 예리하게 구분한 것이다. 공산주의에 대한 강력한 비난이 책의 큰 비중을 차지한다. 공산주의는 하이게이트 묘지Highgate Cemetery에 시신이 안장된 "자비 없는 정의의 선지자"의 산물이었고(Camus 1951: 306), 그래서 냉전의 긴장이 고조되었을 때 아마도 그 창시자가 예상했던 것보다 훨씬 더 많은 비난을 받을 수밖에 없었을 것이다. 카뮈 본인도 알제리에서 청년으로서 공산당에 잠깐 가담했었으나(아주 흥미롭게도 그르니에의 승인이 있었다. 그르니에 본인은 결코 당원이 아니었지만), 그 후로 좌파와는 거리를 둔 지 오래되었다. 적어도 파리의 지식인들 사이에서 그가 관찰했던 프랑스식 좌파와는 그랬다. 한편 사르트르는 그 무렵 반공주의적 태도들에 강한 혐오를 드러낸 시기를 거쳐 가고 있었다. 비록 공산당에 직접 가담한 적은 없었으나, 그는 자신이 보기에 공산당이 평화에 헌신한다는 점에서 국제적 차원에서 공산당과 협력을 시도하고 있었다. 사르트르가 편집인으로 있는 잡지 「레탕모데른Les Temps Modernes」의 직원들은 『반항하는 인간』처럼 중요하면서도 자신들의 정치적 신념에 반대되는 책의 서평을 실어야 한다고 느꼈고, 프랑시스 장송Francis Jeanson이 다소 달갑지 않은 그 일을 자진해서 맡았다. 이 호의적이지 않은 서평에 대해 카뮈는 고통과 분노의 반응을 보였고 그 감정이 "「레탕모데른」 편집국장에게 보내는 편지" 안에 그대로 표출되었다. 편지는 장송의 이름을 언급하지 않고 대신 그를 소위 배후 조종했다고 판단한 사르트르를 공격했다. 사르트르는 카뮈와의 우정이 끝난 것에 유감을 표하는 것으로 시작해서 『시시포스의 신화』의 저자가 사르트르가 보기에 너무 변했다는 실망의 표현을 담은 똑같이 독설적인 편지로 응수했다. 이것은 매우 공개적인 추문이었다.

자, 이번에 알제리가 있었다. 카뮈의 젊은 시절 사회-정치적 조건들을 지금 상상을 통해 재창조하는 일은 다소 어려워 보일 수 있다. 거대한 영토를 가진 알제리는, 엄밀히 따지자면 당시 북부 및 서부 아프리카의 아주 많은 다른 나라들과는 달리, 식민지가 아니라 "본국 프랑스"의 일부로 취급되었다. 알제리, 그중에서도 특히 연안 도시들은 다수의 프랑스 이민자들이 점유하고 있었다. 그들은 "콜롱colons"이라고 불린 특권 집단으로, 아랍과 베르베르 원주민의 권리를 인정하지 않았다(공교롭게도 그곳은 수 세기 동안 알제리의 아랍인들과 공존해온 꽤 큰 유대인 공동체의 본산이기도 했는데, 1870년에 "프랑스" 인구를 확대하고 아랍인과 베르베르인의 종속을 강화하기 위한 수단으로 이들 유대인에게 일괄적으로 프랑스 시민권이 부여되었다. 프랑스의 카뮈 이후 지성인 세대에 속하는 자크 데리다Jacques Derrida 같은 몇몇 유명 인사들이 그 집단 출신이다). 카뮈의 가난한 모친은 스페인 혈통이었으며, 그의 부친은 카뮈가 유아였을 때 제1차 세계대전에 참전해 전투에서 상처를 입고 결국 그로 인해 죽었다. 하지만 젊은이로서 그는 확실히 알제리를 고향으로 생각했다. 그런데 1950년대 중반에 알제리 독립 투쟁이 격화되자, 프랑스군이 진압을 명분으로 개입하면서 매우 야만적인 행위들이 자행되었다. 카뮈는 평화로운 대화와 타협을 계속 촉구했으나 이미 대부분 관찰자의 눈에 그것이 더는 가능하지 않음이 분명해진 상황이었다. 본인도 1958년 8월에 그르니에에게 보낸 편지에서 그것이 가망 없는 일임을 내심 인정했으나, 최악의 결과가 늘 확실한 것은 아니라는 (다소 박약한) 근거에서 자신의 공식적 태도를 그대로 견지했다(Camus, in Camus and Grenier 1932-60: 187). 물론 오늘날에는 알제리에 남아 있는 프랑스인 영구 거주자가 거의 없지만, 프랑스는 수많은 알제리 혈통 시민들의 고향이다.

그의 불운과 결함에도 불구하고(예를 들면, 아내가 받은 심리적 스트레스에 일조한 매우 공개적인 그의 여성 편력이나, 비평가들이 많이 언급한 바 있듯이 그의 글에 등장하는 아랍인들이 전반적으로 비교적 아무런 특색이 없게 묘사된다는 사실 등) 카뮈는 삶을 즐겁게 포용한 사람이라고 말할 수 있다. 실제로, 삶에 관한 그의 태도를 앞서 언급한 테르툴리아누스의 신앙 선언을 조금 바꿔 이렇게 말할 수도 있을 것이다. "나는 삶이 부조리한 까닭에 삶을 사랑한다amo quia absurdum." 이런 사유에 부합하는 그의 가장 강한 신념 중 하나는 사형제도 반대였다. 『이방인』의 뫼르소는 카뮈가 전하는 이야기에 따르면, 아랍인을 죽여서라기보다는 소설의 서두에서 죽음을 맞은 자기 어머니의 장례식에서 그가 무정함을 드러냈다는 목격자 진술을 검사가 과중하게 강조하는 바람에 사형판결을 받았다. (사실, 카뮈의 이야기에서 이 부분은 그가 알제리에서 젊은 기자로 잠깐 일할 때 취재했던 실제 재판 기록들에 기초한 것이었다.) 독일 점령하에서 철저히 반유대적이고 친나치적인 신문사의 편집자였던 로베르 브라지야크Robert Brasillach의 반역 행위에 대한 재판이 제2차 세계대전의 직접적 여파 속에 진행되자 그를 향한 깊고도 광범위한 적대감에도 불구하고 그의 목숨을 구하기 위한 탄원서가 돌려졌다. 나치 부역자들에 대한 이런저런 재판에 관해 논고를 쓴 보부아르는("눈에는 눈") 탄원서 서명을 거부했지만, 카뮈는 (우연히도 마르셀과 함께) 전직 레지스탕스 전사로서 브라지야크를 경멸했음에도 사형제도에 관한 자신의 깊은 신념에 따라 그 종이에 서명하였다. (브라지야크는 처형되었다.)

간단히 내가 앞에서 인용한 『시시포스의 신화』의 한 대목을 상기하자면, 알베르 카뮈는 자기 세계의 주인이었다. 그는 즐겁고 행복하고 자유로운 자신의 최고의 순간에 자신의 삶에 자신의 의미를 부여했고, 초월적인 것은 말할 것도 없고 명백히 외적인 그 어떤 조력도 필요치 않았다. 죽음이라고 하는 단 하나의 숙명이 늘 그렇듯 부조리한 방식으로 도래할 때까지 말이다.

머독과 삶의 의미
Murdoch

브리짓 클라크Bridget Clarke

아이리스 머독에게 있어, 도덕적 가치는 세계에 실제로 존재하는 빛나는 일부분이지만 인간은 그것을 파악하기 위해 애정 어린 관심을 기울여야 한다. 20세기 후반에 머독이 대담하고 훌륭하게 발전시킨 이런 관점은 비록 삶의 의미와 관련된 의문들을 명료히 하거나 그에 답하려는 의도를 지닌 것은 아니었지만, 그 의문들에 여러 방식으로 영향을 미친다. 나는 어떻게 그런 관점이 신이 없는 세계에서 도덕적 노력이 의미의 으뜸가는 원천을 형성한다는 발상으로 이어지는지 검토할 것이다.

I

머독의 철학적 저술에서 삶의 의미에 관한 어떤 구체적인 관점들로 나아가는 쉬운 길은 없다. 나는 몇 가지 연결고리를 추적하기 위해 몇몇 예비적인 요점들에서 시작해서 그녀의 도덕철학에서 가장 관련이 큰 부분들을 재구성하는 방식으로 글을 전개할 것이다.

"의미"에 관해 말할 때, 나는 삶의 의미에 초점을 둘 것이며, 그것을

"적절한 만족"으로 설명한 수전 울프Susan Wolf의 견해에서 나름의 함의들을 끄집어낼 것이다. 아주 개략적으로 말하자면, 그것은 객관적으로 가치 있는, 한 마디로 "적절한" 활동이나 관계에서 만족을 발견할 때 삶의 의미가 생겨난다는 발상이다(Wolf 2010). 울프의 관점은 우리가 몇 가지 매우 일상적인 직관들을 중심으로 논의를 구조화하고 궁극적으로 그중 하나에 질문을 던질 수 있게 해준다.

머독의 글은 윤리·도덕적 가치에 관련된 것으로, 이때 그 가치는 (주로) 덕들에 의해 분류된다.[1] 고대 철학자들과 마찬가지로 그녀는 그렇게 범위가 설정된 영역들 내에서 가치의 도덕적, 미적, 의미-담보적, 타산적 차원을 그다지 선명하게 구분하지 않는다.[2] 그래서 "도덕적인 것"에 관한 그녀의 언급들에서 얼마나 많은 것을 추정해낼 수 있을지, 혹은 구체적으로 삶의 의미에 관련된 무언가에 일반적으로 얼마나 많은 가치를 부여할 수 있을지가 늘 분명치는 않다. 이런 난점이 탐구의 지침이 되기도 하고 탐구에 그림자를 드리우기도 할 것이다.

II

머독은 가치에 관한 자연주의자이지만 무엇을 "자연"으로 간주할지에 관한 그녀의 생각은 단연코 폭넓다.[3] 선善에 관한 어떤 논의의 중요한 서문에서 그녀는 이렇게 적는다.

---

[1] 도덕의 범위를 실질적인 논점 선취에 빠지지 않고 어떻게 정확하게 개념화할 것인지가 머독의 주요한 연구 주제로서, 그 연구는 특히 다음 저술에서부터 시작된다. Murdoch 1956.

[2] 예를 들면, "선과 미는 대조를 이루는 것이 아니라 대체로 동일 구조의 일부다"(Murdoch 1964: 40).

[3] 간단히 말해서 머독은 자연이 자연과학의 연구를 통해 남김없이 규명된다고 여기지 않는다.

삶 속에는 무척 많은 패턴과 목적이 있지만, 철학자나 신학자가 탐색하곤 하는, 이를테면 외적으로 보장된 일반적 패턴이나 목적은 존재하지 않는다. 우리는 보이는 바 그대로 필연성과 우연에 종속된 덧없는 죽을 운명의 피조물이다. 이것은 나의 관점에 의하면, 신이라는 용어의 전통적인 의미에 따른 그런 신은 존재하지 않는다고 말하는 것과 같다. ⋯ 신의 다양한 형이상학적 대체자들, 이성, 과학, 역사도 똑같이 거짓 신들이다. 우리의 운명은 검토될 수 있으나 정당화되거나 총체적으로 설명될 수는 없다. 우리는 단지 여기에 있을 뿐이다. 그리고 인간의 삶에 어떤 종류의 의미나 통일성 같은 것이 존재한다면, ⋯ 그것은 어떤 다른 종류로서 인간적 경험 안에서 추구되어야 한다. 그 경험의 바깥에는 아무것도 없다(Murdoch 1967: 77).

이 대목은 머독이, 삶의 의미 혹은 가치 일반의 기반으로서 초자연적인 것에 대해 전통적으로 품어왔던 생각을 거부한다는 사실을 분명히 보여준다. 동시에 중요하게 주목할 점은, 머독이 자연적인 것들의 영역 내에서 "초월적 실재"를 허용한다는 것이다. 그녀는 그런 실재를 도덕적 삶의 심장부에 위치하는 것으로 받아들인다.[4] 머독의 관점에서, 가치와의 조우는 **초월적인** 실재를 미리 전제하지만, 그것이 전통적 의미에서 초자연적이거나 형이상학적인 실재는 아니다. (그리고 행위자의

---

[4] 그녀가 이해하는 바에 따르면, 그것을 허용하지 않은 것이 실존주의와 비非-인지주의를 모두 포함하는 "후기-칸트주의적" 접근 방식이 거둔 가장 큰 실패였다. "그런 유형의 후기-칸트주의적 도덕철학의 중심은 가치 창조자로서의 의지 개념이다. 예전에 어떤 의미에서 천국에 새겨져 있고 하나님이 보증해 주었던 가치들은 무너져 인간 의지의 영역으로 들어간다. 초월적 실재는 없다"(Murdoch 1967: 78; 강조는 필자의 것임).

마음 상태가 투사된 것도 확실히 아니다.) 도덕적 삶을 바라보는 그녀의 시각에서 볼 때, "개인은 자신을 초월한 실재를 마주하여 망설이며 동요하는 것으로 보인다. 도덕적으로 선한 것을 발견하는 것은 그런 실재를 발견하는 것이며, 선해진다는 것은 자신을 그 실재와 통합하는 것이다"(Murdoch 1957: 70).

그렇다면 머독이 가치의 경험에서 그렇게 중요하다고 판단한 초월적 실재란 무엇인가? 이 문제에 관하여 머독의 모든 글이 같은 방향을 가리키는 것은 아니지만, 머독이 염두에 둔 초월적 실재란 단지 (운이 좋다면) 일하러 나가고, 아이를 기르고, 거리에서 낯선 사람을 지나치고, 애석하게 무언가 상실하고, 좋은 일을 축하하고, 늙어가고, 새로운 관심사를 키우고 하는 등등의 일들을 하는 일상 세계거나 혹은 그런 세계에 속해 있는 그 무엇임을 암시하는 내용은 많다. 도대체 어떤 의미에서 그런 세속적 세계가 초월적 실재를 형성하거나 혹은 아우를 수 있다는 것일까? 머독의 답변을 과하게 압축하자면 이런 식이다. 그럴 수 있는 이유는, 우리가 세계를 공유하고 있는 다른 인간들을 온전히 이해한다는 것은 결코 불가능하기 때문이다.[5] 타인들은 주어진 순간순간마다 그들에 대한 우리의 이해를 초월해 있다. 즉, 그들은 우리의 이해에 온전히 포착되지 않는다. 이런 의미에서 일상의 삶은 초월해 있으나 초자연적이거나 형이상학적이지는 않은 무언가와의 교제를 수반한다. 나는 그것을 "일상적 초월자들"이라고 부를 것이다. 머독은 이렇게 적는다. "도덕의 범위 및 따라서 도덕철학의 범위는 이제 부채나 약속 같은, 이 구석 저 구석의 문제가 아니라 우리 삶의 양식과 우리가 세계와 관계 맺는

---

5   저스틴 브록스Justin Broakes는 "신과 선에 대해서On 'God' and 'Good'"의 면밀한 분석(Broakes 2012: 55-69)과 『선의 군림 The Sovereignty of Good』에 대해 곧 출간될 비평을 통해 이런 해석 방식을 옹호하는 구체적인 주장을 제시한다.

성질 전체를 포괄하는 것으로 보일 수 있다"(Murdoch 1967: 95).

타인들이 우리에게 제기하는 주장들은 임의적이지 않고, 덕과 선행의 다종다양한 사례들 사이에는 더 일반적인 상호연결성이 있는 것처럼 보이기 때문에, 만약 우리가 일상적 초월자들을 올바로 이해하고 그들과 올바로 교섭하고자 한다면, 선의 개념(즉, '선')이 결정적이라고 머독은 생각한다. 머독에게 선의 개념은 질적 구별에 대한 우리의 경험 안에 내재해 있다. 그것은 가치 있는 것들의 위계와 패턴을 증언한다. 머독의 설명에 따르면, 따라서 선의 개념은 어떻게 가치 감응성 responsiveness을 중심으로 짜인 삶(즉 도덕적으로 모범적인 삶)이 의미라고 할 만한 무언가를 제공할 수 있는지, 그 실마리를 제공한다.

요약하자. 머독에게 가치란 일상적인 자연 세계의 일부이지만, 여전히 그것은 우리의 현재 이해를 넘어서 있는 무언가를 가리킨다. 그렇다면 삶 속의 의미란 가능한 한 온전하게 일상적 초월자들을 발견하고 그것들과 "자신을 통합하려는" 행위자의 노력 속 어딘가에서 발견되어야 하는 것처럼 보인다. 이런 이야기가 어떻게 성립하는지 알려면, 우리는 타인들이란 불가피하게 우리의 온전한 이해에서 벗어나 있다는 생각, 그리고 그런 사실에 대한 올바른 감응과 관련한 머독의 사고방식을 더 자세히 고찰해야 한다.

III

머독은 이렇게 적는다. "타인을 이해한다는 것은 끝을 내지 못하는 과제이다"(Murdoch 1959a: 283). 머독의 관점에 의하면, 그것은 삶에서 가장 어렵고 중요한 과제로서, 타인에게 실체적인(광범위하고, 복잡하게 뒤얽혀 있고, 유일무이한) 내면의 삶이 있다는 사실을 인정하는 것이 중심이 된다. (경쟁 이론들에 대한 그녀의 주된 비판 중 하나는 바로 이 점을 마음 깊이 새길 자세가 되어 있지 않다는 것이다.) 내면의 삶에 대한 머독의 이해는 그 자체로 매우 복잡하며, 여기서는 간단히 그것의 핵심적인 특징들로 받아들일 수 있는 몇 가지를 언급하는 정도면 도움이 될 것이다. 그런 것들은 거의 모두가 별도의 논의 주제들이며, 일부는 뒤에서 추가로 주목하게 될 것이다.

머독은 내면의 삶을 개념적 발전의 과정(이를 통해 머독이 의미하는 바는 대부분 철학자와는 아주 판이하다)과 결합하고 그렇게 특징지어진 내면의 삶을 개인 혹은 사람의 개념과 묶는다. 머독의 설명에 따르면, 개인이 된다는 것의 부분적 의미는 유효한 도덕적 개념들에 대한 특유의 해석, 특징적인 개념적 "시각"을 (특정 한도 안에서) 발전시키는 것이다.[6] 우리의 이해가 경험의 압력 아래 변한다는 측면에서, 그녀는 이런 개념적 파생의 과정을 현재 진행형 혹은 "역사적인" 것으로 받아들인다. 그래서 개개인의 시각은 필연적으로 서로 다르며, 시간이 흐르면서 변한다. 이상적으로 보자면, 이런 변화는 더 나은 방향으로 이루어진다. 즉 진리를 지향하는 것이다. 그러나 머독이 덜 개인적인 시각을 더 참된 시각으로 여기지 않는다는 점을 강조할 필요가 있다. 이런 복잡한 견해들이 머독의 글 안에서 함께 작동하면서, 본질상 독립적이고 측량할 수 없는 실재의 중심으로서 개인이라는 발상을 뒷받침한다. 그리고 머독 자신의 시각에서 중심을 차지하는 그런 사고방식은, 한 개인이 얼마나 완벽하게 타인에게 알려질 수 있느냐에 근본적인 한계를 부여한다. 그것은 또한 타인을 깊이 있게 알게 되는 일이 어렵다는 생각을 개념적으로 참으로 만든다.

---

6 특히 다음을 보라. Murdoch 1956 and 1964. 관련 논문으로는 다음을 보라. Bagnoli 2012.

머독에 의하면 인간이 타고난 이기주의자들이라는 사실로 인해 그런 어려움이 확대된다. 머독이 생각하기에, 자신을 과대평가하고 자기 방어적이며 반대 증거를 들이대도 굽히지 않는 것이 인간의 본성이다. 이런 이해들이 허위적인 내면의 서사 같은 것들과 짝을 이루는데, 그 것들 모두를 머독은 타인에 대한 자신의 지각과 자신의 개인적인 시각을 전반적으로 타락시키는 "환상"이라고 부른다. 머독은 환상이 만족과 위안의 깊은 원천이며, 따라서 모든 사람에게 항구적인 유혹이 된다고 믿는다(Murdoch 1992: ch. 11, esp. 316-24). 머독에게 윤리학의 핵심적인 실천적 문제는 그런 환상을 어떻게 처리할 것인가 하는 것이다. 그것이 머독 이론의 가장 유명한 부분으로 이어진다.

IV

시몬 베유를 따라서, 머독은 우리 시각의 정제와 명료화를 "주목"의 실행과 연결한다.[7] 일반적으로 말해서, 주목은 일종의 숙고이다. 그것은 무언가의 특수성을 존중하고 그것이 다른 것과 별개임을 존중하는 방식으로 "그것을 주의 깊게 바라보고 마음에 새겨두는 일"을 수반한다(Murdoch 1992: 3). 머독은 인간 본성을 고려할 때 그런 주목에는 사랑과 정의가 둘 다 포함된다고 여긴다. 주목이란 정확히 말해서 "자아 바깥에 있는 개별적 실재를 공정하고 애정 어린 시선으로 바라보는 것"이다 (Murdoch 1964: 33). 그런 시선의 대상이 될 수 있는 것은 많지만("개별적 실재들"은 광의의 범주다), 그것이 가장 필요한 대상은 타인들이다. 왜냐하면 그들이야말로 가장 자연스러운 환상의 대상이기 때문이다. 머독의 가장 유명한 사례에서 보듯, 시어머니가 며느리에 대한 편견 어린 시

---

7   나는 그러한 이해 방식들을 다음 논문에서 비교한 바 있다. Clarke 2013.

선을 극복하려면 며느리를 주목해야 한다(ibid.: 16-23).

몇몇 머독 언어는(예로 "자아 벗겨내기"나 "자아의 억압", Murdoch 1967: 82; 1969: 64) 주목이란 마치 주관성의 상실에서 정점에 달하는 것인 듯 암시한다. 그 말이 정말로 맞는다면, 행위자에게 삶의 의미에 대한 감각을 공급할 수 있다는 생각에 특별한 장애물이 등장하는 꼴이 될 것이다. 그 의미가 만족을 함의하는 경우는 특히 더 그렇다. 그러므로 주목이 주관성의 상실이 아니라 주관성의 정화로 이어진다는 것을 명심하는 것이 중요하다. 그것은 주관성이 자기 시야를 넓게 만드는 자양분이 되는 것이다. 행위자는 자기를 둘러싼 세계를 주목함으로써 자기 재량에 달린 일군의 개념들을 정제한다. 언급한 것처럼 머독에게 이런 정제가 개념들의 지극히 개인적인 파급력을 더 일반적이고 비개인적인 것으로 치환하는 것을 의미하지 않는다. 그녀는 도덕적 개념들을 "구체적인 보편자들"로 간주한다. 그것들은 각자 개인이 점점 더 깊게 이해해 나가야 하는 그런 종류의 것들이다(Merritt 2017). 그런 심화는 "사람, 사물, 상황"을 향해 "끈기 있고, 애정 어린 존중"을 보냄으로써 생겨난다(Murdoch 1964: 39).

요약하자. 행위자는 초월적 실재에 둘러싸여 있다. 이때 초월적 실재란 전형적으로, 자기 것만큼이나 생기 넘치는 내면의 삶을 지닌 타인의 형태를 지닌 것들이다. 이기주의를 지향하는 타고난 성향 때문에, 행위자가 만약 타인들의 진가, 그들의 "개별성과 차이성", 그리고 그들도 "내가 요구하는 만큼의" 욕구와 소망이 있다는 사실을 인정하고자 한다면, 주목 즉 의지적 형태의 사랑을 실천해야 한다(Murdoch 1969: 64). 이것은 충분히 주관적이면서 동시에 "무한히 완벽해질 수 있는" 활동이다(Murdoch 1964: 23).

V

우리는 이제 주목이 삶의 의미의 원천일 수 있는지 고려할 수 있는 위치에 섰다. 이를 제대로 고려하려면, 주목의 노력(그리고 관련된 활동)이 머독에게는 삶의 의미의 유일하게 가능한 원천으로 보인다는 점을 알아차리는 것이 중요하다. "덕스러워지고자 시도하는 것 말고 삶에서 가치 있는 것은 아무것도 없다." "진정으로 중요한 유일한 것은 그 모든 것을 분명하게 보고 그것에 올바르게 반응하는 능력이다 …"(Murdoch 1967: 85).[8] 이런 주장들이 언뜻 극단적으로 보이겠지만 실은 보이는 것만큼 그렇게 극단적이지는 않다. 머독의 구상에서는 명료하게 보고 올바르게 반응하고자 하는 노력이 전형적으로 도덕의 범위 바깥에 있다고 여겨지는 영역들을 포함해 삶의 거의 모든 영역에까지 영향을 미친다는 점에서 그렇다.[9] 그러나 그 모든 무진장한 복잡성 속에서 자기를 둘러싼 세계를 파악하고자 하는 노력이 삶의 의미의 원천이 아니라면, 그 어떤 것도 그런 원천일 수 없다는 점만큼은 그것이 확실히 함의한다.[10]

구체적으로 말하자면, 우리의 문제는 그런 노력이 적절한 만족의 원천으로 보이느냐는 것이다. 일견, 확실히 그렇다. 즉, 그것은 객관적으

---

[8] 유사하게, "진정한 도덕 감각은 우리에게 덕을 유일하게 가치 있는 것으로 보게 만든다. …"(ibid.: 96).

[9] "심지어 지성의 가장 엄격한 문제들에서도 모든 올바른 시각은 … 도덕적인 문제이다. 결국은 똑같은 덕(사랑)이라 할 똑같은 덕들이 내내 요구되며, 환상(자아)은 우리를 방해해 다른 사람을 못 보게 막을 수 있는 것처럼 풀잎도 못 보게 막을 수 있다"(Murdoch 1969: 68).

[10] 이어지는 내용에서 나는, 머독 본인이 그런 것처럼, 가치가 주목하고자 시도하는 데서 비롯된다는 생각과 그런 시도가 성공하는 데서 나온다는 생각 사이를 자유롭게 오갈 것이다. 내가 그녀를 이해하는 한, 주목하기 위한 모든 진정한 노력에는 가치가 있고 그런 노력 중 어느 것도 완전히 성공적이지는 않다.

로 가치 있고("적절하고") 동시에 그 노력을 기울인 행위자에게 만족스러운 것으로 보인다는 것이며, 그렇게 만족스러우니 가치도 있는 셈이다.[11] 언급한 대로 주목의 노력을 통해 우리는, 내밀하게 나 자신의 것이면서 내밀하게 나를 내 바깥의 세계와 연결해주는 삶의 시각을 발전시킨다. 우리는 자기가 본 것에 의해 적합하게 영향을 받는 일을 함의 하는 방식으로 우리를 둘러싼 세계를 더 명료하게 보게 된다. 우리는 영원 속에서 인지적이고 자극적인 한계들을 초월한다(Nozick 1981a: ch. 6). 따라서 머독의 언어는 종종 우리 마음을 적극적으로 자극한다. 그녀는 숭고함과 유사한 "흥분과 영적 힘"의 원천인, "자기 자신 바깥에 있는 광대하고 다양한 실재의 깨달음"을 이야기한다. 그녀는 도덕적 삶을 낮은 곳에서 더 높은 곳으로의 "순례 여행"이라고 기술한다. 그것은 플라톤의 동굴에서 나와 위로 상승하는 것과 유사하다. 그녀는 그것을 "주목의 특수한 대상들 사이에서 꿈틀대며 그것들에 반응하는 것으로서 영적 에너지, 욕망, 지성, 사랑의 지속하는 작동"으로 이해된 플라톤적인 에로스와 결부한다(Murdoch 1959a: 282; 1992: 496). 그런 서술들(그의 저술에서 풍부하게 등장하는)은 머독의 도덕성을 적절한 만족의 풍요로운 원천처럼 들리게 할 뿐만 아니라, 삶의 의미의 원형적 원천처럼 들리게도 한다. 그것은 모든 사람 각자에게 영적 "탐구"를 제공하지만 그럴 때 초자연적이거나 신비적인 것에 호소하지 않는다. 그러나 여기서 한 가지 간단치 않은 문젯거리를 명심하는 것이 중요하다.

---

11 울프는 다음 글에서 객관적 가치라는 발상을 논하고 옹호한다. Wolf 2010: 34-48, 62-63 및 119-32. 그녀는 다음에서 충족 개념을 논한다. 13-18쪽 및 109-14. 두 경우 모두에서 그녀는 이들 용어에 대한 일반적인 이해의 범위를 넘지 않으며, 그것은 내가 의도하는 바와 같다.

VI

도덕적 실재가 행위자를 초월한다는 사실은 머독의 구상에서 당연히 정신적 고양과 영감으로뿐만 아니라 비탄, 좌절, 심지어 번민으로도 이어진다. 본래 우리는 자기 마음 안에 담을 수 없는 것에 흥분을 느끼거나, 혹은 그 격차로 인해 무력감과 패배감을 느낄 수 있다.[12] 머독은 단지 전자만이 아니라 두 가지 반응의 양식 모두를 도덕적 삶에 근본적인 것으로 받아들인다. 그가 예전에 밝힌 바대로, 실천의 영역은 "불완전성과 형식의 결여에 … 시달린다"(Murdoch 1959b: 220; 1992: ch. 4도 보라). 머독에게 이것은 특히 인간이 일종의 종잡을 수 없는 패배의 운명을 타고났음을 의미한다. 예술 작품들은 "인간이 현실 세계에서 겪고 있는 패배를 극복하려는 시도"지만, 일상생활에서는 "오로지 비탄과 불완전한 것들의 최종적 수용만이 존재할 수도 있다"라고 그녀는 믿는다(Murdoch 1959b: 220). 이것은 머독의 도덕성을 **충족**으로 특징짓는 것이 부적절할 수도 있음을 암시한다. 하지만 어쨌든 우리가 도덕성을 삶 속에서 적절한 충족 및 그에 따른 의미의 원천으로 보고자 한다면 그것은 어쩔 수 없는 일이다.

행위자가 처한 상황의 어려움은 머독의 "선善의 정의 불가능성" 개념을 고려함으로써 명료히 밝힐 수 있다. 나는 앞에서 만약 도덕적 문제들에서 발견하는 명시적 명령을 제대로 설명하고자 한다면 선 개념이 꼭 필요하다는 머독의 생각을 언급했다. 그녀는 그런 명령이 실제로 존재한다는 견해를 굳건하게 옹호하지만, 그것의 체계적인 포착은 허용되지 않는다는(결정 절차 같은 것은 말할 것도 없고) 점을 강조한다.

---

[12] 나의 단어 선택은 다음 글에서 차용한 것이다. Diamond 2003.

"그것은 언제나 너머에 있으며, 그것이 자신이 권위를 행사하는 것은 바로 그 너머에서다"(Murdoch 1969: 61). 머독에게 문제의 그 "넘어섬"은 우리의 불가피한 인지적 한계들의 함수이며 "비체계적이고 소진되지 않는 세계의 다양성"의 함수이다. 그것은 특히(유일한 것은 아니지만) 개개인 혹은 인격들의 형태를 띤 다양성이다(Murdoch 1967: 96). 더 나아가 머독은 선의 정의 불가능성을, 현세에서건 내세에서건 선한 행위의 보상을 보장해줄 창조자의 부재라는 측면에서의 "의미 없음"과 연결한다(ibid.).[13] 그녀의 설명에 의하면 필연성과 우연이 신과 목적을 대신한다. 그런 맥락에서 선은 정말로 있는 것이지만 정의될 수는 없다. 그가 표현한 대로, "그 장면은 그 어떤 체계화의 희망도 넘어선 채 여전히 이질적이고 복잡하지만, 그와 동시에 선 개념이 그것 전체에 뻗쳐 있으며 그것이 소유할 수 있는 유일한 종류의 성취되지 않은 어렴풋한 통일성을 제공한다"(ibid.: 94-95, 강조는 필자의 것).

선의 정의 불가능성은, 도덕적으로 말하자면, "어떻게 그 모든 것이 제대로 들어맞는 것인지" 알 수 없으리라는 것을 확실히 말해준다. 그것은 우리가 타인을 온전하게 이해할 수 없으리라는 것과 다를 바 없는 말이다. 그런 것들(물론 상호 연결되어 있기는 하지만)은 가장 정제된 시각의 포위망이라 해도 통쾌하게 뚫고 도망갈 것이다. 실제로 정확히 말하자면, 머독에게는 자신의 이해가 불완전함을 인식하는 데서 생겨나는 것이 바로 애정 어린 주목의 실행이다. 환상의 "손쉬운 패턴"은 바로 그것을 부인한다. 그리고 그것이 위안을 준다(ibid.: 84). 우리는 이와 더불어 애정 어린 주목이 불가피하게 행위자에게 죽음, 야만성,

---

[13] "선은 목적과 무관하며, 실제로 목적이라는 생각을 배제한다, '모든 것이 헛되다'라는 것이 윤리의 시작과 끝이다"(Murdoch 1969: 69).

부조리 같은 더 무시무시한 실재의 측면들을 직면하게 한다는 점을 덧붙여야 한다. 이번에도 역시 행위자에게는 그런 것들을 최종적으로 이해하는 어떤 방법도 제공되지 않는다(이것은 "공허"가 머독식의 행위자에게는 항시적 가능성이 되는 이유일 수 있다. Murdoch 1992: ch. 18). 이런 맥락에서 우리가 이해의 불완전성을 경험한다는 것은 결핍을 겪는다는 말이다.

이 중 어떤 것도 머독의 구상에서 주목의 노력이 보상을 받거나 혹은 충족될 가능성을 배제하지는 않는다. 그러나 도덕성에 대한 머독의 구상에서 충족의 자리가 가시방석임을 의미하는 것은 맞다. 간단히 말해서, 주목의 노력을 충족(적절하건 그렇지 않건)의 원천으로 바라보는 것은 머독이 도덕적인 삶에서 불완전성의 경험에 부여한 중요성을 가볍게 만들 위험성이 있다. 그러면 우리는 머독식의 도덕성은 삶의 의미의 가능한 원천이 아니라고 결론 내려야 할까? 이는 V절에서 언급한 그것의 건설적인 측면들에 비추어볼 때 문제가 되는 것처럼 보인다. 삶의 의미를 제공하기 위한 "정의롭고 사랑스러운 응시"의 잠재력을 고려할 때 긍정적 가능성과 부정적 가능성을 모두 공정하게 부여해야 한다. 그런 잠재력을 내버리지 않고 그렇게 할 수 있는 명백한 방식은 머독에게는 끝없는 복잡성 속에서 실재를 이해하고자 하는 노력이 삶의 의미를 제공한다고(어쨌든 무언가 그런 것이 있다면) 가정하는 것이다. 이것은 머독의 구상에 쉽게 들어맞을 뿐 아니라 그 자체로도 매력적인 발상이다. 나는 글을 마무리하면서 그 발상을 더 폭넓은 전망 속에 집어넣을 것이다.

<h1 style="text-align:center">VII</h1>

"투쟁 속에 의미가 있다." 타-네히시 코츠Ta-Nehisi Coates가 여러 세대에

걸친 단합된 저항에도 불구하고 미국에서 악독한 인종주의가 지속되는 상황을 반성하면서 아들에게 한 말이다. 그는 계속해서 이렇게 말한다. "역사의 사실은, 흑인들이 엄밀히 말해 그들 자신의 노력을 통해 자신들을 해방한 적이 없다는 것이다. 어쩌면 어떤 사람들도 다 마찬가지일 것이다. … 그렇더라도 너에게는 투쟁하라는 부름이 주어진다. 그것이 네게 승리를 보장해주어서가 아니다. 그것이 영예롭고 건전한 삶을 보장해주기 때문이다"(Coates 2015: 96-97). 이는 부정할 수 없는 말로 들린다. 이 말은, 삶은 일상적인 충족 수단이 없을 때도 유의미할 수 있음을 함의한다.[14] 더 일반적인 차원에서 말하자면, 이것은 삶의 의미를 적절한 충족보다 오히려 "적절한 헌신"이나 "적절한 노력"의 문제로 보는 것이다. 이것은 내가 제시한 바로서의 머독의 시각에 담긴 정신이나 세부 사항에 부합한다.

말할 필요도 없지만 우리는 자신의 대의가 가치 있는 것인지, 즉 "적절한" 것인지에 관해 오류를 저지를 수 있다. 머독은 우리가 그런 판단을 내릴 때 소망적 사고나 여타 형태의 환상에 쉽게 빠져든다는 것을 잘 안다. 그리고 그녀는 그녀 자신의 도덕적 시각에 들어 있는 불가피한 불완전성을 인정한다(Mulhall 1997). 이것이 그녀의 설명에 머뭇거림의 성취를 부여하며, 그것은 그녀의 도덕적 시각과 삶의 의미 문제 사이의 정확한 연결고리를 잇는 문제의 어려움을 증가시킬 뿐이다. 하지만 머독 관점의 본질은 아주 분명하다. 이른바 삶의 의미를 제공하기에 적절한 것이라면 그것이 무엇이든 소진되지 않는 다양성과 복잡성을 지닌 세계 속에서 모습을 드러내는 투쟁으로부터 나온다는 것이

---

[14] 로버트 애덤스Robert Adams는 수전 울프의 관점에 대한 논평에서 그 점을 강조한다. Adams 2010: 76-79.

다. 머독에게는 그 투쟁이 바로 도덕이며, 그것은 "그 바깥에는 아무것도 없는 인간 경험"의 놀라운 깊이를 우리에게 일깨운다(Murdoch 1967: 77).[15]

[15] 이 책의 편집자들에게 사의를 표한다. 또한 초벌 원고를 읽고 날카롭게 논평해준 폴 뮌크Paul Muench와 2017년 몬태나대학교에서 내 머독 세미나에 참여했던 학생들에게도 감사한다.

34
파농과 삶의 의미
Fanon

새뮤얼 임보Samuel Imbo

최고의 철학은 궁극적 진리의 탐색이지만, 그것은 세속적인 인간적 경험들에 대한 반성에서 시작해야 한다. 해방철학은 더 넓은 분야의 관심사를 공유하지만, 그러는 가운데 구체적으로는 제국주의와 식민지주의가 구조화한 권력관계들이라는 환경 속에서 진리와 자유가 불러올 결과들과 씨름한다. 철학을 도구상자에 비교한 비트겐슈타인의 생각을 빌린 프란츠 파농Frantz Fanon(1925-1961)은 세계화 속의 지적, 정치적, 문화적, 경제적 관계들에 책임이 있는 매우 불평등한 질서 체계의 복잡성을 풀어내는 데 필요한 도구들이 담긴 글들을 발표한 독창적인 이론가로 부상한다. 파농은 마르티니크섬의 중심 도시 포르드프랑스에서 다닌 쉴셰 고등학교와 의대생으로 생활하던 프랑스 남부의 조용한 시골, 그리고 모로코, 알제리, 말리, 튀니지의 전쟁터에서 직접 겪은 일들을 글로 풀어낸다. 그는 자신의 일상 경험을 전하면서, 자체의 임무를 성취하기 위한 것인 동시에 그 임무를 은폐하기 위해 설계된 위계적 종속 구조의 부식 효과에 관한 교훈을 끌어낸다. 파농의 예언적 전망은 강단철학의 실천적 측면에서 끈덕지게 사각지대에 놓여 있는 인종주의, 성차별주의, 동성애 혐오 같은 문제들에 대한 교정책으로 여전히 타당하다. 이론과 실천을 연결하는 그의 사상은 오늘날의 강단철학이 부러워해야 할 정도로 대학과 거리에서 반향을 불러일으켰다.

이번 장은 파농이 삶의 의미에 관하여 하는 말들을 다음 네 개의 주제로 논할 것이다. 그의 전기 및 정체성 문제에 대해 그것이 지닌 함의들, 그의 휴머니즘 개념에 흑인 문화가 미친 영향, 폭력과 혁명을 바라보는 그의 관점들, 그리고 그의 지속적인 타당성.

전기

프란츠 파농은 마르티니크에서 태어나서 아프리카에서 의료 전문가 겸 혁명가의 삶을 살다가 미국에서 죽었고 알제리에 안장되었다. 그의 전기는 그의 정체성이 속하는 좁고 넓은 범위들에 관한 의문을 유발한다. 그는 마치 마르티니크, 프랑스, 알제리 태생인 것처럼 살았다. 혼종성hybridity이나 크레올화creolization〔두 집단이나 그 이상의 집단이 오랫동안 접촉할 때 다양하게 일어나는 문화 변화를 가리킴〕 같은 개념이 아직 유행하지 않을 때였지만, 파농은 경계 너머 연대의 기반을 실현하고 있었다. 더구나 그는 예를 들면 "역사"나 "이성" 같은 사유의 범주들을 창조한 지적 엘리트 수문장들을 조명하면서, 그들이 실제로는 의미의 탐구에서 사유와 인간 발전의 다양한 가능성을 배제한다고 지적하였다. 그의 삶 전체가, 인간이 된다는 것이 무엇인가에 관한 이해의 다원성을 대하는 개방적 태도와 더불어 학문 간, 인종 간, 젠더 간, 민족 간 경계를 가로질러 지식을 꽃피워야 한다는 견해를 함께 옹호하는 논증의 확장판으로 보일 수 있다.

그의 인생사의 대체적 윤곽에 대해서는 폭넓은 합의가 존재한다. 파농은 1925년 7월 20일 마르티니크섬에서 태어났다. 그는 메릴랜드 베세즈다에서 백혈병 때문에 생긴 기관지폐렴으로 1961년 12월 6일에 죽었다. 파농은 작가, 이론가, 심리학자, 정신과 의사, 정치철학자, 그리고 혁명가였다. 8남매 중 다섯째인 그는 엄격한 인종적 계급 구조를 지닌 사회의 중산층 가정에 태어났다. (아버지 펠릭스는 세관원이었고, 어머니 엘레아노로는 상점을 운영했다.) 소수의 중상류층은 지역에 정착한 백인들로 구성되어 있었고, 중산층은 대개 인종 간 혼혈이거나 흑인이었다. 나머지 대다수는 흑인 노동 계층이었다. 이런 실상이 파농의 계급의식을 만들어냈을 것이다. 그는 마르티니크의 쇨셰 고등학교에서 공부했는데, 잠시 에메 세제르Aimé Césaire의 지도를 받으면서 그의 네그리튀드negritude[아프리카 흑인 시인들이 일으킨 문화 운동] 철학에 일찍이 영향을 받았다. 빅토르 쇨셰의 이름을 따서 학교명을 지었다는 것은 의미심장하다. 그는 1800년대 중반 마르티니크에서 노예제 종식에 일조한 프랑스의 노예 폐지론자였다. 파농이 1947년에 의학을 공부하러 마르티니크를 떠나 프랑스로 갈 무렵, 이미 그의 마음속에서는 한편으로 그가 네그리튀드의 기둥이라고 보았던 인종적 본질주의, 그리고 다른 한편으로 그가 성장할 때 함께 했던 프랑스의 이념들 속에 체현된 더 광범위한 흑인 정체성이 부딪히며 빚어내는 긴장과 투쟁하고 있었다.

프랑스령 앤틸리스 제도와 과들루프섬처럼, 마르티니크섬도 프랑스의 해외 행정구역이다. 17세기와 18세기 내내 영국과 프랑스는 그 섬의 지배권을 놓고 싸웠으며, 드디어 프랑스가 1814년에 영구 지배권을 획득했다. 1946년 봄에, 마르티니크 주민들은 자신들의 식민지 지위를 변경하기 위해 투표를 통해 프랑스의 정식 현縣이 되었다. 그 이후로 마르티니크는 프랑스 의회에 의석을 갖게 되었다. 이런 전개가 파농의 정치의식에 강한 충격을 주었다.

네그리튀드 혹은 인본주의?

문학적이면서 철학적인 네그리튀드 운동에는 프랑스령 기아나 출신의 시인이자 정치가 레옹 다마스Leon Damas, 세네갈의 레오폴드 세다르 셍고르Leopold Sedar Senghor, 에메 세제르Aimé Césaire라는 세 명의 시조가 있다. 세제르의 영향은 파농을 정치화했다. 그 영향이란 마르티니크 중산층의 동화주의적 본능들과 그가 네그리튀드가 조장한 편협한 인종 정체성에 대한 집착이라고 결론 내린 것들 사이의 긴장을 고조시킨 것이었다. 파농은 세제르의 네그리튀드 프로젝트에 계속 동조적이었으며, 그것을 통해 인간 본성에 대한 그의 관점이 형성되고 마르티니크, 프랑스령 기아나, 트리니다드에서부터 미국, 튀니지, 알제리까지 널리 퍼져 있던 네그리튀드 운동과도 연결되었다. 이 운동의 씨앗은 듀보이스W. E. B. Du Bois가 『흑인 민중의 영혼The Souls of Black Folk』에서 발전시킨 이중 의식 개념, 신 니그로 운동the New Negro Movement, 1920년대의 할렘 르네상스the Harlem Renaissance〔1920년대에 뉴욕 할렘 지역에 살던 흑인들에 의한 문화 예술적 부흥을 가리킴〕 등으로 추적해갈 수 있을 것이다. 파농은 특히 식민지배와 전 지구적 자본주의에 맞선 아프리카 사람들의 투쟁을 이해한다는 측면에서 흑인 의식을 확대하여 아프리카로 전파했다.

철학자는 진리 추구를 자신의 과제로 여긴다. 파농은 식민지 기획의 진짜 구조를 드러내고, 그것의 모순을 폭로하고, 더 인간적인 대안을 제안하는 일에 전념했다. 그의 활동에서 우리는 투쟁에 깊숙이 관여한 사상가를 본다. 이를 좀 더 알기 쉽게 이해하려면, 알제리 민족해방전선Front de Liberation Nationale, FLN의 핵심 인물인 파농이, 단지 전임 교수 자리를 따내는 데 우선적 관심을 두고 학술지에 글을 쓰는 것일 수도 있는 평균적인 당대 철학자와는 비교할 수 없을 만큼 깊이 있게 해방에 관한 이론적 작업을 수행했다는 점을 생각해보면 된다. 만약 파농이 공평무사하게 객관적 진리를 추구하지 않고 투쟁 속으로 파고들었다는 이유로 오늘날 철학자들이 그를 자기네 부류로 인정하지 않는다면, 그것은 그 분야가 얼마나 심각하게 부당한 지경으로 전락했는지를 반영하는 셈이다. 그의 유산은 학술지에 실린 그의 수많은 논문이나 FLN의 「엘 무자히드El Moudjahid」에 실린 대중적인 논고들이나 희곡들에 있지 않다. 그것은 매우 현실적인 알제리 독립 투쟁에 대한 그의 신념들이 진리임을 실제로 보여주는 삶, 반제국주의 투쟁의 여러 가지 모순에 개입하는 삶, 그리고 해방의 대안들을 탐색하는 삶 안에 있다. 그에게 프락시스praxis란 이론 겸 실천이었고, 그 둘은 인간성의 추구 안에 통합된다. 그렇기에 말로만 하는 투쟁과는 다르다. 현실이 수사修 辭를 이긴다. 비록 제대로 사용되고 받아들여진 수사라면 현실을 폭로하고 조명하겠지만 말이다.

전 생애에 걸쳐 파농은 그의 세계관을 구성하는 두 갈래 사이의 그 긴장을 강조했다. 그가 죽고 난 후 일부 비판자들과 분리주의 집단들은 파농의 사상을 해석하면서 그의 보편주의를 경시했다. 그것은 오독이다. 『아프리카의 혁명을 향하여Toward the African Revolution』에서 파농은 인종주의와 문화에 관한 제2장을 이렇게 매듭짓는다.

인종 편견의 종말은 갑작스러운 이해 불능의 상황에서 시작한다. 점령자의 발작적이고 엄격한 문화는, 이제 해방되고 나면, 진정으로 형제가 된 사람들의 문화에 마침내 개방된다. 그 두 문화는 서로를 욕보일 수 있고, 서로를 풍요롭게 만들 수 있다. 결론적으로 말하자면, 식민지 정세가 불가역적으로 배척되고 나면 서로 다른

문화들의 호혜적 상대주의를 인정하고 수용하는 이런 결정 안에
보편성이 거주한다(Fanon 1964: 44).

파농은 프랑스 문화든 네그리튀드든 지식 생산의 위계와 관련하여 전
제되는 조건들을 물리칠 수 없고 그럼으로써 식민지배를 당하는 사람
들을 그것의 사슬로부터 자유롭게 만들 수 없는 것으로 입증되었다는
점에서, 그 둘을 모두 거부하였다. 흑인 지식인들은 넓은 의미로 이해
된 지성의 역사와 싸울 필요가 있다. 흑인 정체성을 긍정하는 것은 중
요하지만, 인간종 전체를 욕보이거나 풍요롭게 만드는 일에는 늘 눈을
뜨고 있어야 한다. 하지만, 거짓 보편주의는 예상컨대 인식적 의존성으
로 이어질 것이다.

폭력과 혁명에 대하여

파농은 비교적 짧은 생애에도 많은 글을 남겼다. 그의 주요 저작들은
식민지배를 받는 자들의 고통을 뿜어내는 그 뿌리에까지 가 닿는다. 그
의 방법은 또한 식민지배자의 서사 배후를 파고 들어가서, 실제로는 자
기와 다른 세계관들을 왜곡하면서도 마치 그것들을 통합한다는 식의
포용주의적 착각을 허용하는 자기기만의 가면을 벗기는 것이다. 그의
첫 책인 『검은 피부, 흰 가면Black Skins, White Masks(1952)』은 '흑인들의
반反소외The Disalienation of the Black'라는 제목의 그의 박사학위 논문 주제
에서 시작된 것이었다. 리옹에서 내과와 정신병학을 공부하는 학생으
로서 파농은 마르티니크가 허용하지 않았던 방식으로 흑인 정체성을
받아들일 수밖에 없었다. 마르티니크에서의 가족적인 배경과 교육은
그를 우선 프랑스 문화와 동일시하도록 사회화했었다. 그러나 프랑스
에서 살면서 접한 구체적 현실은 그를 일상적 인종주의와 대면케 했다.

그때까지만 해도 그런 것은 "진짜" 아프리카인들이나 경험하는 것일 뿐이라고 생각했었다. 그의 박사 논문은 반려되었다. 하지만 그는 일상의 삶에서 경험한 생색내는 칭찬, 모호한 적대감, 노골적인 무례함 같은 개인적 체험을 "흑인의 생생한 경험"에 대한 연구로 보완하였고 그렇게 해서 그 저술을 살찌워갔다. 개정된 박사 논문은 인종주의의 심리적 영향을 탐구한다. 그는 백인 세계에서 흑인이 된다는 것은 식민주의자의 선의에 좌지우지되며, 따라서 부적절한 감정들을 짊어지게 되는 것임을 발견한다. 파농의 통찰은 식민주의자와 피지배자가 서로 뒤엉킨 운명을 지닌다는 것이다.

여러 측면에서 파농과 아프리카는 대중 학계에서 놀라울 정도로 유사하게 취급된다. 오해되고, 주변화되고, 잘못 인용되는 것이다.

파농은 혁명과 무장 투쟁을 같게 보지 않는다. 혁명 이후에 벌어지는 일들에 관해서 파농이 가장 오해받았던 주제는 폭력이다. 『대지의 저주받은 사람들』에서 그의 진단은 식민주의 자체가 오로지 더 큰 폭력을 낳을 수밖에 없는 폭력이라는 것이다.

> … 탈식민지화는 언제나 폭력적 현상이다. 우리가 그것을 개인들 간의 관계, 스포츠클럽의 새 이름들, 칵테일파티에서나 경찰서 안이나 국립은행 혹은 민간은행의 이사회 자리에서의 인간 혼합 등 어떤 차원에서 연구하든, 아주 간단히 말해 탈식민지화는 특정한 인간 "종"을 다른 인간 "종"으로 대체하는 것이다. 어떤 과도기도 없는 총체적이고, 완전하고, 절대적인 대체가 존재한다(Fanon 1961: 35).

파농이 폭력을 옹호한다고 비난한 비판자들은 오로지 "폭력에 관하여"

라는 제목의 첫 장 첫 문단에만 의존하는 것 같다. 하지만 루이스 고든 Lewis Gordon이 『파농이 한 말들: 그의 삶과 사상에 대한 철학적 입문 What Fanon Said: A Philosophical Introduction to his Life and Thought』(2015)에서 적절히 주장한 대로, 파농처럼 복잡한 사상가를 이해하는 일은 그가 한 말들의 맥락적 의미를 불명료하게 하지 않는 개념 틀 안에서 그 말들의 의미를 해석하고 소개하는 세심한 행동들을 요청한다. 따라서 파농이 식민지 폭력을 분석한 후에 자발성의 강점과 약점, 민족의식의 함정들, 민족문화, 식민지 전쟁과 정신 장애의 관계를 논의하면서 『대지의 저주받은 사람들』을 마무리한다는 점에 주목해야 한다.

그는 실제로 1943년에 입대해서 프랑스 군대 내의 일상화된 인종주의에 모욕을 당했다. 그는 또한 1953년에 알제리 블리다주앵빌 병원에서 환자들을 엄습한 인종주의에도 모욕을 당했다. 파농은 이런 경험을 통해 전횡적 무력, 신체 혹은 정신적 손상, 공격, 강압이라는 폭력의 네 가지 유형을 구분한다. 각각의 유형마다 섬세한 대항폭력의 수단이 요청된다. 따라서 식민지배를 받는 사람들의 호전성과 극단성은 응당한 대항폭력으로 보인다. 탈식민지화가 언제나 폭력적 현상이라는 그의 진술은 두 가지 의미를 지닌다. 첫째, 물리적으로 식민주의자에게서 개개인의 신체와 영토를 돌려받는 일에는 불가피하게 대항폭력이 수반되리라는 것이다. 둘째, 자기 의사 표현의 심리적 행위들과 식민주의자의 권력을 분산하는 작업은 폭력으로 경험될 수밖에 없는 완벽한 심신 부조 프로그램이다.

『대지의 저주받은 사람들』을 세심하게 읽으면 파농이 실제로는 폭력을 승인하지 않았음이 드러난다. 그의 요점은 식민지배를 받는 자들은 모든 선택권을 제지당하고, 그리하여 결국은 폭력으로 귀착된다는 것이다. 식민지 기획은 폭력적인 심리적, 지적, 문화적, 정치적, 경제적 침략으로 이해되어야 한다. 탈식민지화는 사회 구조를 복구하고 식민주의자의 지속적인 공격 능력을 파괴하려는 대항폭력이다. 식민지배를 받는 "비-인격체들"에게 인격성을 복구하는 방식으로서 대항폭력은 식민지 구조를 붕괴시키고 해방 투쟁에서 연대성 구축으로 나아가는 길을 닦는다는 점에서 정화의 힘을 지닌다.

파농의 유산과 타당성

반제국주의 이론가로서 파농의 유산을 측정하는 한 가지 방식은 그가 영향을 준 사상가들의 국제적 명단을 살펴보는 것이다. 안토니우 아고스티뉴 네투António Agostinho Neto와 아밀카르 카브랄Amilcar Cabral 같은 정치 지도자들은 대체로 파농과 같은 방식으로 해방이라는 그들 용건의 심장부에서 문화를 바라보았다. 파농은 또한 활동가 겸 학자인 파울로 프레이리Paolo Freire에게도 영향을 주었다. 그의 피억압자 교육법은 국소적 지식에서부터 유기적으로 진행된다. 파농의 영향은 장 폴 사르트르, 시몬 드 보부아르, 에드워드 사이드Edward Said, 호미 바바Homi Bhabha, 영화감독 질로 폰테코르보Gillo Pontecorvo, 그리고 흑표당Black Panther Party 같은 다양한 사상가들의 활동에서도 엿보인다. 무지막지한 비판자들이라면 그를 유럽을 혐오하는 자극적인 선동가로 묘사할 수도 있지만, 그의 사상은 식민지와 신식민지 패권의 다양한 징후들을 다루는 기본 틀을 형성할 수 있는 해방의 철학을 구현한 것이었다.

　파농은 과장법을 쓰지 않는 예언자라고 부를 수 있다. 『대지의 저주받은 사람들』의 "민족의식의 함정들" 장을 읽는 일은 요웨리 무세베니Yoweri Museveni, 모부투 세세 세코Mobutu Sese Seko, 로버트 무가베Robert Mugabe, 무아마르 카다피Muammar Gaddafi 같은 아프리카 독재자들의 시대를 내다본 예언서를 보는 것이다. 그 대륙을 해방하기 위한 콰메 은

크루마Kwame Nkrumah, 압델 나세르Abdel Nasser, 아밀카르 카브랄, 줄리어스 니에레레Julius Nyerere, 파트리스 루뭄바Patrice Lumumba, 스티브 비코Steve Biko, 넬슨 만델라Nelson Mandela의 영웅적인 노력은 주목할 만하다. 하지만 처음부터 승산은 그들에게 불리했다. 민간 전승된 다양한 "흑인 문화"의 형태를 띤 아프리카 민족주의들은 식민주의의 영향에서 진정으로 벗어날 수가 없었다. 권력을 넘겨주는 체하는 가운데, 식민주의에 책임이 있던 것과 똑같은 억압적 힘이 신식민지 국가들에서 번성하였다. 차이는 단지, 이번에는 자생적 정당들과 민족주의적 부르주아 계급의 견고한 지지를 받는 것뿐이다. 이전과 똑같이 독립 국가들에서도 여전히 종종 피부색, 민족성, 계급 등으로 표시되는 특권적 인간들의 범주가 존재한다. 그들은 지상의 저주받은 사람들을 희생시키면서 특권적 삶을 누린다. 그런 사람들의 삶은 의미도 없고 중요치도 않다. 민족적 부르주아 계급은 신식민주의 국가와 서구의 식민지 본국 사이를 매개하는 역할이 자기들의 사명이라고 보기 때문에 폭력의 분위기는 그대로 남아 있다. 지도자들이 신식민주의 패권을 떠받치고 영구화할수록 대중과의 거리는 점점 더 멀어진다. 오로지 혁명만이 사회를 바꾸고 회복시킬 수 있다.

파농의 전망은 사유의 혁명, 내면의 혁명이 우리 시대에 필요하다는 것이다. 미국의 '흑인의 생명은 중요하다Black Lives Matter' 운동은, 추상적인 보편적 원리들을 내세우면서도 정작 경찰의 과잉진압, 대량 투옥, 흑인의 삶에 귀속되는 2등 시민의 지위 문제들을 정직하게 다루지 못하는 인본주의를 타도하자는 요구다. 파농은 변명하지 않고 폭력을 이야기했다. 그에게 평화주의의 특정 형태들은 진정한 변화를 불러오지 못하고 단지 식민지 폭력을 보존했을 뿐이었다. 유사하게 '흑인의 생명은 중요하다' 저항 운동은 사람들을 미혹하는 모든 인본주의에 대한 비판이다. 파농이 보여준 것처럼, 주변화된 사람들로부터 터져 나오는 그런 요구는 특권층에게 공포심을 불러일으킨다. 제국이 역습할 때 항상 반격을 예상해야 한다.

그는 1961년에 죽었고, 따라서 다음 해인 1962년에 그가 목숨 바쳐 이루고자 했던 알제리 독립이 현실이 되는 광경을 보지 못했다. 하지만 그의 저술은 프랑스 식민주의의 근본 토대를 박살내는 데 도움을 주었다. 파농의 삶은 힘겨운 우리 시대에 우리의 지적 헌신에 관한 정직한 전경화前景化[상투적인 표현을 깨뜨림으로써 새로운 느낌이나 지각이 일어나도록 하는 것)를 자극함으로써 우리에게 이런 질문을 던지게 할 것임에 틀림없다. "파농이라면 어떻게 할까?" 말도 중요하지만, 삶의 의미는 **행동**에 있다.

로티와 삶의 의미
Rorty

앨런 맬러카우스키Alan Malachowski

데이비드 베너타David Benatar는 그의 책『삶, 죽음, 그리고 의미Life, Death, and Meaning』에서 이렇게 주장한다. "삶이 의미를 지니느냐의 문제는 두말할 것도 없이 거대한 질문들 가운데서도 가장 거대한 질문이다"(Benatar 2010, 6). 존 코팅엄John Cottingham 역시 그의 책『삶의 의미에 관하여On the Meaning of Life』에서 삶이 의미를 지니느냐와 관련한 문제는 "사라지지 않는" 문제라고 말한다(Cottingham 2003: 1). 언뜻 보기에 이 문제에 대한 로티의 접근 방식은 이를 인정하지 않아 회피적이거나 피상적으로 여겨지기 쉽다. 그런 접근 방식은 여러 각도에서 결함이 있어 보일 수 있다. 이를테면, 로티는 삶이 의미를 지니느냐 하는 의문을 진지하게 받아들이지 않는다, 그것이 제기할 수 있는 더 심오한 문제들의 의의를 인정하지 않는다, 전반적으로 그 질문과 관련하여 그간 쌓여온 철학 문헌을 살피지 않는다,[1] 그리고 이 질문이 대단히 중요

---

[1] 다음 글들에서 포괄적인 개관을 찾아볼 수 있다. Benatar 2010 and Seachris 2013. 로티에 대해 공정하게 말하자면, 그 '가장 큰 문제'에 대한 철학적 관심의 부흥은 2007년 그가 죽고 난 후에야 탄력을 받은 것이므로 로티가 문헌을 경시한 것은 적어도 부분

하다고 느끼는 사람들에게 가장 실망스럽게도, 그는 그 문제에 전혀 가까이 다가가지 않는다, 등등.

하지만 더 열린 마음으로 더 자세히 검토해보면, 로티는 우리가 소위 사회적 자연주의social naturalism라고 부를 수 있는 흥미로운 형태의 이론에 기초하여, 의미 일반에 대한 미묘한 인간 중심적 설명을 지지한다는 사실이 드러난다. 그리고 그 설명은 전통적인 "가장 큰 질문"을 철학적으로 폐물로 만들면서, 그 질문이 지닌 실존적 색채를 퇴색시킨다. 회피했다는 비난은 그래서 거의 호응을 얻지 못하며, 피상적이라는 불평은 그러한 자연주의 영역을 뛰어넘어 삶 자체에 적용할 수 있는 의미 개념을 향상시키고 싶어 하는 사람들이나 그렇게 하지 못할 것이라고 체념한 사람들을 향하는 편이 더 나아 보인다.

로티는 "사회적 자연주의"라는 용어를 사용하지 않으며, 어쩌면 원하지 않을지도 모른다. 그러나 이런 압축적인 맥락에서는 그런 용어를 사용하는 것이, 그의 광범위한 작업의 일부 구성 요소들이 삶의 의미에 관한 쟁점들과 어떻게 연결되는지 논할 때 그 작업들을 한번에 다덮을 수 있는 아주 유용한 설명의 담요가 된다. 이 자연주의는 순수하게 물리적인 실재 그 자체에 닻을 내리지 않으며, 그래서 과학적 자연주의나 철학자들이 일반적으로 이해하는 바로서의 유물론 같은 부류가 아니다. 그 용어의 첫 단어가 암시하듯이 그 닻은 사회적 삶에서 발견되는 인간 행동이다. 그것은 당연히 사람들이 창조하고 참여하는 관습과 실천을 수반한다. 자, 놀랍게도 어쩌면, 삶이 의미를 갖느냐는 질문에 대한 로티의 접근은 거기서 끝나는 것일 수 있다. 그런 관례나 실천이 불러내거나 그것들 안에서 인정되는 것 너머의 의미란 그에게

적으로는 양해될 수 있다.

존재하지 않는다. 더구나 이 경우, 의미에 대한 사회적 삶의 관할권은 언제 어디서나 적용된다. 그 관할권의 권위를 완전히 초월하는 어떤 해석을 선호함에 따라 그런 의미가 부당해지거나 흔들릴 수 있는 더 상급 법정은 없다는 뜻이다.

확실히, 추가적인 고심과 정당화가 없다면, 의심할 바 없이 이런 식의 종결은 여전히 불만족스럽게 보일 것이며, 특히 여간해서 다루기 어려운 큰 질문을 대하는 로티의 접근법이 회피적이거나 피상적이라고 처음부터 생각이 기울어진 사람들에게는 더욱 그럴 것이다. 문제로 삼자고 한 것이 다름 아닌 삶의 의미일 때, 의미의 뿌리를 사회적 삶안에 둔다는 것은 오도될 것이 뻔할 듯 보인다.

로티는 실제로 고심도 하고 정당화도 제공하지만, 직접적으로는 아니며 철학자에게 통상 기대되는 형식으로 그러는 것도 아니다. 그는 다음과 같이 주장하는 사람들을 논박할 의도에서 일련의 상세한 논증들을 내놓거나 하지는 않는다.

1. 삶은 사회적으로 부여된 의미와는 별도의 의미를 지닌다. 그리고/혹은
1. 삶은 별도의 의미 차원을 요구하며, 그렇지 않다면 삶에 치명적 결함이 있는 것이다.[2]

대신, 그는 인간의 삶 안에서 의미의 영역들이 역사적으로 발전해온 그림을 제시한다. 그 그림에 따르면 위와 같은 주장들에서 언급하는 종류

---

[2] 대체로 로티의 접근 방식은 그 자신의 사상과 그에게 영향을 준 많은 사상가의 작업을 토대로 이런 식의 논증 형태로 재구성될 수 있지만, 그런 시도는 이 장의 범위를 훨씬 벗어난다.

의 외적[3] 의미에 대한 의존이나 욕망은 과도하게 커진 것이다. 그리고 그는 철학이 이 그림에 미친 영향이 무엇인가와 관련하여 이렇게 말한다. 즉, 철학은 바로, 어째서 별도 차원의 의미라는 개념이 진정한 권위를 지니지 않고, 따라서 없어도 무방한 것인지를 보여주었다고 말이다.

분명히, 그 그림이 어떻게 구성되고 무엇을 포함하는지는 중요하다. 단지 삶의 의미에 관한 질문들이 공교롭게도 생겨나지 않거나 그러지 못하게 차단되는 사회적 상황들을 떠올려보는 것만으로는 충분치 않다. 예를 들어, 후자의 경우, 스탈린주의의 억압이 정점에 달했을 때 예전 소련 전역과 대부분 위성국에서 정확히 그런 상황들이 빚어졌다. 국가가 장려하고 제재하는 삶에 혹시 의미가 없는 것은 아닌지, 그래서 목적이나 가치도 없는 것은 아닌지 진지하게 묻는 것은, 설령 공적인 자리가 아니었다 해도 강제수용소 굴라그로 보내질 가능성이 농후한 매우 위험한 시도였다. 왜냐하면 헤르베르트 마르쿠제Herbert Marcuse가 소비에트 마르크스주의에 대한 통렬한 고전적 분석에서 지적한 대로, "마르크스 이론을 통해 사회주의적으로 정의된 사회가 진리와 거짓의 유일한 잣대가 되고, 사유와 행위에서 초월적인 것은 있을 수 없으며, 전체의 노모스가 참된 노모스라는 점에서 개인의 자율성도 없기 때문이다"(1971, 강조는 필자의 것). 이런 예시의 중요성은 나중에 되짚어볼 것이다.

로티의 그림에서 역사와 철학은 서로 영향을 주고받으며, 그렇게 해서 칸트가 "계몽이란 무엇인가?"라는 질문에 대한 유명한 답변에서 언급했던 성숙을 한층 더 의미심장한 단계로 끌어올리는 서사의 양분

---

[3] 아마도 여기서 "외적"이 무슨 의미인지 설명하는 편이 좋을 것 같다. 외적 권위란 아주 간단히 말해서, 사회적 관행 속에서 나타나거나 그것에 전적으로 의존하는 권위 이외의 것을 뜻한다.

이 된다. 그 그림에서 성숙은 완전한 자율성, 혹은 로티 본인의 용어를 사용하자면, "자립"에 훨씬 가깝게 그려진다. 칸트식 계몽은 성숙을 권위의 인도보다는 자기가 가진 이성의 힘에 의존한다는 측면과 연관시킨다.

> 계몽은 인간이 스스로 초래한 미성숙으로부터 탈출하는 것이다. 미성숙이란 타인의 인도 없이 자기 자신의 오성을 사용할 수 없는 무능력이다(Kant 1784: 54).

그러나 로티에게 칸트식 성숙은 비록 이성의 자율적 전개를 중시하긴 하지만 명목상의 성숙일 뿐이다. 그는 칸트가 말한 성숙에 찬성하지 않는다. 칸트는 여전히 외적 권위, 그중에서도 특히 도덕 법칙과 신 존재를 인정하고 수용하기 때문이다.[4] 대조적으로 로티가 승인하고 자세히 해명하는 성숙은 완전히 반권위주의적이다.[5] 사회적 실천들 배후에서 불쑥 거대한 모습을 드러내는 초超권위주의적인 것은 없고, 그런 실천들이 신세져야 하는 아주 "멀리 떨어져 있는 존엄한" 어떤 것도 없다고 주장한다(Rorty 1989: 23).

역사적으로(혹은 로티가 그렇다고 주장하는 바와 같이), 오늘날 적어도 지적으로 한창 고조된 상태에 이른 서구 선진 사회는, 자율적 이성의 행사라는 칸트식 성숙의 배후에 도사린 권위들뿐만 아니라 아예 모

---

[4] 칸트가 누구나 각자 자신의 이성 능력으로 도덕을 입법해야 한다고 주장한 점을 놓고 볼 때, 이것은 칸트를 잘못 읽은 것처럼 보일 수도 있다. 그러나 도덕의 정언적 힘은 전체로서 고려된(예를 들면, 이성과 감성 부분으로 나누지 않고) 입법하는 인간의 바깥에 있는 어떤 위치에서 작동하는 것으로 보일 수 있다. 그렇다면 우리는 그것을 여전히 "외적 권위" 혹은 "신적 대상에 준하는 것"으로 보아야 한다(Rorty 2007b: 154).
[5] 반권위주의에 대한 그의 가장 직접적인 해설은 다음을 보라. Rorty 2009.

든 외적 권위들을 내버렸다. 사실적으로 말하자면, 실제 상황이 말 그대로 정말 그렇게 되었다는 것이다. 최고 상태에 도달한 인간은 이제 더 자립적이다. 아니, 더 자립적일 수 있다. 한편, 로티는 철학자들이 의미 일반의 개념화에 필요한 기반으로서 이른바 "사회 실천적 개념"을 발전시켜 왔으며 바로 그것이 상황이 그런 식으로 전개되었어야 했던 사정을 보여준다고 말한다.[6]

로티는 수많은 서로 다른 판본의 역사 이야기를 전한다. 그러나 대개 달라지는 부분은 세부적인 강조들뿐이다. 두 개의 주요한 공통 줄거리는 세속화와 민주화라는 현대적 경향들이다. 그 둘은 모두, 신학이 합리화한 신의 지배와 폭군들이 행사하고 혜택을 누린 정치적 패권 같은 최우선 권위의 지배로부터 보통 사람들을 탈출시키는 일과 관련된다. 로티는 전자로부터의 해방에는 다원주의를, 후자로부터의 해방에는 프랑스 혁명을 으뜸의 자극제로 제안한다. 이런 경향들은 삶의 의미와 목적이, 이를테면 오로지 위로부터만 파생될 수 있으며 결코 인간의 힘으로 아래로부터 자유롭게 만들어질 수는 없다고 믿는 일을 더 어렵게 만들었다.

외적 권위에 기초한 삶의 유의미성에 대한 믿음이 허망하게 무너질 때, 그로 인해 마치 삶 그 자체가 불안정해진 것처럼 보일 수 있다. 그래서 몇몇 주요 사상가들은 그런 무너짐의 역사적 결과가 삶의 의미, 목적, 가치의 상실이어야 한다는 것에 대단한 우려를 표한다. 그것은 허무주의의 등장을 알리는 그런 종류의 상실이다. 그것은 의미나 목적이나 가치가 있는 것은 세상에 아무것도 없다는 견해이다. 여기서 주동

---

[6] 여기서 "당위"는 도덕적 당위가 아니지만, 다음과 같은 의미에서 규범적이다. "상황이 이런 식으로 된다는 것은 사실상 좋은 일이다."

자는 프리드리히 니체다(Nietzsche 1901). 그의 영향 아래 허무주의는 마르틴 하이데거에서 시작해서 자크 데리다를 거쳐 오늘날의 잔니 바티모Gianni Vattimo에 이르는, 소위 대륙 전통에 속한 뒤이은 철학자들에게 실제로 매우 진지하게 받아들여졌다.[7] 삶이 의미를 갖느냐 하는 문제가 철학적으로 유통되어왔던 한 가지 이유가 바로 그것이다. 로티는 허무주의를 상찬하지 않으며 그런 사상에 연루되지 않는다. 실제로 그는 허무주의를 거의 언급한 적이 없다.[8] 그는 허무주의가 일종의 과도한 지성적 몰입이 낳은 불안일 뿐 사회적으로 진정한 영향을 거의 미치지 못했으며, 아마도 역사주의라는 알약으로 적절히 치유될 수 있으리라 보는 것 같다.

로티에 따르면, 역사주의 사상가들은 "처음부터 끝까지 사회화가 (따라서 역사적 상황이) 전부라고, 사회화의 배후 혹은 인간을 정의하는 것으로서 역사에 선행하는 것은 아무것도 없다"라고 강조한다 (Rorty 1989: xiii). 이를 고려하면, 더 나아가 사회적 정체성이 여기서 중요한 전부라고 단언하기까지 그리 오래 걸려야 할 이유가 없다. 인간이 자신이 어떤 존재인지, 어떤 존재이고자 원할 수 있는지, 그리고 어떻게 삶을 살아야 하는지 결정하고 싶을 때 대답해줄 수 있는, 다른 초🔒사회적 권위는 존재하지 않는다는 것이다. 지금까지 우리가 내내 언급해왔던 의미에 대한 사회 실천적 설명에, 로티가 게오르크 헤겔 시대 이후로 이뤄졌다고 여기는(ibid.: xiii) "역사주의적 전회"를 합칠 때, 그 결과물은 사회-역사적 흐름에 대한 로티의 해석을 철학적으로 뒷받침해준다.

---

[7] 특히 다음을 보라. Heidegger 1936-40a and 1936-40b, and Vattimo 2007.
[8] 로티와 허무주의의 관계에 관한 통찰력 있는 논의는 다음을 참조하라. Llanera forthcoming.

만약 인간이 오로지 사회적 요구들에만 응답할 수 있음을 받아들인다면, 그런 응답 가능성만 갖고서 삶이 가질 수 있는 모든 중요한 의미를 전부 구명할 수 있을지 묻고 싶은 유혹이 여전히 존재할 수 있을 것이다. 그렇다면 그 가장 큰 문제는 여전히 또 다른 형태의 미결 문제로 남게 되는 것처럼 보인다. 그러나 로티는 의미 자체가 하나부터 열까지 사회적 고려 대상이며 본인의 접근법에 문제가 생길 정도로 삶에서 그렇게 멀리 동떨어질 수 없다고 제안함으로써 그 가능성을 차단한다. 아니, 아예 애초에 그런 가능성이 그럴듯해 보이도록 허용하지 않는다. 그가 택한 방법은 언어적 의미, 즉 단어들의 의미와 가치나 목적의 내포를 지닌 유의미성 개념 사이의 구분을 흐릿하게 만드는 것이다. 왜냐하면 후자가 언어적 의미로부터 계속 고립되어 있다면, 삶이 가치 있는지 없는지를 알리기 위해 언어에 호소할 길이 없기 때문이다. 로티는 언어적 의미에 대한 사회 실천적 설명의 영감을 루트비히 비트겐슈타인의 후기 철학에서 그대로 가져온다(Wittgenstein 1953). 비트겐슈타인의 후기 철학에 따르면, 단어의 의미를 이해한다는 것은 그 단어를 다른 화자들이 사용하는 방식에 부합되게 사용하는 능력을 획득하는 문제와 관련된다. 의미는 사용의 실천적 맥락 안에서 모습을 드러내거나 발견될 수 있다. (많은 경우, 오로지 발견될 수만 있다.) 로티는 그 가장 큰 질문이 호소하는 종류의 의미를 다루기 위해 이런 유형의 설명을 확장하는데, 그 의도는 어떤 단어를 규칙적으로 사용하는 방법이 발견될 때 그 단어가 의미를 획득하듯이, 삶도 그것에 의미를 수여하게끔 창안된 사회적 맥락들이 존재할 때 의미를 획득한다는 것을 보여주는 데 있다.[9]

---

[9]　로티는 다음 글에서 의미에 대한 사회 실천적 설명을 가장 명료하게 해명한다. Rorty

이 모든 것을 갖고서 논의를 꾸려간다고 가정해보라. 그 가장 큰 질문이 어째서 그렇게 많은 사람에게 그렇게 오랫동안 그렇게 설득력 있게 보일 수 있었는지 다시 되돌아볼 때 여전히 미련이 남을 법한 우려가 있을까? 그런 우려가 꼭 남게 될까? 로티의 역사 해석, 즉 의미에 대한 그의 잡식성, 구분 흐리기, 사회 실천적 설명에 대한 세세한 반론은 제쳐두고 볼 때 세 가지 가능성이 마음에 떠오른다.

한 가지 우려는 로티의 그림이 지나칠 정도로 낙관주의적이라는 점이다. 그것은 유의미성을 전적으로 사회적 통제, 소위 군중 무리의 통제하에 두게 되거나, 더 나쁘게는 어쩌면 스탈린 치하의 소련의 경우처럼, 국가를 운영하는 악당 무리에 의한 통치에 종속된 것으로 만들 위험을 무시하기 때문이다. 두 번째 불안의 원천은, 군중 장악의 위험과 별개로 로티의 접근법이 확실히 인간의 야망을 위축시키게 될 상황들을 그릴 수 있다는 점이다. 단조로운 보수주의가 득세하면서 사람들이 의식적으로 유의미성에 대한 기존의 사회적 요구 조건들을 만족하는 일들만 추구하고 그것을 넘어설 기회는 도외시할 수 있다는 것이다. 마지막으로, 사회 실천 자체는 유의미한 삶에 대한 개인적 이해와 사회적 이해 사이의 긴장, 그리고 그에 따른 개인적 충족과 사회 정의 사이의 불가피한 긴장에 대처할 수 있는 자원을 보유하지 않은 것처럼 보인다.

로티의 접근 방식을 아주 흥미롭게 만들면서 삶이 의미를 갖느냐에 관한 현재 논의와도 여전히 관련된 측면이, 바로 그가 그런 염려들을 다루는 방식이다. 그는 자신의 반권위주의적인 구도 안에 큰 우려를 낳을 만한 심각한 원인이 존재할 리 없다는 점을 보이고자 한다. 실제

2007a.

로 이런 측면에서 그는 자신의 그런 구도가 질병을 예방하는 것과 같은 성격을 지녔다고 여긴다.

군중의 지배와 단조로운 보수주의의 문제들은 일어날 가능성이 작다. 의미의 사회적 맥락이 지닌 역동적 성격 및 개개인이 그들의 창조에서 자연스럽게 내켜하기 마련인 혁신의 역할 때문이다. 사람들이 의미란 단지 발견되는 것이 아니라 창조될 수도 있다는 것을 깨닫는다면, 그들이 정치적으로건 다른 방식으로건 자기 삶에 의미를 부과하는 시도들에서 움츠러들 가능성이 작아질 것이다. 그들이 더 나은 게 무엇인지 자세히 조사해보지도 않고 단순히 기존의 의미 맥락에 안주하려고 애쓸 가능성 또한 작아질 것이 틀림없다. 모든 분야의 예술가들은 언제나 의미의 한도를 확장하고 있다. 그들은 자기만족에 안주하지 못하게 만드는 완화제를 제공한다. 그러나 굳이 예술가를 창조적 의미의 맥락을 지키는 일종의 전위부대로 여기며 그들에게 의존할 필요는 없다. 로티가 볼 때, 모든 사람은 유의미한 삶을 창조할 역량이 있으며, 특별한 예술적 재능이 없어도 어렵지 않게 그럴 수 있다.[10] 엘리트주의는 끝내 실패하지만, 그것은 결단코 "단조로움"에 양보해서가 아니다. 프로이트를 따라서 로티는 각자의 삶은 그것을 구성하는 특이한 사건과 우연이 나름의 마땅한 대우를 받을 때 한없이 흥미로운 시로 보일 수 있다고 주장한다. 그는 다음과 같은, 문학평론가 라이어널 트릴링Lionel Trilling의 평가에 동의한다. 프로이트는,

시가 마음의 바로 그 본성에 고유한 것임을 보여주었다. 그는 마

---

[10] 로티는 여기서 약간의 제한을 허용한다. 매우 모진 상황을 겪고 있는 사람들은 그렇게 하지 못할 수도 있다.

음을 그것이 지닌 경향성의 아주 큰 측면에서 정확히 작시作詩 설비로 보았다(Trilling 1967: 89).

로티는 자기 창조의 가능성과 가치에 관한 생각들을 발전시키기 위해 많은 지면을 할애한다(Rorty 1989: ch. 2). 그는 프로이트가, 따분함과 평범함은 단지 성격이 지닌 작업대로서의 특징들임을 증명하고자 시도했다고 간주하면서 그런 시도를 높이 평가한다.

> 프로이트는 만약 수구적인 순응주의자를 소파에 앉혀 놓고 그의 내면을 들여다본다면, 우리는 겉보기에 그가 오로지 따분한 사람이라고만 생각하리라는 것을 보여준다. 프로이트에게 하나부터 열까지 따분한 사람은 아무도 없다. 따분한 무의식 같은 것은 없기 때문이다. … 무의식의 환상에 대한 프로이트의 설명은 모든 인간 삶을 하나의 시로 보는 법을 보여준다(Rorty 1989: 35).

개개인이 자립에 관한 로티의 교훈을 흡수한 사회, 그리고 더는 "시간과 변화 너머에서 인간 실존의 의의를 결정하고 동시에 책임성의 위계를 확립하는 질서"(ibid.: xv)에 제약받는다고 느끼지 않는 사회에, 유의미한 개인적 삶을 건설하는 데 쓸 수 있는 에너지가 더 많이 존재할 것이며 아마도 그런 삶은 관련 당사자에게만 직접적인 중요성을 지닐 수도 있는 즐비한 우연한 사건들과 괴이한 변덕들로 풍미를 더한 삶이 될 가능성이 크다.

그러나 그런 유별난 것들을 포용하거나 혹은 그것들을 넘어서는 활동에서 더 많은 추진력을 획득하는 등과 같은 자기 창조의 기회가 더 많아질수록, 자신의 삶을 어떻게 유의미하게 추구해야 하느냐에 대한 개인의 이해와 사회 전반의 요구 및 기대 사이의 짝짓기 실패 사례들은 아마도 더 많아질 것이다. 간단히 말해서 사적인 삶과 공적인 삶의 통상적 분리가 이분법적으로 분출될 수밖에 없다는 것이다. 로티는 그것을 문제로 여기지 않는다. 그렇게 분리된 상태로 어느 한쪽이 너무 오랫동안 너무 많은 우위를 획득하지만 않는다면(무정부주의로 이어지거나, 혹은 상상력 넘치는 자기 창조를 망쳐 놓는 사회적 억압으로 이어지거나 하는[11]), 그에 수반된 역동성이 아마도 여전히 또 다른 의미의 맥락을 자극할 것이다. 로티는 이 이분법에 어떻게든 교량을 놓거나 그것을 완화할 수 있는 이론을 구상하려는 욕망에 저항해야 한다고 촉구한다. 대신 우리는 그것을 유용하게 여겨야 하며,

> 정의롭고 자유로운 사회의 목표는 그곳 시민들이 자기네가 원하는 대로 사생활을 우선하고, '비합리적이고', 탐미적으로 살도록 내버려두는 것으로 보아야 한다. 그저 자기 시간에 그러기만 하면 문제 삼을 것이 없다. 타인에게 어떤 피해도 주지 않고 불우한 사람들이 써야 할 자원을 사용하지도 않는다면 말이다. 이런 실천적 목표를 성취하기 위해 채택해야 할 실천적 방책들은 있다. 하지만 이론적 차원에서 자기 창조를 정의와 한데 결합할 방도는 없다 (ibid.: xiv).

이런 대응들이 적어도 고려해볼 만한 가치가 있고 또한 그 가장 큰 문제에 대한 로티의 접근법이 전반적으로 전혀 회피적이거나 피상적이

---

[11] 로티는 삶에 의미의 차원들을 보태는 상상의 능력 역시 높이 평가하지만, 여기서 그 문제를 논하기에는 지면이 부족하다.

지 않다는 것이 인정된다고 할 때, 그렇다면 우리가 그런 접근법을 갖고서 무엇을 이뤄낼 수 있을까? 우리는 확실히 그 접근법이 신선한 전망을 제공하고 탐구할 가치가 있는 생각들을 퍼뜨린다는 점을 알 수 있어야 한다. 그러나 삶이 의미를 갖는지를 묻는 우리의 과제가, 정확히 로티가 그래야 한다고 생각한 것으로 보이는 바로 그 지점에서 끝나야 한다고 결론 내려야 할까?

무언가를 명료히 이해하는 한 가지 전략은 그것으로부터 한 걸음 뒤로 물러나는 것이다. 로티의 접근법은 자아와 사회 둘 다의 내부에서 삶의 의미를 진단하는 일과 관련된다. 그런 의미를 발견할 수 있는 다른 곳은 없다. 그러나 그는 인간적 자립이 왜 중요하고 의미가 어떻게 사회적으로 생성되는지를 기술하기 위해 외적 관점을 제공하는 일을 피할 수 없다. 그러나 만약 우리가 그렇게 창조된 유형의 유의미성에 의문을 제기하기 위해 삶으로부터 한 걸음 뒤로 물러서기를 원한다면 어떻게 될까?

삶으로부터 뒤로 물러선다는 착상은 은유에 지나지 않으며 오로지 상상 속에서만 집행해볼 수 있다. 그러나 그러는 것 자체만으로도 문젯거리가 될 수 있다. 우리가 설령 겉치레로라도 삶의 바깥으로 걸음을 옮기려고 시도할 때 뒤에 남겨진 것들과 관련해서 난제들이 생긴다. 로티의 이해에 따르면, 삶의 바깥으로 걸음을 옮긴다는 것은 지금 상태 그대로의 나 자신의 바깥으로 걸음을 옮기는 것이기 때문에 특히 문젯거리가 되는 것이다. 설령 그 일에 성공한다고 하더라도 그래서 무엇을 찾게 될 것인가 하는 데도 또한 문제들이 있다.

그렇기는 하지만, 그런 발상은 비록 필연적 한계들에 대한 뚜렷하고 신중한 자각과 함께 일정 정도까지만 허용되는 것이라 하더라도, 어쨌든 우리가 시도할 수 있고 또 시도해야만 하는 무언가를 포착한다. 우리의, 이를테면 굳어진 특정 믿음들과 우리 자신 사이에 어떤 거리를 둘 수 있는 능력은 우리가 확실히 귀중하게 여겨야 하는 능력이다. 이런 거리두기 능력을 발휘하면서 우리는 때때로 우리의 역사, 지역성, 편견 등이 일으킨 변칙적인 사건들을 제쳐 놓을 수 있고 그럼으로써 적어도 관찰자 편향을 상쇄하고자 노력할 수 있다. 하지만 자기 자신을 너무 많이 내버리고 떠나거나 너무 멀리까지 여행을 하게 되면 곤경에 부딪친다. 너무 많이 내버리고 떠날 때의 크나큰 총체적 난점을, 버나드 윌리엄스Bernard Williams는 전형적인 명료함을 발휘하면서 이렇게 간명하게 정리한다.

> 완벽하게 나 자신의 바깥으로 나가서 그 관점에서 나 자신 삶의 실체를 형성하는 기질, 프로젝트, 감정들을 통째로 평가하는 일에 해당하는 그럴듯한 연습 같은 것은 전혀 존재하지 않는다(Williams 1995: 169-70).

윌리엄스는 딱 이렇게 말함으로써, 그가 소위 우리 삶의 "실체"라고 부르는 것을 형성하는 것들로부터 우리가 이탈할 때 그 삶, 그것의 가치와 그것의 의미를 유용하고 정확하게 평가할 수 있는 수단이 거의 없는 채로 남게 된다는 사실을 더 명료하게 이해하게 해준다. 이런 의미에서, 온갖 관련된 믿음들, 헌신들, 처세들로 가득 찬 자신의 통상적 자아를 떠나 자신을 멀리 데리고 떠났던 여행에서 모습을 드러낸 그 자는 얼마나 애처로우리만큼 가냘픈 존재일 수밖에 없겠는지 생각해보라. 그런 존재가 지금의 이 여행이 만든 그 큰 간극을 상쇄할 수 있는 어떤 평가 자원을 보유하고 있을까? 이제 자신에게 남아 있는 감수성이 거의 없는 상태에서 그 존재는 그 자신의 면면들과 삶의 방식에 대한 건전한 시각을 어떻게 획득할까? 그 존재는 자신이 내버리고 떠났으나 미래로 이어지기를 바랄 수 있는 삶의 의미 혹은 다른 그 무엇에 대하여 어떻게 합당한 지식에 근거한 판단을 내릴 수 있을까?

우리가 내버리고 떠난 것과 연결되는 문제들에 대해서는 이 정도로 하자. 우리가 출발 이후에 발견한 것 또한 문제가 될 것이다. 우리가 삶과 자아에서 벗어나 도달한 장소에서 삶과 자아의 이면에 관한 자원은, 이미 말한 대로, 빈약하다. 그것은 이미 문제이다. 그러나 그런 난점에 대한 일상적인, 어쩌면 유일한 해결책이 사정을 악화시킨다. 왜냐하면 로티가 생각할 때 그 해결책은 우리에게 아무런 쓸모도 있을 수 없는 것에 도달하는 문제와 관련되기 때문이다. 그것은 바로 인간과 무관한, 혹은 우리가 꽤나 더 선호할 수도 있는 표현을 사용하자면, "비인간적인" 의미의 원천이다. 그런 원천에는 두 가지 불편한 특징이 있다. 그것은 위신 떨어지는 인간 해부학의 평가가 당연시되는 영역에서 작동해야 한다. 우리는 의미의 위치를 알아내기 위해 우리 자신을 한참 넘어선 곳에 도달하는 바람에 그런 원천을 받아들이게 되는 것이다. 더구나 그런 원천이 제공하는 지침은 권위적이고 독단적일 수밖에 없다. 그렇지 않고 달리 어떨 수 있을지 알기 어렵다. 외적인 의미는 우리가 스스로 의미를 창조할 수 없다는 가정에서 작동하며, 그렇게 작동하도록 요청된다. 그러나 그것은 또한 우리가 통상 생각하는 자기 자신의 모습이나 우리가 자신이 어떤 종류의 사람이라고 생각하는 지와는 상당히 동떨어진 채로 작동한다. 이런 식으로 연결이 끊어진 상황에서, 다른 선택권도 없는 우리가 반대 의견을 제기할 수 있는 능력을 빼앗긴 상태이기 때문에 명령, 그것도 정언적인 명령을 부과하지 않고 어떻게 그것이 우리를 우리 삶의 내용에 참여시키고 그런 내용을 정당하게 평가하게 만들 수 있겠는가?

아무 제약 없이 자아에서 벗어나는 상상의 여행은 우리의 인생관을 왜곡하므로 삶이 의미를 갖는지 평가하기에 적합한 좋은 위치를 제공할 수 없으며 우리를 쉽게 독단적이고 권위적인 도취와 간섭에 취약한 상태로 만들 수 있으리라는 말에 동의한다고 가정해본다면? 그 여행은 우리를 어디에다 떨어뜨려 놓게 될까? 아마도 우리는 차라리 로티가 제안할 법한 다음과 같은 조언을 따르느니보다 못할 수도 있을 것이다. "삶으로 다시 뛰어 들어가 운 좋게도 역사가 우리에게 부여한 의미-탐지와 의미-창조의 능력들을 발휘하기 시작하시오."

파란 꽃

'삶의 의미'라는 문구는 많은 현대 철학자에게는 골칫덩어리인 것 같다. '자유의지', '심신 문제', '인격 동일성' 같은 다른 철학적 관심 영역들에 붙는 표준적인 이름표들은 그와 유사한 지속적 동요를 일으키지 않는다. 사정이 그런데도 일반 대중의 차원에서 '삶의 의미'는 철학을 상징하는 문구이다. 그것은 더글러스 애덤스의 『은하수를 여행하는 히치하이커를 위한 안내서Hitchhiker's Guide to the Galaxy』 같은 소설들과 몬티 파이선의 영화 「삶의 의미The Meaning of Life」에 관심의 초점을 제공했으며, 그 주제는 칼 필킹턴의 다큐멘터리 시리즈 「삶의 신음Moaning of Life」으로 오늘날에도 계속 이어지고 있다. 그러나 대중의 관심이란 항상 초연하거나 즐거워할 일은 아니다. '삶의 의미를 탐구하라'라는 초대가 백만 명(총 6천 5백만 인구 중에서) 넘는 영국인의 마음을 사로잡아 영국 성공회의 '알파 코스'〔Alpha Course, '일련의 대화와 토론을 통해 기독교 신앙의 기본을 소개하는 복음주의 과정〕에 참석하게 했다.[1] 이

---

[1]   Bell 2013.

런 종류의 대중적 관심이 일부 철학자에게는 그 문제가 불편해지는 요소가 된다. 그런 철학자들은 자기네 학문을 본질상 과학이나 수학의 분과 같은 부류에 속하는 특별한 영역으로 생각하며, 결과적으로 삶의 의미 문제가 절망적으로 불명료할 뿐 아니라 근본적으로 종교적인 성격을 띤, 아니 적어도 '영적인' 의도를 지닌 것이라고 우려한다. 하지만 실제로 '삶의 의미' 문제를 다루고자 하는 현대 철학자들의 수가 점점 늘어나고 있기는 해도 실은 그런 철학자들 사이에서조차 그 문제들을 노상 포장하는 그 유명 공식에 관해서는 상당히 불편한 마음이 남아 있는 것이 사실이다.

그런 불편한 마음이 수전 울프의 다음 글에 깔끔하게 요약되어 있다.

그 질문이 무엇이 문제일까? 한 가지 답변은 그것이 대놓고 못 알아들을 정도는 아니라 해도, 어쨌든 지극히 불분명하다는 것이다. 그 질문은 정확히 무엇을 묻고자 작정한 것인지 불분명하다. 다른 맥락들에서 이뤄지는 의미 담론이 '삶의 의미'라는 문구를 이해하는 데 편히 쓸 수 있는 유추를 제공해주지 않는다. 예를 들면, 우리가 어떤 단어의 의미를 물을 때, 우리는 그 단어가 무엇을 가리키는지, 무엇을 표현하는지 알고 싶어 하는 것이다. 그러나 삶은 언어의 한 부분이 아니며, 혹은 다른 어떤 종류의 기호 체계도 아니다. 삶이 어떻게 무언가를 '가리킬' 수 있는지 분명치 않으며, 그때 그 가리키는 당사자가 누구인지도 역시 그렇다. 우리는 때때로 비언어적 맥락에서 '의미'라는 말을 사용한다. '이 반점들은 홍역을 의미한다.' '이 발자국은 비 오고 나서 누군가 여기에 왔었음을 의미한다.' 이런 사례들에서 의미 담론은 증거 담론에 해당하는 것으로 보이지만, 대개 그런 주장들이 성립하는 맥락은 상대적으로 고정된 범위 안에서 어떤 가설들이 문제가 되는지를 구체적으로 제시하기 마련이다. 그런 식으로 구체적인 맥락을 명시하지 않고 삶이 무엇을 의미하는지 묻는 것은 우리를 바다 한가운데에 빠뜨리는 것이다.[2]

그렇다면 울프의 우려는(그것은 아마 표준적인 우려일 것이다) 의미가 전형적으로 언어적인 개념이며, 삶과 언어 사이에 명백한 유사성은 존재하지 않으므로, 결과적으로 이를테면 어떤 익숙하지 않은 언어로 된 문장의 의미를 묻는 것과는 대조되게, 삶의 의미를 묻는다는 것은 매우 이상한, 어쩌면 말도 안 되는 일일 수 있다는 것이다. 이어서 울프는 우리가 폴 그라이스Paul Grice가 말하는 "자연적 의미"의 차원에서도 의미에 관해 이야기한다는 것을 추가로 인정한다. 예를 들면, 우리는 구름이 비를 의미한다고 말한다.[3] 그러나 그런 경우들에서는 우리가 무엇을 말하고 있는지 분명하게 해주는 맥락이 있는 반면, 삶의 경우에는 그런 맥락이 뚜렷하지 않다고 그녀는 생각한다.

이 모든 주장에는 쉽게 의문을 제기할 수 있다. 우선 우리가 언어적 의미나 자연적 의미와 별개로 또 다른 풍요롭고 적법한 의미 개념을 갖고 있다고 생각해볼 수 있다.[4] 그러나 설령 딱 그 두 가지를 고수한다고 하더라도, 그 질문을 이해하는 일이 그리 어려워 보이지는 않는다. 이를테면, 그 질문은 온갖 것들이 오고 가고 노력과 성공과 실패로 가득한 인간의 삶을 해독이 필요한 언어적 암호와 비교해보라고 우리에게 권유한다. 그렇게 해서 우리는 그 모든 것이 무엇을 의미하는지,

---

[2] Wolf 2007: 794.

[3] Grice 1957.

[4] D. Cooper 2003.

'삶이라는 책'에서 어떤 더 폭넓은 의의를 읽어내야 하는지 궁금해진다. 왜냐하면 삶의 개별 에피소드들에 맥락을 제공해주는(그럼으로써 우리가 그것들을 쉽게 '읽어낼 수' 있게 해주는) 사회적 환경 안에서 우리가 각각의 에피소드들을 이해할 수 있음에도, 삶 전체에 어떤 주제가 (만약 그런 게 있다면) 발견될 수 있을지는 전혀 분명치 않기 때문이다. 유별나게 얽히고설킨 모더니즘 소설에도 같은 질문을 던질 수 있으며, 전체적 주제 같은 것이 아예 존재하지 않을 가능성도 유사하게 열어두어야 할지 모른다. 그렇다면 표면적으로 보기에, 그 질문은 언어적 의미와의 유추를 통해서 기꺼이 이해될 수 있다. 자연적 의미에 대해서도 같은 말을 할 수 있을 것이다. 내가 머리 위를 가리키며 저 구름이 무슨 의미냐고 묻는다면, 나는 으레 날씨의 맥락을 전제로 하는 셈일 것이다. 그리고 유사하게, 자연적 의미의 차원에서 삶이 무엇을 의미하는지 묻는 것도 맥락을 미리 전제로 하는 것일 수 있어 보인다. 인간 삶의 존재와 본성이 우주적 중요성을 지닌 무언가를 가리킨다는 맥락 말이다. 아마도 우리는 그 맥락을 거의 알지 못할 것이다. 아니, 그런 맥락이 있는지조차도 모를 수 있다. 그러나 그런 식이라면, 먹구름이 무엇을 가리키는지 묻는 사람도 날씨에 대해 많이 알지 못하기는 마찬가지다. 구름의 의미를 묻는 전형적인 탐구는 실제로 날씨의 맥락을 전제하겠지만, 그것은 또한 그 맥락의 본성에 관한 탐구에 해당하기도 할 것이다.

울프는 일부 철학자들과는 달리 어법상의 의구심에 신경 쓰며 주저하지는 않는데, 삶의 의미를 묻는다는 것이 무슨 의도인지 완벽하게 잘 알기 때문이다. 그녀가 이어서 말하고 있는 바와 같이, 삶의 의미를 묻는 것은 "이 질문에 대한 답변이 우리가 무엇을 하며 살아야 하는지까지에 대해서도 뭔가 말해주리라는 희망 속에서 우리가 왜 여기에 있느지(즉, 도대체 왜 우리가 존재하는 것인지)"를 묻는 것이다.[5] 그것이 상식처럼 보인다는 점을 고려할 때, 철학자들이 아주 빈번하게 '삶의 의미'라는 그 판에 박힌 문구에 의문을 제기하고, 골머리를 앓고, 비판적인 태도를 보인다는 사실은 우리에게는 기이한 사태로 다가온다.[6] 마치 그 질문이 마법의 봉투에 담긴 채로 하늘에서 뚝 떨어져 세계의 철학자들에게 배달되었는데, 이미 그 질문이 무엇에 관한 것인지 알고 있던 그들이 선택된 단어들을 보고 당혹감을 느낀 상황처럼 보이기도 한다. 그 문구는 실은 사람들이 여러 가지 이유에서 발전시킨 것이기 때문에, 우리는 그 문구가 어떻게 생겨났느냐는 질문을 주의 깊게 살펴봐야겠다고 생각했다. 이에 대한 답변은 우리가 기대했던 것보다 훨씬 더 흥미롭고 철학적으로 알맹이가 있는 것으로 밝혀졌다.

'삶의 의미'라는 문구는 18세기의 마지막 몇 년간 피히테와 그의 제자들 사이에 오간 독일어('Der Sinn des Lebens')에서 유래했다. 어느 시점에 노발리스, 슐레겔 형제(프리드리히와 아우구스트), 슐라이어마허, 티크, 셸링, 횔덜린 등 '예나Jena의 낭만주의자들' 대부분이 피히테의 제자들이었다. 이들 가운데서, 특히 우리가 그 문구를 빚진 사람은 노발리스와 프리드리히 슐레겔인 것 같다. 그들이 이례적으로 긴밀한 지적 집단의 일원이었다는 점을 고려할 때, 실제로는 이들 말고 다른 누군가가 그 문구를 만들었을 수도 있다. 하지만 어쨌든 그 문구를 제일 먼저 글로 써서 남긴 것으로 보이는 사람은 28세에 요절한 철학자 겸 시인 겸 신비주의자인 노발리스였다. 1797년 후반부터 1798년 중

---

[5] Wolf 2007: 794.
[6] 그런 사람들의 이름을 거론하지는 않을 것이다. 우리가 울프를 언급한 이유는 그녀가 그런 우려를 아주 간명하게 표현할 뿐 계속해서 필요 이상의 이야기를 애써 지어내지 않기 때문이다.

반 사이에 작성된 원고에서 그는 이렇게 적었다. "오로지 예술가만이 삶의 의미를 간파할 수 있다."[7] 원고는 출판되지 않았지만, 1799년에 그 문구는 슐레겔의 『루친데』 끝부분에서 눈에 잘 띄게 등장했다. 이 소설은 이사야 벌린이 "4류 외설 소설"이라고 인상적으로 묘사했던, 그야말로 낭만적 사랑을 발산하는 기이한 애정극이다.[8] 관련 대목은 다음과 같다.

> 이제 영혼은 나이팅게일의 비탄과 갓난아기의 미소를 이해하며, 꽃과 별이라는 신비로운 상형 문자들에 담긴 깊은 의의를 이해하고, 자연의 아름다운 언어뿐 아니라 신성한 삶의 의미도 이해한다. 세상 만물이 영혼에 말을 걸며 어디서나 영혼은 고운 베일에 덮인 사랑스러운 정신을 본다.[9]

『루친데』는 장차 큰 영향력을 발휘하게 되지만, 처음 책이 인쇄되어 나왔을 때는 온갖 혹평을 뒤집어썼다. 대중의 반응이 너무도 끔찍했기 때문에, 실제로 슐라이어마허가 『슐레겔의 '루친데'에 관한 신뢰의 서한』이라는 책까지 출판하여 『루친데』에 가장 흔히 제기되는 여러 가지 비판을 논박하는 작업에 나설 정도였다.[10] 하지만 소설에서 안토니오라는 인물로 묘사된 슐라이어마허가 그 소설의 유일한 숭배자는 아니었다. 피히테는 그 작품을 절대적으로 사랑했다. 1799년 9월 무렵 그는

---

7   Novalis 1797-98: 66.
8   Berlin 1966b: 114.
9   Schlegel 1799: 129.
10 Firchow 1971: 3-4. 혹평은 계속되었다. 이를테면, 키르케고르의 『이것이냐 저것이냐』 (1843)에 실린 「유혹자의 일기」는 『루친데』를 패러디한 것이다(Robinson 2008: 278-79). 삶의 의미Livets betydning는 『이것이냐 저것이냐』의 중심 관심사이다.

이미 그 소설을 세 번이나 읽었고, 자기가 지금껏 접했던 가장 위대한 천재의 창작물 중 하나라고 선언했다.[11]

피히테가 그의 가장 영향력 있는 저술 중 한 권인『인간의 사명』을 집필한 해가 바로『루친데』에 푹 빠져 지냈던 그 1799년이었다. 그는 사람들이 자기 생각에 더 쉽게 접할 수 있도록 그 책을 학술적이지 않은 양식으로 저술했다. 특히 예고편 격인『지식학』과 비교하면 더욱 그렇다. 예나 낭만주의자들의 밑거름이 된 철학 문헌인『지식학』은 원래는 1794년에 완성되었으나 피히테가 표현 방식에 계속 만족하지 못하는 바람에 1801년까지 계속 수정 중인 상태로 남아 있었다.[12] 하지만 아무리『인간의 사명』의 폭풍 같은 낭만주의 양식들이 확실히 피히테가 그 책을 매력적이고 읽기 쉽게 만들기 위해 결연히 노력했음을 보여준다고 하더라도, 철학 자체가 공원에서 한가로이 거니는 산책 정도는 아니다. 그래서 그가 최선의 노력을 기울였음에도 독자들은 여전히 불만스러워했는데, 슐라이어마허가 특히 통렬했다.[13]

피히테는 개념적으로 도발적인 자신의 철학을 그렇게 고도로 양식화된 방식으로 표현하는 가운데서는 그 문구를 쓰지 않았다. 아니, 오랜 세월이 흐르고 난 뒤 1812년 강의에서 인류의 존재 의미('Sinn seines [man's] Daseins')에 관해 이야기하면서 그 문구에 가까이 다가가기는 했지만, 그 문구에 관한 한 다른 어디에서도 마찬가지였다.[14] 하지만 그렇더라도『인간의 사명』은 그 주제가 의미와 삶의 관계에 열

---

[11] Firchow 1971: 14.

[12] Preuss 1987: ix; Gillespie 1995: 76.

[13] Preuss 1987: xii-xiii; Breazeale 2013: 1-2.

[14] Fichte 1812: 23. 두 논고가 이를 인용하고 있는데(Gerhardt(1995: 815), Fehige et al. (2000: 21)), 두 경우 모두 피히테의 훨씬 더 잘 알려진 같은 제목의 1798년도 저서와 혼동을 일으켰던 것으로 보인다.

중한다(피히테는 '의미'를 뜻하는 또 다른 독일어 단어인 'Bedeutung'을 사용한다). 그래서 그는 자기가 늘어놓은 회의적 성찰들로 인해 너무도 당혹스러웠던 나머지 자기는 "나를 삶으로 불러낸 그날, 삶의 진실과 의미를 의심하게 되었던 그날의 출현을 저주했다"라고 말한다. 그는 궁극적으로 무한하고 자비로운 의지에 대한 신념을 통해 삶의 의미에 대한 확신을 되찾는다. 그는 영적 영역과 감각적 영역을 대비하면서 "전자만이 후자에 의미, 목적, 가치를 부여한다"라고 말한다.[15] 유사한 맥락에서 슐레겔도 이렇게 적은 바 있다. (이번에는 '내용-Gehalt'이라는 단어를 사용한다.) "오로지 무한한 것과의 관계 속에 의미와 목적이 존재한다. 그런 관계가 성립하지 않는 것은 무엇이건 절대적으로 무의미하고 아무런 요점도 없다."[16]

'삶의 의미The meaning of life'는 토머스 칼라일의 소설『의상 철학sartor Resartus』을 통해 영국에서 첫선을 보였다. 칼라일은 슐레겔의 영향을 받았고,『루친데』를 잘 알았다.[17]『의상 철학』은 가상의 독일 철학자 이야기를 담고 있으며(그의 이름은 'Diogenes Teufelsdröckh'인데 '제우스에게서 태어난 악마의 똥'이라는 뜻이다), 독일 관념론을 패러디하려는 의도도 일부 들어 있었다. 영국인들은 독일 관념론을 항상 우습게 여겼던 것 같다. 그렇기는 하지만 칼라일은 피히테를 대단히 존경했으며, 그에 대해서 "루터 시대 이후로 그렇게 건전한 지성과 그렇게 고요하고, 그렇게 고결하고, 올곧고, 흔들리지 않는 영혼이 철학 토론에 가담한 적이 없었다"라고 말한다.[18] 칼라일은 그 이전에는 노발리스에 대한 영향력

---

15 Fichte 1800: 27, 99.

16 Schlegel 1800: 241.

17 Carlyle 1833-34: 137; Vida 1993: 9-22.

18 Cited in Andrews 2012: 728.

있는 논고를 썼었는데, 그 논고에서 칼라일은 영국인에게 독일 관념론은 아주 요긴한 문화적 풍요의 원천이라고 칭송하면서 노발리스를 '의상 철학'의 옹호자로 묘사한다. 그 의상 철학에 따르면 "자연은 더는 죽어 있는 적대적 물질이 아니며 보이지 않는 것들에 씌워진 신비로운 의복이다."[19] 『의상 철학』에서 주인공 토이펠스드뢰크는 '의상, 그 기원과 영향'이라는 제목을 단 육중한 학술서의 저자이다. 칼라일의 소설은 에머슨이나 월트 휘트먼 같은 수많은 탁월한 작가들에게 큰 영향을 미쳤다.[20]

이 역사 이야기의 마지막 요소는 '삶의 의미'와 공생 관계에 있는 단짝과 관계가 있다. 다름 아닌, 허무주의다. 피히테는 1799년에 베를린으로 이주한 후에 『인간의 사명』을 저술하는 작업에 착수했다. 베를린 이주는 슐레겔의 초청에 응한 것이었는데, 슐레겔은 그에게 셋방을 구해주기도 했다. 노발리스와 슐라이어마허도 당시 그곳에서 살고 있었다.[21] 마침 피히테는 무신론을 가르쳤다는 혐의로 예나에서 교수직을 잃은 상태였기 때문에 기꺼이 이주할 준비가 되어 있었다. 또한 이 사태를 둘러싼 공개적인 논쟁에서 프리드리히 야코비가 1799년에 피히테에게 보내는 공개서한을 출판한 상태였다. 거기서 야코비는 피히테의 관념론 철학을 '허무주의'라고 비난한다(그리고 그 문제에 관해, "세상에서 가장 무시무시한 공포"라는 말도 덧붙였다).[22] 그러므로 대략 1년 정도의 시간을 두고 '삶의 의미'와 '허무주의'라는 친숙한 전문 용어들이 각자 데뷔 무대를 치른 것처럼 보인다. 전자는 원조 낭만주의

---

[19] Cited in Maertz 2004: 351-52.

[20] Tarr 2000.

[21] Preuss 1987: viii; see also Estes 2010.

[22] Gillespie 1995: 66.

자들이, 후자는 그들에게 불만을 품은 자들이 무대를 제공했다.

그렇다면 우리가 확인할 수 있는 한, '삶의 의미Der Sinn des Lebens'라는 문구는 노발리스가 지어냈으며, 슐레겔이 『루친데』를 통해 공적 영역에 처음 들였고, 칼라일이 『루친데』에서 가져다 쓴 이후에 널리 퍼져나갔다. 기원 문제는 그 정도로 하자. 자, 그러면 왜 '삶의 의미'가 그런 특별한 지적 분위기 속에서 사람들의 마음속에 떠오른 것일까? 왜 우리가 여기에 있고, 우리가 여기에 있다는 것에 어떤 가치가 있으며, 우리의 존재가 어떤 목적에라도 이바지하는 바가 있는 것인지 등등의 의문은 적어도 철학적인 질문 제기가 글로 기록되어온 그 오랜 세월 동안 내내 질문되었다. 지금 이 책 전체가 그 점을 아주 명백히 보여주었으리라. 게다가 예나의 낭만주의자들은 분명히 그런 문제들에 각별한 관심이 있었다. 예를 들면, 슐라이어마허는 1792년에 『삶의 가치에 관하여Über den Wert des Lebens』라는 책을 완성했다.[23] 그런데 왜 '삶의 의미'에 관해 말하기 시작한 것일까? 왜 갑자기 '의미'가 올바른 단어처럼 보이게 된 것일까?

'삶이라는 책'을 읽는다는 관념이 오래전에 그 토대를 마련해놓았으며, 앞서 논한 대로, 그것은 '삶의 의미'라는 문구와 그것이 대변하는 철학적 쟁점들을 연결하는 자연스러운 사고방식이다. 이 전통적인 관념은 1273년의 보나벤투라까지 한참을 거슬러 올라간다. 그는 만약 신이 실재의 "저작자"라면, 그의 솜씨를 "읽어내려" 노력하는 일이 의미 있다고 보았다. 그리고 그런 사고방식은 아마도 초기 낭만주의자들에게는 완벽하게 친숙한 것이었으리라. 예를 들어, 칸트는 신이 어떻게 "창조의 자구字句에 의미Sinn를 부여했는지"에 대해 썼다.[24] 하지만

---

23 Gerhardt 1995: 815.

아마도 지금껏 표현된 가장 유명한 용례는 삶이란 "아무것도 가리키는 바가 없는, 그저 바보가 떠드는 이야기"일 뿐이라는 맥베스의 허무주의적 발언에서일 것이다. 셰익스피어의 중요한 독일어 번역서가 1765년에 등장했다는 사실은 주목할 만하다. 바로 이 번역서에서 'Sinn'이 사용된 것이다. "아무것도 가리키는 것이 없는" 삶은 "아무 의미 없는" 삶이었다.[25] 아우구스트 슐레겔은 중요한 셰익스피어 학자였다. 더 직접적인 연결고리는 1796년 7월 9일에 괴테가 실러에게 보낸 편지에서 발견되는데, 거기서 괴테는 그의 소설 『빌헬름 마이스터의 수업 시대』에 등장하는 철학적 관념들을 더 분명히 해야 했다는 실러의 제안에 자기는 'Leben und Lebenssinn'(삶과 삶의 의미)에 관해 더 많은 것을 말하려는 의도였다고 응답한다. 그리고 나서 7월 22일에 실러가 괴테에게 감사 편지를 보내는데, 슐레겔 형제와 식사할 때 괴테가 보내준 생선으로 주 요리를 만들어 내놓았다는 내용이었다. 당시 그들은 함께 많은 시간을 보내고 있었다.[26]

하지만 의미/삶 관계가 하필이면 특히 이때 반향을 얻게 된 이유를 이해하는 열쇠는 노발리스와 프리드리히 슐레겔 둘 다 푹 빠져 있었던 피히테의 철학이다. 노발리스는 피히테를 "전적으로 새로운 사유 방식의 창안자"라고 생각했고, 슐레겔은 그의 철학을 "당대의 가장 위대한

---

[24] Fehige et al. 2000: 20; Kant, cited in Stückrath 2006: 72.

[25] Fehige et al. 2000: 21.

[26] Goethe 1794-97: 209, 220. 1795년에서 1797년 사이에 실러와 아우구스트 슐레겔은 함께 『호렌Die Horen』이라는 정기간행물을 발행하고 있었다(Paulin 2016: 69). 괴테가 1796년에 'Lebenssinn'(삶의 의미)에 관해서 말하고 있었고, 그가 당연히 'Der Sinn des Lebens'로 바꿔 쓸 수도 있었다는 점(그리고 실제 그랬을지도 모른다)을 고려할 때, 아마도 공을 돌려야 할 사람은 노발리스라기보다는 바로 괴테일지도 모른다. 덧붙이자면, 피히테에게 예나의 교수직을 마련해 준 사람도 바로 괴테였다 (Paulin 2016: 71).

세 풍조" 중 하나라고 생각했다(프랑스 혁명과 괴테의 『빌헬름 마이스터의 수업 시대』가 나머지 둘이다). 낭만주의 운동, 그리고 그 운동의 뿌리와 결실에 끝없이 매료된 이사야 벌린은 피히테가 "낭만주의 운동의 진정한 아버지"였음을 항상 분명히 했다.[27] 피히테가 가장 관심을 가졌던 당대의 철학적 쟁점은 프랑스의 계몽주의 사상에서 계몽주의 철학의 보편주의적이고 유토피아적인 사회 발전 의제와 나란히 번창한 결정론적 유물론을 어떻게 허물어뜨릴 것인가였다. 유물론은 근대기에 스피노자의 형이상학 및 새로운 수리 과학의 성공들에서 추진력을 얻은 상태였다. 그런 유물론이 인간 삶의 드라마와 가치를 타락시켰다는 점에서 피히테가 느낀 심각한 동요는 이미 『인간의 사명』의 시작에서부터 뚜렷하다. 사실 피히테가 칸트의 초월적 관념론에 처음 끌렸던 것도 그 이론이 유물론에 맞서는 회의주의적 방패가 되리라 보았기 때문이었다. 그것이 회의주의적인 이유는 참된 실재인 물자체는 알려질 수 없다고 말하기 때문이다. 하지만 이제 피히테는 그런 회의주의 너머로 나아가고 싶어 한다. 피히테에게 처음 영감을 얻어서 나름의 사상을 발전시킨 다른 위대한 독일 관념론자들처럼 그는 칸트가 형이상학적 통찰의 문턱을 넘지 못한 채 멈춰 섰다고 생각했다. 이런 자극이 피히테를 고무시켜 대단히 독창적인 결론을 낳게 했다. 이른바 어떤 의미에서 참된 실재는 그 자신의 의지라는 것이다. 그리고 그 의지는 무한한 의지의 제한적 현시로 이해되어야 한다. 노발리스가 표현한 대로, "우리는 어마어마한 소설 속에 산다(장편이건 단편이건)."[28]

사람들은 이런 입장이 풍기는 유아론적 반향을 놓치지 않았다. 버트

---

[27] Novalis 1797-99: 49; Schlegel 1798-1800: 190; Berlin 1983: 58.
[28] Novalis 1797-99: 135.

런드 러셀은 피히테의 결론을 '일종의 광기'라고 불렀고, 루이스 사스는 자신의 책『광란과 모더니즘: 현대 예술, 문학, 사상에 비추어본 광기Madness and Modernism: Insanity in the Light of Modern Art』에서 그것이 문자 그대로 정말 '광기'였다고 제안한다.[29] 임상 심리학자인 사스는 피히테의 형이상학적 관념론 안에 표현된 관념들이 조현병 혹은 적어도 분열성 성격장애의 징후라고 생각한다. 위대한 예나 낭만주의자 시인인 횔덜린은 실제로 죽기 전 40년 동안 조현병을 앓았다.[30] 확실히 노발리스가 "인간이 자연으로부터 진정으로 독립하고, 아마도 단지 자신의 의지 하나로 잃어버린 사지를 되찾고 스스로 목숨도 버리는 위치에까지 있게 될" 미래의 나날에 관해 쓴 글은 완전히 미친 소리로 들린다. 그런 날이 오면 인간은 "자신의 감각을 마음대로 부려서 자신을 위해 자기가 명령하는 대로 모양을 만들어내게 할 것이며, 그래서 가장 참된 의미에서 자기 세계에 살 수 있게 될 것"이란다. 그러나 노발리스는 "함께하는 광기는 광기이기를 멈추고 마술이 된다"라고도 말한다. 그리고 기술의 적절한 도움으로 노발리스가 구상한 종류의 마술적 힘을 얻으려는 인간 의지를 탐색하는 것이 우리 자신의 세계가 지닌 결정적 특징이라고 생각할 수도 있을 것이다. 이것은 우리가 끝에 가서 되돌아올 요점이다.[31]

피히테의 입장에 대해 벌린은 근본적으로 다르지만 유사하게 축소적인 설명을 제공한다. 그는 피히테의 형이상학은 궁극적으로 당대 프랑스가 독일어권 사람들을 경제적, 문화적, 지적, 군사적으로 지배한 결과 독일인들이 느끼게 된 폭넓은 사회적 불안의 제도화된 발로라고

---

[29] Sass 1992: 81-82, 302-4, 313-17; Russell 1945: 651.
[30] Sass 1992: 24-25.
[31] Novalis 1797-99: 75, 61.

생각했다. 위축감을 느낀 독일인들은 철학과 예술에서 낭만주의로 반격을 가했다. 그들은 완벽한 사회 건설이나 예술 작품이나 과학적 이해에서 본보기로 추구해야 하는 보편적으로 타당한 가치에 대한 프랑스 계몽주의의 신념이 드러내는 얄팍한 순응주의에 비난을 퍼부었다. 왜냐하면, 낭만주의자들에 따르면, 가치는 전수되거나 발견되는 것이 아니라 의지의 발휘를 통해 창조되는 것이기 때문이다. 그렇듯, 삶에서 실제로 중요한 것은 독창성, 자기표현, 창조성, 자율적으로 생성된 우리 자신의 꿈들을 진심으로 받아들이는 것, 그리고 궁극적으로 자유이다. 그래서 "고요한 관찰자들이 기술하고, 분류하고, 분석하고, 예측하는 견실하고, 지성적인 실재의 구조라는 개념"(진보적이고 유토피아적인 계몽주의 사상의 정치학과 더불어 유물론이 구현한 개념인)은 "협잡이고 망상이며, 부르주아적 존재의 거짓 질서 아래서 벌어지는 무시무시한 혼돈이 낳는 진리를 대면할 수 있을 정도의 감수성이나 용기가 없는 자들을 보호하기 위해서 고안된 외양의 가림막에 불과한 것이었다."[32]

피히테의 극단적 입장에 대한 세 번째이자 이번엔 축소적이지 않은 종류의 설명(아마 앞선 두 설명과 양립할 수도 있다)을 그의 복잡한 형이상학적 추론의 연쇄에서 구할 수도 있을 것이다. 그러나 어떤 식의 설명을 시도하든지 간에, 우리의 의지에 제약을 행사할 수 있는 독립적인 자연의 외양 그 자체가 이미 의지의 결과라는 피히테의 결론은 지극히 원대한 함의를 지닌다. 야코비가 일찍이 보았던 함의는 '허무주의'였다. 그 단어는 이전에도 사용된 적이 있지만, 삶의 의미에 관한 하나의 입장으로 허무주의에 대한 우리의 현대적 사고방식에 곧장 연

---

32 Berlin 1975; quotation from p. 232.

결되는 것으로서는 야코비의 용례가 처음이었다.[33] 야코비는 피히테의 형이상학이 인간의 의지 너머에는 자연이건 신이건 아무것도 없다는 주장을 함축한다고 보았기 때문에 '허무주의'라는 단어를 사용했다. 의지가 다른 모든 것을 절멸시키는 것이 허용되었다는 것이다. 마이클 길레스피Michael Gillespie는 "신의 죽음과 인간의 신격화"로 이어진 낭만주의의 뿌리에 바로 이 피히테식 발상이 있으며 그런 측면에서 니체가 허무주의의 뿌리라는 진단은 잘못된 것이라고 주장한다.[34] 허무주의는 종교가 입증 불가능한 방식으로 모든 가치를 망상적인 초월적 세계로 투사함으로써 더 높은 실재에 대한 믿음이 흔들리면서 가치 자체의 붕괴를 촉발할 수밖에 없는 데서 귀결된 것이 아니다. 허무주의는 가치를 현실화할 수 있는 우리의 의지 능력이라는, 근본적으로 낭만주의적인 사고방식에서 귀결된 것이다. (낭만주의가 실제로 허무주의의 원천임에도 낭만주의를 허무주의에 대한 해독제로 착각한 니체 본인도 그런 사고방식을 지지한 바 있다.) 왜냐하면, 인간이 무엇을 의지할 것인가에 대해 그 어떤 인간을 넘어선 제약도 존재하지 않을 때 작동하는 인간의 의지가 바로 허무주의의 궁극적 귀결이기 때문이다.

하지만 피히테는 신념이 있었다. 그것은 그의 삶에 상처를 남긴 무신론 논쟁 중에 집필한 『인간의 사명』에서 넘칠 정도로 명료하게 제기된다. 그 책은 모든 인간 이해가 궁극적으로 실천적이고 도덕적인 의지의 명령에, 다시 말해, 우리의 개인적 분투가 무한하고 자비로운 의지에 부합하리라는 신념에 인도되는 양심의 작용에 뿌리를 둔 것이라고 주장한다. 그래서 피히테는 자기가 인간의 의지를 허공에 내던지고

---

[33] Gillespie 1995: 65-66.
[34] Gillespie 1995: 99.

있다고 생각하지 않았다. 인간의 의지란 무언가 더 위대한 것의 표현이라는 신념이 있었기 때문이다. 그것은 더 위대한 무언가에 관한 자유롭고, 궁극적으로 정당화될 수 없는 가정이라는 의미에서의 '신념'이다.

노발리스에게서는 신념 안에서 밖으로 뻗어나가는 의지라는 이 본질적으로 피히테식인 개념이 사랑과 동일시된다. 노발리스는 우리가 세계의 설계도를 발견하려 시도해서는 안 된다고 말한다. "우리 자신이 바로 그 설계도"이기 때문이다. 우리는 "인격화된 만능 목적이다." 하지만 사랑은 "개별적 사물들"을 "소통할 수 있고 이해할 수 있게" 만들면서, "그 인격성을 널리 알린다." 그럼으로써 의지의 자기애로 시작해서("첫 키스에서 싹이 트는 철학을 누가 좋아하지 않을까?") 우리는 "하나의 참되고 영원한 사랑"을 향해 바깥으로 움직일 수 있는 것이다.[35] 이것이 바로 노발리스가 미완성 소설 『하인리히 폰 오프터딩겐Heinrich von Ofterdingen』을 통해 낭만주의에 유산으로 물려준 이른바 파란 꽃의 상징 배후에 있는 사유였다. 그것은 아마도 불교에 매료된 슐레겔에게서 영감을 받았을 가능성이 가장 큰데, 불교에서는 대개 살짝만 봉오리가 열린 파란 연꽃이 지혜의 확장을 상징한다.[36] 소설은 동명의 주인공 하인리히가 자기가 처음 꿈꾼 꽃을 찾아 나선 끝에 결국에는 그 꽃을 꺾는다는 내용이다. 이는 꿈과 현실을 통합하는 탐색이다. 그 뒤로 파란 꽃은 영원한 사랑을 동경하는 낭만주의자들의 상징이 되었다. 그러나 노발리스에게 사랑이 "세계와 삶으로 들어가는 열쇠"라는 것을 고려할 때, 파란 꽃이 삶의 의미에 대한 동경을 상징한다고 말하는 것

---

[35] Novalis 1797-99: 58-59.
[36] Novalis 1802; Germana 2017: 104-7.

528

이 아마도 아주 지나친 말은 아닐 것이다.[37]

한편, 19세기 중반까지 'Sinn'(의미)에는 두 가지 주된 의미가 있었다. 첫째는 인식 혹은 수용 능력에 관한 심리적 의미로서, 예를 들면 우리가 미감美感에 관해 말할 수 있는 그런 경우다. 두 번째는 언어적 의미다.[38] 둘 다 피히테 철학의 맥락에서 '삶의 의미'라는 문구를 자연스럽게 떠올리게 한다. 첫 번째 심리적 의미에서 그 문구는 인간 삶을 구성하는 실천적 의지의 행사 내에서 수용성 및 자연스러운 조율을 암시한다. 그것은 더 큰 의지에 대한 수용성으로서, 개인은 단지 그런 의지의 제한적인 표현일 뿐이다. 그리고 두 번째 의미에서 그 문구는 삶이 궁극적으로 표현하는 무한하고 신성한 의지를 위해 삶 바깥의 외양을 읽어내고 우리 자신의 의미를 실재에 써 넣는다는 생각을 동등하게 암시한다. '읽는다'는 측면은 우리가 본 대로 이미 확립되어 있었다. 낭만주의가 특유의 공헌을 했던 것은 바로 삶이라는 책을 쓴다는 사고방식이었다.

우리 자신의 삶을 서술하는 데 필요한 개인적인 창조성 및 그것에 한 자리를 부여하는 더 폭넓은 신성한 계획에 대한 감수성 둘 다에 피히테가 부과하는 중요성은 "오로지 예술가만이 삶의 의미를 간파할 수 있다"라는 노발리스의 진술에서 명확히 드러난다. 우리는 창조적인 예술가가 되어야 한다. 하지만 무한한 의지를 "간파"하기 위해서 요구되는 감수성, 혹은 수용성을 갖추어야 한다. 창조성의 필요성을 강조하면서 노발리스는 같은 원고에서 "삶은 우리에게 주어진 소설이 되어서는 안 되며, 우리가 지어낸 소설이 되어야 한다"라고 말한다.[39] 그리고

---

[37] Novalis 1797-99: 107.

[38] Stückrath 2006: 72ff.

[39] Novalis 1797-99: 66.

수용성의 필요성을 강조하면서 슐레겔은 "꽃과 별에 새겨진 신비로운 상형 문자들의 깊은 의의와 … 자연의 아름다운 언어뿐 아니라 삶의 신성한 의미까지" 이해하게 된 영혼에 관해 쓴다.

그렇다면 '삶의 의미'가 낭만주의자들에게 호소력을 발휘했던 이유는 그 문구가 신적 의지에 부합하는 우리 자신의 인생 이야기를 창조한다는 발상을 제시했기 때문으로 보인다. 훗날 'Sinn'의 의미는 19세기를 지나면서 확장되어서 가치와 목적의 개념까지 담게 되고, 그 문구가 인기를 끌면서 원래의 관념론적 기원과는 거리를 두게 되었다. 그리고 울프가 표현한 대로 그 단어는 오늘날 우리가 "우리가 왜 여기에 있는 것인지(즉, 도대체 왜 우리가 존재하는 것인지)" 묻기 위해 사용하는("이 질문에 대한 답변이 우리가 무엇을 하며 살아야 하는지까지에 대해서도 뭔가 말해주리라는 희망 속에서") 관습적인 문자적 상징이 되었다.

하지만 설령 그 문구가 오늘날 자체적인 의미를 얻었다고 하더라도, 여전히 그것의 기원으로부터 배워야 할 교훈들이 있다. 왜냐하면 우리 시대의 세속적 정통 교리가 된, 삶에서 우리 자신의 의미를 만들어야 한다는 인본주의적 사고방식은 실제로는 원래의 낭만주의적 발상과 거리가 아주 먼 것이 아니기 때문이다. 그 점은 주목할 만하다. 왜냐하면 오늘날 사람들은 삶의 의미가 존재하지 않으므로 우리가 직접 우리 자신의 의미를 만들어야 한다고 일반적으로 생각하기 때문이다. 혹은 이렇게 달리 표현할 수도 있을 것이다. 우리가 삶에 부여한 것 말고 삶의 의미란 존재하지 않는다. 그래서 그 '삶의 의미'라는 문구는 저기 바깥에서 발견되기를 기다리고 있는 어떤 고정된 의미가 있다는 본질상 종교적인 거짓 믿음을 구체적으로 드러내는 말로 받아들여진다. 확실히 이런 발상은 그것의 허무주의적 측면이 그랬던 것처럼 원래의 낭만주의적 사고방식에 주요한 영감이 되었으나, "자기 자신의 의미 만들기"라는 인본주의적 사고방식은 그 문구에 영감을 주었던 그런 사유와 더 밀접한 관계가 있다. 사실, 인본주의적 사고방식은 본질상 원래의 낭만주의적 사고방식과 같다. 다만 근원적인 것들을 이해했던 형이상학이 없는 것만 다르다. 왜냐하면 낭만주의에서는 실재 자체가 그 자신의 의미를 구현하는 의지인 한 아마도 삶은 그 나름의 고유한 의미를 가질 수 있을 테니 말이다. 대조적으로 오늘날의 인본주의적 사고방식은 흔히 보이는 그 어떤 뚜렷한 형이상학적 사유의 뒷받침도 대개 받지 않으며 유물론이라는 암묵적인 형이상학적 배경을 깔고 있다. 하지만 유물론이 만약 참이라면, "우리 자신의 의미를 만든다는 것"이 과연 무엇일 수 있을지 이해하기 어려울 것이다. 그것은 그저 우리가 "유의미"하다고 부르는 특정한 물리적 패턴을 생성하는 것이 될 것이고, 그렇게 되면 그런 문제들에서 도출될 수 있는 어떤 보편적이고 탈역사적인 합의가 존재할 가능성이 극히 희박하다는 것을 감안할 때, 어떤 패턴을 "유의미"하다고 부를지를 누가 결정하느냐는 의문이 즉각 제기될 것이다.

피히테는 『지식학』의 서두에서 두 가지 인간 유형이 있다고 말한다. 스스로 자유 의식을 고취한 사람과 그렇지 않은 사람이다.[40] 노발리스가 '삶의 의미'를 처음 언급할 때부터 담겨진 그런 종류의 엘리트주의는 오늘날 삶 속 의미를 선을 증대시키는 것이라고 보는 인본주의적 사고방식 안에서도 여전히 사라지지 않고 있다. 그런 엘리트주의는 대체로 보통 사람들은 거의 다 특별히 의미 있는 삶을 살지 못한다고 암시한다. 더 나아가 피히테는 과학과 기술을 이용하여 자연에 대한 지배력을 계속 확대해 나가야 한다는 주장을 열렬히 옹호했다. 그는 의

---

[40] Fichte 1797: 15.

지의 투사로서의 물질을 의지로 무한히 순응시켜야 하며, 그렇기에 우리가 자율적으로 구상한 목표들을 가로막는 물질의 저항은 도덕적 자유를 향해 나아가는 우리의 돌진에서 기술적인 수단을 통해 지속해서 분쇄해야 한다고 생각했다.[41] 다시 말하지만, 그런 발상은 인간이 그 자신의 의미를 만들어내야 한다는 오늘날의 인본주의적 사고방식과 완벽하게 호응하는 것처럼 보이며, 그런 인본주의를 전형적으로 떠받치고 있는 유물론이 그 발상을 더더욱 강화해주고 있다. "신은 신들이 있기를 원한다"라고 노발리스는 적었다. 그런데 신이 무엇을 원하는지에 관한 관심이 사라졌어도 그것이 인간이 정확히 똑같은 것을 원하는 것을 막지는 못했다.[42] 아마도 결국 우리는 삶의 의미에 관해 처음 가졌던 생각에서 정말로 떠난 것은 아닐지도 모른다.[43]

---

[41] Gillespie 1995: 95-99.

[42] Novalis 1797-99: 76; see also 126.

[43] 일부 독일어 원전과 관련하여 도움을 준 마르틴 뮐러Martin Müeller에게 고마움을 표한다.

참고문헌

- Adams, R. (2010) 'Comments', in S. Wolf 's *Meaning in Life and Why It Matters*, Princeton: Princeton University Press.

- Albritton, R. (2009) *Let Them Eat Junk: How Capitalism Creates Hunger and Obesity*, New York: Pluto.

- Andrews, K. (2012) 'Fichte, Carlyle and the British Literary Reception of German Idealism', *Literature Compass*, 9(11): 721-732.

- Aquinas (c.1259-60/1955-57) *Summa Contra Gentiles*; trans. by A.C. Pegis, J.F. Anderson, V.J. Bourke and C.J. O'Neil as *On the Truth of the Catholic Faith*, 5 vols., New York: Hanover House.

- Aquinas (1265-74/1948) *Summa Theologiae*, trans. Fathers of the English Dominican Province, New York: Benziger Bros.

- Arendt, H. (1958/1998) *The Human Condition*, 2nd rev. edn, Chicago: University of Chicago Press.

- Aristotle (fourth century BCE/1984) *Complete Works of Aristotle: Revised Oxford Translation*, vols. 1 and 2, ed. J. Barnes, Princeton: Princeton University Press.

- Arpaly, N. (2006) *Merit, Meaning, and Human Bondage*, Princeton: Princeton University Press.

- Avicenna (1000-37a/1874) *Kitab al-Hidaya*, ed. M. 'Abdu, Cairo.

- Avicenna (1000-37b/1959) *Avicenna's De anima*, ed. and trans. F. Rahman, Oxford: Oxford University Press.

- Avicenna (1000-37c/1960) *Kitāb al-Ishārāt waal-tanbīhāt* [Book of remarks and admonitions], ed. S.Dunya, Cairo: Dā r al-ma'ārif.

- Avicenna (1000-37d/1973) *Dānish Nāmeh: Metaphysica*, trans. P. Morewedge, New York: Columbia University Press.

- Avicenna (1000-37e/1975) *Kitāb al-Shifā', al-ilāhiyyāt* [Book of healing], ed. G.C. Anawati, I. Madkour and S. Zayed, Cairo: al-Hay'a al-'āmma li'l-kitāb.

- Avicenna (1000-37f/1977) *Avicenna Latinus: Liber de philosophia prima sive scientia divina I-IV*, ed. S. van Riet, Leiden: E.J. Brill.

- Avicenna (1000-37g/1985) *Kitāb al-Najāt, al-ilāhiyyāt* [Book of deliverance], ed. M. Fakhry, Beirut: Dār al-āfāq al-jadīda.

- Ayer, A.J. (1936/1971) *Language, Truth and Logic*, Harmondsworth: Penguin.

- Ayer, A.J. (1946/1971) 'Introduction' to *Language, Truth and Logic*, Harmondsworth: Penguin.

- Ayer, A.J. (1947/1990) 'The Claims of Philosophy', in his *The Meaning of Life*, New York: Macmillan.

- Ayer, A.J. (1973/1976) *The Central Questions of Philosophy*, Harmondsworth: Penguin.

- Ayer, A.J. (1988a/1990) 'The Meaning of Life', in his *The Meaning of Life*, New York: Macmillan.

- Ayer, A.J. (1988b/1990) 'That Undiscovered Country', in his *The Meaning of Life*, New York: Macmillan.

- Ayer, A.J. (1988c/1990) 'Postscript to a Postmortem', in his *The Meaning of Life*, New York: Macmillan.

- Ayer, A.J. (1989/1992) 'Reply to Arne Naess', in *The Philosophy of A.J. Ayer*, ed. L.E. Hahn, La Salle, IL: Open Court.

- Bacon, F. (1625/2011) 'Of Custom and Education', in *The Works of Francis Bacon*, vol. VI, ed. J. Spedding, R.L. Ellis and D.D. Heath, Cambridge: Cambridge University Press.

- Bagnoli, C. (2012) 'The Exploration of Moral Life', in *Iris Murdoch, Philosopher*, ed. J. Broakes, New York: Oxford University Press, 197-225.

- Beauvoir, S. de (1944/2004) *Pyrrhus and Cineas*, in her *Philosophical Writings*, trans. M. Timmerman, ed. M.A. Simons, M. Timmerman and M.B. Mader, Chicago: University of Illinois Press.

- Bell, M. (2013) 'Inside the Alpha Course - British Christianity's Biggest Success Story', *The Independent*, 31 March, www.independent.co.uk/news/uk/home-news/inside-the-alpha-course-british-christianitys-biggest-success-story-8555160.html.

- Belliotti, R.A. (2001) *What Is the Meaning of Human Life?* Amsterdam: Rodopi Publishers.

- Belliotti, R.A. (2013) *Jesus or Nietzsche: How Should We Live Our Lives?* Amsterdam: Rodopi Publishers.

- Belliotti, R.A. (2017) *Nietzsche's Will to Power: Eagles, Lions, and Serpents*, Newcastle: Cambridge Scholars.

- Benatar, D. (ed.) (2010) *Life, Death, and Meaning*, New York: Rowman & Littlefield.

- Bennett, J. (1984) *A Study of Spinoza's Ethics*, Cambridge: Cambridge University Press.

- Berlin, I. (1966a/1999) 'In Search of a Definition', in *The Roots of Romanticism*, ed. H. Hardy, London: Random House.

- Berlin, I. (1966b/1999) 'Unbridled Romanticism', in *The Roots of Romanticism*, ed. H. Hardy, London: Random House.

- Berlin, I. (1975/1991) 'The Apotheosis of the Romantic Will: The Revolt against the Myth of an Ideal World', in *The Crooked Timber of Humanity*, ed. H. Hardy, London: Fontana Press.

- Berlin, I. (1983/1991) 'Giambattista Vico and Cultural History', in *The Crooked Timber of*

534

Humanity, ed. H. Hardy, London: Fontana Press.

- Bernier, M. (2015) *The Task of Hope in Kierkegaard*, Oxford: Oxford University Press.
- Bett, R. (2010) 'Scepticism and Ethics', in *The Cambridge Companion to Ancient Scepticism*, ed. R. Bett, Cambridge: Cambridge University Press, 181-194.
- Billerbeck, M. (1996) 'The Ideal Cynic from Epictetus to Julian', in *The Cynics: The Cynic Movement in Antiquity and its Legacy*, ed. R.B. Branham and M.-O. Goulet-Cazé, Berkeley: University of California Press.
- Blackburn, S. (2007) 'Religion and Respect', in *Philosophers without Gods*, ed. L.M. Antony, Oxford: Oxford University Press.
- Bodhi, B. and Nyanaponika Thera (trans.) (2000) *An. guttara Nikāya*; trans. as *Numerical Discourses of the Buddha*, Lanham: Altamira Press.
- Branham, R.B. (2004) 'Nietzsche's Cynicism: Uppercase or Lowercase?', in *Nietzsche and Antiquity: His Reaction and Response to the Classical Tradition*, ed. P. Bishop, Rochester, NY: Camden House.
- Breazeale, D. (2013) 'Introduction: The Checkered Reception of Fichte's *Vocation of Man*', in *Fichte's Vocation of Man: New Interpretative and Critical Essays*, ed. D. Breazeale and T. Rockmore, Albany: State University of New York Press.
- Broakes, J. (ed.) (2012) *Iris Murdoch, Philosopher*, New York: Oxford University Press.
- Cahn, S. and Vitrano, C. (2015) *Happiness and Goodness: Philosophical Reflections on Living Well*, New York: Columbia University Press.
- Campbell, S.M. (2012) *The Early Heidegger's Philosophy of Life*, New York: Fordham University Press.
- Camus, A. (1942a/1955) *The Myth of Sisyphus and Other Essays*, trans. J. O'Brien, New York: Random House.
- Camus, A. (1942b) *The Stranger*, trans. S. Gilbert, New York: Random House.
- Camus, A. (1951) *The Rebel: An Essay on Man in Revolt*, trans. A. Bower, New York: Random House.
- Camus, A. and Grenier, J. (1932-60/2003) *Correspondence, 1932-1960*, trans. J. Rigaud, Lincoln: University of Nebraska Press.
- Carlyle, T. (1833-34/2000) *Sartor Resartus*, ed. M. Engel and R. Tarr, Berkeley: University of California Press.
- Catalano, J.S. (2010) *Reading Sartre*, Cambridge: Cambridge University Press.
- Chakrabarti, A. and Bandyopadhyaya, S. (eds.) (2014) *Mahābhārata Now*, New Delhi: Routledge.
- Chestov, L. (1934/1969) *Kierkegaard and the Existential Philosophy*, trans. E. Hewitt, Athens: Ohio University Press.
- Cicero (45 BCE/1931) *On Ends*, trans. H. Rackham, Loeb Classical Library, Cambridge MA: Harvard University Press.
- Clack, B.R. (2002) 'Wittgenstein on Magic', in *Wittgenstein and Philosophy of Religion*, ed. R.L. Arrington and M. Addis, London: Routledge.
- Clark, M. (1990) *Nietzsche: On Truth and Philosophy*, Cambridge: Cambridge University Press.
- Clarke, B. (2013) 'Attention, Moral', in *International Encyclopedia of Ethics*, ed. H. LaFollette,

Oxford: Wiley Blackwell.

- Clay, D. (1983) *Lucretius and Epicurus*, Ithaca: Cornell University Press.

- Coates, Ta-Nehesi (2015) *Between the World and Me*, New York: Spiegel & Grau.

- Collingwood, R.G. (1924) *Speculum Mentis*, Oxford: Oxford University Press.

- Confucius (sixth-fifth centuries BCE/2003) *Analects*, ed. E. Slingerland, Indianapolis: Hackett Publishing Company.

- Cooper, D. (2003) *Meaning*, Chesham: Acumen.

- Cooper, J.C. (2010) *An Illustrated Introduction to Taoism*, Bloomington: World Wisdom.

- Cottingham, J. (2003) *On the Meaning of Life*, London: Routledge.

- Cottingham, J. (2006) *Cartesian Reflections*, Oxford: Oxford University Press.

- Cottingham, J. (2010) 'Cartesian Autonomy', in *Mind, Method and Morality: Essays in Honour of Anthony Kenny*, ed. J. Cottingham and P. Hacker, Oxford: Oxford University Press.

- Coutinho, S. (2004) *Zhuangzi and Early Chinese Philosophy: Vagueness, Transformation and Paradox*, Aldershot: Ashgate.

- Craig, W.L. (1994/2017) 'The Absurdity of Life without God', in *The Meaning of Life: A Reader*, 4th edn, ed. E.D. Klemke and S.M. Cahn, New York: Oxford University Press.

- D'Alembert (1759/1769) *Mélanges de literature, d'histoire et de philosophie*, Amsterdam: Zacherie Chatelain et Fils.

- Darwin, C. (1859/2007) *On the Origin of Species*, New York: Cosimo.

- Davids, C.R. (trans.) (1950-56) *Saṃyutta Nikāya*; trans. as *The Book of the Kindred Sayings (Samyutta-nikaya) or Grouped Suttas*, London: Luzac.

- Davidson, H.A. (2005) *Moses Maimonides*, Oxford: Oxford University Press.

- Davis, W. (1987) 'The Meaning of Life', *Metaphilosophy*, 18: 288-305.

- Desan, P. (2017) *Montaigne, A Life*, trans. S. Rendall and L. Neal, Princeton: Princeton University Press.

- Descartes, R. (1637/1902/1985) *Discourse on the Method*, in *Oeuvres de Descartes*, vol. VI, ed. C. Adam and P. Tannery, Paris: Vrin; and in *The Philosophical Writings of Descartes*, vol. I, ed. and trans. J. Cottingham, R. Stoothoff and D. Murdoch, Cambridge: Cambridge University Press.

- Descartes, R. (1641/1904/1984) *Meditations on First Philosophy*, in *Oeuvres de Descartes*, vol. VII, ed. C. Adam and P. Tannery, Paris: Vrin; and in *The Philosophical Writings of Descartes*, vol. II, ed. and trans. J. Cottingham, R. Stoothoff and D. Murdoch, Cambridge: Cambridge University Press.

- Descartes, R. (1643/1899/1991) Letter to Princess Elizabeth of Bohemia, 28 June 1643, in *Oeuvres de Descartes*, vol. III, ed. C. Adam and P. Tannery, Paris: Vrin; and in *The Philosophical Writings of Descartes*, vol. III, *The Correspondence*, ed. and trans. J. Cottingham, R. Stoothoff, D. Murdoch and A. Kenny, Cambridge: Cambridge University Press.

- Descartes, R. (1644/1905/1985) *Principles of Philosophy*, in *Oeuvres de Descartes*, vol. VIII, ed. C. Adam and P. Tannery, Paris: Vrin; and in *The Philosophical Writings of Descartes*, vol. I, ed. and trans. J. Cottingham, R. Stoothoff, D. Murdoch and A. Kenny, Cambridge: Cambridge University Press.

- Descartes, R. (1645a/1901/1991) Letter to Mesland, 9 February 1645, in *Oeuvres de Descartes*, vol. IV, ed. C. Adam and P. Tannery, Paris: Vrin; and in *The Philosophical Writings of Descartes*, vol. III, *The Correspondence*, ed. and trans. J. Cottingham, R. Stoothoff, D. Murdoch and A. Kenny, Cambridge: Cambridge University Press.

- Descartes, R. (1645b/1901/1991) Letter to Princess Elizabeth of Bohemia, 1 September 1645, in *Oeuvres de Descartes*, vol. IV, ed. C. Adam and P. Tannery, Paris: Vrin; and in *The Philosophical Writings of Descartes*, vol. III, *The Correspondence*, ed. and trans. J. Cottingham, R. Stoothoff, D. Murdoch and A. Kenny, Cambridge: Cambridge University Press.

- Descartes, R. (1646/1901/1991) Letter to Chanut of 15 June 1646, in *Oeuvres de Descartes*, vol. IV, ed. C. Adam and P. Tannery, Paris: Vrin; and in *The Philosophical Writings of Descartes*, vol. III, *The Correspondence*, ed. and trans. J. Cottingham, R. Stoothoff, D. Murdoch and A. Kenny, Cambridge: Cambridge University Press.

- Descartes, R. (1647/1904/1985) Preface to the French translation of the *Principles of Philosophy*, in *Oeuvres de Descartes*, vol. IX, ed. C. Adam and P. Tannery, Paris: Vrin; and in *The Philosophical Writings of Descartes*, vol. I, ed. and trans. J. Cottingham, R. Stoothoff and D. Murdoch, Cambridge: Cambridge University Press.

- Descartes, R. (1648/1903/1991) Letter to Silhon, March or April 1648, in *Oeuvres de Descartes*, vol. V, ed. C. Adam and P. Tannery, Paris: Vrin; and in *The Philosophical Writings of Descartes*, vol. III, *The Correspondence*, ed. and trans. J. Cottingham, R. Stoothoff, D. Murdoch and A. Kenny, Cambridge: Cambridge University Press.

- Descartes, R. (1649/1909/1985) *Passions of the Soul*, in *Oeuvres de Descartes*, vol. XI, ed. C. Adam and P. Tannery, Paris: Vrin; and in *The Philosophical Writings of Descartes*, vol. I, ed. and trans. J. Cottingham, R. Stoothoff and D. Murdoch, Cambridge: Cambridge University Press.

- Desmond, W.D. (2008) *Cynics*, Stocksfield: Acumen.

- DeWitt, N.W. (1950) 'Epicurus: The Summum Bonum Fallacy', *Classical Weekly*, 44(5): 69-71.

- Diamond, C. (2003) 'The Difficulty of Reality and the Difficulty of Philosophy', *Partial Answers*, 1(2): 1-26.

- Diogenes Laertius (third century CE/1991) *Lives of the Eminent Philosophers*, 2 vols., trans. R.D. Hicks, Cambridge, MA: Harvard University Press.

- Doniger, W. (ed.) (1200-900 BCE/1981) *Rig Veda*, London: Penguin.

- Donne, J. (1624/1959) 'Meditation XVII', in *Devotions upon Emergent Occasions*, Ann Arbor: University of Michigan Press.

- Dostoevsky, F. (1869/1996) *The Idiot*, trans. C. Garnett, Ware: Wordsworth Classics.

- Dreyfus, H. and Kelly, S. (2011) *All Things Shining*, New York: Free Press.

- Düring, I. (1961) *Aristotle's Protrepticus: An Attempt at Reconstruction*, Göteborg: Institute of Classical Studies.

- Eagleton, T. (2007) *The Meaning of Life: A Very Short Introduction*, Oxford: Oxford University Press.

- El-Bizri, N. (2000) *The Phenomenological Quest between Avicenna and Heidegger*, Binghamton, NY: Global Publications SUNY.

- El-Bizri, N. (2001) 'Avicenna and Essentialism', *Review of Metaphysics*, 54(4): 753-778.

- El-Bizri, N. (2006) 'Being and Necessity', in *Islamic Philosophy and Occidental Phenomen-*

ology on the Perennial Issue of Microcosm and Macrocosm, ed. A.-T. Tymieniecka, Dordrecht: Springer.

- El-Bizri, N. (2010) 'The Labyrinth of Philosophy in Islam', *Comparative Philosophy*, 1(2) : 3-23.

- El-Bizri, N. (2011) 'Ibn Sīnā's Ontology and the Question of Being', *Ishrāq: Islamic Philosophy Yearbook of the Russian Academy of Sciences and the Iranian Institute of Philosophy*, 2: 222-237.

- El-Bizri, N. (2014) 'Le renouvellement de la falsafa?' *Les Cahiers de l'Islam*, 1: 17-38.

- El-Bizri, N. (2016) 'Avicenna and the Problem of Consciousness', in *Consciousness and the Great Philosophers*, ed. S. Leach and J. Tartaglia, London: Routledge.

- Eliade, M. (1963) *Myth and Reality*, New York: Harper & Row.

- Emerson, R.W. (1848/1983) *Essays and Lectures*, New York: Library of America.

- Engels, F. (1845/1958) *The Condition of the Working Class in England*, Oxford: Basil Blackwell.

- Epictetus (c. 108 CE/2014) *Discourses, Fragments, Handbook*, trans. R. Hard, Oxford: Oxford University Press.

- Epicurus (fourth-third century BCE/1994) *Vatican Sayings*, in *The Epicurus Reader*, ed. and trans. B. Inwood and L.P. Gerson, Indianapolis and Cambridge: Hackett Publishing Company.

- Estes, Y. (2010) 'J.G. Fichte: "From a Private Letter"', in *J.G. Fichte and the Atheism Dispute*, trans. C. Bowman, ed. C. Bowman and Y. Estes, Farnham: Ashgate.

- Fanon, F. (1952/1967) *Black Skin, White Masks*, trans. C.L. Markmann, New York: Grove Press.

- Fanon, F. (1961/1965) *The Wretched of the Earth*, trans. C. Farrington, New York: Grove Press.

- Fanon, F. (1964/1967) *Toward the African Revolution*, trans. H. Chevalier, New York: Grove Press.

- Farrington, B. (1938) 'The Gods of Epicurus and the Roman State', *Modern Quarterly*, 1(3): 214-232.

- Fehige, C., Meggle, G. and Wessels, U. (2000) 'Vorab', in *Der Sinn des Lebens*, Munich: Deutscher Taschenbuch.

- Feingold, L. (2010) *The Natural Desire to See God according to St Thomas Aquinas and His Interpreters*, 2nd edn, Ave Maria, FL: Sapientia Press of Ave Maria University.

- Ferreira, J.M. (2013) 'Hope, Virtue, and the Postulate of God: A Reappraisal of Kant's Pure Practical Rational Belief', *Religious Studies*, 50: 1-24.

- Feser, E. (2008) *The Last Superstition: A Refutation of the New Atheism*, South Bend, IN: St Augustine's Press.

- Feser, E. (2009) *Aquinas*, Oxford: Oneworld Publications.

- Feser, E. (2013) 'Between Aristotle and William Paley: Aquinas's Fifth Way', *Nova et Vetera*, 11(3): 707-749; repr. in *Neo-Scholastic Essays*, South Bend, IN: St Augustine's Press, 2015.

- Feser, E. (2014a) 'Being, the Good, and the Guise of the Good' in *Neo-Aristotelian Perspectives in Metaphysics*, ed. D.D. Novotny and L. Novaks, London: Routledge; repr. in *Neo-Scholastic Essays*, South Bend, IN: St Augustine's Press, 2015.

- Feser, E. (2014b) *Scholastic Metaphysics: A Contemporary Introduction*, Heusenstamm: Editiones Scholasticae.

- Feser, E. (2017) *Five Proofs of the Existence of God*, San Francisco: Ignatius Press.

- Fichte, J.G. (1797/1982) 'First Introduction to *The Science of Knowledge*', in *The Science of*

Knowledge, ed. and trans. P. Heath and J. Lachs, Cambridge: Cambridge University Press.

- Fichte, J.G. (1800/1987) *The Vocation of Man*, trans. P. Preuss, Indianapolis: Hackett Publishing Company.

- Fichte, J.G. (1812/1835) *Das System der Sittenlehre: Vorgetragen von Ostern bis Michaelis 1812*, in *Johann Gottlieb Fichte's nachgelassene Werke*, vol. 3, ed. I.H. Fichte, Bonn: Adolph-Marcus.

- Firchow, P. (1971) 'Introduction' to F. Schlegel's *Lucinde and the Fragments*, trans. P. Firchow, Minneapolis: University of Minnesota Press.

- Frankfurt, H. (1970) *Demons, Dreamers and Madmen: The Defense of Reason in Descartes's Meditations*, New York: Bobbs Merrill.

- Freud, S. (1920/1940-52) *Jenseits des Lustprinzips*, in *Gesammelte Werke*, vol. 13, Leipzig, Vienna, Zürich: Internationaler Psychoanalytischer Verlag.

- Friedrich, H. (1991) *Montaigne*, Berkeley: University of California Press.

- Frischer, B. (1982) *The Sculpted Word: Epicureanism and Philosophical Recruitment in Ancient Greece*, Berkeley and Los Angeles: University of California Press.

- Galen (c. 150-90 CE-a/1985) 'An Outline of Empiricism', in *Three Treatises on the Nature of Science*, trans. R. Walzer and M. Frede, Indianapolis: Hackett Publishing Company.

- Galen (c. 150-90 CE-b/1985) 'On Sects for Beginners', in *Three Treatises on the Nature of Science*, trans. R. Walzer and M. Frede, Indianapolis: Hackett Publishing Company.

- Gardet, L. (1952) *La connaissance mystique chez Ibn Sīnā et ses présupposés philosophiques*, Cairo: Institut Français d'Archéologie Orientale.

- Gerhardt, V. (1995) 'Sinn Des Lebens', in *Historisches Wörterbuch der Philosophie*, vol. 9, ed. J. Ritter, K. Gründer and G. Gabriel, Darmstadt: Schwabe.

- Germana, N.A. (2017) *The Anxiety of Autonomy and the Aesthetics of German Orientalism*, New York: Camden House.

- Gillespie, M.A. (1995) *Nihilism before Nietzsche*, Chicago: University of Chicago Press.

- Goethe, J.W. (1794-97/2012) *Briefwechsel zwischen Schiller und Goethe*, vol. 1, Hamburg: tredition GmbH (Projekt Gutenberg-DE).

- Gordon, L. (2015) *What Fanon Said: A Philosophical Introduction to his Life and Thought* New York: Fordham University Press.

- Gordon, P. (2004) 'Remembering the Garden: The Trouble with Women in the School of Epicurus', in *Philodemus and the New Testament World*, ed. J.T. Fitzgerald, D. Obbink and G.S. Holland, Leiden: Brill.

- Graham, A.C. (1995) *Disputers of the Tao: Philosophical Argument in Ancient China*, La Salle: Open Court.

- Grice, H.P. (1957) 'Meaning', *Philosophical Review*, 66(3): 377-388.

- Griffin, M. (1986) 'Philosophy, Cato, and Roman Suicide', *Greece & Rome*, 33(1): 64-77.

- Guignon, C. and Pereboom, D. (eds.) (2001) *Existentialism: Basic Writings*, 2nd edn, Indianapolis: Hackett Publishing Company.

- Haidt, J. (2010) Commentary, in S. Wolf, *Meaning in Life and Why it Matters*, Princeton: Princeton University Press.

- Hampshire, S. (1956) *The Age of Reason*, New York: Mentor.

- Harpham, G.G. (1987) *Ascetic Imperative in Culture and Criticism*, Chicago: University of Chicago Press.

- Haught, J.F. (2006) *Is Nature Enough? Meaning and Truth in the Age of Science*, Cambridge: Cambridge University Press.

- Hazlitt, W. (1819) 'On Wit and Humour', in *Lectures on the English Comic Writers*, London: Taylor & Hessey.

- Heidegger, M. (1927/1962) *Being and Time*, trans. J. Macquarie and E. Robinson, Oxford: Blackwell.

- Heidegger, M. (1927-64/1993) *Basic Writings*, 2nd rev. exp. edn, ed. D.F. Krell, San Francisco: HarperCollins.

- Heidegger, M. (1936-40a/1991) *Nietzsche, Vols. 1 and 2*, trans. D.F. Krell, New York: HarperCollins.

- Heidegger, M. (1936-40b/1991) *Nietzsche, Vols. 3 and 4*, trans. D.F. Krell, New York: HarperCollins.

- Heidegger, M. (1938-55/1977) *The Question Concerning Technology and Other Essays*, trans. W. Lovitt, New York: Harper & Row.

- Heidegger, M. (1954) *Vorträge und Aufsätze*, Pfullingen: Günther Neske.

- Heidegger, M. (1966) *Discourse on Thinking*, New York: Harper & Row.

- Heidegger, M. (1971a) *On the Way to Language*, New York: Harper & Row.

- Heidegger, M. (1971b) *Poetry, Language, Thought*, trans. A. Hofstadter, New York: Harper & Row.

- Hemingway, E. (1940/1966) *For Whom the Bell Tolls*, New York: Scribner.

- Hogeveen, J., Inzlicht, M., Obhi, S.S. and Gauthier, I. (2014) 'Power Changes How the Brain Responds to Others', *Journal of Experimental Psychology: General*, 143(2): 755-762.

- Honderich, T. (1990) 'Introduction' to A.J. Ayer, *The Meaning of Life*, New York: Macmillan.

- Hopkins, G.M. (1877/1986) 'God's Grandeur', in *Gerard Manley Hopkins: The Major Works*, Oxford: Oxford University Press.

- Hosseini, R. (2015) *Wittgenstein and Meaning in Life*, New York: Palgrave Macmillan.

- Hudson, E. (2013) *Disorienting Dharma: Ethics and the Aesthetics of Suffering in the Mahābhārata*, Oxford: Oxford University Press.

- Hume, D. (1739-40/1969) *A Treatise of Human Nature*, ed. E.C. Mossner, Harmondsworth: Penguin.

- Hume, D. (1779/1980) *Dialogues Concerning Natural Religion*, ed. R.H. Popkin, Indianapolis: Hackett Publishing Company.

- Hutchinson, D.S. and Johnson, M.R. (2005) 'Authenticating Aristotle's *Protrepticus*', *Oxford Studies in Ancient Philosophy*, 29: 193-294.

- Inwood, M. (1997) *Heidegger: A Very Brief Introduction*, Oxford and New York: Oxford University Press.

- Ivry, A.L. (2008) 'Moses Maimonides: An Averroist *avant la lettre*?', in *Maimonidean Studies*, vol. 5, ed. A. Hyman and A. Ivry, New York: Yeshiva University Press.

- James, W. (1902/1982) *The Varieties of Religious Experience: A Study in Human Nature*, ed.

with introd. by M.E. Marty, New York: Penguin.

- Kahneman, D. and Deaton, A. (2010) 'High Income Improves Evaluation of Life but Not Emotional Well-Being', *Proceedings of the National Academy of Sciences*, 107(38): 16489-16493.

- Kant, I. (1747-1802/1900-) *Gesammelte Schriften*, Berlin and Göttingen: Reimer (later de Gruyter).

- Kant, I. (1784/1991) 'An Answer to the Question: "What Is Enlightenment?"', in *Kant's Political Writings*, ed. H.S. Reiss, Cambridge: Cambridge University Press.

- Kant, I. (1785a/2006) *Anthropology from a Pragmatic Point of View*, ed. R.B. Louden and M. Kuehn, Cambridge: Cambridge University Press.

- Kant, I. (1785b/1999) *Groundwork of the Metaphysics of Morals*, in *Practical Philosophy*, ed. and trans. M.J. Gregor, New York: Cambridge University Press; and in vol. 4 of *Gesammelte Schriften*, ed. Preussiche (Deutsche) Akademie der Wissenschaften, Berlin: Reimer.

- Kant, I. (1787/1998) *Critique of Pure Reason*, in *The Cambridge Edition of the Works of Immanuel Kant*, ed. and trans. P. Guyer and A.W. Wood, Cambridge: Cambridge University Press.

- Kant, I. (1788/1997) *Critique of Practical Reason*, trans. M. Reath, with introd. by A. Gregor, Cambridge: Cambridge University Press; and in vol. 5 of *Gesammelte Schriften*, ed. Preussiche (Deutsche) Akademie der Wissenschaften, Berlin: Reimer.

- Kant, I. (1790/1987) *Critique of Judgment*, ed. and trans. W.S. Pluhar, Indianapolis: Hackett Publishing Company.

- Kant, I. (1793/1996) *Religion within the Boundaries of Mere Reason*, in *Religion and Rational Theology*, ed. and trans. A.W. Wood and G. Di Giovanni, New York: Cambridge University Press; and in vol. 6 of *Gesammelte Schriften*, ed. Preussiche (Deutsche) Akademie der Wissenschaften, Berlin: Reimer.

- Kant, I. (1795-1804/1993) *Opus Postumum*, ed. E. Förster, trans. E. Förster and M. Rosen, New York: Cambridge University Press; and in vol. 21 of *Gesammelte Schriften*, ed. Preussiche (Deutsche) Akademie der Wissenschaften, Berlin: Reimer.

- Kant, I. (1797/1999) *The Metaphysics of Morals* in *Practical Philosophy*, ed. and trans. M.J. Gregor, New York: Cambridge University Press; and in vol. 6 of *Gesammelte Schriften*, ed. Preussiche (Deutsche) Akademie der Wissenschaften, Berlin: Reimer.

- Kaufmann, W. (1974) *Nietzsche: Philosopher, Psychologist, Antichrist*, 4th edn, Princeton: Princeton University Press.

- Kekes, J. (1985) 'Moral Tradition', *Philosophical Investigations*, 8(4): 252-268.

- Kekes, J. (1998) *A Case for Conservatism*, New York: Cornell University Press.

- Keltner, D. (2016) *The Power Paradox*, New York: Penguin.

- Kierkegaard, S. (1835-55/1967) *Søren Kierkegaard's Journals and Papers*, Bloomington, IN: Indiana University Press.

- Kierkegaard, S. (1843/2006) *Fear and Trembling*, trans. S. Walsh, New York: Cambridge University Press.

- Kierkegaard, S. (1844/1992) *Concluding Unscientific Postscript to Philosophical Fragments*, trans. H.V. Hong and E.H. Hong, Princeton: Princeton University Press.

- Kierkegaard, S. (1849/1980) *The Sickness Unto Death*, trans. H.V. Hong and E.H. Hong, Princeton: Princeton University Press.

- Klemke, E.D. and Cahn, S.M. (eds.) (2017) *The Meaning of Life: A Reader*, 4th edn, New York: Oxford University Press.

- Koheleth (c. 450?-180 BCE/1985) *Ecclesiastes*, in the *Tanakh: The Holy Scriptures*, Philadelphia: Jewish Publication Society, 1441-1456.

- Korab-Karpowicz, W.J. (2017) *Tractatus Politico-Philosophicus: New Directions for the Future Development of Humankind*, New York: Routledge.

- Kraemer, J.L. (2008) *Maimonides*, New York: Doubleday.

- Lacey, A. (1995) 'Life, the Meaning of', in *The Oxford Companion to Philosophy*, ed. T. Honderich, Oxford: Oxford University Press.

- Lagrée, J. (1994) 'Spinoza, athée et épicurien', *Archiv de Philosophie*, 57: 541-558.

- Lao Tzu (sixth century BCE/2002) *The Daodejing of Laozi*, trans. P.J. Ivanhoe, Indianapolis: Hackett Publishing Company.

- Lao Tzu (sixth century BCE/2007) *Daodejing*, trans. H.-G. Moeller, Chicago: Open Court.

- Levinas, E. (1979/1991) *Le temps et l'autre*, Paris: Presses Universitaires de France.

- Levinas, E. (1982/1985) *Ethique et infini*; trans. R.A. Cohen as *Ethics and Infinity*, Pittsburgh: Duquesne University Press.

- Levy, N. (2005) 'Downshifting and Meaning in Life', *Ratio*, 18(2): 176-189.

- Linder, M. (1998) *Void Where Prohibited: Rest Breaks and the Right to Urinate on Company Time*, Ithaca: Cornell University Press.

- Llanera, T. (forthcoming) 'Rorty and Nihilism', in *A Companion to Rorty*, ed. A. Malāchowski, Oxford: Wiley-Blackwell.

- Long, A.A. (2002) *Epictetus: A Stoic and Socratic Guide to Life*, Oxford: Oxford University Press.

- Lucretius (c. 55 BCE/2001) *On the Nature of Things*, trans. M.F. Smith, Indianapolis: Hackett Publishing Company.

- Luper, S. (2014) *The Cambridge Companion to Life and Death*, Cambridge: Cambridge University Press.

- Luper-Foy, S. (1987) 'Annihilation', *Philosophical Quarterly*, 37(148): 233-252.

- McCullough, L. (2014) *The Religious Philosophy of Simone Weil: An Introduction*, London: I.B. Tauris.

- McCullough, L. (2017) 'The Death of God', in *Edinburgh Critical History of Nineteenth Century Theology*, ed. D. Whistler, Edinburgh: Edinburgh University Press.

- MacIntyre, A. (2016) *Ethics and the Conflicts of Modernity*, Cambridge: Cambridge University Press.

- Maertz, G. (2004) 'Novalis', in *The Carlyle Encyclopaedia*, ed. M. Cumming, Madison: Fairleigh Dickinson University Press.

- Maimonides (1168/1975) *Eight Chapters*, in *Ethical Writings of Maimonides*, trans. R.L. Weiss and C.E. Butterworth, New York: New York University Press.

- Maimonides (1170-80/1972) *Mishneh Torah* [selections], trans. M. Hyamson, in *A Maimonides Reader*, ed. I. Twersky, New York: Behrman House.

- Maimonides (c. 1190/1963) *A Guide of the Perplexed*, 2 vols., trans. S. Pines, Chicago: University of Chicago Press.

- Maimonides (c. 1194-1204/2004-17) *Medical Aphorisms*, ed. and trans. G. Bos, Provo, UT: Brigham Young University Press. (Treatises 1-5, 2004; 6-9, 2007; 10-15, 2010; 16-21, 2015; 22-25, 2017.)

- Malamoud, C. (1996) *Cooking the World: Ritual and Thought in Ancient India*, Delhi: Oxford University Press.

- Marcuse, H. (1971) *Soviet Marxism: A Critical Analysis*, Harmondsworth: Penguin.

- Marx, K. (1844/1972) 'Economic and Philosophical Manuscripts of 1844', in *The Marx-Engels Reader*, ed. R.C. Tucker, New York: Norton.

- Marx, K. and Engels, F. (1846/1972) *The German Ideology*, in *The Marx-Engels Reader*, ed. R.C. Tucker, New York: Norton.

- Mawson, T.J. (2016) *God and the Meanings of Life*, London: Bloomsbury.

- Mengzi (fourth-third centuries BCE/2008) *Mengzi, with Selections from Traditional Commentaries*, ed. B.W. van Norden, Indianapolis: Hackett Publishing Company.

- Merritt, M.M. (2017) 'Love, Respect, and Individuals: Murdoch as a Guide to Kantian Ethics', *European Journal of Philosophy*, 25(2): 1844-63.

- Metz, T. (2012) *Meaning in Life: An Analytic Study*, Oxford: Oxford University Press.

- Metz, T. (2013) 'The Concept of a Meaningful Life', in *Exploring the Meaning of Life*, ed. J. Seachris, Chichester: Wiley-Blackwell.

- Michot, J.R. (1986) *La destinée de l'homme selon Avicenne*, Leuven: Aedibus Peeters.

- Miles, S. (1986/2005) 'Introduction' to *Simone Weil: An Anthology*, ed. S. Miles, London: Penguin.

- Mill, J.S. (1859/1977) *On Liberty*, in *Collected Works of John Stuart Mill*, vol. 18, ed. J.M. Robson, Toronto and Buffalo: University of Toronto Press.

- Mill, J.S. (1865/1985) *Auguste Comte and Positivism*, in *Collected Works of John Stuart Mill*, vol. 10, ed. J.M. Robson, Toronto and Buffalo: University of Toronto Press.

- Mill, J.S. (1873/1981) *Autobiography*, in *Collected Works of John Stuart Mill*, vol. 1, ed. J. M. Robson and J. Stillinger, Toronto and Buffalo: University of Toronto Press.

- Mill, J.S. (1874/1985) *Utility of Religion* in *Collected Works of John Stuart Mill*, vol. 10, ed. J.M. Robson. Toronto and Buffalo: University of Toronto Press.

- Møllgaard, E. (2011) *An Introduction to Daoist Thought: Action, Language and Ethics in Zhuangzi*, London: Routledge.

- Montaigne, M. (1580-92/2003) *The Complete Works*, trans. D.M. Frame, London: Everyman.

- Montano, A. (1994) *Il Disincanto della Modernità*, Naples: La Città del Sole.

- Morris, T. (1992) *Making Sense of It All: Pascal and the Meaning of Life*, Grand Rapids, MI: William B. Eerdmans.

- Mulhall, S. (1997) 'Constructing a Hall of Reflection: Perfectionist Edification in Murdoch's *Metaphysics as a Guide to Morals*', *Philosophy*, 72(280): 219-239.

- Murdoch, I. (1956) 'Vision and Choice in Morality', *Proceedings of the Aristotelian Society, Supplementary Volume*, 30, 32-58.

- Murdoch, I. (1957/1998) 'Metaphysics and Ethics', in *Existentialists and Mystics: Writings on*

Philosophy and Literature, New York: Allen Lane/Penguin.

- Murdoch, I. (1959a/1998) 'The Sublime and the Beautiful Revisited', in *Existentialists and Mystics: Writings on Philosophy and Literature*, New York: Allen Lane/Penguin.
- Murdoch, I. (1959b/1998) 'The Sublime and the Good', in *Existentialists and Mystics: Writings on Philosophy and Literature*, New York: Allen Lane/Penguin.
- Murdoch, I. (1964/2001) 'The Idea of Perfection', in *The Sovereignty of Good*, New York and London: Routledge.
- Murdoch, I. (1967/2001) 'The Sovereignty of Good over Other Concepts', in *The Sovereignty of Good*, New York and London: Routledge.
- Murdoch, I. (1969/2001) 'On "God" and "Good"', in *The Sovereignty of Good*, New York and London: Routledge.
- Murdoch, I. (1992) *Metaphysics as a Guide to Morals*, London: Chatto & Windus.
- Nagel, T. (1971) 'The Absurd', *Journal of Philosophy*, 68(20): 716-727.
- Nagel, T. (1987) *What Does It All Mean?* New York and Oxford: Oxford University Press.
- Nagel, T. (2010) 'Secular Philosophy and the Religious Temperament', in his *Secular Philosophy and the Religious Temperament*, Oxford and New York: Oxford University Press.
- Ñānamoli, B. and Bodhi, B. (trans.) (1995) *Majjhima Nikāya*; trans. as *The Middle Length Discourses of the Buddha*, Boston: Wisdom Publications.
- Navia, L.E. (1998) *Diogenes of Sinope: The Man in the Tub*, Westport, CT.: Greenwood Press.
- Nietzsche, F. (1882/1967) *The Gay Science*, trans. W. Kaufmann, New York: Random House.
- Nietzsche, F. (1883-85/1954) *Thus Spoke Zarathustra*, in *The Portable Nietzsche*, trans. W. Kaufmann, New York: Viking Press.
- Nietzsche, F. (1886/1966) *Beyond Good and Evil*, trans. W. Kaufmann, New York: Random House.
- Nietzsche, F. (1901/2017) *The Will to Power*, trans. W. Kaufmann and R.J. Hollingdale, ed. W. Kaufmann, London: Penguin.
- Nietzsche, F. (1908/1967) *Ecce Homo* (1967), in *Werke: Kritische Gesamtausgabe*, vol. 3, ed. G. Colli and M. Montinari, Berlin: De Gruyter.
- Novalis (1797-99/1997) *Philosophical Writings*, ed. and trans. M.M. Stoljar, Albany: State University of New York Press.
- Novalis (1802/1964) *Henry of Ofterdingen*, trans. P. Hilty, Long Grove, IL: Waveland Press.
- Nozick, R. (1974) *Anarchy, State and Utopia*, New York: Basic Books.
- Nozick, R. (1981a) *Philosophical Explanations*, Oxford: Oxford University Press.
- Nozick, R. (1981b/2013) 'Philosophy and the Meaning of Life', in *Exploring the Meaning of Life: An Anthology and Guide*, ed. J.W. Seachris, Chichester and Malden, MA: Wiley-Blackwell, 62-78.
- Nussbaum, M.C. (1990) *Love's Knowledge: Essays on Philosophy and Literature*, Oxford: Oxford University Press.
- Ortega y Gasset, J. (1914/1961) *Meditations on Quixote*, trans. E. Rugg and D. Marin, New York: W.W. Norton.
- Ortega y Gasset, J. (1930/1993) *The Revolt of the Masses*, New York: W.W. Norton.

- Ortega y Gasset, J. (1932/1968) 'In Search of Goethe from Within', in *The Dehumanisation of Art and Other Essays on Art, Culture and Literature*, Princeton: Princeton University Press.
- Ortega y Gasset, J. (1939/1968) 'The Self and the Other', in *The Dehumanisation of Art and Other Essays on Art, Culture and Literature*, Princeton: Princeton University Press.
- Ortega y Gasset, J. (1943/1985) *Meditations on Hunting*, trans. H.B. Wescott, New York: Charles Scribner's Sons.
- Parfit, D. (1984) *Reasons and Persons*, New York: Oxford University Press.
- Paulin, R. (2016) *The Life of August Wilhelm Schlegel: Cosmopolitan of Art and Poetry*, Cambridge: Open Book Publishers.
- Pereboom, D. (2002-3) 'Meaning in Life without Free Will', *Philosophic Exchange*, 33: 18-34.
- Perkins, F. (2010) 'Of Fish and Men: Species Difference and the Strangeness of Being Human in *Zhuangzi*', *Harvard Review of Philosophy*, 16: 117-136.
- Pindar (fifth century BCE/1995) 'The Nomos-Basileus Fragment', in *Early Greek Political Thought from Homer to the Sophists*, ed. M. Gargarin and P. Woodruf, Cambridge: Cambridge University Press.
- Pisciotta, T. (2013) 'Determinism and Meaningfulness in Lives', PhD diss., University of Melbourne, https://minervaaccess.unimelb.edu.au/handle/11343/38249.
- Plato (fifth-fourth century BCE/1997) *Plato: Complete Works*, ed. J. Cooper, Indianapolis: Hackett Publishing Company.
- Polt, R. (1999) *Heidegger: An Introduction*, Ithaca: Cornell University Press.
- Popkin, R. (2003) *The History of Scepticism: From Savonarola to Bayle*, Oxford: Oxford University Press.
- Preuss, P. (1987) 'Introduction' to J.G. Fichte's *The Vocation of Man*, trans. P. Preuss, Indianapolis: Hackett Publishing Company.
- Putnam, H. (1986) 'Levinas and Judaism', in *The Cambridge Companion to Levinas*, ed. S. Critchley and R. Bernasconi, Cambridge: Cambridge University Press.
- Quinn, P. (2000) 'How Christianity Secures Life's Meanings', in *The Meaning of Life in the World Religions*, ed. J. Runzo and N. Martin, Oxford: Oneworld Publications.
- Rancière, J. (1995/1999) *Disagreement: Politics and Philosophy*, trans. J. Rose, Minneapolis: University of Minnesota Press.
- Reginster, B. (2006) *The Affirmation of Life*, Cambridge, MA: Harvard University Press.
- Rhys Davids, T.W. (trans.) (1890-94/1965) *Milindapan. ho*; trans. as *The Questions of King Milinda*, repr. edn, Oxford: Oxford University Press.
- Robinson, M. (2008) 'Tieck: Kierkegaard's "Guadalquivir" of Open Critique and Hidden Appreciation', in *Kierkegaard and His German Contemporaries*, vol. 3: *Literature and Aesthetics*, ed. J. Stewart, Aldershot: Ashgate.
- Rogers, B. (1999) *A.J. Ayer: A Life*, New York: Grove.
- Rorty, R. (1989) *Contingency, Irony, and Solidarity*, Cambridge: Cambridge University Press.
- Rorty, R. (2007a) 'Wittgenstein and the Linguistic Turn', in his *Philosophy as Cultural Politics*, Cambridge: Cambridge University Press.
- Rorty, R. (2007b) 'Heideggerianism and Leftist Politics', in *Weakening Philosophy: Essays in*

Honour of Gianni Vattimo, ed. S. Zabalo, Montreal: McGill-Queen's University Press.

- Rorty, R. (2009) 'Pragmatism as Anti-authoritarianism' in *A Companion to Pragmatism*, ed. J. Shook and J. Margolis, Chichester: Wiley-Blackwell.

- Rosenbaum, S.E. (1986) 'How to be Dead and Not Care: A Defense of Epicurus', *American Philosophical Quarterly*, 23(2): 217-225.

- Rosenberg, A. (2011) *The Atheist's Guide to Reality*, New York: W.W. Norton.

- Russell, B. (1922) *The Problem of China*, London: George Allen & Unwin.

- Russell, B. (1945/2004) *History of Western Philosophy*, London: Routledge.

- Russell, B. (1968) *The Autobiography of Bertrand Russell, Volume II: 1914-44*, London: George Allen & Unwin.

- Ryle, G. (1949/2009) *The Concept of Mind*, Abingdon: Routledge. Sartre, J.-P. (1938/1963) *Nausea*, trans. R. Baldick, London: Penguin.

- Sartre, J.-P. (1943/2010) *Being and Nothingness*, in *Reading Sartre*, ed. J.S. Catalano, Cambridge: Cambridge University Press.

- Sartre, J.-P. (1946/1958) 'Existentialism Is a Humanism', in *Existentialism from Dostoyevsky to Sartre*, ed. W. Kaufman, New York: Meridian Books.

- Sartre, J.-P. (1952/2012) *Saint Genet: Actor and Martyr*, trans. B. Frechtman, Minneapolis: University of Minnesota Press.

- Sartre, J.-P. (1960/2004) *Critique of Dialectical Reason, Volume One*, trans. A. Sheridan-Smith, London and New York: Verso.

- Sartre, J.-P. (1971-72/1981-87) *The Family Idiot*, trans. C. Cosman, 5 vols., Chicago: Chicago University Press.

- Sartre, J.-P. (1983/1993) *Notebooks for an Ethics*, trans. D. Pellauer, Chicago: Chicago University Press.

- Sass, L. (1992) *Madness and Modernism: Insanity in the Light of Modern Art, Literature, and Thought*, Cambridge, MA: Harvard University Press.

- Schipper, K. (1993) *The Taoist Body*, Berkeley: University of California Press.

- Schlegel, F. (1798-1800/1971) 'Athenaeum Fragments', in *Lucinde and the Fragments*, trans. P. Firchow, Minneapolis: University of Minnesota Press.

- Schlegel, F. (1799/1971) *Lucinde*, in *Lucinde and the Fragments*, trans. P. Firchow, Minneapolis: University of Minnesota Press.

- Schlegel, F. (1800/1971) 'Ideen', in *Lucinde and the Fragments*, trans. P. Firchow, Minneapolis: University of Minnesota Press.

- Schopenhauer, A. (1818/1966) *The World as Will and Representation, Volume I*, trans. E.F. J. Payne, New York: Dover.

- Schopenhauer, A. (1844/1966) *The World as Will and Representation, Volume II*, trans. E.F. J. Payne, New York: Dover.

- Schopenhauer, A. (1851a/1974) *Parerga and Paralipomena, Volume II*, trans. E.F.J. Payne, Oxford: Oxford University Press.

- Schopenhauer, A. (1851b/1996) 'Additional Remarks on the Doctrine of the Vanity of Existence', in *Arthur Schopenhauer: Philosophical Writings*, ed. W. Schirmacher, trans. E. F. J. Payne, New

York: Continuum.

- Schwartz, B. (1985) *The World of Thought in Ancient China*, Cambridge, MA: Harvard University Press.

- Seachris, J.W. (ed.) (2013) *Exploring the Meaning of Life*, Chichester: Wiley-Blackwell.

- Searle, J. (1964) 'How to Derive "Ought" from "Is"', *Philosophical Review*, 73(1): 43-58.

- Seneca (62-65 CE/2015) *Letters on Ethics*, ed. and trans. M. Graver and A.A. Long, Chicago: University of Chicago Press.

- Sextus Empiricus (150-200 CE/2000) *Outlines of Scepticism*, ed. J. Annas and J. Barnes, Cambridge: Cambridge University Press.

- Shakespeare, W. (1606/1997) *King Lear*, ed. G.K. Hunter, London: Methuen (Arden).

- Shea, L. (2010) *The Cynic Enlightenment: Diogenes in the Salon*, Baltimore: Johns Hopkins University Press.

- Singer, P. (1995) *How Are We to Live?* Amherst, NY: Prometheus Books.

- Skempton, S. (2010) *Alienation After Derrida*, London: Continuum.

- Sloterdijk, P. (1983/1987) *Critique of Cynical Reason*, trans. M. Eldred, Minneapolis: University of Minnesota Press.

- Smuts, A. (2011) 'Immortality and Significance', *Philosophy and Literature*, 35: 134-149.

- Soll, I. (2012) 'Nietzsche's Will to Power as a Psychological Thesis', *Journal of Nietzsche Studies*, 43(1): 118-129.

- Spinoza, B. (1665/2016) *Letter to Oldenberg*, c. 1 October 1665 (Letter 30), in *A Spinoza Reader: The Collected Works of Spinoza, Volume II*, ed. and trans. E. Curley, Princeton: Princeton University Press.

- Spinoza, B. (1670/2016) *Theological-Political-Treatise*, in *A Spinoza Reader: The Collected Works of Spinoza, Volume II*, ed. and trans. E. Curley, Princeton: Princeton University Press.

- Spinoza, B. (1677/1985) 'Ethics', in *A Spinoza Reader: The Collected Works of Spinoza, Volume I*, ed. and trans. E. Curley, Princeton: Princeton University Press.

- Stephens, W.O. (2007) *Stoic Ethics. Epictetus and Happiness as Freedom*, London: Continuum.

- Strawbridge, D. and Strawbridge, J. (2010) *Self Sufficiency for the 21st Century*, London: Dorley Kindersley.

- Strawson, G. (2017) 'Free Will and the Sense of Self', in *Buddhist Perspectives on Free Will*, ed. R. Repetti, London: Routledge.

- Striker, G. (2010) 'Academics versus Pyrrhonists, Reconsidered', in *The Cambridge Companion to Ancient Scepticism*, ed. R. Bett, Cambridge: Cambridge University Press.

- Stückrath, J. (2006) '"The Meaning of History": A Modern Construction and Notion', in *Meaning and Representation in History*, ed. J. Rüsen, New York and Oxford: Berghahn Books.

- Svolos, T. (2017) *Twenty-First Century Psychoanalysis*, London: Karnac.

- Tarr, R. (2000) 'Introduction' to T. Carlyle's *Sartor Resartus*, ed. M. Engel and R. Tarr, Berkeley: University of California Press.

- Tartaglia, J. (2016a) *Philosophy in a Meaningless Life*, London: Bloomsbury.

- Tartaglia, J. (2016b) 'Is Philosophy All about the Meaning of Life?', *Metaphilosophy*, 47(2): 283-303.

- Taylor, R. (1970) *Good and Evil*, Amherst, NY: Prometheus Books.
- Thomas, L. (2005) 'Morality and a Meaningful Life', *Philosophical Papers*, 34(3): 405-427.
- Tolstoy, L. (1882/2017) *My Confession* in *The Meaning of Life: A Reader*, 4th edn, trans. L. Wiener, ed. E.D. Klemke and S.M. Cahn, New York: Oxford University Press.
- Trilling, L. (1967) *Beyond Culture*, Harmondsworth: Penguin.
- Trisel, B.A. (2017) 'How Human Life Could Be Unintended but Meaningful: A Reply to Tartaglia', *Journal of Philosophy of Life*, 7(1): 160-179.
- Useem, J. (2017) 'Power Causes Brain Damage', *The Atlantic*, July/August, www.theatlantic.com/magazine/archive/2017/07/power-causes-brain-damage/528711/.
- Vattimo, G. (2007) *Nihilism and Emancipation: Ethics, Politics, and Law*, New York: Columbia University Press.
- Velleman, J.D. (2005) 'Family History', *Philosophical Papers*, 34(3): 357-378.
- Vida, E. (1993) *Romantic Affinities: German Authors and Carlyle*, Toronto: University of Toronto Press.
- Vyāsa (c. fifth century BCE/1883-96) *The Maharabata of Krishna-Dwaipayana Vyasa*, trans. K.M. Ganguli, Calcutta: Bharata Press.
- Wagner, N.-F. (forthcoming) 'Letting Go of One's Life Story', *Think*.
- Walshe, M. (trans.) (1995) *Dīgha Nikāya*; trans. as *The Long Discourses of the Buddha*, Boston: Wisdom Publications.
- Warren, J. (ed.) (2009) *The Cambridge Companion to Epicureanism*, Cambridge: Cambridge University Press.
- Webber, J. (2018) *Rethinking Existentialism*, Oxford: Oxford University Press.
- Weil, S. (1949/1971) *The Need for Roots*, trans. A. Wills, New York: Harper & Row.
- Weil, S. (1951/1973) *Waiting for God*, trans. E. Craufurd, with introd. by L.A. Fiedler, New York: Harper & Row.
- Weil, S. (1956) *The Notebooks of Simone Weil*, trans. A. Wills, London: Routledge & Kegan Paul.
- Weil, S. (1957) *Intimations of Christianity among the Ancient Greeks*, trans. E.C. Geissbühler, London: Routledge & Kegan Paul.
- Weil, S. (1968) *On Science, Necessity, and the Love of God*, trans. R. Rees, London: Oxford University Press.
- Weil, S. (1970) *First and Last Notebooks*, trans. R. Rees, Oxford: Oxford University Press.
- Weil, S. (1989-2006) *Oeuvres complètes*, 6 vols., ed. A.A. Devaux and F. de Lussy, Paris: Gallimard.
- White, M.P. and Dolan, P. (2009) 'Accounting for the Richness of Daily Activities', *Psychological Science*, 20(8): 1000-1008.
- Williams, B. (1973) 'The Makropulos Case: Reflections on the Tedium of Immortality', in his *Problems of the Self*, Cambridge: Cambridge University Press.
- Williams, B. (1995) 'The Point of View of the Universe: Sidgwick and the Ambitions of Ethics', in his *Making Sense of Humanity*, Cambridge: Cambridge University Press.
- Wilson, C. (2008) *Epicureanism at the Origins of Modernity*, Oxford: Oxford University Press.

Wilson, C. (2015) *A Very Short Introduction to Epicureanism*, Oxford: Oxford University Press.

- Wittgenstein, L. (1914-51/1980) *Culture and Value*, ed. G.H. Nyman, trans. P. Winch, Oxford: Basil Blackwell.

- Wittgenstein, L. (1922/1966) *Tractatus Logico-Philosophicus*, ed. D.F. Pears, trans. B.F. McGuiness, London: Routledge.

- Wittgenstein, L. (1929/2014) *Lecture on Ethics*, ed. E. Zamuner, E.V. Di Lascio and D.K. Levy, Chichester: Wiley & Sons.

- Wittgenstein, L. (1930/1979) *Ludwig Wittgenstein and the Vienna Circle: Conversations Recorded by Friedrich Waismann*, ed. B.F. McGuiness, Oxford: Blackwell.

- Wittgenstein, L. (1930-37/2003) 'Diaries', in *Public and Private Occasions*, ed. J.C. Klagge and A. Nordmann, Lanham, MA: Rowman & Littlefield.

- Wittgenstein, L. (1931/1996) 'Remarks on Frazer's Golden Bough', in *Wittgenstein: Sources and Perspectives*, ed. C.G. Luckhardt, trans. J. Beversluis, Bristol: Thoemmes Press.

- Wittgenstein, L. (1933-35/1969) *The Blue and Brown Books: Preliminary Studies for the 'Philosophical Investigations'*, Oxford: Basil Blackwell.

- Wittgenstein, L. (1938/1967) *Lectures and Conversations on Aesthetics, Psychology and Religious Belief*, ed. C. Barrett, Berkeley: University of California Press.

- Wittgenstein, L. (1946-49/1980) *Remarks on the Philosophy of Psychology: Volume II*, ed. G.H. von Wright and H. Nymann, trans. C.G. Luckhardt and M.A. Aue, Oxford: Basil Blackwell.

- Wittgenstein, L. (1953/1958) *Philosophical Investigations*, trans. G.E. Anscombe, Oxford: Basil Blackwell.

- Wittgenstein, L. (1969/1975) *On Certainty*, ed. G.E. Anscombe and G.H. von Wright, trans. D. Paul and G.M. Anscombe, Oxford: Basil Blackwell.

- Wolf, S. (1997a) 'Happiness and Meaning: Two Aspects of the Good Life', *Social Philosophy and Policy*, 14 (December): 207-225.

- Wolf, S. (1997b/2017) 'Meaning in Life', in *The Meaning of Life: A Reader*, 4th edn, ed. E. D. Klemke and S.M. Cahn, New York: Oxford University Press.

- Wolf, S. (2007/2010) 'The Meanings of Lives', in *Introduction to Philosophy: Classical and Contemporary Readings*, ed. J. Perry, M. Bratman and J. Fischer, 5th edn, Oxford: Oxford University Press.

- Wolf, S. (2010) *Meaning in Life and Why It Matters*, Princeton: Princeton University Press.

- Xunzi (third century BCE/2014) *Discourse on Ritual*, in *Xunzi: The Complete Text*, ed. and trans. E.L. Hutton, Princeton andOxford: Princeton University Press.

- Young, J. (2002) *Heidegger's Later Philosophy*, Cambridge: Cambridge University Press.

- Young, J. (2014) *The Death of God and the Meaning of Life*, 2nd edn, London: Routledge.

- Zhuangzi (fourth-third century BCE-a/2001) *Chuang-Tzu: The Inner Chapters*, trans. A.C. Graham, Indianapolis: Hackett Publishing Company.

- Zhuangzi (fourth-third century BCE-b/2009) *Zhuangzi: The Essential Writings*, trans. B. Ziporyn, Indianapolis: Hackett Publishing Company.

저자들

- 나데르 엘-비즈리, 레바논 베이루트 아메리칸대학교 철학과 부교수.
- 데이비드 스크르비나, 미국 미시건대학교(디어본) 철학과 교수.
- 데이비드 쿠퍼, 영국 더럼대학교 철학과 명예교수.
- 레이먼드 앤절로 벨리오티, 미국 뉴욕주립대학교 프레도니아 석좌 강의교수.
- 레자 호세이니, 남아프리카공화국 스텔렌보스대학교 연구교수.
- 로버트 윅스, 뉴질랜드 오클랜드대학교 철학과 부교수.
- 리사 매컬러, 미국 캘리포니아 주립대학교(도밍게즈 힐스) 철학과 겸임교수.
- 리처드 킴, 미국 세인트루이스대학교 박사후연구원.
- 마크 버니어, 미국 아주사 퍼시픽대학교 방문 조교수, 노터데임대학교 연구교수.
- 마크 시더리츠, 미국 일리노이주립대학교 철학과 명예교수.
- 몬티 랜섬 존슨, 미국 캘리포니아 주립대학교(샌디에이고) 철학과 부교수.
- 브리짓 클라크, 미국 몬태나대학교 철학과 교수.
- 새뮤얼 임보, 미국 햄린대학교 철학과 교수.
- 새디어스 메츠, 남아프리카공화국 요하네스버그대학교 철학과 석좌교수.

- 스바바르 흐라픈 스바바르손, 아이슬란드대학교 부교수.
- 스티븐 리치, 영국 킬대학교 시니어 펠로우.
- 아린담 차크라바르티, 미국 하와이대학교(마노아) 석좌교수.
- 앨런 맬러카우스키, 남아프리카공화국 스텔렌보스대학교 응용윤리센터 연구교수.
- 앨프리드 L. 아이브리, 미국 뉴욕대학교 유대 및 무슬림 철학 명예교수.
- 에드워드 피저, 미국 패서디나 시티 칼리지 철학과 부교수.
- 에이미 E. 웬들링. 미국 크레이턴대학교 철학과 교수.
- 웬델 오브라이언, 미국 모어헤드주립대학교 철학과 명예교수.
- 윌 데스먼드, 아일랜드 메이누스대학교 고전학과 교수.
- 윌리엄 맥브라이드, 미국 퍼듀대학교 철학과 아서 G. 핸슨 석좌교수.
- 제니비브 로이드, 호주 뉴사우스웨일스대학교 철학과 명예교수.
- 제임스 타타글리아, 영국 킬대학교 철학 교수.
- 조너선 웨버, 영국 카디프대학교 철학과 교수.
- 조슈아 시크리스, 미국 노터데임대학교 철학과 겸임교수.
- 조지프 카탈라노, 미국 뉴저지 킨대학교 명예교수.
- 존 코팅엄, 영국 레딩대학교 철학과 명예교수.
- 캐서린 윌슨, 영구 요크대학교 철학과 교수.
- 테리 F. 고들러브, 미국 뉴욕주 호프스트라대학교 철학과 교수.
- 페드로 블라스 곤잘레스, 미국 배리대학교 철학과 교수.
- 프랜스 스벤슨, 스웨덴 우메오대학교 교수.
- A. C. 그레일링, 영국 런던 뉴 칼리지 오브 더 휴머니티즈 학장.
- A. A. 롱, 미국 캘리포니아 주립대학교(버클리) 고전학 명예교수.

삶의 의미와 위대한 철학자들

초판 1쇄 발행 | 2023년 10월 10일

지은이 | 스티븐 리치·제임스 타타글리아
옮긴이 | 석기용
펴낸이 | 이은성
편 집 | 구윤희·홍순용
디자인 | 백지선

펴낸곳 | 필로소픽
주 소 | 서울시 창덕궁길 29-38, 4-5층
전 화 | (02) 883-9774
팩 스 | (02) 883-3496
이메일 | philosophik@naver.com
등록번호 | 제 2021-000133호

ISBN 979-11-5783-308-5 93100

필로소픽은 푸른커뮤니케이션의 출판 브랜드입니다.